D1749333

ESV

Stadt- und Dorferneuerung in der kommunalen Praxis

Sanierung – Stadtumbau – Entwicklung – Denkmalschutz – Baugestaltung

Von
Horst Köhler
Regierungsdirektor a.D.

3., überarbeitete und erweiterte Auflage

ERICH SCHMIDT VERLAG

Bibliografische Information der Deutschen Bibliothek
Die Deutsche Bibliothek verzeichnet diese Publikation in der
Deutschen Nationalbibliografie; detaillierte bibliografische
Daten sind im Internet über dnb.ddb.de abrufbar.

Weitere Informationen zu diesem Titel finden Sie im Internet unter
esv.info/3 503 08384 7

1. Auflage 1995
2. Auflage 1999
3. Auflage 2005

ISBN 3 503 08384 7

Alle Rechte vorbehalten
© Erich Schmidt Verlag GmbH & Co., Berlin 2005
www.ESV.info

Dieses Papier erfüllt die Frankfurter Forderungen
der Deutschen Bibliothek und der Gesellschaft für das Buch
bezüglich der Alterungsbeständigkeit und entspricht sowohl den
strengen Bestimmungen der US Norm Ansi/Niso Z 39.48-1992
als auch der ISO Norm 9706.

Gesetzt aus 9/11 Times

Satz: multitext, Berlin
Druck: Strauss, Mörlebach

Vorwort zur dritten Auflage

Die neue Auflage berücksichtigt das am 20. Juli 2004 in Kraft getretene „Gesetz zur Anpassung des Baugesetzbuches an EU-Richtlinien (Europarechtsanpassungsgesetz Bau-EAG Bau)". Die beiden neu in das Besondere Städtebaurecht eingefügten Teile „Stadtumbau und Soziale Stadt" werden ausführlich erläutert, die dritte Auflage nimmt ferner Bezug auf die neueste Rechtsprechung, vor allem die zum Entwicklungsrecht. Die Kapitel über die Städtebauliche Erhaltung und die Denkmalpflege sind erweitert worden.

Melsdorf bei Kiel, im November 2004   Horst Köhler

Vorwort zur ersten Auflage

Städtebauliche Aufgaben wie die Sanierung von Altstädten und die Entwicklung neuer Ortsteile haben in den letzten Jahren an Bedeutung gewonnen. Dies gilt vor allem für die Gemeinden in den neuen Bundesländern, in denen zahlreiche städtebauliche Maßnahmen vorbereitet und durchgeführt werden müssen. Hierbei treten oftmals baugestalterische Fragen in den Vordergrund der Erörterungen. Immer mehr Bürger stellen höhere Ansprüche an die Gestaltung ihrer baulichen Alltagsumwelt. Danach gilt es, die gestalterisch wertvollen Bereiche in Städten und Dörfern zu erhalten, städtebauliche Missstände zu beheben und gut geplante neue Ortsteile zu entwickeln. Die vorliegende Darstellung nimmt als ein Leitfaden auf die mit der Bewältigung dieser städtebaulichen Aufgaben verbundenen eigentumsrechtlichen, sozialen und finanziellen Probleme Bezug und stellt die rechtlichen und finanziellen Instrumente und Möglichkeiten für ihre Bewältigung dar. Das Buch ergänzt das in der gleichen Reihe erschienene „Baurecht für die kommunale Praxis". Es verzichtet auf unnötige rechtliche Problematisierungen und unergiebige Auseinandersetzungen mit abweichenden Auffassungen im Schrifttum. Stattdessen werden unter Berücksichtigung der Ergebnisse der Rechtsprechung die Rechtsfragen in ihrer Beziehung zu den zu bewältigenden städtebaulichen Aufgaben dargestellt. Hierbei wird die besondere Situation in den neuen Bundesländern eingehend berücksichtigt. Kennzeichnend für das Buch ist die verbindende Darstellung städtebaurechtlicher und städtebaulicher Fragen. Es wendet sich an die verantwortlichen Kommunalpolitiker, an Planer und Architekten, an die Mitarbeiter von Bauämtern, die besondere städtebauliche Aufgaben zu bewältigen haben, vor allem auch an die Mitarbeiter von Sanierungs- und Entwicklungsträgern sowie an alle am Städtebau

Vorwort

interessierten Bürger. Vorschläge zur Verbesserung und Ergänzung des Buches sowie kritische Hinweise nehme ich dankbar entgegen.

Für ihre Hilfe bei den Korrekturen danke ich insbesondere Herrn Regierungsrat Dr. Olaf Dreher und Frau Irmtraut Kallweit.

Kiel, im April 1995   Horst Köhler

Inhaltsverzeichnis

		Seite	Randnummer
Vorwort zur dritten Auflage		5	
Vorwort zur ersten Auflage		5	
Inhaltsverzeichnis		7	
Abkürzungsverzeichnis		25	
1.	**Städtebauliche Maßnahmen und Besonderes Städtebaurecht**	**29**	**1– 51**
1.1	Städtebau als öffentliche Aufgabe	29	1– 4
1.2	Stadterneuerungen in der Vergangenheit	31	5– 13
1.3	Geplante Stadterweiterungen in der Vergangenheit	37	14– 20
1.4	Finanzierung des Städtebaues	41	21
1.5	Städtebauförderungsgesetz	42	22– 35
1.5.1	Ziele des Städtebauförderungsgesetzes	42	22– 29
1.5.2	Grundsätze des Städtebauförderungsgesetzes	45	30
1.5.3	Anwendung des Städtebauförderungsgesetzes	46	31– 35
1.6	Besonderes Städtebaurecht	48	36– 39
1.7	Entwicklung in der ehemaligen DDR	49	40
1.7.1	Städtebauliches Leitbild	49	40– 43
1.7.2	Industrialisierung des Bauwesens	51	44– 45
1.7.3	Altbaugebiete und Stadterhaltung	52	46– 49
1.8	Städtebauförderung in den neuen Ländern	54	50– 51
2.	**Wesensmerkmale und Verfahrensgrundsätze städtebaulicher Sanierungs- und Entwicklungsmaßnahmen**	**57**	**52– 85**
2.1	Sanierungs- und Entwicklungsmaßnahmen	57	52– 53
2.2	Dorferneuerung und Dorfentwicklung	58	54– 55
2.3	Gesamtmaßnahmen	59	56– 59
2.3.1	Einzelmaßnahmen	59	56
2.3.2	Abgrenzung des Gebietes	59	57
2.3.3	Vorbereitende Untersuchungen	60	58
2.3.4	Vorbereitung und Durchführung	60	59
2.4	Anwendungsverpflichtung	61	60– 63
2.4.1	Bedeutung	61	60
2.4.2	Öffentliches Interesse	61	61
2.4.3	Einheitliche Vorbereitung	61	62
2.4.4	Zügige Durchführung	62	63
2.5	Ziele der Raumordnung und Landesplanung	62	64
2.6	Abwägung	63	65– 68
2.7	Sozialplan	65	69

Inhaltsverzeichnis

		Seite	Randnummer
2.7.1	Soziale Probleme im Städtebau	65	69– 70
2.7.2	Anwendungsbereich	66	71
2.7.3	Nachteilige Auswirkungen	67	72– 73
2.7.4	Inhalt des Sozialplanes	68	74
2.8	Härteausgleich	68	75– 78
2.8.1	Wesen und Anwendungsbereich	68	75
2.8.2	Subjektive Anspruchsvoraussetzungen	69	76
2.8.3	Objektive Anspruchsvoraussetzungen	70	77– 78
2.9	Kosten- und Finanzierungsübersicht	71	79– 85
2.9.1	Zweck	71	79
2.9.2	Abstimmungspflicht	71	80
2.9.3	Vorlage bei der höheren Verwaltungsbehörde	72	81– 82
2.9.4	Zeitpunkt für die Aufstellung und Fortschreibung	72	83
2.9.5	Kosten und Kostenermittlung	73	84
2.9.6	Finanzierungsübersicht	74	85
3.	**Städtebauliche Sanierungsmaßnahmen**	77	86– 437
3.1	Gegenstand und Ziele	77	86– 105
3.1.1	Grundsätzliches	77	86
3.1.2	Städtebauliche Missstände	77	87– 90
3.1.2.1	Substanzschwächen	77	87– 88
3.1.2.2	Funktionsschwächen	78	89– 90
3.1.3	Behebung städtebaulicher Missstände	80	91– 93
3.1.4	Allgemeine Sanierungsziele	81	94– 105
3.1.5	Bedeutung	81	94
3.1.6	Entwicklung der baulichen Struktur	81	95
3.1.6.1	Wirtschafts- und Agrarstruktur	82	96
3.1.6.2	Anpassung der Siedlungsstruktur	82	97– 100
3.1.6.2.1	Siedlungsstruktur	82	97
3.1.6.2.2	Erfordernisse des Umweltschutzes	82	98
3.1.6.2.3	Anforderungen an gesunde Lebens- und Arbeitsbedingungen der Bevölkerung	83	99
3.1.6.2.4	Bevölkerungsentwicklung	83	100
3.1.6.3	Ortsteile, Orts- und Landschaftsbild und Denkmalschutz	84	101– 105
3.1.6.3.1	Bedeutung	84	101
3.1.6.3.2	Erhaltung, Erneuerung und Fortentwicklung von Ortsteilen	84	102
3.1.6.3.3	Verbesserung der Gestaltung des Orts- und Landschaftsbildes	85	103
3.1.6.3.4	Erfordernisse der Denkmalpflege	85	104– 105
3.2	Wohl der Allgemeinheit	86	106
3.3	Vorbereitung der Sanierung	86	107– 200
3.3.1	Allgemeines	86	107

Inhaltsverzeichnis

		Seite	Randnummer
3.3.2	Vorbereitende Untersuchungen.	87	108– 147
3.3.2.1	Verfahren	87	108– 110
3.3.2.1.1	Zweck der Untersuchungen	87	108
3.3.2.1.2	Absehen von den vorbereitenden Untersuchungen.	87	109
3.3.2.1.3	Beschluss über den Beginn der vorbereitenden Untersuchungen.	88	110
3.3.2.2	Zurückstellung von Vorhaben	88	111
3.3.2.3	Auskunftspflicht und Datenschutz.	89	112– 120
3.3.2.3.1	Allgemeines	89	112
3.3.2.3.2	Auskunftspflicht.	89	113– 114
3.3.2.3.3	Einschränkung der Auskunftspflicht	90	115
3.3.2.3.4	Durchsetzung der Auskunftspflicht	91	116
3.3.2.3.5	Datenschutz	91	117– 120
3.3.2.4	Erörterung, Mitwirkung und Beratung	92	121– 132
3.3.2.4.1	Bedeutung	92	121– 122
3.3.2.4.2	Betroffene.	93	123– 124
3.3.2.4.3	Erörterung	94	125
3.3.2.4.4	Gegenstand der Erörterung und Beratung	94	126– 127
3.3.2.4.5	Durchführung der Erörterung	95	128
3.3.2.4.6	Möglichst frühzeitige Erörterung.	95	129
3.3.2.4.7	Ausnahmen von der Erörterungspflicht	95	130
3.3.2.4.8	Verhältnis zu anderen Beteiligungsvorschriften.	96	131
3.3.2.4.9	Unterlassene Erörterung	96	132
3.3.2.5	Mitwirkung öffentlicher Aufgabenträger	96	133– 139
3.3.2.5.1	Allgemeines	96	133
3.3.2.5.2	Unterstützungspflicht	97	134– 135
3.3.2.5.3	Beteiligung der Träger öffentlicher Belange	97	136– 139
3.3.2.6	Inhalt der vorbereitenden Untersuchungen	99	140– 146
3.3.2.6.1	Allgemeines	99	140
3.3.2.6.2	Notwendigkeit der Sanierung.	99	141
3.3.2.6.3	Soziale, strukturelle und städtebauliche Verhältnisse	99	142
3.3.2.6.4	Städtebauliche Zusammenhänge	100	143
3.3.2.6.5	Anzustrebende allgemeine Ziele	100	144
3.3.2.6.6	Durchführbarkeit.	101	145
3.3.2.6.7	Nachteilige Auswirkungen	101	146
3.3.2.7	Umfang und Durchführung der vorbereitenden Untersuchungen.	102	147
3.3.3	Förmliche Festlegung des Sanierungsgebietes	102	148– 166
3.3.3.1	Bedeutung	102	148
3.3.3.2	Abgrenzung des Sanierungsgebietes	103	149– 152
3.3.3.2.1	Allgemeines	103	149
3.3.3.2.2	Ausschluss einzelner Grundstücke.	104	150
3.3.3.2.3	Betroffene Grundstücke	104	151
3.3.3.2.4	Erschließungsanlagen	105	152

Inhaltsverzeichnis

		Seite	Randnummer
3.3.3.3	Sanierungssatzung	105	153– 155
3.3.3.3.1	Satzungsbeschluss	105	153– 154
3.3.3.3.2	Bezeichnung des Sanierungsgebietes	106	155
3.3.3.4	Überprüfung der Sanierungssatzung	106	156– 161
3.3.3.4.1	Wegfall des Anzeigeverfahrens	106	156
3.3.3.4.2	Durchführung innerhalb eines absehbaren Zeitraumes	107	157– 160
3.3.3.4.3	Fehlerhafte Sanierungssatzung	108	161
3.3.3.5	Bekanntmachung der Sanierungssatzung	109	162– 163
3.3.3.6	Ersatzbekanntmachung	110	164
3.3.3.7	Sanierungsvermerk	110	165
3.3.3.8	Änderung des Sanierungsgebietes	110	166
3.3.4	Förmliche Festlegung eines Ersatz- oder Ergänzungsgebietes	111	167– 169
3.3.4.1	Allgemeines	111	167
3.3.4.2	Ersatzgebiet	111	168
3.3.4.3	Ergänzungsgebiet	112	169
3.3.5	Bestimmung der Ziele und Zwecke der Sanierung	112	170– 172
3.3.5.1	Inhalt	112	170– 171
3.3.5.2	Rechtliche Bedeutung	113	172
3.3.6	Städtebauliche Planung	114	173– 198
3.3.6.1	Bedeutung	114	173– 174
3.3.6.2	Sanierungsbebauungsplan	115	175
3.3.6.2.1	Erfordernis der Aufstellung	115	175– 176
3.3.6.2.2	Festsetzungen	116	177– 180
3.3.6.2.3	Nachteile	118	181
3.3.6.3	Städtebauliche Rahmenplanung	119	183– 191
3.3.6.3.1	Allgemeines	119	183– 184
3.3.6.3.2	Planbereich	119	185
3.3.6.3.3	Anschaulichkeit und Inhalt	120	186– 187
3.3.6.3.4	Planaufstellungsverfahren	121	188– 189
3.3.6.3.5	Rechtliche Bedeutung	122	190– 191
3.3.6.4	Planung der Stadterhaltung	123	192– 198
3.3.6.4.1	Elemente der vorindustriellen Stadt	123	192– 194
3.3.6.4.2	Probleme der städtebaulichen Planung	124	195– 198
3.3.7	Sozialplan	127	199
3.3.8	Vorgezogene Durchführungsmaßnahmen	127	200
3.4	Durchführung städtebaulicher Sanierungsmaßnahmen	128	201– 252
3.4.1	Verpflichtung der Gemeinde zur Durchführung	128	201– 204
3.4.1.1	Allgemeines	128	201
3.4.1.2	Zustimmung des Bedarfsträgers	128	202– 203

Inhaltsverzeichnis

		Seite	Randnummer
3.4.1.3	Ordnungs- und Baumaßnahmen	129	204
3.4.2	Ordnungsmaßnahmen	130	205– 232
3.4.2.1	Sanierungserforderliche Ordnungsmaßnahmen	130	205– 222
3.4.2.1.1	Allgemeines	130	205
3.4.2.1.2	Bodenordnung	131	206– 208
3.4.2.1.3	Erwerb von Grundstücken	132	209– 210
3.4.2.1.4	Umzug von Bewohnern und Betrieben	132	211
3.4.2.1.5	Freilegung von Grundstücken	133	212
3.4.2.1.6	Erschließungsanlagen	134	213– 217
3.4.2.1.7	Sonstige Maßnahmen	135	218
3.4.2.1.8	Naturschutzrechtliche Ausgleichsmaßnahmen der Gemeinde	136	219– 222
3.4.2.2	Durchführung der Ordnungsmaßnahmen	137	223– 225
3.4.2.2.1	Durchführung durch die Gemeinde	137	223
3.4.2.2.2	Durchführung durch den Eigentümer	138	224– 225
3.4.2.3	Kosten der Ordnungsmaßnahmen	139	226– 232
3.4.2.3.1	Grundsätzliches	139	226– 227
3.4.2.3.2	Kosten des Grunderwerbs	140	228
3.4.2.3.3	Kosten des Umzuges von Bewohnern	140	229
3.4.2.3.4	Kosten des Umzuges von Betrieben	141	230– 232
3.4.3	Aufwendungen öffentlicher Versorgungsträger	142	233– 235
3.4.4	Baumaßnahmen	144	236– 252
3.4.4.1	Allgemeines	144	236
3.4.4.2	Sanierungserforderliche Baumaßnahmen	144	237– 248
3.4.4.2.1	Modernisierung und Instandsetzung	144	237– 243
3.4.4.2.2	Neubebauung und Ersatzbauten	147	244
3.4.4.2.3	Gemeinbedarfs- und Folgeeinrichtungen	147	245– 246
3.4.4.2.4	Betriebe	148	247
3.4.4.2.5	Naturschutzrechtliche Ausgleichsmaßnahmen auf den Baugrundstücken	149	248
3.4.4.3	Baumaßnahmen außerhalb des Sanierungsgebietes	149	249
3.4.4.4	Durchführung durch den Eigentümer	149	250– 251
3.4.4.5	Durchführung durch die Gemeinde	150	252
3.5	Besonderes Bodenrecht	150	253– 318
3.5.1	Bedeutung	150	253
3.5.2	Sanierungsrechtliches Vorkaufsrecht	151	254– 272
3.5.2.1	Zweck und Wesen des Vorkaufsrechtes	151	254– 257
3.5.2.2	Ausschluss der Ausübung	152	258– 264
3.5.2.2.1	Allgemeines	152	258
3.5.2.2.2	Verwandtenprivileg	152	259
3.5.2.2.3	Kauf durch Bedarfsträger, Kirchen und Religionsgesellschaften sowie von Grundstücken mit bestimmten Anlagen	152	260

Inhaltsverzeichnis

		Seite	Randnummer
3.5.2.2.4	Plan- oder maßnahmenkonforme Nutzung....	152	261– 264
3.5.2.3	Vorkaufsrecht im Sanierungsgebiet..........	154	265
3.5.2.4	Ausübung des Vorkaufsrechtes	154	266– 268
3.5.2.5	Ausübung zum Wohle der Allgemeinheit.....	155	269– 270
3.5.2.6	Abwendung des Vorkaufsrechtes............	156	271
3.5.2.7	Verzicht auf die Ausübung des Vorkaufsrechtes...........................	157	272
3.5.3	Enteignung.............................	157	273– 277
3.5.3.1	Allgemeines	157	273
3.5.3.2	Enteignung zu Gunsten des Sanierungsträgers	158	275
3.5.3.3	Zwingende städtebauliche Gründe	158	276
3.5.3.4	Veräußerungspflicht	159	277
3.5.4	Miet- und Pachtverhältnisse...............	159	278– 284
3.5.4.1	Bedeutung	159	278
3.5.4.2	Aufhebung	159	279– 283
3.5.4.2.1	Allgemeines	159	279
3.5.4.2.2	Antrag des Eigentümers	160	281
3.5.4.2.3	Antrag des Mieters oder Pächters	161	282
3.5.4.2.4	Entschädigung	161	283
3.5.4.3	Verlängerung	161	284
3.5.5	Genehmigungspflichtige Vorhaben und Rechtsvorgänge	162	285– 318
3.5.5.1	Genehmigungspflicht	162	285– 289
3.5.5.1.1	Zweck	162	285
3.5.5.1.2	Ausschluss anderer Bestimmungen	162	286
3.5.5.1.3	Genehmigung durch die Gemeinde oder die Baugenehmigungsbehörde	163	287
3.5.5.1.4	Umfang...............................	164	288
3.5.5.1.5	Entfallen..............................	164	289
3.5.5.2	Vorhaben und Rechtsvorgänge	164	290– 302
3.5.5.2.1	Vorhaben und sonstige Maßnahmen.........	164	290– 293
3.5.5.2.2	Rechtsvorgänge	166	294– 301
3.5.5.2.3	Genehmigungsfreie Vorhaben und Rechtsvorgänge	169	302
3.5.5.3	Versagungsgründe	170	303– 307
3.5.5.4	Verpflichtung zur Erteilung der Genehmigung	172	308
3.5.5.5	Genehmigungsverfahren...................	173	309– 318
3.5.5.5.1	Antrag................................	173	309
3.5.5.5.2	Entscheidungsfrist	173	310
3.5.5.5.3	Genehmigung durch Ablauf der Entscheidungsfrist	174	311
3.5.5.5.4	Nebenbestimmungen.....................	174	312
3.5.5.5.5	Übernahmeverlangen	175	313
3.5.5.5.6	Allgemeine Erteilung der Genehmigungen	176	314– 315

Inhaltsverzeichnis

		Seite	Randnummer
3.5.5.5.7	Eintragung in das Grundbuch	176	316
3.5.5.5.8	Verhältnis zu anderen Genehmigungsverfahren	177	317
3.5.5.5.9	Durchführung von Vorhaben ohne Genehmigung	177	318
3.6	Abschluss der Sanierung	177	319– 336
3.6.1	Bedeutung	177	319
3.6.2	Abschlusserklärung für einzelne Grundstücke	178	320– 324
3.6.2.1	Spätere Durchführung	178	320
3.6.2.2	Abgeschlossene Durchführungsmaßnahmen	178	321
3.6.2.3	Form der Abschlusserklärung	179	322– 323
3.6.2.4	Rechtsfolgen	180	324
3.6.3	Aufhebung der Sanierungssatzung	180	325– 336
3.6.3.1	Verpflichtung zur Aufhebung	180	325
3.6.3.2	Voraussetzungen	181	326– 339
3.6.3.2.1	Durchführung der Sanierung	181	326
3.6.3.2.2	Undurchführbarkeit der Sanierung	181	327
3.6.3.2.3	Aufgabe der Sanierungsabsicht aus anderen Gründen	182	328
3.6.3.2.4	Einstellung der Durchführung	182	329
3.6.3.3	Aufhebungssatzung	182	330
3.6.3.4	Rechtsfolgen	183	331
3.6.3.5	Anspruch auf Rückübertragung	184	334
3.6.3.5.1	Anspruchsvoraussetzung	184	334– 336
3.6.3.5.2	Ausschluss des Anspruches	184	335
3.6.3.5.3	Verfahren	185	336
3.7	Abschöpfung sanierungsbedingter Werterhöhungen	186	337– 387
3.7.1	Grundsätzliches	186	337– 340
3.7.1.1	Abschöpfungssystem	186	337
3.7.1.2	Grundsätze der Wertermittlung	187	338
3.7.1.3	Bedeutung	187	339
3.7.1.4	Sanierungsbedingte Bodenwerterhöhungen	188	340
3.7.2	Gegenstand der Abschöpfung	189	341– 344
3.7.2.1	Unterschiedliche Bodenwerte	189	341
3.7.2.2	Sanierungsunbeeinflusster Wert und Anfangswert	189	342– 343
3.7.2.3	Neuordnungswert und Endwert	190	344
3.7.3	Nichtabschöpfbare Werterhöhungen	190	345– 346
3.7.3.1	Zulässige Aufwendungen des Eigentümers	190	345
3.7.3.2	Änderungen der allgemeinen Wertverhältnisse	191	346
3.7.4	Ausgleichsbeträge	191	347– 374
3.7.4.1	Ausgleichsbetragspflichtiger	191	347– 348

Inhaltsverzeichnis

		Seite	Randnummer
3.7.4.2	Beiträge für die Herstellung, Erweiterung und Verbesserung von Erschließungsanlagen	193	349– 351
3.7.4.3	Verpflichtung der Gemeinde	194	352
3.7.4.4	Zeitpunkt der Erhebung des Ausgleichsbetrages	194	353
3.7.4.5	Bemessung des Ausgleichsbetrages	195	354– 355
3.7.4.6	Anrechnung auf den Ausgleichsbetrag	196	356– 361
3.7.4.6.1	Berücksichtigte Vorteile oder Werterhöhungen ...	196	357
3.7.4.6.2	Eigene Aufwendungen	196	358
3.7.4.6.3	Durchführungsmaßnahmen des Eigentümers	197	359
3.7.4.6.4	Ankauf zum Neuordnungswert	198	360– 361
3.7.4.7	Vorzeitige Festsetzung des Ausgleichsbetrages	198	362
3.7.4.8	Erhebung des Ausgleichsbetrages	199	363
3.7.4.9	Umwandlung des Ausgleichsbetrages in ein Tilgungsdarlehen	199	364– 367
3.7.4.9.1	Voraussetzungen der Umwandlung.............	199	364
3.7.4.9.2	Herabsetzung der Tilgung und der Darlehenszinsen.............................	200	365– 367
3.7.4.10	Absehen von der Festsetzung des Ausgleichsbetrages	201	368– 370
3.7.4.10.1	Bagatellfälle	201	368
3.7.4.10.2	Einzelfälle..................................	202	369– 370
3.7.4.11	Landesrechtliche Vorschriften.................	202	371
3.7.4.12	Ablösung des Ausgleichsbetrages	203	372– 375
3.7.4.12.1	Ablösung vor Abschluss	203	372
3.7.4.12.2	Höherer Ablösebetrag.......................	203	373
3.7.4.12.3	Ablösung nach Abschluss	204	374
3.7.5	Grundstücksverkehr im Sanierungsgebiet.........	204	375– 380
3.7.5.1	Erwerb von Grundstücken durch die Gemeinde und durch öffentliche Bedarfsträger	204	375
3.7.5.1.1	Erwerb und Enteignung zum sanierungsunbeeinflussten Wert	204	375
3.7.5.1.2	Erwerb von Grundstücken durch öffentliche Bedarfsträger	205	376
3.7.5.1.3	Verkauf der Grundstücke zum Neuordnungswert	205	377– 378
3.7.5.2	Preiskontrolle des privaten Grundstücksverkehrs.........................	206	379– 380
3.7.6	Wertermittlung	208	381
3.7.6.1	Verantwortung der Gemeinde	208	381
3.7.6.2	Frühzeitige Ermittlung des sanierungsunbeeinflussten Wertes................	208	382
3.7.6.3	Frühzeitige Ermittlung des Neuordnungswertes...........................	209	383– 384

Inhaltsverzeichnis

		Seite	Randnummer
3.7.6.4	Frühzeitige Ermittlung von Anfangs- und Endwerten	209	385
3.7.7	Sanierungsumlegung	210	386
3.7.8	Überschussberechnung	211	387
3.8	Vereinfachtes Sanierungsverfahren	211	388– 397
3.8.1	Inhalt	211	388– 390
3.8.2	Anwendung	212	391– 393
3.8.3	Ausschluss des sanierungsrechtlichen Genehmigungsvorbehaltes	213	394
3.8.4	Verfahrenswechsel	214	395– 397
3.8.4.1	Allgemeines	214	395
3.8.4.2	Wechsel vom vereinfachten zum herkömmlichen Verfahren	214	396
3.8.4.3	Wechsel vom herkömmlichen zum vereinfachten Verfahren	214	397
3.9	Übertragung von Sanierungsaufgaben auf Dritte	215	398– 428
3.9.1	Allgemeines	215	398– 399
3.9.2	Andere Beauftragte	216	400
3.9.3	Sanierungsträger	216	401– 428
3.9.3.1	Vorbehaltene Aufgaben	216	401– 402
3.9.3.2	Sanierungsunternehmer	217	403– 404
3.9.3.3	Sanierungstreuhänder	218	405– 406
3.9.3.4	Prüfung der Voraussetzungen	219	407
3.9.3.5	Voraussetzungen für die Beauftragung	219	408– 414
3.9.3.5.1	Ausschluss von Bauunternehmen	219	408
3.9.3.5.2	Geschäftstätigkeit und wirtschaftliche Verhältnisse	220	409
3.9.3.5.3	Jährliche Prüfung	220	410
3.9.3.5.4	Zuverlässigkeit der leitenden Personen	220	411
3.9.3.6	Grundstücke des Sanierungsträgers	221	412– 414
3.9.3.7	Auskunftspflicht des Sanierungsträgers	222	415
3.9.3.8	Sanierungsvertrag	222	416– 428
3.9.3.8.1	Form	222	416
3.9.3.8.2	Mindestinhalt	223	417– 418
3.9.3.8.3	Weiterer Inhalt	223	419– 420
3.9.3.8.4	Kündigung	224	421– 423
3.9.3.9	Treuhandvermögen	225	424– 428
3.9.3.9.1	Wesen	225	424
3.9.3.9.2	Mittel	226	425
3.9.3.9.3	Haftung	226	426
3.9.3.9.4	Auflösung	227	427
3.9.3.9.5	Grunderwerbssteuerpflicht	227	428
3.10	Abgaben- und Auslagenbefreiung	227	429

Inhaltsverzeichnis

		Seite	Randnummer
3.10.1	Zweck	227	429
3.10.2	Abgaben und Auslagen	228	430– 431
3.10.3	Geschäfte und Verhandlungen	228	432
3.10.4	Befreiungstatbestände	229	433– 437
3.10.4.1	Vorbereitung und Durchführung städtebaulicher Sanierungsmaßnahmen	229	433
3.10.4.2	Gründung oder Auflösung von Sanierungsunternehmen	229	434
3.10.4.3	Durchführung von Erwerbsvorgängen	230	435– 437
4.	**Städtebauliche Entwicklungsmaßnahmen**	233	438– 530
4.1	Gegenstand und Ziele	233	438– 446
4.1.1	Allgemeines	233	438
4.1.2	Ortsteile und andere Teile des Gemeindegebietes	233	439– 440
4.1.3	Entwicklungsziele	234	441– 444
4.1.3.1	Zulässige Entwicklungsziele	234	441
4.1.3.2	Erstmalige Entwicklung	235	442– 443
4.1.3.3	Zuführung zu einer neuen Entwicklung	235	444
4.1.4	Abgrenzung zu den Sanierungsmaßnahmen	236	445– 446
4.2	Voraussetzungen	236	447– 455
4.2.1	Allgemeines	236	447
4.2.2	Allgemeinwohlerfordernis	237	448– 452
4.2.2.1	Bedeutung	237	448– 449
4.2.2.2	Wohn- und Arbeitsstätten	238	450
4.2.2.3	Gemeinbedarfs- und Folgeeinrichtungen	239	451
4.2.2.4	Wiedernutzung brachliegender Flächen	240	452
4.2.3	Erforderlichkeit der Anwendung des städtebaulichen Entwicklungsrechtes	240	453
4.2.4	Gewährleistung der zügigen Durchführung	241	454– 455
4.3	Träger der Entwicklungsmaßnahme	242	456– 459
4.3.1	Hoheitlicher Träger	242	456– 457
4.3.2	Übertragung von Entwicklungsaufgaben	243	458– 459
4.4	Vorbereitung der Entwicklung	244	460– 491
4.4.1	Gegenstand der Vorbereitung	244	460
4.4.2	Vorbereitende Untersuchungen	244	461– 463
4.4.3	Förmliche Festlegung des Entwicklungsbereiches	245	464– 470
4.4.3.1	Begrenzung des Entwicklungsbereiches	245	464– 467
4.4.3.2	Entwicklungssatzung	247	468– 470
4.4.4	Ziele und Zwecke der Entwicklung	248	471
4.4.5	Städtebauliche Planung	248	472– 487
4.4.5.1	Form der Planung	248	472– 473
4.4.5.2	Vorgaben des Gesetzes	249	474– 478

Inhaltsverzeichnis

		Seite	Randnummer
4.4.5.2.1	Funktionsfähiger Bereich	249	474– 477
4.4.5.2.2	Zusammensetzung der Bevölkerung	251	478
4.4.5.3	Umgang mit Grund und Boden	251	479– 482
4.4.5.4	Beachtung des Bodenreliefs und des Landschaftsbildes	253	483– 486
4.4.5.5	Städtebau im menschlichen Maßstab	254	487
4.4.6	Erörterung der beabsichtigten Entwicklung	255	489
4.4.7	Sozialplan	255	490
4.4.8	Vorgezogene Durchführungsmaßnahmen	255	491
4.5	Durchführung städtebaulicher Entwicklungsmaßnahmen	256	492– 508
4.5.1	Aufgaben der Gemeinde	256	492– 506
4.5.1.1	Verwirklichungspflicht	256	492
4.5.1.2	Grunderwerb	256	493– 495
4.5.1.3	Neuordnung der Grundstücke	257	496
4.5.1.4	Erschließung der Grundstücke	258	497
4.5.1.5	Weitere Ordnungsmaßnahmen	258	498
4.5.1.6	Veräußerung der Grundstücke	259	499– 505
4.5.1.6.1	Veräußerungspflicht	259	499
4.5.1.6.2	Veräußerung an Bauwillige	259	500– 501
4.5.1.6.3	Weite Kreise der Bevölkerung	260	502
4.5.1.6.4	Bevorzugte Personengruppen	260	503
4.5.1.6.5	Veräußerung zum Neuordnungswert	261	504
4.5.1.6.6	Nachfrage nach Grundstücken	261	505
4.5.1.7	Baumaßnahmen der Gemeinde	261	506
4.5.2	Baumaßnahmen Dritter	262	507
4.5.2.1	Baumaßnahmen öffentlicher Bedarfsträger	262	507
4.5.2.2	Baumaßnahmen privater Bauträger	262	508
4.6	Besonderes Bodenrecht	262	509– 524
4.6.1	Bedeutung und System	262	509
4.6.2	Enteignung	263	510– 511
4.6.3	Übernahmeverlangen	263	512– 515
4.6.4	Abschöpfung entwicklungsbedingter Werterhöhungen	265	516– 524
4.6.4.1	Grundsätzliches	265	516
4.6.4.2	Erwerb von Grundstücken zum entwicklungsunbeeinflussten Wert	265	517– 518
4.6.4.3	Verkauf der Grundstücke zum Neuordnungswert	266	519
4.6.4.4	Ausgleichsbeträge	267	520
4.6.4.5	Finanzierung der Entwicklungsmaßnahmen	267	521
4.6.4.6	Überschussverteilung	267	522
4.6.5	Anwendung sanierungsrechtlicher Vorschriften	267	523

Inhaltsverzeichnis

		Seite	Randnummer
4.6.6	Vorschriften über den Verkehr mit land- und forstwirtschaftlichen Grundstücken.............	268	524
4.7	Anpassungsmaßnahmen......................	269	525– 528
4.7.1	Anpassungsgebiet	269	525
4.7.2	Maßnahmen zur Anpassung...................	269	526
4.7.3	Förmliche Festlegung	270	527
4.7.4	Rechtsfolgen der förmlichen Festlegung.........	270	528
4.8	Städtebauliche Entwicklungsmaßnahme Bundeshauptstadt...........................	271	529 –530
4a.	Stadtumbau und Soziale Stadt	272	530a–530 l
4a.1	Allgemeines	272	530a–530d
4a.2	Stadtumbau	275	530e–530h
4a.2.1	Stadtumbaumaßnahmen......................	275	530e–530f
4a.2.2	Stadtumbauvertrag	277	530g
4a.3	Soziale Stadt...............................	280	530 i– 530 l
5.	**Städtebauliche Gebote**	285	531– 625
5.1	Grundsätzliches	285	531– 534
5.2	Städtebauliche Gründe	286	535– 537
5.3	Baugebote im einzelnen	288	538– 547
5.3.1	Allgemeines	288	538– 539
5.3.2	Planungsrechtliche Voraussetzungen	288	540
5.3.3	Formen des Baugebotes	289	541– 544
5.3.4	Wirtschaftliche Zumutbarkeit	290	545– 547
5.4	Gebot zur sonstigen Nutzung..................	291	548
5.5	Modernisierungs- und Instandsetzungsgebot......	292	549– 583
5.5.1	Grundsätzliches	292	549– 551
5.5.2	Modernisierung	293	552
5.5.3	Instandsetzung.............................	293	553– 559
5.5.3.1	Behebung von Mängeln	293	553
5.5.3.2	Beeinträchtigung der Nutzung.................	294	554
5.5.3.3	Beeinträchtigung des Straßen- oder Ortsbildes	294	555– 556
5.5.3.4	Erhaltenswerte bauliche Anlagen	295	557
5.5.3.5	Zustimmung der Denkmalschutzbehörde.........	296	558– 559
5.5.4	Modernisierungs- und Instandsetzungskosten	296	560– 583
5.5.4.1	Grundsätzliches	296	560
5.5.4.2	Kosten....................................	297	561– 562
5.5.4.3	Ermittlung der Kosten........................	298	563– 566
5.5.4.4	Kostenanteil des Eigentümers	299	567– 573
5.5.4.4.1	Grundsätzliches	299	567
5.5.4.4.2	Aufwendungen des Eigentümers	299	568
5.5.4.4.3	Nachhaltig erzielbare Erträge	300	569– 570
5.5.4.4.4	Mehrertragsberechnung	301	571
5.5.4.4.5	Gesamtertragsberechnung	301	572– 573

Inhaltsverzeichnis

		Seite	Randnummer
5.5.4.5	Kostenerstattungsanspruch.	302	574– 575
5.5.4.6	Entfallen oder Minderung des Kostenerstattungsanspruches	302	576– 580
5.5.4.7	Pauschalierter Kostenerstattungsbetrag	304	581
5.6	Pflanzgebot	304	582– 584
5.7	Rückbau- und Entsiegelungsgebot.	305	585– 601
5.7.1	Allgemeines	305	585– 587
5.7.2	Voraussetzungen der Anordnung	306	588– 591
5.7.2.1	Planwidrigkeit	306	588– 589
5.7.2.2	Missstände und Mängel.	307	590– 591
5.7.3	Ersatzraum	307	592– 595
5.7.3.1	Grundsätzliches	307	592
5.7.3.2	Wohnraum	308	593
5.7.3.3	Geschäftsraum	308	594– 595
5.7.4	Vermögensnachteile	309	596– 599
5.7.5	Pflicht zur Benachrichtigung	311	600
5.7.6	Entsiegelungsgebot	311	601
5.8	Verpflichtung des Bedarfsträgers.	312	602– 604
5.9	Duldungspflicht der Nutzungsberechtigten	313	605– 606
5.10	Erörterung und Beratung	313	607– 613
5.10.1	Bedeutung	313	607– 609
5.10.2	Erörterung	315	610– 612
5.10.3	Beratung	316	613
5.11	Öffentlich-rechtlicher Vertrag	316	614– 615
5.12	Anordnung	317	616– 619
5.12.1	Anordnungsbescheid	317	616– 617
5.12.2	Bestimmtheit der Anordnung.	318	618– 619
5.13	Durchsetzung der Gebotsanordnung.	318	620– 621
5.14	Enteignung	319	622– 625
6.	Städtebauförderung	323	626– 711
6.1	Grundsätze	323	626– 627
6.2	Gemeinschaftsfinanzierung	323	628– 637
6.2.1	Verfassungsrechtliche Grundlage	323	628– 629
6.2.2	Gesetzliche Grundlage	324	630
6.2.3	Verwaltungsabkommen zwischen Bund und Ländern.	325	631– 637
6.3	Förderrichtlinien der Länder	327	638– 640
6.4	Gegenstand der Städtebauförderung.	328	641– 646
6.4.1	Gesamtmaßnahmen.	328	641– 643
6.4.2	Zuwendungszeitraum	329	644– 646
6.5	Förderungsverfahren	330	647– 657
6.5.1	Städtebauförderungsprogramm	330	647– 653
6.5.2	Bewilligung der Finanzhilfen	333	654

Inhaltsverzeichnis

		Seite	Randnummer
6.5.3	Auszahlung der Finanzhilfen	334	655– 657
6.6	Fördergrundsätze	335	658– 668
6.6.1	Zuwendungsvoraussetzungen	335	658
6.6.2	Bereitstellung von Grundstücken	335	659– 662
6.6.2.1	Bereitstellungspflicht	335	659
6.6.2.2	Privatisierungspflicht	336	660
6.6.2.3	Form der Bereitstellung	336	661
6.6.2.4	Später erworbene Grundstücke	336	662
6.6.3	Treuhand- oder Sondervermögen	337	663– 665
6.6.3.1	Allgemeines	337	663
6.6.3.2	Einnahmen	337	664– 665
6.6.4	Vorauszahlungen	338	666– 668
6.7	Verwendung der Städtebauförderungsmittel	339	669– 677
6.7.1	Grundsatz der Subsidiarität	339	669
6.7.2	Kosten einer anderen Stelle	340	670– 671
6.7.3	Grundsatz der Entschädigung	340	672– 675
6.7.3.1	Allgemeines	340	672
6.7.3.2	Modernisierungs- und Instandsetzungsverträge	341	673– 675
6.7.4	Art der Gewährung von Städtebauförderungsmitteln	342	676– 677
6.8	Förderungsfähige Kosten	343	678– 697
6.8.1	Grundsätzliches	343	678– 680
6.8.2	Kosten der Vorbereitung	344	681
6.8.3	Kosten der Ordnungsmaßnahmen	344	682– 690
6.8.3.1	Allgemeines	344	682
6.8.3.2	Entschädigungen	344	683
6.8.3.3	Grunderwerbskosten	345	684– 686
6.8.3.4	Kosten für den Umzug von Bewohnern und Betrieben	346	687
6.8.3.5	Erschließungskosten	347	687
6.8.3.6	Kosten der Freilegung von Grundstücken	347	688
6.8.3.7	Kosten sonstiger Ordnungsmaßnahmen	347	689
6.8.3.8	Durchführung naturschutzrechtlicher Ausgleichsmaßnahmen	348	690
6.8.4	Kosten für Baumaßnahmen	348	691– 697
6.8.4.1	Allgemeines	348	691
6.8.4.2	Gemeinbedarfs- und Folgeeinrichtungen	348	692
6.8.4.3	Neubebauung und Ersatzbauten	349	693
6.8.4.4	Modernisierung und Instandsetzung	349	694
6.8.4.5	Verlagerung und Änderung von Betrieben	350	695
6.8.5	Kosten für die Vergütung beauftragter Dritter	350	696
6.8.6	Kosten für den Sozialplan und den Härteausgleich	350	697
6.9	Abrechnung	351	698– 706

Inhaltsverzeichnis

		Seite	Randnummer
6.9.1	Allgemeines	351	698– 701
6.9.2	Wertausgleich	352	702
6.9.3	Prüfung der Abrechnung	353	705– 706
6.10	Besondere Städtebauförderung	354	707– 710
6.10.1	Allgemeines	354	707
6.10.2	Stadtumbau	355	708
6.10.3	Soziale Stadt	356	709
6.10.4	Städtebaulicher Denkmalschutz	357	710
6.11	Bedeutung der Städtebauförderung	357	711
7.	**Steuerrechtliche Vergünstigungen**	359	712– 725
7.1	Allgemeines	359	712
7.2	Gewinne aus der Veräußerung von Grund und Boden	359	713– 715
7.3	Gebäude	360	716– 725
7.3.1	Allgemeines	360	716– 719
7.3.2	Sanierungsgebiete und Entwicklungsbereiche	362	720– 722
7.3.2.1	Erhöhte Absetzungen	362	720– 721
7.3.2.2	Sonderbehandlung von Erhaltungsaufwand	363	722
7.3.3	Baudenkmale	363	723– 725
7.3.3.1	Erhöhte Absetzungen	363	723– 724
7.3.3.2	Sonderbehandlung von Erhaltungsaufwand	364	725
8.	**Städtebauliche Erhaltung**	365	726– 823
8.1	Grundsätzliches	365	726– 732
8.2	Städtebauliche Ziele	367	733– 740
8.2.1	Abschließende Regelung	367	733
8.2.2	Erhaltung der städtebaulichen Eigenart	368	734– 737
8.2.3	Erhaltung der Zusammensetzung der Wohnbevölkerung	369	738– 739
8.2.4	Städtebauliche Umstrukturierungen	370	740
8.3	Satzungsverfahren	370	741– 755
8.3.1	Allgemeines	370	741– 744
8.3.2	Bezeichnung in einem Bebauungsplan	372	745– 748
8.3.3	Bezeichnung durch sonstige Satzung	373	749– 752
8.3.4	Unterrichtung durch die Gemeinde	374	753– 754
8.3.5	Geltungsdauer der Satzung	375	755
8.4	Genehmigungsvorbehalt	375	756– 767
8.4.1	Allgemeines	375	756– 758
8.4.2	Rückbau	376	759
8.4.3	Änderung baulicher Anlagen	377	760
8.4.4	Nutzungsänderung baulicher Anlagen	378	763
8.4.5	Errichtung baulicher Anlagen	378	764
8.4.6	Bildung von Sondereigentum an Wohnraum	378	765– 767

Inhaltsverzeichnis

			Seite	Randnummer
8.5	Versagungsgründe		379	768– 798
8.5.1	Allgemeines		379	768– 771
8.5.2	Erhaltung der städtebaulichen Eigenart		381	772– 789
8.5.2.1	Abbruch, Änderung und Nutzungsänderung baulicher Anlagen		381	772– 784
8.5.2.1.1	Allgemeines		381	772– 775
8.5.2.1.2	Prägung des Ortsbildes		382	776
8.5.2.1.3	Prägung der Stadtgestalt		382	777
8.5.2.1.4	Prägung des Landschaftsbildes		382	778
8.5.2.1.5	Städtebauliche Bedeutung		383	779– 780
8.5.2.1.6	Geschichtliche Bedeutung		383	781– 782
8.5.2.1.7	Künstlerische Bedeutung		384	783
8.5.2.1.8	Verhältnis zum Denkmalschutz		384	784
8.5.2.2	Errichtung baulicher Anlagen		385	785– 789
8.5.3	Erhaltung der Zusammensetzung der Wohnbevölkerung		387	790– 797
8.5.3.1	Allgemeines		387	790
8.5.3.2	Besondere städtebauliche Gründe		387	791– 794
8.5.3.3	Wirtschaftliche Unzumutbarkeit		388	795– 796
8.5.3.4	Genehmigungspflicht		389	797
8.5.4	Städtebauliche Umstrukturierungen		389	798
8.6	Genehmigungsverfahren		390	799– 807
8.6.1	Entscheidung der Gemeinde		390	799– 801
8.6.2	Beteiligung der Betroffenen		391	802– 807
8.7	Übernahmeverlangen		392	808– 813
8.8	Vollzug des Erhaltungsrechtes		394	814
8.9	Zurückstellung von Vorhaben		395	815– 817
8.10	Vorhaben öffentlicher Bedarfsträger		396	818– 823
9.	**Denkmalschutz und Denkmalpflege**		399	824– 903
9.1	Städtebau und Denkmalschutz		399	824– 833
9.1.1	Beziehungen zum Städtebaurecht		399	824– 831
9.1.2	Förderung der städtebaulichen Denkmalpflege		402	832
9.1.3	Städtebaulicher Denkmalschutz		403	833
9.2	Denkmalschutzrecht der Länder		403	834– 835
9.3	Denkmalbegriff		405	836
9.3.1	Sachen		405	836
9.3.2	Erhaltungsinteresse		406	839– 847
9.3.3	Erhaltungsgründe		410	848– 853
9.3.3.1	Künstlerische Bedeutung		410	848– 849
9.3.3.2	Wissenschaftliche Bedeutung		411	850
9.3.3.3	Geschichtliche Bedeutung		411	851– 852
9.3.3.4	Städtebauliche Bedeutung		413	853
9.4	Umgebungsschutz		414	855– 857

Inhaltsverzeichnis

		Seite	Randnummer
9.5	Gesamtanlagen und Gruppen von baulichen Anlagen.	415	858– 861
9.6	Denkmalschutzbehörden	417	862– 863
9.7	Erfassung der Denkmäler	418	864– 868
9.8	Inhalt des Denkmalschutzes	420	869– 887
9.8.1	Grundsätzliches	420	869
9.8.2	Erhaltungsverpflichtung	420	870– 876
9.8.3	Genehmigungsvorbehalt	423	877– 883
9.8.4	Strafbarkeit	426	884
9.8.5	Auskunfts- und Anzeigepflicht	426	885
9.8.6	Vorkaufsrecht und Enteignung	427	886– 887
9.9	Erhaltung und Wiederherstellung	427	888– 903
9.9.1	Allgemeines	427	888– 890
9.9.2	Wiederherstellung im Denkmalschutzrecht	429	891
9.9.3	Gegenargumente	429	892– 893
9.9.4	Haltung der Denkmalpflege	430	894
9.9.5	Argumente	431	895– 903
10.	**Baugestaltungsrecht**	435	904–1006
10.1	Städtebaurecht und Baugestaltungsrecht	435	904– 910
10.2	Landesbauordnungsrecht	438	911
10.3	Verunstaltungsabwehr	438	912– 928
10.3.1	Grundsätzliches	438	912– 919
10.3.2	Objektbezogene Gestaltungsanforderungen	441	920– 923
10.3.3	Umgebungsbezogene Gestaltungsanforderungen	441	924– 927
10.3.4	Anwendung	443	928
10.4	Örtliche Bauvorschriften	443	929– 998
10.4.1	Grundsätzliches	443	929– 940
10.4.2	Baugestalterische Aufgaben	447	941– 944
10.4.2.1	Baugestalterische Absichten	447	941– 942
10.4.2.2	Schutz bestimmter Bereiche	447	943– 944
10.4.3	Ortsbildgestaltung als Aufgabe der Gemeinde	448	945– 950
10.4.4	Inhalt der Gestaltungssatzung	450	951– 967
10.4.4.1	Allgemeines	450	951
10.4.4.2	Abgrenzung des Gebietes	451	952– 954
10.4.4.3	Anforderungen an die äußere Gestaltung	452	955– 967
10.4.4.3.1	Ermessen der Gemeinde	452	955– 956
10.4.4.3.2	Erforderlichkeit der Abwägung	453	957– 959
10.4.4.3.3	Bestimmtheit der Anforderungen	454	960
10.4.4.3.4	Zulässige Anforderungen	454	961– 967
10.4.5	Satzungsverfahren	456	968– 974
10.4.5.1	Bebauungsplan	456	968– 970
10.4.5.2	Sonstige Satzung	457	971– 974

Inhaltsverzeichnis

		Seite	Randnummer
10.4.6	Erarbeitung	458	975– 995
10.4.6.1	Allgemeines	458	975
10.4.6.2	Neu zu gestaltende Bereiche	459	977
10.4.6.3	Im Zusammenhang bebaute Bereiche	460	978– 979
10.4.6.3.1	Erfassung des Gebäudebestandes	460	978
10.4.6.3.2	Ortsbildanalyse	460	979
10.4.6.4	Festsetzungsempfehlungen	461	980
10.4.6.5	Mögliche gestalterische Festsetzungen	461	981– 995
10.4.7	Anwendung der örtlichen Bauvorschriften	465	996– 998
10.5	Gestaltung in der städtebaulichen Planung	466	999–1006
10.5.1	Gestaltungsempfehlungen	466	999–1000
10.5.2	Gestaltung der öffentlichen Räume	466	1001–1003
10.5.3	Gestaltung in der Bauleitplanung	467	1004–1006

Anhang:
ICOMOS Charta von Washington 469

Literaturverzeichnis 473
Stichwortverzeichnis 479

Abkürzungsverzeichnis

a. A.	anderer Auffassung		18. August 1997 (BGBl. I S. 2081)
a. a. O.	am angegebenen Orte	BayO	Bayrische Bauordnung
ABl	Amtsblatt	BauZVO	Bauplanungs- und Zulassungsverordnung v. 20.6.1990
Abs.	Absatz		
a. E.	am Ende		
a. F.	alte Fassung		
a. M.	anderer Meinung	BBauBl.	Bundesbaublatt
Anm.	Anmerkung	BGBl.	Bundesgesetzblatt
ARGEBAU	Arbeitsgemeinschaft der für das Bau- und Wohnungswesen zuständigen Minister der Länder	II. BV	Zweite Berechnungsverordnung
		BGB	Bürgerliches Gesetzbuch
		BGH	Bundesgerichtshof
Art.	Artikel	BImSchG	Bundes-Immissionsschutzgesetz v. 14.5.1990 (BGBl. I S. 880)
BauGB	Baugesetzbuch		
BauGB-MaßnahmenG	Maßnahmengesetz zum Baugesetzbuch		
		BMZ	Baumassenzahl
BauNVO	Baunutzungsverordnung	BnatSchG	Bundesnaturschutzgesetz
BauO	Bauordnung	BRS	Baurechtssammlung
BauR	Baurecht (Zeitschrift)	BR-Drs.	Bundesratsdrucksache
BauROG 1998	Gesetz zur Änderung des Baugesetzbuches und zur Neuregelung des Rechts der Raumordnung (Bau- und Raumordnungsgesetz 1998 – BauROG) vom	BT-Drucks.	Bundestagsdrucksache
		BVerfG	Bundesverfassungsgericht
		BVerwG	Bundesverwaltungsgericht
		Buchholz	Sammel- und Nachschlagewerk der Recht-

Abkürzungsverzeichnis

	sprechung des BVerwG	GuG	Grundstücksmarkt und Grundstückswert
bzw.	beziehungsweise		
d. h.	das heißt		
DIN	Deutsche Industrie-Norm	h. L.	herrschende Lehre
DÖV	Die öffentliche Verwaltung	h. M.	herrschende Meinung
DSchG	Denkmalschutzgesetz	HOAl	Honorarordnung für Architekten und Ingenieure
DVBl.	Deutsches Verwaltungsblatt		
DWW	Deutsche Wohnungswirtschaft	HS	Halbsatz
		i. d. F.	in der Fassung
		i. d. R.	in der Regel
E	Entscheidung in der amtlichen Sammlung	i. d. S.	in diesem Sinne
		i. G.	im Gegensatz
		InVorG	Investitionsvorrangsgesetz vom 14. 7. 1992 (BGBl. I S. 1257)
etc.	und so weiter		
f.	folgende Seite		
ff.	folgende Seiten		
FStrG	Bundesfernstraßengesetz	i. V. m.	in Verbindung mit
FZ	Zahl der Vollgeschosse	i. w. S.	im weiteren Sinne
GBl	Gesetzblatt	KAG	Kommunalabgabengesetz
gem.	gemäß		
GFZ	Geschoßflächenzahl	LBO	Landesbauordnung
GG	Grundgesetz für die Bundesrepublik Deutschland	MBl	Ministerialblatt
		MBO	Musterbauordnung
ggf.	gegebenenfalls		
GO	Gemeindeordnung	ModEnG	Modernisierungs- und Energieeinsparungsgesetz
GRZ	Grundflächenzahl		
GVBl	Gesetz- und Verordnungsblatt	Nds.	Niedersachsen

Abkürzungsverzeichnis

Nds. VVBauGB	Verwaltungsvorschriften zum Baugesetzbuch 2.5.1988 Niedersächsisches Ministerialblatt 1988 S. 547	s.o.	siehe oben
		sog.	sogenannte(r)
		StBauFG	Städtebauförderungsgesetz
		StBauFVwV	Allgemeine Verwaltungsvorschrift über den Einsatz von Fördermitteln nach dem Städtebauförderungsgesetz in der Fassung vom 14. März 1979 (Beilage zum Bundesanzeiger Nr. 57 vom 22. März 1979, Seite 9)
NJW	Neue Juristische Wochenschrift		
n.F.	neue Fassung		
Nr.	Nummer		
NuR	Natur und Recht		
NVwZ	Neue Zeitschrift für Verwaltungsrecht		
Nw.	Nachweis		
NWVBL	Nordrheinwestfälische Verwaltungsblätter		
		u.a.	unter anderem/ und andere
		UPR	Umwelt- und Planungsrecht
OLG	Oberlandesgericht		
		u.U.	Unter Umständen
OVG	Oberverwaltungsgericht		
		UVP	Umweltverträglichkeitsprüfung
PlanzV 90	Verordnung über die Ausarbeitung der Bauleitpläne sowie über die Darstellung des Planinhalts (Planzeichenverordnung)	VG	Verwaltungsgericht
		VGH	Verwaltungsgerichtshof
		vgl.	vergleiche
		VOB	Verdingungsordnung für Bauleistungen
		VwGO	Verwaltungsgerichtsordnung
Rnr.	Randnummer		
ROG	Bundesraumordnungsgesetz	VwVfG	Verwaltungsverfahrensgesetz
		VwVG	Verwaltungsvollstreckungsgesetz
S.	Seite		
s.	siehe		

Abkürzungsverzeichnis

WEG	Wohnungseigentumsgesetz	ZfBR	Zeitschrift für Internationales und Deutsches Baurecht
WertV	Wertermittlungsverordnung		
II. WoBauG	Zweites Wohnungsbaugesetz	ZMR	Zeitschrift für Miet- und Raumrecht
z. B.	zum Beispiel	z. T.	zum Teil

1. Städtebauliche Maßnahmen und Besonderes Städtebaurecht

1.1 Städtebau als öffentliche Aufgabe

Die Erneuerung von Städten und Dörfern ist eine besonders wichtige städtebauliche Aufgabe. Der Begriff „Städtebau" ist nicht im wörtlichen Sinne zu verstehen. Städtebau bezieht sich nicht nur auf Städte, sondern auch auf Dörfer. Gemeint ist nicht nur das Bauen, sondern auch das Planen. Der Begriff „Städtebau" ist erst 1889 durch das Buch von Camillo Sitte mit dem Titel „Der Städte-Bau nach seinen künstlerischen Grundsätzen" und das nachfolgende Buch von Josef Stübben mit dem Titel „Der Städtebau" geprägt worden. Hauptsächliche Maßnahmen des Städtebaues sind die Stadterneuerung und die Stadterweiterung. Inhaltlich kennzeichnend für den Städtebau ist eine Betrachtungsweise, die über die einzelne Grundstücksparzelle und das einzelne Bauvorhaben hinausgeht. Die Weite dieses Aufgabenfeldes kommt bereits in dem Titel des 1876 von Reinhart Baumeister verfassten Buches zum Ausdruck: „Stadterweiterung in technischer, baupolizeilicher und wirtschaftlicher Beziehung." Sein besonderes Interesse galt der Berücksichtigung der Rolle der Gesundheit im Städtebau. Gegen die Ausklammerung künstlerischer Belange wandte sich Sitte in seinem später folgenden Buch. Städtebau bedeutet Planen und Bauen im größeren räumlichen Zusammenhang. Im Gegensatz zur Architektur des einzelnen Gebäudes ist für den Städtebau der Zusammenhang der Bauten, die bauliche Struktur als solche maßgebend. Die Herstellung oder Änderung dieses Zusammenhanges ist mit der Bestimmung und erforderlichenfalls auch mit Einschränkungen der Nutzungsmöglichkeiten der einzelnen Grundstücke verbunden und bedarf daher der gesetzlichen Regelung. Diese findet sich im Baugesetzbuch (BauGB) in der Neufassung der Bekanntmachung vom 27. August 1997 (BGBl. I S. 2241), geändert zuletzt durch Art. 1 Europarechtsanpassungsgesetz Bau (EAG Bau) v. 24. 6. 2004 (BGBl. I S. 1359).

1

Das BauGB macht zugleich das umfangreiche thematische Aufgabenfeld deutlich, das die städtebauliche Planung zu bewältigen hat. Im § 1 Absatz 6 BauGB werden beispielhaft öffentliche Belange aufgezählt, die bei der Bauleitplanung zu berücksichtigen sind. Genannt werden u.a.: gesunde Wohn- und Arbeitsverhältnisse, die Wohnbedürfnisse der Bevölkerung bei Vermeidung einseitiger Bevölkerungsstrukturen, die Eigentumsbildung weiter Kreise der Bevölkerung insbesondere durch die Förderung des kostensparenden Bauens und die Bevölkerungsentwicklung, die sozialen und kulturellen Bedürfnisse der Bevölkerung, die Erhaltung, Erneuerung und Fortentwicklung vorhandener Ortsteile sowie die Gestaltung des Orts- und Landschaftsbildes, Denkmalschutz und Denkmalpflege, Umwelt- und Naturschutz, Wirtschaft, Land- und Forstwirtschaft, Verkehr, die Ver- und Entsorgung und die Erhaltung, Sicherung und Schaffung von Arbeitsplätzen. Der Bund hat die Gesetzgebungsbefugnis für den Boden – nicht aber für das Baugestaltungsrecht. Ge-

2

genstand der im BauGB geregelten zweistufigen Bauleitplanung (Flächennutzungsplan und Bebauungsplan) ist die Nutzung des Bodens. Sie dient nach § 1 Abs. 3 BauGB der städtebaulichen Ordnung und Entwicklung. Im Flächennutzungsplan ist nach § 5 Abs. 1 Satz 1 BauGB für das ganze Gemeindegebiet die sich aus der beabsichtigten städtebaulichen Entwicklung ergebende Art der Bodennutzung nach den voraussehbaren Bedürfnissen der Gemeinde in den Grundzügen darzustellen. Der nach § 8 Abs. 2 Satz 1 BauGB aus dem Flächennutzungsplan zu entwickelnde Bebauungsplan enthält verbindliche Festsetzungen i.S. von § 9 Abs. 1 BauGB für die Zulässigkeit von Vorhaben i.S. von § 29 Abs. 1 BauGB, d.h. die Errichtung, Änderung oder Nutzungsänderung von baulichen Anlagen und für Aufschüttungen und Abgrabungen größeren Umfanges sowie für Ausschachtungen, Ablagerungen einschließlich Lagerstätten. Maßgebend ist im Einzelfall die bodenrechtliche Relevanz, die anzunehmen ist, wenn die in § 1 Abs. 5 BauGB genannten Belange berührt werden. Der Bebauungsplan ist das vorrangige Instrument des Ersten Kapitels des Baugesetzbuches, welches die Überschrift „Allgemeines Städtebaurecht" trägt. Das Zweite Kapitel regelt unter der Überschrift „Besonderes Städtebaurecht" wichtige städtebauliche Aufgaben wie z.B. die Stadtsanierung, -entwicklung und -erhaltung, vgl. unten Rdn. 36. Der Städtebau als praktische Aufgabe schließt die Umsetzung der Planung mit ein. Das führt zur Bewältigung der miteinander verbundenen planerischen, finanziellen und rechtlichen Probleme.

3   Städtebau ist seinem Wesen nach wegen der Notwendigkeit der Steuerung und Ordnung erforderlicher baulicher Veränderungen ein ständiger Vorgang. Er bedeutet Anpassung an sich ändernde wirtschaftliche und technische Bedingungen und insbesondere an sich ändernde kulturelle Traditionen und soziale Verhältnisse. Vor allem dieser letzte Gesichtspunkt macht deutlich, dass es sich bei dem Städtebau auch um eine politische Aufgabe handelt. Versuche Städtebau als eine Wissenschaft zu begründen sind daher gescheitert. Es gibt keine allgemeingültige Theorie des Städtebaus. Eher drängt sich der Begriff Kunst auf. Kunst in dem Sinne aus baulichen Anlagen, Frei- und Erschließungsflächen, ein geordnetes Gefüge hervorzubringen, welches mehr Wert als die Summe seiner Teile ist. Letztlich dient Städtebau der ständigen Verbesserung der Lebensbedingungen. Maßgebend sind die sich ändernden Vorstellungen und Erfordernisse der Menschen. Städtebau repräsentiert weitgehend die jeweils vorherrschende soziale Ordnung. Städte sind daher im Laufe der Jahrhunderte nach unterschiedlichen Gesichtspunkten gestaltet worden. Unsere kleinräumigen, mittelalterlichen Städte wurden nach ganz anderen Gesichtspunkten gebaut als die barocken Städte des 18. Jahrhunderts. Die entsprechenden Leitbilder wechselten mit den jeweiligen Bedürfnissen und Gestaltungsvorstellungen sowie der bautechnischen Entwicklung. Zum Teil wurden die städtebaulichen Leitbilder im 20. Jahrhundert auch von bestimmten einzelnen Themen bestimmt, wie die „Stadt im Grünen" oder die „autogerechte Stadt". Dem Modell der „gegliederten und aufgelockerten Stadt" stellte man das Leitbild einer „urbanen Stadt" durch Verdichtung mittels Großbauformen entgegen. Auch haben die unterschiedlichen Ergebnisse des Städtebaues vergangener Epochen unterschiedliche, z.T. wechselnde Bewertungen erfahren.

So wurde der in den fünfziger Jahren in Ostberlin gebaute I. Abschnitt der „Stalinallee" seinerzeit von westlichen Architekten als stalinistische Zuckerbäckerarchitektur abqualifiziert. Dabei hätten die Architekten der heutigen Karl-Marx-Allee seinerzeit auch gern wie ihre Kollegen im schnörkellosen Bauhausstil gebaut, wenn sie hieran nicht durch seinerzeitigen politischen Verhältnisse daran gehindert worden wären. Später bezeichnete ein berühmter Architekt die sehr großzügig angelegte Straße, die inzwischen unter Denkmalschutz steht, als die letzte große Straße Europas. In ihrer neuklassizistischen Architektursprache mag man eine Vorläuferin der Postmoderne sehen. Allerdings fand die entsprechende Baupolitik Ende der 50er Jahre ihr Ende. Demgegenüber findet das seinerzeitige Gegenstück in Westberlin, die Neugestaltung des Hansaviertels, nur noch begrenzte Zustimmung. Hier wurde im Rahmen der Internationalen Bauausstellung 1957 anstelle der alten kriegsbeschädigten Bebauung für 5000 Bewohner eine völlig neue Struktur mit einem ganz anderen Straßensystem geschaffen, die aus freistehenden Baukörpern „in rhymisch freier Anordnung" mit gut belichteten und belüftbaren Wohnungen besteht und daher keine öffentlichen Stadträume aufweist. Straßen im herkömmlichen Sinne wurden nicht gebaut, weil sie als „Korridor", als ein Symbol der Enge und Gedrängtheit galten. Eine städtebauliche Beziehung zu dem bebauten Umfeld wurde nicht angestrebt. Diese Maßnahme kann städtebaulich als Modellfall einer Flächensanierung betrachtet werden. Stadterneuerung und Stadterweiterung sind heute die wichtigsten städtebaulichen Aufgaben. Das BauGB enthält besondere Regelungen über die Vorbereitung und Durchführung städtebaulicher Sanierungsmaßnahmen. Das Gesetz geht davon aus, dass es sich hierbei um eine ständige Aufgabe handelt. Der Umstand, dass dieses Gesetz bisher noch nahezu in jeder Legislaturperiode des Bundestags geändert worden ist, zeigt welche politische Bedeutung diese Materie hat.

1.2 Stadterneuerungen in der Vergangenheit

Städtebauliche Erneuerungsmaßnahmen im Sinne von einheitlich geplanten Maßnahmen zum Wiederaufbau oder zur Änderung einer vorhandenen städtebaulichen Struktur hat es bereits in der Vergangenheit gegeben. Tacitus berichtet uns, dass die Ergebnisse von Maßnahmen zur Stadterneuerung im antiken Rom von den Bürgern unterschiedlich beurteilt wurden. Kriege und Brände haben immer wieder zu Stadtzerstörungen geführt. Aufgrund von Bevölkerungsabwanderungen oder Vertreibungen sind immer wieder Städte verfallen. Wegweisend für den Städtebau in Europa waren die Sanierungsmaßnahmen des Papstes Sixtus V. im Rom des 16. Jahrhunderts. Sie führten zur Anlage neuer nunmehr gepflasterter Straßen und zur Verbesserung der städtischen Hygiene in Bezug auf die Wasserversorgung und die Müllentsorgung. Vielfach hatten Großbrände eine Erneuerung der vorhandenen städtebaulichen Strukturen zur Folge. Da hierbei in der Regel der Zuschnitt der Grundstücke und das Eigentum an den Grundstücken erhalten blieben, wurden die neuen baulichen Strukturen zumeist weitgehend in Anlehnung an die zerstörten wiederaufgebaut. Der Stadtgrundriss und die Straßenführungen haben sich insoweit in den Städten über Jahrhunderte trotz der Brände wenig geändert. Otto von Guericke konnte im 1631 total zerstörten Magdeburg seine Planungen, die breite Durchgangsstraßen vorsahen, nicht durchsetzen. Der Wiederaufbau erfolgte unter Beibehaltung des mittelalterlichen Straßennetzes.

6   Nach der Zerstörung Lissabons durch ein Erdbeben im Jahre 1755 wurde dagegen die Stadtmitte aufgrund einer neuen orthogonalen Planung wieder aufgebaut. Ebenso entschied sich die Stadt Hamburg hingegen nach der großen Brandkatastrophe des Jahres 1842 für einen Wiederaufbau nach einer neuen städtebaulichen Planung. Hamburg war bis zu dieser Zeit noch eine malerische Altstadt, die überwiegend aus giebelständigen Fachwerkhäusern bestand. Die Gassen hatten eine Breite von 3 bis 8 Metern. Zahlreiche Wasserarme, in die sämtliche Abwässer eingeleitet wurden, durchzogen die Stadt, in der damals 160000 Menschen lebten. Vom 5. bis zum 8. Mai 1842 zerstörte eine Feuersbrunst, der etwa 4.200 Wohnungen zum Opfer fielen, ein Viertel und zugleich den wertvollsten Teil der Stadt. Im Senat der Hansestadt wurde kurzfristig Einvernehmen erzielt, dass der Wiederaufbau der zerstörten Stadtteile „durch eine die Gesundheit fördernde Bauweise" durchgeführt werden sollte. Zur Erreichung dieses städtebaulichen Zieles wurde eine Auflockerung des Wiederaufbaugebietes durch breitere Straßen und die Anlegung von Stadtplätzen vorgesehen. An die Stelle der Fachwerkhäuser sollten Gebäude in Massivbauweise treten. Um den Wiederaufbau in der alten Bauweise zu verhindern, beschloss die Bürgerschaft 40 Tage nach dem Brande für die hiervon betroffenen Stadtteile eine Bausperre. Zugleich wurde die städtebauliche Planung zügig entwickelt und konnte daher bereits vier Monate nach der Brandkatastrophe von der Bürgerschaft festgelegt werden. Da diese Planung nur mittels Enteignung zahlreicher Grundeigentümer verwirklicht werden konnte, beschloss die Bürgerschaft am 9. September 1842 ein Expropriationsgesetz für die „eingeäscherten Stadtteile". In das nachfolgende Umlegungsverfahren wurden fast alle Grundstücke einbezogen. Diese Neuordnung des Gebietes führte zu einer Werterhöhung der betroffenen Grundstücke um 10 v.H. Zugleich wurde ein Sinken der Grundstückspreise in den übrigen Stadtteilen Hamburgs festgestellt. Innerhalb von vier Jahren war die Bebauung des Brandgebietes mit Ausnahme der öffentlichen Gebäude nahezu abgeschlossen. Als erste Stadt in Deutschland verfügte Hamburg in diesem Gebiet über ein Kanalisationssystem mit Wassertoiletten in den Wohnhäusern.

7   Die eigentliche Wurzel unserer heutigen städtebaulichen Sanierung liegt jedoch nicht in den Stadtbränden, sondern in ungesunden städtebaulichen Strukturen. Bereits in der Antike hatte sich Vitruv, der große Theoretiker des Städtebaues und der Architektur in seiner Schrift „De architectura libridecem" mit den Hygieneprinzipien befasst. Hygienische Gesichtspunkte sind teilweise auch bei der Anlage von antiken Stadtgrundrissen berücksichtigt worden. Später sind derartige Überlegungen mehr in den Hintergrund getreten. Die politische Entwicklung in Europa hatte zu Beginn des 18. Jahrhunderts zu einer Stärkung des bürgerlichen Eigentumsrechtes gegenüber der Staatsgewalt geführt. Staatliche Eingriffe in das Eigentum waren nur

noch sehr begrenzt zulässig. Fragen der Gesundheit galten ausschließlich als Privatangelegenheit. Die Stadtbilder in Deutschland zeichneten sich bis zum Ende des 19. Jahrhunderts zwar durch ihre Geschlossenheit aus. Zu diesen schönen Stadtbildern gehört aber auch mangels Kanalisation eine große Geruchsbelästigung, an der man erst Anstoß nahm, als man den Zusammenhang zwischen Sauberkeit und Gesundheit voll erkannt hatte. Zugleich erfuhren viele Städte eine nie gekannte Ausdehnung. Hierbei galt es den Baugrund möglichst wirtschaftlich auszunutzen um dort möglichst viele Menschen unterzubringen. Mangels behördlicher Kontrollen entwickelten sich die baulichen Verhältnisse so unhygienisch, dass Choleraepedemien ausbrachen. Im 19. Jahrhundert wurden aufgrund der industriellen Entwicklung die Probleme der Städte z.T. für unlösbar gehalten. Diese Beurteilung führte bei den Frühsozialisten Robert Owen in England und Charles Fournier in Frankreich zu Vorstellungen über den Bau völlig neuer Siedlungen auf dem Lande. Gemeinsam war diesen Entwürfen, die nur begrenzt verwirklicht worden sind, die Begrenzung der Einwohnerzahl auf höchstens 2000 und die Idee der Selbstverwaltung. Hervorzuheben ist der sozialreformerische Ansatz mit besonderer Betonung der Gemeinschaft sowie die den Planungen zugrunde liegende Stadtfeindlichkeit. Es erwies sich aber nicht als erfolgreich, durch neue Siedlungen zugleich neue Gemeinschaftsordnungen zu entwickeln, die mit einer Einschränkung privater Freiräume verbunden wurden. In Europa begann eine Entwicklung, die allgemein zu einer Stadtsanierung im heutigen Sinne führte. Herunter gekommene Stadtviertel wurden in England, Belgien und Frankreich als öffentliches Problem erkannt. Wegen der unhygienischen Verhältnisse in den Städten wurde 1848 in England durch das erste nationale Gesundheitsgesetz eine Gesundheitsbehörde gegründet, die zu Eingriffen in das private Grundeigentum ermächtigt war. Als Reaktion auf die schwerwiegenden hygienischen Missstände in den englischen Großstädten erging 1875 ein allgemeines Sanierungsgesetz. In den Jahren 1832 und 1849 verstarben in Paris infolge von Cholera-Epidemien zehntausende Menschen. In Frankreich erging 1850 ein Gesetz, das die Gemeinde zur Räumung von Häusern ermächtigte, wenn die Gesundheit der Bewohner durch äußere und andauernde Ursachen beeinträchtigt wurde, die nicht anders als durch übergeordnete Maßnahmen beseitigt werden konnten. Zu diesen Problemen traten in fast allen Großstädten solche des Verkehrs hinzu, weil die herkömmlichen engen Straßen den Verkehr nicht mehr aufnehmen konnten.

In Paris führte der Präfekt des Departements Seine, Georges Eugene Haussmann, von 1853 bis 1869 eine umfangreiche städtebauliche Sanierungsmaßnahme durch. Hierbei fiel dem Durchbruch neuer gerader und breiter Straßen die Pariser Altstadt zum Opfer. Das Ziel war es, das unübersichtliche alte Paris auch aus polizeilichen Gründen aufzulösen. Es handelt sich bis heute um die größte städtebauliche Maßnahme dieser Art. Sie betraf ein Drittel der damaligen Bevölkerung. Von ihr wurde ein Drittel der Pariser Bevölkerung betroffen. Insgesamt wurden in der Mitte von Paris über 20000 Gebäude demoliert. Vom Abbruch blieben nur sehr alte und bedeutende Baudenkmäler verschont. Die beim Abbruch gewonnenen Baumaterialien wurden für die Sanierung älterer Stadtteile verwendet. Als Begründung für 8 die Straßendurchbrüche und die damit verbundenen Maßnahmen wurden genannt: Hebung der öffentlichen Gesundheit durch Aufhebung alter Slumviertel, bessere Beleuchtung und Belüftung, reibungsloser Verkehrsfluss, Entstehung zeitgemäßer Wohnungen und Gewerbebedingungen sowie die Stabilisierung der sozialen Ordnung. Infolge dieser Straßendurchbrüche konnte von dem alten Stadtbild fast nichts erhalten bleiben. Hierfür wurde der Ausdruck „Haussmanisierung" üblich. Zu der Sanierungsmaßnahme gehörte neben dem Bau neuer großzügig angelegter Straßen und der Schaffung von Parkanlagen vor allem die Neugestaltung der Kanalisation. Die durch die Sanierung hervorgerufene Wertsteigerung der Grundstücke kam allein den Eigentümern zugute, was von Haussmann beklagt wurde. Die Aufwendungen für die Sanierung wurden von der Stadt mit Darlehen finanziert, die erst am Ende des Jahrhunderts getilgt werden konnten, weil infolge der Vermehrung der Einwohner die Einnahmen der Stadt erheblich gestiegen waren. Infolge der Wertsteigerung der Grundstücke stiegen zugleich die Mieten erheblich und führten im Ergebnis zur Obdachlosigkeit vieler Menschen, die diese Mieten nicht mehr aufbringen konnten. Die Obdachlosen besiedelten Brachland vor den Pariser Befestigungsanlagen durch den Bau von Hütten. In diesen Elendssiedlungen lebten in der Mitte der Zwanziger Jahre unseres Jahrhunderts noch mehr als 40000 Menschen. Haussmann konnte seine Maßnahmen nur aufgrund der Unterstützung Kaiser Napoleons III. durchsetzen. Das Modell Paris hat die weitere Entwicklung des Städtebaues in Europa wesentlich beeinflusst.

9   Insgesamt kam es in der zweiten Hälfte des 19. Jahrhunderts in den deutschen wie auch in den anderen europäischen Städten zu einer großen Erneuerungswelle, in der viele vorhandene Wohnquartiere beseitigt und auf einer neuen planerischen Grundlage mit einem veränderten Erschließungssystem wieder aufgebaut wurden. Zumeist führten diese Stadterneuerungsmaßnahmen wie in Paris zu einer fast völligen Beseitigung der vorhandenen Bausubstanz. So sind viele kulturhistorisch wertvolle Altstadtbereiche zerstört worden. Nur in wenigen Fällen wie in Barcelona und Wien ist es gelungen, die vorhandenen alten Strukturen mit dem neuen Städtebau planerisch zu verbinden.

Berlin führte in den 70er Jahren des 19. Jahrhunderts seine erste Stadterneuerungsmaßnahme durch. Sie bestand aus einem Straßendurchbruch, dem Bau der Kaiser-Wilhelm-Straße, der heutigen Karl-Liebknecht-Straße. Diese Verlängerung der Straße Unter den Linden in östlicher Richtung diente der besseren Verbindung des Stadtzentrums mit den östlichen Stadtteilen. Durch den Bau dieser neuen repräsentativen Straße wurde zugleich ein altstädtisches Elendsviertel beseitigt. Die Stadt hat zu diesem Zweck die Grundstücke erworben und nach dem Abbruch der vorhandenen Bebauung sowie dem Bau der Straße an private Bauherren veräußert. Eine vorausgegangene private Initiative zur Durchführung dieses Projektes war zuvor gescheitert. Um das Jahr 1900 begann in Berlin die Sanierung des Scheunenviertels nordöstlich des Stadtzentrums. Hier waren im 18. Jahrhundert Scheunen gebaut worden. Später waren an deren Stelle unter Beibehaltung der alten engen Straßenführung Wohngebäude mit z.T. bis zu vier Geschossen errichtet worden.

Stadterneuerungen in der Vergangenheit

Die dort herrschenden ungesunden und unübersichtlichen Wohnverhältnisse hatten das Viertel zu einem Anziehungspunkt unterster Volksschichten gemacht, der in den umliegenden Stadtvierteln als Belastung empfunden wurde. Die Stadt hat das gesamte Gelände einem privaten Unternehmer zur Neuparzellierung und Neubebauung veräußert.

Ausschlaggebend für diese städtebaulichen Maßnahmen waren zumeist sehr schlechte sanitärhygienische Verhältnisse der Wohnungen. Hier mussten in engsten Raumverhältnissen zahlreiche Menschen zusammenwohnen. So führte die Choleraepedemie von 1892 in Hamburg zu umfangreichen Flächensanierungsmaßnahmen in den älteren Stadtteilen. Von daher erklärt sich auch die Übernahme der Bezeichnung „Sanierung" oder „Assanierung" für die Stadterneuerung aus dem Französischen. Dort hat das Wort „assainir" die Bedeutung von Gesundmachen und Desinfizieren, Stadterneuerung wurde als Altstadtgesundung verstanden. In Hamburg wurde die Sanierung in drei räumlich abgegrenzten Gebieten, in denen ein besonderes Recht zur Anwendung kam, durchgeführt. Aufgrund der Neugestaltung der Sanierungsgebiete musste ein großer Teil der Wohnbevölkerung anderweitig untergebracht werden. 1898 wurde deshalb eine Unterkommission für den Ersatzwohnungsbau eingesetzt. Unter diesem Vorzeichen bedeutsam war die Ende des 19. Jahrhunderts auf der Grundlage eines besonderen Gesetzes für die „Assanierung" begonnene Neugestaltung der Josephstadt in Prag, des ehemaligen Judenviertels. Im Zuge dieser städtebaulichen Maßnahme, die auf der Grundlage des Assanierungsgesetzes aus dem Jahre 1893 durchgeführt wurde, kam es zum Abbruch von 600 Häusern. Wie bei den anderen Sanierungsmaßnahmen dieser Zeit wurden wenige isolierte kunsthistorisch wichtige Gebäude von der Zerstörung ausgenommen. Sanierung wurde insoweit begrifflich als Flächensanierung verstanden.

Kennzeichnend für diese Zeit ist auch die Beseitigung der den Verkehr hemmenden Stadtmauern einschließlich der kunsthistorisch und ortsgestalterisch wichtigen Stadttore. Bekanntlich wäre beinahe auch das berühmte Lübecker Stadttor abgebrochen worden. Der Gedanke einer Stadterneuerung, die nicht ausschließlich aus einer Beseitigung der vorhandenen Gebäude sondern aus deren Anpassung an die neuen Erfordernisse bestehen sollte wurde in Deutschland zuerst im Jahre 1904 von Cornelius Gurlitt entwickelt. Er erkannte den gestalterischen Wert der Altstadtbereiche im Rahmen der Stadterneuerung. Man sah aber Schwierigkeiten diese Bereiche an die Erfordernisse des Verkehrs anzupassen. Das erste Buch, welches sich besonders mit den vielfältigen planerischen, rechtlichen, finanziellen und sozialen Fragen der Sanierung befasste, schrieb 1921 Otto Schilling mit dem Titel „Innere Stadterweiterung." In den dreißiger Jahren des 20. Jahrhunderts kam es in Städten wie Kassel und Frankfurt a.M. zu umfangreichen Sanierungsmaßnahmen, bei denen man sich bemühte, die vorhandenen Baustrukturen zu berücksichtigen. Soweit Stadtplanung bis dahin mit Stadterweiterung gleichgesetzt worden war, widmete sich die Stadtplanung nunmehr auch den besonderen Problemen der bereits bebauten Ortsteile. Im Zuge dieser Bemühungen wurde die Bezeichnung „Innere Stadterweiterung" geprägt. Später wurde auch der Begriff „Stadtgesundung" verwendet.

Die Stadt Hamburg führte ihre besonders umfangreichen Sanierungsmaßnahmen weiter. Aufgrund von Neugestaltungsplanungen wurde die vormalige Altstadt in eine hauptsächlich geschäftlich genutzte Innenstadt umgestaltet. Die Hamburger Polizeibehörde begründete 1927 die Notwendigkeit der städtebaulichen Sanierung eines bestimmten Altstadtviertels auch ordnungspolitisch mit der derartigen Anhäufung asozialer Elemente, in der sie eine Gefährdung der öffentlichen Sicherheit sah. 1933 erhielt daher der Polizeisenator die Federführung für die Sanierung dieses Viertels. In dem gleichen Jahr begann die Stadt Braunschweig mit der städtebaulichen Sanierung ihrer Altstadt. Im Rahmen dieser Sanierung wurden verbaute Blöcke entkernt und die verbleibenden Wohngebäude instandgesetzt und modernisiert. An den Baukosten beteiligten sich das Reichsarbeitsministerium und das Land Braunschweig mit je einem Drittel der Kosten. Die Stadt förderte die städtebauliche Sanierung durch eine gezielte Öffentlichkeitsarbeit. Da ein Teil der Wohnbevölkerung in den Sanierungsgebieten nicht verbleiben konnte, wurden zum Zwecke der Umsetzung neue Siedlungen am Stadtrand gebaut.

12   Wenn die Bundesregierung heute in Berlin im Spreebogen nordwestlich des Reichstagsgebäudes ein freies Gelände für den Neubau wesentlicher Teile des Regierungsviertels vorfindet, hat dies nicht seinen Grund in den Bombenabwürfen des Zweiten Weltkrieges, sondern in der dort von Albert Speer ab 1938 vorgenommenen völligen Beseitigung einer städtebaulich intakten Bausubstanz. Hier sollte im Rahmen einer großen Flächensanierung die „Große Halle" für die Hauptstadt „Germania" errichtet werden. Kennzeichnend für diese Planungen waren wiederum neue gerade Straßen, hier Achsen genannt. Insoweit orientierte sich Speer an Haussmann. Diese städtebauliche Maßnahme hatte ihre Rechtsgrundlage im „Gesetz über die Neugestaltung deutscher Städte" vom 4.10.1937 (RGBl. I S. 1054). Dieses Gesetz sah städtebauliche Maßnahmen in abgegrenzten Gebieten vor, die der „Führer und Reichskanzler" bestimmte. Das Gesetz enthielt auch bodenrechtliche Bestimmungen über eine Veränderungssperre, einen Genehmigungsvorbehalt für die Veräußerung und Teilung von Grundstücken sowie ein gemeindliches Vorkaufsrecht und die Umlegung zur „Zusammenlegung und Neueinteilung" von Grundstücken. In den abgegrenzten Gebieten galt ferner ein vereinfachtes Enteignungsverfahren. Wertsteigerungen von Grundstücken, die durch Aussicht auf Durchführung der städtebaulichen Maßnahme bedingt waren, durften bei der Entschädigung nicht berücksichtigt werden. Führte die städtebauliche Maßnahme zur Beseitigung von Wohnraum, konnte der betroffene Eigentümer in Form von Grundstücken für den Bau von Ersatzwohnraum entschädigt werden. Das Gesetz enthielt ferner zur Förderung der städtebaulichen Maßnahmen Steuerbegünstigungen. Es sah zugleich aber auch die Erhebung einer Wertzuwachssteuer zu Gunsten des Reiches für Zwecke der Durchführung der städtebaulichen Maßnahmen nach diesem Gesetz vor. Das Gesetz über die Neugestaltung deutscher Städte sollte aber nicht als allgemeines Sanierungsgesetz dienen.

13   Im Zweiten Weltkrieg wurden zahlreiche Luftangriffe mit dem alleinigen Ziel durchgeführt, historisch wertvolle Altstädte zu zerstören. Als Beispiele sind zu nennen Lübeck, Exeter, Bath, York, Canterbury und Hildesheim. Unabhängig von der politischen oder weltanschaulichen Meinung wurden auf allen Seiten die Kriegszerstörungen noch während des Krieges als die große Chance für einen neuen und anderen Städtebau angesehen. Noch vor dem Ende des Krieges formulierte der Lübecker Baudirektor Pieper: „Hinter den bewunderten historischen Fassaden und den traulichen Schlupfwinkeln der guten alten Zeit verbirgt sich das Elend unserer Frauen und Kinder." Einige Jahre später meinte sein Nachfolger Münter, es würde dem Geist der Stadt nicht entsprechen, aus ihr „ein Spitzweg-Idyll" mit Entwicklungs- und Überraschungsblicken zu machen. Von dieser allgemeinen städtebaulichen Entwicklungslinie abweichend entschied sich München für eine Wiederherstellung der Altstadt, um deren Geist und Gefüge zu erhalten. Der überkommene Stadtgrundriss wurde hier nicht in Frage gestellt. Trotz erheblicher Zerstörungen im II. Weltkrieg wurden alle wichtigen alten Gebäude wenn auch z.T. mit Vereinfachungen und auch Veränderungen im Inneren wieder aufgebaut. Demgegenüber trauert Berlin seiner verlorenen alten Mitte nach. Das einstige Marienviertel besteht aus einem Platz, dessen einer Teil heute den Namen Marx-Engels-Forum trägt und dessen Ausmaße sich an denen des Roten Platzes in Moskau orientieren. Auf diesem Platz in Berlin stehen beziehungslos die Marienkirche aus dem 13. Jahrhundert und der Fernsehturm. An der Stelle, wo sich einst das bürgerliche Altberlin befand, ist heute gleichsam ein Unort, den man auch als Dokument des Scheiterns des Städtebaues der Nachkriegszeit sehen kann, der von Vergangenheitshass und Fortschrittsglaube beherrscht war. Planer und Politiker hatten in Ost und West das Ziel in Berlin den alten Stadtgrundriss zu zerstören und bei dieser Gelegenheit auch die Eigentumsverhältnisse zu verändern. An die Stelle der herkömmlichen Stadt sollte bis in die 70er Jahre das Konzept der offenen Stadtlandschaft im Westen treten, welches freistehende Großbauten und eine am Kraftfahrzeugverkehr orientierte Straßenplanung vorsah. Entsprechend beinhalteten auch die Sanierungskonzepte in Westberlin, dem Beispiel Hansaviertel folgend die Beseitigung der vorhandenen Baustrukturen mit ihren Hinterhöfen und die Umsiedlung der Bewohner vor. Insbesondere gegen die Beseitigung preisgünstiger Mietwohnungen regte sich Widerstand, der Hausbesetzungen mit einschloss. Hiernach wurde das Konzept der „behutsamen Stadterneuerung" entwickelt und der Weiterbau neuer Trassen der Stadtautobahn aufgegeben. An das Marx-Engels-Forum grenzt südlich das Nicolaiviertel an. Dieses im II. Weltkrieg zerstörte älteste Siedlungsgebiet Berlins lag bis in die 80er Jahre brach. Als dann Berlin 750 Jahre alt wurde, wollte man sich hier an die alte Stadtgestalt erinnern. Zu diesem Zweck erfolgte der Wiederaufbau der völlig zerstörten Nicolaikirche und die Umsetzung einiger an anderer Stelle noch vorhandenen Gebäude hierher sowie die Errichtung an das alte Stadtbild angepasster Neubauten in Plattenbauweise.

1.3 Geplante Stadterweiterungen in der Vergangenheit

Geplante und umfassend durchgeführte Maßnahmen zur Stadterweiterung gibt es, seitdem Städte existieren. Immer wieder erforderte das Wachstum der Städte in

14

der Siedlungsgeschichte entsprechende Maßnahmen. Nachdem die Städte in Europa infolge der Zerstörungen im Zuge von Völkerwanderungen geschrumpft waren, fand seitdem ein unregelmäßiges Wachstum statt, das entsprechende Erweiterungen der Städte erforderte. In Deutschland wurden im Hoch- und Spätmittelalter zahlreiche Städte planmäßig erweitert. Die Entwicklung erreichte, durch großen Bevölkerungszuwachs verursacht, ihren Höhepunkt von der Mitte des 12. bis zur Mitte des 14. Jahrhunderts. Diese Stadterweiterungen wurden durch Umschließung von Siedlungsteilen vor der Stadt mit einer neuen Stadtmauer oder ringförmige Erweiterung der Stadt vorgenommen. 1348 erreichte die Pest Europa und setzte den Stadterweiterungen und Stadtneugründungen überwiegend ein Ende. In vielen Städten wie z.B. Osnabrück blieben große Flächen innerhalb der Stadtmauern unbebaut. Erfolgreich verlief hingegen im 14. Jahrhundert die Erweiterung Prags um die Neustadt durch Kaiser Karl IV. Zur Neustadt gehören drei für den damaligen Städtebau sehr große Plätze, von denen der Wenzelsplatz heute am bekanntesten ist.

15 Bis zum 16. Jahrhundert waren die Städte in Europa zumeist nur langsam gewachsen. Erst danach begann die Zeit größerer geplanter Stadterweiterungen. Die befestigte und noch städtebaulich mittelalterlich geprägte Residenzstadt Berlin wurde 1674 um die Dorotheenstadt nördlich der Straße Unter den Linden und südlich 1689 um die Friedrichstadt erweitert. Beide Maßnahmen beruhen auf Entscheidungen des Kurfürsten. Abweichend vom älteren Stadtkern erhielten beide Vorstädte einen orthogonalen Grundriss. Die Gestaltung der einzelnen Häuser regelte weitgehend der Staat. 1730 entstanden am Rande der Friedrichstadt kreisförmige, achteckige und rechteckige Stadtplätze zur Bereicherung der Stadtgestalt. Erst ab 1734 wurden die Wallanlagen, welche die Vorstädte von Berlin trennten, abgetragen. Die Stadterweiterungen der fürstlichen Residenzstädte im 18. Jahrhundert insgesamt entwickelten sich aufgrund staatlicher Planungen, die orthogonale Stadtgrundrisse mit streng axialen Straßenzügen vorsahen und daher von den vorhandenen Stadtkernen allgemein stark abwichen. Diese Entwicklung setzte sich bis zum Ende des 19. Jahrhunderts fort. Stadtplanung wurde in erster Linie als eine technische Angelegenheit verstanden. In Deutschland, England und Italien wurden technische Hochschulen gegründet, die sich mit dem Thema Städtebau befassten. Unter den Stadterweiterungen der ersten Hälfte des 19. Jahrhunderts in Deutschland hat der auf Anordnung König Ludwigs in München von Leo von Clenze und Friedrich von Gärtner durchgeführte Bau der Ludwigstraße zwischen Feldherrnhalle und Siegestor besondere Bedeutung weil hier baukünstlerische Motive im Vordergrund standen. Ludwig verfolgte, ohne die Stadt zu beteiligen, das Ziel aus München eine Kunststadt zu machen. Demgemäß mussten funktionale und wirtschaftliche Belange zurücktreten. Wegen der angestrebten Monumentalität der Straße wurden die Gebäude in Form von Palais gebaut, hinter deren Fassaden sich teilweise mehrere Wohnhäuser verbargen, soweit es sich nicht um öffentliche Gebäude handelte. Die Straße tritt gewollt als Fortsetzung der Münchner Altstadt in Erscheinung. Durch wechselnde Trauf- und Geschosshöhen sowie infolge von Stil-, Form- und Farbkontrasten in einem bestimmten Rahmen

wurde eine zu einheitliche Gestaltung vermieden. Eine nach ihrem großen Umfang bedeutende Stadterweiterung wurde ab 1857 in Wien durch den Bau der Ringstraße um den mittelalterlichen Stadtkern durchgeführt. Voraussetzung für die Maßnahme war die Kaiser Franz Joseph gegen den Widerstand der Armeeführung befohlene Schleifung der die Altstadt umschließenden Befestigungsanlagen. Außerhalb dieser Anlagen hatten sich zahlreiche Arbeitervorstädte entwickelt. Im Gegenzug bestanden die Armeeführer auf dem Bau einer sehr breiten Straße, um bei möglichen Unruhen die Errichtung von Barrikaden durch große Beweglichkeit der Truppen verhindern zu können. Grundlage der Planung wurde das Ergebnis eines städtebaulichen Wettbewerbs. Die Planung der neuen Straße und der angrenzenden Bereiche beschränkte sich auf die Fortsetzung von Grundzügen der angestrebten räumlichen Entwicklung. Sie ermöglichte die Errichtung zahlreicher öffentlicher Monumentalbauten wie die Oper, die Börse, Museen, die Kunstakademie und das Rathaus in unterschiedlichen historisierenden Stilen. Es gelang die Altstadt in das neue Straßensystem einzufügen ohne sie zu beeinträchtigen. Die Maßnahme wurde über einen Stadterweiterungsfonds durch den Verkauf es erschlossenen Baulandes an private Bauherren finanziert. Gegen die Langweiligkeit der bei den Stadterweiterungsplanungen zugrunde gelegten Rechteck-, Radial- und Dreieckssysteme wandte sich 1889 Camillo Sitte, vgl. oben Rn. 1. Er stellte diesen zeitgenössischen Systemen die künstlerischen Qualitäten der alten Städte gegenüber.

Insbesondere die Industrialisierung im 19. Jahrhundert führte zu einem großen Bevölkerungswachstum in den Städten. Hieraus entstand ein zwingender Bedarf nach deren Erweiterung. Für die rasch zunehmende Zahl der Industriearbeiter und ihre Familien mussten schnell preisgünstige Mietwohnungen gebaut werden. 1861 lebten beinahe 10 v. H. der Bevölkerung von Berlin in Kellern und knapp die Hälfte in Einzimmerwohnungen. Der von James Hobrecht im Auftrage des Polizeipräsidenten in Berlin 1859 bis 1861 ausgearbeitete Bebauungsplan für ganz Berlin ging von einer Vervielfachung der Einwohnerzahl aus. Der Plan diente über Jahrzehnte der Stadterweiterung. Er sah Blöcke von 250 x 200 m und eine fünfgeschossige Bebauung vor. Er enthielt aber keine Maßgaben für die bauliche Nutzung der Grundstücke. Infolgedessen konnten die Blöcke sehr dicht gebaut werden. Es entstand ein steinernes Häusermeer. Vielfach verließen aber auch begüterte Bürger die Altstädte und bauten sich in den neuen Vorstädten sogenannte Stadtvillen. Insbesondere in den Gründerjahren wurden neue Stadtteile in Berlin auch von privaten Unternehmern nach Aufkauf der Ländereien beplant, erschlossen, parzelliert und an Bauwillige veräußert.

16

Gleichzeitig entwickelte sich zur Erschließung neuer Baugebiete in ersten Ansätzen, beginnend mit der Fluchtliniengesetzgebung in Baden und Preußen, das staatliche Bauplanungsrecht. Bedeutsamstes Instrument der Stadtentwicklung in Deutschland wurde das Preußische „Gesetz betr. die Anlegung und Veränderung von Straßen und Plätzen in Städten und ländlichen Ortschaften" vom 2. 7. 1875 (GS S. 561). Dieses Fluchtliniengesetz übertrug den Gemeinden das Recht zur Festsetzung der Fluchtlinien – d. h. der die Straßen beidseitig begrenzenden Baufluchten –

17

und das Recht zur Enteignung der Straßenflächen gegen Entschädigung. Ferner wurden die Erschließungskosten auf die Anlieger umgelegt. Die Durchführung dieses Gesetzes oblag hauptsächlich den Vermessungsingenieuren, weniger den Architekten. Die Bebauung nicht erschlossener Flächen konnte durch ortsstatuarische Bauverbote untersagt werden. Das Gesetz erlaubte den Gemeinden den Bau von Straßen mit einer Breite von bis zu 26 m. Soweit die Städte hiervon Gebrauch machten, entstanden entsprechend hohe Erschließungskosten. Die Anlieger dieser breiten Straßen hatten daher ein wirtschaftliches Interesse, ihre Grundstücke so hoch und so dicht wie möglich zu bebauen. Dabei durfte nach den damaligen baupolizeilichen Vorschriften die Höhe der Häuser die Straßenbreite nicht überschreiten. Die Grundfläche konnte bis zu drei Viertel bebaut werden. So sind viele Mietskasernen mit oftmals mehreren Hinterhäusern entstanden. Die Hinterhöfe mussten z.T. nur eine Mindestgröße von 80 qm haben. Das Ergebnis waren viele dunkle und schlecht belüftete Wohnungen.

18   Für die Erhaltung der Altstadtbereiche, die „Sanierung" ihrer Gebäude und die Beibehaltung bewährter Bauformen trat der 1904 in Dresden gegründete Heimatschutzbund ein, der im kommunalpolitischen Raum große Bedeutung erlangte und stilprägend wirkte. Sein weiteres Ziel war die Bewahrung der freien Natur, in Form einer von Menschen vollständig unberührten Landschaft. Zeitlich parallel entstand, angezeigt durch das 1908 veröffentlichte Buch „Garden Cities of – tomorrow" des Engländers Ebenezer Howard, die „Deutsche Gartenstadtgesellschaft". In ihrer Satzung stand u.a.: „Eine Gartenstadt ist eine planmäßig gestaltete Siedlung auf wohlfeilem Gelände, das dauernd in einer Art Obereigentum der Gemeinschaft erhalten wird, derart, dass jede Spekulation mit Grund und Boden dauernd unmöglich ist. Sie ist ein neuer Stadttypus, der eine durchgreifende Wohnungsreform ermöglicht, für Industrie und Handwerk vorteilhafte Produktionsbedingungen gewährleistet und einen großen Teil seines Gebietes dauernd dem Garten- und Ackerbau sichert." Im Umkreis von Großstädten sind in Deutschland mehrere Garten(vor)städte gebaut worden, von denen Halberau (Dresden) die bekannteste ist.

19   Die großen Stadterweiterungen der letzten 150 Jahre setzten eine starke Entwicklung des öffentlichen Verkehrs durch Eisenbahnen, Schnell- und Straßenbahnen, Omnibusse und Untergrundbahnen voraus. Die Entwicklung des Kraftfahrzeugverkehrs in der zweiten Hälfte des 20. Jahrhunderts hat darüber hinaus nahezu unbegrenzte, z.T. metastasenartige Stadterweiterungen ermöglicht. Zugleich hat der Automobilverkehr im zwanzigsten Jahrhundert die Stadtplanung entscheidend beeinflusst. Die neuen Straßen haben als Lebensraum z.T. ihre Bedeutung verloren. Hingegen wurde der Kraftfahrzeugverkehr dominierend. Ein weiteres Ziel war es, diesen Verkehr vom Fußgängerverkehr zu trennen. Das Auto erhielt besondere Straßen. Ein berühmter Architektenkongress formulierte 1933 in Artikel 16 seiner Athener Charta:

> „Das Haus wird … nicht mehr durch seinen Gehsteig an der Straße kleben. Das Wohnhaus wird sich in seinem eigentlichen Raum erheben, wo es in den Genuß von Sonne, frischer Luft und Ruhe kommen wird. Der Verkehr wird sich vertei-

Finanzierung des Städtebaues

len auf langsame Durchgangsstraßen für Fußgänger und schnelle Durchgangsstraßen für Fahrzeuge. Diese Straßen werden, eine wie die andere, ihre Funktion erfüllen, indem sie den Wohnvierteln nur gelegentlich nahe kommen."

Erst wurde die Straßenflucht von der Bauflucht gelöst, dann lösten die Stadtplaner die Straße völlig von den Bauwerken. Zur Vermehrung des Verkehrs hat auch der Grundsatz der räumlichen Funktionstrennung bei der Stadtplanung beigetragen, der in der gleichen Athener Charta proklamiert wurde. Nach diesem Planungskonzept wurden und werden für verschiedene Funktionen wie Wohnen, Arbeiten, Einkaufen und Erholen in der Stadt räumlich getrennte Flächen ausgewiesen. Die Beachtung dieses Konzeptes bei den Stadterweiterungen des 20. Jahrhunderts hat Kritik erfahren, weil hierdurch zeitweise menschenleere Ortsteile, sog. Schlafstädte, oder nach Geschäftsschluss verödete Stadtzentren entstanden sind. Zugleich sollte der Städtebau den Gedanken der Gleichheit der Wohnbedürfnisse der Menschen durch Schaffung möglichst gleicher Wohnbedingungen widerspiegeln. Diese Gleichheit der Wohnbedingungen konnte am zweckmäßigsten durch serielle Bauformen, sei es in vertikaler Form durch Hochhäuser oder sei es in horizontaler Form durch den Bau aneinander gereihter baugestalterisch identischer Flachbauten, hergestellt werden. Diese Bestrebungen haben infolge ihrer monotonen gestalterischen Ergebnisse in der Nachkriegszeit dem Gedanken des Städtebaues an sich geschadet. Aus heutiger Sicht bedeutet dieser Städebau die im Ergebnis misslungene Suche nach der Alternative zur herkömmlichen Stadt. Die neuen technischen Möglichkeiten ließen das Entstehen baulicher Anlagen zu, die sich aufgrund ihrer Dimensionen nicht in das vorhandene Stadtbild einordnen ließen und es deshalb zerstörten. Durch bauliche Anlagen mit bis zu mehreren hundert Wohnungen sollten Erschließungskosten gespart werden. Die Planungen hatten zugleich den Zweck, die inselhaften Grünanlagen der herkömmlichen Städte zu erweitern und möglichst zu einem großen Park zu verbinden. Aus Städten sollten Stadtlandschaften werden, um den Gegensatz zwischen Stadt und Land aufzuheben. Letztlich hat dieses Konzept, dort wo es verwirklicht wurde, zur Auflösung der herkömmlichen Stadt geführt.

1.4 Finanzierung des Städtebaues

Die für die Stadterweiterung erforderliche Überplanung eines räumlichen Bereichs und seine Erschließung führten in der zweiten Hälfte des 19. Jahrhunderts zu einer ungeheuren Werterhöhung des Bodens. Aus billiger Wiese wurde hochwertiges Bauland. Da es seinerzeit in Preußen vor dem Fluchtliniengesetz noch kein Enteignungsgesetz für die Baulandbeschaffung gab, konnten die Alteigentümer der betroffenen Grundstücke für die Hergabe ihres landwirtschaftlich genutzten Bodens jeden Preis verlangen. Berühmt-berüchtigt wurden in diesem Zusammenhang die „Schöneberger Millionenbauern". In Schöneberg, heute ein Stadtteil von Berlin, damals ein großer Vorort, können noch heute z. T. die Villen der damaligen Eigentümer als Monumente eines „unverdienten Reichtums" besichtigt werden. Für eine

Abschöpfung dieser allein durch die öffentliche Hand bewirkten Bodenwerterhöhungen traten hauptsächlich die Bodenreformer ein. Danach sollten die Eigentümer für die Erlaubnis zur baulichen Nutzung ihres Bodens eine „Grundrente" entrichten. Für den Eigentumswechsel eines Grundstücks war die Erhebung einer Zuwachssteuer vorgesehen. Wertzuwächse, die der Veräußerer nicht durch Arbeits- und Kapitalaufwendungen hervorgerufen hatte, sollten ihm in möglichst hohen Anteilen entzogen werden. Dieser Gedanke fand 1919 Aufnahme in Artikel 155 Abs. 3 Satz 2 der Weimarer Reichsverfassung. 1930 setzte sich der Berliner Stadtbaurat Martin Wagner erfolglos für ein Städtebaufinanzierungsgesetz ein. Dieses Gesetz sollte der Finanzierung der Kosten der Städte für die Stadterweiterung und Stadterneuerung dienen. Hierfür sollten die Wertzuwächse der Grundeigentümer, die durch bauliche Vergünstigungen, wie z. B. die bessere Ausnutzung der Grundstücke oder baulichen Maßnahmen der Städte entstehen, verwendet werden.

1.5 Städtebauförderungsgesetz

1.5.1 Ziele des Städtebauförderungsgesetzes

22   Das 1960 nach langjährigen Vorarbeiten in Kraft getretene Bundesbaugesetz (BBauG) führte erstmals zu einem bundeseinheitlichen Planungsrecht und sollte hauptsächlich dem Neubau zur Beseitigung der Wohnungsnot dienen. Das Gesetz enthielt keine Regelung über die Einführung einer Bodenwertabschöpfung, obwohl zuvor alle großen Fraktionen des Deutschen Bundestages dies angestrebt hatten. Eine spätere Initiative der Bundesregierung im Jahre 1976 zur allgemeinen Einführung eines „Planungswertausgleiches" durch Einfügung eines § 135a in das BBauG, vgl. BT-Drs. 7/2496, scheiterte am Widerstand des Bundesrates. Das BBauG 1960 enthielt bereits einige Bestimmungen über die städtebauliche Sanierung. So wurden die Gemeinden durch § 5 Abs. 4 BBauG dazu verpflichtet, Sanierungsgebiete im Flächennutzungsplan kenntlich zu machen. Zu diesem Zweck definierte das Gesetz diese Bereiche als Gebiete, in denen zur Beseitigung städtebaulicher Missstände besondere, der Stadterneuerung dienende Maßnahmen erforderlich sind. § 26 Abs. 1 Satz 1 BBauG ermächtigte die Gemeinde, durch Satzung Sanierungsgebiete festzulegen, in denen ihr an unbebauten Grundstücken ein Vorkaufsrecht zustand. Weitere sanierungsrelevante entschädigungsrechtliche und umlegungsrechtliche Regelungen waren in § 44 Abs. 1 Satz 2 und in § 59 Abs. 5 BBauG enthalten. Das BBauG traf aber keine allgemeinen Regelungen für die Stadterneuerung. Entsprechende Überlegungen in Hinblick auf Einführung eines besonderen bodenrechtlichen Instrumentariums für die städtebauliche Sanierung und ihre Finanzierung erschienen seinerzeit politisch nicht durchsetzbar.

23   Der Senat von Berlin erließ am 12. Dezember 1961 Richtlinien für städtebauliche Sanierungsmaßnahmen, vgl. Amtsblatt für Berlin 1961 S. 86, als allgemeine Verwaltungsvorschrift. Diese Richtlinien bezogen sich auf den Sanierungsbegriff des § 5 Abs. 4 BBauG und nannten als Beispiele für städtebauliche Missstände:

Städtebauförderungsgesetz

„a) die zu hohe bauliche Nutzung mit minderwertigen Wohnungen und ohne begrünte Flächen, Kinderspielplätze und Stellplätze;

b) die Vermischung von Wohn- und Arbeitsstätten mit Störungen oder Gefahren für die Bewohner einerseits und mangelnden Entwicklungsmöglichkeiten für das Gewerbe andererseits;

c) die planlose Besiedlung mangelhaft erschlossenen Geländes mit Bauten, die überwiegend den allgemeinen Anforderungen an gesunde Wohnverhältnisse nach ihrer Beschaffenheit offensichtlich nicht genügen oder gewerblich genutzt werden."

Zugleich bestimmten die Richtlinien, dass Sanierungsmittel insbesondere verwendet werden durften zur Deckung der Kosten von Entschädigungen für abzubrechende Bausubstanz, Umzugs- und Verlagerungskosten, Mietausfälle und andere wirtschaftliche Nachteile.

Mit dem Inkrafttreten des BBauG begann zugleich die lange Vorgeschichte des Städtebauförderungsgesetzes. Ebenfalls im Jahre 1960 wurde aus dem kommunalen Bereich die Forderung nach einem zweiten Baugesetz erhoben. Dieses sollte in Ergänzung des BBauG hauptsächlich der Förderung der städtebaulichen Erneuerung und der Verhinderung der Bodenspekulation in den Sanierungsgebieten dienen. Bereits 1961 begannen die Vorarbeiten im Bundesbauministerium für Raumordnung, Bauwesen und Städtebau an einem Stadterneuerungsgesetz. Gegen die in dem vorläufigen Entwurf vorgesehene Beteiligung des Bundes an der Finanzierung der städtebaulichen Erneuerung gab es Widerstand sowohl von seiten der Länder als auch von seiten des Bundesfinanzministers.

Der erste in das Gesetzgebungsverfahren eingebrachte Entwurf für ein Gesetz über die Förderung städtebaulicher Maßnahmen in Stadt und Land (Städtebauförderungsgesetz) aus dem Jahre 1965 trug noch die Unterschrift des Bundeskanzlers Ludwig Erhard. In der Begründung zu diesem Entwurf, der seinerzeit keine Gesetzeskraft erlangte, heißt es, vgl. BT-Drs. IV/3491 S. 19:

„Nach Beseitigung der Wohnungsnot wird es künftig vor allem darum gehen, die Städte und Dörfer so zu gestalten, dass sie in Anlage und Gliederung den zeitgemäßen Bedürfnissen entsprechen und gesunde Wohn- und Lebensbedingungen für die Bevölkerung auf die Dauer gewährleisten. Am vordringlichsten ist dabei die Erneuerung der Gebiete, in denen Mängel solchen Umfanges vorliegen, dass sie nur durch Abbruch von Gebäuden oder wesentliche Neugestaltung des gesamten Gebietes beseitigt werden können."

Hauptanliegen dieses Gesetzentwurfes war es somit, die damals nicht nur in Deutschland übliche Flächensanierung in den von den Kriegseinwirkungen verschonten, aber vernachlässigten Altbaubereichen zu erleichtern. Das spätere Gesetz über die städtebaulichen Sanierungs- und Entwicklungsmaßnahmen in den Gemeinden – Städtebauförderungsgesetz – (StBauFG), das am 1. August 1971 in

Kraft trat, ging von dem damals vorherrschenden städtebaulichen Leitbild mit geringen Einschränkungen aus. Der seinerzeitige Bundesbauminister Lauritz Lauritzen hatte noch die Linie verfolgt: Vom Wohnungsbau zum Städtebau. Seine Vorstellung den Städtebau als strukturpolitische Aufgabe des Bundes zu fördern, scheiterte an den verfassungsrechtlichen Gegebenheiten. Der 1969 als verfassungsrechtliche Grundlage für die Beteiligung des Bundes im Rahmen der großen Finanzreform in das Grundgesetz eingefügte Artikel 104 a führte in Absatz 4 letztlich nur zu einer bundesgesetzlich oder durch Vertrag zwischen Bund und Ländern zu regelnden Mitfinanzierung – aber keiner Förderkompetenz bei Investitionen in den Gemeinden, vgl. unten Rdn. 628.

27   Im Bericht des Bundestagsausschusses für Städtebau- und Wohnungswesen zu dem von der Bundesregierung eingebrachten Regierungsentwurf (vgl. BT-Drs. VI/510) und dem Gegenentwurf der Fraktion der CDU/CSU (vgl. BT-Drs. VI/434) für das Städtebauförderungsgesetz hieß es zur Frage der Erhaltung der vorhandenen Bebauung, vgl. BR-Drs. VI/2204 S. 3:

> „Sanierungsmaßnahmen bestehen nach Auffassung des Ausschusses nicht ausschließlich in der Beseitigung der vorhandenen Bebauung und anschließenden Neubebauung. Vielmehr sollen erneuerungsbedürftige, aber erhaltenswerte Gebäude, soweit dies möglich ist, bestehen bleiben und der beabsichtigten städtebaulichen Erneuerung angepasst werden. Um diese Forderung auch normativ klarzustellen, hat der Ausschuss einstimmig beschlossen, in Absatz 2 auch die Modernisierung von Gebäuden ausdrücklich als mögliche Sanierungsmaßnahme aufzuführen."

28   Das Gesetz berücksichtigte diesen Gedanken aber nur begrenzt. Zwar wurde dort auch die Rücksichtnahme auf die Erhaltung von Bauten, Straßen, Plätzen oder Ortsteilen von geschichtlicher, künstlerischer oder städtebaulicher Bedeutung als Grundsatz für die Aufstellung von Bebauungsplänen genannt. Diese Bebauungspläne sollten aber nach dem Gesetz für die Neugestaltung des Sanierungsgebietes aufgestellt werden. Der Bebauungsplan war als Grundlage für die Grundstücksneuordnung, die Änderung des Erschließungssystems und die Neubebauung gedacht. Auch wurde das Sanierungsrecht in einigen Grundzügen dem Umlegungsrecht nachgebildet. Das allgemeine planerische Anliegen war es, in den Sanierungsgebieten die oftmals kleinen Grundstücke aus wirtschaftlichen Gründen zusammenzulegen. Die höhere bauliche Ausnutzung der Grundstücke wurde angestrebt, weil man davon ausging, dass die Kosten einer Modernisierung und Instandsetzung der vorhandenen Wohngebäude nicht über höhere Mieten finanziert werden könnten.

29   So sind denn vom heutigen Standpunkt aus betrachtet in dieser Zeit vor dem Inkrafttreten des Gesetzes und in den ersten Jahren bei seiner Anwendung den städtebaulichen Aktionen von Planern und Kommunalpolitikern in den Stadtzentren mehr Altstadtbereiche zum Opfer gefallen als den Bomben des Zweiten Weltkrieges. Die betroffenen Stadtteile wurden nach neuen Maßstäben beplant und entsprechend bebaut. Vielfach ging ihre bauliche Identität verloren: Sie haben sich

gleichsam zu „Unorten" entwickelt. Ein vorrangiges Ziel war es, die Bedingungen für Kraftfahrzeugverkehr in den innerörtlichen Bereichen zu verbessern. Dies erforderte breitere Straßen und damit eine Zurücksetzung der Bauflucht. Die neu zu schaffenden Wohnungen sollten hell und möglichst quer belüftbar sein. Hierfür erschienen insbesondere solitäre Bauformen, wie Hochhäuser und Zeilenbauten geeignet. Die herkömmliche städtebauliche Blockstruktur mit der Korridorstraße wurde aufgegeben. Stadträumliche Beziehungen schienen ohne Wert zu sein. Im Widerspruch zu diesen Planungen sind in vielen Stadtzentren aus denkmalpflegerischen Gründen mit großem Aufwand einzelne Gebäude, zumeist Kirchen, wieder instandgesetzt worden. Ihnen fehlt der stadtgestalterische Bezug zu ihrer Umgebung. Infolge der Umwidmung der Innenstädte zu Kerngebieten, fast ausschließlich bestehend aus Geschäfts-, Büro- und Verwaltungsgebäuden, sind den Kirchen zudem ihre Gemeinden verlorengegangen, weil dort kaum noch Menschen wohnen.

Soweit die vorhandenen baulichen Strukturen wie Vorder- und Hinterhaus unterschiedliche Einkommens- und Besitzverhältnisse widerspiegelten, sollten die Gebäude z.T. auch aus gesellschaftspolitischen Gründen beseitigt werden. Aus heutiger Sicht ist in dieser Zeit vor dem Inkrafttreten des StBauFG sehr viel preisgünstiger Wohnraum vernichtet worden. Besondere Kritik entzündete sich an der durch die Flächensanierungen bedingten Verdrängung der bisherigen Einwohner. Auch führten die seriellen Gestaltungsformen der Architektur jener Zeit zu einer monotonen Gestaltung der betroffenen Gebiete, die in der Bevölkerung wenig Anklang fand.

1.5.2 Grundsätze des Städtebauförderungsgesetzes

Das Städtebauförderungsgesetz enthielt Verfahrensvorschriften für städtebauliche Sanierungs- und Entwicklungsmaßnahmen. Hinsichtlich der Sanierungsmaßnahmen wurde unter Verzicht auf den Begriff Stadterneuerung der Ansatz des § 5 Abs. 4 BBauG weiterentwickelt. Entwicklungsmaßnahmen sollten der Schaffung neuer Orte, der Weiterentwicklung vorhandener Ortsteile und der Erweiterung vorhandener Orte um neue Ortsteile entsprechend den Zielen der Raumordnung und Landesplanung dienen. Zugleich wurde bestimmt, dass es sich bei den genannten städtebaulichen Maßnahmen um solche „in Stadt und Land" handeln sollte. Dadurch beanspruchte das Gesetz auch seine Geltung für die Dorfsanierung. Für die Erleichterung der gebietsbezogenen Sanierungs- und Entwicklungsmaßnahmen sah das Gesetz ein zeitlich befristetes besonderes Bodenrecht vor, das insbesondere auch eine Abschöpfung der sanierungs- oder entwicklungsbedingten Werterhöhungen bei den betroffenen Grundeigentümern vorsah. Ferner enthielt das Gesetz Bestimmungen für die Übertragung von Sanierungs- und Entwicklungsaufgaben auf private Träger. Ein besonderer Teil des StBauFG bezog sich auf Sanierungs- und Entwicklungsmaßnahmen im Zusammenhang mit agrarstrukturellen Maßnahmen. Der für die Praxis bedeutsamste Teil des StBauFG war die Regelung über die Beteiligung des Bundes an der Deckung der Kosten der städtebaulichen Maßnahmen durch Gewährung besonderer Finanzhilfen auf der verfassungsrechtlichen Grundlage des Art. 104 a Abs. 4 Grundgesetz, vgl. unten Rdn. 628. Wenn auch in der Folgezeit die hierfür im Bundeshaushalt enthaltenen Ansätze in ihrem Volumen sehr unterschiedlich waren und zumeist hinter den Erwartungen der Gemeinden zurückblieben, so hat sich der Bund doch überwiegend als der große Schrittmacher der Städtebaufinanzierung erwiesen.

1.5.3 Anwendung des Städtebauförderungsgesetzes

31   Die Anlaufzeit der Sanierung war geprägt vom Erwerb wichtiger Grundstücke durch die Gemeinden und durch eine Vielzahl von Erhebungen über die Mängel von Gebäuden und die sozialen Probleme in den zu sanierenden Gebieten. Diese Untersuchungen reichten oftmals über das städtebaulich gebotene Maß bei weitem hinaus. Sie führten im Ergebnis zu umfangreichen statistischen Bestandsübersichten, die eine überwiegend abschreckende Wirkung für die kommunale Praxis hatten und schnell veralteten. Zur Rettung der vielen alten Gebäude ohne zeitgemäße Ausstattung bestanden noch keine Vorstellungen praktikabler Lösungen. Einerseits betonte besonders die Denkmalpflege ihr Interesse an der Erhaltung, andererseits wurde der ortsgestalterische Wert dieser Bausubstanz noch nicht allgemein erkannt. Zweifel bestanden auch, ob es bautechnisch und wirtschaftlich möglich sei, diese Gebäude mithilfe der Städtebauförderung zu modernisieren und instandzusetzen.

32   Erst Mitte der siebziger Jahre, mit beeinflusst durch das Jahr der Europäischen Denkmalpflege 1975, setzte ein allgemeines Umdenken ein, das zu einer anderen Bewertung der industriellen Altstadtbereiche und der Gründerzeitbebauung, also des Städtebaues der Vergangenheit führte. Im Zeichen dieses Umdenkens wurde 1976 das Erhaltungsrecht in das damals geltende Bundesbaugesetz eingefügt, vgl. unten Rn. 729. Dieser Wandel beeinflusste die Sanierungspraxis besonders. Hierbei erwies sich das Städtebauförderungsgesetz entgegen der ursprünglichen Absicht des Gesetzgebers zunehmend auch als ein wirksames rechtliches Instrument für die erhaltende städtebauliche Sanierung. Im allgemeinen Sprachgebrauch wurde dagegen der Begriff Sanierung zuerst vielfach mit der Flächensanierung gleichgesetzt. Zur Verdeutlichung wurde stattdessen die Bezeichnung Stadterneuerung für Maßnahmen verwendet, die hauptsächlich der Erhaltung der baulichen Struktur und der vorhandenen Nutzung eines Gebietes dienten. Insofern war das StBauFG offen für einen Wechsel des städtebaulichen Leitbildes. Unabhängig vom jeweiligen Sanierungsziel enthielt dieses Gesetz, anders als das BBauG, in seiner ursprünglichen Fassung eine rechtliche Grundlage für ein unmittelbares Eingreifen der Gemeinde in das bauliche Geschehen in dem Sanierungsgebiet und dem Entwicklungsbereich.

33   Zugleich zeigte sich, dass bei Sanierungsmaßnahmen im ländlichen Bereich und bei Sanierungsmaßnahmen, die hauptsächlich der Erhaltung insbesondere durch Förderung der Instandsetzung und Modernisierung von Wohngebäuden dienten, keine nennenswerten sanierungsbedingten Werterhöhungen festzustellen waren. Der Bundesgesetzgeber führte daher 1984 nach langjährigem Drängen des Bundesrates das vereinfachte Sanierungsverfahren ohne Abschöpfung sanierungsbeding-

ter Werterhöhungen in das StBauFG ein. Hingegen hat sich das auch im Entwicklungsrecht des StBauFG enthaltene System der Abschöpfung städtebaulich bedingter Bodenwerterhöhungen bei den städtebaulichen Entwicklungsmaßnahmen durchaus bewährt. Diese Bodenwertabschöpfung hat einerseits Wesentliches zur Finanzierung der Entwicklungsmaßnahmen beigetragen und andererseits Bodenspekulationen erfolgreich verhindert. Die meisten Entwicklungsmaßnahmen dienten überwiegend der Schaffung von Wohnraum einschließlich der erforderlichen Infrastruktur. Zahlreiche Entwicklungsmaßnahmen dienten überwiegend der Gewerbe- und Industrieansiedlung. Als Beispiel hierfür ist die städtebauliche Entwicklungsmaßnahme Brunsbüttel in Schleswig-Holstein zu nennen. Hierbei handelte es sich mit 2.283 ha um den größten förmlich festgelegten Entwicklungsbereich. Mehrere Entwicklungsmaßnahmen, wie die in Trier und Regensburg, hatten einen Bezug zu Universitätsneugründungen. Die nach 1980 begonnenen Entwicklungsmaßnahmen dienten insgesamt überwiegend gewerblichen und industriellen Aufgaben.

Viele der in den 70er Jahren begonnenen Entwicklungsmaßnahmen beruhten noch auf den städtebaulichen Planungskonzepten der 60er Jahre. Sie wurden z.T. infolge des sich wandelnden städtebaulichen Leitbildes durch Verringerung der Wohnungsdichte und Reduzierung der Verkehrsplanungen geändert. Auch hatte der Ausbau des öffentlichen Personen-Nahverkehrs auf die Durchführung der Entwicklungsmaßnahmen z.T. großen Einfluss. Zugleich traten bei der ausgeglichenen Lage auf dem Wohnungsmarkt Mitte der 80er Jahre Leerstände im Wohnungsbestand auf. Die in offener Bauweise entstandenen Großsiedlungen weisen die gleichen Schwächen auf, wie die ohne Anwendung des StBauFG entstandenen Trabantensiedlungen. Hierzu zählen Wohnumfeldmängel und eine nicht ausreichende soziale Infrastruktur. *34*

Die Kritik an den Ergebnissen städtebaulicher Entwicklungsmaßnahmen ist aber weniger im Zusammenhang mit dem Rechtsinstrument Entwicklungsmaßnahme, sondern mehr mit dem zugrundeliegenden städtebaulichen Planungen zu sehen. Als städtebaulich weitgehend gelungen kann die städtebauliche Entwicklungsmaßnahme Norderstedt-Mitte in Schleswig-Holstein bewertet werden. Hier wurde eine Struktur mit überwiegend geschlossenen Baufluchten mit Bezug zu den Straßen gebaut. Als städtebaurechtliches Instrument hat sich die Entwicklungsmaßnahme durchaus bewährt. Sie ermöglicht den Gemeinden über die Baulandbeschaffung hinaus die Durchführung vielfältiger und bedeutsamer städtebauliche Aufgaben. Als Beispiel ist die Entwicklungsmaßnahme Leinenborn in Sobernheim in Rheinland-Pfalz zu nennen. Sie diente der Neuansiedlung der Bevölkerung zweier Dörfer, die erforderlich wurde, weil in der Nähe des alten Standortes die Umrüstung der dort auf einem Militärflugplatz stationierten Düsenflugzeuge Mitte der 70er Jahre zu untragbaren Lärmbelästigungen der Bevölkerung führte. *35*

1.6 Besonderes Städtebaurecht

36 BBauG und StBauFG sind 1986 vom Bundesgesetzgeber zum Baugesetzbuch (BauGB) zusammengefasst worden. Vorher waren mehrfach Regelungen aus dem StBauFG in das BBauG übernommen worden. Umgekehrt enthielt das BBauG Rückverweisungen auf das StBauFG. Die Zusammenführung beider Gesetze im Baugesetzbuch hat daher die Rechtslage übersichtlicher gestaltet. Zugleich wurde hierdurch die Stadterneuerung damit als eine Daueraufgabe anerkannt. Das BauGB regelt die städtebauliche Sanierungsmaßnahme im zweiten Kapitel, das die Überschrift „Besonderes Städtebaurecht" trägt. Diese Bezeichnung lässt sich nicht begrifflich umschreiben. Die im zweiten Kapitel geregelten planungsrechtlichen Instrumente – städtebauliche Sanierungs- und Entwicklungsmaßnahmen, Erhaltungssatzung, städtebauliche Gebote, Sozialplan und Härteausgleich, Miet- und Pachtverhältnisse, städtebauliche Maßnahmen im Zusammenhang mit Maßnahmen zur Verbesserung der Agrarstruktur – waren früher mit Ausnahme des Erhaltungsrechts im Städtebauförderungsgesetz aus dem Jahre 1971 enthalten und hatten dort eine besondere Zuordnung zum Sanierungsrecht. Dabei haben die Bestimmungen über die agrarstrukturellen Maßnahmen in der Praxis nur wenig Bedeutung erlangt.

37 Nicht übernommen in das BauGB wurde das Förderrecht, weil Bund und Länder 1986 davon ausgingen, der Bund würde sich in Zukunft nicht mehr an der Finanzierung der städtebaulichen Sanierungs- und Entwicklungsmaßnahmen beteiligen. Das BauGB hatte die städtebaulichen Entwicklungsmaßnahmen zunächst nur als auslaufende Aufgabe aus dem StBauFG übernommen. Zur Begründung hieß es in dem Regierungsentwurf, vgl. BR-Drs. 575/85 S. 50, wie folgt:

„Das Instrument der städtebaulichen Entwicklungsmaßnahme nach dem StBauFG wird in Zukunft nur noch geringe praktische Bedeutung haben, da die Zeit der Trabantenstädte und der großflächigen Ausweisungen neuer Baugebiete im Außenbereich vorbei ist. Die städtebauliche Entwicklungsmaßnahme entspricht einer Konzeption der Außenentwicklung, die heute überholt ist (vgl. Antwort der Bundesregierung auf die Große Anfrage der Fraktion der SPD – BT-Drucksache 10/3690). Jedoch wird die Durchführung laufender Maßnahmen noch Jahre in Anspruch nehmen. Das Recht der städtebaulichen Entwicklungsmaßnahme soll daher in das Baugesetzbuch übernommen werden und für laufende Maßnahmen bis zu deren Abschluß fortgelten."

38 Hierbei ging man seinerzeit zu Recht von einem ausgeglichenen Wohnungsmarkt ohne einen bedeutsamen Nachfrageüberhang aus. Diese Situation hat sich aber in den nachfolgenden Jahren durch ein Ansteigen der Realeinkommen weiter Bevölkerungskreise und infolge der Aufnahme zahlreicher Flüchtlinge, Zuwanderer und Ausländer im Bundesgebiet geändert. Dem trug der Bundesgesetzgeber 1990 durch das befristet geltende Maßnahmengesetz zum Baugesetzbuch (BauGB-MaßnahmenG), Rechnung. Dieses Gesetz sollte der Überwindung der Engpasssituation auf dem Wohnungsmarkt dienen. Zu diesem Zweck führte das Gesetz in §§ 6 und 7 BauGB-MaßnahmenG in abgeänderter Form das städtebauliche Entwicklungsrecht für neu festzulegende Maßnahmen wieder ein. Aufgrund des Einigungsvertragsgesetzes vom 23. 9. 1990 (BGBl. II S. 885, 1122) trat in den neuen Bundesländern das Städtebaurecht des Bundes in einer durch den neuen § 246a BauGB modifizierten Form in Kraft. 1993 hat sich der Bundesgesetzgeber erneut zu einer Änderung des Städtebaurechtes entschlossen. Das Gesetz zur Erleichterung von Investitionen und der Ausweisung und Bereitstellung von Wohnbauland (Investitionserleichterungs- und Wohnbaulandgesetz) vom 22. April 1993 (BGBl. I S. 466) hat u. a. das BauGB und das BauGB-MaßnahmenG geändert. Absicht des Gesetzgebers war es, die Gemeinden zu einer weiteren Ausweisung von Wohnbauland anzuhalten, um hierdurch die Voraussetzungen für einen verstärkten Wohnungsbau zu schaffen, vgl. BT-Drs. 12/3944 S. 1. Aus diesem Grund hat das Gesetz u. a. die nur befristet geltenden Regelungen des BauGB-MaßnahmenG über die städtebaulichen Entwicklungsmaßnahmen in das Dauerrecht des BauGB übernommen.

Das seit dem 1. Januar 1998 geltende Gesetz zur Änderung des Baugesetzbuches und zur Neuregelung des Rechts der Raumordnung (Bau- und Raumordnungsgesetz 1998 – BauROG) vom 25. August 1997 (BGBl. I S. 2081) hat das BauGB in zahlreichen Punkten geändert. Das am 20. Juli 2004 in Kraft getretene Gesetz zur Anpassung des Baugesetzbuchs an EU Richtlinien (Europarechtsanpassungsgesetz Bau – EAGBau) hat das Besondere Städtebaurecht in folgenden wichtigen Punkten geändert: *39*

(1.) Die Erteilung der sanierungsrechtlichen Genehmigung obliegt der Bauaufsichtsbehörde im Einvernehmen mit der Gemeinde.

(2.) Das Erfordernis der Bestätigung eines Sanierungsträgers durch die nach Landesrecht zuständige Behörde ist entfallen.

(3.) Die Entwicklungssatzung bedarf nicht mehr der Genehmigung durch die höhere Verwaltungsbehörde.

(4.) Einführung der einfachen Stadterneuerungsverfahren Stadtumbau und Soziale Stadt.

1.7 Entwicklung in der ehemaligen DDR

1.7.1 Städtebauliches Leitbild

Die Städtebauförderung nach dem StBauFG und später dem BauGB, verbunden mit einem hohen Aufwand an Fördermitteln, hat sich in den alten Bundesländern als eine wichtige und erfolgreich bewältigte Daueraufgabe erwiesen. Hierzu bedarf es keiner vergleichenden Beschreibung des Zustandes der innerstädtischen Bereiche in den alten und den neuen Bundesländern. Die DDR benötigte kein differenziertes Baurecht, denn der Staat verfügte fast ausschließlich über die wirtschaftlichen Baukapazitäten und konnte sich auch ohne besondere Schwierigkeiten über das private Grundeigentum hinwegsetzen. Das ganze Volk sollte der Bauherr, der *40*

Städtebau der Ausdruck einer neuen Gesellschaftsordnung in der DDR sein. Privaten Bauherren verblieb lediglich der Eigenheimbau. Art. 16 der Verfassung der DDR vom 8. April 1968 ließ Enteignungen für gemeinnützige Zwecke auf gesetzlicher Grundlage gegen angemessene Entschädigungen zu. Als angemessene Entschädigung für Grundstücke galten die Einheitswerte aus dem Jahre 1936.

41   Das Gesetz über den Aufbau der Städte in der Deutschen Demokratischen Republik und der Hauptstadt Deutschlands, Berlin, (Aufbaugesetz) vom 6. September 1950 (GBl. S. 965) sah den Aufbau der Städte im Rahmen des Volkswirtschaftsplanes (Fünfjahresplanes) vor, vgl. § 1 Satz 2. Nach § 9 Aufbaugesetz hatte der Rat der Stadt u.a. den Flächennutzungsplan und den Stadtbebauungsplan zu entwickeln. Diese Pläne bedurften nach § 11 Abs. 1 Aufbaugesetz der Bestätigung durch die Regierung der DDR. Die Deutsche Bauordnung vom 2. Oktober 1958 (GBl. Sonderdruck Nr. 287) enthielt u.a. städtebauliche Vorschriften, erlangte aber wenig praktische Bedeutung. Der allmächtige Staat brauchte sich nicht selbst zu reglementieren. Auch sind die Gemeinden ihrer gesetzlichen Verpflichtung zur städtebaulichen Planung nur begrenzt nachgekommen. Maßgebend war in der DDR die wirtschaftliche Planung des Staates. Es gab ein Denkmalpflege-, aber kein Stadterneuerungsgesetz. Das Baulandgesetz vom 15. Juni 1984 (GBl. I Nr. 17, S. 201) enthielt im § 7 den Begriff des Bauvorbehaltsgebietes als Bezeichnung für den Geltungsbereich einer Veränderungssperre.

42   Trotz der staatlichen Vorgaben aufgrund einer bestimmten Weltanschauung ist die städtebauliche Entwicklung in der ehemaligen DDR nicht in jeder Beziehung anders als in den alten Bundesländern verlaufen. Auch schloss der staatlich verordnete Sozialismus keineswegs kontroverse Diskussionen aus. Insoweit unterlag auch dort das städtebauliche Leitbild einem Wandel. Für die Wiederaufbauphase bis zum Ende der sechziger Jahre waren die Sechzehn Grundsätze des Städtebaues aus dem Jahre 1950 maßgebend. Dort hieß es u.a.: „Die Architektur muss dem Inhalt nach demokratisch und der Form nach national sein." Entsprechend entwickelte sich eine Traditionsarchitektur, deren bedeutsamstes Beispiel der erste Bauabschnitt der Stalinallee, seit 1961 Karl-Marx-Allee, in Berlin ist. Gebaut wurde mit herkömmlichen technischen Methoden. Die aus der deutschen Baukunst des Mittelalters, der Renaissance, des Barocks und des Klassizismus abgeleitete „Nationale Architektur" wurde dem „brutalen, verlogenen Weltstil amerikanischer Prägung" in Westdeutschland gegenübergestellt. Hiergegen erhob sich aber schon seinerzeit in der DDR öffentlicher Widerspruch, der sich auf die Tradition des Bauhauses in der Weimarer Republik berief. Gebaut wurde aber im traditionellen Stil der Vorkriegsjahre. Gegliederte Fassaden, Säulen, Gesimse und markante Friese kennzeichnend den ersten Bauabschnitt der seinerzeitigen Stalinallee, der Vorbild für die Architektur der DDR war. Die städtebaulichen Entwürfe dieser Zeit konzentrierten sich auf die Stadtzentren. Hierbei wurden herkömmliche Vorstellungen über geschlossene Straßen- und Platzbildungen nicht in Frage gestellt. Bei den Planungen spielte neben der Vision einer autogerechten Stadt auch der Zweck, Demonstrationen einen städtebaulichen Rahmen zu schaffen, eine Rolle. Magistrale

Entwicklung in der ehemaligen DDR

und zentraler Platz sind daher die Schlüsselbegriffe des städtebaulichen Leitbildes dieser Zeit in der DDR.

Ein Wechsel des städtebaulichen Leitbildes wurde entsprechend der Vorgaben von Stalins Nachfolgern in der Sowjetunion durch die 1960 von der Deutschen Bauakademie veröffentlichten „Grundsätze der Planung und Gestaltung sozialistischer Stadtzentren" eingeleitet. Dort hieß es u. a.: „Im Stadtzentrum finden Demonstrationen, Aufmärsche, Volksfeste und kulturelle Massenveranstaltungen statt." Die neuen Schlüsselbegriffe lauteten: Weiträumigkeit und Großzügigkeit. Am Konzept einer räumlich in sich geschlossenen Struktur wurde aber festgehalten. Nach einem Staatsratsbeschluss sollte die sozialistische Stadt ein völlig neues Zentrum erhalten. Der neue Städtebau sollte die wichtigsten Standorte in den Stadtzentren gleichsam als ein Herrschaftssymbol besetzen. Städtebauliches Ziel war eine Neugestaltung der Stadtsilhouette durch Höhendominanten. Zugleich wurde wie in den „sozialistischen Bruderstaaten" in Abkehr vom Neuklassizismus die Formensprache der internationalen modernen Architektur übernommen. Hierbei waren wirtschaftliche Gründe von Bedeutung. Der 1965 bis 1969 errichtete Ostberliner Fernsehturm hätte in diesem Zusammenhang grundsätzlich seinen Platz auch in Westberlin finden können. *43*

Kennzeichnend für die weitere städtebauliche Entwicklung wurden in der ehemaligen DDR neue Siedlungen am Stadtrand, deren Gebäude aus industriell vorgeformten Bauteilen errichtet wurden. Die Form der Stadterweiterung geriet erst zu Beginn der achtziger Jahre aus wirtschaftlichen Gründen ins Stocken. Anders als in der Bundesrepublik vor der Wiedervereinigung entstanden dort hingegen keine größeren Einfamilienhausgebiete und keine Einkaufsmärkte außerhalb der Städte.

1.7.2 Industrialisierung des Bauwesens

Wesentlich für das Bauen in der ehemaligen DDR wurde vor allem die sogenannte Plattenbauweise. Seit den sechziger Jahren beeinflussten dort zunehmend wirtschaftlichen Überlegungen den Städtebau. Baupreise sollten gesenkt und die Bauzeit verkürzt werden. Das Bauwesen wurde zu diesem Zweck industrialisiert. Dies setzte eine strenge Typisierung voraus. Die damit verbundenen Probleme hat Brigitte Reimann in ihrem Roman „Franziska Linkerhand" beschrieben. Das Bauwesen verlor weitgehend seinen handwerklichen Charakter. Immer größere Bauelemente wurden in Industriebetrieben vorgefertigt und auf der Baustelle nur noch zusammengesetzt. Die Hebefähigkeit des Kranes, sein Aktionsradius und der Verlauf der Kranbahn bestimmten den Städtebau. Maßgebend wurde die 1969 von der Deutschen Bauakademie entwickelte Wohnungsbauserie 70 (WBS 70). Danach sind zahlreiche neue Großsiedlungen in der Plattenbauweise errichtet worden. Obwohl dieses Baukastensystem Varianten zulässt, führte seine Anwendung zu einer großen gestalterischen Monotonie in Form von offenen Blöcken, Zeilen und Mäandern. Nach dem Leitbild dieses sogenannten komplexen Wohnungsbaues sind vielgeschossige Wohngebäude und meist flachgeschossige Gemeinschaftseinrichtungen wie Kaufhallen und Gaststätten errichtet worden. *44*

45   1971 wollte man durch Bauprogramme die Wohnungsfrage in der DDR bis 1990 gelöst haben. Das in der vom Ministerrat 1985 beschlossenen „Komplexrichtlinie für die städtebauliche Planung und Gestaltung von Wohngebieten im Zeitraum 1986 bis 1990" vorgeschriebene Ziel der abwechslungsreichen städtebaulichen, architektonischen und bildkünstlerischen Gestaltung der Wohngebiete konnte mit der entwickelten industriellen Bauweise nicht verwirklicht werden. Insgesamt sind in der DDR bis 1989 etwa 3 Millionen Wohnungen neu gebaut worden. Hiervon entfällt etwa ein Drittel auf 125 Großsiedlungen mit jeweils über 2.500 Wohnungen. 25 dieser Großsiedlungen haben mehr als 10.000 Einwohner. Zum Vergleich: In der Bundesrepublik Deutschland gab es vor der Wiedervereinigung nur 14 Großsiedlungen mit dieser Einwohnerzahl. Die größte dieser Siedlungen in der ehemaligen DDR umfasst etwa 60.000 Wohnungen in Berlin-Marzahn. Trotz dieser vielen neuen Wohnungen wurde das in Art. 37 der Verfassung der DDR aus dem Jahre 1968 vorgegebene Ziel, jedem Bürger für sich und seine Familie Wohnraum zu schaffen, nicht erreicht. Ende 1989 gab es in der DDR 778.152 Wohnungsanträge. Zudem erwies sich die bautechnische Qualität der ausgeführten Plattenbauweise als schlecht. Noch in Jahrzehnten wird man beim Anblick dieser Großsiedlungen erkennen, dass man sich in der ehemaligen DDR befindet.

1.7.3 Altbaugebiete und Stadterhaltung

46   Im Gegensatz zu den Anstrengungen im Neubau stand die Vernachlässigung der Altbaugebiete. Während am Stadtrand neue Wohnungen gebaut wurden, verfiel im innerstädtischen Bereich die Bausubstanz zunehmend. 1989 hatten eine Million Wohnungen schwere Bauschäden und waren zum Teil sogar unbewohnbar und oftmals dem Verfall preisgegeben. Die Ursachen hierfür sind vor allem in der staatlich vorgegebenen Mietpreisbindung zu sehen. Bis 1989 galt die Miete aus dem Jahre 1936 für Altwohnungen als rechtsverbindlich. Der Vermieter hatte einen Anspruch auf 0,35 Mark je Quadratmeter im Monat. Hinzu kamen Nebenkosten in Höhe von 0,20 bis 0,60 Mark. Diese Einnahmen reichten nicht zur Deckung der Instandhaltungskosten. Infolgedessen unterblieben dringend notwendige Bauunterhaltungsmaßnahmen. An der überwiegenden Zahl der vor dem Zweiten Weltkrieg errichteten Gebäude sind seit 60 Jahren keine Instandhaltungsmaßnahmen mehr durchgeführt worden. Für einen wirtschaftlich denkenden Eigentümer war es unter diesen Umständen zweckmäßig, auf sein Privateigentum zu verzichten. Der Staat war jedoch nicht an einer völligen Übernahme des Wohnungseigentums interessiert. Der Verzicht war deshalb nur mit einer besonderen staatlichen Genehmigung zulässig. 1989 betrug der Anteil der privaten Eigentümer am Wohnungsbestand nur noch etwa 20 %. Der Anteil der volkseigenen und kommunalen Wohnungsgesellschaften betrug hingegen 41 % des Bestandes. Diese Wohnungen verfielen genauso wie die der Arbeiterwohnungsgenossenschaften.

47   Zugleich verrottete in den innerstädtischen Bereichen mangels Instandhaltung ein großer Teil der technischen Infrastruktur in den Städten und Dörfern. Die DDR hinterließ ein reparaturbedürftiges Straßen- und Wegenetz. Die Abwasserbe-

Entwicklung in der ehemaligen DDR

seitigung war unzureichend. Viele Orte hatten eine starke Luftbelastung. Besonders aber gab die Masse der verfallenden Bausubstanz, zu der in den Altstadtkernen auch viele kulturhistorisch sehr wertvolle Gebäude zählten, Anlass zur Kritik. Hier wurden die begrenzten wirtschaftlichen Möglichkeiten dieses Staates offenkundig. Diese Kritik wurde in vielen Städten von der Bürgerbewegung öffentlich ausgesprochen, die schließlich die friedliche Änderung der politischen Verhältnisse in der ehemaligen DDR bewirkte. Dabei war die politische Entwicklung beim Umgang mit dem städtebaulichen Erbe in der DDR widersprüchlich verlaufen. Nach den „Sechzehn Grundsätzen des Städtebaus" aus dem Jahre 1950 sollte die noch vorhandene wertvolle alte Bausubstanz harmonisch in die neuen Ensembles mit einbezogen und in einer ihr angemessenen gesellschaftlichen Nutzung erschlossen werden. In den fünfziger Jahren wurden in Dresden der Zwinger und in Berlin der historische Teil der Straße Unter den Linden (Oper, Bibliothek und Universität) wieder aufgebaut. Zugleich kam es zur Sprengung des kriegszerstörten Berliner Stadtschlosses, weil dort ein Aufmarschplatz benötigt wurde. Das Portal IV des Schlosses wurde 1964 in das neuerrichtete Staatsratsgebäude mit einbezogen.

In den sechziger Jahren fanden in der ehemaligen DDR genauso wie in Westdeutschland die größten städtebaulichen Zerstörungen statt. Zwar sollte nach den „Grundsätzen der Planung und Gestaltung sozialistischer Stadtzentren" das neue Stadtzentrum „enge kompositionelle und strukturelle Beziehungen zu dem historischen Stadtzentrum aufweisen". Die tatsächliche Entwicklung verlief jedoch ganz anders. Vielfach standen die alten städtebaulichen Strukturen dem Bau der neuen sozialistischen Stadtzentren im Wege. Kennzeichnend für diese Entwicklung sind in Potsdam die Beseitigung der ursprünglich für den Wiederaufbau vorgesehenen Ruine des Stadtschlosses und die Sprengung des Turmes der Garnisionskirche. In Leipzig wurden die Universität und die Paulinerkirche, zwei unbeschädigte Gebäude, gesprengt. Als einzige Bezirksstadt der ehemaligen DDR hat Schwerin seinen historischen Altstadtkern behalten. 1969 lag allerdings eine Planung mit dem Ziel der Flächensanierung vor. Danach sollte lediglich der Dom erhalten bleiben. Diese und zahlreiche andere Flächensanierungsplanungen jener Zeit scheiterten an den wirtschaftlichen Gegebenheiten.

48

Zugleich wuchs das Wissen um die städtebauliche Bedeutung der Altbausubstanz. In einigen Altstadtbereichen wurden Fußgängerzonen eingerichtet. Ferner kam es zur Instandsetzung einiger stadtgestalterisch besonders wichtiger Häusergruppen. In den achtziger Jahren wurde in Berlin der Wiederaufbau des Nicolaiviertels im alten Maßstab und mit zahlreichen Instandsetzungsmaßnahmen vollendet. Zugleich begann in Berlin die Instandsetzung des Domes, des Französischen und des Deutschen Domes am Platz der Akademie, dem früheren Gendarmenmarkt. Hierbei achteten die Planer auf die Gestaltung eines angemessenen Umfeldes. Neubauten wurden in herkömmlichen Strukturen gestaltet. Alle Erneuerungsmaßnahmen, seinerzeit als innerstädtisches Bauen bezeichnet, blieben aber auf sehr kleine Flächen begrenzt. Die auf die Stadterweiterung ausgerichtete Bauindustrie erwies sich als ungeeignet für die Instandhaltung und Instandsetzung kleinpar-

49

zelliger Altstadtbereiche. Von jeglicher Instandsetzung unberührt geblieben sind dagegen große Altstadtbereiche. In diesen Bereichen haben seit fünfzig Jahren kaum bauliche Veränderungen stattgefunden. Das bedeutet auch, dass hier keine negativen baulichen Deformationen, wie sie in Westdeutschland in vergleichbaren Bereichen sehr häufig durchgeführt worden sind, stattgefunden haben. Das heißt, diese Altstadtkerne der Mittel- und Kleinstädte sind, abgesehen vom sehr schlechten Zustand der Bausubstanz, als städtebauliche Einheiten noch sehr weit geschlossen erhalten. Aber auch Großstädte wie Leipzig, Dresden und Chemnitz besitzen noch vollständig erhaltene Altstadtviertel. Diese, von gestalterisch störenden Bauinvestitionen weitgehend unbeeinflussten großen Altstadtbereiche unterscheiden die städtebauliche Entwicklung der ehemaligen DDR ebenfalls von der in Westdeutschland. Die Erneuerung dieser Altstadtbereiche ist die Hauptaufgabe der städtebaulichen Sanierung nach dem BauGB in den neuen Bundesländern. Ein dort befristet durchgeführtes ergänzendes Sonderprogramm zur Förderung der städtebaulichen Denkmalpflege dient der Erhaltung historisch wertvoller Stadtkerne und Ensembles in 105 Städten und Gemeinden, vgl. unten Rnr. 832.

In den neuen Bundesländern müssen mehrere Millionen Wohnungen instandgesetzt und modernisiert werden. Geht man davon aus, dass hierbei für jede Wohnung durchschnittlich Baukosten in Höhe von 60.000 DM entstehen, so ergeben sich für die Durchführung dieser Aufgaben Gesamtkosten in einer Milliardenhöhe, die nicht allein durch staatliche Förderprogramme gedeckt werden können. Diese Kosten werden noch lange die dortige Wohnungswirtschaft, die privaten Hauseigentümer und letztlich vor allem die Mieter finanziell erheblich belasten.

1.8 Städtebauförderung in den neuen Ländern

50   In den neuen Ländern setzte die Städtebauförderung sehr frühzeitig ein, d.h. schon vor der Wiedervereinigung stellte die Bundesregierung den Städten in der DDR im Jahre 1990 Finanzhilfen für die Durchführung städtebaulicher Maßnahmen zur Verfügung. Seitdem werden dort Sanierungs- und Entwicklungsmaßnahmen mithilfe von Städtebauförderungsmitteln in beträchtlichem Umfange durchgeführt. Kennzeichnend für die Sanierungsgebiete in den neuen Bundesländern ist die überdurchschnittliche Größe der Sanierungsgebiete. Dies ist angesichts der baulichen Entwicklung in der DDR nur zu verstehen. Die Lage in den Städten der neuen Länder hat gegenüber den Städten in den alten Ländern mehrfache Besonderheiten. Der Anteil der Verkaufsflächen außerhalb der Städte ist in den neuen Ländern doppelt so hoch. Insofern steht entsprechend weniger Kapital für bauliche Investitionen in den Städten, etwa für die Instandsetzung der Erdgeschosse von Altbauten zum Zweck der Einrichtung von Läden zur Verfügung. Der Anteil der leerstehenden Wohnungen in den Altbauten ist sehr groß. Desgleichen liegt der Anteil der vor 1948 errichteten Gebäude an der gesamten Bausubstanz in den neuen Ländern sehr viel höher. Der Bauzustand und die Ausstattung dieser Altbauten ist dort sehr viel schlechter. Dies gilt für Häuser der Gründer- und der Jugendstilzeit mit

Städtebauförderung in den neuen Ländern

Einschränkungen. Modernisierungs- und Instandsetzungsmaßnahmen werden trotz Einführung des Investitionsvorrangverfahrens immer noch durch die Geltendmachung von Restitutionsansprüchen behindert. Das Volumen der Bundesfinanzhilfen für die neuen Bundesländer ist höher als für die alten Bundesländer. Infolgedessen sind die neuen Bundesländer dabei, langsam im Vergleich zu den Erfolgen der Städtebauförderung im Westen aufzuholen. Vielfach hat sich das Erscheinungsbild der Altstädte, die i.d.R. auch die Innenstädte sind, gebessert. Das realsozialistische Einheitsgrau dominiert dort nicht mehr überall. Die in den 60er und 70er Jahren in den alten Bundesländern gemachten Planungsfehler werden dort nicht wiederholt. Überdimensionierte bauliche und Erschließungsanlagen mit seriellen Gestaltungsformen werden vermieden. Die städtebauliche Identität der Altstadtbereiche kann weitgehend bewahrt werden. Aufgrund des Einsatzes der Städtebauförderungsmittel ist es vielfach bereits gelungen, diese Bereiche zu stabilisieren und z.T. auch zu vitalisieren. Dies hat seinen Grund in der Instandsetzung und Modernisierung zahlreicher erhaltenswerter Gebäude sowie der Neugestaltung einer Vielzahl von Erschließungsanlagen.

Ein besonderes Problem sind die Plattengroßsiedlungen. Dies gilt nicht nur für den Bereich der ehemaligen DDR sondern auch für Osteuropa. Insgesamt leben etwa 170 Millionen Menschen in diesen Siedlungsformen. Nach den in Berlin gewonnenen Erfahrungen betragen die Instandsetzungskosten der in Plattenbauweise errichteten Gebäude etwa ein Viertel der Kosten für einen entsprechenden Neubau. Die Instandsetzung ist somit wirtschaftlich vertretbar. Es hat sich ferner gezeigt, dass die zur Milderung der Monotonie der einzelnen Großfassaden erforderlichen Farbgestaltungen einer Absprache bedürfen. Desweiteren ist eine weitergehende Neugestaltung des Wohnumfeldes von den Hauseingängen bis zu den betonversiegelten Parkplätzen erforderlich. Sinnvoll sind ferner Ergänzungsbauten, die dazu beitragen die vorhandene Gleichförmigkeit der Siedlungen wenigstens teilweise zu mildern. Hierbei können zugleich fehlende Dienstleistungseinrichtungen, Infrastruktureinrichtungen und wohnverträgliches Gewerbe untergebracht werden. Zu befürchten ist allerdings eine soziale Segregation der Mieter.

2. Wesensmerkmale und Verfahrensgrundsätze städtebaulicher Sanierungs- und Entwicklungsmaßnahmen

2.1 Sanierungs- und Entwicklungsmaßnahmen

Das BauGB regelt die städtebaulichen Sanierungsmaßnahmen und die städtebaulichen Entwicklungsmaßnahmen getrennt im Ersten und Zweiten Teil des Besonderen Städtebaurechtes. Beide Maßnahmen dienen unterschiedlichen städtebaulichen Zielen. Hierbei gibt es jedoch Überschneidungen. Laut § 136 Abs. 2 Satz 1 BauGB sind städtebauliche Sanierungsmaßnahmen Maßnahmen, durch die ein Gebiet zur Behebung städtebaulicher Missstände wesentlich verbessert oder umgestaltet wird. § 136 Abs. 2 Satz 2 BauGB nennt zwei Formen von städtebaulichen Missständen, die zusammengefasst als Substanzschwächen und Funktionsschwächen bezeichnet werden. Es handelt sich letztlich um einen Bereich, in dem die bauliche Entwicklung negativ verläuft, so dass für die Gemeinde ein Anlass besteht, hier einzugreifen. 52

Demgegenüber sollen städtebauliche Entwicklungsmaßnahmen nach § 165 Abs. 2 BauGB, bezogen auf einen Ortsteil oder einen anderen Teil der Gemeinde, dessen erstmaliger Entwicklung oder dessen Zuführung zu einer neuen Entwicklung im Rahmen einer städtebaulichen Neuordnung dienen, vgl. hierzu unten Rnr. 438ff. Bei der ersten Variante handelt es sich um die herkömmliche Stadt- oder Ortserweiterung. Hier liegt nur eine Berührung mit den Zielen städtebaulicher Sanierungsmaßnahmen vor, als Funktionsschwächen i.S. des Sanierungsrechtes, vgl. unten Rnr. 89, auch von unbebauten Grundstücken insbesondere von brachliegenden ehemaligen Gewerbeflächen ausgehen können, vgl. BR-Drs. 575/85 S. 117. Noch stärker ist die Überschneidung des Entwicklungsrechtes mit dem Sanierungsrecht bei der zweiten Variante, der städtebaulichen Neuordnung. Städtebaurechtliche Missstände können im Rahmen der herkömmlichen Flächensanierung ebenfalls durch Neuordnung des Sanierungsgebietes behoben werden, vgl. § 154 Abs. 2 BauGB. Kommt nach der städtebaulichen Zielsetzung sowohl eine Sanierung als auch eine Entwicklung in Betracht, ist die Entscheidung instrumental zu treffen d.h. es kommt darauf an, ob die Aufgabe besser durch die Anwendung des Sanierungs- oder des Entwicklungsrechtes bewältigt werden kann. Hierbei ist zu beachten, dass das Entwicklungsrecht im Verhältnis zum Sanierungsrecht der Gemeinde stärkere Eingriffsmöglichkeiten verleiht und umgekehrt die betroffenen Grundeigentümer umso mehr belastet. Das Besondere Städtebaurecht enthält aber auch eine Vielzahl von Regelungen über Verfahrensgrundsätze, die sowohl für städtebauliche Sanierungsmaßnahmen als auch für städtebauliche Entwicklungsmaßnahmen gelten. Zum Teil verweist das Entwicklungsrecht auf das Sanierungsrecht oder wiederholt inhaltlich Bestimmungen des Sanierungsrechtes. 53

2.2 Dorferneuerung und Dorfentwicklung

54   Die Vorschriften des Sanierungsrechtes und des Entwicklungsrechtes beziehen sich ausdrücklich auf städtebauliche Sanierungsmaßnahmen sowie städtebauliche Entwicklungsmaßnahmen in Stadt und Land, vgl. § 136 Abs. 1 und § 165 Abs. 1 BauGB. Das bedeutet, städtebauliche Sanierungsmaßnahmen können auch zur Erneuerung von Dörfern durchgeführt werden. Maßnahmen dieser Art werden zur Abgrenzung von agrarstrukturellen Fördermaßnahmen der Landwirtschaftsminister auch als städtebauliche Dorferneuerung bezeichnet. Entsprechend können städtebauliche Entwicklungsmaßnahmen auch in Dörfern durchgeführt werden. Sofern man in den Begriffen Städtebau und Dorf einen Widerspruch sieht, müsste das Wort Städtebau durch die Bezeichnung Siedlungswesen ersetzt werden, die früher gebräuchlich war, aber heute überwiegend auf den ländlichen Raum bezogen wird. Die Aussage des Gesetzes dient der gleichrangigen Behandlung städtebaulicher Aufgaben in Stadt und Land. Es bedarf hier insofern keiner Abgrenzung beider Begriffe. Früher gewichtige Unterschiede zwischen Stadt und Dorf haben heute weitgehend an Bedeutung verloren. Die Stadtmauern sind bereits vor über hundert Jahren gefallen. Die Bewohner der Städte genießen im Vergleich zu den Bewohnern der Dörfer keine besonderen Vorrechte mehr. Zum großen Teil sind die Unterschiede zwischen Stadt und Land verschwunden. Einerseits sind Teile der städtischen Bevölkerung in die Dörfer gezogen ohne ihre bisherige Lebensweise aufzugeben. Andererseits verliert die Landwirtschaft im Dorfe ihre wirtschaftliche und und das Leben gestaltende Bedeutung.

55   Grundsätzlich sind die städtebaulichen Probleme der Dörfer die gleichen wie die der Städte. Verallgemeinernd lassen sich unterschiedliche Gewichtungen feststellen. Auf dem Dorfe sind städtebauliche Probleme stärker mit wirtschaftlichen Fragen verbunden. Es besteht eine enge Beziehung zwischen wirtschaftlichen Strukturveränderungen und notwendigen städtebaulichen Veränderungen. In den neuen Bundesländern wird die Situation durch die Auflösung der Landwirtschaftlichen Produktionsgenossenschaften verschärft. Zahlreiche ehemals landwirtschaftliche Gebäude stehen leer oder bedürfen der Umnutzung. Die Einzelhandels- und Dienstleistungsbereiche entwickeln sich rückläufig. Sinkende Schülerzahlen haben zu einer Einschränkung des öffentlichen Nahverkehrs geführt. Hierdurch wird der Wert der Dörfer als Wohnstandorte gemindert. Andererseits verfügen gerade die Dörfer meistens über große Baulandreserven. Die Altbausubstanz hat i.d.R. einen größeren Anteil am Wohnungsbestand. Dies gilt insbesondere für die neuen Bundesländer. Dort gibt es auch einen großen Erneuerungsbedarf bei der Wasserversorgung und der Abwasserentsorgung. In der dörflichen Umgebung treten ortsgestalterische Missgriffe stärker in Erscheinung als in der Stadt. In den alten Bundesländern hat der Ausbau von Ortsdurchfahrten oftmals städtebauliche Probleme geschaffen. Im Dorfe ist das Planungsverständnis nicht so weit entwickelt wie in der Stadt. Bei der Lösung städtebaulicher Fragen schlagen personale Probleme auf dem Dorfe stärker durch als in der Stadt. Nicht nur die räumlichen, sondern auch die sozialen Beziehungen sind auf dem Dorfe überschaubarer.

2.3 Gesamtmaßnahmen

2.3.1 Einzelmaßnahmen

Bei den städtebaulichen Sanierungs- und Entwicklungsmaßnahmen handelt es sich um Gesamtmaßnahmen, die aus einer Vielzahl von einzelnen Maßnahmen bestehen, vgl. § 149 Abs. 2 Satz 1 und Abs. 3 Satz 1, § 164 a Abs. 1 Satz 1 und § 169 Abs. 7 Satz 1 BauGB. Diese Gesamtmaßnahmen beziehen sich jeweils auf einen bestimmten Teil einer Gemeinde, vgl. § 136 Abs. 2 und § 165 Abs. 2 BauGB. Für Sanierungsgebiete und Entwicklungsbereiche ist kennzeichnend, dass in ihnen nach der Planungsabsicht der Gemeinde nicht nur einzelne, sondern jeweils ein ganzes Bündel städtebaulich erforderlicher und aufeinander abzustimmender Einzelmaßnahmen durchzuführen sind.

56

2.3.2 Abgrenzung des Gebietes

Der räumliche Bereich, in dem die zahlreichen Einzelmaßnahmen durchgeführt werden sollen, muss durch eine Sanierungssatzung nach § 142 Abs. 1 BauGB oder eine Entwicklungssatzung nach § 165 Abs. 6 BauGB förmlich festgelegt werden. Hierbei muss es sich um mehrere aneinander grenzende Grundstücke handeln. Ein einzelnes Grundstück kann nicht Gegenstand einer städtebaulichen Gesamtmaßnahme sein. Das Sanierungsgebiet oder der Entwicklungsbereich ist durch die Satzung so zweckmäßig abzugrenzen, dass sich die Sanierung oder Entwicklung zweckmäßig durchführen lässt, vgl. § 142 Abs. 1 Satz 2 und § 165 Abs. 5 Satz 1 BauGB. Die Gemeinde hat deswegen bei der Abgrenzung des Gebietes einen breiten Beurteilungsspielraum. Für die Beurteilung der zweckmäßigen Abgrenzung sind maßgebend: die örtlichen Verhältnisse, das städtebauliche Konzept der Gemeinde, soweit es bereits entwickelt ist, die mutmaßliche Dauer der städtebaulichen Gesamtmaßnahme und die Finanzierungsaussichten.

57

Die Sanierungssatzung kann aus Gründen der Zweckmäßigkeit auch Grundstücke in das Sanierungsgebiet miteinbeziehen, auf denen keine städtebaulichen Missstände festzustellen sind. Es reicht aus, wenn die Grundstücke im Einflussbereich städtebaulicher Missstände liegen. Das ist der Fall, wenn die Grundstücke Teil einer städtebaulichen Einheit, z.B. eines Häuserblocks, sind, in dem städtebauliche Missstände behoben werden sollen, so auch OVG Lüneburg 30.10.1986 ZfBR 1987, 206. Dem Entwicklungsbereich können aus Zweckmäßigkeitsgründen durch die Entwicklungssatzung auch Grundstücke zugeordnet werden, die als solche nicht zu entwickeln oder neuzuordnen sind. Umgekehrt lässt es das Gesetz in § 142 Abs. 1 Satz 3 und § 165 Abs. 5 Satz 2 BauGB ausdrücklich zu, dass einzelne Grundstücke, die von der Sanierung oder Entwicklung nicht betroffen werden, ganz oder teilweise aus dem Gebiet oder Bereich ausgenommen werden. Ob die Gemeinde von dieser Möglichkeit Gebrauch macht, liegt in ihrem Ermessen. Die förmliche Festlegung führt in dem Sanierungsgebiet oder dem Entwicklungsbereich zur Geltung eines besonderen Bodenrechtes. Dieses Recht gilt jedoch nur befristet. Ist die Sanierungs- oder Entwicklungsmaßnahme durchgeführt worden, muss die Gemeinde die Sanierungssatzung nach § 162 BauGB oder die Entwicklungssatzung nach § 169 Abs. 1 Nr. 6 i. V. mit § 162 BauGB wieder aufheben. Entsprechendes gilt, wenn die städtebauliche Gesamtmaßnahme sich als undurchführbar erweist oder von der Gemeinde die Sanierungs- bzw. Entwicklungsabsicht aus anderen Gründen aufgegeben wird, vgl. § 169 Abs. 1 Nr. 2 i. V. mit § 162 Abs. 1 Nr. 2 und Nr. 3 BauGB.

2.3.3 Vorbereitende Untersuchungen

58   Der förmlichen Festlegung des Sanierungsgebietes oder des Entwicklungsbereiches haben Voruntersuchungen des fraglichen Gebietes oder Bereiches vorauszugehen, vgl. § 141 und § 165 Abs. 4 BauGB. Durch diese Untersuchungen soll die Gemeinde Beurteilungsunterlagen über die Notwendigkeit der städtebaulichen Gesamtmaßnahme erhalten. Diese Voruntersuchungen sind nach § 141 Abs. 2 BauGB entbehrlich, soweit bereits geeignete Unterlagen vorhanden sind. Überwiegend handelt es sich bei den Vorbereitenden Untersuchungen um eine gebietsbezogene Bestandsaufnahme. Da § 141 Abs. 2 BauGB sich auf Unterlagen bezieht, muss das Ergebnis der Untersuchungen in schriftlicher Form zusammengefasst werden.

2.3.4 Vorbereitung und Durchführung

59   Städtebauliche Gesamtmaßnahmen umfassen grundsätzlich zwei Verfahrensschritte, die Vorbereitung und die Durchführung, vgl. § 136 Abs. 1 und § 165 Abs. 1 BauGB. § 140 listet auf, was zur Vorbereitung der Sanierung oder Entwicklung (i. V. mit § 165 Abs. 4 Satz 2) zählt. Nach § 146 gehören zur Durchführung der Sanierung oder Entwicklung (i. V. mit § 169 Abs. 1 Nr. 4) die Ordnungs- und Baumaßnahmen. Beide Verfahrensschritte lassen sich zeitlich nicht ganz eindeutig voneinander abgrenzen. Während der Vorbereitungsphase können schon einzelne Durchführungsmaßnahmen durchgeführt werden, vgl. § 140 Nr. 7. Umgekehrt sind während der Durchführungsphase Änderungen von Ergebnissen der Vorbereitung nicht ausgeschlossen. Die Vorbereitung der Sanierung oder Entwicklung ist allein Aufgabe der Gemeinde, vgl. § 140 und § 166 Abs. 1 Satz 1 BauGB. Wichtigster Bestandteil der Vorbereitung ist die städtebauliche Planung, vgl. § 140 Nr. 4 und § 166 Abs. 1 Satz 2 BauGB. Sie kann auch noch nach Abschluss der Vorbereitung, während der Durchführungsphase geändert werden. Die Durchführung der erforderlichen Einzelmaßnahmen ist zum einen Teil Aufgabe der Gemeinde, zum anderen Teil der Grundeigentümer in dem Sanierungsgebiet oder dem Entwicklungsbereich. Anders als ein verbindlicher Bebauungsplan sind Sanierungs- und Entwicklungssatzungen Rechtsinstrumente, die allein der Durchführung städtebaulicher Maßnahmen dienen sollen. Das Sanierungs- und Entwicklungsrecht ist auf diese Durchführung ausgerichtet. Für die Durchführung der städtebaulichen Sanierungs- und Entwicklungsmaßnahmen enthält das Gesetz etwas abweichende Regelungen. Bei der städtebaulichen Entwicklungsmaßnahme ist die Verantwortung der Gemeinde für die Durchführung noch stärker ausgeprägt als bei der städtebaulichen Sanierungsmaßnahme.

2.4 Anwendungsverpflichtung

2.4.1 Bedeutung

Ist das öffentliche Interesse an der einheitlichen Vorbereitung und der zügigen Durchführung der Gesamtmaßnahmen zu bejahen, sind sie nach den besonderen Vorschriften des Sanierungs- oder Entwicklungsrechtes vorzubereiten und durchzuführen, vgl. § 136 Abs. 1 und § 165 Abs. 1 BauGB. D. h. es besteht eine rechtliche Verpflichtung zur Anwendung dieser Vorschriften. Angesichts des zuvor genannten breiten Beurteilungsspielraumes der einzelnen Gemeinde hat diese Anwendungsverpflichtung nur eine geringe unmittelbare Bedeutung für die Praxis. Dort kommt diese Anwendungsverpflichtung aber dadurch zum Tragen, dass die Zuweisung von Bundes- und Landesfinanzhilfen zur Deckung der entstehenden Kosten rechtlich an die Anwendung des Sanierungs- oder Entwicklungsrechtes gebunden ist.

60

2.4.2 Öffentliches Interesse

Die einheitliche Vorbereitung und die zügige Durchführung der jeweiligen städtebaulichen Sanierungs- oder Entwicklungsmaßnahme verbunden mit der Anwendung besonderer Rechtsvorschriften muss im öffentlichen Interesse liegen, vgl. § 136 Abs. 1 und § 165 Abs. 1 BauGB. Als öffentliches Interesse kommen alle im Katalog des § 1 Abs. 6 BauGB genannten städtebaulichen Belange in Frage, vgl. oben Nr. 1.1. Es reicht ein qualifiziertes, d.h. hier ein örtliches öffentliches Interesse aus. Die städtebauliche Aufgabe muss für die Gemeinde eine besondere Bedeutung haben. Das öffentliche Interesse liegt nicht vor, wenn die Gesamtmaßnahme überwiegend den Interessen einzelner Eigentümer dienen soll. Andererseits wird das öffentliche Interesse an der einheitlichen Vorbereitung und der zügigen Durchführung der städtebaulichen Gesamtmaßnahme nicht dadurch ausgeschlossen, dass diese auch den Interessen privater Betroffener dient, vgl. BGH 13. 12. 1990 NJW 1991, 2011. Dieser Umstand kann auch in der Praxis nicht ausgeschlossen werden. Bei der Beurteilung des öffentlichen Interesses verfügt die Gemeinde im Einzelfall über einen ziemlich breiten Spielraum, so auch BGH 8. 5. 1980 E 77, 338, 342f. Das öffentliche Interesse an der Anwendung des Sanierungs- oder Entwicklungsrechts besteht nicht, wenn die Gemeinde die städtebaulichen Ziele auch durch die Anwendung anderer Bestimmungen erreichen kann, die die betroffenen Grundeigentümer weniger belasten, wie z.B. durch einen Bebauungsplan oder eine Erhaltungssatzung, vgl. hierzu unten Rdn. 726 ff. Das öffentliche Interesse muss auch verneint werden, wenn die betroffenen Eigentümer bereit sind, die erforderlichen Ordnungs- und Baumaßnahmen i.S. von § 146 ff BauGB freiwillig auf eigene Kosten selbst durch zu führen oder wenn die Gemeinde selbst Eigentümerin der von der beabsichtigten städtebaulichen Sanierung oder Entwicklung betroffenen Grundstücke ist.

61

2.4.3 Einheitliche Vorbereitung

Wegen der Vielzahl von Einzelmaßnahmen in dem Gebiet bedürfen die städtebaulichen Sanierungs- und Entwicklungsmaßnahmen jeweils der einheitlichen Vor-

62

bereitung, vgl. § 136 Abs. 1 und § 165 Abs. 1 BauGB. Wo daher dieses Koordinationserfordernis nicht besteht, weil es sich nur um ein einzelnes Grundstück handelt oder das Eigentum an allen Grundstücken vor Beginn der Gesamtmaßnahme in einer Hand liegt, kommen städtebauliche Sanierungs- oder Entwicklungsmaßnahmen nicht in Betracht. Zur einheitlichen Vorbereitung gehört die förmliche Bestimmung des Gebietes oder Bereiches der Gemeinde, das räumlich Gegenstand der jeweiligen städtebaulichen Gesamtmaßnahme sein soll, durch Satzung der Gemeinde, vgl. § 142 Abs. 1 und § 165 Abs. 6 BauGB. Das Koordinationserfordernis muss zu einer städtebaulichen Planung führen, die auf den vorbereitenden Untersuchungen beruht. Das Wesen der einheitlichen Vorbereitung liegt darin, dass hier abweichend von sonstigen städtebaulichen Maßnahmen, die auf einer Einzelplanung beruhen, mehrere Einzelmaßnahmen koordiniert und abgestimmt für ein bestimmtes Gebiet vorbereitet werden, vgl. BVerwG 23.5.1986 NVwZ 1986, 917. Diese einheitliche Vorbereitung dient der zügigen Durchführung der Gesamtmaßnahme.

2.4.4 Zügige Durchführung

63   Die städtebaulichen Gesamtmaßnahmen sind zügig durchzuführen, vgl. § 136 Abs. 1 und § 165 Abs. 1 BauGB. Es handelt sich ihrem Wesen nach um befristete Verfahren. Nach § 149 Abs. 4 Satz 2 BauGB dürfen Sanierungsmaßnahmen nur innerhalb eines absehbaren Zeitraumes durchgeführt werden, vgl. § 169 Abs. 1 Nr. 4 BauGB. Zum Begriff des absehbaren Zeitraumes vgl. unten Rdn. 157 ff. und 455. Maßnahmen, die nicht zügig durchgeführt werden können oder sollen, sind keine Sanierungs- oder Entwicklungsmaßnahmen i.S. des BauGB, vgl. BVerwG 10.7.2003 NVwZ 2003, 1389. D.h. die erforderlichen Einzelmaßnahmen sind so aufeinander abzustimmen, dass keine vermeidbaren Unterbrechungen und somit Zeitverluste eintreten. Das Gebot der zügigen Durchführung dient dazu, die mit der Sanierung oder Entwicklung für die betroffenen Eigentümer und Nutzungsberechtigten verbundenen besonderen bodenrechtlichen Einschränkungen zeitlich möglichst einzugrenzen. Umgekehrt führt das Inkrafttreten einer Sanierungs- oder Entwicklungssatzung auch zu einer Verpflichtung der Gemeinde, für die Durchführung der städtebaulich erforderlichen Einzelmaßnahmen zu sorgen. Dies schließt die Einleitung geeigneter rechtlicher Maßnahmen gegen nichtmitwirkungsbereite Eigentümer und Nutzungsberechtigte mit ein.

2.5 Ziele der Raumordnung und Landesplanung

64   Das BauGB enthält keine Regelung über die Beziehungen zwischen städtebaulicher Sanierung, der Entwicklung und den Zielen der Raumordnung und Landesplanung. Eine Bindung der einzelnen Sanierungsmaßnahmen an diese Ziele kann sich aber über das planerische Anpassungsgebot des § 1 Abs. 4 BauGB ergeben, wenn für ihre Vorbereitung ein Sanierungsbebauungsplan aufzustellen ist. Maßgebend sind danach die Ziele und Zwecke der Sanierung. Soweit danach ein Sanierungsgebiet umgestaltet werden soll, wird es i.S. von § 1 Abs. 3 BauGB für die städ-

Abwägung

tebauliche Entwicklung und Ordnung erforderlich sein, einen Bebauungsplan für die Vorbereitung der städtebaulichen Sanierung aufzustellen. Zugleich nimmt das städtebauliche Entwicklungsrecht in § 165 Abs. 2 Satz 1 BauGB auf die „angestrebte Entwicklung des Landesgebietes oder der Region" bezug. Bei der Vorbereitung städtebaulicher Entwicklungsmaßnahmen sind hingegen aufgrund von § 166 Abs. 1 Satz 2 BauGB in jedem Falle Bebauungspläne aufzustellen.

2.6 Abwägung

Nach § 136 Abs. 4 Satz 3 und § 165 Abs. 3 Satz 2 BauGB sind bei städtebaulichen Sanierungs- und Entwicklungsmaßnahmen die öffentlichen und privaten Belange gegeneinander und untereinander gerecht abzuwägen. Diese Bestimmungen entsprechen inhaltlich dem in § 1 Abs. 7 BauGB für die Bauleitplanung geregelten Abwägungsgebot. Diese Vorschrift ist auch im Rahmen städtebaulicher Sanierungsmaßnahmen anzuwenden, soweit Bebauungspläne aufgestellt oder Bebauungs- sowie Flächennutzungspläne geändert oder ergänzt werden. Im Übrigen gelten für die Vorbereitung und Durchführung der städtebaulichen Sanierungs- oder Entwicklungsmaßnahmen ausschließlich § 136 Abs. 4 Satz 3 oder § 165 Abs. 3 Satz 2 BauGB. Belange sind bestimmte Interessen von natürlichen oder juristischen Personen, vgl. BGH 8. 5. 1980, E 77, 338, 344. Bei der Abwägung sind aber nur solche Interessen zu beachten, die von der Sanierung oder Entwicklung nicht nur geringfügig betroffen werden, vgl. BVerwG 9. 11. 1979 E 59, 87. Die Abwägung dient dazu, unterschiedliche Interessen soweit wie möglich zu berücksichtigen und durch eine planerische Lösung zum Ausgleich zu bringen. Durch die Abwägung soll diejenige Lösung gefunden werden, die öffentliche und private Belange am wenigsten beeinträchtigt. Das Bundesverwaltungsgericht ordnet daher das Abwägungsgebot dem verfassungsrechtlichen Grundsatz der Verhältnismäßigkeit öffentlich-rechtlicher Eingriffe zu, vgl. BVerwG 31. 3. 1998 DÖV 1998, 603. Öffentliche Belange sind die gesetzlichen und die planerischen Ziele, die die Gemeinde im Einzelfall mit der jeweiligen städtebaulichen Sanierungs- oder Entwicklungsmaßnahme verfolgt. Als weitere öffentliche Belange kommen die in § 1 Abs. 5 Satz 2 BauGB genannten öffentlichen Interessen, die bei der Bauleitplanung zu berücksichtigen sind, in Betracht. Bei der Abwägung müssen daher auch die Interessen anderer öffentlicher Aufgabenträger, wie Bundes- oder Landesbehörden, berücksichtigt werden, soweit sie von der Sanierungs- oder Entwicklungsmaßnahme betroffen sein können. Im Rahmen von § 139 BauGB besteht darüber hinaus bei Sanierungs- und Entwicklungsmaßnahmen im Verhältnis zur Gemeinde eine gegenseitige Verpflichtung zur Zusammenarbeit. *65*

Als private Belange kommen alle Interessen der von der Sanierungs- oder Entwicklungsmaßnahme betroffenen Bürger in Frage. Dies sind hauptsächsächlich die in § 137 BauGB genannten Eigentümer, Mieter und Pächter. Ein wichtiger Belang kann insbesondere das Interesse der Wohnbevölkerung am Verbleiben in ihrem herkömmlichen Umfeld sein. Durch die Abgrenzung des Sanierungsgebietes und *66* des Entwicklungsbereiches wird die Betroffenheit i.d.R. räumlich eingegrenzt, vgl. OVG Lüneburg 30.10.1986 ZfBR 1987, 206. Im zu begründenden Einzelfall kann jedoch die Betroffenheit über den räumlich abgegrenzten Bereich hinausreichen. Der Ermittlung dieser privaten und öffentlichen Belange dienen u.a. die Vorbereitenden Untersuchungen nach § 141 Abs. 1 und § 165 Abs. 4 BauGB, die insoweit der Gewinnung von Abwägungsmaterial dienen, vgl. Rnr. 58.

Das sanierungs- bzw. entwicklungsrechtliche Abwägungsgebot gilt grundsätzlich für die Vorbereitung und Durchführung dieser Gesamtmaßnahmen, soweit es sich um abwägungsfähige Entscheidungen der Gemeinde handelt. D.h. es muss ein Ausgleich unterschiedlicher Interessen erforderlich sein. Dies ist bei grundstücksbezogenen Einzelmaßnahmen im Rahmen der Gesamtmaßnahme grundsätzlich nicht der Fall. Das sanierungs- bzw. entwicklungsrechtliche Abwägungsgebot gilt dagegen uneingeschränkt für die städtebauliche Planung der Sanierungs- und Entwicklungsmaßnahme, wenn sie nicht in Form der vom BauGB geregelten Bauleitplanung, sondern in anderer Form, z.B. durch eine städtebauliche Rahmenplanung oder eine sonstige städtebauliche Entwicklungsplanung vorgenommen wird.

67 Hierbei sind die vom BVerwG für die Abwägung bei der Bauleitplanung entwickelten Rechtsgrundsätze zu beachten. Bei dem Abwägungsgebot handelt es sich um einen Grundsatz rechtsstaatlicher Planung, vgl. BVerwG 30.4.1969 NJW 1969, 1868. Das Abwägungsgebot bezieht sich sowohl auf den Abwägungsvorgang als auch auf das Abwägungsergebnis, vgl. BVerwG 5.7.1974 E 45, 309. Bei der Abwägung muss an Belangen berücksichtigt werden, was nach Lage der Dinge zu berücksichtigen ist (Grundsatz der Einstellung in die Abwägung), vgl. BverwG 12.12.1969 E 34, 301, 309. Die Bedeutung der privaten Belange darf nicht verkannt werden. Beim Ausgleich der von der Planung berührten öffentlichen Belange muss die objektive Gewichtung der einzelnen Belange berücksichtigt werden. Auch die Festlegung eines Sanierungsgebietes oder eines Entwicklungsbereiches ist eine planerische Entscheidung, vgl. BVerwG 24.3.1999 NVwZ 1999, 1336. Hierbei darf aber nicht außer Acht bleiben, dass die Sanierungs- oder Entwicklungssatzung keine planerischen Aussagen enthält, sondern zur Anwendung eines besonderen Bodenrechtes in einem bestimmten abzugrenzenden Gebiet führt. Die Satzung lässt offen, wie die städtebauliche Sanierung oder Entwicklung durchgeführt werden soll. Das Gesetz verlangt nicht, dass die Gemeinde zum Zeitpunkt der Entscheidung über die Satzung bereits über eine städtebauliche Planung verfügt. Auch kann die Gemeinde im Rahmen der gesetzlich vorgegebenen Sanierungs- oder Entwicklungsziele eine bereits beschlossene städtebauliche Planung ändern, ohne dass dies die Rechtmäßigkeit der Satzung berührt. Die von der Rechtsprechung zur Beachtung des Abwägungsgebotes entwickelten Grundsätze können hier deswegen insoweit nur eingeschränkt angewendet werden. So scheidet hier eine Abwägung privater Belange untereinander allgemein aus. Bei der förmlichen Festlegung eines Sanierungsgebietes oder eines Entwicklungsbereiches ist zu unterscheiden zwischen der Wahl des Rechtsinstrumentes und der räumlichen Abgrenzung seines Anwendungsbereiches.

Sozialplan

Bei der Entscheidung über die Anwendung des Sanierungs- oder Entwicklungsrechtes hat die Gemeinde zu prüfen, ob sie ihre städtebaulichen Ziele auch durch die ausschließliche Anwendung der Vorschriften des allgemeinen Städtebaurechtes erreichen kann, z.B. durch Aufstellung eines Bebauungsplanes, weil dieser die Betroffenen i.d.R. weniger in ihren Rechten einschränkt. Hierbei muss aber gesehen werden, dass das städtebauliche Sanierungs- und Entwicklungsrecht infolge der Anwendung der §§ 153 bis § 156 BauGB auch ein Finanzierungsinstrument ist. Wenn die Gemeinde sich z.B. für die Anwendung des Sanierungs- oder Entwicklungsrechtes entscheidet, weil sie die Durchführung ihrer städtebaulichen Ziele durch die Abschöpfung der städtebaulich bedingten Werterhöhungen besser finanzieren kann als durch die Aufstellung eines Bebauungsplanes und die Umlegung der Erschließungskosten, so ist dies nicht zu beanstanden, auch wenn die betroffenen Eigentümer durch dieses Verfahren finanziell stärker belastet werden. Das private Interesse der betroffenen Grundeigentümer an der Nichtanwendung der Vorschriften über diese Abschöpfung, vgl. unten Rdn. 337 ff ist bei der Abwägung nicht zu berücksichtigen, so auch OVG Lüneburg 3.2.1997 BauR 1997, 620. Das Gesetz sieht diese Abschöpfung ausdrücklich vor. Insofern verfügt die Gemeinde bei der Entscheidung über die Anwendung des städtebaulichen Sanierungs- oder Entwicklungsrechtes über einen großen Gestaltungsspielraum. Zur räumlichen Abgrenzung des Sanierungsgebietes und Entwicklungsbereiches sagt das Gesetz, dass diese so vorzunehmen ist, dass sich die Sanierung oder Entwicklung zweckmäßig durchführen lässt, § 142 Abs. 1 Satz 2 und § 165 Abs. 5 Satz 1 BauGB. Abwägungsmängel werden dabei nur dann in Frage kommen, wenn die Zuordnung von Grundstücken zu einem Sanierungsgebiet oder Entwicklungsbereich unter keinem städtebaulichen Gesichtspunkt als nachvollziehbar erscheint. Der Abwägungsvorgang muss nachweisbar sein, weil er gerichtlich überprüft werden kann. Abschließend hierzu sei darauf hingewiesen, dass § 215 Abs. 1 BauGB die Geltendmachung von Abwägungsmängeln bei städtebaulichen Satzungen eingrenzt soweit sie entsprechend § 215 Abs. 2 BauGB einen Hinweis hierauf enthalten.

2.7 Sozialplan

2.7.1 Soziale Probleme im Städtebau

Zunehmend treten soziale Probleme dort auf, wo eine räumliche Trennung der Bewohner nach unterschiedlichen Einkommensschichten entstanden ist. Diese soziale Segregation wirkt sich dort negativ aus, wo untere Einkommensgruppen wie Sozialhilfeempfänger, Dauerarbeitslose und Ausländer in bestimmten städtischen Bereichen konzentriert wohnen. Kennzeichnend für diese Stadtteile ist ferner ein unterdurchschnittliches Ausbildungsniveau der Bewohner. Hierbei handelt es sich neben Altbaubereichen in den neuen Bundesländern wie z.B. in Leipzig überwiegend um Großsiedlungen des sozialen Wohnungsbaues der 60er und 70er Jahre, die die ein weitgehend anonymes Wohnen ermöglichen inzwischen schon weitgehend einer Sanierung bedürfen. Die dort gebauten Gestaltungsformen haben sich vielfach wegen hoher Bewirtschaftungskosten als wenig sinnvoll erwiesen. Die Wohnungen sind i.d.R. dichter belegt als im freifinanzierten Wohnungsbau. Diese Siedlungen haben ein geringeres Sozialprestige und werden von den Mietern aus den mittleren Einkommensschichten zumeist verlassen und gemieden. Übrig bleiben Mieter, denen es aufgrund ihres niedrigen Einkommens oder unsozialer Lebensweisen nicht gelingt, woanders eine Wohnung zu finden. Oftmals ist die Lage in diesen Bereichen durch eine besondere Zerstörungswut und eine überdurchschnittlich hohe Kriminalitätsrate gekennzeichnet. Kennzeichnend für diese Bereiche sind abgebrannte Telefonzellen, zerstörte öffentliche Anlagen sowie bemalte Fassaden im unteren Bereich. Oftmals treten geschlossene Läden und zugenagelte Schaufenster dazu. Zuweilen befindet sich herum liegender Müll neben Autowracks. Man trifft herum streunende Kinder und Jugendliche. Häufig werden Fahrstühle zerstört. Die soziale Verantwortung der Mieter endet i.d.R. an der Wohnungstür und der Balkonbrüstung. Zunehmend fehlen Personen, die bereit sind im öffentlichen Interesse zu wirken. Die Beteiligung an Wahlen ist in diesen Bereichen meistens gering. Eine Identifikation der Bewohner mit ihrem Stadtteil gibt es nicht. Die städtebauliche Planung muss daher im Interesse einer sozialen Stabilität dem Entstehen von Bereichen entgegenwirken, die ausschließlich von bestimmten Einkommensschichten bewohnt werden. Die Erhaltung sozial stabiler Bevölkerungsstrukturen bei der Berücksichtigung der Wohnbedürfnisse der Bevölkerung ist nach § 1 Abs. 6 Nr. 2 BauGB als ein öffentlicher Belang bei der Bauleitplanung zu berücksichtigen.

70 Die Durchführung städtebaulicher Maßnahmen kann für die in dem betroffenen Gebiet wohnenden und arbeitenden Menschen negative Folgen haben. Ob und inwieweit dies der Fall ist, hängt von der städtebaulichen Planung der Gemeinde und der Beschaffenheit des Plangebietes ab. Die Durchführung von Entwicklungsmaßnahmen im Außenbereich i.S. von § 35 BauGB oder auf brachliegenden Flächen wird nur wenige Personen betreffen und daher kaum soziale Probleme auslösen. Die Durchführung einer erhaltenden Sanierungsmaßnahme im Innenbereich kann dagegen den Wechsel der ansässigen Wohnbevölkerung zur Folge haben, soweit die Modernisierung von Wohngebäuden zu wesentlich höheren Mieten führt. Allerdings handelt es sich nach den Erfahrungen aus der Praxis hierbei um langfristige Vorgänge. Eine Flächensanierung in einem Wohngebiet zwingt dagegen immer die Bewohner zum Wegzug aus dem Sanierungsgebiet. Es liegt im Interesse der Sanierungsdurchführung, hieraus keine Vertreibung werden zu lassen. Die Bewältigung der mit städtebaulichen Maßnahmen verbundenen sozialen Probleme erleichtert deren Durchführung erheblich. Unbewältigte soziale Konflikte können städtebauliche Maßnahmen beeinträchtigen und gefährden. Der Gesetzgeber hat es daher für erforderlich gehalten, den Gemeinden zu dieser Thematik Vorgaben zu machen.

2.7.2 Anwendungsbereich

71 Der Sozialplan nach § 180 BauGB dient dazu, sozial nachteilige Folgen bei der Durchführung städtebaulicher Maßnahmen möglichst zu vermeiden oder zu mil-

Sozialplan

dern. Der Sozialplan ist nach § 180 Abs. 2 BauGB die Niederschrift über das Ergebnis der in diesem Zusammenhang erforderlichen Erörterungen der Gemeinde mit den Betroffenen sowie der Prüfungen und in Betracht zu ziehenden geeigneten Maßnahmen der Gemeinde und der Möglichkeiten ihrer Verwirklichung. Insoweit handelt es sich bei dem Sozialplan um eine Erweiterung der Erörterungspflicht. Die Sozialplanverpflichtung gilt nach § 180 Abs. 1 Satz 1 BauGB nicht nur für Sanierungs-, Entwicklungs- und Stadtumbaumaßnahmen, sondern auch für Bebauungspläne; hierbei kann es sich sowohl um einfache wie um qualifizierte Bebauungspläne handeln. Durch die Einbeziehung der Bebauungspläne in den Geltungsbereich des § 180 BauGB reicht die Bedeutung dieser Vorschrift über das Besondere Städtebaurecht hinaus. Außerhalb der Sanierungs-, Entwicklungs- und Stadtumbaumaßnahmen ist ferner aufgrund von § 172 Abs. 5 Satz 2 BauGB in entsprechender Anwendung von § 180 BauGB ein Sozialplan aufzustellen, wenn eine Gemeinde nach § 172 Abs. 1 Satz 1 Nr. 3 BauGB durch einen Bebauungsplan oder durch eine sonstige Satzung ein Gebiet bezeichnet hat, in dem bei städtebaulichen Umstrukturierungen der Abbruch, die Änderung oder die Nutzungsänderung baulicher Anlagen der Genehmigung bedürfen. Bei Sanierungs-, Entwicklungs-, Stadtumbaumaßnahmen setzt die Anwendung des § 180 BauGB keine förmliche Festlegung voraus. § 140 Nr. 6 BauGB bestimmt ausdrücklich, dass die Erarbeitung und Fortschreibung des Sozialplanes schon zur Vorbereitung der Sanierung gehört.

2.7.3 Nachteilige Auswirkungen

Wenn sich städtebauliche Sanierungs- oder Entwicklungsmaßnahmen sowie Bebauungspläne oder Erhaltungssatzungen i.S. von § 172 Abs. 1 Satz 1 Nr. 3 BauGB voraussichtlich auf die Lebensumstände der in dem Gebiet wohnenden oder arbeitenden Menschen nachteilig auswirken, hat die Gemeinde nach § 180 Abs. 1 Satz 1 BauGB den Sozialplan aufzustellen. Die Verpflichtung entsteht, wenn sich diese nachteiligen Auswirkungen als Möglichkeit abzeichnen, so auch BVerwG 16. 2. 2001 NVwZ 2001, 1050. Maßgeblich sind das Sanierungskonzept und die städtebauliche Planung. Soweit diese Nachteile nicht erkennbar sind, entfällt die Verpflichtung der Gemeinde. Im Übrigen hat sie Vorstellungen zu entwickeln, wie die genannten nachteiligen Auswirkungen möglichst vermieden oder gemildert werden können. Diese Vorstellungen muss sie mit den Betroffenen erörtern, d.h. sie muss mit ihnen darüber sprechen oder ein Gespräch anbieten. Die Erörterung kann aber auch in Form eines Schriftwechsels durchgeführt werden. Soweit die Betroffenen sich selbst bemühen, für sie jeweils nachteilige Auswirkungen zu vermeiden oder zu mildern, hat die Gemeinde ihnen nach § 180 Abs. 1 Satz 1 Halbsatz 1 BauGB zu helfen. Das Gesetz nennt beispielhaft die folgenden Fälle für diese Hilfspflicht: Wohnungs- und Arbeitsplatzwechsel sowie den Umzug von Betrieben. Können die nachteiligen Auswirkungen durch die Gewährung von öffentlichen Leistungen möglicherweise vermieden oder gemildert werden, hat die Gemeinde die Betroffenen im Regelfall darauf hinzuweisen, d.h. die Betroffenen zu informieren, zu beraten oder gegebenenfalls an die zuständige Stelle, die über die Gewährung dieser Leistungen entscheidet, weiterzuverweisen. Die Hinweispflicht der Gemeinde bezieht sich auf alle

Wesensmerkmale und Verfahrensgrundsätze städtebaulicher Sanierungsmaßnahmen

nach unserer Sozialrechtsordnung möglichen Leistungen, soweit hierdurch im Einzelfall den Betroffenen geholfen werden kann. So hat die Gemeinde z.B. bei mangelnder Leistungsfähigkeit hinsichtlich der neuen Miete auf die Gewährung von Wohngeld einschließlich seiner Höhe, bei Arbeitslosigkeit auf Arbeitslosengeld oder Arbeitslosenhilfe und Umschulung nach dem Arbeits-förderungsgesetz einschließlich der Höhe der Leistungen nach diesem Gesetz hinzuweisen.

73 § 180 Abs. 1 Satz 3 BauGB verpflichtet die Gemeinde unter bestimmten Voraussetzungen zur Prüfung, ob und inwieweit sie den Betroffenen durch eigene Maßnahmen helfen kann. Diese Prüfpflicht besteht in den Fällen, in denen die Betroffenen nach ihren persönlichen Lebensumständen nicht in der Lage sind, Empfehlungen der Gemeinde zu folgen oder mögliche Hilfen zu nutzen oder in denen aus anderen Gründen weitere Maßnahmen der Gemeinde erforderlich sind. Als Betroffene kommen hier hauptsächlich behinderte und alte Menschen in Betracht. Diese Prüfpflicht der Gemeinde besteht im Rahmen ihrer tatsächlichen Möglichkeiten. Maßgebend ist, ob z.B. Plätze in einem Altersheim frei sind oder ob die Gemeinde über geeigneten Wohnraum verfügt. Aus § 180 BauGB lässt sich hingegen kein unmittelbarer Anspruch des Betroffenen auf Gewährung bestimmter Leistungen gegen die Gemeinde ableiten. Ein Rechtsanspruch gegen die Gemeinde auf Gewährung von Geld kommt in diesem Zusammenhang nur in der Form des Härteausgleiches nach § 181 BauGB in Betracht.

Aufgrund von § 180 Abs. 3 BauGB kann die Gemeinde von einem Dritten die Übernahme ihrer Verpflichtungen aus § 180 Abs. 1 BauGB verlangen, wenn dieser die Verwirklichung einer Durchführungsmaßnahme i.S. von städtebaulichen Maßnahmen beabsichtigt. Diese Regelung hat in der Praxis bisher wenig Bedeutung erlangt. Das Recht der Gemeinde, eine solche Übernahme zu verlangen, lässt auch ihre Verpflichtung aus § 180 Abs. 1 BauGB unberührt.

2.7.4 Inhalt des Sozialplanes

74 Der Inhalt des Sozialplanes besteht nach § 180 Abs. 2 BauGB aus der schriftlichen Darstellung des Ergebnisses der einzelnen Erörterungen und Prüfungen nach § 180 Abs. 1 BauGB und den voraussichtlich in Betracht zu ziehenden Maßnahmen der Gemeinde sowie den Möglichkeiten ihrer Verwirklichung. Die Veröffentlichung einer Zusammenfassung dieser Erörterungen kommt aus datenschutzrechtlichen Gründen nicht in Frage. Insoweit handelt es sich nach der praktischen Bedeutung bei dem Sozialplan um eine Arbeitsgrundlage der Gemeindeverwaltung. Eine rechtliche Bedeutung hat der Sozialplan nur in vom Gesetz geregelten Fällen vgl. §§ 172 Abs. 5 Satz 1, 181 Abs. 1 Satz 1 Nr. 4 und 186 BauGB.

2.8 Härteausgleich

2.8.1 Wesen und Anwendungsbereich

75 Im Gegensatz zur Regelung des Sozialplanes in § 180 BauGB führt die Vorschrift des § 181 BauGB zur Gewährung eines Anspruches auf Geldleistungen gegen die

Härteausgleich

Gemeinde. Der Anspruch setzt u.a. voraus, dass eine der vier in § 181 Abs. 1 Satz 1 BauGB genannten Fallgestaltungen vorliegt. Als Anspruchsberechtigte kommen ausschließlich Mieter und Pächter in Betracht, deren Vertragsverhältnis aus städtebaulichen Gründen beendet oder unterbrochen wurde. Während die letzte Fallgestaltung an den Inhalt eines Sozialplanes anknüpft, beziehen sich die ersten drei Fälle auf soziale Folgen der „Durchführung städtebaulicher Maßnahmen". Liegt keine dieser vier Fallgestaltungen vor, entfällt der Anspruch auf Gewährung des Härteausgleiches. Städtebauliche Maßnahmen i.s. dieser Vorschrift sind neben Sanierungs- und Entwicklungsmaßnahmen Umlegungsverfahren i.S. von §§ 45 ff. BauGB und städtebauliche Gebote i.S. der §§ 175 ff. BauGB. Diese Gebote können auch durch entsprechende öffentlich-rechtliche Verträge ersetzt werden. Der Zweck des Härteausgleiches besteht darin, im Einzelfall bestimmte wirtschaftliche Nachteile auszugleichen. Auf immaterielle Schäden oder Nachteile ist § 181 BauGB nicht anwendbar. Der Anspruch ist nach § 181 Abs. 1 Satz 2 BauGB nachrangig gegenüber allen anderen Leistungen zum Ausgleich der wirtschaftlichen Nachteile. Hierbei ist ohne Bedeutung, um welchen Leistungsträger es sich handelt. Die Gewährung eines Härteausgleiches kommt daher nicht in Frage, soweit die wirtschaftlichen Nachteile durch die Zahlung von Sozialhilfe oder Wohngeld vermieden oder ausgeglichen werden können. Hierbei ist zu beachten, dass unsere Sozialrechtsordnung auf bestimmten Maßstäben beruht. Der Anspruch auf Gewährung der Geldleistungen entfällt nach § 181 Abs. 3 BauGB, soweit der Betroffene sich nicht bemüht hat oder bemüht, die wirtschaftlichen Nachteile im Rahmen seiner eigenen Möglichkeiten abzuwenden. Hierzu gehören alle eigenen zumutbaren Maßnahmen wie der Einsatz verfügbarer eigener oder fremder Mittel. Da es sich bei § 181 Abs. 1 Satz 1 BauGB um eine Sollvorschrift handelt, hat die Gemeinde im Regelfall kein Ermessen bei der Entscheidung über den Härteausgleich, wenn die gesetzlichen Voraussetzungen für seine Gewährung vorliegen. Eine Ermessensentscheidung darf sie nur in atypischen Fällen treffen.

2.8.2 Subjektive Anspruchsvoraussetzungen

Der Härteausgleich wird nach § 181 Abs. 1 Satz 1 BauGB auf Antrag gewährt. Der Antragsteller muss die Anspruchsvoraussetzungen selbst darlegen. Im Rahmen der Aufstellung des Sozialplanes nach § 180 Abs. 1 BauGB ist die Gemeinde aber verpflichtet, den Antragsteller, soweit es erforderlich ist, zu beraten. Der Anspruch auf Gewährung des Härteausgleiches setzt nach § 181 Abs. 1 Satz 2 BauGB für den Antragsteller eine besondere Härte in den persönlichen Lebensumständen voraus. Antragsteller kann demnach nur eine natürliche Person sein. Wirtschaftliche Nachteile auch im sozialen Bereich, die zu einer Härte für den Betroffenen führen, reichen nicht aus. Erforderlich ist eine besondere Härte. Die wirtschaftlichen Nachteile müssen vielmehr den Antragsteller, verglichen mit anderen Betroffenen, in seinen Lebensumständen in außergewöhnlichem Maße treffen. Hierbei bedarf jeder Einzelfall der Prüfung. Ausgeschlossen ist daher die Gewährung des Härteausgleiches an bestimmte Bevölkerungsgruppen nach vorher objektiv festgelegten Maßstäben, wie z.B. an alle Sozialhilfeempfänger. Die Gemeinde muss deshalb jeden Bewilligungsbescheid entsprechend begründen. Dies gilt auch für das Billigkeitserfordernis des § 181 Abs. 1 Satz 1 BauGB. Die Billigkeit erfordert z. B. keine Gewährung eines Härteausgleiches, wenn der Antragsteller über ein Einkommen verfügt, dass die Nachteile sich auf seine wirtschaftliche Situation nur unwesentlich auswirken. Bei der Prüfung der Billigkeit hat die Gemeinde auch zu prüfen, ob dem Antragsteller durch die städtebauliche Maßnahme wirtschaftliche Vorteile entstehen.

2.8.3 Objektive Anspruchsvoraussetzungen

77 § 181 Abs. 1 Satz 1 BauGB zählt die Fälle auf, in denen bei Vorliegen der sonstigen Voraussetzungen ein Anspruch auf Gewährung eines Härteausgleiches besteht. Anspruchsberechtigt ist danach in allen vier Fällen ein Mieter oder Pächter, dessen Vertragsverhältnis infolge der Durchführung städtebaulicher Maßnahmen beendigt oder unterbrochen worden ist. Es kommt nicht darauf an, wer der Vermieter oder Verpächter ist.

Nr. 1 betrifft den Fall der Aufhebung oder Enteignung des Miet- oder Pachtverhältnisses. Für die Enteignung eines solchen Nutzungsverhältnisses gelten die § 85 ff. BauGB. Miet- und Pachtverhältnisse kann die Gemeinde aber auch unter den Voraussetzungen der § 182 ff. BauGB aufheben (vgl. Rnr. 278 ff.). Nr. 1 ist auch in den Fällen entsprechend anzuwenden, in denen die Enteignung oder Aufhebung durch eine vertragliche Vereinbarung zwischen dem Mieter oder Pächter und der Gemeinde ersetzt wird.

Nr. 2 bezieht sich auf den Fall der Kündigung und der vorzeitigen Beendigung des Miet- oder Pachtverhältnisses durch Vereinbarung der Vertragsparteien. Im Falle einer solchen Vereinbarung muss die Gemeinde das städtebauliche Erfordernis besonders bestätigen.

Nr. 3 bezieht sich auf den Fall der Unterbrechung des Vertragsverhältnisses über die Nutzung von Räumen. Dieses bleibt zwar bestehen, aber der Mieter oder Pächter kann die von ihm genutzten Räume vorübergehend ganz oder teilweise aus städtebaulichen Gründen nicht benutzen. Wie im Falle der Nr. 2 hat auch hier die Gemeinde zu bestätigen, dass dies auf der alsbaldigen Durchführung städtebaulicher Maßnahmen beruht.

Nr. 4 erfasst den Fall, in dem einem Mieter oder Pächter einer Wohnung infolge Beendigung seines Vertragsverhältnisses Umzugskosten dadurch entstehen, dass er vorübergehend außerhalb des Gebietes der städtebaulichen Maßnahme untergebracht wird und anschließend in diesem Gebiet ein neues Miet- oder Pachtverhältnis begründet. Die Begründung dieses neuen Nutzungsverhältnisses muss aber in dem Sozialplan der Gemeinde ausdrücklich vorgesehen sein.

78 § 181 Abs. 2 BauGB erweitert den Anwendungsbereich, indem er bestimmt, dass die Regelungen in Absatz 1 auch auf andere Vertragsverhältnisse entsprechend anzuwenden sind. Hierbei muss es sich um vertragliche Regelungen handeln, die zum Gebrauch oder zur Nutzung eines Grundstückes, Gebäudes oder Gebäudeteils, so-

Kosten- und Finanzierungsübersicht

wie einer sonstigen baulichen Einrichtung berechtigen. Eigentümer, die ihr Recht am Grundstück oder Gebäude aufgeben müssen, haben keinen Anspruch auf Härteausgleich.

2.9 Kosten- und Finanzierungsübersicht

2.9.1 Zweck

Die Vorbereitung und Durchführung städtebaulicher Gesamtmaßnahmen führt zu einer erheblichen finanziellen Belastung der Gemeinde. Die Deckung dieser Kosten ist das maßgebliche Problem dieser Maßnahmen. Sie können nicht durch die Abschöpfung der sanierungsbedingten Werterhöhungen und i.d.R. auch nicht allein aus dem Gemeindehaushalt sondern nur durch Finanzhilfen des Bundes und des Landes gedeckt werden. § 149 BauGB verpflichtet daher die Gemeinde, für jede Sanierungsmaßnahme eine Kosten- und Finanzierungsübersicht aufzustellen. Diese Verpflichtung besteht aufgrund von § 171 Abs. 2 Satz 1 BauGB auch für städtebauliche Entwicklungsmaßnahmen. Die Übersicht ist ein eigenständiges Rechtsinstrument, welches nicht Bestandteil der Sanierungs- oder Entwicklungssatzung ist, so auch BVerwG 16.2.2001 NVwZ 2001, 1053. Die Kosten- und Finanzierungsübersicht dient der finanziellen Planung und Steuerung der jeweiligen Gesamtmaßnahme. Sie beruht auf dem sich aus der städtebaulichen Planung der Gemeinde ergebenden Maßnahmenplan als Teil des Sanierungskonzeptes i.S. von § 140 Nr. 3 BauGB, welcher die von der Gemeinde durchzuführenden und von ihr zu veranlassenden für die Sanierung oder Entwicklung erforderlichen Einzelmaßnahmen enthält. Sie soll über die finanzielle und die zeitliche Durchführbarkeit der Gesamtmaßnahme Aufschluss geben. Insoweit hat die Übersicht bodenrechtliche Bedeutung, so auch BVerwG 16.2.2001 NVwZ 2001, 1053. Zu diesem Zweck sind in einer Gesamtübersicht möglichst alle vorgesehenen Einzelmaßnahmen bis zum Abschluss der Gesamtmaßnahme darzustellen. Die Kosten- und Finanzierungsübersicht hat darüber hinaus die Aufgabe, die sanierungs- oder entwicklungsrechtlich relevanten Investitionen anderer öffentlicher Bedarfsträger mit denen der Gemeinde abzustimmen. Bei Aufstellung der Kosten- und Finanzierungsübersicht ist die Planung der Gesamtmaßnahme mit anderen Planungen der Gemeinde, insbesondere mit den in diesem Zusammenhang vorgesehenen sonstigen Investitionsmaßnahmen abzustimmen. Eine Abstimmung ist insbesondere mit der kommunalverfassungsrechtlich vorgeschriebenen fünfjährigen Finanzplanung der Gemeinde erforderlich.

2.9.2 Abstimmungspflicht

§ 149 Abs. 1 Satz 2 BauGB verpflichtet die Gemeinde, die Kosten- und Finanzierungsübersicht mit den Kosten- und Finanzierungsüberlegungen anderer Träger öffentlicher Belange, z.B. Energieversorgungsunternehmen, Post, Bahn oder Träger der Straßenbaulast, deren Aufgabenbereich durch die Sanierung berührt wird, abzustimmen. Ziel dieser Abstimmung ist es, einvernehmlich zu klären, welche Kosten voraussichtlich entstehen werden und von welcher Seite sie zu decken sind. Diese Bestimmung ergänzt die Vorschriften des § 139 Abs. 2 und 3 BauGB über das Zusammenwirken der Gemeinde und der Träger öffentlicher Belange bei der Vorbereitung und Durchführung der Sanierung.

2.9.3 Vorlage bei der höheren Verwaltungsbehörde

81   Nach § 149 Abs. 1 Satz 2 BauGB hat die Gemeinde die abgestimmte Kosten- und Finanzierungsübersicht der höheren Verwaltungsbehörde vorzulegen. Das Landesrecht bestimmt, welche Behörde hierfür zuständig ist. Zumeist wird die Aufgabe von einer der Landesregierung nachgeordneten Behörde, wie der Bezirksregierung oder dem Regierungspräsidenten, ansonsten von dem Bau- oder dem Innenministerium wahrgenommen. In der Regel wird es sich um die Behörde handeln, die über die Zuweisung der Bundes- und Landesfinanzhilfen für die Städtebauförderung entscheidet.

82   Nach § 149 Abs. 6 BauGB kann die höhere Verwaltungsbehörde von der Gemeinde Ergänzungen oder Änderungen der Kosten- und Finanzierungsübersicht verlangen, vgl. Rnr. 652 und 653 unten. Hierbei handelt es sich um einen Verwaltungsakt, der gegebenenfalls kommunalaufsichtlich durchgesetzt werden kann. Soweit die Abstimmung zwischen der Gemeinde und den Trägern öffentlicher Belange nicht gelungen ist, hat danach die höhere Verwaltungsbehörde für ein wirtschaftlich sinnvolles Zusammenwirken bei der Durchführung der Maßnahmen zu sorgen. Zugleich muss die höhere Verwaltungsbehörde die Gemeinde bei der Beschaffung von Förderungsmitteln eines öffentlichen Haushalts unterstützen. Soweit hierdurch zu erwartende Defizite nicht beseitigt werden können und die Finanzierungsübersicht unrealistisch ist, kann die höhere Verwaltungsbehörde von der Gemeinde Änderungen der Kosten- und Finanzierungsübersicht verlangen. Ist die Übersicht unvollständig, kann die höhere Verwaltungsbehörde von der Gemeinde Ergänzungen der Übersicht verlangen. Ist die höhere Verwaltungsbehörde zugleich für die Verteilung der Bundes- und Landesfinanzhilfen zur Deckung der städtebaulichen Sanierungs- und Entwicklungskosten zuständig, kann sie auch im Rahmen ihrer Förderpolitik auf die Gestaltung der Kosten- und Finanzierungsübersicht Einfluss nehmen. In der Praxis dient die fortgeschriebene Kosten- und Finanzierungsübersicht zumeist auch als Unterlage bei der Entscheidung über die Vergabe der Finanzhilfen an die Gemeinde.

2.9.4 Zeitpunkt für die Aufstellung und Fortschreibung

83   § 149 Abs. 1 Satz 1 BauGB verpflichtet die Gemeinde eine Kosten- und Finanzierungsübersicht nach dem Stand der Planung aufzustellen. Die Übersicht hängt von der städtischen Planung und den finanziellen Möglichkeiten der Gemeinde sowie der betroffenen Träger öffentlicher Belange ab. Das Gesetz schreibt nicht vor, dass zum Zeitpunkt der förmlichen Festlegung des Sanierungsgebietes oder Entwicklungsbereiches eine Kosten- und Finanzierungsübersicht i.S. von § 149 BauGB vorliegen muss. Die Kosten- und Finanzierungsübersicht ist laufend zu vervollständigen; sie ist fortzuschreiben, wenn sich die finanziellen und sonstigen Planungs-

Kosten- und Finanzierungsübersicht

grundlagen wesentlich geändert haben vgl. BVerwG 16. 2. 2001 NVwZ 2001, 1053. Wesentliche Änderungen, die zu einer Fortschreibung zwingen, ergeben sich u. a. aus Kostensteigerungen aber auch aus der Änderung der Planung, der jährlichen Anpassung und Fortschreibung des Finanzplanes und des Investitionsprogrammes der Gemeinde oder aus der Fortschreibung der Förderungsprogramme.

Die Übersicht nach § 149 BauGB ist für den Zeitraum der „Durchführung der Gesamtmaßnahme" aufzustellen. Zur „Durchführung" im Sinne dieser Vorschrift zählen alle Einzelvorhaben, die bis zum Abschluss der Gesamtmaßnahme anfallen werden. Neben der Gesamtübersicht sind für den Zeitraum der fünfjährigen Finanzplanung die voraussichtlichen Ausgaben und die Deckungsmöglichkeiten nach Jahren getrennt anzugeben. Entsprechend § 149 Abs. 4 Satz 1 BauGB kann die Gemeinde mit Zustimmung der nach Landesrecht zuständigen Behörde die Kosten- und Finanzierungsübersicht auf den Zeitraum der mehrjährigen Finanzplanung der Gemeinde beschränken. Die Anwendung dieser Bestimmung ist zweckmäßig, weil die Gemeinde ihre finanziellen Möglichkeiten über einen längeren Zeitraum kaum einschätzen kann.

2.9.5 Kosten und Kostenermittlung

Aufgrund von § 149 Abs. 2 Satz 1 BauGB sind die Kosten der Gesamtmaßnahme darzustellen, die der Gemeinde voraussichtlich entstehen. Im Interesse der übersichtlichen Gestaltung werden in der Praxis die Kosten nach ihren Arten gegliedert. Mehrere Untergliederungen einer Kostenart können zusammengefasst werden, solange eine ins Einzelne gehende Kostenermittlung nicht möglich ist. Soweit wegen Fehlens von Angeboten oder Gutachten noch nicht genaue Angaben gemacht werden können, ist bei der Ermittlung der Kosten von Erfahrungswerten, Kostenrichtwerten oder Schätzwerten auszugehen, z.B. aufgrund von vorliegenden Wertgutachten, Verträgen oder Kostenangeboten. Für bestimmte Kostenarten können auch pauschalierte Werte eingesetzt werden.

Vergütungen für Sanierungs-/Entwicklungsträger und sonstige Beauftragte können ohne nähere Differenzierung für bestimmte Zeiträume angegeben werden. Die Kosten sind auf der Preisbasis des Jahres zu ermitteln, in dem die Kosten- und Finanzierungsübersicht erstellt oder fortgeschrieben wird. Das Jahr der Preisbasis ist in der Übersicht anzugeben. Darzustellen sind auch Kosten für sanierungs- oder entwicklungsrelevante Einzelmaßnahmen der Gemeinde, die Gegenstand besonderer Förderungsprogramme des Bundes oder des Landes sind, z.B. für Maßnahmen nach dem Gemeindeverkehrsfinanzierungsgesetz, Schulbauten, Kindergärten, Gemeinschaftshäuser, sowie Kosten für entsprechende Maßnahmen der Gemeinde, die sie aus besonderen Gründen allein tragen muss. Die von einem anderen öffentlichen Aufgabenträger allein zu tragenden Kosten für Maßnahmen im Zusammenhang mit der Sanierung oder Entwicklung, z.B. Maßnahmen der Bundesbahn, der Post, der Straßenbaulastträger, der Energieversorgungsunternehmen, sollen nach § 149 Abs. 2 Satz 2 BauGB nachrichtlich angegeben werden.

Die Übersicht muss grundsätzlich die folgenden Kosten umfassen für

(1) die Vorbereitung der Sanierung nach § 140 BauGB
(2) die Ordnungsmaßnahmen nach § 147 BauGB einschließlich der Entschädigungs- und Ersatzansprüche zu deren Erfüllung die Gemeinde sanierungsbedingt verpflichtet ist sowie die Erstattungsansprüche nach § 150 BauGB
(3) die Baumaßnahmen nach § 148 BauGB soweit sie von der Gemeinde zu finanzieren sind
(4) die Durchführung des Sozialplanes i.S. von § 180 BauGB und die Gewährung des Härteausgleichs nach § 181 BauGB
(5) die Vergütung von Beauftragten und des Sanierungsträgers i.S. von § 157 BauGB
(6) die Finanzierung von Darlehen, einschließlich von Darlehen für die städtebaulich bedingte Vor- und Zwischenfinanzierung von Maßnahmen anderer Kostenträger

2.9.6 Finanzierungsübersicht

85 In der Finanzierungsübersicht hat die Gemeinde nach § 149 Abs. 3 Satz 1 BauGB darzulegen, wie die Finanzierung der Gesamtmaßnahme erfolgen soll. Diese Übersicht ist mit den Finanzierungsvorstellungen der öffentlichen Stellen abzustimmen, die Kosten zu tragen haben oder Förderungsmittel gewähren. Andernfalls entbehrte die Finanzierungsübersicht der Realität. In der Finanzierungsübersicht sind die folgenden zu erwartenden Einnahmen darzustellen:

(1) Ausgleichsbeträge der Grundeigentümer nach § 154 BauGB,
(2) Erschließungsbeiträge nach § 123 ff. und dem Kommunalabgabengesetz,
(3) Ablösebeträge nach der Landesbauordnung,
(4) Grundstückserlöse,
(5) Umlegungsüberschüsse,
(6) Zinserträge z.B. aus der Vergabe von Erbbaurechten,
(7) Darlehensrückflüsse,
(8) Einnahmen aus der Bewirtschaftung des Treuhandvermögens i.S. von § 160 Abs. 3 Satz 2 BauGB, vgl. unten Rnr. 424ff.,
(9) Mittel Dritter für die Finanzierung von bestimmter Einzelmaßnahmen,
(10) Eigenmittel der Gemeinde für die Finanzierung von unbestimmten Einzelmaßnahmen,
(11) Städtebauförderungsmittel (Bundes- und Landesfinanzhilfen einschließlich des erforderlichen Anteils der Gemeinde).

Die Darlegung der Finanzierungs- und Fördermittel auf anderer gesetzlicher Grundlage, d.h. außerhalb der Städtebauförderung, wie z.B. der Denkmalpflege, des Wohnungsbaues, der Wirtschaftsförderung, des Verkehrswegebaues, soweit sie für die städtebauliche Sanierung bedeutsam sind, soll nach § 149 Abs. 3 Satz 2

Kosten- und Finanzierungsübersicht

BauGB nur nachrichtlich wiedergegeben werden. Dies gilt auch für die Finanzierungsvorstellungen anderer Träger öffentlicher Belange in Bezug auf sanierungs- oder entwicklungsrelevante Einzelmaßnahmen.

§ 149 Abs. 5 BauGB ermächtigt Gemeinde und höhere Verwaltungsbehörde dazu, von diesen Trägern öffentlicher Belange Auskunft über deren Absichten in dem förmlich festgelegten Sanierungsgebiet und ihre Kosten- und Finanzierungsvorstellungen zu verlangen.

3. Städtebauliche Sanierungsmaßnahmen

3.1 Gegenstand und Ziele

3.1.1 Grundsätzliches

Städtebauliche Sanierungsmaßnahmen sind nach § 136 Abs. 2 Satz 1 BauGB Maßnahmen, durch die ein Gebiet zur Behebung städtebaulicher Missstände wesentlich verbessert oder umgestaltet wird. Der gebietsbezogene Missstandbegriff hat für das städtebauliche Sanierungsrecht besondere Bedeutung. § 136 Abs. 2 Satz 2 BauGB beschreibt zwei Formen städtebaulicher Missstände, die abgekürzt als Substanz- und Funktionsschwächen bezeichnet werden. In der Praxis überlagern sich oftmals beide Missstandsformen in demselben Gebiet. Die Entscheidung über das Vorliegen städtebaulicher Missstände setzt keine planerische Abwägung voraus sondern eine rechtliche Prüfung, deren Ergebnis verwaltungsgerichtlich kontrolliert werden kann. Die Gemeinde hat jedoch bei der Feststellung des Vorliegens städtebaulicher Missstände einen weiten Beurteilungs- und Gestaltungsspielraum, vgl. OVG Koblenz, 27. 1. 1988 GuG 1998, 181. § 136 Abs. 3 BauGB nennt Maßstäbe, die bei der Beurteilung der Frage, ob städtebauliche Missstände vorliegen, insbesondere zu berücksichtigen sind. Diese Aufzählung ist nicht abschließend. Insoweit ist der Missstandsbegriff offen.

86

3.1.2 Städtebauliche Missstände

3.1.2.1 Substanzschwächen

Substanzschwächen nach § 136 Abs. 2 Satz 2 Nr. 1 BauGB sind anzunehmen, wenn ein Gebiet den allgemeinen Anforderungen an

87

- gesunde Wohn- und Arbeitsverhältnisse oder
- die Sicherheit der in ihnen wohnenden oder arbeitenden Menschen

nicht entspricht.

Substanzschwächen liegen insbesondere vor, wenn bauliche Anlagen in ihrer derzeitigen Beschaffenheit nicht den Anforderungen der Landesbauordnung, des Arbeitsstättenrechts sowie des Immissionschutzrechts entsprechen. Die Gemeinde kann jedoch hinsichtlich der Mindestausstattung von Wohnungen unter Anwendung ortsüblicher Maßstäbe höhere Anforderungen stellen. Sie darf auch eine Sanierung mit dem städtebaulichen Ziel der Erhaltung der Wohnbevölkerung in ihrer bestehenden Sozialstruktur verbinden, so auch OVG Berlin 10. 10. 1995 NVwZ 1996, 920. Maßgebend ist hier das Sanierungskonzept. Insofern kann hier eine inhaltliche Übereinstimmung mit einer Erhaltungssatzung i.S. von § 172 Abs. 1 Satz 1 Nr. 2 BauGB vorliegen, vgl. hierzu unten Rdn. 738f. Der städtebauliche Missstand gem. § 136 Abs. 2 Satz 2 Nr. 1 BauGB kann sich neben der vorhandenen Bebauung auch aus der sonstigen Beschaffenheit des Gebietes ergeben. Das bedeutet, dass städtebaulich erhebliche Störungen u. U. auch von unbebauten Grundstücken ausgehen können.

88 § 136 Abs. 3 Nr. 1 BauGB enthält folgende Beurteilungsmaßstäbe in Bezug auf das Vorliegen von Substanzschwächen in einem städtischen oder ländlichen Gebiet:

a) die Belichtung, Besonnung und Belüftung der Wohnungen und Arbeitsstätten
b) die bauliche Beschaffenheit von Gebäuden, Wohnungen und Arbeitsstätten
c) die Zugänglichkeit der Grundstücke
d) die Auswirkungen einer vorhandenen Mischung von Wohn- und Arbeitsstätten
e) die Nutzung von bebauten und unbebauten Flächen nach Art, Maß und Zustand
f) die Einwirkungen, die von Grundstücken, Betrieben, Einrichtungen oder Verkehrsanlagen ausgehen, insbesondere durch Lärm, Verunreinigungen und Erschütterungen
g) die vorhandene Erschließung.

§ 136 Abs. 3 Nr. 1 d) BauGB betrifft einen besonders praxisrelevanten Fall, des störenden Betrieb in einem Wohnbereich. Seine Verlagerung ist meist mit erheblichen Kosten verbunden, führt aber andererseits zu einer Werterhöhung der Grundstücke im Umfeld.

Unter § 136 Abs. 3 Nr. 1 e) BauGB fallen unbebaute Grundstücke, die in einer Weise genutzt werden, die dem Gebietstyp widerspricht, z. B. Schrottlagerplätze in der Innenstadt.

3.1.2.2 Funktionsschwächen

89 Funktionsschwächen i. S. von § 136 Abs. 2 Satz 2 Nr. 2 BauGB sind anzunehmen, wenn ein Gebiet in der Erfüllung der Aufgaben, die ihm nach seiner Lage und Funktion obliegen, erheblich beeinträchtigt ist. Aus der Lage des Gebietes kann sich für dessen zukünftige Funktion ein bestimmter Rahmen ergeben. Das Gebiet selbst muss nicht aufgrund seiner Bebauung oder sonstigen Beschaffenheit Mängel aufweisen. Funkion ist hier als die Aufgabe zu verstehen, die das Gebiet als städtebaulicher Teil der gesamten Gemeinde wahrnimmt. § 1 Abs. 1 und 2 Baunutzungsverordnung enthält im Rahmen der Bauleitplanung eine Aufzählung der für Bauflächen und Baugebiete in Betracht kommenden Funktionen. In der Praxis dienen Funktionsschwächensanierungen zumeist der Entwicklung von Misch- oder Kerngebieten zur Stärkung der Wahrnehmung zentralörtlicher Aufgaben. Es kommen aber auch besondere kulturelle Funktionen in Frage. Welche Aufgaben einem Gebiet nach seiner Funktion obliegen und ob eine erhebliche Beeinträchtigung der Aufgaben des Gebietes vorliegt, kann nur durch eine städtebauliche Planung der Gemeinde bestimmt werden, die möglichst über das betreffende Gebiet räumlich hinausgeht. Zur zukünftigen Funktion gehört sowohl das, was nach dem Sanierungskonzept erhalten als auch das, was durch einen Funktionswandel erreicht wer-

den soll, vgl. BVerwG 6.7.1984 NJW 1985, 184. Der Unterschied zwischen einem Planungsziel für ein Gebiet und dem derzeitigen baulichen Zustand des Gebietes kann daher Funktionsschwächen begründen. Sanierungsmaßnahmen zu einer durchgängigen Behebung der Funktionsschwächen eines Gebietes entsprechen daher nach ihrer Aufgabenstellung weitgehend städtebaulichen Entwicklungsmaßnahmen. Zur Abgrenzung zu den Entwicklungsmaßnahmen vgl. unten Rnr. 408f.

§ 136 Abs. 3 Nr. 2 BauGB nennt folgende Maßstäbe für die Beurteilung der Funktionsfähigkeit eines städtischen oder ländlichen Gebietes: 90

a) den fließenden und ruhenden Verkehr

b) die wirtschaftliche Situation und Entwicklungsfähigkeit des Gebietes unter Berücksichtigung seiner Versorgungsfunktion im Verflechtungsbereich

c) die infrastrukturelle Erschließung des Gebietes, seine Ausstattung mit Grünflächen, Spiel- und Sportplätzen und mit Anlagen des Gemeinbedarfs, insbesondere unter Berücksichtigung der sozialen und kulturellen Aufgaben dieses Gebietes im Verflechtungsbereich.

Über die in § 136 Abs. 3 Nr. 2 BauGB genannten Beispiele hinaus kommen insbesondere folgende Fälle in Betracht, vgl. BT-Drs. 10/2039 S. 11f, und 10/4630 S. 71:

– die Umnutzung von Flächen aus Gründen einer städtebaulichen Umstrukturierung (z.B. Aufbereitung brachliegender Gewerbeflächen),
– die bauliche Verdichtung in bisher aufgelockert bebauten Siedlungsgebieten zum Zwecke der Baulandversorgung,
– die Umwidmung bisher baulich genutzter Flächen für den zurückgehenden Siedlungsflächenbedarf,
– die verträgliche Regelung unterschiedlicher Nutzungen (Gemengelagen) in Mischgebieten,
– Maßnahmen des Bodenschutzes, vor allem die Wiederaufbereitung alter Industrie- und Gewerbegebiete („Altlasten"),
– Aufgaben der Lärmsanierung.

Darüberhinaus kommen die in § 164 b Abs. 2 BauGB als Schwerpunkte des Einsatzes von Bundesfinanzhilfen bei der Sanierungsförderung genannten städtebaulichen Aufgaben als Sanierungsziele in Betracht soweit sie nicht bereits in § 136 BauGB enthalten sind, vgl. unten Rdn. 648f. Hier kann oftmals von der förderrechtlichen Aufgabenstellung des Gesetzes auf die bodenrechtliche Zulässigkeit der Sanierungsmaßnahmen i.S. des BauGB rückgeschlossen werden. § 164b Abs. 2 Nr. 3 BauGB verwendet den Begriff „soziale Missstände", vgl. hierzu unten Rdn. 530j.

3.1.3 Behebung städtebaulicher Missstände

91   Sanierungsmaßnahmen sind nach § 136 Abs. 2 Satz 1 BauGB Maßnahmen zur Behebung städtebaulicher Missstände. Die Maßnahmen zur Behebung sind die durch die städtebauliche Planung aufeinander abgestimmten einzelnen Ordnungs- und Baumaßnahmen, vgl. §§ 146ff. BauGB, die in dem mehrjährigen Sanierungsverfahren von der Gemeinde durchgeführt oder veranlasst werden. Unter Behebung muss aber nicht die völlige Beseitigung von Substanz- oder Funktionsschwächen verstanden werden. Auch eine Minderung städtebaulicher Missstände ist als Behebung im Sinne des Gesetzes zu verstehen. Das Gesetz verlangt in diesem Sinne keine Totalsanierung. Bereits eine deutliche Minderung der vorhandenen städtebaulichen Missstände entspricht dem Begriff der Behebung, vgl. BT-Drs. 10/1013, S. 12. Die städtebaulichen Missstände brauchen sich andererseits als Anlass von Sanierungsmaßnahmen nicht bereits voll entwickelt zu haben. Nach dem erklärten Willen des Gesetzgebers ist daher auch die vorbeugende Verhinderung von städtebaulichen Missständen als Behebung im Sinne des Gesetzes anzusehen, vgl. BT-Drs. 10/2039, S. 8, 11 f.

92   Ziel der Behebung städtebaulicher Missstände ist nach § 136 Abs. 2 Satz 1 BauGB die wesentliche, d.h. deutliche Verbesserung oder Umgestaltung des Sanierungsgebietes. Eine Verbesserung des Gebietes ist dann als wesentlich zu bewerten, wenn die Durchführungsmaßnahmen sich deutlich positiv auf die städtebauliche Situation des Gebietes auswirken. Dies kann z.B. bei der Modernisierung und Instandsetzung baulicher Anlagen sowie der Verbesserung der Erschließung im Rahmen einer erhaltenden Sanierungsmaßnahme der Fall sein. Die Verbesserung des Gebietes schließt auch die Verlagerung von Betrieben sowie die Errichtung von baulichen und sonstigen Anlagen mit ein, soweit dadurch nicht die Struktur des Gebietes verändert wird. Die Verbesserung des Gebietes muss aber eine Bedeutung haben, die die eigentumsrechtlichen und sonstigen Einschränkungen durch die Sanierungssatzung in dem Gebiet rechtfertigt. Beide Elemente müssen zueinander in einem angemessenen Verhältnis stehen.

93   Die wesentliche Umgestaltung eines Gebietes besteht aus einer erheblichen Veränderung der wichtigsten baulichen Anlagen und der Erschließungsanlagen in dem Gebiet. Zur Umgestaltung gehört die Flächensanierung, d.h. die Beseitigung der baulichen Anlagen, die Neuordnung der Grundstücke, die Herstellung einer neuen Erschließung und die anschließende Neubebauung des Gebietes. Das Gesetz geht in § 154 Abs. 2 BauGB davon aus, dass die rechtliche und tatsächliche Neuordnung des Sanierungsgebietes zu bedeutsamen Bodenwerterhöhungen führt, vgl. unten Rdn. 337 ff. Die Entscheidung zwischen erhaltender Sanierung und Flächensanierung stellt sich in der Praxis weniger für das ganze Sanierungsgebiet, sondern mehr für Teile des Gebietes, z.B. in Bezug auf die Erhaltung bestimmter Gebäude oder ihre Ersetzung durch Neubauten.

Gegenstand und Ziele

3.1.4 Allgemeine Sanierungsziele

3.1.4.1 Bedeutung

Nach § 136 Abs. 4 Satz 2 BauGB sollen die Sanierungsmaßnahmen zu folgenden 94
Sanierungszielen „beitragen":

(1) Entwicklung der baulichen Struktur in allen Teilen des Bundesgebietes nach den sozialen, hygienischen, wirtschaftlichen und kulturellen Erfordernissen,
(2) Unterstützung der Verbesserung der Wirtschafts- und Agrarstruktur,
(3) Anpassung der Siedlungsstruktur an die Erfordernisse des Umweltschutzes, die Anforderungen an gesunde Lebens- und Arbeitsbedingungen der Bevölkerung und an die Bevölkerungsentwicklung,
(4) Erhaltung, Erneuerung und Fortentwicklung vorhandener Ortsteile, Verbesserung der Gestaltung des Orts- und Landschaftsbildes, Berücksichtigung der Erfordernisse des Denkmalschutzes.

Bei diesen Zielen handelt es sich um wichtige öffentliche Belange. Sie rechtfertigen jedoch allein nicht die Durchführung städtebaulicher Sanierungsmaßnahmen, sondern sie sollen bei der Durchführung solcher Maßnahmen mit berücksichtigt werden, d.h. soweit dies möglich ist. Die Aufzählung ist nicht abschließend zu verstehen. Die Gemeinde kann daher nach ihrem Konzept mit der jeweiligen Sanierungsmaßnahme weitere, z.B. sozialpolitische Ziele anstreben. Umgekehrt müssen nicht alle in dem Katalog genannten Ziele mitverfolgt werden, was auch in der Praxis wegen Zielkonflikten nicht umsetzbar wäre. Aus dem Wort „oder" am Ende von § 136 Abs. 4 Satz 2 Nr. 3 BauGB ist abzuleiten, dass die Sanierung nicht zu allen in der Aufzählung genannten Zielen beitragen soll. Es reicht aus, wenn ein Beitrag zu mindestens einem der dort genannten Ziele geleistet wird, so auch OVG Bremen 12.4.1983 DÖV 1983, 637. Angesichts der breiten Fächerung der in § 136 Abs. 4 Satz 2 Nr. 3 BauGB enthaltenen Ziele bedeutet dies für die Praxis keine Probleme. Da die Verpflichtung in die Form einer Sollvorschrift gekleidet ist, kann nur in atypischen, d.h. außergewöhnlichen Fällen auf diesen Beitrag völlig verzichtet werden. In der Praxis haben die in § 136 Abs. 4 Satz 2 BauGB genannten Ziele eine unterschiedliche Bedeutung. Sie entsprechen einigen der in § 1 Abs. 6 BauGB aufgeführten Belange, die bei der Aufstellung von Bauleitplänen in der Abwägung zu berücksichtigen sind. Diese haben für die städtebauliche Sanierung insofern Bedeutung, als sie bei der nach § 140 Nr. 4 BauGB aufzustellenden städtebaulichen Planung, in die nach § 136 Abs. 4 Satz 3 BauGB vorzunehmende Abwägung einzustellen sind. Zur Abwägung siehe oben Rdn. 65 ff.

3.1.4.2 Entwicklung der baulichen Struktur

Bei der in § 136 Abs. 4 Satz 2 Nr. 1 BauGB enthaltenen Zielsetzung, der Fortent- 95
wicklung der baulichen Struktur in allen Teilen des Bundesgebietes nach den sozialen, hygienischen wirtschaftlichen und kulturellen Erfordernissen, handelt es sich um eine programmatische Aussage von ehemals förderrechtlicher Bedeutung. Ursprünglich lag hier die gesetzliche Begründung für die finanzielle Beteiligung des

Bundes an der Finanzierung der Sanierungsmaßnahmen. Nunmehr ist der Zweck der Vorschrift darin zu sehen, dass die Bedeutung des Städtebaues für die Schaffung möglichst gleichwertiger Lebensverhältnisse in allen Teilen des Bundesgebietes hervorgehoben wird, vgl. hierzu BT-Drs. 10/5027 S. 15 und 10/6166 S. 15.

3.1.4.3 Wirtschafts- und Agrarstruktur

96   Nach § 136 Abs. 4 Satz 2 Nr. 2 BauGB sollen städtebauliche Sanierungsmaßnahmen dazu beitragen, dass die Verbesserung der Wirtschafts- und Agrarstruktur unterstützt wird. Diese Zielsetzung hat für die Praxis nur wenig Bedeutung. Städtebauliche Sanierungsmaßnahmen können nur einen sehr begrenzten Beitrag dazu leisten, dass die Verbesserung der Agrarstruktur unterstützt wird. Die Verbesserung der Wirtschaftsstruktur im Rahmen der städtebaulichen Sanierung ist u.a. möglich durch die Verlagerung von Betrieben an geeignete Standorte. Ferner kann die Ansiedlung von Betrieben im Sanierungsgebiet durch eine Verbesserung der Erschließung gefördert werden.

3.1.4.4 Anpassung der Siedlungsstruktur

3.1.4.4.1 Siedlungsstruktur

97   Entsprechend § 136 Abs. 4 Satz 2 Nr. 3 BauGB sollen städtebauliche Sanierungsmaßnahmen dazu beitragen, dass die Siedlungsstruktur den Erfordernissen des Umweltschutzes, den Anforderungen an gesunde Lebens- und Arbeitsbedingungen der Bevölkerung und der Bevölkerungsentwicklung entspricht. Mit Siedlungsstruktur ist die Zuordnung der verschiedenen Siedlungsformen vom Dorf bis zur Großstadt im Verhältnis zueinander gemeint.

3.1.4.4.2 Erfordernisse des Umweltschutzes

98   Umweltschutz i.S. von § 136 Abs. 4 Satz 2 Nr. 3 BauGB bedeutet Schutz der natürlichen, d.h. vom Menschen nicht beeinflussten Umwelt gegen Störungen aus der räumlichen Umgebung. Das EAG Bau hat in § 1 Abs. 6 Nr. 7 und § 1a BauGB die Aufzählung der bei der Bauleitplanung zu berücksichtigenden Belange des Umweltschutzes erweitert. Sie sind auch für die städtebauliche Planung der Sanierung von Bedeutung. Durch die Erneuerung kleinräumiger Nutzungsmischungen von Wohn-, Arbeits-, Dienstleistungs- und Erholungsbereichen kann der Kraftfahrzeugverkehr und damit die Belastung der Umwelt durch Abgas und Lärm gemindert werden. In vielen Fällen wird auch eine entsprechende behutsame Nachverdichtung dem gleichen Zweck dienen. Zu den Grundsätzen einer am Umweltschutz orientierten städtebaulichen Planung gehört es auch, der Bestandserhaltung und -entwicklung den Vorrang vor dem Abbruch und Neubau einzuräumen. Als Maßnahme kommt insbesondere die Beseitigung von Altlasten im Boden in Betracht. Ferner sind zu nennen: Der Rückbau von Bodenversiegelungen, die Anlage von Grünflächen sowie die Wiederoffenlegung von verrohrten fließenden natürlichen oder künstlichen Gewässern. Soweit im Rahmen der städtebaulichen Sanierung

Gegenstand und Ziele

größere Freiflächen zu beplanen sind, können ökologische Ziele auch aus Landschafts- oder Grünordnungsplänen abgeleitet werden. Der Gedanke des Umweltschutzes hat in den letzten Jahren in der Sanierungspraxis zunehmend an Bedeutung gewonnen.

Zur Berücksichtigung der Erfordernisse des Umweltschutzes bei der Entwicklung der Siedlungsstruktur gehört nicht nur die Vermeidung und Verringerung von Eingriffen in den Naturhaushalt durch bauliche Maßnahmen, sondern auch der Mensch darf Ansprüche an die Gestaltung seiner Umwelt stellen. Nach § 1 Abs. 5 Satz 2 BauGB sollen Bauleitpläne auch zur Sicherung einer „menschenwürdigen Umwelt" beitragen. Dieser Begriff schließt die Berücksichtigung gestalterischer Mindestanforderungen bei der städtebaulichen Planung mit ein. Menschenwürdig ist nur eine Umwelt, die dem Menschen die Entfaltung seiner Sinne erlaubt. Dies schließt vor allem monotone Bauformen aus, die zur Verkümmerung der Sinneswahrnehmung führen.

3.1.4.4.3 Anforderungen an gesunde Lebens- und Arbeitsbedingungen der Bevölkerung

Bei dem in § 136 Abs. 4 Satz 2 Nr. 3 BauGB enthaltenen Ziel der Anpassung der Siedlungsstruktur an die Erfordernisse gesunder Lebens- und Arbeitsbedingungen der Bevölkerung, handelt es sich um einen elementaren Grundsatz für jede städtebauliche Planung. Hier wird noch einmal der in § 136 Abs. 2 Satz 2 Nr. 1 und Abs. 3 Nr. 1 BauGB enthaltene Grundgedanke für städtebauliche Sanierungsmaßnahmen positiv formuliert.   *99*

3.1.4.4.4 Bevölkerungsentwicklung

Nach § 136 Abs. 4 Satz 2 Nr. 3 BauGB sollen städtebauliche Sanierungsmaßnahmen auch dazu beitragen, dass die Siedlungsstruktur der Bevölkerungsentwicklung entspricht. Dieses Ziel ist 1985 in das Gesetz eingefügt worden, als man von einem Bevölkerungsrückgang ausging, vgl. BR-Drs. 575/85 S. 117. Eine derartige Entwicklung hätte einen sog. „Rückbau" erforderlich machen können, d.h. die Beseitigung baulicher Anlagen ohne anschließende Neubebauung. Wenngleich diese erwartete Bevölkerungsentwicklung in Deutschland infolge der Zuwanderung vieler Menschen nicht allgemein eingetreten ist, so können derartige Absiedlungsmaßnahmen jedoch regional begrenzt in Frage kommen, z.B. aufgrund der Abwanderung der Bevölkerung auch in bestimmten ländlich geprägten Bereichen.   *100*

Die gegenwärtige Bevölkerungsentwicklung verläuft in den alten und den neuen Bundesländern unterschiedlich, vgl. Raumordnungsbericht 1993 BT-Drs. 12/6921. Für die alten Bundesländer gilt Folgendes: In den Nord- und Westregionen hat die Bevölkerungsentwicklung keinen Einfluss auf die Siedlungsstruktur. Im Süden des Bundesgebietes und im Rhein-Main-Gebiet führt in den verdichteten Stadtregionen eine starke Bevölkerungszunahme zu einem weiteren Siedlungswachstum. In den neuen Bundesländern gilt dies nur für den Großraum Berlin. In den ländlich geprägten Teilen der Grenzregionen der neuen Bundesländer findet hingegen eine starke Bevölkerungsabwanderung überwiegend in die alten Bundesländer statt. Städtebauliche Sanierungsmaßnahmen sind geeignet durch Verbesserung und den Ausbau der Infrastruktur im Sanierungsgebiet, vgl. § 136 Abs. 3 Nr. 2 b) und c) BauGB, landesplanerisch unerwünschten Bevölkerungsentwicklungen entgegenzuwirken.

3.1.4.5 Ortsteile, Orts- und Landschaftsbild und Denkmalschutz

3.1.4.5.1 Bedeutung

101 Die in § 136 Abs. 4 Satz 2 Nr. 4 BauGB enthaltenen Ziele (1) Erhaltung, Erneuerung und Fortentwicklung der vorhandenen Ortsteile, (2) Verbesserung der Gestaltung des Orts- und Landschaftsbildes und (3) Berücksichtigung der Erfordernisse des Denkmalschutzes haben innerhalb des Zielkataloges die größte Bedeutung. Hier werden die für die Sanierungspraxis wichtigsten Ziele positiv formuliert, während § 136 Abs. 2 Satz 1 BauGB mit der Formulierung „zur Behebung städtebaulicher Missstände" einen negativen Ansatz enthält. In der Kommunalpolitik und der publizistischen Darstellung städtebaulicher Sanierungsmaßnahmen haben diese positiv formulierten Nebenziele des § 136 Abs. 4 Satz 2 Nr. 4 BauGB eine größere Bedeutung als das bodenrechtlich begründete Hauptziel der Behebung städtebaulicher Missstände. Mit dieser Regelung hat der Gesetzgeber zugleich die in § 1 Abs. 6 Nr. 4 und 5 BauGB enthaltene Regelung für die Bauleitplanung noch einmal für die städtebauliche Sanierung wiederholt.

3.1.4.5.2 Erhaltung, Erneuerung und Fortentwicklung von Ortsteilen

102 Bei der Erhaltung, Erneuerung und Fortentwicklung von Ortsteilen in § 136 Abs. 4 Satz 2 Nr. 4 BauGB handelt es sich um unmittelbare städtebauliche Ziele der Sanierungsmaßnahmen. Die hier nicht genannte Entwicklung neuer Ortsteile gehört zum Bereich städtebaulicher Entwicklungsmaßnahmen, vgl. § 165 Abs. 2 Satz 1 BauGB. Unter Ortsteilen sind städtebaulich abgegrenzte Teile einer Stadt oder eines Dorfes zu verstehen. Die Begriffe Erhaltung und Erneuerung sowie Erneuerung und Fortentwicklung sind in der Praxis nicht scharf gegeneinander abzugrenzen. Bei der Erhaltung von Ortsteilen ist hauptsächlich an die Erhaltung der städtebaulichen Eigenart aufgrund seiner städtebaulichen Gestalt i.S. von § 172 Abs. 1 Satz 1 Nr. 1 BauGB zu denken. In Betracht kommen hierfür z.B. kulturhistorisch wertvolle Altstadtbereiche. Die Bewahrung der harmonischen Geschlossenheit dieser Ortsteile in ihrer baulichen Entwicklung über sehr unterschiedliche Stilepochen hinweg beruht auf der Beachtung von bestimmten Planideen, wie z.B. des Stadtgrundrisses, der Stellung und Größe der Baukörper sowie der Dachformen durch Generationen von Baumeistern. Als Einzelmaßnahmen zur Erreichung dieses Zieles können geeignet sein: Instandsetzungs- und Modernisierungsmaßnahmen, Baulückenschließungen, Maßnahmen zur Verkehrsberuhigung und die Verlagerung störender Betriebe. Alles, was der Erhaltung dient, fällt auch unter den Begriff Erneuerung. Die Erneuerung ist jedoch umfassender, weil sie auch die Um-

Gegenstand und Ziele

oder Neugestaltung miteinschließt. Erneuerung ist letztlich eine andere Bezeichnung für städtebauliche Sanierung. Die Fortentwicklung eines Ortsteiles bedeutet seine qualitative oder quantitative Veränderung. In Frage kommen bauliche Neugestaltungen und die Einführung neuer Nutzungen der baulichen Struktur sowie die städtebauliche Erweiterung des Ortsteiles.

3.1.4.5.3   Verbesserung der Gestaltung des Orts- und Landschaftsbildes

Die in § 136 Abs. 4 Satz 2 Nr. 4 BauGB genannte Verbesserung der Gestaltung des Orts- und Landschaftsbildes bezieht sich auf den Städtebau als ästhetische Aufgabe: die Stadt- oder Ortsgestaltung. Die Verbesserung der Gestaltung schließt sowohl die Beseitigung von Störungen, z.B. die Herabzonung von Gebäuden, als auch die Ergänzung der vorhandenen baulichen Struktur, z.B. durch die Schließung von Baulücken, mit ein. Als gestaltverbessernde Einzelmaßnahmen kommen auch in Betracht die Neugestaltung von Fassaden oder öffentlicher Erschließungsanlagen. Zu erwähnen ist auch die Wiederoffenlegung verrohrter fließender Gewässer.   *103*

Beim Landschaftsbild im Verhältnis zum Ortsbild überwiegt das topografische Element gegenüber der Bebauung. Für die Verbesserung des Landschaftsbildes ist maßgebend die Herstellung oder Wiederherstellung des optischen Einklanges zwischen Natur und baulichen Anlagen. Ortsbild und Landschaftsbild sind nicht als Gegensätze zu verstehen. Vielfach hat sich die siedlungsgeschichtliche Entwicklung gerade an der Topografie orientiert. Hügel, Niederungen, Flüsse und Strände haben das Ortsbild geprägt. Im Mittelalter wurden Monumentalbauten an der höchsten Stelle einer Stadt errichtet, wodurch sich der Höhenkontrast des Landschaftsbildes verstärkte. Als Beispiele hierfür sind zu nennen der Hradschin in Prag und die Marienkirche in Lübeck. Was im Einzelfall als Verbesserung des Orts- und Landschaftsbildes anzusehen ist, hängt auch von dem geltenden städtebaulichen Leitbild, regionalen Bautraditionen und besonders von der in der Gemeinde vorherrschenden Auffassung ab.

3.1.4.5.4   Erfordernisse der Denkmalpflege

Wenn in § 136 Abs. 4 Satz 2 Nr. 4 BauGB im Gegensatz zu § 1 Abs. 5 Nr. 5 BauGB der Denkmalschutz und nicht die Denkmalpflege genannt wird, beruht dies auf einem redaktionellen Versehen des Gesetzgebers. Gemeint ist in § 136 Abs. 4 Satz 2 Nr. 4 BauGB aber nicht der Denkmalschutz sondern die Denkmalpflege. Denkmalschutz bedeutet entsprechend den jeweiligen landesrechtlichen Regelungen, staatlicher Schutz des Denkmales gegenüber Eingriffen und Veränderungen durch die betreffenden Eigentümer und Besitzer. Die Unterschutzstellung einer kulturhistorisch wertvollen baulichen Anlage verpflichtet ihren Eigentümer und Besitzer zu bestimmten Auskünften gegenüber der zuständigen Denkmalschutzbehörde. Beabsichtigte Veränderungen der baulichen Anlage sind ihr gegenüber anzuzeigen oder bedürfen ihrer Genehmigung, vgl. unten Rnr. 833 ff. Als äußerstes Mittel zur Durchsetzung des Denkmalschutzes gegenüber dem betreffenden Eigentümer sehen die Denkmalschutzgesetze der Länder die Enteignung des Denkmales vor. Denkmalschutz bedeutet Eingriffsverwaltung, zu der die städtebauliche Sanierung nur wenig beitragen kann.   *104*

105 Demgegenüber bedeutet Denkmalpflege die Untersuchung, Erhaltung und Wiederherstellung von Denkmälern. Hierzu kann die städtebauliche Sanierung bei den Baudenkmalen einen wichtigen Beitrag leisten. Dies gilt insbesondere, soweit Sanierungsmaßnahmen der Erhaltung von Ortsteilen dienen und Instandsetzungsmaßnahmen durchzuführen sind. Gegenstand des Denkmalschutzes und der Denkmalpflege können nicht nur einzelne bauliche Anlagen sein, sondern auch Gruppen von Gebäuden, sog. Ensembles, vgl. unten Rnr. 860ff. Hierbei muss nicht jeder Teil des Ensembles die Qualität eines Denkmales haben. Gegenstand des Denkmalschutzes und der Denkmalpflege kann auch der Städtebau der Vergangenheit sein. Diese städtebauliche Denkmalpflege dient insbesondere der Erhaltung von Stadtdenkmalen, vgl. unten Rnr. 832. Insofern überschneiden sich die Aufgaben der städtebaulichen Sanierung und der Denkmalpflege. In ganz besonderen Fällen können städtebauliche Sanierungsmaßnahmen auch einen Beitrag zur Bodendenkmalpflege leisten, indem freigelegte und konservierte Ausgrabungsergebnisse, wie etwa die Fundamente früherer und kulturhistorisch wichtiger baulicher Anlagen, als gestalterisches Element von Erschließungsanlagen erhalten und dadurch der Öffentlichkeit wahrnehmbar gemacht werden.

3.2 Wohl der Allgemeinheit

106 Laut § 136 Abs. 4 Satz 1 BauGB dienen städtebauliche Sanierungsmaßnahmen dem Wohl der Allgemeinheit. Mit dieser Formulierung nimmt das Gesetz auf Art. 14 GG Bezug. Nach Art. 14 Abs. 2 Satz 2 GG soll der Gebrauch des Eigentums dem Wohl der Allgemeinheit dienen. Nur zum Wohle der Allgemeinheit ist nach Art. 14 Abs. 3 Satz 1 GG eine Enteignung zulässig. § 136 Abs. 4 Satz 1 BauGB bedeutet nicht, dass bei einer Enteignung zur Durchführung einer städtebaulichen Sanierungsmaßnahme immer vom Vorliegen des Allgemeinwohlerfordernisses ausgegangen werden kann. Sondern dieses ist wie auch außerhalb des Sanierungsrechtes nach § 87 Abs. 1 BauGB im Einzelfall zu begründen. Lediglich § 88 Satz 2 BauGB enthält eine verfahrensmäßige Erleichterung für die Enteignung im Sanierungsgebiet. Aus § 136 Abs. 4 Satz 1 BauGB ergibt sich auch nicht, dass die Sanierungsmaßnahmen nur zulässig sind, wenn sie als solche dem Allgemeinwohl dienen. Die Bestimmung hat allein eine programmatische Bedeutung. Mit ihr will das Gesetz die große Bedeutung dieser Maßnahmen im Vergleich zu anderen öffentlichen Aufgaben hervorheben. Dies bezieht sich aber nur auf städtebauliche Sanierungsmaßnahmen i.S. der § 136ff. BauGB. Dieser Aussage entspricht auch die in § 139 Abs. 1 BauGB geregelte Mitwirkungsverpflichtung der öffentlichen Aufgabenträger.

3.3 Vorbereitung der Sanierung

3.3.1 Allgemeines

107 § 140 BauGB zählt auf, welche Maßnahmen zur Vorbereitung der städtebaulichen Sanierung gehören. Die Vorbereitung ist begrifflich von der Durchführung der Sanierung zu unterscheiden, vgl. § 146 BauGB. Zeitlich können sich jedoch Vorbereitung und Durchführung der Sanierung überschneiden. Dies ergibt sich schon aus der in § 140 Nr. 7 BauGB enthaltenen Regelung, die einzelne Durchführungsmaßnahmen, die vor der förmlichen Festlegung des Sanierungsgebietes durchgeführt werden, zur Vorbereitung der Sanierung rechnet. Auch nach der förmlichen Festlegung können, soweit erforderlich, weitere Untersuchungen durchgeführt werden; die Abgrenzung des Sanierungsgebietes kann geändert werden. Häufig wird die städtebauliche Planung geändert werden müssen. Die in § 140 Nr. 5 BauGB genannte Erörterung der beabsichtigten Sanierung bezieht sich ausschließlich auf § 137 BauGB. Die in § 140 Nr. 6 BauGB aufgeführte Erarbeitung und Fortschreibung des Sozialplanes führt zur Anwendung des § 180 BauGB. Die Aufzählung in § 140 BauGB listet auf, welche Maßnahmen für die Vorbereitung der Sanierung erforderlich sind. Sie schließt nicht aus, dass die Gemeinde weitere Untersuchungen und Planungen durchführt, die für die Sanierung des Gebietes erforderlich sind. Hierfür kommen insbesondere Untersuchungen und Planungen in Betracht, die sich auf die in § 136 Abs. 4 Satz 2 BauGB genannten Ziele beziehen. Unter diesem Gesichtspunkt ist der Begriff städtebauliche Planung in § 140 Nr. 4 BauGB weit auszulegen.

3.3.2 Vorbereitende Untersuchungen

3.3.2.1 Verfahren

3.3.2.1.1 Zweck der Untersuchungen

Für Sanierungsmaßnahmen hat der Gesetzgeber in § 141 BauGB Aussagen über die vorbereitenden Untersuchungen getroffen, vgl. auch oben Rnr. 49. Die Untersuchungen dienen neben der umfassenden Bestandsaufnahme des Gebietes vor allem der Feststellung städtebaulicher Missstände im Sinne von § 136 Abs. 3 und 4 BauGB und führen bei einem entsprechenden Ergebnis zur förmlichen Festlegung eines Sanierungsgebietes gem. § 142 BauGB. Die Untersuchungen sollen die Gemeinde in die Lage versetzen, das Erfordernis der Anwendung der besonderen Vorschriften des Sanierungsrechtes beurteilen zu können. Das Ergebnis der Untersuchungen ist zweckmäßigerweise in einem Bericht (Untersuchungsbericht) festzuhalten, vgl. § 143 Abs. 1 BauGB. Im Einzelfall können die vorbereitenden Untersuchungen auch zu dem Ergebnis führen, dass kein Sanierungsbedarf besteht.

108

3.3.2.1.2 Absehen von den vorbereitenden Untersuchungen

Die vorbereitenden Untersuchungen sind nach § 141 Abs. 2 BauGB nur durchzuführen, soweit noch keine hinreichenden Beurteilungsgrundlagen vorliegen. Die Bestimmung lässt eine sachgerechte Einschränkung der vorbereitenden Untersuchungen zu. Unerheblich ist, wer der Verfasser der hinreichenden Beurteilungsunterlagen ist. Diese Unterlagen können im Rahmen der vorbereitenden Untersuchungen auch überarbeitet und ergänzt werden, um sie auf den neuesten Stand zu bringen. In der Praxis führt die Regelung des § 141 Abs. 2 BauGB oftmals zu einer

109

Einschränkung der vorbereitenden Untersuchungen durch Verwendung vorhandener Beurteilungsunterlagen. Fälle, in denen diese hinreichend sind, so dass auf vorbereitende Untersuchungen völlig verzichtet werden kann, dürften selten sein. In diesem Falle wären die §§ 137, 138 und 139 BauGB über § 141 Abs. 4 Satz 1 Halbsatz 1 BauGB nicht anwendbar. Die Gemeinde könnte auch nach förmlicher Festlegung des Sanierungsgebietes dort z.B. sich nicht auf die Auskunftspflicht nach § 138 BauGB berufen.

3.3.2.1.3 Beschluss über den Beginn der vorbereitenden Untersuchungen

110 Das Sanierungsverfahren wird mit dem Beschluss über den Beginn der vorbereitenden Untersuchungen eingeleitet. Der Einleitungsbeschluss ist an keine rechtliche Voraussetzungen gebunden. Das Untersuchungsgebiet kann flächenmäßig großzügig abgegrenzt werden. In der Regel umfasst das später festzulegende Sanierungsgebiet nur einen Teil des Untersuchungsgebietes. Der Beginn der vorbereitenden Untersuchungen nach § 141 Abs. 3 Satz 1 BauG für das in Betracht kommende Gebiet ist entsprechend der Regelung in der Gemeindeordnung von dem zuständigen Gemeindeorgan, i.d.R. der Gemeindevertretung zu beschließen. Bei der ortsüblichen Bekanntmachung des Einleitungsbeschlusses ist § 141 Abs. 3 Satz 3 BauGB auf die Auskunftspflicht nach § 138 BauGB hinzuweisen. Der Beschluss über den Beginn der vorbereitenden Untersuchungen erlangt nach § 141 Abs. 4 BauGB durch die ortsübliche Bekanntmachung rechtliche Bedeutung. Zum einen werden wichtige Verfahrensvorschriften wirksam. Zum anderen erlangt die Gemeinde die Möglichkeit auf die bauliche Entwicklung in dem Untersuchungsgebiet durch die Zurückstellung von Vorhaben Einfluss zu nehmen. Aufgrund von § 141 Abs. 4 Satz 1 Halbsatz 1 BauGB ist die in § 15 BauGB enthaltene Regelung über die Zurückstellung eines Baugesuches durch die Baugenehmigungsbehörde im Untersuchungsgebiet entsprechend anzuwenden, ohne dass es eines Beschlusses über die Aufstellung eines Bebauungsplanes durch die Gemeinde bedarf.

3.3.2.2 Zurückstellung von Vorhaben

111 Die entsprechende Anwendung des § 15 BauGB gilt für Anträge auf Durchführung eines Vorhabens i.S. von § 29 Abs. 1 BauGB und die Beseitigung baulicher Anlagen. Hierbei ist zu beachten, dass das BauROG 1998 durch die Neufassung des § 29 Abs. 1 den städtebaurechtlichen Vorhabensbegriff vom Landesbauordnungsrecht abgekoppelt hat. Es kommt danach nicht mehr darauf an, ob das Vorhaben einer bauaufsichtlichen Prüfung unterliegt. Die Baugenehmigungsbehörde hat auf Antrag der Gemeinde die Entscheidung in diesen Fällen für einen Zeitraum von bis zu zwölf Monaten auszusetzen. Die Gemeinde kann hierdurch in dem Untersuchungsgebiet Entwicklungen verhindern, die die in Erwägung gezogene Sanierung später unmöglich machen oder wesentlich erschweren würden.

Mit Ablauf der Höchstfrist von zwölf Monaten werden die ergangenen Zurückstellungsbescheide unwirksam. Das Gesetz geht zu Recht davon aus, dass diese Frist für den Abschluss der vorbereitenden Untersuchungen ausreichend ist. Soweit

Vorbereitung der Sanierung

nachfolgend eine städtebauliche Sanierung durchgeführt wird, werden die Sanierungsziele durch die Sanierungssatzung gesichert, welche zur Anwendung der §§ 144 und 145 BauGB führt. Wird das Gebiet, das räumlicher Gegenstand des Einleitungsbeschlusses ist, vor Ablauf der Frist als Sanierungsgebiet förmlich festgelegt, so wird aufgrund von § 141 Abs. 4 Satz 2 BauGB ein Bescheid über die Zurückstellung des Baugesuches nach § 141 Abs. 4 Satz 1 BauGB unwirksam. § 235 Abs. 4 BauGB enthält eine Überleitungsvorschrift für Untersuchungsgebiete in den alten Ländern. Danach ist dort § 141 Abs. 4 BauGB auf Beschlüsse über den Beginn der vorbereitenden Untersuchungen nicht anzuwenden, die vor dem 1. Mai 1993, d.h. dem Tag des Inkrafttretens des Investitionserleichterungs- und Wohnbaulandgesetzes, bekannt gemacht worden sind.

3.3.2.3 Auskunftspflicht und Datenschutz

3.3.2.3.1 Allgemeines

Die Gemeinde kann die Sanierung nur zweckmäßig vorbereiten und durchführen, wenn sie Kenntnis über alle sanierungsrelevanten Einzelumstände erhält. Diese Kenntnisse sind vor allem erforderlich, um die Sanierungsbedürftigkeit eines Gebietes beurteilen zu können. § 138 BauGB regelt deswegen eine entsprechende Auskunftsverpflichtung, die auch zwangsweise durchgesetzt werden kann. Zugleich enthält § 138 BauGB eine Bestimmung über den Schutz personenbezogener Daten. Die Anwendung von § 138 BauGB setzt aufgrund des durch das BauROG 1998 geänderten § 141 Abs. 4 BauGB einen Beschluss nach § 141 Abs. 3 BauGB über die Einleitung vorbereitender Untersuchungen voraus. Die Anwendung des § 138 BauGB entfällt jeweils mit der Aufhebung der Sanierungssatzung nach § 162 BauGB. Eine Abschlusserklärung der Gemeinde für einzelne Grundstücke nach § 163 BauGB führt ebenfalls zu einer Aufhebung der Auskunftspflicht für die betreffenden Grundstücke. Das Gesetz enthält zwar keine besondere Regelung über das Entfallen der Auskunftspflicht. Diese Verpflichtung setzt jedoch nach ihrem Zweck ein berechtigtes Interesse der Gemeinde an der Auskunft voraus. Sobald dieses eindeutig nicht mehr vorliegt, kann auch keine Pflicht zur Auskunft mehr bestehen.

112

3.3.2.3.2 Auskunftspflicht

Das Gesetz knüpft bei der Regelung der Auskunftspflicht in § 138 Abs. 1 Satz 1 BauGB an den Besitz sowie die Nutzung eines Grundstückes, Gebäudes oder Gebäudeteiles an. Auskunftsverpflichtet sind alle Nutzungsberechtigten. Das Gesetz nennt Eigentümer, Mieter, Pächter und Besitzer. Als auskunftspflichtige Personen i.S. von § 138 Abs. 1 Satz 1 BauGB kommen auch die in § 139 Abs. 1 Satz 1 BauGB genannten öffentlich-rechtlichen Aufgabenträger, wenn sie zum Besitz oder zur Nutzung eines Grundstückes, Gebäudes oder Gebäudeteiles berechtigt sind, in Frage. Die Verpflichtung gilt auch für die Beauftragten der auskunftspflichtigen Personen. Beauftragte im Sinne von § 138 Abs. 1 Satz 1 BauGB können sein: Bedienstete, Angehörige oder sonstige Personen, die im Auftrag des Besitzers oder Nutzers

113

dessen Interessen in Bezug auf das Grundstück, das Gebäude oder den Gebäudeteil wahrnehmen. Auskunftsberechtigt sind ausschließlich die Gemeinde oder deren Beauftragte. Beauftragte i.S. der Vorschrift sind nicht die Bediensteten der Gemeinde, sondern Angehörige von geeigneten Beauftragten i.S. von § 157 Abs. 1 BauGB, d.h. von Personen oder Unternehmen, wie z.B. Sanierungsträgern, denen die Gemeinde diese Aufgabe durch einen besonderen Vertrag zulässigerweise übertragen hat.

114 Die Auskunftspflicht besteht nur in Bezug auf Tatsachen, deren Kenntnis zur Beurteilung der Sanierungsbedürftigkeit eines Gebietes oder zur Vorbereitung oder Durchführung der städtebaulichen Gesamtmaßnahme erforderlich ist. Die Betroffenen sind daher nicht dazu verpflichtet, ihre Meinung über die städtebauliche Sanierung oder Entwicklung zu äußern. Auskunftspflichtig sind alle Tatsachen, die städtebaulich bedeutsam sein können. Hierbei wird man der Gemeinde einen Beurteilungsspielraum zubilligen müssen. Die Gemeinde muss aber den Auskunftspflichtigen im Einzelfall darlegen, dass die verlangte Auskunft sanierungs- oder entwicklungsrelevant ist. Zumeist geht es in der Praxis um Informationen über die Beschaffenheit des Grundstückes, Gebäudes oder Gebäudeteiles. Aus § 138 Abs. 1 Satz 2 BauGB ergibt sich aber, dass sich hierin die Auskunftspflicht nicht erschöpft. Danach können auch personenbezogene Daten der Besitzer oder Nutzer städtebaulich relevant sein. Das Gesetz nennt Angaben über die persönlichen Lebensumstände im wirtschaftlichen und sozialen Bereich, über Berufs-, Erwerbs- und Familienverhältnisse, das Lebensalter, die Wohnbedürfnisse, die sozialen Verpflichtungen und die örtlichen Bindungen. Je stärker die Gemeinde im Rahmen einer städtebaulichen Gesamtmaßnahme das betroffene Gebiet neugestalten will, z.B. durch eine Flächensanierung, desto mehr Auskünfte wird sie einholen müssen. Neugestaltungen sind weitgehend mit dem Umzug von Bewohnern und Betrieben i.S. von § 147 Abs. 1 Nr. 2 BauGB verbunden. Diese Einzelmaßnahmen bedürfen der Regelung und Finanzierung. Auskunftspflichtig sind daher in diesem Rahmen auch die Inhaber von Betrieben.

3.3.2.3.3 Einschränkung der Auskunftspflicht

115 Das Gesetz lässt auch Fragen zu, die die persönlichen Lebensumstände des Betroffenen unmittelbar berühren. § 138 Abs. 4 Satz 2 BauGB grenzt hier die Auskunftspflicht durch ein Auskunftsverweigerungsrecht ein. Der Auskunftspflichtige darf danach die Antwort auf Fragen ablehnen, deren Beantwortung ihn oder einen seiner in § 383 Abs. 1 Nr. 1 bis 3 Zivilprozessordnung genannten Angehörigen der Gefahr der strafrechtlichen Verfolgung oder eines Verfahrens nach dem Gesetz über Ordnungswidrigkeiten aussetzen würde. Angehörige in diesem Sinne sind: Verlobte, Ehegatten, auch wenn die Ehe nicht mehr besteht, in gerader Linie verwandte oder verschwägerte Personen, in der Seitenlinie bis zum dritten Grade verschwägerte oder früher verschwägerte Personen.

3.3.2.3.4 Durchsetzung der Auskunftspflicht

§ 138 Abs. 4 Satz 1 BauGB lässt die Erzwingung der Auskunft durch Androhung oder Verhängung eines Zwangsgeldes gegenüber dem die Auskunft verweigernden Auskunftspflichtigen zu. Hierbei ist § 208 Satz 2 bis 4 BauGB anzuwenden. Das angedrohte und festgesetzte Zwangsgeld kann bis zu 1.000 DM betragen. Androhung und Festsetzung des Zwangsgeldes können wiederholt werden. Andere Zwangsmaßnahmen sind ausgeschlossen. § 208 Satz 3 BauGB enthält eine Regelung für die Androhung und Festsetzung des Zwangsgeldes gegenüber einer juristischen Person sowie einer Personenvereinigung. Zuständig für die Erzwingung der Auskunft ist die Gemeinde. Materielle Voraussetzung für die Erzwingung ist die Rechtmäßigkeit des Auskunftsverlangens. Diese Rechtmäßigkeit kann verwaltungsgerichtlich geprüft werden. *116*

3.3.2.3.5 Datenschutz

§ 138 Abs. 2 und 3 BauGB enthält eingehende Regelungen über den Schutz der nach § 138 Abs. 1 BauGB erhobenen personenbezogenen Daten. Personenbezogene Daten sind hauptsächlich die in § 138 Abs. 1 Satz 2 BauGB genannten Angaben über die Berufs-, Erwerbs- und Familienverhältnisse, das Lebensalter und die Wohnbedürfnisse. Aufgrund von § 138 Abs. 2 Satz 1 BauGB dürfen derartige Daten ausschließlich für Zwecke der Sanierung oder nach § 165 Abs. 4 Satz 5 BauGB entsprechend nur für Zwecke der Entwicklung verwendet werden. § 138 Abs. 2 Satz 4 BauGB regelt eine Durchbrechung dieses Grundsatzes: Danach dürfen diese Daten an die Finanzbehörden weitergegeben werden, soweit sie für die Besteuerung erforderlich sind. Es handelt sich bei dieser Bestimmung aber um keine Verpflichtung, sondern nur um eine Ermächtigung der Gemeinde. Die Weitergabe der personenbezogenen Daten setzt eine entsprechende begründete Anforderung durch die zuständige Finanzbehörde voraus. Die Gemeinde muss aufgrund der Anforderungsbegründung die Erforderlichkeit der Weitergabe prüfen können. Bisher hat aber § 138 Abs. 2 Satz 4 BauGB in der Praxis keine besondere Bedeutung erlangt. *117*

Oftmals wird die Gemeinde die personenbezogenen Daten nicht durch eigenes Personal erheben, sondern sich hierzu eines Beauftragten bedienen. Beauftragte in diesem Sinne können in erster Linie Sanierungsträger oder Entwicklungsträger sein, vgl. §§ 157 bis 161 und § 167 BauGB. Nach § 138 Abs. 2 Satz 2 Halbsatz 1 BauGB darf der Beauftragte der Gemeinde die von ihm erhobenen Daten ausschließlich an die Gemeinde weiterleiten. § 138 Abs. 2 Satz 2 Halbsatz 2 BauGB ermächtigt die Gemeinde dazu, personenbezogene Daten, die ihr Beauftragter oder die sie selbst erheben, an einen anderen Beauftragten weiterzugeben, soweit dies zu Zwecken der Sanierung erforderlich ist. Diese Regelung kommt insbesondere dann zur Anwendung, wenn nicht der Sanierungs- oder Entwicklungsträger allgemein Erhebungen durchgeführt hat, aber Kenntnis von bestimmten Daten erlangen muss, z.B. weil aufgrund von städtebaulich erforderliche Baumaßnahmen Mieter umgesetzt werden sollen. Nach § 138 Abs. 2 Satz 2 Halbsatz 2 BauGB darf die Ge- *118* meinde personenbezogene Daten auch an die höhere Verwaltungsbehörde weitergeben. Höhere Verwaltungsbehörden i.S. dieser Vorschrift sind Landesbehörden und sonstige Behörden, wie z.B. Landräte, die vom Land mit der Wahrnehmung von Aufgaben beauftragt worden sind, die die städtebauliche Sanierung berühren, wie z.B. Mitfinanzierung, Genehmigung von Satzungen oder die Rechtsaufsicht.

119 Dem Datenschutz dient auch § 138 Abs. 3 Satz 1 BauGB. Danach sind die in § 138 Abs. 2 Satz 2 BauGB genannten, mit der Erhebung der Daten Beauftragten der Gemeinde bei Aufnahme ihrer Tätigkeit auf die datenschutzrechtliche Regelung besonders zu verpflichten. Das Gesetz lässt offen, von wem und in welcher Form die Verpflichtung durchzuführen ist. Die Verantwortung für die Durchführung der Verpflichtung liegt bei der Gemeinde. Sie kann die Verpflichtung der Beauftragten selbst durchführen. Die Verpflichtung des Personals des Beauftragten sollte aber zweckmäßigerweise von diesem selbst vorgenommen werden. Die schriftliche Bestätigung der Verpflichtung ist für Beweiszwecke sinnvoll. Die Verpflichtung zum Datenschutz bewirkt, dass der Verpflichtete sich im Konfliktfall nicht auf Unkenntnis der datenschutzrechtlichen Regelung berufen kann. § 138 Abs. 3 Satz 2 BauGB stellt klar, dass die datenschutzrechtliche Verpflichtung der Beauftragten der Gemeinde auch nach Beendigung ihrer Tätigkeit weitergilt.

120 Nach § 138 Abs. 2 Satz 3 BauGB sind die erhobenen personenbezogenen Daten nach Aufhebung der förmlichen Festlegung des Sanierungsgebietes zu löschen. Diese Verpflichtung gilt für alle Beteiligten, also die Gemeinde, ihre Beauftragten und die höhere Verwaltungsbehörde, nicht aber für die Finanzbehörde, weil sie die Daten nicht zu städtebaulichen Zwecken erhalten hat. Praktische Überlegungen sprechen dafür, im Einzelfall zeitlich begrenzte Ausnahmen von der Löschungsverpflichtung nach Aufhebung der förmlichen Festlegung zuzulassen, weil noch nach diesem Zeitpunkt Aufgaben zu erledigen sind, sei es dass auf seiten der Gemeinde noch sanierungsbezogene Forderungen gegen Dritte bestehen oder umgekehrt noch mit solchen Forderungen von Dritten gegen die Gemeinde zu rechnen ist. Ein anderes Gesetzesverständnis würde zu einer zeitlichen Verschiebung der Aufhebung der förmlichen Festlegung Anlass geben und könnte daher nicht im Interesse der Beteiligten liegen.

3.3.2.4 Erörterung, Mitwirkung und Beratung

3.3.2.4.1 Bedeutung

121 Die Durchführung von städtebaulichen Sanierungsmaßnahmen hängt in hohem Maße von der Mitwirkungsbereitschaft der betroffenen Bürger ab. Hierbei ist zu berücksichtigen, dass ihnen grundsätzlich die Durchführung der erforderlichen Baumaßnahmen obliegt. Diese Mitwirkungsbereitschaft setzt voraus, dass die Betroffenen mit den städtebaulichen Zielen der Sanierungs- oder Entwicklungsmaßnahme einverstanden sind und sie mittragen. Mangelnde Mitwirkungsbereitschaft kann die Durchführung von städtebaulichen Sanierungs- und Entwicklungsmaßnahmen verzögern. Mangelnde Mitwirkungsbereitschaft der Betroffenen schließt

Vorbereitung der Sanierung

jedoch nicht die einheitliche Vorbereitung und zügige Durchführung einer städtebaulichen Gesamtmaßnahme aus. Das BauGB verleiht den Gemeinden hinreichende Befugnisse, um – soweit es erforderlich ist – im Einzelfall für die zügige Durchführung zu sorgen. § 137 Satz 1 BauGB verpflichtet daher dazu, die Sanierung mit den Betroffenen möglichst frühzeitig zu erörtern. Zweck der Erörterung ist es nach § 137 Satz 2 BauGB, die Betroffenen zur Mitwirkung bei der Sanierung und zur Durchführung der erforderlichen baulichen Maßnahmen anzuregen. Hierbei, d.h. bei der Durchführung der erforderlichen baulichen Maßnahmen, sollen die Betroffenen im Rahmen des Möglichen beraten werden.

Obwohl § 137 BauGB die Gemeinde nicht nennt, regelt die Bestimmung eine Erörterungs- und Beratungspflicht der Gemeinde. Diese ist für die Vorbereitung und weitgehend auch für die Durchführung der städtebaulichen Sanierungsmaßnahme verantwortlich. Nach § 140 Nr. 5 BauGB ist die Erörterung der beabsichtigten Sanierung Teil der Vorbereitung der Sanierung. Hierbei handelt es sich nach dem Gesetz um eine Aufgabe der Gemeinde. Die Erfüllung dieser Verpflichtung kann nicht durch Aktionen von anderer Seite, wie Rathausfraktionen, Parteien oder Vereinen ersetzt werden. Dieser Verpflichtung der Gemeinde zur Erörterung entspricht umgekehrt keine Verpflichtung der Betroffenen zur Teilnahme an der Erörterung. Insoweit handelt es sich bei der Erörterung um eine Verpflichtung, den Betroffenen ein Angebot zur Erörterung zu unterbreiten. Das BauROG 1998 hat durch die Neugestaltung des § 141 Abs. 4 klargestellt, dass die Anwendung des § 137 BauGB die ortsübliche Bekanntmachung eines Beschlusses über den Beginn der vorbereitenden Untersuchungen voraussetzt. *122*

3.3.2.4.2 Betroffene

Die städtebauliche Sanierung soll mit den Betroffenen möglichst frühzeitig erörtert werden. § 137 Abs. 1 Satz 1 BauGB nennt Eigentümer, Mieter, Pächter und sonstige Betroffene. Die Betroffenheit ergibt sich bei Sanierungsmaßnahmen aus dem unmittelbaren räumlichen Bezug zu dem förmlich festgelegten Sanierungsgebiet. Die Betroffenheit wird jeweils durch die konkrete förmliche Festlegung ausgelöst. Für die vorangehenden Untersuchungen kommt bei Sanierungsmaßnahmen § 141 Abs. 1 BauGB zur Anwendung. Für die Betroffenheit ist hier i.d.R. allein der räumliche Bezug zu dem Gebiet maßgebend, auf das sich der Beschluss über den Beginn der Voruntersuchungen bezieht. Räumlicher Bezug zu dem Sanierungs- oder Voruntersuchungsgebiet bedeutet dagegen nicht, dass die Betroffenen in dem Gebiet leben oder arbeiten müssen. Es können auch Personen betroffen sein, die außerhalb des Gebietes wohnen oder arbeiten, wenn sie unmittelbare Auswirkungen durch die städtebauliche Gesamtmaßnahme zu erwarten haben. Insbesondere Sanierungsmaßnahmen im Ortskern können Auswirkungen erlangen, die über das Sanierungsgebiet hinauswirken und daher auch Personen außerhalb dieses Gebietes betreffen. *123*

§ 137 Satz 1 BauGB nennt neben den sonstigen Betroffenen Eigentümer, Mieter und Pächter. Sonstige Betroffene können vor allem die zum Besitz oder zur Nut- *124* zung eines Grundstückes, eines Gebäudes oder Gebäudeteils berechtigten Personen sein. Darüber hinaus kann aus § 141 Abs. 1 Satz 2 BauGB entnommen werden, wer als sonstiger Betroffener in Frage kommt. Nach dieser Bestimmung sind die vorbereitenden Untersuchungen für eine städtebauliche Sanierungsmaßnahme auf etwaige nachteilige Auswirkungen zu erstrecken, die sich für die „unmittelbar Betroffenen in ihren persönlichen Lebensumständen im wirtschaftlichen oder sozialen Bereich voraussichtlich ergeben werden". Letztlich kommt es darauf an, ob private Belange berührt werden, die bei der Abwägung nach § 136 Abs. 4 Satz 3 zu berücksichtigen sind.

3.3.2.4.3 Erörterung

125   Erörterung bedeutet gemeinsame Suche nach der geeigneten Lösung bei der Bewältigung einer Aufgabe. Die Erörterung ist daher mehr als eine Anhörung. Die Erörterung schließt die Gewährung von Informationen mit ein. Zur Erörterung gehört mehr als die Entgegennahme von Anregungen und Bedenken der Betroffenen durch die Gemeinde. Soweit die Betroffenen eigene Vorschläge machen oder Gegenvorstellungen erheben, haben sie auch einen Anspruch gegen die Gemeinde auf Erteilung einer Antwort. Die Gemeinde ist jedoch nicht verpflichtet, diese Vorschläge ihrer jeweiligen Entscheidung zugrunde zu legen. Sie muss sie aber bei ihrer Entscheidungsfindung berücksichtigen. Für die Gemeinde kann die Erörterung von großem Nutzen sein. Oftmals verfügen die Betroffenen über besondere örtliche Kenntnisse oder können die praktische Bedeutung von vorgesehenen Maßnahmen sehr gut einschätzen.

3.3.2.4.4 Gegenstand der Erörterung und Beratung

126   Gegenstand der Erörterung ist nach § 137 Satz 1 BauGB die Sanierung als solche oder in entsprechender Anwendung aufgrund von § 165 Abs. 4 Satz 5 BauGB die städtebauliche Entwicklung. Die Erörterungspflicht besteht für alle Phasen der Vorbereitung und Durchführung der Gesamtmaßnahme, wenn sie für die Betroffenen von Bedeutung sind. Hierzu gehört hauptsächlich die städtebauliche Planung. Soweit die Sanierungs- und Entwicklungsmaßnahmen in mehreren Stufen vorbereitet und durchgeführt werden, können auch mehrere Erörterungen erforderlich sein. Dies gilt auch bei Änderungen der städtebaulichen Zielsetzung. Die Erörterung setzt inhaltlich voraus, dass die Gemeinde ihre städtebaulichen Ziele den Betroffenen möglichst anschaulich darstellt. Hierfür stehen heute eine ganze Reihe von technischen Möglichkeiten wie Modelle, Simulationsverfahren und Darstellungen durch Computer zur Verfügung.

127   Der Gegenstand der Erörterung wird ferner durch § 137 Satz 2 BauGB bestimmt. Danach sollen die Betroffenen zur Durchführung der erforderlichen baulichen Maßnahmen angeregt und hierbei im Rahmen des Möglichen beraten werden. Gegenstand der Erörterung und Beratung sind danach auch die von den Betroffenen nach der städtebaulichen Planung durchzuführenden baulichen Einzelmaßnahmen. Hierbei ist darauf hinzuweisen, dass die Durchführung dieser Maß-

Vorbereitung der Sanierung

nahmen im Rahmen von § 147 und § 148 BauGB bei den Sanierungsmaßnahmen und von § 169 Abs. 6 BauGB bei den Entwicklungsmaßnahmen weitgehend nicht der Gemeinde sondern den jeweiligen Grundstückseigentümern obliegt. Grenzen der Beratungsverpflichtung ergeben sich aus der Personalkapazität der Gemeinde oder ihrer Beauftragten. Es besteht auch keine rechtliche Verpflichtung, die Betroffenen bei der Finanzierung der von ihnen durchzuführenden Maßnahmen zu beraten. Hiervon abgesehen liegt es jedoch im Interesse der Durchführung der städtebaulichen Gesamtmaßnahme und somit im Interesse der Gemeinde, wenn diese ihren Beratungsauftrag umfassend versteht und ihn im Rahmen ihrer Möglichkeiten eingehend ausführt.

3.3.2.4.5 Durchführung der Erörterung

Das Gesetz enthält keine Regelung darüber, wie die Gemeinde die Erörterung mit den Betroffenen durchzuführen hat. Die Gemeinde hat daher hier einen großen Gestaltungsspielraum. Die Gemeinde kann schriftlich oder über die Presse an die Betroffenen herantreten. Die Erörterung kann mit den Betroffenen einzeln im Rathaus oder in besonderen Büros durchgeführt werden. Zulässig ist aber auch die Durchführung öffentlicher Versammlungen. In Betracht kommt aber auch die Gründung eines öffentlich tagenden Sanierungs- oder Entwicklungsbeirates, in dem die Gemeinde vertreten ist, der sich mit den Vorstellungen der Betroffenen auseinandersetzt. Maßgeblich ist, dass die Betroffenen deutlich auf das Angebot zur Erörterung durch die Gemeinde hingewiesen werden. *128*

3.3.2.4.6 Möglichst frühzeitige Erörterung

Die Sanierungsmaßnahme soll mit den Betroffenen möglichst frühzeitig erörtert werden. Dies setzt einerseits voraus, dass die Gemeinde oder zumindest die Gemeindeverwaltung Vorstellungen über den Erörterungsgegenstand entwickelt hat. Von den Betroffenen kann i.d.R. nicht erwartet werden, dass sie realisierbare eigene Konzepte erarbeiten. Die Betroffenen haben auch keinen Anspruch gegen die Gemeinde auf Gewährung von Finanzhilfen für die Erarbeitung solcher Konzepte. Andererseits dürfen sich die Vorstellungen der Gemeinde nicht bereits soweit verfestigt haben, dass eine Änderung dieser Planung nahezu ausgeschlossen erscheint. *129*

3.3.2.4.7 Ausnahmen von der Erörterungspflicht

Bei § 137 BauGB handelt es sich um eine Sollvorschrift. D. h. es besteht eine Rechtspflicht zur Erörterung und Beratung im Regelfall. In besonderen, ungewöhnlich gelagerten, sog. atypischen Fällen, entfällt daher diese Verpflichtung der Gemeinde. Ein solcher Fall ist anzunehmen, wenn der oder die Betroffenen schon vor Unterbreitung des Erörterungsangebotes durch die Gemeinde eindeutig haben erkennen lassen, dass sie die zu erörternden Maßnahmen ablehnen. Von einer Erörterung kann auch abgesehen werden, soweit eine Erörterung der gleichen Angelegenheit bereits früher in einem anderen Zusammenhang durchgeführt worden ist. *130*

3.3.2.4.8 Verhältnis zu anderen Beteiligungsvorschriften

131 Grundsätzlich besteht die Erörterungspflicht des § 137 BauGB neben anderen Beteiligungsvorschriften des BauGB. Als solche sind hier von Bedeutung:

§ 173 Abs. 3 Satz 1 BauGB (Anwendung der Erhaltungssatzung),

§ 175 Abs. 1 Satz 1 BauGB (Anordnung eines städtebaulichen Gebotes) und

§ 180 Abs. 1 Satz 1 BauGB (Sozialplan).

Schließlich schreibt § 3 BauGB für die Bauleitplanung eine Bürgerbeteiligung vor. Die Gemeinde kann diese Erörterungen und Beteiligungen mit den Erörterungen nach § 137 BauGB im Einzelfall aus Zweckmäßigkeitsgründen verbinden. Hierbei ist zu beachten, dass bei der Bürgerbeteiligung nach § 3 BauGB der Kreis der Teilnahmeberechtigten größer ist. Wenn die Gemeinde den Entwurf eines anschließend beschlossenen städtebaulichen Rahmenplanes mit den Bürgern erörtert hat, kann sie nach § 3 Abs. 1 Satz 2 Nr. 3 BauGB von der Erörterung eines entsprechenden Bebauungsplanes absehen.

3.3.2.4.9 Unterlassene Erörterung

132 Bei § 137 BauGB handelt es sich um eine Ordnungsvorschrift, da das Gesetz keine Rechtsfolgen für einen Verstoß gegen die Erörterungspflicht enthält. Da § 137 BauGB nicht im Katalog des § 214 Abs. 1 BauGB über beachtliche Verfahrens- und Formfehler aufgezählt ist, führt unterlassene Erörterung nicht zur Rechtsunwirksamkeit einer nachfolgenden Sanierungs- oder Entwicklungssatzung. Es bestehen auch Zweifel, ob gegebenenfalls der Erörterungsanspruch eines Betroffenen gerichtlich durchgesetzt werden kann, vgl. BVerwG 3. 8. 1982 DVBl. 1982, 1096.

3.3.2.5 Mitwirkung öffentlicher Aufgabenträger

3.3.2.5.1 Allgemeines

133 Das BauGB regelt in § 139 die Beteiligung und Mitwirkung öffentlicher Aufgabenträger bei der Vorbereitung und Durchführung städtebaulicher Sanierungsmaßnahmen. Die Mitwirkung der öffentlichen Aufgabenträger an der Vorbereitung und Durchführung städtebaulicher Gesamtmaßnahmen hat in der Praxis große Bedeutung. Die Durchführbarkeit einer Sanierungs- oder Entwicklungsmaßnahme kann im Einzelfall von der Mitwirkungsbereitschaft eines betroffenen öffentlichen Aufgabenträgers abhängen. Die Anwendung des § 139 BauGB setzt seit der Neufassung des § 141 Abs. 4 BauGB durch das BauROG 1998 die ortsübliche Bekanntmachung eines Beschlusses über die Einleitung der vorbereitenden Untersuchungen voraus.

Vorbereitung der Sanierung

3.3.2.5.2 Unterstützungspflicht

Wegen der großen Bedeutung der städtebaulichen Gesamtmaßnahmen verpflichtet § 139 Abs. 1 BauGB den Bund einschließlich seiner Sondervermögen, die Länder und die sonstigen Körperschaften, Anstalten und Stiftungen des öffentlichen Rechts im Rahmen ihrer jeweiligen Zuständigkeit zur Unterstützung der Vorbereitung und Durchführung dieser Maßnahmen. Die Unterstützungspflicht geht über die gesetzliche Verpflichtung zur Amtshilfe hinaus. Es handelt sich um eine umfassende Hilfeverpflichtung, die im Rahmen der Zuständigkeit des öffentlichen Aufgabenträgers alle Arten von Hilfestellungen miteinschließt. In der Praxis setzt die Durchführung städtebaulicher Gesamtmaßnahmen oftmals ein hohes Maß an Kooperationsbereitschaft eines betreffenden öffentlichen Aufgabenträgers voraus. Zur Unterstützungspflicht gehört die bevorzugte Bearbeitung von städtebaulich wichtigen Vorgängen, die Erteilung von Auskünften, die kostengünstige Veräußerung von nicht mehr benötigten Grundstücken als Bau- oder Austauschland an die Gemeinde oder an die Bauträger. Bedeutsam ist auch eine Berücksichtigung der städtebaulichen Ziele der Gemeinde bei der Investitionspolitik der Aufgabenträger. Investitionen sind bevorzugt in den Sanierungsgebieten und Entwicklungsbereichen zu tätigen, soweit die Aufgabenstellung des öffentlichen Aufgabenträgers dies zulässt. Hieraus sind aber keine Leistungs- oder Mitfinanzierungsansprüche der Gemeinde abzuleiten. Rechtswidrig wäre es aber, wenn der öffentliche Aufgabenträger gezielt Investitionen oder die Förderung von Vorhaben im Zusammenhang mit städtebaulichen Sanierungs- oder Entwicklungsmaßnahmen ausschließt.

134

Die Unterstützungsverpflichtung setzt nicht erst mit der förmlichen Festlegung des Sanierungsgebietes oder Entwicklungsbereiches ein. § 139 Abs. 1 BauGB bezieht sich nicht nur auf die Durchführung der Sanierung, sondern auch auf deren Vorbereitung. Die Bestimmung erlangt daher bereits Bedeutung, wenn die Gemeinde eine städtebauliche Sanierung oder Entwicklung ernsthaft in Erwägung zieht. Bei § 139 Abs. 1 BauGB handelt es sich um eine Sollvorschrift. Dies bedeutet, im Regelfall besteht die Unterstützungspflicht. Sie entfällt nur soweit besondere Umstände eine Ausnahme gebieten. In den neuen Bundesländern zählen die Nachfolgerinnen der Treuhandanstalt zu den besonders wichtigen öffentlichen Aufgabenträgern. Keine öffentlichen Aufgabenträger i.S. von § 139 Abs. 1 BauGB sind die Kirchen als öffentlich-rechtliche Körperschaften, da ihnen Artikel 140 Grundgesetz i.V. mit Artikel 137 Abs. 1 und 3 Weimarer Reichsverfassung gegenüber dem Staat ein innerkirchliches Selbstbestimmungsrecht einräumt.

135

3.3.2.5.3 Beteiligung der Träger öffentlicher Belange

Allgemeine Beteiligung der Träger öffentlicher Belange

§ 139 Abs. 2 Satz 1 BauGB verpflichtet die Gemeinde in sinngemäßer Anwendung von § 4 Abs. 2 und § 4 a Abs. 1 bis 4 BauGB zur Beteiligung der Behörden und sonstigen Träger öffentlicher Belange sowie der Öffentlichkeit an der Vorbereitung und Durchführung der Sanierung. Diese Beteiligungspflicht der Gemeinde ist das

136

Gegenstück zur Unterstützungspflicht der öffentlichen Aufgabenträger. Der Kreis der Träger öffentlicher Belange ist jedoch umfassender als der Kreis der öffentlichen Aufgabenträger i.S. von § 139 Abs. 1 BauGB. Anders als bei diesen können auch privatrechtliche Einrichtungen Träger öffentlicher Belange sein, wenn sie aufgrund einer gesetzlichen Regelung wichtige öffentliche Aufgaben wahrnehmen. Bei einem wichtigen Versorgungs- oder Verkehrsbetrieb kommt es daher hier nicht darauf an, ob er privatrechtlich oder öffentlich-rechtlich organisiert ist. Träger öffentlicher Belange sind daher auch die Post und die Bundesbahn in ihren privatisierten Rechtsformen. Als öffentlich-rechtliche Träger öffentlicher Aufgaben kommen dagen neben den Kirchen u.a. die Träger der Straßenbaulast sowie die Industrie- und Handelskammern, aber auch die Nachbargemeinden in Betracht. Maßgebend ist, ob der jeweilige Träger öffentlicher Belange von der Vorbereitung und Durchführung der Sanierungs- oder Entwicklungsmaßnahmen in der Wahrnehmung seiner Aufgaben berührt wird. Es sind nur diejenigen Träger öffentlicher Belange zu beteiligen, deren Aufgabenstellung durch die in Erwägung gezogene städtebauliche Gesamtmaßnahme unmittelbar betroffen ist. Welche Träger öffentlicher Belange zu beteiligen sind, ist daher in jedem Falle gesondert zu klären. Überflüssige Beteiligungen sind im Interesse des zügigen Verfahrens zu vermeiden. Die Verpflichtung zur frühzeitigen Beteiligung der Träger und der Öffentlichkeit setzt ein, sobald und soweit die Gemeinde Vorstellungen über die Ziele ihrer städtebaulichen Gesamtmaßnahme entwickelt hat. Sie bezieht sich aber nur auf städtebauliche Planungen außerhalb der Bauleitplanung wie den städtebaulichen Rahmenplan.

Unterrichtungspflicht

137 § 139 Abs. 2 Satz 2 BauGB verpflichtet die Träger öffentlicher Belange ihrerseits, die Gemeinde während des gesamten Sanierungs- oder Entwicklungsverfahrens über die Änderung ihrer Absichten, die für die städtebauliche Gesamtmaßnahme von Bedeutung sein können, zu unterrichten. Ein Hinweis der Gemeinde auf diese gesetzliche Verpflichtung der Träger öffentlicher Belange ist zu empfehlen. Der Gemeinde obliegt insbesondere im Rahmen der städtebaulichen Gesamtmaßnahme die Koordinierung der Durchführungsmaßnahmen der Träger öffentlicher Belange. Die Unterrichtungspflicht besteht bereits im Rahmen der vorbereitenden Untersuchungen nach § 141 Abs. 1 BauGB oder der Voruntersuchungen nach § 165 Abs. 4 Satz 1 BauGB. Für die Beurteilung der Durchführbarkeit der Sanierung oder Entwicklung in dem fraglichen Gebiet ist es erforderlich, dass die Gemeinde die Absichten der Träger öffentlicher Belange in dem Gebiet kennt.

Abstimmungspflicht

138 § 139 Abs. 3 BauGB verpflichtet sowohl die Gemeinde als auch die Träger öffentlicher Belange dazu, sich jeweils bei einer Änderung ihrer aufeinander abgestimmten Planungen in dem Gebiet der städtebaulichen Gesamtmaßnahme gegenseitig unverzüglich ins Benehmen zu setzen. Dies bedeutet, soweit und sobald ein

Vorbereitung der Sanierung

Beteiligter eine Änderung seiner Planung für erforderlich hält, muss er die anderen Beteiligten hiervon unterrichten und die Gründe dafür darlegen. Alle Beteiligten sind verpflichtet, auf eine einvernehmliche Lösung hinzuwirken.

Sonstige Mitwirkungspflichten

Daneben bestehen besondere städtebaulich wichtige Mitwirkungspflichten auf anderer gesetzlicher Grundlage. Aufgrund von § 6 Abs. 3 Gemeindeverkehrsfinanzierungsgesetz sind Vorhaben, die in die Förderprogramme des Bundes nach diesem Gesetz aufgenommen werden sollen, zuvor mit städtebaulichen Maßnahmen, die mit ihnen in Zusammenhang stehen, abzustimmen. Nach § 26 Abs. 2 Satz 1 Nr. 1 Wohnungs- und Familienheimgesetz (II. WoBauG) ist beim Einsatz der öffentlichen Mittel zu gewährleisten, dass im Zusammenhang mit städtebaulichen Sanierungs- und Entwicklungsmaßnahmen der Wohnungsbau vordringlich gefördert wird.   *139*

3.3.2.6 Inhalt der vorbereitenden Untersuchungen

3.3.2.6.1 Allgemeines

Erforderlich ist nach § 141 Abs. 1 Satz 1 BauGB eine Untersuchung des Gebietes – nicht der einzelnen Grundstücke – hinsichtlich der   *140*

– Notwendigkeit der Sanierung,
– sozialen, strukturellen und städtebaulichen Zusammenhänge und Verhältnisse,
– anzustrebenden allgemeinen Ziele,
– Durchführbarkeit der Sanierung im allgemeinen,
– voraussichtlich nachteiligen Auswirkungen für die unmittelbar Betroffenen.

3.3.2.6.2 Notwendigkeit der Sanierung

Die Sanierung ist notwendig, wenn in dem fraglichen Gebiet zur Behebung städtebaulicher Missstände i.S. von § 136 Abs. 2 und 3 BauGB von der Gemeinde aufgrund einer einheitlichen Vorbereitung im öffentlichen Interesse Durchführungsmaßnahmen i.S. von § 146 BauGB veranlasst oder übernommen werden müssen, die einen erheblichen Aufwand von Haushaltsmitteln erfordern, vgl. § 149 BauGB. Eine Sanierung i.S. von § 141 Abs. 1 Satz 1 BauGB ist nicht notwendig, wenn es der Anwendung des Sanierungsrechtes des BauGB nicht bedarf, weil die vorhandenen städtebaulichen Probleme z.B. durch einen Bebauungsplan i.S. von § 8ff. BauGB oder eine Erhaltungssatzung i.S. von § 172 Abs. 1 BauGB behoben werden können.   *141*

3.3.2.6.3 Soziale, strukturelle und städtebauliche Verhältnisse

Als Gegenstand der Untersuchung kommen in Betracht: *142*

– die Bodenstruktur,
– die Vegetation,

- die Bodennutzung,
- die Erschließung,
- die Bebauung,
- die Verteilung des Grundeigentums.

Erforderlich ist eine Bestandsaufnahme und Bewertung dieser Verhältnisse. Hierbei kommt es auch darauf an, wie sich diese Verhältnisse ohne Durchführung einer städtebaulichen Sanierungsmaßnahme weiter entwickeln würden. Die sozialen Verhältnisse sind auch in Zusammenhang mit den Nachteilen zu sehen, die sich voraussichtlich aus der beabsichtigten Sanierung i.S. von § 141 Abs. 1 Satz 2 BauGB für die Betroffenen ergeben werden, vgl. hierzu unten Rnr. 146. Zur Untersuchung der städtebaulichen Verhältnisse gehört auch eine Prüfung der Erforderlichkeit von Maßnahmen des Umweltschutzes, vgl. § 136 Abs. 4 Satz 2 Nr. 3 BauGB. Dies kann die Aufstellung eines Altlastenkatasters erforderlich machen. Das Ausmaß der Bestandsaufnahme sollte aber im jeweiligen Fall in einem ausgewogenen Verhältnis zu den Zielen und tatsächlichen Möglichkeiten der Gemeinde stehen. Die allgemeine Aufnahme des vorhandenen Baubestandes wird sich auf den Erhaltungszustand beziehen. Sie sollte aber auch unter stadtgestalterischen und denkmalpflegerischen Gesichtspunkten vorgenommen werden, vgl. § 136 Abs. 4 Satz 2 Nr. 4 BauGB, und kann später durch eine Stadtbildaufnahme ergänzt werden, vgl. hierzu unten Rnr. 978. Die Aufnahme besteht aus einer zeichnerischen Darstellung der Fassadenabwicklungen und einem Modell der vorhandenen Bebauung. Die Stadtbildaufnahme ist die Grundlage für eine Stadtbildbewertung.

3.3.2.6.4 Städtebauliche Zusammenhänge

143 Die Bestandsaufnahme hat sich nicht nur auf das für die städtebauliche Maßnahme in Betracht kommende Gebiet zu erstrecken. Dieses darf nicht allein für sich untersucht werden. Aufgabe der Bestandsaufnahme muss es auch sein, die funktionale Verflechtung dieses Gebietes mit den übrigen Ortsteilen zu untersuchen. Wenn es sich um ein Gebiet mit zentraler Funktion handelt, kann dieser Verflechtungsbereich im Einzelfall über die Gemeinde hinausreichen. Des Weiteren kann das in Frage kommende Gebiet auch eine besondere gestalterische Bedeutung für das gesamte Ortsbild der Gemeinde haben.

3.3.2.6.5 Anzustrebende allgemeine Ziele

144 Die Bewertung des Bestandes muss allgemein zur Aussage darüber führen, welche Verhältnisse und Zusammenhänge zu ändern, umzugestalten oder zu erhalten sind. Nach § 141 Abs. 1 Satz 1 BauGB dienen die vorbereitenden Untersuchungen bei Sanierungsmaßnahmen auch dazu, Beurteilungsunterlagen über die anzustrebenden allgemeinen Ziele und die Durchführbarkeit der städtebaulichen Maßnahme zu gewinnen. Unter allgemeinen Zielen ist keine städtebauliche Planung mit grundstücksbezogenen Aussagen zu verstehen, so auch BVerwG 4. 3. 1999 NVwZ 1999, 1336. In Betracht kommen lediglich konzeptionelle Vorstellungen, wie etwa, ob die vorhandene Baustruktur im Wege der Flächensanierung beseitigt oder durch

Vorbereitung der Sanierung

eine erhaltende Sanierung erneuert werden soll oder ob die vorhandene Nutzung der Grundstücke geändert werden soll, sowie die Entwicklung eines Gebietes mit einer Mischnutzung. Hierher gehören auch Vorstellungen wie nachteilige Auswirkungen auf die von der städtebaulichen Sanierung Betroffenen eingeschränkt oder vermieden werden können. Diese Überlegungen führen letztlich zu dem Sanierungskonzept i.S. von § 140 Nr. 3 BauBG, vgl. unten Rdn. 170 ff.. Die Beurteilungsunterlagen über die anzustrebenden allgemeinen Ziele der Sanierung haben Bedeutung für die Prüfung der Durchführbarkeit der Sanierung und die durch die Sanierungssatzung vorzunehmende räumliche Abgrenzung des Sanierungsgebietes nach § 142 BauGB.

3.3.2.6.6 Durchführbarkeit

Zur Untersuchung der Durchführbarkeit der Sanierung gehören *145*

– Überlegungen über die zweckmäßige Abgrenzung des Sanierungsgebietes gem. § 142 Abs. 1 Satz 2 und 3 BauGB,
– die Mitwirkungsbereitschaft der Betroffenen (§ 137 BauGB) und der Träger öffentlicher Belange (§ 139 BauGB), vgl. Rnr. 121,
– Vorstellungen über die Übertragung der weiteren Vorbereitung gem. § 140 Nr. 3 bis 6 BauGB und der Durchführung gem. § 146 bis 148 BauGB auf Sanierungsträger und andere geeignete Beauftragte im Sinne von § 157 BauGB,
– vorläufige Überlegungen über die Finanzierung, insbesondere hinsichtlich der Aufbringung des gemeindlichen Eigenanteils im Rahmen der Städtebauförderung. Hierzu gehört auch eine grobe Schätzung der zu erwartenden Sanierungskosten.

In die Untersuchung der Durchführbarkeit ist auch die planungsrechtliche Lage des Gebietes miteinzubeziehen. Wenn schon ein Bebauungsplan vorhanden ist, muss im Rahmen der Untersuchungen geprüft werden, ob auf seiner Grundlage die städtebauliche Gesamtmaßnahme durchgeführt werden soll oder ob er durch einen neuen Bebauungsplan ersetzt oder, weil das Planungserfordernis im Sinne von § 1 Abs. 3 BauGB nicht mehr besteht, ersatzlos aufgehoben werden soll. Ferner muss im Rahmen der vorbereitenden Untersuchungen im Hinblick auf § 142 Abs. 4 BauGB geprüft werden, ob die Anwendung der Vorschriften des Dritten Abschnittes über die Abschöpfung sanierungsbedingter Bodenwerterhöhungen auszuschließen ist, weil ihre Anwendung für die Durchführung nicht erforderlich ist. Führen die vorbereitenden Untersuchungen zu diesem Ergebnis, so muss die Sanierung im vereinfachten Verfahren durchgeführt werden. In diesem Fall ist zusätzlich zu prüfen, ob auch die Genehmigungspflicht nach § 144 BauGB insgesamt, nach § 144 Abs. 1 oder § 144 Abs. 2 BauGB ausgeschlossen werden kann, vgl. hierzu unten Rnr. 388 ff.

3.3.2.6.7 Nachteilige Auswirkungen

Zwischen städtebaulicher und sozialer Planung besteht eine Wechselbeziehung. *146*
Insoweit sind die sozialen Verhältnisse in die Bestandsaufnahme einzubeziehen, vgl. § 141 Abs. 1 Satz 1 BauGB. Die vorbereitenden Untersuchungen sollen sich auf

voraussichtliche nachteilige Auswirkungen auf die unmittelbar Betroffenen erstrecken. In die Untersuchungen sind einzubeziehen nachteilige Auswirkungen auf die unmittelbar Betroffenen in ihren persönlichen Lebensumständen, soweit sie erkennbar sind,

- im wirtschaftlichen Bereich:
so können durch die Modernisierung von Wohngebäuden Mehrbelastungen durch höhere Mieten eintreten. Die Veränderung der Struktur des Gebietes kann Auswirkungen für Gewerbetreibende haben: ein Gewerbebetrieb kann seine Kunden verlieren.
- im sozialen Bereich:
Es kann sanierungsbedingt die Notwendigkeit entstehen, das Gebiet verlassen zu müssen. Hieraus können sich Folgen ergeben, die den Wechsel des Arbeitsplatzes, der Schule, des Kindergartens usw. erforderlich machen.

3.3.2.7 Umfang und Durchführung der vorbereitenden Untersuchungen

147 Gegenstand der vorbereitenden Untersuchungen ist das Sanierungsverdachtsgebiet als solches, nicht dagegen die einzelnen in dem Gebiet gelegenen Grundstücke. Das Gesetz schreibt daher nur eine summarische gebietsbezogene Untersuchung vor. Es braucht weder jedes Grundstück untersucht, noch jeder von der beabsichtigten Sanierung möglicherweise unmittelbar Betroffene befragt zu werden. In der Anfangsphase der städtebaulichen Sanierung in den alten Bundesländern haben die Gemeinden viel Zeit, Geld und Energie auf sehr umfangreiche vorbereitende Untersuchungen verwandt. Die dickleibigen Berichte hatten dann auf die zuständigen Kommunalpolitiker zumeist eine abschreckende Wirkung und waren auch in einigen Punkten infolge Änderung der Umstände zeitlich bald überholt.

Die vorbereitenden Untersuchungen müssen nicht von der Gemeinde selbst durchgeführt werden. Sie können auch von einem geeigneten Beauftragten i.S. von § 157 BauGB, vgl. hierzu unten Rnr. 398ff., der nicht zum Personal der Gemeinde gehört, durchgeführt werden. Bei der Erteilung eines entsprechenden Untersuchungsauftrages durch die Gemeinde sollte beachtet werden, dass insbesondere Sozialwissenschaftler zuweilen die Neigung haben, im Interesse der Forschung die Untersuchung intensiver und damit umfangreicher, als das Gesetz es vorschreibt, durchzuführen. Auch handelt es sich bei den vorbereitenden Untersuchungen um keine Aufgabe, die dem typischen Berufsbild des Architekten entspricht. Demgegenüber kann ein erfahrener Sanierungsträger i.d.R. diese Untersuchungen in wenigen Monaten durchführen und mit dem erforderlichen Bericht abschließen.

3.3.3 Förmliche Festlegung des Sanierungsgebietes

3.3.3.1 Bedeutung

148 Räumlicher Gegenstand der städtebaulichen Sanierung ist das förmlich festgelegte Sanierungsgebiet. Die förmliche Festlegung wird durch eine Sanierungssatzung vorgenommen, die das Gebiet parzellenscharf abgrenzt. Voraussetzung dieser

Vorbereitung der Sanierung

Festlegung ist das Vorliegen städtebaulicher Misszustände i.S. von § 136 Abs. 2 BauGB in dem Gebiet. Dies ist gerichtlich nachprüfbar. Bei der Feststellung von städtebaulichen Missständen hat die Gemeinde jedoch einen weiten Beurteilungs- und Gestaltungsspielraum, so richtig OVG Koblenz BRS 60 Nr. 221. In diesem Gebiet gilt ein besonderes zeitlich befristetes Bodenrecht. Dieses besondere Bodenrecht ist kein Selbstzweck, sondern dient der Gemeinde bei der Durchführung der städtebaulichen Sanierung und schränkt deswegen zwangsläufig die Rechte der von der Sanierung betroffenen Grundeigentümer ein. Umgekehrt verpflichtet das Sanierungsrecht die Gemeinde dazu, für die zügige Durchführung der Sanierung zu sorgen. Bei dem Erlass einer Sanierungssatzung durch die Gemeinde handelt es sich zwar um einen Planungsvorgang sowie eine Planungsentscheidung, diese bezieht sich aber nur auf die Fragen, ob überhaupt saniert werden soll und wenn diese Frage bejaht wird, wie das Sanierungsgebiet abzugrenzen ist, so auch OVG Münster 10. 3. 1980 BRS 36 Nr. 225. Das Gesetz geht davon aus, dass die Sanierungssatzung für ein Gebiet als räumliche Einheit gilt. Zwei voneinander räumlich getrennte Teilgebiete dürfen nur dann zu einem Sanierungsgebiet förmlich festgelegt werden, wenn sie eine funktionelle Einheit bilden, die im Zusammenhang zügig saniert werden kann, vgl. Nds. OVG 29. 1. 2003, BauR 2003, 1190.

3.3.3.2 Abgrenzung des Sanierungsgebietes

3.3.3.2.1 Allgemeines

Gemäß § 142 Abs. 1 Satz 2 BauGB ist das Sanierungsgebiet so zu begrenzen, dass die Gesamtmaßnahme zweckmäßig durchgeführt werden kann. Die Abgrenzung des Sanierungsgebietes liegt innerhalb der Vorgaben des Gesetzes insoweit im planerischen Ermessen der Gemeinde. Bei der Abwägung nach § 136 Abs. 4 Satz 3 BauGB bildet die zweckmäßige Abgrenzung einen zusätzlichen Belang für die Begrenzung des Sanierungsgebietes, so auch BVerwG 4. 3. 1999 NVwZ 1999, 1336. Maßgebend sind die allgemeinen Ziele der Sanierung im Sinne von § 141 Abs. 1 Satz 1 BauGB oder die schon von der Gemeindevertretung zur einheitlichen Vorbereitung der Sanierung beschlossene städtebauliche Planung. Nicht ausschlaggebend für die Zuordnung einzelner Grundstücke zum Sanierungsgebiet ist hingegen, ob auf ihnen städtebauliche Missstände im Sinne von § 136 Abs. 2 und 3 BauGB bestehen, so auch BVerwG 6. 7. 1984 NJW 1985, 184. Vor allem zur Durchführung von Sanierungsmaßnahmen, die der Behebung von Funktionsschwächen i.S. von § 136 Abs. 2 Satz 2 Nr. 2 BauGB dienen sollen, wird es regelmäßig erforderlich sein, zahlreiche Grundstücke ohne städtebauliche Missstände in das Sanierungsgebiet einzubeziehen, vgl. BVerwG 16. 1. 1996 ZfBR 1996, 227. Es reicht, wenn in dem Gebiet als solchem überhaupt städtebauliche Missstände zu beheben sind. Bei der Entscheidung über die räumliche Abgrenzung des Sanierungsgebietes sind aber auch die voraussichtlichen Kosten und die zu erwartenden Städtebauförderungsmittel im Verhältnis zum Gebot der zügigen Durchführung der Sanierung nach § 136 Abs. 1 BauGB zu beachten, so auch OVG Münster 9. 4. 1990 NVwZ – RR 1990, 635.

149

Städtebauliche Sanierungsmaßnahmen

Flächen, die bereits einmal Gegenstand eines Sanierungsverfahrens waren, dürfen nur dann in ein neues förmlich festgelegtes Sanierungsgebiet einbezogen werden, wenn dem neuen Verfahren ein völlig anderes Sanierungskonzept zu Grunde liegt, so auch BVerwG 10. 7. 2003 NVwZ 2003, 1389.

3.3.3.2.2   Ausschluss einzelner Grundstücke

150   Das Sanierungsgebiet muss nicht alle Grundstücke eines bestimmten Gebietes umfassen. § 142 Abs. 1 Satz 3 BauGB erlaubt den Ausschluss einzelner Grundstücke oder Grundstücksteile innerhalb des förmlich festzulegenden Sanierungsgebietes, soweit sie von der Sanierung nicht betroffen sind. Die Entscheidung über die Herausnahme einzelner Grundstücke aus dem Sanierungsgebiet liegt grundsätzlich im planerischen Ermessen der Gemeinde, d. h. es besteht kein Anspruch auf Ausschluss von Grundstücken. Soweit Grundstücke durch die Sanierung wertmäßig verbessert werden, sind sie sanierungsbetroffen und dürfen daher nicht nach § 142 Abs. 1 Satz 2 BauGB ausgenommen werden.

3.3.3.2.3   Betroffene Grundstücke

151   Von der Sanierung im Sinne von § 142 Abs. 1 Satz 3 BauGB können z. B. betroffen sein:

Grundstücke, auf denen Ordnungs- oder Baumaßnahmen durchgeführt werden müssen wie:

– Grundstücke, auf denen städtebauliche Missstände oder der Verdacht städtebaulicher Missstände im Sinne von § 136 Abs. 3 Nr. 1 BauGB (Substanzmängel) bestehen oder

– andere Grundstücke, wenn es für die zweckmäßige Durchführung der Sanierung erforderlich ist; dieser Fall liegt insbesondere bei städtebaulichen Missständen im Sinne von § 136 Abs. 3 Nr. 2 BauGB (Funktionsmängel) vor; oder

– Grundstücke, bei denen eine Änderung der Grundstücksgrenzen in Betracht kommt (Bodenordnung) und

Grundstücke, auf denen erkennbar keine Ordnungs- oder Baumaßnahmen durchzuführen sind, weil nach den anzustrebenden allgemeinen Zielen der Sanierung

– während der Durchführung der Gesamtmaßnahme bauliche und soziale Veränderungen verhindert werden sollen oder

– eine Verbesserung der Erschließung in Betracht kommt oder

– mit einer durch die Sanierung bedingten wesentlichen Wertsteigerung der Bodenwerte zu rechnen ist: hierfür werden vor allem sog. „Innengrundstücke" in Frage kommen.

Vorbereitung der Sanierung

3.3.3.2.4 Erschließungsanlagen

Erschließungsanlagen sind aus Gründen der Verwaltungsvereinfachung dem Sanierungsgebiet zuzuordnen, wenn ihre Herstellung oder Verbesserung für die Sanierung erforderlich ist, vgl. unten Rdn. 349 ff. Die Aufspaltung einer Erschließungsanlage in einem sanierungsbedingten und einem nicht sanierungsbedingten Teil ist nur möglich soweit Teile der Anlage deutlich der jeweiligen Erschließung zugeordnet werden können. Dies ist machbar bei einseitigen Gehwegen, Radwegen und Parkstreifen; nicht dagegen bei der Fahrbahn, der Straßenentwässerung und der Straßenbeleuchtung, vgl. BVerwG 21. 10. 1983 E 68, 130. Andererseits entfällt im herkömmlichen Sanierungsverfahren die Erhebung von Erschließungsbeiträgen nach § 154 Abs. 1 Satz 2 BauGB nur für Grundstücke im Sanierungsgebiet in Bezug auf Erschließungsanlagen, die dort hergestellt, erweitert oder verbessert werden. Das bedeutet, dass öffentliche Straßenflächen, soweit an ihnen Verbesserungen vorgenommen werden sollen, grundsätzlich nur in voller Tiefe in das jeweilige Sanierungsgebiet einbezogen werden können. Durch entsprechende bauliche Maßnahmen werden alle über diese Straßenfläche erschlossenen Grundstücke von der Sanierung i.S. von § 142 Abs. 1 Satz 3 BauGB betroffen und müssen daher in das Sanierungsgebiet miteinbezogen werden. Diese Überlegung führt im Ergebnis dazu, dass bei geschlossener Bauweise die Grenze des Sanierungsgebietes nicht entlang eines zu sanierenden Baublocks verlaufen kann, sondern die Straßengrundstücke des angrenzenden Nachbarblockes miteinbeziehen muss.

152

3.3.3.3 Sanierungssatzung

3.3.3.3.1 Satzungsbeschluss

Die Gemeindevertretung beschließt auf der Grundlage des Ergebnisses der vorbereitenden Untersuchungen (Untersuchungsbericht) oder sonstige hinreichende Beurteilungsunterlagen die förmliche Festlegung des Sanierungsgebietes gem. § 142 Abs. 3 Satz 1 BauGB durch Satzung. Das bedeutet, die Gemeindevertretung muss von dem Untersuchungsbericht zustimmend Kenntnis nehmen. Wenn die Gemeinde auf der Grundlage und im Einklang mit dem Ergebnis der vorbereitenden Untersuchungen nach § 141 BauGB eine Sanierungssatzung beschließt, ist davon auszugehen, dass sie sich auch die dort zu nennenden allgemeinen Ziele der Sanierung zu eigen macht, so auch BVerwG 4. 3. 1999 NVwZ 1999, 1336. Die Sanierungssatzung enthält ausschließlich Regelungen über ihren räumlichen Anwendungsbereich und über das anzuwendende Sanierungsverfahren. Wenn die Sanierung im vereinfachten Verfahren durchgeführt werden kann, ist in der Satzung nach § 142 Abs. 4 BauGB die Anwendung der Vorschriften des Dritten Abschnittes über die Abschöpfung der durch die Sanierung bedingten Bodenwertsteigerungen auszuschließen. Wenn dies der Fall ist, kann in der Satzung auch die Genehmigungspflicht nach § 144 BauGB insgesamt oder nach § 144 Abs. 1 oder Abs. 2 BauGB ausgeschlossen werden.

153

Die Sanierungssatzung hat keine planerischen Inhalte. Auch muss zum Zeitpunkt des Inkrafttretens der Satzung noch keine städtebauliche Planung der Ge-

154

meinde vorliegen. Das Inkrafttreten der Sanierungssatzung kann die Gemeinde in der Sanierungssatzung nicht abweichend von § 143 Abs. 1 Satz 3 BauGB regeln, vgl. Rnr. 163. D. h. die Sanierungssatzung tritt immer am Bekanntmachungstag in Kraft. In die Sanierungssatzung sind weder die einzelnen Durchführungsmaßnahmen aufzunehmen, noch regelt die Sanierungssatzung die Dauer des Zeitraumes der Sanierungsdurchführung, vgl. BVerwG 3. 5. 1993 ZfBR 1993, 302. Die Sanierungssatzung dient der Sicherung einer zu entwickelnden oder einer bereits vorhandenen städtebaulichen Planung, sie hat aber selbst nicht die Qualität eines einfachen Bebauungsplanes, da sie materiell nicht auf die bestehende bauplanungsrechtliche Ausgangslage in dem zu sanierenden Gebiet Einfluss nimmt, so auch BVerwG 15. 7. 1994 ZfBR 1994, 294.

3.3.3.3.2 Bezeichnung des Sanierungsgebietes

155 Entsprechend § 142 Abs. 3 Satz 2 BauGB ist in der Sanierungssatzung das Sanierungsgebiet zu bezeichnen. Durch die Bezeichnung wird das Sanierungsgebiet in einer für die Allgemeinheit und die von der bevorstehenden Sanierung Betroffenen klaren und verständlichen Weise kenntlich gemacht, vgl. BVerwG 25. 2. 1993 ZfBR 1993, 195. Die Bezeichnung muss deswegen so vorgenommen werden, dass seine Grenzen ohne besondere Schwierigkeiten in die betreffende Örtlichkeit übertragen werden können. Die Bezeichnung des Sanierungsgebietes kann vorgenommen werden durch:

– eine genaue Gebietsumschreibung
– eine genaue Gebietsumschreibung auf einer geeigneten Karte
– eine Verbindung von umschreibender und zeichnerischer Darstellung.

Nicht zulässig ist dagegen die alleinige Bezeichnung des Sanierungsgebietes durch eine Aufzählung der in dem festzulegenden Gebiet gelegenen Grundstücke, vgl. BVerwG 25. 2. 1993 ZfBR 1993, 195. Redaktionelle Ungenauigkeiten einer der Sanierungssatzung beigefügten Grundstücksliste stellen die Gültigkeit der Satzung nicht in Frage, wenn es keine Zweifel über ihren räumlichen Geltunsbereich gibt. Unklarheiten über die Zugehörigkeit einzelner Flurstücke, z. B. im Randbereich berühren nicht die Gültigkeit der Sanierungssatzung insgesamt, sondern können nur zu ihrer Teilnichtigkeit führen, so auch BVerwG 1. 2. 1994 – IV NB 44/93 – JURIS.

3.3.3.4 Überprüfung der Sanierungssatzung

3.3.3.4.1 Wegfall des Anzeigeverfahrens

156 Nach § 143 Abs. 1 BauGB a. F. unterlag die Sanierungssatzung einem Anzeigeverfahren gegenüber der höheren Verwaltungsbehörde. Der Anzeige war „ein Bericht über die Gründe die die förmliche Festlegung des sanierungsbedürftigen Gebiets rechfertigen, beizufügen." Insbesondere hatte die höhere Verwaltungsbehörde im Anzeigeverfahren Rechtsverstöße gegen die Sanierungssatzung geltend zu machen, wenn Tatsachen die Annahme rechtfertigen, „dass keine Aussicht besteht, die Sanierungsmaßnahme innerhalb eines absehbaren Zeitraumes durchzuführen."

Vorbereitung der Sanierung

Diese rechtsaufsichtliche Prüfung der Sanierungssatzung ist infolge der ersatzlosen Streichung des § 143 Abs. 1 BauGB a.F. durch das BauROG 1998 entfallen. Hierdurch sollte die Eigenverantwortung der Gemeinde gestärkt werden. Zugleich wurde auf die Möglichkeit des nachträglichen Einschreitens der Kommunalaufsicht hingewiesen. Abschließend heißt es hierzu in der Begründung des Regierungsentwurfes (BR-Drs. 635/96 Seite 65): „Nach wie vor muss die Gemeinde die Gründe, die die förmliche Festlegung rechtfertigen, in darlegbarer Weise prüfen, wie es das derzeitige Recht in Form eines Berichts fordert." In diesem Zusammenhang ist auch auf die mögliche Rechtskontrolle der Sanierungssatzung durch die Verwaltungsgerichte hinzuweisen. Ferner wird die fördernde Stelle, wenn sie über die Zuweisung von Bundes- und Landesfinanzhilfen im Rahmen der Städtebauförderung entscheidet, sich überzeugen müssen, ob die Voraussetzungen für die Förderung vorliegen.

3.3.3.4.2 Durchführung innerhalb eines absehbaren Zeitraumes

157 Aufgrund des BauROG 1998 ist in die Vorschrift über die Kosten- und Finanzierungsübersicht § 149 BauGB in Absatz 4 in Satz 2 die bisherige Bezugnahme auf § 143 Abs. 1 Satz 3 BauGB a.F. durch eine neue Bestimmung aufgenommen worden, die im Wortlaut an die alte Regelung anknüpft. Danach stellt § 149 Abs. 4 Satz 2 fest, dass „das Erfordernis, die städtebauliche Sanierungsmaßnahme innerhalb eines absehbaren Zeitraumes durchzuführen" unberührt bleibt. § 149 Abs. 4 Satz 2 BauGB ist im Zusammenhang mit § 162 BauGB zu sehen. Bei der Sanierungssatzung handelt es sich anders als beim Bebauungsplan dem Wesen nach um eine zeitlich begrenzte Regelung. Diese Befristung der Sanierungssatzung entspricht dem rechtstaatlichen Erfordernis, die mit dem Sanierungsverfahren i.d.R. verbundenen Belastungen der betroffenen Eigentümer verbundenen Belastungen, vgl. insbesondere §§ 144, 145 BauGB, möglichst zu begrenzen.

158 Als absehbaren Zeitraum kann man als Mittelwert etwa zehn Jahre annehmen. D. h. nicht, dass nach Ablauf dieses Zeitraumes die Sanierungssatzung aufzuheben ist. Bei der förmlichen Festlegung muss aber die Erwartung bestehen, die Sanierungsmaßnahme nach den tatsächlichen Gegebenheiten in dem absehbaren Zeitraum abschließen zu können, vgl. BVerwG 10.7.2003 NVwZ 2003, 1389. Eine entsprechende Prognose muss nachvollziehbar sein. Es geht hingegen nicht um eine Festlegung des Zeitraumes der Sanierungsdurchführung. Für die Dauer einer Sanierungsmaßnahme sind die allgemeinen Ziele der Sanierung, ihre Durchführbarkeit und schließlich die Größe des Sanierungsgebietes ausschlaggebend. Je mehr eine Sanierung die Veränderung der Eigentumsverhältnisse einschließlich des Umzuges von Bewohnern und Betrieben erfordert, desto längere Zeiträume beansprucht ihre Durchführung.

159 Auch wenn bei einer Sanierung Maßnahmen dieser Art voraussichtlich nicht im Vordergrund stehen, darf die Größe eines Sanierungsgebietes einen bestimmten Rahmen nicht überschreiten, ohne die Durchführbarkeit innerhalb eines absehbaren Zeitraumes in Frage zu stellen. Das Gesetz enthält zwar keine Regelung über die Maximalfläche eines Sanierungsgebietes, dennoch wird man annehmen müssen, dass sich bei einer Größe von mehr als 100 Hektar das Problem der Durchführbarkeit innerhalb eines absehbaren Zeitraumes stellt. Bei einer zu erwartenden Sanierungsdurchführung innerhalb eines Zeitraumes von 35 bis 40 Jahren wird man daher nicht von einer zweckmäßigen Abgrenzung des Sanierungsgebietes i.S. von § 142 Abs. 1 Satz 2 BauGB, sondern von einem Abwägungsfehler ausgehen müssen, vgl. OVG Koblenz 18. 4. 2002 BRS 65 Nr. 226.

160   Aussicht auf Durchführbarkeit setzt auch Aussicht auf Finanzierung voraus. Die Gemeinde wird in aller Regel die hohen Sanierungskosten nicht aus eigener Kraft finanzieren können. Soweit die betreffende Sanierungsmaßnahme in der vorgenommenen Abgrenzung des Sanierungsgebietes in ein Bundes- oder Landesstädtebauförderungsprogramm aufgenommen worden ist, besteht grundsätzlich Aussicht auf Finanzierung, wenn die Gemeinde den in dem Programm vorgeschriebenen Eigenanteil an dieser Finanzierung aufbringen kann. Wenn die Frage der Aufbringung des Eigenanteils noch nicht bei der Aufnahme in das Programm geprüft worden ist, hat sich die höhere Verwaltungsbehörde im Anzeigeverfahren zu vergewissern, dass die Gemeinde den Eigenanteil aus ihrem Haushalt aufbringen kann. Hierfür kommt die Einholung einer Stellungnahme der Kommunalaufsichtsbehörde über die Haushaltslage der Gemeinde in Betracht.

161   3.3.3.4.3   Fehlerhafte Sanierungssatzung

Fehlerhafte Rechtsnormen wie Satzungen sind nach allgemeiner Rechtsauffassung nichtig. Über die Gültigkeit städtebaulicher Satzungen, wie die Sanierungssatzung entscheiden nach § 47 Abs. 1 Nr. 1 Verwaltungsgerichtsordnung die Oberverwaltungsgerichte. Die §§ 214 bis 215 BauGB enthalten für diese Satzungen und für den Flächennutzungsplan Bestimmungen die die Rechtsfolgen von Fehlern einschränken. § 214 Abs. 1 Nr. 1 bis 4 BauGB regelt abschließend, welche Verletzungen von Verfahrens- und Formvorschriften des BauGB beachtlich sind. Hierunter fallen z.B. Verstöße gegen die Zuständigkeitsvorschriften der jeweiligen Gemeindeordnung oder Fehler bei der Bekanntmachung der Sanierungssatzung, nicht jedoch Mängel beim Abwägungsvorgang in Bezug auf den Erlass einer städtebaulichen Satzung, vgl. BVerwG 10. 7. 2003 NVwZ 2003, 1389. D.h. die dort nicht genannten Fehler sind unbeachtlich. Zusätzlich enthält § 214 Abs. 1 Nr. 1 bis 3 BauGB weitere Einschränkungen von bestimmten, an sich beachtlichen Mängeln. Liegt danach ein beachtlicher Fehler i.S. von § 214 Abs. 1 Nr. 1 bis 3 BauGB vor, wird er nach § 215 Abs. 1 BauGB unbeachtlich, wenn er nicht innerhalb von zwei Jahren nach der Bekanntmachung der Satzung bei der Gemeinde schriftlich mit Begründung geltend gemacht wird. Das Gleiche gilt auch für die Geltendmachung von erheblichen Abwägungsmängeln, wie z.B. bei der Abgrenzung des Sanierungsgebietes, vgl. OVG Koblenz 27. 1. 1988 GuG 1998, 181, mit einer Frist von zwei Jahren. Zweck dieser Regelung ist es, die Wirksamkeit dieser Bestimmung nicht nach einem rügelosen Ablauf von zwei Jahren an Abwägungsfehlern scheitern zu lassen, vgl. BVerwG 4. 3. 1999 NVwZ 1999, 1336. Diese Ausschlussfristen laufen aber nur wenn die Gemeinde in der Bekanntmachung der Satzung nach § 215 Abs. 2 BauGB hingewiesen hat. Liegt ein Mangel vor, der nach §§ 214, 215 BauGB beachtlich ist, bewirkt er nur die vorläufige Rechtsunwirksamkeit der fehlerhaften Satzung. In einem Normenkontrollverfahren ist in diesem Fall die strittige Sanierungssatzung vom Oberverwaltungsgericht nach § 47 Abs. 5 Satz 2 Halbsatz 1 Verwaltungsgerichtsordnung nicht für nichtig sondern für unwirksam zu erklären. Die Gemeinde kann aufgrund von § 214 Abs. 4 BauGB nicht nur die Verletzung der in § 214 Abs. 1 BauGB genannten Vorschriften sowie sonstiger Verfahrens- und Formfehler nach Landesrecht durch Wiederholung des Verfahrens seit dem Auftreten des Fehlers die Satzung auch mit Rückwirkung bis zu dem Zeitpunkt ihrer ursprünglichen ortsüblichen öffentlichen Bekanntmachung erneut in Kraft setzen. Dies gilt auch dann wenn sie die städtebauliche Sanierung bereits abgeschlossen hat.

3.3.3.5 Bekanntmachung der Sanierungssatzung

Nach § 143 Abs. 1 Satz 1 BauGB hat die Gemeinde die ausgefertigte Sanierungssatzung ortsüblich bekannt zu machen. Bei der Ausfertigung, die i.d.R. vom Bürgermeister vorgenommen wird, ist zu prüfen, ob der Inhalt der Satzung mit dem Beschluss der Gemeindevertretung übereinstimmt und ob er ordnungsgemäß zustande gekommen ist. Die Form der ortsüblichen Bekanntmachung, z.B. öffentlicher Aushang oder Abdruck in einer Zeitung, ergibt sich aus landesrechtlichen Vorschriften. In der Bekanntmachung ist gem. § 143 Abs. 1 Satz 3 BauGB – ausgenommen das vereinfachte Sanierungsverfahren, vgl. Rnr. 388ff. – auf die Vorschriften des Dritten Abschnittes über die Abschöpfung der durch die Sanierung bedingten Werterhöhungen hinzuweisen. Der Hinweis ist aber kein Bestandteil der Satzung. Der Hinweis auf die Vorschriften des Dritten Abschnitts entfällt, wenn die Gemeinde nach § 142 Abs. 4 beschlossen hat, die Sanierung im vereinfachten Verfahren durchzuführen. Sinnvoll ist es, in die Bekanntmachung einen Hinweis i.S. von § 215 Abs. 2 BauGB aufzunehmen. Er bewirkt, dass die Verletzung bestimmter Verfahrens- und Formvorschriften sowie Mängel der Abwägung in Bezug auf die Sanierungssatzung gegenüber der Gemeinde nur befristet geltend gemacht werden können. *162*

Aufgrund von § 143 Abs. 1 Satz 4 BauGB wird die Sanierungssatzung durch die Bekanntmachung rechtsverbindlich, d.h. sie ist als geltendes Recht der Gemeinde von jedermann zu beachten. § 143 Abs. 1 Satz 2 Halbsatz 1 BauGB verweist hinsichtlich der Bekanntmachung auf die entsprechende Anwendung der in § 10 Abs. 3 BauGB für den Bebauungsplan enthaltenen Vorschriften. Das bedeutet, die Sanierungssatzung wie auch ein Bebauungsplan gemäß § 10 Abs. 3 Satz 4 BauGB tritt am Bekanntmachungstg in Kraft. Hierbei kommt es nicht auf die Uhrzeit an. So unterliegen sämtliche am Tag der Bekanntmachung abgeschlossenen Grundstückskaufverträge dem Vorkaufsrecht der Gemeinde nach § 24 Abs. 1 Nr. 3 BauGB, vgl. hierzu Rnr. 265. Landesrechtliche Regelungen, die etwa bestimmen, dass Satzungen erst am Tag nach der Bekanntmachung in Kraft treten, werden hier durch das Bundesrecht verdrängt, so auch BGH 30.6.1994 NVwZ 1995, 101. Auch die Gemeinde selbst kann in der Sanierungssatzung keine von § 143 Abs. 1 Satz 2 Halbsatz 1 BauGB abweichende Regelung treffen. *163*

3.3.3.6 Ersatzbekanntmachung

164 Das BauROG 1998 hat durch die neue Regelung in § 143 Abs. 1 Satz 2 Halbsatz 1 BauGB entsprechend der Regelung für den Bebauungsplan, die Möglichkeit der Ersatzbekanntmachung eingeführt. Danach kann die Gemeinde auf die Bekanntmachung der Sanierungssatzung verzichten und stattdessen ortsüblich bekannt machen, dass eine Sanierungssatzung beschlossen worden ist. In der Bekanntmachung ist nach § 143 Abs. 1 Satz 2 Halbsatz 2 i. V. mit § 10 Abs. 3 Satz 3 BauGB darauf hinzuweisen, wo die Sanierungssatzung eingesehen werden kann. Gemäß § 143 Abs. 1 Satz 2 Halbsatz 2 i. V. mit § 10 Abs. 3 Satz 2 Halbsatz 1 BauGB ist die Sanierungssatzung zu jedermanns Einsicht bereitzuhalten.

3.3.3.7 Sanierungsvermerk

165 Die Gemeinde hat gem. § 143 Abs. 2 Satz 1 BauGB dem Grundbuchamt die rechtsverbindliche Satzung über die Festlegung des Sanierungsgebietes und eine Auflistung der von der Satzung betroffenen einzelnen Grundstücke mitzuteilen; dieser Mitteilung ist ein ausgefertigtes Exemplar der Satzung beizufügen. Das Grundbuchamt hat alsdann in die Grundbücher der in der Satzung aufgeführten Grundstücke einzutragen, dass eine Sanierung durchgeführt wird (Sanierungsvermerk), vgl. § 143 Abs. 2 Satz 2 und 3 BauGB. Vorstehendes gilt gem. § 143 Abs. 2 Satz 4 BauGB nicht, wenn die Gemeinde die Anwendung des Dritten Abschnittes über die Abschöpfung der sanierungsbedingten Bodenwertsteigerungen und die Anwendung der Genehmigungspflicht des § 144 Abs. 2 BauGB nach § 142 Abs. 4 BauGB ausgeschlossen hat. Die Eintragung des Sanierungsvermerkes hat keine rechtliche, sondern eine nachrichtliche Bedeutung, vgl. BVerwG 20.10.1978 NJW 1979, 2577. Es handelt sich um einen Hinweis auf die Durchführung einer städtebaulichen Sanierungsmaßnahme. An dem betreffenden Grundstück Interessierte werden bei einer Einsichtnahme in das Grundbuch durch den Sanierungsvermerk daraufhingewiesen, dass hier ein besonderes Bodenrecht gilt, welches die Rechte des Grundeigentümers einschränkt.

3.3.3.8 Änderung des Sanierungsgebietes

166 Da die Vorbereitung und Durchführung städtebaulicher Sanierungsmaßnahmen mehrere Jahre in Anspruch nimmt, sind oftmals Änderungen der Planung erforderlich. Hieraus kann sich die Notwendigkeit der Änderung der Grenzen des Sanierungsgebietes ergeben. Das BauROG 1998 hat die in § 143 Abs. 3 BauGB a.F. enthaltene Regelung über die geringfügige Änderung der Grenzen eines Sanierungsgebietes, der nur unwesentliche Bedeutung zu kommt, wegen des Fortfalls des Anzeigeverfahrens beim Erlass der Sanierungssatzung ersatzlos gestrichen. Die Gemeinde entscheidet somit auch in eigener Verantwortung über die Änderung der Grenzen des Sanierungsgebietes. Bei der Erweiterung ist zu beachten, dass das Erfordernis der Sanierungsdurchführung innerhalb eines absehbaren Zeitraumes nach § 149 Abs. 4 Satz 2 BauGB nicht beeinträchtigt werden darf.

Vorbereitung der Sanierung

3.3.4 Förmliche Festlegung eines Ersatz- oder Ergänzungsgebietes

3.3.4.1 Allgemeines

§ 142 Abs. 2 BauGB lässt es zu, dass außerhalb eines förmlich festgelegten Sanierungsgebietes Flächen in die städtebauliche Sanierungsmaßnahme einbezogen werden. Auf diesen brauchen weder städtebauliche Missstände i.S. von § 136 BauGB vorzuliegen, noch muss ihr Entstehen zu erwarten sein. Die Voraussetzungen hierfür regelt § 142 Abs. 2 Satz 1 BauGB. Diese Flächen können aufgrund von § 142 Abs. 2 Satz 2 BauGB in entsprechender Anwendung der §§ 141 bis 143 BauGB als Ersatz- oder Ergänzungsgebiet förmlich festgelegt werden. In entsprechender Anwendung von § 142 Abs. 4 BauGB kann hierbei auch festgelegt werden, dass die Ersatz- oder Ergänzungsmaßnahme in vereinfachtem Sanierungsverfahren durchgeführt wird. Hinsichtlich der Rechtsfolgen der förmlichen Festlegung sind diese Gebiete aufgrund von § 142 Abs. 2 Satz 2 BauGB einem förmlich festgelgten Sanierungsgebiet rechtlich gleichgestellt. Diese Festlegung dient nach § 142 Abs. 2 Satz 1 BauGB dazu, auf diesen Flächen die für die Sanierung geltenden besonderen Vorschriften anwenden zu können. Die förmliche Festlegung eines Ersatz- oder Ergänzungsgebietes setzt auch voraus, dass die Ziele und Zwecke der städtebaulichen Sanierung für das eigentliche Sanierungsgebiet von der Gemeinde hinreichend bestimmt worden sind.

167

3.3.4.2 Ersatzgebiet

Ziel und Zweck einer Sanierungsmaßnahme kann nach § 136 Abs. 2 Satz 1 BauGB die Umgestaltung des Sanierungsgebietes sein. So sind bei Altstadtsanierungen oft Gebäude im Blockinneren zu beseitigen, um dort die Wohn- und Arbeitsverhältnisse in Bezug auf die Belichtung, Besonnung und Belüftung der Wohnungen und Arbeitsstätten gemäß § 136 Abs. 3 Nr. 1 a) BauGB zu verbessern. Die Durchführung dieser städtebaulichen Zielsetzung wird i.d.R. die Umsetzung von Bewohnern und Betrieben in Ersatzbauten und Ersatzanlagen erfordern. Oftmals wird dies in dem Sanierungsgebiet nicht möglich sein. Soweit die Gemeinde die Absicht hat, die umzusetzenden Bewohner oder Betriebe außerhalb des Sanierungsgebietes in einem räumlichen Zusammenhang unterzubringen, kann sie zu diesem Zweck ein Ersatzgebiet festlegen. Diese städtebauliche Aufgabenstellung ähnelt der einer Sanierungsmaßnahme zur Behebung von Funktionsmängeln i.S. von § 136 Abs. 2 Satz 2 Nr. 2 BauGB, d.h. das Ersatzgebiet soll eine andere Funktion übernehmen. In vielen derartigen Fällen wird daher in der Praxis auch eine Sanierung zur Behebung von Funktionsschwächen in Betracht kommen, vgl. oben Rnr. 91–93. Die räumlich zusammenhängende Unterbringung von Bewohnern kann der Erhaltung von Nachbarschaftsverhältnissen dienen. Die räumlich zusammenhängende Unterbringung von Betrieben kann aus wirtschaftlichen Gründen zweckmäßig sein. Weder die Bewohner noch die Betriebsinhaber haben aber einen Anspruch gegen die Gemeinde auf die räumlich zusammenhängende Unterbringung.

168

3.3.4.3 Ergänzungsgebiet

169 Ziel der Sanierung kann es sein, insbesondere zur Behebung einer Funktionsschwäche des Gebietes i.S. von § 136 Abs. 3 Nr. 2 c) BauGB Gemeinbedarfs- und Folgeeinrichtungen zu bauen. Zum Begriff der Gemeinbedarfs- und Folgeeinrichtungen i.S. von § 148 Abs. 2 Nr. 3 BauGB vgl. Rn 245. Der klassische Fall ist der Neubau eines Rathauses, das wegen seiner Größe nicht mehr in der zu sanierenden Altstadt untergebracht werden kann. Zum Zwecke der Inanspruchnahme der benötigten Flächen kann die Gemeinde außerhalb des Sanierungsgebietes ein Ergänzungsgebiet förmlich festlegen, um die durch die Sanierung bedingten Gemeinbedarfs- und Folgeeinrichtungen bauen zu können.

3.3.5 *Bestimmung der Ziele und Zwecke der Sanierung*

3.3.5.1 Inhalt

170 Die Bestimmung der Ziele und Zwecke der Sanierung obliegt der Gemeinde. Als Ziele und Zwecke der Sanierung kommen hauptsächlich die in § 136 Abs. 2 und Abs. 4 Satz 2 BauGB genannten Aufgaben in Betracht. Ziel der Sanierung kann aber auch die Erhaltung der Zusammensetzung der Wohnbevölkerung i.S. von § 172 Abs. 1 Satz 1 Nr. 2 BauGB (Milieuschutzsatzung) sein. Das Gesetz schließt die Verfolgung sozialer Zwecke aus städtebaulichen Gründen nicht aus. Die Gemeindevertretung kann jedoch mangels gesetzlicher Ermächtigung nicht die Festlegung von Mietobergrenzen beschließen. Das Mietrecht hat der Bundesgesetzgeber abschließend im Bürgerlichen Gesetzbuch geregelt. Die Gemeinde kann jedoch Modernisierungsmaßnahmen ausschließen, die zu erheblichen Mietsteigerungen und zu einer Verdrängung der Wohnbevölkerung führen müssen. Die Ziele und Zwecke der Sanierung insgesamt werden von der Gemeinde entsprechend ihren Vorstellungen und Möglichkeiten gebietsbezogen durch das Sanierungskonzept umschrieben. Es beruht auf den im Rahmen der vorbereitenden Untersuchungen nach § 141 Abs. 1 Satz 1 BauGB zu erarbeitenden Beurteilungsunterlagen über die anzustrebenden allgemeinen Ziele der Sanierung. Das Sanierungskonzept umfasst außerhalb der Kosten- und Finanzierungsübersicht nach § 149 BauGB und des Sozialplanes i.S. von § 140 Nr. 6 BauGB alle Vorstellungen, die die Gemeinde für die Vorbereitung und Durchführung der jeweiligen Sanierungsmaßnahme entwickelt hat. Bei dem Sanierungskonzept handelt es sich um keinen statischen oder normativen sondern um einen planerischen Begriff, der insofern der Änderung unterliegt. Letztlich geht es darum zu klären, wie die wesentliche Verbesserung oder Umgestaltung des Sanierungsgebietes entsprechend § 136 Abs. 2 Satz 1 BauGB vorgenommen werden soll.

171 Das Sanierungskonzept wird durch die städtebauliche Planung i.S. von § 140 Nr. 4 BauGB konkretisiert. Geht man hinsichtlich der städtebaulichen Planung von einem qualifizierten Bebauungsplan i.S. von § 30 Abs. 1 BauGB aus, d.h. einer Satzung, die Festsetzungen über die Art und das Maß der baulichen Nutzung, die überbaubaren Grundstücksflächen und die örtlichen Verkehrsflächen enthält, so um-

Vorbereitung der Sanierung

fasst das Sanierungskonzept noch die zusätzlichen Vorstellungen der Gemeinde über die durchzuführenden Einzelmaßnahmen und den zeitlichen Ablauf der Sanierung als Gesamtmaßnahme. Im Übrigen werden die Ziele und Zwecke der Sanierung von der städtebaulichen Planung bestimmt. Soweit die Gemeinde in ihre städtebauliche Planung einen Zeit-Maßnahmenplan einarbeitet, werden Sanierungskonzept und städtebauliche Planung weitgehend identisch. Ein Maßnahmenplan für die Sanierung einer zu erhaltenden Altstadt kann folgende Schritte vorsehen:

(1) Rettung der erhaltungswürdigen Bausubstanz,
(2) Beseitigung städtebaulicher und insbesondere stadtgestalterischer Störungen,
(3) Schließung von Baulücken und Wiederherstellung von stadtgestalterisch wichtigen baulichen Anlagen.

3.3.5.2 Rechtliche Bedeutung

Soweit die Gemeinde keinen oder noch keinen rechtsverbindlichen Bebauungsplan aufgestellt hat, ist das Sanierungskonzept für die Vorbereitung und Durchführung der Sanierung von großer rechtlicher Bedeutung. Das BauGB nimmt innerhalb und außerhalb des Sanierungsrechtes in zahlreichen Bestimmungen auf die Ziele und Zwecke der Sanierung oder gleichbedeutend auf die Ziele und Zwecke der städtebaulichen Maßnahme Bezug und knüpft daran rechtliche Folgen:

172

– Nach § 27 Abs. 1 Satz 1 BauGB kann der Käufer die Ausübung des sanierungsrechtlichen Vorkaufsrechtes abwenden, wenn er in der Lage ist, das Grundstück entsprechend den Zielen und Zwecken der städtebaulichen Maßnahme zu nutzen.
– Ist nach § 139 Abs. 3 BauGB eine Änderung der Ziele und Zwecke der Sanierung beabsichtigt, haben sich die beteiligten öffentlichen Aufgabenträger unverzüglich miteinander ins Benehmen zu setzen.
– Nach § 142 Abs. 1 Satz 1 BauGB sind die Ziele und Zwecke der Sanierung maßgebend für die förmliche Festlegung von Ersatz- und Ergänzungsgebieten.
– Gemäß § 145 Abs. 2 BauGB sind die Ziele und Zwecke der Sanierung maßgebend für die Ausübung des sanierungsrechtlichen Vorbehaltes für Vorhaben, Teilungen und Rechtsvorgänge i.S. von § 144 BauGB.
– Entsprechend § 146 BauGB umfasst die Durchführung der städtebaulichen Sanierung nur solche Einzelmaßnahmen, die nach den Zielen und Zwecken der Sanierung erforderlich sind.
– Nach § 163 Abs. 1 und Abs. 2 Satz 1 BauGB sind die Ziele und Zwecke der Sanierung maßgebend bei der Entscheidung, ob für ein Grundstück die Sanierung für abgeschlossen erklärt werden kann.
– Aufgrund von § 177 Abs. 5 BauGB sind die nach Anordnung eines Modernisierungs- und Instandsetzungsgebotes vom Eigentümer zu tragenden Baukosten unter Berücksichtigung der mit einer städtebaulichen Sanierungsmaßnahme verfolgten Ziele und Zwecke zu ermitteln.

– Entsprechend § 182 Abs. 1 BauGB kann die Gemeinde ein Miet- oder Pachtverhältnis aufheben, wenn die Ziele und Zwecke der Sanierung im förmlich festgelegten Sanierungsgebiet dies erfordern.

3.3.6 Städtebauliche Planung

3.3.6.1 Bedeutung

173 Die städtebauliche Planung ist der wichtigste Teil der Vorbereitung der Sanierung. Die städtebauliche Planung gestaltet den Zusammenhang der einzelnen sanierungserforderlichen Baumaßnahmen. Sie formuliert die Ziele der Sanierung und legt fest, welche einzelnen Maßnahmen durchzuführen sind. Sinnvoll ist es, in die städtebauliche Planung Zusammenhänge und Entwicklungen, die über das Sanierungsgebiet hinausreichen, wie z.B. bei Problemen des innerörtlichen Verkehrs, miteinzubeziehen. Es muss daher insoweit Klarheit bestehen über die innerörtlichen Bezüge und Nutzungsstrukturen und die beabsichtigte nutzungsmäßige und funktionelle Bedeutung des Gebietes der städtebaulichen Gesamtmaßnahme für den übrigen Ortsbereich. Die Planung kann von der Gemeinde schrittweise erarbeitet werden, von der städtebaulichen Gesamtkonzeption bis zum maßnahmenbezogenen Durchführungsplan. Der Begriff städtebauliche Planung ist hier im umfassenden Sinne zu verstehen. Die städtebauliche Planung für die Sanierung dient nicht nur der Behebung der städtebaulichen Missstände, sondern sie muss sich auch mit den in § 136 Abs. 4 Satz 1 BauGB genannten Sanierungszielen auseinandersetzen. Zur städtebaulichen Planung gehört auch eine Bestandsaufnahme des Gebietes, soweit sie nicht bereits im Ergebnis der vorbereitenden Untersuchungen i.S. von § 141 Abs. 1 BauGB enthalten ist. Desgleichen kann die Einholung städtebaulicher Gutachten erforderlich sein. Hier sind auch Gutachten über die Modernisierung und Instandsetzung von einzelnen, städtebaulich bedeutsamen baulichen Anlagen einzuordnen, solange die Gemeinde in ihrer städtebaulichen Planung noch keine Entscheidung über entsprechende Baumaßnahmen oder eine Freilegung der Grundstücke getroffen hat. Aufgrund von § 209 Abs. 1 BauGB dürfen Beauftragte der Gemeinde zu diesem Zweck auch private Grundstücke ohne Zustimmung des Besitzers betreten. Für diese Entscheidung sind in der Praxis oftmals die zu erwartenden Baukosten wichtig.

174 Die städtebauliche Sanierungsplanung schließt auch die Anfertigung von Stadt- und Ortsbildanalysen, die der Vorbereitung örtlicher Bauvorschriften (Gestaltungssatzungen) dienen, mit ein, vgl. unten Rnr. 929ff. Das Gesetz schreibt nicht vor, dass die Planung erst nach der förmlichen Festlegung des Sanierungsgebietes aufgestellt werden darf. Die Gemeinde ist daher nicht gehindert, nach der förmlichen Festlegung des Sanierungsgebietes auf eine zu diesem Zeitpunkt vorhandene geeignete städtebauliche Planung zurückgreifen. In der Praxis hat die Entwicklung städtebaulicher Planung zeitlich zumeist den Vorrang vor der förmlichen Festlegung. Aus der städtebaulichen Planung wird das Erfordernis der jeweils anzuwendenden städtebaulichen Instrumente abgeleitet. § 140 Nr. 4 BauGB nennt als Formen der städtebaulichen Planung beispielhaft die Bauleitplanung und die

Vorbereitung der Sanierung

Rahmenplanung. Als weitere Planungsformen kommen Stadt- oder Ortsentwicklungspläne sowie Strukturpläne in Betracht. Bei der Bauleitplanung ist an den Bebauungsplan i.S. von §§ 8ff. BauGB zu denken. Ein Flächennutzungsplan i.S. des § 5 BauGB wird i.d.R. mangels Aussageschärfe nicht als städtebauliche Planung für die Sanierung eines Gebietes dienen können. Grundsätzlich entscheidet die Gemeinde frei, welche Planungsform als städtebauliche Planung bei der Sanierung dienen soll.

3.3.6.2 Sanierungsbebauungsplan

3.3.6.2.1 Erfordernis der Aufstellung

Ein Bebauungsplan ist nach § 1 Abs. 3 BauGB aufzustellen, sobald und soweit dies für die städtebauliche Entwicklung und Ordnung im Sanierungsgebiet erforderlich ist. Maßgebend ist aber die Sanierungskonzeption der Gemeinde. Des Weiteren ist dann von einer Verpflichtung zur Aufstellung eines Sanierungsbebauungsplanes auszugehen, wenn die vorhandenen städtebaulichen Missstände, z.B. in Form von Nutzungskonflikten, gerade darauf beruhen, dass die Gemeinde keinen Bebauungsplan für das Gebiet aufgestellt hat. Eine Planungspflicht i.S. von § 1 Abs. 3 BauGB ist daher anzunehmen, sobald und soweit in dem Sanierungsgebiet Änderungen gewollt oder erforderlich sind, die nur durch Festsetzungen i.S. des § 9 Abs. 1 BauGB bewirkt werden können. Das Erfordernis der Aufstellung eines Bebauungsplanes ist daher im Einzelfall von der vorhandenen städtebaulichen Situation und von den Sanierungszielen der Gemeinde her zu beurteilen. Das Gleiche gilt für den Festsetzungsinhalt von Bebauungsplänen. Das BauGB schreibt keinen Mindestinhalt von Bebauungsplänen vor. Es obliegt dem Ermessen der Gemeinde, die jeweils für die städtebauliche Entwicklung und Ordnung nach ihrer planerischen Konzeption erforderlichen Festsetzungen in einem Bebauungsplan zu treffen. Ggf. kann dies auch durch einen einfachen Bebauungsplan geschehen. Nur wenn ein Sanierungsgebiet überwiegend bodenrechtlich neugeordnet oder weiterentwickelt werden soll, z.B. bei der städtebaulichen Umstrukturierung oder der Erschließung bisher unbebauter Flächen, wird grundsätzlich die Aufstellung eines qualifizierten Bebauungsplanes erforderlich sein, um die bebauungsrechtliche Zulässigkeit gem. § 30 BauGB zu regeln. *175*

Sehen die Sanierungsziele hingegen vor allem die Erhaltung von Ortsteilen, Bauten, Straßen und Plätzen von geschichtlicher, künstlerischer, oder städtebaulicher Bedeutung (Stadterhaltung) vor, so ist die Aufstellung des Bebauungsplanes für die städtebauliche Entwicklung und Ordnung grundsätzlich nicht erforderlich. Bei Sanierungsmaßnahmen dieser Art kann die Aufstellung eines Bebauungsplanes nur erforderlich sein, wenn es notwendig ist, den Bestand planungsrechtlich zu sichern oder bestimmte Änderungen hinsichtlich der baulichen Nutzung herbeizuführen. Ferner kann das Erfordernis der Aufstellung eines Bebauungsplanes gegeben sein, wenn wegen der voraussichtlich mangelnden Mitwirkungsbereitschaft der betroffenen Grundeigentümer die Anordnung städtebaulicher Gebote in Betracht kommt, die entsprechende Festsetzungen in einem Bebauungsplan zur Voraussetzung ha- *176* ben, vgl. hierzu unten Rnr. 486. Hierfür ist ein einfacher Bebauungsplan mit der Festsetzung der überbaubaren Grundstücksflächen und der sonstigen Nutzung der übrigen Flächen ausreichend.

3.3.6.2.2 Festsetzungen

177   Der Bebauungsplan enthält die von der Gemeinde rechtsverbindlich festgesetzten bodenrechtlichen Planungsziele für ein bestimmtes Gebiet. Infolge seines Rechtscharakters als Satzung nach § 10 BauGB ist der Bebauungsplan zugleich ein Instrument zur Durchsetzung der Planungsziele, weil er die Verwirklichung von Vorhaben, die diesen Planungszielen widersprechen, nicht zulässt. Obwohl sich die Bauleitplanung als ein Instrument zur Erschließung und Bebauung bisher unbebauter Flächen entwickelt hat, enthält das heutige städtebauliche Planungsrecht eine Reihe von Festsetzungsmöglichkeiten, die auch geeignet sind, die erhaltende Sanierung in der Altstadt zu fördern. Die Baunutzungsverordnung, die häufig novelliert worden ist, geht vom planerischen Grundsatz der räumlichen Funktionstrennung in den Städten aus. Diesem Grundsatz entsprechen im Städtebau unseres Jahrhunderts gesonderte Wohngebiete („Schlafsiedlungen"), Geschäftsviertel, Gewerbegebiete und Erholungsgebiete. Die Baunutzungsverordnung (BauNVO) enthält in § 1 Abs. 3 einen Katalog von Baugebietstypen und regelt in § 2 bis 11, welche Nutzungen im jeweiligen Gebietstyp allgemein oder ausnahmsweise zulässig sind. Die Gemeinden sind in ihrer Bauleitplanung grundsätzlich an diesen Gebietskatalog gebunden (Typenzwang). Gemessen am städtebaulichen Ziel der Herstellung einer bedarfsgerechten Funktionsmischung, die auch zur Verkehrsvermeidung beitragen kann entfalten diese Gebietstypen für die Bauleitplanung der Gemeinden eine negative Vorbildwirkung, weil sie entsprechende Planungsinhalte nahe legen. Die von der Bundesregierung zunächst durch das BauROG 1998 angestrebte begrenzte Reform mit dem Ziel die BauNVO flexibler zu gestalten, ist vom Bundestag im Hinblick auf eine später durchzuführende grundlegende Reform zurückgestellt worden.

178   Es gibt jedoch keine gesetzliche Vorschrift über die Mindestgröße dieser Baugebietstypen. Die Gemeinde kann daher in ihrem Sanierungsbebauungsplan mehrere verschiedene kleinere Baugebiete darstellen. Des Weiteren lässt § 1 BauNVO eine weitere Feingliederung innerhalb der Baugebietstypen zu. Sofern die allgemeine Zweckbestimmung des jeweiligen Baugebietstyps gewahrt bleibt, können nach § 1 Abs. 5, 6 und 9 BauNVO bestimmte Arten von Nutzungen ausgeschlossen werden. Danach ist es rechtlich zulässig, in einem Sanierungsbebauungsplan ein allgemeines Wohngebiet darzustellen und gleichzeitig festzusetzen, dass dort Anlagen für sportliche Zwecke nicht zulässig sind. § 1 Abs. 7 BauNVO gestattet eine räumliche Feingliederung durch unterschiedliche Nutzungsanweisungen im jeweiligen Baugebiet, wenn besondere städtebauliche Gründe dies rechtfertigen. Diese Feingliederung ist sowohl horizontal als auch vertikal zulässig. Der Sanierungsbebauungsplan kann daher ein Mischgebiet i.S. von § 6 BauNVO bezeichnen und zugleich festsetzen, dass nur in der unteren Geschosszone eine Nutzung für Geschäfte und Büros zuläs-

sig ist. § 1 Abs. 9 BauNVO lässt darüber hinaus im jeweiligen Baugebietstyp den Ausschluss bestimmter Arten an sich zulässiger baulicher Anlagen zu, wenn besondere städtebauliche Gründe dies rechtfertigen. Soweit die Gemeinde hiervon Gebrauch macht, muss sie die erforderliche besondere städtebauliche Begründung ernst nehmen. Der Ausschluss bestimmter Arten von Geschäftsnutzungen ist z.B. nicht zulässig, um die Inhaber solcher Geschäfte an anderen Stellen vor Konkurrenz zu schützen. Auch dürfen nicht bestimmte Wirtschaftszweige wie Spielhallen oder Sex-Kinos aus moralischen Gründen durch den Bebauungsplan im Gemeindegebiet ausgeschlossen werden. Wenn jedoch die Gefahr besteht, dass derartige Vergnügungsstätten wegen ihrer hohen Rendite andere Nutzungsarten verdrängen, kann ein besonderer städtebaulicher Grund für ihren planungsrechtlichen Ausschluss vorliegen.

Weil aber die dem Baugebietstypensystem zugrunde liegenden Planungsgedanken nicht dem vorindustriellen Städtebau entsprechen, hat die Bundesregierung 1977 § 4a mit der Überschrift „Gebiete zur Erhaltung und Entwicklung der Wohnnutzung (besondere Wohngebiete)" in die BauNVO eingefügt. Der vorindustrielle Städtebau weist eine kleinparzellige Mischung unterschiedlicher, aber zumeist verträglicher Nutzungen auf. Diese Nutzungsvielfalt führt zu lebendigen Stadtteilen. § 4a BauNVO berücksichtigt diese Nutzungsvielfalt in bereits überwiegend bebauten älteren Ortsteilen. Zugelassen sind grundsätzlich alle Nutzungen, soweit sie mit der Wohnnutzung zu vereinbaren sind. Bei der erhaltenden Sanierung eines vorindustriellen Ortsbereiches ist daher immer zuerst an die Bezeichnung eines Besonderen Wohngebietes i.S. dieser Bestimmung im Sanierungsbebauungsplan zu denken. Darüber hinaus regelt die BauNVO eine Reihe von Festsetzungsmöglichkeiten, durch die ein Sanierungsbebauungsplan zur Sicherung einer vorhandenen städtebaulichen Struktur beitragen kann. So ist es möglich, durch die Festsetzung von Baulinien i.S. von § 23 Abs. 2 BauNVO i. V. mit Nr. 3.4 der Anlage zur Planzeichenverordnung, d.h. Linien, auf denen gebaut werden muss, stadtbildprägende Raumkanten zu erhalten oder wiederherzustellen. Zur angemessenen Schließung von Baulücken kann die zwingende Festsetzung einer Mindesthöhe nach § 16 Abs. 4 Satz 2 BauNVO i.V. mit Nr. 2.8 Planzeichenverordnung beitragen. § 9 Abs. 1 Nr. 10 BauGB lässt die Festsetzung von Flächen zu, die von der Bebauung frei zu halten sind. Hierdurch kann z.B. die Bebauung des Innenbereiches eines Häuserblocks verhindert werden. Aufgrund von § 12 Abs. 6 BauNVO kann im Bebauungsplan festgesetzt werden, dass im Sanierungsgebiet Stellplätze und Garagen unzulässig oder nur in beschränktem Umfang zulässig sind, wenn landesrechtliche Vorschriften dem nicht entgegenstehen. Allerdings hat die Gemeinde bei der Aufstellung des Bebauungsplanes auch die Vorschriften des jeweiligen Landesbauordnungsrechtes zu beachten. Diese gehen von Grundsätzen und Maßstäben aus, die nicht dem Bau der vorindustriellen Städte zugrunde lagen. Wenn das Landesbauordnungsrecht § 86 Abs. 1 Nr. 6 Musterbauordnung 2002 folgt, können die Gemeinden zur Gestaltung des Ortsbildes oder zur Verwirklichung der Festsetzungen einer städtebaulichen Satzung, abweichende Regelungen von den bauordnungsrechtlichen Abstandsvorschriften treffen. vgl. unten Rdn. 929 und 935.

180 Unter den erforderlichen landesrechtlichen Voraussetzungen können nach § 9 Abs. 4 BauGB in dem Sanierungsbebauungsplan auch Festsetzungen für die Gestaltung baulicher Anlagen im Rahmen einer örtlichen Bauvorschrift getroffen werden. Aufgrund von § 172 Abs. 1 Satz 1 BauGB kann in einem Bebauungsplan ein Erhaltungsgebiet bezeichnet werden, vgl. hierzu unten Rnr. 689ff. Nicht möglich ist es dagegen, im Bebauungsplan die vorhandene Parzellenstruktur im Sanierungsgebiet zu sichern. Ebenfalls nicht festsetzungsfähig ist, welche baulichen Anlagen zu erhalten, zu modernisieren und instandzusetzen sind. Dies gilt auch, wenn in dem Sanierungsbebauungsplan ein Erhaltungsgebiet bezeichnet wird. Ebenfalls nicht festsetzbar ist, welche Ordnungs- und Baumaßnahmen für die Durchführung der städtebaulichen Sanierung erforderlich sind. Diese nicht festsetzbaren, einzelnen Sanierungsziele können aber von der Gemeinde als Darstellungen ohne Normcharakter in den Bebauungsplan oder in die nach § 9 Abs. 8 BauGB dem Bebauungsplan beizufügende Begründung aufgenommen werden.

3.3.6.2.3 Nachteile

181 Die Erfahrungen in der Praxis haben ergeben, dass der Sanierungsbebauungsplan als Planungsform mit einer Reihe von Nachteilen verbunden ist. Der Bebauungsplan ist nach § 10 BauGB als Satzung zu beschließen. Er ist also zugleich Plan und Rechtsnorm, wobei in der Praxis das rechtliche Element das planerische Element eindeutig überlagert. Auch unterliegt der rechtsverbindliche Bebauungsplan als Satzung nach § 47 Abs. 1 Nr. 1 Verwaltungsgerichtsordnung der verwaltungsgerichtlichen Normenkontrolle und ist insofern rechtlich angreifbar. Eine Satzung ist als Rechtsnorm also ein statisches Instrument. Eine städtebauliche Planung für eine Sanierung bedarf hingegen der ständigen Anpassung an neue Umstände, Erfordernisse oder Erkenntnisse. Die Möglichkeiten der Planverwirklichung lassen sich i.d.R. höchstens für einen Zeitraum von fünf Jahren überblicken. Der Bebauungsplan schreibt hingegen die Erkenntnisse, die im Zeitpunkt der Beschlussfassung vorhanden sind, rechtlich fest. Eine Änderung des rechtsverbindlichen Bebauungsplanes ist mit einem relativ langwierigen Verfahren verbunden und kann entsprechend §§ 40ff. BauGB im Einzelfall Entschädigungsansprüche der betroffenen Grundeigentümer auslösen. Befreiungen von den Festsetzungen eines Bebauungsplanes sind nur im Rahmen von § 31 Abs. 2 BauGB zulässig.

182 Wegen der begrenzten Anpassungsfähigkeit des Bebauungsplanes an die Änderungserfordernisse der Planung ist es für eine Gemeinde problematisch, für einen größeren innerstädtischen Bereich einen solchen Plan aufzustellen. In der Praxis werden daher dort nur Pläne für sehr kleine Gebiete aufgestellt. Desgleichen werden oftmals, um Einwendungen vorzubeugen, unter Missachtung des Gebotes der Konfliktbewältigung Bebauungsplanbereiche so abgegrenzt, dass bestimmte Grundstücke in das Gebiet nicht miteinbezogen werden. Dies führt im Ergebnis zu planerisch nicht zweckmäßigen Bebauungsplanbereichen. Die Darstellung der klei-

Vorbereitung der Sanierung

nen Planbereiche ist hingegen wegen des Maßstabssprunges in dem großen Planungsrahmen des Flächennutzungsplanes nicht möglich. Mangels hinreichend konkretisierter Aussagen kann der Flächennutzungsplan in größeren Gemeinden die Vielzahl der Bebauungspläne nicht koordinieren.

3.3.6.3 Städtebauliche Rahmenplanung

3.3.6.3.1 Allgemeines

Das Gesetz nennt in § 140 Nr. 4 BauGB neben der Bauleitplanung die städtebauliche Rahmenplanung als eine Form der städtebaulichen Planung zur Vorbereitung der Sanierung. Das Gesetz umschreibt die städtebauliche Rahmenplanung nicht, sondern setzt die Kenntnis über dieses Planungsinstrument voraus. Es wurde 1972 in Baden-Württemberg auf Anregung des dortigen Innenministeriums von einem größeren Arbeitskreis entwickelt. Der städtebauliche Rahmenplan hat sich in der Praxis bei der Überplanung innerörtlicher Bereiche und vor allem als Instrument der Sanierungsplanung besonders bewährt. Mit der Erwähnung des städtebaulichen Rahmenplanes in § 140 Nr. 4 BauGB hat der Gesetzgeber dieser Bedeutung Rechnung getragen, vgl. BR-Drucks. 575/85 S. 120. Der städtebauliche Rahmenplan ist keine Satzung wie der Bebauungsplan, sondern eine sogenannte informelle Planung. Es handelt sich um ein überwiegend zeichnerisches Dokument der städtebaulichen Ziele der Gemeinde für einen bestimmten Bereich. Da der Rahmenplan keine Rechtsnorm ist, kann er leichter als der Bebauungsplan geändert und an die sich weiter entwickelnden städtebaulichen Ziele der Gemeinde angepasst werden. Obwohl er keine Satzung ist, kann er im Zusammenhang mit einzelnen Bestimmungen des BauGB dennoch rechtliche Bedeutung erlangen. 183

Der Rahmenplan ist seinem Wesen nach ein Selbstbindungsplan der Gemeinde, d.h. er ist von allen Organen der Gemeinde zu berücksichtigen. Der Rahmenplan enthält – wenn er sich auf ein zu sanierendes Gebiet bezieht – die Sanierungsziele der Gemeinde. Er hat insoweit auch Bedeutung für die von den Grundeigentümern und den Trägern öffentlicher Belange im Sanierungsgebiet zu tätigenden Investitionen. Die Aussagen des Rahmenplanes beeinflussen die Entwicklung der Grundstückswerte im Sanierungsgebiet. Schließlich kann die Qualität eines städtebaulichen Rahmenplanes für die Zuweisung von Bundes- und Landesfinanzhilfen ausschlaggebend sein. Die große Bedeutung des städtebaulichen Rahmenplanes für die Weiterentwicklung des beplanten Bereiches spricht für die Überlegung, erst nach der Findung der städtebaulichen Zielsetzung über die Anwendung rechtlicher Instrumente wie Sanierungsrecht, Bebauungsplan, Erhaltungssatzung oder örtliche Bauvorschrift zu entscheiden. Der Rahmenplan dient als Instrument der städtebaulichen Planung hauptsächlich zwei Aufgaben: der Überplanung eines größeren Gebietes und der Anschaulichkeit der Planung. 184

3.3.6.3.2 Planbereich

Der Rahmenplan dient der Koordinierung mehrerer Bebauungspläne, wenn er für ein größeres Gebiet aufgestellt worden ist; insofern ist der Name Rahmenplan 185 gerechtfertigt. Er schließt in diesen Fällen vor allem in größeren Gemeinden eine planerische Lücke zwischen dem Flächennutzungsplan und den einzelnen Bebauungsplänen. Der Flächennutzungsplan ist nach § 5 Abs. 1 Satz 1 BauGB für das ganze Gemeindegebiet aufzustellen. Zwischen diesem Gesamtplan und den einzelnen Bebauungsplänen für relative kleine Gebietsteile der Gemeinde besteht daher insbesondere bei größeren Gemeinden eine erhebliche Abweichung im zeichnerischen Maßstab. Der städtebauliche Rahmenplan dient der planerischen Überwindung dieses Maßstabssprunges. Anders als der Bebauungsplan kann mit dem Rahmenplan eine ganze Altstadt ein Ortsteil oder in einer Großstadt ein Stadtviertel überplant werden. Für die städtebauliche Sanierung hat sich allgemein der Maßstab 1:1000 bewährt. Für Teilbereiche des Rahmenplangebietes, in denen zahlreiche Einzelmaßnahmen durchzuführen sind, kann die Entwicklung einer weiteren Planung auf der Maßstabsebene 1:300 sinnvoll sein, um detaillierte Planungsaussagen zu treffen. Diese Planungsstufe kommt auch für die Teilbereiche des Rahmenplangebietes in Betracht, für die die Aufstellung eines verbindlichen Bebauungsplanes nicht erforderlich und nicht vorgesehen ist.

3.3.6.3.3 Anschaulichkeit und Inhalt

186 Ein wichtiger Vorteil des Rahmenplanes gegenüber dem verbindlichen Bebauungsplan ist seine anschauliche Darstellungsform. In der Praxis haben Nichtfachleute oftmals Schwierigkeiten, die „Schnittmustergrafik" eines Bebauungsplanes optisch in das städtebaulich Gewollte umzusetzen und erleben dann nach der Durchführung der geplanten Baumaßnahmen unliebsame Überraschungen. Die Anschaulichkeit des Rahmenplanes dient auch dazu, die von der Sanierung betroffenen Grundeigentümer für die Durchführung zu interessieren. Kennzeichnend für den Rahmenplan ist die zeichnerische Darstellung von Baukörpern mit Dachaufsichten. Der Bebauungsplan setzt im Regelfall fest, wie gebaut werden darf. Der Rahmenplan stellt dar, wie gebaut werden soll und welche baulichen Anlagen erhalten werden sollen. Insoweit ist der Rahmenplan auch Aktions- und Programmplan. Der Rahmenplan hat mindestens den gleichen Inhalt wie ein qualifizierter Bebauungsplan i.S. von § 30 Abs. 1 BauGB. Symbole der Planzeichenverordnung können verwendet werden. Im Rahmenplan sind aber auch Aussagen möglich, deren Darstellung in der Planzeichenverordnung nicht vorgesehen ist. Dem Plan kann in entsprechender Anwendung von § 9 Abs. 8 BauGB eine Begründung beigefügt werden.

187 Anders als der Bebauungsplan besteht der Rahmenplan aus mehreren Teilplänen.

Der Bestandsplan enthält das Ergebnis der Bestandsaufnahme, z.B. das Ergebnis der vorbereitenden Untersuchungen nach § 141 Abs. 1 BauGB. Hier sind sowohl die städtebaulichen Missstände, als auch positive Elemente der Stadtstruktur, wie zu erhaltende bauliche Anlagen darzustellen.

Vorbereitung der Sanierung

Der Nutzungsplan enthält die Angaben über Art und Maß der künftigen baulichen und sonstigen Nutzung.

Der Verkehrsplan stellt alle Verkehrsflächen und künftigen Verkehrsbeziehungen getrennt nach Verkehrsarten dar.

Der Gestaltungsplan enthält die städtebaulichen Zielsetzungen für die Gestaltung des Ortsbildes einschließlich der Freiflächen, unter Berücksichtigung der Ziele der Denkmalpflege. Letztere können von der zuständigen Behörde auch in einem denkmalpflegerischen Zielplan dargestellt werden.

Der Maßnahmen- oder Durchführungsplan enthält die von der Gemeinde im Rahmen der städtebaulichen Sanierung durchzuführenden oder zu veranlassenden Einzelmaßnahmen i.S. der §§ 146ff. BauGB. Gerade anhand eines anschaulichen Durchführungsplanes können Erörterungen mit betroffenen Grundeigentümern und beteiligten Behörden am zweckmäßigsten durchgeführt werden.

3.3.6.3.4 Planaufstellungsverfahren

Genauso wie das Gesetz keine Aussage über den Inhalt des städtebaulichen Rahmenplanes trifft, regelt es auch nicht das Planaufstellungsverfahren. Aus seinem Wesen als Selbstbindungsplan der Gemeinde ergibt sich, dass er nur von der Gemeindevertretung als dem Willensbildungsorgan der Gemeinde beschlossen werden kann, wenn er die gewollte Bedeutung erlangen soll. Bei der Planaufstellung sind die folgenden sanierungsrechtlichen Vorschriften besonders zu beachten: § 136 Abs. 4 Satz 3 BauGB (Abwägungsverpflichtung), vgl. Rnr. 65 ff., § 137 BauGB (Beteiligung und Mitwirkung der Betroffenen), vgl. Rnr. 121 ff., und § 139 BauGB (Beteiligung und Mitwirkung öffentlicher Aufgabenträger), vgl. Rnr. 133 ff. § 139 Abs. 3 BauGB hat eine besondere Bedeutung für die Abstimmung des Rahmenplanes der Gemeinde mit den Planungen von Trägern öffentlicher Belange. § 139 Abs. 2 Satz 1 i. V. mit § 4 Abs. 2 und § 4a Abs. 1 bis 4 und 6 BauGB verpflichtet die Gemeinde dazu, die betroffenen Behörden und sonstigen Träger öffentlicher Belange sowie die Öffentlichkeit an der Rahmenplanung möglichst frühzeitig zu beteiligen. Gegenüber konkurrierenden Fachplanungen ist ein hinreichend verfestigter städtebaulicher Rahmenplan von Bedeutung, weil diese, wenn sie ihm zeitlich nachfolgen, nach dem Prioritätsgrundsatz, vgl. dazu BVerwG 5.11.2002 ZfBR 2003, 158, auf die vorhergehende Planung Rücksicht nehmen müssen.

188

Die Vorwegnahme einer planerischen Entscheidung, die an sich planungsrechtlich erst im Rahmen der Bauleitplanung zu treffen ist, schließt das BauGB nicht grundsätzlich aus. § 3 Abs. 1 Satz 2 Nr. 3 BauGB geht von der Zulässigkeit einer solchen Vorplanung aus. Nach dieser Bestimmung kann bei der Bauleitplanung von der Unterrichtung der Bürger über die allgemeinen Ziele und Zwecke der Planung und ihrer Erörterung abgesehen werden, wenn diese bereits auf einer anderen planerischen Grundlage erfolgt ist. Hierfür kommt insbesondere ein städtebaulicher Rahmenplan in Betracht, vgl. BT-Drs. 10/6166 S. 146. Sollen später aus dem Rah-

189

menplan Bebauungspläne entwickelt und aufgestellt werden, ist – soweit es sich um eine Vorwegnahme planerischer Entscheidungen des rechtlich verbindlichen Bebauungsplanes handelt – aus planungsrechtlichen Gründen Folgendes bei der Erarbeitung des Rahmenplanes zu beachten: (1) Die Vorwegnahme muss im Interesse einer effektiven Planung sachlich gerechtfertigt sein. (2) Die planungsrechtliche Zuständigkeitsordnung ist zu beachten. Der Rahmenplan muss von der Gemeindevertretung beschlossen werden. (3) Der Rahmenplan darf, insbesondere in seiner planerischen Auswirkung, inhaltlich nicht zu beanstanden sein, d.h. an ihn sind grundsätzlich, was die Lösung planerischer Konflikte betrifft, die gleichen Anforderungen wie an einen Bebauungsplan zu stellen, Vor allem muss die vorgenommene Planungsentscheidung das Abwägungsgebot des § 1 Abs. 6 BauGB beachten, vgl. hierzu BVerwG 5.7.1974 E 45, 309, 321 und die durch das BauROG 1988 in § 1 Abs. 5 Satz 2 Nr. 10 BauGB eingefügte klarstellende Regelung.

3.3.6.3.5 Rechtliche Bedeutung

190 Aus dem städtebaulichen Rahmenplan ergeben sich keine unmittelbaren Rechtsfolgen. Er ist weder Satzung noch Verwaltungsakt. Als planerische Formulierung der von der Gemeinde bestimmten Ziele und Zwecke der Sanierung erlangt der städtebauliche Rahmenplan jedoch in Zusammenhang mit zahlreichen sanierungsrechtlichen Vorschriften des BauGB sehr wohl rechtliche Bedeutung, vgl. oben Rnr. 154. Von diesen Vorschriften hat die Ausübung des sanierungsrechtlichen Vorbehaltes nach § 145 Abs. 2 BauGB für die Sanierungspraxis die größte Bedeutung. Wegen dieser Aufgabe sind an den Rahmenplan umgekehrt bestimmte Anforderungen zu stellen. So muss es sich um eine von der Gemeindevertretung gebilligte Planungsvorstellung handeln. Eine Schubladenplanung der Gemeindeverwaltung ist hier nicht anwendbar. Ferner muss der Rahmenplan in der Darstellung seiner Inhalte eine solche Detaillierung aufweisen, dass sich ihre mögliche Behinderung durch das nach § 144 BauGB von der Gemeinde zu prüfende Vorhaben oder den von ihr zu prüfenden Rechtsvorgang eindeutig beurteilen lässt, vgl. BVerwG 15.1.1982 NJW 1982, 2787. Hierbei kann ein städtebaulicher Rahmenplan auch Aussagen enthalten, die die Festsetzungen eines in Kraft befindlichen verbindlichen Bebauungsplanes ergänzen.

191 Über die Vorbereitung städtebaulicher Sanierungs- und Entwicklungsmaßnahmen hinaus kann der städtebauliche Rahmenplan wegen seiner Bedeutung in der Praxis Anerkennung finden, vgl. BT-Drs. 10/6166, S. 146f.

- bei der Vorbereitung von Bauleitplänen (§§ 1, 8 Abs. 2 bis 4 BauGB)
- bei der vorgezogenen Bürgerbeteiligung (§ 3 BauGB)
- beim Erlass von Vorkaufssatzungen (§ 25 BauGB)
- als Beurteilungshilfe bei der Zulassung von Vorhaben vor Planreife (§ 33 Abs. 2 BauGB)
- bei Befreiungen (§ 31 Abs. 2 BauGB)
- bei Vorhaben nach § 34 Abs. 3 und 4 BauGB
- beim Erlass von Erhaltungssatzungen (§ 172 BauGB)

Vorbereitung der Sanierung

– bei der Anwendung städtebaulicher Gebote (§§ 176 ff. BauGB)
– zur Eingliederung der Sozialplanung im Rahmen der städtebaulichen Planung (§ 180 BauGB).

3.3.6.4 Planung der Stadterhaltung

3.3.6.4.1 Elemente der vorindustriellen Stadt

Das Gesamtbild unserer heutigen Städte wird zumeist von den vorindustriellen Ortsteilen geprägt, die mehr oder weniger die Stadtmitte bilden. Soweit sie erhalten sind, werden sie als historische Stadtkerne bezeichnet. Ihre Beliebtheit ist vor dem Hintergrund der vielen misslungenen städtebaulichen Versuche des 20. Jahrhunderts mit ihrer meist strengen Funktionstrennung sowie ihren monotonen, seriellen Gestaltungsformen und freistehenden überdimensionierten Baukörpern verständlich. Bei den historischen Stadtkernen handelt es sich ganz überwiegend um die früheren, zumeist mittelalterlichen, z.T. aber auch barocken und frühklassizistischen Städte, die nun zur Stadtmitte der infolge zahlreicher Stadterweiterungen sehr viel größeren heutigen Städte geworden sind. Ein wesentliches Element dieser Stadtkerne ist ihre räumliche Überschaubarkeit. Die vorindustrielle Stadt wird, soweit keine Verbauungen stattgefunden haben, durch Mauern, Wälle, Grünanlagen, Gewässer oder den Verlauf von Straßen von der übrigen Stadt abgegrenzt. Neben dieser Abgrenzung gehört der Stadtgrundriss zu den wesentlichen Elementen der vorindustriellen Stadt. Kennzeichnend für diese Grundrisse sind geschlossene Plätze und nach heutigen Maßstäben enge Straßen und Gassen. In den meisten mittelalterlich geprägten heutigen Stadtkernen lassen sich an Baufluchten, z.T. auch an Stadtmauern und Uferbefestigungen Ebenmäßigkeiten in der Linienführung nachweisen, die nicht das Ergebnis einer zufälligen Entwicklung sein können. Halbbögen, Wellenlinien, S-förmige Kurven, gerade Straßen, die fächerförmig von einem bestimmten Punkt ihren Ausgang nehmen, der wie in Lübeck auch außerhalb der Stadt liegen kann, weisen auf eine sorgfältige Vermessung hin, die technisch nur vor dem Bau der mittelalterlichen Stadt durchgeführt worden sein kann. Soweit eine funktionelle Bedeutung dieser Linien nicht erkennbar ist, muss von einer ästhetisch gestalterischen Zielsetzung der Planung mittelalterlicher Städte ausgegangen werden. Vorherrschend sind Baublöcke in geschlossener Bauweise, die bis zum Absolutismus mehr oder weniger unregelmäßig geschnitten waren. Ein anderes wesentliches Element der vorindustriellen Stadt sind relativ kleine langrechteckige Grundstücksparzellen. Bestimmend für diese alten Städte sind die Vielzahl von erhaltenen Bürgerhäusern, die oftmals unter Denkmalschutz stehen. Diese Häuser sind an den Märkten und größeren Straßen oftmals dreigeschossig, im übrigen zweigeschossig. Die Dachlandschaft dieser Bürgerhäuser wird hierarchisch überragt durch monumentale Großbauten wie Kirchen, Rathäuser und Burgen oder Schlösser. Sie stehen oftmals auf Anhebungen und prägen die Stadtsilhouette, die ein weiteres Element der vorindustriellen Stadt bildet. Unmittelbar an diese Großbauten rückte die Masse der sehr viel kleineren Bürgerhäuser heran. Vielfach waren diese unmittelbar an Kirchenschiffe angebaut. Erst das 19. Jahrhundert mit seiner Frei-

192

legungsmanie hat in vielen Städten eine Änderung dieser Situation bewirkt. Diese Großbauten wurden gleichsam als autonome Kunstwerke angesehen, die man aus dem städtebaulichen Zusammenhang glaubte herauslösen zu dürfen.

193   Viele Städte verdanken ihre Entstehung der seinerzeitigen Entwicklung der Wirtschaft und des Verkehrs. Voraussetzung für die Gründung einer Stadt war im Mittelalter die Nähe zu einem größeren Gewässer. Diese Voraussetzungen und auch die besondere Lage der Städte in der Landschaft haben sich bis heute auf ihre Gestaltung ausgewirkt. Zur vorindustriellen Stadt gehören auch zumeist anspruchsvoll gestaltete Stadt- und Marktplätze. Diese erfüllten zudem eine wichtige wirtschaftliche Aufgabe. Die Häuser waren mit Ausnahme der Untergeschosse bewohnt. Die Marktplätze hatten früher für die Städte eine sehr große Bedeutung, weil es seinerzeit außerhalb der Kirchen wenig geschlossene Räume für die Versammlung einer größeren Zahl von Menschen gab und das gesellschaftliche Leben sich daher weitgehend im Freien abspielte. Viele der mittelalterlichen Plätze entwickelten sich an erweiterten Straßengabelungen oder verbreiterten Straßen. So lassen sich ihre unregelmäßigen Grundrisse erklären. Andere Plätze dienten aber weniger der Zusammenführung des Verkehrs, sondern überwiegend als Versammlungsorte. Diese Plätze zeichnen sich durch ihre Geschlossenheit aus. Hierzu zählen orthogonale Plätze, bei denen die Straßen dicht neben den Ecken auf den Platz stießen, aber auf der anderen Platzseite nicht weitergeführt wurden. Hierdurch entstand ein weitgehend optisch geschlossener Platzgrundriss in Form einer Turbine. Diese Stadtplätze haben seit dem 19. Jahrhundert wenig gleichwertige Nachfolger gefunden. Sondern es sind zumeist Plätze entstanden, die überwiegend der Verteilung des Verkehrs dienen oder die man als repräsentative Straßenkreuzung bezeichnen kann.

194   Die alten Städte hatten früher eine besondere Beziehung zum Wasser. Sie lagen nicht nur wegen der Versorgung mit Wasser, sondern aus Gründen der Schifffahrt an einem Fluss, vielfach durchzogen längst zugeschüttete Kanäle die Stadt. Oftmals waren ihre Stadtmauern auch zum Zwecke der Verteidigung von Gewässern umgeben. Die sich aus der Lage am Wasser ergebende Beziehung von Architektur und Wasser hatte eine besondere Bedeutung für die Stadtgestalt.

Die erhaltende Erneuerung einer historischen Stadt setzt eine städtebauliche Planung voraus, die die Elemente dieser Stadt beachtet und nicht weitere Zerstörungen vorbereitet. Diese Rücksichtnahme ist mit einer Reihe von planerischen Einschränkungen verbunden. Während bei Überlegungen für die Planung neuer baulicher Strukturen die bestmögliche Nutzung in aller Regel im Vordergrund der Überlegungen steht, gilt es, für die alte Stadt soweit wie möglich geeignete Nutzungsformen zu finden. Ohne Nutzung sind Gebäude auf die Dauer nicht zu halten. Diese Erkenntnis erzwingt in der Praxis viele Kompromisse.

3.3.6.4.2   Probleme der städtebaulichen Planung

195   Drei Feinde hat die alte Stadt: den Kraftfahrzeugverkehr, das Bestreben der Grundeigentümer, ihre Grundstücke ertragreicher zu nutzen, sowie kommunalpolitische Planungsentscheidungen, die auf kurzfristigen Erwägungen beruhen.

Vorbereitung der Sanierung

Die vorindustriellen Städte sind nicht für den Kraftfahrzeugverkehr gebaut worden. Darüber hinaus hat die Idee der autogerechten Stadt in eine Sackgasse geführt. In der alten Stadt lassen sich die optimalen Bedingungen für den fließenden Verkehr nur bei einer Zurücklegung der Häuserfronten verwirklichen. Stadttore und andere Engstellen zählen genauso wie die geschlossenen Plätze gerade zu den schönsten Elementen im räumlichen Gefüge alter Städte. Die Stadt Heide in Schleswig-Holstein verfügte über einen der größten mittelalterlichen Stadtplätze. Seine Häuserfronten wurden in den 70er Jahren durchbrochen, um zwei Bundesstraßen tangential über den Platz leiten zu können. Eine erhaltende Stadterneuerung lässt sich aber nur durchführen, wenn parallel dazu der Durchgangsverkehr aus dem alten Stadtkern herausgenommen wird. Dies schließt eine Zusammenarbeit mit den hierfür verantwortlichen Verkehrsbehörden schon im Stadium der vorbereitenden Untersuchungen mit ein, da entsprechende Straßenplanungen finanziell aufwändig und nicht kurzfristig durchzusetzen sind.

Oftmals müssen Grundflächen enteignet und Eingriffe in die Landschaft vorgenommen werden. Entsprechende Bemühungen haben z.T. zu problematischen Ergebnissen geführt. Im schleswig-holsteinischen Itzehoe war ein Teil der Altstadt bis in die 60er Jahre von einer Schleife des Flusses Stör umgeben. Sie wurde im Interesse des Neubaues einer Bundesstraße zugeschüttet. In Idar-Oberstein in Rheinland-Pfalz konnte in den 80er Jahren der Durchgangsverkehr dadurch aus der Altstadt verlagert werden, dass der Fluss Nahe mit einer vierspurigen Straße überbaut und zu einem unterirdischen Gewässer umgestaltet wurde weil aus topografischen Gründen keine Möglichkeit des Baues einer Umfahrung bestand. Vielen anderen Städten wie z.B. Wien und München ist es dagegen gelungen, den Durchgangsverkehr aus dem Altstadtbereich heraus zu nehmen und ihn durch einen Stadtring, verbunden mit einzelnen Stichstraßen zu erschließen. Insbesondere in den neuen Bundesländern besteht bei der Entfernung des Durchgangsverkehrs aus den Altstadtbereichen ein erheblicher Nachholbedarf.

Eine weitere Problemzone entsteht durch Versuche, Platz für den ruhenden Kraftfahrzeugverkehr in dem historischen Altstadtkern zu schaffen. Der öffentliche Straßenraum reicht hierfür nicht aus. Stellplätze im Blockinneren stören das Wohnen. Planerische Überlegungen, die sich von dem Gedanken der Erhaltung der vorhandenen Baustruktur leiten lassen, führen zu dem Ergebnis: Der ruhende Kraftfahrzeugverkehr lässt sich dort nicht vollständig unterbringen. Entsprechende Erkenntnisse verursachen bei den Betroffenen oftmals Proteste. Geschäftsleute wehren sich gegen den Verlust „ihrer Kundenparkplätze". Nach der Erfahrung gilt in der Praxis folgender Satz: Je kleiner der Altstadtbereich, desto geringer ist die Entfernung, die der Bürger bereit ist, seine Einkaufstasche zu tragen. Dabei erreichen große Einkaufsmärkte vor den Toren der Stadt zuweilen eine Verkaufsfläche, deren Ausmaß sich durchaus mit dem kleiner Altstadtkerne vergleichen lässt. Im Supermarkt besteht aber die uneingeschränkte Bereitschaft der Bürger, die vorhandenen Flächen fußläufig zu bewältigen. Keinen Ausweg bietet der Bau von Parkhäusern oder die Anlage großer Tiefgaragen im Ortszentrum, da hierdurch

Städtebauliche Sanierungsmaßnahmen

noch mehr Verkehr in die Altstadt hereingezogen wird. Aufgabe der Planung ist es, Stellplätze möglichst am Altstadtrand einzurichten. Eine entsprechende Gestaltung kann ihre Zugehörigkeit zur Altstadt unterstreichen und ihre Akzeptanz bei den Verkehrsteilnehmern stärken.

197 Auch aus diesen Gründen gehören Tankstellen, Warenhäuser, Verwaltungszentren und ähnliche Einrichtungen nicht in den historisch wertvollen Altstadtkern, sondern an seinen Rand. Räumliche Nutzungskonzentrationen entsprechen nicht dem Wesen der Altstadt. Hinzu kommt, dass diese Einrichtungen als Baukörper Ausmaße annehmen, die sich in das kleine Altstadtgefüge nicht einpassen und zum Abriss von Bausubstanz führen. Warenhauskonzerne sind oftmals gerade an einen Standort mitten in der Altstadt interessiert und argumentieren gegenüber der Kommunalpolitik mit der Schaffung von Arbeitsplätzen. Entwickeln sich die Geschäfte gut, besteht ein Bedarf zur Erweiterung des Großwarenhauses in der Altstadt und weiterer Zerstörung der Altstadt. In der Lübecker Altstadt befindet sich in der Nähe der Marienkirche ein Großwarenhaus. Im Jahre des Europäischen Denkmalschutzes 1975 wurden dort eine Reihe von intakten Gebäuden, die z.T. zu den ältesten der Stadt zählten, abgebrochen, um eine Erweiterung des Warenhauses zu ermöglichen. Die planungsrechtliche Zulassung des Baues eines Großwarenhauses oder seiner Erweiterung führt i.d.R. zugleich zur Schließung zahlreicher Einzelhandelsgeschäfte. Diese können aber ein belebendes Element einer Altstadt sein. Soweit es sich um Geschäfte in aus städtebaulichen Gründen zu erhaltenden Gebäuden handelt, dienen ihre Erträge zugleich der Finanzierung der Instandhaltung und Instandsetzung dieser Gebäude. Die Schließung dieser Geschäfte und ihre Umwandlung in Wohnraum kann daher die Finanzierung der Erhaltung dieser Gebäude beeinträchtigen oder höhere Aufwendungen der Gemeinde für diese Aufgabe erfordern, vgl. unten Rn. 237.

198 Oftmals führt der Wunsch nach einer größeren Bodenrendite bei dem betreffenden Eigentümer zu einer Erhöhung des Maßes der baulichen Nutzung. Das alte Haus soll durch eine höhere und tiefere Bebauung des Grundstückes ersetzt werden. Notwendige Instandhaltungsmaßnahmen werden aus diesem Grunde unterlassen. Entsprechenden Spekulationen kann die Gemeinde durch eindeutige planerische Aussagen entgegentreten. Dies gilt auch gegenüber der Absicht, das Grundstück nicht mehr baulich als Wohn-, sondern als Geschäftsgebäude zu nutzen. Zahlreiche Altstadtkerne haben die Aufgaben von Kerngebieten i.S. von § 7 BauNVO übernehmen müssen und sind hierdurch stadtgestalterisch zerstört worden. Bei geschäftlicher Nutzung von Grundstücken mit aufstehenden alten Häusern besteht oft die Tendenz, das Nachbargrundstück zu erwerben und beide Gebäude im baulichen Zusammenhang zu nutzen, mit der Absicht, später beide Parzellen zusammenzulegen. Entwicklungen zu größeren geschäftlichen Gebäuden sind nicht mit der kleinteiligen Altstadtstruktur in Einklang zu bringen. In vielen Altstadtkernen haben die Kerngebietsfunktionen das Wohnen verdrängt. Das Ergebnis sind nicht lebendige Städte, sondern nach Geschäftsschluss tote Städte.

Die erhaltende Erneuerung einer vorindustriellen Stadt setzt auch voraus, dass die Gemeinde selbst die vorhandene bauliche Struktur bei der Entscheidung über

Vorbereitung der Sanierung

ihre eigenen Bauten respektiert. Insoweit haben kommunale Bauten auch eine negative oder positive Vorbildwirkung. Oftmals lassen gerade Bauten der öffentlichen Hand hier den Sinn für das kulturhistorisch bedeutsame bauliche Umfeld vermissen. Ziel der städtebaulichen Planung kann es auch sein, über die Stadterhaltung hinaus eine neue, aber dem historischen Maßstab der Altstadt entsprechende Bebauung auf den herkömmlichen Parzellen unter Berücksichtigung des alten Stadtgrundrisses durch eine „kritische Rekonstruktion" herbeizuführen. Dieses städtebauliche Leitbild schließt zugleich die Wiederherstellung anderer Qualitäten der Altstadtbereiche wie kleinteiliges Eigentum, Vielfalt der Nutzungen und eine ausgeglichene Sozialstruktur mit ein.

3.3.7 Sozialplan

Nach § 140 Nr. 6 BauGB gehört die Erarbeitung und Fortschreibung des Sozialplanes ebenfalls zur Vorbereitung der städtebaulichen Sanierung. Das Gesetz regelt den Sozialplan in § 180 BauGB, vgl. hierzu Rnr. 69 ff. Hinsichtlich der Fortschreibung reicht § 140 Nr. 6 über § 180 BauGB hinaus. Das Gesetz trägt hier dem Umstand Rechnung, dass die Durchführung von Sanierungsmaßnahmen mehrere Jahren in Anspruch nimmt. Zwischen städtebaulicher und sozialer Planung besteht eine Wechselwirkung. Städtebauliche Ziele lassen sich leichter verwirklichen, wenn die damit zusammenhängenden sozialen Probleme bewältigt werden. Umgekehrt hängt deren Bedeutung von den städtebaulichen Zielen der jeweiligen Gesamtmaßnahme ab. Es kann davon ausgegangen werden, dass die sozialen Probleme ein größeres Gewicht erhalten, je mehr das Gebiet neu geordnet werden soll. Sieht die städtebauliche Planung ausschließlich die Erhaltung eines Gebietes vor, können die voraussichtlichen nachteiligen Auswirkungen auf die persönlichen Lebensumstände der von der Gesamtmaßnahme Betroffenen gering sein oder nur wenige Personen betreffen. Wenn dies der Fall ist, kann die Gemeinde ausnahmsweise auf die Erarbeitung des Sozialplanes verzichten.

199

3.3.8 Vorgezogene Durchführungsmaßnahmen

§ 140 Nr. 7 BauGB bestimmt, dass die Durchführung einzelner Ordnungs- und Baumaßnahmen, so genannter Durchführungsmaßnahmen, i.S. von § 146 BauGB vor der förmlichen Festlegung eines Sanierungsgebietes zur Vorbereitung der Sanierung gehört. Aus der Vorschrift ergibt sich zugleich, dass der Gesetzgeber grundsätzlich von einer Sanierungsdurchführung nach der förmlichen Festlegung ausgeht. Die Anwendung des § 140 Nr. 7 BauGB setzt voraus, dass nach § 141 Abs. 3 Satz 2 BauGB der Beschluss über den Beginn der vorbereitenden Untersuchungen öffentlich bekannt gemacht worden ist. Kann nach § 141 Abs. 2 BauGB von den vorbereitenden Untersuchungen abgesehen werden, muss die Gemeinde zumindest eine Abgrenzung des in Frage kommenden Sanierungsgebietes vorgenommen haben. Weiterhin muss eine Planungssicherheit zur Vermeidung von Fehlinvestitionen gegeben sein. § 140 Nr. 7 BauGB hat in der Praxis in den Fällen eine besondere Bedeutung, in denen die Gemeinde für das Gebiet bereits eine städ-

200

tebauliche Planung i.S. von § 140 Nr. 4 BauGB aufgestellt und in denen sich die förmliche Festlegung des Sanierungsgebietes aus besonderen Gründen verzögert hat. § 140 Nr. 7 BauGB ist auch ohne eine solche Planung anwendbar auf die Instandsetzung von Anlagen, die unter Denkmalschutz stehen und die daher der Planungshoheit der Gemeinde nicht unterliegen. Die Regelung des § 140 Nr. 7 BauGB erlaubt insbesondere die Durchführung eilbedürftiger, durchgeplanter baurechtlich bereits genehmigter Einzelmaßnahmen vor der förmlichen Festlegung des Sanierungsgebietes.

3.4 Durchführung städtebaulicher Sanierungsmaßnahmen

3.4.1 Verpflichtung der Gemeinde zur Durchführung

3.4.1.1 Allgemeines

201   Die förmliche Festlegung des Gebietes der Gesamtmaßnahme verpflichtet die Gemeinde dazu, die einheitliche Vorbereitung, vgl. § 136 Abs. 1 und § 140 BauGB, soweit sie noch nicht abgeschlossen ist, fortzuführen und für die Durchführung der einzelnen erforderlichen Ordnungs- und Baumaßnahmen zu sorgen. Hierin liegt der wesentliche Unterschied zur Bebauungsplansatzung nach §§ 8ff. BauGB, die zwar anders als die Sanierungssatzung einen bestimmten Planungsinhalt hat, die Gemeinde aber nicht zur Planverwirklichung verpflichtet. Da die zügige Durchführung der städtebaulichen Gesamtmaßnahmen im öffentlichen Interesse liegt (vgl. Rnr. 61), darf die Gemeinde die Verwirklichung ihrer städtebaulichen Planung nicht allein von den Interessen und finanziellen Möglichkeiten der betroffenen Grundeigentümer abhängig machen. Die Gemeinde ist daher zur zügigen Durchführung der städtebaulichen Gesamtmaßnahme verpflichtet, alle rechtlichen Möglichkeiten des BauGB auszuschöpfen, um die mit der städtebaulichen Planung verfolgten Ziele mit den rechtlichen Möglichkeiten des BauGB durchzusetzen, soweit erforderlich auch gegen den Widerstand der Betroffenen.

3.4.1.2 Zustimmung des Bedarfsträgers

202   § 146 Abs. 2 BauGB enthält eine Regelung für Grundstücke mit besonderer Zweckbestimmung. Das BauROG 1998 hat die vormals im § 139 Abs. 4 BauGB enthaltene Regelung jetzt im § 146 BauGB dem neuen Absatz 2 zugeordnet. Auf den in § 146 Abs. 2 Satz 1 BauGB genannten Grundstücken dürfen im Sanierungsverfahren einzelne Ordnungs- und Baumaßnahmen nur mit Zustimmung des jeweiligen Bedarfsträgers durchgeführt werden. Aufgrund von § 147 Satz 1 Halbsatz 1 BauGB kommen hierfür hauptsächlich Ordnungsmaßnahmen in Betracht. Die Einbeziehung der Grundstücke in das Sanierungsgebiet unterliegt hingegen nicht dem Zustimmungsvorbehalt des Bedarfsträgers. § 146 Abs. 2 Satz 1 BauGB knüpft an die Regelung des § 26 BauGB an, die für bestimmte Grundstücke die Ausübung des gemeindlichen Vorkaufsrechtes ausschließt. Danach gilt die Ausnahmevorschrift des § 146 Abs. 1 Satz 1 BauGB für drei Gruppen von Grundstücken:

(1) Grundstücke, die nach § 26 Nr. 2 a) einem öffentlichen Bedarfsträger für Zwecke der Landesverteidigung, des Bundesgrenzschutzes, der Zollverwaltung, der Polizei, des Zivilschutzes oder des Post- und Fernmeldewesens dienen. Die Aufzählung ist abschließend. Die Deutsche Telekom AG und die Deutsche Post AG sind Wirtschaftsunternehmen, die als solche mit anderen Unternehmen im Wettbewerb stehen und daher keine Bedarfsträger i.S. der Vorschrift. Die Eigentumsverhältnisse an den Grundstücken sind hier ohne Bedeutung. Bei der Anwendung des § 146 Abs. 2 BauGB kommt es allein darauf an, ob sie dem Zweck des Bedarfsträgers dienen.
(2) Grundstücke i.S. von § 26 Nr. 2 b) BauGB die Kirchen oder Religionsgesellschaften des öffentlichen Rechts gehören und die für Zwecke des Gottesdienstes oder der Seelsorge verwendet werden. Auf Vorrat erworbene oder für andere Zwecke genutzte Grundstücke fallen dagegen nicht unter das Privileg.
(3) Grundstücke, auf denen entsprechend § 26 Nr. 3 BauGB Vorhaben errichtet werden sollen, für die ein in § 38 BauGB genanntes Verfahren eingeleitet oder durchgeführt worden ist, § 38 Satz 1 Halbsatz 1 BauGB schließt die Anwendung der §§ 29 bis 37 BauGB auf Planfeststellungen für Vorhaben mit überörtlicher Wirkung aus.

Während § 26 Nr. 3 BauGB a.F. für Grundstücke mit bereits vorhandenen baulichen Anlagen galt, bezieht sich § 26 Nr. 3 BauGB n. F. aufgrund des BauROG 1998 auf Grundstücke, auf denen die baulichen Anlagen noch errichtet werden sollen. Grundstücke, auf denen die baulichen Anlagen nach den überörtlichen Planungen bereits errichtet worden sind, wären danach nicht ausgenommen. Nach dem Wortlaut des § 26 Nr. 3 i. V. mit § 146 Abs. 2 Satz 1 BauGB dürfte demnach in diesem Fall die Gemeinde auf den Grundstücken ohne Zustimmung des Bedarfsträgers einzelne sanierungsrechtliche Maßnahmen durchführen. Für einen soweit gehenden Willen des Gesetzgebers findet sich jedoch in der Entstehungsgeschichte der BauROG 1998 kein Hinweis. Es kann daher insoweit von einem redaktionellen Versehen ausgegangen werden. § 146 Abs. 2 BauGB ist daher auch auf bauliche Anlagen i.S. von § 26 Nr. 3 BauGB zu beziehen, die abweichend vom Wortlaut, bereits errichtet worden sind.

Nach § 146 Abs. 2 Satz 2 BauGB soll der Bedarfsträger der Gemeinde seine Zustimmung zur Durchführung der einzelnen Maßnahmen erteilen, wenn auch unter Berücksichtigung seiner Aufgaben ein überwiegendes Interesse an der Durchführung der einzelnen Ordnungs- und Baumaßnahmen besteht. Abgesehen von atypischen Fallgestaltungen hat die Gemeinde danach einen Anspruch auf Erteilung der Zustimmung. Die Verweigerung der Zustimmung kann aufgrund einer Leistungsklage der Gemeinde gegen den Bedarfsträger verwaltungsgerichtlich überprüft werden.

3.4.1.3 Ordnungs- und Baumaßnahmen

Das Gesetz teilt in § 146 Abs. 1 BauGB die einzelnen Maßnahmen, die zur Verwirklichung der Ziele und Zwecke der Sanierung in dem förmlich festgelegten Sa-

Städtebauliche Sanierungsmaßnahmen

nierungsgebiet erforderlich sind, in Ordnungs- und Baumaßnahmen ein. Die Verantwortung der Gemeinde für die Durchführung dieser Maßnahmen auf privaten Grundstücken hat das Gesetz unterschiedlich geregelt. Trotz der begrifflichen Trennung können die Maßnahmen im Einzelfall ineinander übergehen. Auf gemeindeeigenen Grundstücken obliegt die Durchführung aller Maßnahmen der Gemeinde. Das Gesetz enthält keine Aussage über eine Rang- oder Reihenfolge der durchzuführenden Einzelmaßnahmen. Insoweit hat die Gemeinde einen Ermessensspielraum, wie sie im Einzelnen bei der Durchführung ihres städtebaulichen Planes, insbesondere ihres Maßnahmenplanes, den städtebaulichen Missständen entgegenwirken will. Im Rahmen der erhaltenden Stadterneuerung wird die Gemeinde sich zuerst um die Rettung gefährdeter, wertvoller alter Bausubstanz nach dem Feuerwehrprinzip bemühen müssen. Diese Maßnahmen werden i.d.R. in Anwendung von § 140 Nr. 7 BauGB auch schon vor der förmlichen Festlegung durchgeführt werden können, weil hier keine Planungsunsicherheit besteht und Fehlinvestitionen nicht zu befürchten sind.

Im Rahmen des durch das BauROG 1998 neugestalteten § 146 Abs. 3 Satz 1 BauGB kann die Gemeinde die Durchführung von Ordnungsmaßnahmen sowie die Errichtung oder Änderung von Gemeindebedarfs- und Folgeeinrichtungen i.S. von § 148 Abs. 2 Satz 1 Nr. 3 BauGB durch Vertrag ganz oder teilweise dem Grundstückseigentümer überlassen. Auch in diesen Fällen bleibt aber die Gemeinde nach § 146 Abs. 3 Satz 2 BauGB für die zügige und zweckmäßige Durchführung verantwortlich. Insoweit ist aus der Sicht der Gemeinde die Vereinbarung eines Kündigungsrechtes für den Fall der Nichtdurchführung oder unzweckmäßigen Durchführung von Seiten des Eigentümers in dem Übertragungsvertrag erforderlich.

3.4.2 Ordnungsmaßnahmen

3.4.2.1 Sanierungserforderliche Ordnungsmaßnahmen

3.4.2.1.1 Allgemeines

205   Das Gesetz zählt in § 147 Satz 1 Halbsatz 2 BauGB auf, welche Maßnahmen Ordnungsmaßnahmen sind. Nach § 147 Satz 1 Nr. 5 BauGB zählen zu den Ordnungsmaßnahmen auch sonstige Maßnahmen, die notwendige sind, damit die Baumaßnahmen durchgeführt werden können. Aus diesem Auffangtatbestand ergibt sich zugleich mittelbar eine Umschreibung des Ordnungsmaßnahmenbegriffes. Alle grundstücksbezogenen Einzelmaßnahmen, die keine Baumaßnahnahmen sind, sondern die Durchführung von Baumaßnahmen vorbereiten, sind Ordnungsmaßnahmen. Zu den Ordnungsmaßnahmen zählen daher gemäß § 147 Satz 2 BauGB auch naturschutzrechtliche Ausgleichs- und Ersatzmaßnahmen, die die Gemeinde gemäß § 135 a Abs. 2 BauGB durchführt. Vom Eigentümer durchzuführende naturschutzrechtliche Ausgleichs- und Ersatzmaßnahmen sind hingegen den Baumaßnahmen zuzuordnen. § 164 a Abs. 2 Nr. 2 Halbsatz 2 BauGB stellt klar, dass hinsichtlich der Verwendung von Städtebauförderungsmitteln die persönlichen und

3.4.2.1.2 Bodenordnung

Der in § 147 Satz 1 Nr. 1 BauGB genannte Begriff der Bodenordnung ist umfassend zu verstehen. Alle Maßnahmen der Gemeinde zur rechtlichen und tatsächlichen Neuordnung der Grundstücksverhältnisse entsprechend der städtebaulichen Planung in dem förmlich festgelegten Sanierungsgebiet gehören zur Bodenordnung. Das Gesetz enthält in §§ 45 bis 79 BauGB (Umlegung) und in §§ 80 bis 84 BauGB (Grenzregelung) bestimmte Verfahren über die Bodenordnung. Daneben kann die Gemeinde aber auch ihre eigenen Grundstücke zusammenlegen oder neuparzellieren. Das Grenzregelungsverfahren bedeutet den zweiseitigen Austausch benachbarter Grundstücke oder Grundstücksteile sowie eine einseitige Grenzverschiebung von Grundstücken oder Grundstücksteilen. Die Grenzverschiebung dient der Herbeiführung einer ordnungsgemäßen Bebauung einschließlich Erschließung oder der Beseitigung baurechtswidriger Zustände im Geltungsbereich eines Bebauungsplanes oder innerhalb eines im Zusammenhang bebauten Ortsteiles, vgl. § 80 Abs. 1 BauGB.

206

Demgegenüber handelt es sich bei der Umlegung um ein vielgestaltiges besonderes Verfahren, dessen Durchführung i.d.R. mehrere Jahre in Anspruch nimmt, vgl. Runkel in Portz/Runkel Rdn. 342 ff. Die Umlegung wird nach § 46 Abs. 1 BauGB von der Gemeinde in eigener Verantwortung angeordnet und durchgeführt. Das Wesen der Umlegung besteht in einer rechnerischen Vereinigung der Grundstücke im Umlegungsgebiet zu einer Masse, der sog. Umlegungsmasse. Nach Ausscheidung der für die in § 55 Abs. 2 BauGB genannten öffentlichen Zwecke benötigten Flächen, wird die Masse, jetzt Verteilungsmasse genannt, auf die Anteilseigner nach § 56 Abs. 1 Satz 1 BauGB entweder nach dem Verhältnis der Flächen (Flächenmaßstab) oder nach dem Verhältnis der Werte (Wertmaßstab) neu aufgeteilt. Soweit eine Zuteilung von Anteilen gemäß § 59 Abs. 2 BauGB nicht möglich ist, findet ein Ausgleich in Geld statt. Die Umlegung dient der Erschließung oder Neugestaltung eines Gebietes im Geltungsbereich eines Bebauungsplanes oder innerhalb eines im Zusammenhang bebauten Ortsteiles. Durch die Umlegung werden bebaute und unbebaute Grundstücke neu geordnet, damit nach Lage, Form und Größe für die bauliche oder sonstige Nutzung zweckmäßig gestaltete Grundstücke entstehen, vgl. § 45 Abs. 1 Satz 1 BauGB. Bezogen auf die einzelnen Grundstücke geht es bei der Umlegung darum, diese wirtschaftlicher nutzen zu können.

207

Das Umlegungsrecht, das sich in seinen Wurzeln erst in der zweiten Hälfte des 19. Jahrhunderts entwickelt hat, ist jedoch auch ein städtebauliches Instrument. Zwischen städtebaulichen Strukturen und Grundstücksverhältnissen in einem Gebiet bestehen bestimmbare Beziehungen. Große Grundstücksparzellen lassen eine andere Bebauung zu als kleine Grundstücksverhältnisse. Die städtebauliche Neugestaltung eines bebauten Gebietes erfordert daher nicht nur einen entsprechenden Plan, sondern auch eine plankonforme Änderung der Grundstücksstruktur.

208

Städtebauliche Sanierungsmaßnahmen

Insoweit ist die Bodenordnung ein Instrument der Flächensanierung. Sanierungsumlegungen haben in der Nachkriegszeit beim Wiederaufbau der Innenstädte eine besondere Rolle gespielt. I.d.R. sind dort kleinere Grundstücksparzellen zusammengelegt worden. Aufgrund derartiger bodenordnender Maßnahmen konnten dort viele Großbauten errichtet werden. Entsprechende Maßnahmen ließen sich dort leicht durchsetzen, wo es bei den Eigentümern kriegszerstörter Gebäude am Willen zum Wiederaufbau fehlte. Umgekehrt sind derartige Sanierungsumlegungen gerade am Widerstand der zahlreichen Eigentümer kleiner Altstadtgrundstücke gescheitert.

3.4.2.1.3 Erwerb von Grundstücken

209 § 147 Satz 1 Nr. 1 BauGB nennt ausdrücklich den Erwerb von Grundstücken als Teil der Bodenordnung. Dies bedeutet aber nicht, dass nur Grunderwerb zum Zwecke der Bodenordnung zu den Ordnungsmaßnahmen zählt. Vielmehr gehört jeglicher Erwerb von Grundstücken durch die Gemeinde, der der Verwirklichung von Zielen und Zwecken der Sanierung dient, zu den Ordnungsmaßnahmen. Ohne Bedeutung ist die Art des gemeindlichen Erwerbs. Es kann sich um den freihändigen Erwerb oder den Erwerb eines Grundstückes durch Ausübung eines gemeindlichen Vorkaufsrechtes, aber auch um die Enteignung oder die Ersteigerung eines Grundstückes zu Gunsten der Gemeinde handeln, vgl. hierzu unten Rnr. 628f. Der Erwerb von Grundstücken hat in der Sanierungspraxis eine große Bedeutung. Beim Erwerb von Grundstücken ist hinsichtlich der Bemessung des Kaufpreises § 153 Abs. 1 BauGB zu beachten, es sei denn, die städtebauliche Sanierung wird gemäß § 142 Abs. 4 Halbsatz 1 BauGB im vereinfachten Verfahren durchgeführt.

210 Abgesehen von dem Grunderwerb zum Zweck der Bodenordnung, kann der Erwerb von Grundstücken durch die Gemeinde, z.B. für den Bau oder die Erweiterung von Erschließungsanlagen oder Gemeinbedarfs- und Folgeeinrichtungen, erforderlich sein. Weiterhin kommt der Erwerb eines Grundstückes in Betracht, wenn der Eigentümer nicht bereit oder in der Lage ist, die dort sanierungserforderlichen Ordnungs- oder Baumaßnahmen durchzuführen. Hierbei kann es z.B. um die Beseitigung nicht erhaltenswerter oder die Instandsetzung und Modernisierung erhaltenswerter Bausubstanz gehen. Ferner kann der Erwerb von Grundstücken durch die Gemeinde für die Durchführung der städtebaulichen Sanierung erforderlich sein, weil sie Austausch- oder Ersatzland benötigt. Die hierfür vorgesehenen Grundflächen können auch außerhalb des förmlich festgelegten Sanierungsgebietes liegen.

3.4.2.1.4 Umzug von Bewohnern und Betrieben

211 Der Umzug von Bewohnern und Betrieben spielt in der Sanierungspraxis eine bedeutende Rolle. Dies gilt auch für die erhaltende Stadterneuerung, soweit hier Strukturveränderungen erforderlich sind. Zum Umzug von Bewohnern gehört auch die befristete Unterbringung in Zwischenunterkünften, soweit dies sanierungserforderlich ist. Zum Umzug gehören alle Einzelmaßnahmen, die notwendig sind, um

Bewohner und Betriebe einschließlich Inventar aus den bisher von ihnen genutzten Räumen in neue Räume zu bringen. Die neuen Räume können sowohl innerhalb des Sanierungsgebietes, eines Ersatz- oder Ergänzungsgebietes i.S. von § 142 Abs. 2 Satz 1 BauGB, vgl. hierzu Rnr. 150 ff., oder außerhalb eines dieser Gebiete liegen. Keine Ordnungsmaßnahme ist hingegen der Einzug von Bewohnern und Betrieben in das Sanierungsgebiet. Der Umzug von Betrieben an einen geeigneteren Standort dient zumeist der Lösung der so genannten Gemengelagenproblematik. Das bedeutet, die gewerbliche Nutzung des Grundstücks stört durch Emissionen andere Nutzungen in seinem Umfeld, in der Praxis zumeist das Wohnen. Eine Betriebsverlagerung wird immer sinnvoll sein, wenn die Störung nicht durch bautechnische Maßnahmen an den betrieblichen Anlagen behoben oder wenn der Betrieb sich an seinem bisherigen Standort nicht in dem betriebswirtschaftlich erforderlichen Maß sinnvoll erweitern kann. Hierbei ist zu beachten, dass Störungen des Wohnens auch von einem umfangreichen Zulieferverkehr ausgehen können. Die Verlagerung eines Betriebes kann im Einzelfall eine Schlüsselfunktion für die Durchführung einer städtebaulichen Sanierung haben. Oftmals handelt es sich um ehemals kleine Betriebe wie Wäschereien oder Fleischereien, die im Zuge erfolgreicher wirtschaftlicher Expansion in der Vergangenheit weitere Grundstücke, zumeist im Blockinneren, ihrem Betrieb zugeordnet haben und von dort das Wohnen stören.

3.4.2.1.5 Freilegung von Grundstücken

Der Begriff der Freilegung von Grundstücken i.S. von § 147 Satz 1 Nr. 3 BauGB *212* ist im umfassenden Sinne zu verstehen. Zur Freilegung von Grundstücken gehört die Beseitigung baulicher Anlagen. Zur Freilegung von Grundstücken zählt auch die Enfernung von Straßendecken und Aufschüttungen. Ferner sind auch die Beseitigung umweltgefährdender Stoffe im Boden und die Offenlegung verrohrter Gewässer der Freilegung von Grundstücken zuzuordnen. Die Beseitigung von Altlasten obliegt allerdings nach § 4 Abs. 3 Bundes-Bodenschutzgesetz dem Verursacher sowie dessen Gesamtrechtsnachfolger, dem Grundstückseigentümer oder dem Inhaber der tatsächlichen Gewalt über das Grundstück. Der Begriff der Freilegung von Grundstücken umfasst auch alle weiteren einzelnen Maßnahmen, die mit der Freilegung an sich in einem unmittelbaren Zusammenhang stehen, wie die Sicherung und Zwischennutzung der betroffenen Grundstücke. Die Ausgrabung und Sicherung von Gegenständen der Bodendenkmalpflege werden von der Freilegung miteingeschlossen. Zur Freilegung von Grundstücken i.S. von § 147 Nr. 3 BauGB gehört auch der Abbruch von Teilen einer baulichen Anlage. So kann aus ortsgestalterischen Gründen z.B. die Herunterzonung eines Gebäudes erforderlich sein. Soweit die Freilegung eines Grundstücks mit finanziellen Nachteilen für den Eigentümer verbunden ist, hat er gegen die Gemeinde einen Entschädigungsanspruch nach den enteignungsrechtlichen Grundsätzen, vgl. hierzu Rnr. 688. Die Beseitigung oder Herunterzonung einer baulichen Anlage sowie die Entsiegelung eines Grundstücks können unter der Voraussetzung des § 179 BauGB aus städtebaulichen Gründen von der Gemeinde auch gegen den Willen des betroffenen Eigentümers durchgeführt werden, vgl. unten Rdn. 585 ff. Ohne Bedeutung ist es, ob die Freilegung eines Grundstücks seiner Wiederbebauung dient oder nicht. Freilegungen können daher auch zur Anlage von Grünflächen oder Biotopen durchgeführt werden, wenn dies für die städtebauliche Sanierung erforderlich ist. In vielen Altstadtbereichen sind die Blockinnenbereiche verbaut, z.T. durch Nebengebäude oder andere zweitrangige bauliche Anlagen. Hier kann im Rahmen einer Blockentkernung die Anlage von Grünflächen zu einer Verbesserung der Wohnqualität führen.

3.4.2.1.6 Erschließungsanlagen

213 Nach § 147 Satz 1 Nr. 4 BauGB gehört auch die Herstellung und Änderung von Erschließungsanlagen zu den Ordnungsmaßnahmen. Herstellung der Erschließungsanlage ist ihre erstmalige Erstellung, einschließlich aller hierfür erforderlichen Einzelmaßnahmen, wie z.B. die Erarbeitung der Planung. Der Begriff der Änderung von Erschließungsanlagen umfasst ihre bauliche Erneuerung und Verbesserung sowie ihre Erweiterung und ihren Um- und Rückbau. In Betracht kommen auch die Verbesserung der Straßenbeleuchtung, die Einrichtung von Parkbuchten, wie auch die Verbesserung des Straßenbelages, z.B. die kostenträchtige Entfernung einer Asphaltdecke auf einem alten Steinpflaster. Die Herstellung neuer Erschließungsanlagen ist für die Neuordnung von Sanierungsgebieten wichtig. Umgekehrt haben Maßnahmen zur Verkehrsberuhigung vielfach durch Rückbau von Straßen bei der erhaltenden Sanierung eine Schlüsselfunktion.

214 Erschließungsanlagen sind die in § 127 Abs. 2 und Abs. 4 Satz 2 BauGB genannten Anlagen. Zu den Erschließungsanlagen zählen in der Sanierungspraxis im Einzelnen

- die örtlichen Straßen, Wege und Plätze einschließlich,
- Brücken, Tunnels und Unterführungen mit den dazugehörenden Rampen,
- Grünanlagen,
- Spielplätze,
- Parkplatzflächen,
- Parkhäuser und Tiefgaragen,
- Anlagen zum Zwecke der Beleuchtung,
- Anlagen zur Versorgung mit Elektrizität, Gas, Wasser oder Wärme,
- Anlagen zur Ableitung, Behandlung und Beseitigung von Abwässern,
- Anlagen zur Beseitigung fester Abfallstoffe,
- Anlagen zur Vorkehrung gegen schädliche Umwelteinwirkungen, wie z.B. Lärmschutzwälle und
- Vorkehrungen gegen Naturgewalten, wie z.B. Deiche.

Kommunalpolitisch hat die Einrichtung von Fußgängerzonen und Stellplätzen besondere Bedeutung.

215 § 147 Satz 1 Nr. 4 BauGB bezieht sich auf öffentliche Erschließungsanlagen der Gemeinde. Die Herstellung und Änderung privater Erschließungsanlagen wird nur ausnahmsweise städtebaulich relevant sein. In Betracht kommen Fälle, in denen

städtebauliche Missstände nicht anders beseitigt werden können oder in denen das öffentliche Interesse an der Durchführung der Maßnahme überwiegt, weil es sich um öffentlich zugängliche oder zumindest öffentlich einsehbare private Erschließungsanlagen handelt. Keine Ordnungsmaßnahmen sind Maßnahmen zur Verbesserung des Verkehrs auf den privaten Grundstücken, wie die Herstellung und Änderung von Zufahrten oder Verbindungsstrecken zwischen einzelnen aufstehenden Gebäuden. Zu den Erschließungsanlagen i.S. von § 147 Abs. 1 BauGB gehören nicht Erschließungsanlagen, für die ein anderer öffentlicher Träger zuständig ist. Ortsdurchfahrten von Bundes-, Landes- oder Kreisstraßen sind daher keine Erschließungsanlagen in diesem Sinne. Das Gleiche gilt auch für Anlagen der öffentlichen Versorgung mit Elektrizität, Gas, Wasser, Wärme; Anlagen der Abwasserwirtschaft und die Fernmeldeanlagen der Telekom. Für die sanierungsbedingte Änderung dieser Anlagen enthält § 150 BauGB eine besondere Regelung, vgl. Rnr. 202f.

Laut § 147 Satz 3 BauGB muss es sich um sanierungsbedingte Anlagen handeln, Erschließungsanlagen inmitten eines Sanierungsgebietes sind grundsätzlich sanierungsbedingt. Anders verhält es sich bei Erschließungsanlagen am Rande eines Sanierungsgebietes. Hier kommt es nicht darauf an, ob sie noch im Sanierungsgebiet liegen, sondern darauf, ob sie überwiegend der Erschließung des Sanierungsgebietes dienen. Die Aufteilung einer Erschließungsanlage in einen sanierungsbedingten und einen nichtsanierungsbedingten Teil ist nur insoweit zulässig, als die Teile erkennbar keine Beziehung zum Sanierungsgebiet haben. So können bei einer Straße an der Grenze des Sanierungsgebietes z.B. einseitige Gehwege, Radwege und Parkstreifen anders als die Straße insgesamt bewertet werden. Dies ist jedoch nicht möglich für die Fahrbahn, die Straßenentwässerung und die Straßenbeleuchtung, vgl. BVerwG 21.10.1983 E 68, 130. *216*

Aufgrund von § 147 Satz 3 BauGB können sanierungsbedingte Erschließungsanlagen, einschließlich Ersatzanlagen auch außerhalb des Sanierungsgebietes liegen. So kann z.B. die Herstellung einer Straße oder Brücke, die außerhalb dieses Gebietes liegt, überwiegend der Verbesserung seiner Erschließung dienen. Ersatzanlagen sind Erschließungsanlagen, die funktionsmäßig an die Stelle durch die städtebauliche Sanierung beseitigter Erschließungsanlagen treten, z.B. können öffentliche Flächen für den ruhenden Verkehr einem anderen Zweck gewidmet werden. Die dafür neu einzurichtenden Flächen für den öffentlichen Verkehr müssen nicht in das förmlich festzulegende Sanierungsgebiet miteinbezogen werden. Die Aufwendungen der Gemeinde für diese Erschließungsanlagen können nicht durch die Erhebung von Ausgleichsbeträgen nach § 154 BauGB gedeckt werden. In Betracht kommt dagegen die Erhebung von Erschließungsbeiträgen nach §§ 127 ff. BauGB oder nach dem Kommunalabgabengesetz des Landes. *217*

3.4.2.1.7 Sonstige Maßnahmen

Bei den sonstigen Maßnahmen in § 147 Satz 1 Nr. 5 BauGB, die notwendig sind, damit die Baumaßnahmen durchgeführt werden können, handelt es sich um einen Auffangtatbestand. Bei den Baumaßnahmen, auf die hier das Gesetz Bezug nimmt, *218*

Städtebauliche Sanierungsmaßnahmen

handelt es sich um sanierungserforderliche Baumaßnahmen i.S. von § 148 BauGB. Die sonstige Maßnahme muss sich nicht auf das gleiche Grundstück beziehen, auf dem die Baumaßnahme durchgeführt werden soll. Maßgeblich ist der funktionelle Zusammenhang beider Maßnahmen. Sonstige Maßnahmen i.s. der Vorschrift sind z.B. Sicherungsmaßnahmen zur Erhaltung baulicher Anlagen. Zu den sonstigen Maßnahmen gehören insbesondere auch Maßnahmen

- zur Regulierung des Grundstückniveaus
- zur Behebung besonderer Gründungsschwierigkeiten.

Zu den sonstigen Maßnahmen siehe unten Rnr. 634.

3.4.2.1.8 Naturschutzrechtliche Ausgleichsmaßnahmen der Gemeinde

219 Die Verwirklichung eines Vorhabens i.S. von § 29 Abs. 1 BauGB, insbesondere die Errichtung einer baulichen Anlage kann zu einem Eingriff in Natur und Landschaft i.S. von § 8 Abs. 1 Bundesnaturschutzgesetz (BnatSchG) führen. Der Anwendungsbereich dieses Gesetzes erstreckt sich neben dem unbesiedelten auch auf den besiedelten Bereich, vgl. § 1 Abs. 1 BnatSchG. Unter diesen Eingriffen sind Veränderungen der Gestalt oder Nutzung von Grundflächen zu verstehen, die die Leistungsfähigkeit des Naturhaushalts oder das Landschaftsbild erheblich oder nachhaltig beeinträchtigen können. Nach § 8 Abs. 2 Satz 1 BnatSchG ist der Verursacher eines solchen Eingriffes zu verpflichten, unvermeidbare Beeinträchtigungen von Natur und Landschaft auszugleichen, soweit es zur Verwirklichung der Ziele des Naturschutzes und der Landschaftspflege erforderlich ist. Als Ausgleichsmaßnahmen kommen Anpflanzungen i.S. von § 9 Abs. 1 Nr. 25 a) BauGB in Betracht. § 8 a BnatSchG bestimmt das Verhältnis der Naturschutzrechtlichen Eingriffsregelung zum Baurecht. Teile dieser Regelung sind durch das BauROG 1998 in das BauGB überführt worden, vgl. §§ 135 a bis 135 c BauGB.

220 Nach § 8a Abs. 1 BnatSchG ist über zu erwartende Eingriffe in Natur und Landschaft nach den Vorschriften des BauGB zu entscheiden. Entsprechend § 1a Abs. 3 Satz 1 BauGB ist der Ausgleich über zu erwartende Eingriffe in Natur und Landschaft durch geeignete Darstellungen als Flächen zum Ausgleich im Flächennutzungsplan und Festsetzungen im Bebauungsplan als Flächen oder Maßnahmen zum Ausgleich vorzunehmen. Dieser Ausgleich unterliegt somit der Abwägung. § 1a Abs. 3 Satz 2 BauGB lässt unter bestimmten Voraussetzungen die Darstellungen und Festsetzungen für den Ausgleich auch an anderer Stelle als dem Ort des Eingriffes zu, vgl. auch § 5 Abs. 2a und § 9 Abs. 1a BauGB. Während nach § 135a Abs. 1 BauGB die im Bebauungsplan festgesetzten Ausgleichsmaßnahmen vom Vorhabenträger durchzuführen sind, soll bei dem Ausgleich an anderer Stelle die Gemeinde nach § 135a Abs. 2 Satz 1 BauGB die Maßnahmen anstelle der Vorhabenträger und Eigentümer durchführen. § 135a Abs. 2 Satz 2 BauGB lässt die Durchführung dieser Ausgleichsmaßnahmen bereits vor den Baumaßnahmen zu. Nach § 135a Abs. 3 Satz 2 BauGB erhebt die Gemeinde für die Deckung ihres Aufwandes für die Ausgleichsmaßnahmen einschließlich der Bereitstellung der hierfür

Durchführung städtebaulicher Sanierungsmaßnahmen

erforderlichen Flächen von den Eigentümern einen Kostenerstattungsbetrag. Die Regelungen über die Erhebung dieses Kostenerstattungsbetrages lehnen sich an das Erschließungsbeitragsrecht an, vgl. auch § 135 a Abs. 4 BauGB.

§ 147 Satz 2 BauGB, der durch das BauROG 1998 in das Gesetz neueingefügt worden ist, bestimmt, dass die Bereitstellung der Flächen und die Durchführung der Ausgleichsmaßnahmen durch die Gemeinde gemäß § 1a Abs. 3 und § 9a Abs. 1a BauGB an anderer Stelle als dem Ort des Eingriffes, d. h. hier außerhalb der Baugrundstücke, als sanierungsrechtlich als Ordnungsmaßnahme gilt. Es muss sich allerdings um sanierungsbedingte Baumaßnahmen handeln. Werden von dem Eigentümer des Grundstücks sanierungsrechtliche Ausgleichsbeträge erhoben, entfällt nach § 154 Abs. 1 Satz 2 und 3 BauGB die Erhebung des Kostenerstattungsbetrages nach § 135 a Abs. 3.   221

Die Vorschriften über die naturschutzrechtliche Eingriffsregelung sind aufgrund von § 8a Abs. 2 Satz 1 BNatSchG auf Vorhaben in Bebauungsplangebieten sowie während der Planaufstellung nach § 30 BauGB und im Innenbereich nach § 34 BauGB nicht anzuwenden. Allerdings ist im letzten Falle noch § 8a Abs. 3 BNatSchG bei Entscheidungen über die Errichtung baulicher Anlagen der für Naturschutz und Landschaftspflege zuständigen Behörde Gelegenheit zur Stellungnahme zu geben.   222

3.4.2.2 Durchführung der Ordnungsmaßnahmen

3.4.2.2.1 Durchführung durch die Gemeinde

Nach § 147 Satz 1 BauGB ist die Durchführung der Ordnungsmaßnahmen allgemein eine Aufgabe der Gemeinde. Hierbei unterscheidet das Gesetz nicht zwischen Ordnungsmaßnahmen auf gemeindlichen und solchen auf privaten Grundstücken. Andererseits ist aus der Bestimmung keine Befugnis der Gemeinde zur Durchführung von Ordnungsmaßnahmen auf privaten Grundstücken abzuleiten. Um dort eine Ordnungsmaßnahme durchführen zu können, muss die Gemeinde daher mit dem privaten Grundeigentümer einen so genannten Duldungsvertrag abschließen. Soweit der Grundeigentümer hierzu nicht bereit ist, muss die Gemeinde von ihren rechtlichen Möglichkeiten nach dem BauGB Gebrauch machen. Hierzu gehört in erster Linie die Anordnung eines Rückbaugebotes unter den in § 179 BauGB bestimmten Voraussetzungen, vgl. hierzu unten Rnr. 586ff. Aufgrund eines unanfechtbaren Rückbaugebotes ist der Eigentümer verpflichtet, den Abbruch baulicher Anlagen auf seinem Grundstück durch die Gemeinde zu dulden. Soweit Maßnahmen zur Bodenordnung erforderlich sind, hat die Gemeinde zur Durchführung der städtebaulichen Sanierung ein Umlegungsverfahren nach §§ 45 ff BauGB oder einer Grenzregelung nach §§ 80 ff BauGB einzuleiten. Darüber hinaus kann die Gemeinde aus zwingenden städtebaulichen Gründen die Enteignung des Grundstückes nach § 88 BauGB beantragen. Zahlreiche Ordnungsmaßnahmen führen ohnehin zu Veränderungen auf den betroffenen Grundstücken, die die Beibehaltung des Grundeigentums für einen privaten Eigentümer unwirtschaftlich machen,   223 wie z.B. die Einrichtung öffentlicher Stellplätze oder der Bau einer öffentlichen Straße. Hiermit im Zusammenhang ist auch das Vorkaufsrecht der Gemeinde im förmlich festgelegten Sanierungsgebiet nach § 24 Abs. 1 Nr. 3 BauGB zu sehen, vgl. hierzu unten Rnr. 254 ff. Steht hingegen der Durchführung einer Ordnungsmaßnahme ein schuldrechtliches Nutzungsverhältnis im Wege, kann die Gemeinde, soweit dies erforderlich ist, dieses Vertragsverhältnis nach den §§ 182 ff. BauGB aufheben, vgl. hierzu unten Rnr. 278 ff., sobald sie das Sanierungsgebiet förmlich festgelegt hat.

3.4.2.2.2 Durchführung durch den Eigentümer

224 § 146 Abs. 3 Satz 1 BauGB gestattet es der Gemeinde, abweichend von ihrer Verantwortlichkeit nach § 147 Abs. 1 Satz 1 BauGB für diese Aufgabe, dem Eigentümer die Durchführung der Ordnungsmaßnahmen aufgrund eines Vertrages ganz oder teilweise zu überlassen. Bei diesem Vertrag handelt es sich um einen öffentlich-rechtlichen Vertrag i.S. von § 54 Verwaltungsverfahrensgesetz (VwVfG), der nach § 57 VwVfG der Schriftform bedarf. Der betroffene Grundeigentümer hat aber keinen Anspruch auf Überlassung der Durchführung von Ordnungsmaßnahmen. Führt der Eigentümer eine entsprechende Maßnahme aus eigener Initiative, d.h. ohne Abschluss eines entsprechenden Vertrages auf seinem Grundstück durch, handelt es sich hierbei mangels Überlassung durch die Gemeinde um keine Ordnungsmaßnahme i.S. des Gesetzes, selbst wenn die Maßnahme die städtebauliche Sanierung dienlich ist. Ob die Gemeinde einen solchen Vertrag abschließen will, liegt in ihrem Ermessen, d.h. sie darf ein Vertragsangebot eines Eigentümers ablehnen, wenn sie Gründe für die Annahme hat, die Durchführung durch den Eigentümer sei nicht zweckmäßig, weil mit einer schleppenden oder aufwändigen Durchführung der Ordnungsmaßnahme gerechnet werden muss. In vielen Fällen wird es aber gerade sinnvoll sein, dem Eigentümer die Durchführung der sanierungserforderlichen Ordnungsmaßnahme zu überlassen, weil er sie z.B. mit einem geringeren Aufwand als die Gemeinde auf seinem Grundstück durchführen kann. Hierbei ist an die Freilegung von Grundstücken sowie an den Umzug von Bewohnern und Betrieben zu denken. Meist wird der Umzug von Betrieben bestimmte fachliche Kenntnisse erfordern, über die zwar der Betriebsinhaber, nicht aber die Gemeinde verfügt. Zulässig ist aber auch die Übertragung von Ordnungsmaßnahmen durch einen Vertrag der Gemeinde mit mehreren Eigentümern.

225 Auch nach dem Abschluss eines Überlassungsvertrages bleibt die Gemeinde weiter für die Durchführung der Ordnungsmaßnahmen verantwortlich. Sobald die zügige und zweckmäßige Durchführung der vertraglich überlassenen Ordnungsmaßnahmen durch den Eigentümer nicht gewährleistet, muss die Gemeinde sich der Angelegenheit wieder annehmen. Eine zügige Durchführung ist nicht anzunehmen, wenn die Ordnungsmaßnahme nur mit zeitlichen Verzögerungen erfolgt. Eine zweckmäßige Durchführung liegt nicht vor, wenn die Maßnahme in ihrer Art und Weise nicht der städtebaulichen Planung der Gemeinde entspricht oder in unwirtschaftlicher Form vom Eigentümer vorgenommen wird. Die Gemeinde muss nach

Durchführung städtebaulicher Sanierungsmaßnahmen

§ 146 Abs. 3 Satz 2 BauGB unter diesen Voraussetzungen für die Durchführung der Ordnungsmaßnahmen sorgen oder sie selbst übernehmen. Sie muss den Eigentümer auffordern, seine vertragliche Verpflichtung zu erfüllen. Bleibt dies erfolglos oder hält die Gemeinde eine solche Aufforderung für nicht zweckmäßig, ist sie verpflichtet, den Überlassungsvertrag entsprechend § 60 VwVfG zu kündigen und die Durchführung der Ordnungsmaßnahme selbst zu übernehmen, wenn sie rechtlich dazu befugt ist. Aus § 155 Abs. 6 BauGB ergibt sich jedoch, dass eine Kostenerstattung auch vertraglich ausgeschlossen werden kann.

3.4.2.3 Kosten der Ordnungsmaßnahmen

3.4.2.3.1 Grundsätzliches

Da es sich bei der Durchführung der der Ordnungsmaßnahmen um eine Aufgabe der Gemeinde handelt, muss sie auch die Kosten tragen. Die Kostenpflicht der Gemeinde besteht auch grundsätzlich in den Fällen, in denen sie die Durchführung der Ordnungsmaßnahmen dem Eigentümer vertraglich überlassen hat. Besonders sinnvoll ist die Vereinbarung eines Rücktrittsrechtes der Gemeinde im Hinblick auf mögliche Leistungsstörungen auf Seite des Eigentümers, so auch BVerwG 9. 1. 1991 Buchholz 406.11 § 147 BauGB Nr. 1. Es ist daher zweckmäßig, im Überlassungsvertrag auch die Höhe der dem Eigentümer zu erstattenden Kosten soweit wie möglich zu regeln. Es besteht keine gesetzliche Verpflichtung der Gemeinde dem Eigentümer eine Vorauszahlung zur Deckung der Kosten für die von ihm durchzuführende Ordnungsmaßnahme zu gewähren. Nach § 155 Abs. 1 Nr. 2 Halbsatz 2 BauGB sind die entstandenen Kosten dem Eigentümer auf den von ihm zu entrichtenden Ausgleichsbetrag anzurechnen. Übersteigen die Kosten den Ausgleichsbetrag, so hat die Gemeinde nach § 155 Abs. 6 BauGB dem Eigentümer den Unterschiedsbetrag zu erstatten, vgl. unten Rdn. 359. Die Gemeinde hat die bei der Durchführung der Ordnungsmaßnahmen unmittelbar entstehenden Kosten zu tragen. Hinzu kommen aber auch Entschädigungen für materielle Nachteile, die Dritten durch die Ordnungsmaßnahmen entstehen. Behält der Eigentümer sein Eigentum und wird ein Nutzungsrechtsverhältnis nicht aufgrund der städtebaulichen Sanierung beendet, muss die Gemeinde die Kosten für sanierungserforderliche Unterbringung in einer Zwischenunterkunft und die damit verbundenen Umzugskosten tragen. Eigentümer und Mieter müssen sich aber ersparte Aufwendungen, die ihnen durch die zeitweilige Räumung ihrer Grundstücke, Gebäude oder Wohnungen entstehen, auf ihren Erstattungsanspruch gegenüber der Gemeinde anrechnen lassen. Auch haben weder Eigentümer noch Mieter gegenüber der Gemeinde einen Anspruch auf Unterbringung in einer Zwischenunterkunft.

226

Im Interesse der Beschleunigung des Sanierungsverfahrens kann sich die Neigung entwickeln, bei der Bemessung der Zahlungen in Einzelfällen besonders großzügige Maßstäbe zugrundezulegen. Es hat sich jedoch in der Praxis gezeigt, dass bei einem derartigen Vorgehen sehr schnell allgemeine Erwartungshorizonte entstehen, die entweder bei Berücksichtigung zu höheren Sanierungskosten oder bei Nichtberücksichtigung zu einer Verzögerung des Sanierungsverfahrens führen.

227

Bei der Entschädigung vermögensrechtlicher Nachteile infolge Durchführung von Ordnungsmaßnahmen, sind die enteignungsrechtlichen Vorschriften der §§ 93 bis 103 BauGB und die hierzu von der Rechtssprechung entwickelten Grundsätze zu beachten.

3.4.2.3.2 Kosten des Grunderwerbs

228 Bei der Bemessung von Ausgleichs- und Entschädigungsleistungen und Kaufpreisen für Grundstücke im förmlich festgelegten Sanierungsgebiet ist zusätzlich § 153 Abs. 1 BauGB zu beachten, es sei denn, die Gemeinde hat entsprechend § 142 Abs. 4 Halbsatz 1 BauGB die Anwendung der § 152 bis 156 BauGB ausgeschlossen. Die Regelung des § 153 Abs. 1 BauGB dient der Verhinderung von sanierungsbedingten Vermögensvorteilen auf seiten privater Grundeigentümer und zugleich mittelbar der Finanzierung der städtebaulichen Sanierung, weil hierdurch eine Erhöhung der Entschädigungsansprüche gegen die Gemeinde vermieden wird.

Bei Entschädigungen ist grundlegend zwischen Eigentümern und schuldrechtlichen Nutzern, wie Mietern oder Pächtern, zu unterscheiden. Während der Eigentümer für den eintretenden Rechtsverlust an dem aufzugebenden Grundstück oder sonstigen Gegenstand zu entschädigen ist, hat der Nutzungsberechtigte nur einen Anspruch auf eine Entschädigung für die vorzeitige Beendigung seines Nutzungsrechtes. Neben dem Rechtsverlust an dem aufzugebenden Grundstück oder sonstigen Gegenstand sind nach der Regelung in § 96 BauGB andere damit verbundene Vermögensnachteile zu entschädigen. Diese so genannten Folgekosten haben für die Sanierungspraxis beim Umzug von Bewohnern und Betrieben eine besondere Bedeutung. Zu diesen Folgekosten zählen die „notwendigen Aufwendungen für einen durch die Enteignung erforderlich werdenden Umzug". Vgl. hierzu unten Rnr. 629f.

3.4.2.3.3 Kosten des Umzuges von Bewohnern

229 Umzugskosten sind nach § 96 Abs. 1 Satz 2 Nr. 3 BauGB zu entschädigen. Umzugskosten sind Aufwendungen für den Transport des Umzugsgutes, Reisekosten der Betroffenen und Kosten für den Ersatz nach dem Umzug nicht wieder verwendbarer Einrichtungsgegenstände sowie Kosten für den Einbau von Einrichtungsgegenständen. Erstattungsfähig sind nach dem Gesetz aber nur die notwendigen Aufwendungen. Notwendig ist der Aufwand, der für Maßnahmen entsteht, die ein verständiger Eigentümerin der gegebenen Lage vernünftigerweise ergreift, vgl. BGH 8. 4. 1965 NJW 1965,1480. Als Maßstab für angemessene Umzugskosten bietet sich im Einzelfall das für Beamte geltende Umzugskostenrecht an. Während die Gemeinde dem umziehenden Eigentümer eines Wohngebäudes oder einer Wohnung die entstehenden Kosten in diesem Rahmen voll erstatten muss, hat der Mieter einer Wohnung hier nur einen begrenzten Erstattungsanspruch. Er ist nur dafür zu entschädigen, dass ihm die Umzugskosten infolge der vorzeitigen Beendigung seines Nutzungsverhältnisses früher entstehen. Vorzeitig beendet ist ein Mietverhältnis, soweit seine sanierungsbedingte Enteignung, Aufhebung oder vertragliche

Auflösung vor dem Zeitpunkt liegt, an dem es privatrechtlich von seiten des Vermieters hätte gekündigt werden können oder an dem der Mietvertrag seinem Inhalt nach beendet worden wäre. Wenn daher der Umzug mit der vertragsgemäßen Beendigung oder der Kündigung des Mietvertrages zeitlich zusammenfällt, hat der Mieter überhaupt keinen Anspruch auf Erstattung seiner Umzugskosten. Dies gilt auch dann, wenn der Vermieter allein aus städtebaulichen Gründen kündigt. Die Erwartung des Mieters, der Vermieter werde ihm niemals kündigen, begründet keinen Erstattungsanspruch. Muss demgegenüber der Mieter seine Wohnung vorzeitig verlassen, so hat er einen Anspruch auf Erstattung eines Betrages, der der Verzinsung seiner Umzugskosten vom Zeitpunkt des Umzuges bis zu dem Zeitpunkt, zu dem das Mietverhältnis vom Vermieter hätte gekündigt werden können oder an dem es, wenn es befristet war, sein vertraglich vereinbartes Ende gefunden hätte, entspricht.

3.4.2.3.4 Kosten des Umzuges von Betrieben

Für den Umzug von Betrieben gilt grundsätzlich das Gleiche wie für den Umzug von Bewohnern. Die Berechnung der Umzugskosten ist jedoch schwieriger. Auch hier gilt, dass der Betriebsinhaber die Aufwendungen in einem angemessenen Rahmen halten muss, vgl. BGH 13. 11. 1975 BGH Z 65, 253. Als erstattungsfähige Folgekosten kommen beim Umzug eines Betriebes in Frage:

– Betriebsverlagerungskosten einschließlich der Umzugskosten des Inhabers und der Mitarbeiter, Betriebsunterbrechungskosten, Neuadressierungskosten
– Kosten für die Herrichtung des neuen Betriebsgrundstückes
– Aufwendungen für nicht verlagerungsfähige Betriebseinrichtungsgegenstände
– Ertragsverluste während des Umzuges und einer anschließenden angemessenen Wiederanlaufzeit.

Für die Bemessung dieser Folgekosten gelten die folgenden Grundsätze:

(1) Nach § 93 Abs. 3 Satz 1 BauGB gilt der Grundsatz des Vorteilsausgleiches. Sind dem Betriebseigentümer durch die Umsetzung seines Betriebes Vermögensvorteile entstanden, werden diese auf die Folgekosten angerechnet.

(2) Erwartete Gewinne, die dem Betriebseigentümer entgehen, werden nicht berücksichtigt, vgl. BGH 20. 12. 1971 E 57, 358, 368. § 252 BGB ist nicht anzuwenden. Die Höhe der Entschädigung richtet sich nach dem Verkehrswert der aufzugebenden Substanz. Die zu erwartende Vermögensentwicklung hat daher insoweit keine Bedeutung.

(3) Maßgebend sind nicht die entstehenden oder entstandenen Kosten der Umsetzung des Betriebes, sondern es gilt die abstrakte Berechnungsmethode. Zu entschädigen sind danach die Nachteile bis zur Höhe der Aufwendungen, die bei vernünftiger Wertung erforderlich sind, um ein anderes Betriebsgrundstück in gleicher Weise wie das aufzugebende zu nutzen. Ohne Bedeutung ist, ob dem Betriebseigen-

tümer damit die Beschaffung eines Ersatzgrundstückes in Wirklichkeit gelingt oder ob er die Entschädigung ganz anders anlegt, vgl. BGH 6. 12. 1965 NJW 1966, 493, 496.

(4) § 96 Abs. 1 Satz 2 Nr. 1 BauGB bestimmt für die Entschädigung der Folgekosten eine Obergrenze. Diese ergibt sich aus der Höhe des Aufwandes, der erforderlich ist, um das neue Betriebsgrundstück in der gleichen Weise wie das alte Betriebsgrundstück nutzen zu können. Folgekosten, die höher sind als dieser angenommene Verlagerungsaufwand, müssen daher nicht entschädigt werden.

(5) Behält der Betriebseigentümer trotz Umsetzung des Betriebes das Eigentum an dem vormaligen Betriebsgrundstück, so sind verlagerungsbedingte Werterhöhungen dieses Grundstückes nach dem Grundsatz des Vorteilsausgleiches schon bei der Bemessung der Folgekosten abzurechnen.

(6) Zu den Folgekosten gehört auch die auf die Entschädigung des Betriebseigentümers entfallende Umsatzsteuer.

232 Die Ermittlung der Folgekosten bei der Verlagerung größerer Betriebe erfordert in der Praxis die Anfertigung eines Gutachtens. Der Gutachter muss die vorgenannten Rechtsgrundsätze kennen, über betriebswirtschaftliche Kenntnisse verfügen und Einblick in die Betriebstechnik haben. Für die Ermittlung der Folgekosten hat hier die Auskunftspflicht des Betriebseigentümers nach § 138 BauGB eine ganz besondere Bedeutung, vgl. hierzu oben Rnr. 60ff.

3.4.3 Aufwendungen öffentlicher Versorgungsträger

233 § 150 BauGB regelt einen Erstattungsanspruch öffentlicher Versorgungsträger für besondere Aufwendungen gegen die Gemeinde. Soweit sie danach Kosten übernehmen muss, handelt es sich um Kosten für die Durchführung bestimmter Ordnungsmaßnahmen. Es handelt sich um eine besondere Folgekostenregelung, die auf dem Veranlasserprinzip beruht und insoweit vor anderen gesetzlichen Regelungen Vorrang hat. Die Bestimmung bezieht sich auf die im Gesetz abschließend aufgezählten Anlagen, die der öffentlichen Versorgung mit Elektrizität, Gas, Wasser und Wärme dienen, sowie auf Anlagen der Wasserwirtschaft und auf Fernmeldeanlagen der Telekom. Derartige Anlagen müssen bereits vorhanden sein, Dies ergibt sich aus der Formulierung „nicht mehr zur Verfügung stehen" in § 150 Abs. 1 Satz 1 BauGB. Von Bedeutung sind hier nur Anlagen, die in einem förmlich festgelegten Sanierungsgebiet liegen und aufgrund der Durchführung der Sanierung nicht mehr zur Verfügung stehen, d.h. nicht mehr als solche nutzbar sind oder verlegt werden müssen. Dies setzt eine städtebauliche Planung der Gemeinde voraus, die insoweit eine Neuordnung des Sanierungsgebietes zum Ziel hat. Das gleiche gilt bei der Änderung von Erschließungsanlagen i.S. von § 127 Abs. 1 BauGB aufgrund der Sanierungsplanung der Gemeinde z.B. durch Ausbau und Neutrassierung von Straßen.

Die sanierungsbezogene Kausalität ergibt sich nicht aus dem Umstand, dass in einem förmlich festgelegten Sanierungsgebiet Versorgungsleitungen verlegt werden

Durchführung städtebaulicher Sanierungsmaßnahmen

müssen. Die Beziehung zur Sanierung entfällt, wenn eine Straße aus allgemeinen verkehrlichen Gründen geändert wird. Auf die Art der Finanzierung der Maßnahme kommt es dagegen nicht an. Bei der auslösenden Durchführung kann es sich sowohl um Sanierungsmaßnahmen mit dem Ziel der Schaffung eines neuen Systems der öffentlichen zum Anbau bestimmten Plätze und Wege, aber auch Einzelmaßnahmen zur Umgestaltung dieser Erschließungsanlagen handeln, die etwa die Verlagerung einer Telefonzelle erforderlich machen.

Dem öffentlichen Versorgungsträger müssen hierdurch besondere Aufwendungen entstehen, die über das bei ordnungsgemäßer Wirtschaft erforderliche Maß hinausgehen. D. h. Aufwendungen, die dem Versorgungsträger auch unter gleichen Verhältnissen außerhalb des Sanierungsgebietes ohne eine Sanierungsdurchführung entstehen würden, hat er selbst zu tragen. Das Gesetz nennt als Beispiele für Maßnahmen, die über das bei ordnungsgemäßer Wirtschaft erforderliche Maß hinausgehen, den Ersatz oder die Verlegung der Versorgungsanlagen. Hierbei handelt es sich aber nicht um unwiderlegbare Fiktionen des Gesetzgebers sondern nur um Vermutungen. Maßnahmen des Versorgungsträgers, die lediglich einem höheren Bedarf oder einem erwarteten höheren Bedarf Rechnung tragen, gehören noch zu dem bei ordnungsgemäßer Wirtschaft erforderlichen Maß. Zu den nach § 150 Abs. 1 Satz 1 BauGB erstattungsfähigen Kosten gehören Sachkosten, nicht dagegen Einnahmeausfälle, Betriebsverluste, Betriebskosten des Versorgungsträgers. Personalkosten sind dagegen auch dann erstattungsfähig, wenn der Versorgungsträger die Maßnahmen mit eigenem Personal durchgeführt hat, vgl. BGH 11. 12. 1980 MDR 1981, 567. Kosten, die durch Beiträge oder Gebühren gedeckt werden können, sind keine besonderen Aufwendungen des Trägers i.S. von § 150 Abs. 1 Satz 1 BauGB. 234

Bei der Bemessung der Höhe des Erstattungsanspruches sind nach § 150 Abs. 1 Satz 2 BauGB Vorteile und Nachteile, die dem Versorgungsträger im Zusammenhang mit den erforderlichen Maßnahmen entstehen, auszugleichen. Vorteile für den Versorgungsträger können sich aus der größeren Leistungsfähigkeit und der damit verbundenen höheren Wirtschaftlichkeit der Anlagen ergeben. Zu nennen ist ferner der Wertunterschied zwischen der alten funktionslosen und der neuen Ersatzanlage, so auch OLG Bremen 14. 2. 1979 Der Städtetag 1979, 473. Nachteile sind anzunehmen, wenn der Versorgungsträger aufgrund seiner Maßnahmen in dem Sanierungsgebiet noch weitere Maßnahmen außerhalb des Sanierungsgebietes durchführen muss, die zu nicht erstattungsfähigen Kosten führen. Der Erstattungsanspruch ist von dem Versorgungsträger geltend zu machen, d.h. ihm obliegt der Nachweis der besonderen Aufwendungen i.S. der Vorschrift. Es handelt sich um einen öffentlich-rechtlichen Anspruch gegen die Gemeinde, der nicht der Verzinsung unterliegt. In der Praxis kommt es oft zu Meinungsverschiedenheiten zwischen der Gemeinde und dem Versorgungsträger über das Bestehen des öffentlich-rechtlichen Erstattungsanspruches oder seine Höhe. Soweit eine Einigung nicht zustandekommt, entscheidet nach § 150 BauGB die zuständige höhere Verwaltungsbehörde. Ihre Entscheidung kann nach § 217 Abs. 1 Satz 1 BauGB vor den Kammern für 235

Baulandsachen angefochten werden. Da die Materie in ihrer Praxis auch aufgrund der Formulierung des Gesetzes sehr konfliktträchtig ist, empfiehlt sich allgemein eine vertragliche Einigung zwischen Gemeinde und dem Träger. § 150 BauGB schließt von seinem Inhalt abweichende Verträge nicht aus.

3.4.4 Baumaßnahmen

3.4.4.1 Allgemeines

236 Die sanierungserforderlichen Baumaßnahmen haben für die städtebauliche Sanierung eine wesentliche Bedeutung. Ob und inwieweit ein Gebiet i.S. von § 136 Abs. 2 Satz 1 BauGB wesentlich verbessert oder umgestaltet wird, hängt von den Baumaßnahmen ab. Dennoch kommen auch städtebauliche Sanierungsmaßnahmen ohne die Durchführung von Baumaßnahmen i.S. von § 148 Abs. 2 BauGB in Betracht. Die Umgestaltung des Gebietes kann in seltenen Fällen aus dem Rückbau von Siedlungsflächen bestehen. Z.B. können auf nicht mehr benötigten Gewerbeflächen bauliche Anlagen beseitigt werden, ohne dass eine Neubebauung dieser Flächen durchgeführt wird, vgl. BT-Drs. 10/4630 S. 117. Die Aufzählung der in Frage kommenden Arten von Baumaßnahmen in § 148 Abs. 2 BauGB ist nach strittiger, aber richtiger Auffassung abschließend. Welche Baumaßnahmen im Einzelfall sanierungserforderlich sind, bestimmt die Gemeinde im Rahmen ihrer städtebaulichen Planung.

3.4.4.2 Sanierungserforderliche Baumaßnahmen

3.4.4.2.1 Modernisierung und Instandsetzung

237 Aufgrund von § 148 Abs. 2 Nr. 1 BauGB gehören die Modernisierung und Instandsetzung zu den Baumaßnahmen. Hinsichtlich des Inhaltes dieser Baumaßnahmen ist nach herrschender Auffassung von den in § 177 BauGB für die Anordnung eines Modernisierungs- oder Instandsetzungsgebotes enthaltenen Tatbestandsvoraussetzungen auszugehen, vgl. hierzu unten Rnr. 549ff. In der Praxis wird die Durchführung dieser städtebaulich wichtigen Baumaßnahmen bei der Sanierung durch einen Vertrag zwischen Gemeinde und Eigentümer vereinbart, der an die Stelle des Gebotes tritt. Eingeschlossen sind die nicht anordnungsfähigen zu vereinbarenden Maßnahmen des § 164 a Abs. 3 Satz 2 BauGB, die der Erhaltung, Erneuerung und funktionsgerechten Verwendung eines Gebäudes mit geschichtlicher, künstlerischer oder städtebaulicher Bedeutung dienen. Modernisierungs- und Instandsetzungsmaßnahmen sind Veränderungen an baulichen Anlagen. Zur Deckung der Kosten durch Städtebauförderungsmittel vgl. unten Rdn. 694. Durch Modernisierungsmaßnahmen werden Missstände, die eine bauliche Anlage nach ihrer inneren oder äußeren Beschaffenheit aufweist, beseitigt. Nach § 177 Abs. 2 BauGB liegen Missstände insbesondere vor, wenn die bauliche Anlage nicht den allgemeinen Anforderungen an gesunde Wohn- und Arbeitsverhältnisse entspricht. Die Modernisierung dient somit der Verbesserung des Gebrauchswertes baulicher Anlagen. Zur Abwendung eines Vorkaufsrechtes nach § 27 Abs. 1 Satz 2 BauGB

Durchführung städtebaulicher Sanierungsmaßnahmen

bei einer baulichen Anlage, die Missstände i.S. von § 177 Abs. 2 und 3 Satz 1 BauGB aufweist, vgl. unten Rdn. 264.

Instandsetzung ist die Behebung von Mängeln, die eine bauliche Anlage nach ihrer inneren oder äußeren Beschaffenheit aufweist. § 177 Abs. 3 Satz 1 BauGB umschreibt diese baulichen Mängel beispielhaft als *238*

– die nicht nur unerhebliche Beeinträchtigung der bestimmungsgemäßen Nutzung der baulichen Anlage
– die nicht nur unerhebliche Beeinträchtigung des Straßen- oder Ortsbildes durch die äußere Beschaffenheit der baulichen Anlage
– die Erneuerungsbedürftigkeit einer baulichen Anlage, die wegen ihrer städtebaulichen, insbesondere geschichtlichen oder künstlerischen Bedeutung erhalten bleiben soll.

Als Ursachen der Mängel nennt das Gesetz beispielhaft: Abnutzung, Alterung, Witterungseinflüsse und die Einwirkungen Dritter.

Die Instandsetzung dient letztlich der Wiederherstellung eines früher vorhandenen Zustandes der baulichen Anlage.

In der Praxis sind zumeist an einer baulichen Anlage zugleich Modernisierungs- und Instandsetzungsmaßnahmen aus folgenden Gründen zu unterscheiden. (1) Kosten, die auf unterlassenen Instandsetzungen beruhen, hat der Eigentümer nach § 177 Abs. 4 Satz 3 Halbsatz 2 BauGB selbst zu tragen, wenn er nicht nachweisen kann, dass ihre Vornahme für ihn wirtschaftlich unvertretbar oder ihm nicht zuzumuten war. (2) Soweit der Eigentümer als Vermieter zur Instandhaltung verpflichtet ist, kann er aufgrund von Instandsetzungsmaßnahmen anders als bei der Durchführung von Modernisierungsmaßnahmen keinen erhöhten Mietzins von dem Mieter beanspruchen. (3) Steuerrechtlich gehören die Modernisierungskosten i.d.R. zum Herstellungsaufwand. Hingegen ergeben sich für Instandsetzungskosten steuerrechtlich unterschiedliche Folgen. Viele Modernisierungsmaßnahmen setzen aus bautechnischen Gründen die Durchführung von Instandsetzungsmaßnahmen voraus. Diese Instandsetzungsmaßnahmen sind insoweit den Modernisierungsmaßnahmen zuzurechnen, vgl. hierzu Rnr. 718. *239*

§ 148 Abs. 2 Nr. 1 BauGB enthält hinsichtlich der Nutzung der zu modernisierenden baulichen Anlagen keine Einschränkung. Da der Katalog des § 148 Abs. 2 BauGB in Nr. 3 die Gemeinbedarfs- und Folgeeinrichtungen und in Nr. 4 Betriebe besonders nennt, fallen die entsprechenden baulichen Anlagen nicht unter die Modernisierung und Instandsetzung i.S. von § 148 Abs. 2 Nr. 1 BauGB. Die Vorschrift bezieht sich daher im Ergebnis sowohl auf Wohngebäude als auch auf gewerblich genutzte bauliche Anlagen. In der Praxis ist die Modernisierung oder Instandsetzung von ausschließlich gewerblich genutzten Gebäuden selten Gegenstand einer städtebaulichen Sanierungsmaßnahme. Es muss grundsätzlich davon ausgegangen werden, dass entsprechende Baumaßnahmen an derartigen Gebäuden überwiegend im wirtschaftlichen Interesse des Eigentümers liegen und von einem rentier- *240* lichen Gewerbebetrieb auch allein finanziert werden können. Die Instandsetzung alter Gebäude ist das wesentliche Element der erhaltenden Stadtsanierung. Diese Baumaßnahmen dienen auch oftmals der Erhaltung baulicher Anlagen mit einer gemischten Nutzung, z.B. von Wohngebäuden, in denen sich auch kleinere Büros oder im Untergeschoss Läden befinden.

241   Voraussetzung für eine Instandsetzung ist das Vorhandensein einer baulichen Anlage. Hinsichtlich des Ausmaßes der durchzuführenden baulichen Maßnahmen besteht ein großer Spielraum. Neben sehr umfangreichen Baumaßnahmen, wie der beinahe völligen Wiederherstellung eines Gebäudes, kommen auch Teilinstandsetzungen, wie die Wiederherstellung der alten Fassade in Betracht. Bei der Entscheidung zwischen Instandsetzung oder Neubau ist die städtebauliche Bedeutung der vorhandenen baulichen Anlage in Beziehung zu den Instandsetzungskosten zu setzen. Diese wiederum sind mit den Kosten für einen fiktiven vergleichbaren Neubau am gleichen Standort zu vergleichen. Vor der Durchführung umfangreicherer Instandsetzungsmaßnahmen ist daher i.d.R. die Anfertigung eines gründlichen bautechnischen Gutachtens nach einer sorgfältigen Untersuchung der vorhandenen Bausubstanz erforderlich, vgl. unten Rnr. 519. Oftmals kann erst aufgrund einer solchen Untersuchung entschieden werden, ob eine Instandsetzungsmaßnahme zur Erhaltung der baulichen Anlage durchgeführt werden soll. Insofern sind die Untersuchungen der städtebaulichen Planung i.S. von § 140 Nr. 4 BauGB zuzuordnen. Diese Untersuchungen führen in der Praxis oftmals zu unerwarteten Erkenntnissen. Sei es, dass die Bausubstanz sich als haltbarer erweist oder sei es, dass nicht bekannte Mängel festgestellt werden müssen. Zuweilen führt die Bauuntersuchung auch zur überraschenden Auffindung bisher unbekannter, kunsthistorisch wertvoller Befunde, die eine andere städtebauliche Bewertung der baulichen Anlage bewirken.

242   Unter Zugrundelegung ortsgestalterischer und wirtschaftlicher Maßstäbe lassen sich drei Gruppen von baulichen Anlagen unterscheiden:

(1) Bauliche Anlagen, die sich in das vorhandene Ortsbild nicht einfügen und sich negativ auf ihr Umfeld auswirken, z.B. maßstabsprengende Mietskasernen in einer historischen Altstadt. An ihrer Instandsetzung wird die Gemeinde nur aus besonderen wohnungspolitischen Gründen ein Interesse haben.

(2) Bauliche Anlagen, die das Ortsbild nicht stören, es aber auch nicht bereichern. Ihre Instandsetzung ist als zweckmäßig zu bewerten, wenn die Instandsetzungskosten 70 v.H. eines vergleichbaren Neubaues nicht überschreiten.

(3) Bauliche Anlagen, die wegen ihrer städtebaulichen, insbesondere geschichtlichen oder künstlerischen Bedeutung erhalten bleiben sollen. Hier kann im Einzelfall auch eine Instandsetzung bei sehr hohen Instandsetzungskosten sinnvoll und vertretbar sein.

Eine entsprechende Bewertung der baulichen Anlagen ist unter Beteiligung der zuständigen Denkmalpflegebehörde schon bei der Aufstellung der städtebaulichen Planung von der Gemeinde vorzunehmen.

Durchführung städtebaulicher Sanierungsmaßnahmen

Bei der Modernisierung von Wohnungen ist der Qualitätsstandard des sozialen Wohnungsbaues anzustreben. Der Gebrauchswert von Wohnungen kann z. B. verbessert werden durch Änderung ihres Zuschnitts, wie etwa die Zusammenlegung zu kleiner Räume, oder durch Maßnahmen zur Verbesserung der Belichtung und Belüftung, des Schallschutzes, der Energie- und Wasserversorgung, der Entwässerung, der sanitären Einrichtungen, der Beheizung, der Kochmöglichkeiten, der Funktionsabläufe in der Wohnung sowie der Sicherheit vor Brand- und Einbruchsgefahren. *243*

3.4.4.2.2 Neubebauung und Ersatzbauten

Die in § 148 Abs. 2 Nr. 2 BauGB genannte Neubebauung ist als Gegensatz zur Instandsetzung baulicher Anlagen zu verstehen. Sie bezieht sich ausschließlich auf die Errichtung von Wohngebäuden, da im § 148 Abs. 2 Nr. 3 BauGB Gemeindebedarfs- und Folgeeinrichtungen sowie Betriebe besonders genannt werden. Bei den in § 148 Abs. 2 Nr. 2 BauGB ferner erwähnten Ersatzbauten handelt es sich um bauliche Anlagen, die anstelle beseitigter Wohngebäude neu errichtet werden, um die Bewohner dort unterzubringen. Maßgebend sind auch hier die durch die städtebauliche Planung der Gemeinde bestimmten Sanierungsziele. *244*

3.4.4.2.3 Gemeinbedarfs- und Folgeeinrichtungen

Nach § 148 Abs. 2 Nr. 3 BauGB gehören auch die Errichtung und Änderung von sanierungsbetroffenen Gemeinbedarfs- und Folgeeinrichtungen zu den Baumaßnahmen. Die Sanierungsbedingtheit dieser Baumaßnahmen ergibt sich aus ihrer städtebaulichen Bedeutung für das Sanierungsgebiet. Letztlich entscheidet darüber weitgehend die Gemeinde durch ihre städtebauliche Planung. Zur Finanzierung mit Städtebauförderungsmitteln vgl. unten Rdn. 692. Gemeinbedarfseinrichtungen sind Gebäude und Einrichtungen, die kirchlichen, sozialen, gesundheitlichen und kulturellen Zwecken dienen. Hierzu gehören auch Sport- und Spielanlagen, vgl. § 5 Abs. 2 und § 9 Abs. 1 Nr. 5 BauGB. Die mangelnde Ausstattung eines Gebietes mit Anlagen des Gemeinbedarfes ist bei der Beurteilung seiner Funktionsfähigkeit im Hinblick darauf, ob städtebauliche Missstände vorliegen, nach § 136 Abs. 3 Nr. 2 e) BauGB zu berücksichtigen. *245*

Folgeeinrichtungen sind bauliche Anlagen und Einrichtungen, die infolge des Neubaues von Wohnungen notwendig wurden, um die Bevölkerung sozial, kulturell und verwaltungsmäßig zu betreuen. Als Gemeinbedarfs- und Folgeeinrichtungen kommen beispielsweise in Betracht: Rathäuser, Kindergärten, Erholungsanlagen, Frei- und Hallenbäder, Altenpflegeheime, Feuerwehrhäuser, Bibliotheken und Museen. Einrichtungen mit überörtlicher Bedeutung, wie Kreismuseen, Schulen, Theater- und Konzertgebäude, Krankenhäuser oder Landesbibliotheken sind keine Gemeinbedarfs- und Folgeeinrichtungen i.S. der Vorschrift. Entscheidend ist die Aufgabe der Versorgungseinrichtung, nicht dagegen deren Trägerschaft. Zu den Gemeinbedarfs- und Folgeeinrichtungen zählen daher neben gemeindlichen auch kirchliche Kindergärten. Auszuschließen sind hier dagegen Einrichtungen, die überwiegend der Gewinnerzielung dienen und die daher zu den Betrieben i.S. von § 148 Abs. 2 Nr. 4 BauGB gehören.

246 § 148 Abs. 2 Nr. 3 BauGB erfasst neben der Errichtung auch die Änderung von Gemeinbedarfs- und Folgeeinrichtungen. Der Begriff Änderung ist hier weit auszulegen. Zur Änderung gehören der Umbau, der Ausbau, die Erweiterung, die Verkleinerung, die Instandsetzung und die Modernisierung vorhandener Gemeinbedarfs- und Folgeeinrichtungen und auch der Einbau einer Gemeinbedarfs- und Folgeeinrichtung in ein leer stehendes oder bisher anderweitig genutztes Gebäude. Baumaßnahmen letzterer Art haben in der Sanierungspraxis eine besondere Bedeutung erlangt. Oftmals befinden sich in den zu erneuernden Gebieten derartige Gebäude mit einer besonderen städtebaulichen Qualität, deren Erhaltung gefährdet ist, und die sich von ihrer baulichen Struktur weder für eine Wohnnutzung noch eine gewerbliche Nutzung eignen. Als Beispiele seien ehemalige Fabriken, Speicher, aber auch frühere kirchliche Gebäude genannt. Hier ist es sinnvoll zu prüfen, ob auf den Neubau einer erforderlichen Gemeinbedarfs- und Folgeeinrichtung verzichtet werden und stattdessen ein Einbau in das zu erhaltende Gebäude vorgenommen werden kann. Die Erfahrungen zeigen, dass hier bauliche Ergebnisse erzielt werden können, die einerseits dem zeitgenössischen Funktionsablauf der Versorgungseinrichtung Rechnung tragen, andererseits aber zur Erhaltung des Ortsbildes beitragen. So konnte in Schleswig ein Rathaus in ein altes Kloster erfolgreich hineingebaut werden. In Göttingen befindet sich eine Bibliothek in einem ehemaligen Kirchengebäude. In Stralsund wurde eine ehemalige Klosteranlage in ein großes Meereskundemuseum mit Aquarium umgewandelt.

3.4.4.2.4 Betriebe

247 Zu den Baumaßnahmen zählt nach § 148 Abs. 2 Nr. 4 BauGB auch die Verlagerung oder Änderung von Betrieben. Im Gegensatz zu der Ordnungsmaßnahme Umzug von Betrieben geht es bei dieser Baumaßnahme darum, durch Verlagerung dem Betrieb zu einem neuen Standort in dem Sanierungsgebiet zu verhelfen oder ihn durch bauliche Änderung an seinem Standort zu erhalten. Maßgebend ist die städtebauliche Planung der Gemeinde. Hierbei muss sie aber berücksichtigen, dass sie im Rahmen von § 148 Abs. 1 Satz 1 BauGB auch für die Durchführung der Baumaßnahmen sorgen muss. Die Baumaßnahme muss sanierungserforderlich, d.h. städtebaulich begründet sein. Wirtschaftsfördernde Überlegungen sind hingegen hier ohne Bedeutung. Sanierungserforderlich kann z.B. die Erhaltung oder Ansiedlung eines Betriebes sein, weil sonst die Versorgung der örtlichen Bevölkerung infolge mangelnder öffentlicher Verkehrsmöglichkeiten gefährdet ist. Derartige Baumaßnahmen können insbesondere für die städtebauliche Dorferneuerung von Bedeutung sein. Maßnahmen zur Änderung eines Betriebes können für die Entlastung einer Gemengenlegenproblematik erforderlich sein, wenn diese den Anforderungen des Umweltschutzrechtes nicht entspricht. Nach § 136 Abs. 3 Nr. 1f) BauGB sind bei der Beurteilung von städtebaulichen Missständen auch Einwirkun-

gen, von von Betrieben insbesondere durch Lärm, Verunreinigungen und Erschütterungen ausgehen, zu berücksichtigen.

3.4.4.2.5 Naturschutzrechtliche Ausgleichsmaßnahmen auf den Baugrundstücken

Der durch das BauROG 1998 in § 148 Abs. 2 BauGB eingefügte Satz 2 bestimmt, dass naturschutzrechtliche Ausgleichsmaßnahmen i.S. von § 1a Abs. 3 BauGB, die entsprechend den Festsetzungen eines Bebauungsplanes auf dem Baugrundstück durchgeführt werden, als Baumaßnahmen gelten. Zu den naturschutzrechtlichen Ausgleichsmaßnahmen vgl. oben Rnr. 219ff. 248

3.4.4.3 Baumaßnahmen außerhalb des Sanierungsgebietes

Nach § 148 Abs. 1 Satz 2 BauGB können Ersatzbauten, Ersatzanlagen und sanierungsbedingte Gemeinbedarfs- und Folgeeinrichtungen auch außerhalb des förmlich festgelegten Sanierungsgebietes gebaut werden. Als Ersatzbauten kommen hier ausschließlich Wohngebäude in Frage. Ersatzanlagen können nichtöffentliche Erschließungsanlagen sein. Eine räumliche Nähe zum Sanierungsgebiet fordert das Gesetz nicht. Maßgebend ist, dass die Baumaßnahmen sanierungserforderlich sind, aber in dem Sanierungsgebiet nicht durchgeführt werden können, weil dies z.B. aus Platzgründen nicht möglich oder weil es städtebaulich nicht sinnvoll ist. So kann es städtebaulich vertretbar sein, ein neues Rathaus außerhalb einer Altstadt zu errichten, als durch eine Erweiterung des vorhandenen Rathauses in der Altstadt deren erhaltenswerte kleinteilige bauliche Struktur zu beeinträchtigen. Die Regelung hat in der Praxis hauptsächlich eine förderrechtliche Bedeutung. 249

3.4.4.4 Durchführung durch den Eigentümer

Nach § 148 Abs. 1 Satz 1 Halbsatz 1 BauGB ist die Durchführung der Baumaßnahmen grundsätzlich Aufgabe der Eigentümer. Nach § 148 Abs. 1 Satz 1 Nr. 1 BauGB hat die Gemeinde hingegen für die sanierungserforderliche Errichtung und Änderung der Gemeinbedarfs- und Folgeeinrichtungen zu sorgen. Da die Vorschrift sich nicht nur auf solche Einrichtungen bezieht, deren Träger die Gemeinde nicht selbst ist, bedeutet dies, sie muss auf den Träger Einfluss nehmen und gegebenenfalls Finanzierungshilfen in Aussicht stellen. § 146 Abs. 3 Satz 1 BauGB stellt klar, dass die Gemeinde die Errichtung oder Änderung von Gemeinbedarfs- und Folgeeinrichtungen entsprechend einer vertraglichen Regelung ganz oder teilweise dem Eigentümer überlassen kann. Das Gesetz behandelt diese Baumaßnahme insoweit wie eine Ordnungsmaßnahme, deren Durchführung vertraglich dem Eigentümer übertragen wird, vgl. hierzu oben Rdn. 226. In einem solchen Vertrag ist insbesondere festzulegen, welchen Anteil an Baukosten der Eigentümer übernimmt. I.d.R. macht ein solcher Vertrag aus der Sicht der Gemeinde nur Sinn, wenn der Eigentümer den überwiegenden Teil der Baukosten und die laufenden Kosten selbst trägt. Auch nach Abschluss eines solchen Vertrages mit dem Grundstückseigentümer verbleibt aber nach § 146 Abs. 3 Satz 2 BauGB die Verantwortung für die zügige und zweckmäßig Durchführung der Baumaßnahme bei der Gemeinde. So- 250 weit es erforderlich ist, muss die Gemeinde, wenn die Durchführung durch den Eigentümer nicht gewährleistet ist, die übertragene Baumaßnahme selbst übernehmen.

251 § 148 Abs. 1 Satz 1 Halbsatz 2 Nr. 2 BauGB verpflichtet desweiteren allgemein die Gemeinde selbst zur Durchführung der sonstigen Baumaßnahmen, soweit sie Eigentümerin des Grundstückes ist.

Die Durchführung der übrigen Baumaßnahmen bleibt den Eigentümern nach dem Gesetz aber nur soweit überlassen, als die zügige und zweckmäßige Durchführung gewährleistet ist. Gewährleistet ist die Durchführung der Baumaßnahme, wenn der Eigentümer die Absicht der Durchführung glaubhaft bekundet hat und wirtschaftlich in der Lage ist, die Baumaßnahme zu finanzieren. Eine Baumaßnahme wird zügig durchgeführt, wenn sie nach Beendigung erforderlicher Ordnungsmaßnahmen begonnen und ohne vermeidbare Verzögerung zu Ende geführt wird. Eine Baumaßnahme wird zweckmäßig durchgeführt, wenn sie wirtschaftlich durchgeführt wird und zu erkennen ist, dass das Gebäude dem festgelegten Sanierungszweck entsprechen wird. Über den Sanierungszweck bestimmt die Gemeinde durch ihre städtebauliche Planung.

3.4.4.5 Durchführung durch die Gemeinde

252 Ist die Durchführung der Baumaßnahmen in diesem Sinne nicht gewährleistet, obliegt ihre Durchführung nach § 148 Abs. 1 Satz 1 Nr. 2 BauGB der Gemeinde. Insofern übernimmt die Gemeinde mit der förmlichen Festlegung eines Sanierungsgebietes eine große Verantwortung, die vor allem ihren Haushalt belasten kann. I.d.R. werden viele private Baumaßnahmen an ihrer mangelnden Rentierlichkeit in Frage gestellt. Die Durchführung der privaten Baumaßnahmen durch die Gemeinde setzt voraus, dass sie die betreffenden Grundstücke erwirbt oder im Wege der Enteignung erhält. Sie kann darüber hinaus nach den §§ 176 und 177 BauGB Baugebote sowie Modernisierungs- und Instandsetzungsgebote anordnen, vgl. Rnr. 490ff. und 504ff. Auch in diesen Fällen muss die Gemeinde dem Bauherrn den unrentierlichen Teil der Baukosten erstatten. Insofern erwachsen der Gemeinde durch die förmliche Festlegung eines Sanierungsgebietes erhebliche Kosten.

3.5 Besonderes Bodenrecht

3.5.1 Bedeutung

253 Die förmliche Festlegung eines Sanierungsgebietes nach den § 142 und 143 BauGB dient nicht nur der Abgrenzung des Sanierungsgebietes, sondern führt auch für die dem Sanierungsgebiet zugeordneten Grundstücke zur befristeten Anwendung eines besonderen Bodenrechtes. Dieses Recht dient der Erleichterung der einheitlichen Vorbereitung und der zügigen Durchführung der städtebaulichen Sanierung. Die entsprechenden Regelungen sind überwiegend im Besonderen Städtebaurecht, teilweise aber auch im Allgemeinen Städtebaurecht des BauGB enthal-

Besonderes Bodenrecht

ten. Diese besonderen bodenrechtlichen Vorschriften ändern z. T. andere Regelungen des BauGB ab oder setzen sie außer Kraft. Soweit dies nicht geschieht, gilt aber das Allgemeine Städtebaurecht auch im förmlich festgelegten Sanierungsgebiet.

3.5.2 Sanierungsrechtliches Vorkaufsrecht

3.5.2.1 Zweck und Wesen des Vorkaufsrechtes

Das Wesen des Vorkaufsrechts besteht darin, dass ein Dritter, der Vorkaufsberechtigte, hier also die Gemeinde, um einen Kaufvertrag an Stelle des Käufers kraft eigenen Rechtes durch einseitige Erklärung eintreten kann, vgl. §§ 504 ff. Bürgerliches Gesetzbuch. *254*

Aufgrund von § 24 Abs. 1 Nr. 3 BauGB steht der Gemeinde im förmlich festgelegten Sanierungsgebiet beim Kauf von Grundstücken ein Vorkaufsrecht zu. Die Vorschriften des BauGB gewähren der Gemeinde das Vorkaufsrecht zur Verwirklichung der von ihr angestrebten städtebaulichen Ordnung, Eigentum an bestimmten Grundstücken auch ohne Durchführung eines Enteignungsverfahrens zu erwerben. Die Gemeinde darf ihr Vorkaufsrecht aber nur zur Verfolgung der im Gesetz aufgeführten Sanierungsziele ausüben. Im Rahmen von § 89 BauGB muss sie die durch die Ausübung des Vorkaufsrechtes erlangten Grundstücke wieder veräußern, sobald der mit dem Erwerb verfolgte Zweck verwirklicht worden oder entfallen ist. *255*

In den Fällen, in denen das gemeindliche Vorkaufsrecht besteht, lastet es als öffentlich-rechtliche Belastung auf den jeweiligen Grundstücken. Das Vorkaufsrecht bezieht sich ausschließlich auf Grundstücke. § 24 Abs. 2 BauGB schließt ausdrücklich ein gemeindliches Vorkaufsrecht beim Kauf von Rechten nach dem Wohnungseigentumsgesetz und von Erbbaurechten aus. Werden nur Teile eines Grundstückes von einem gemeindlichen Vorkaufsrecht räumlich erfasst, muss die Gemeinde die Ausübung des Vorkaufsrechtes auf diese Teilflächen beschränken. Sie hat die Kosten der Vermessung und Umschreibung der Teilfläche zu tragen. *256*

Da die Ausübung des Vorkaufsrechtes durch die Gemeinde einen Kaufvertrag voraussetzt, besteht es nicht *257*

– bei einem Tauschvertrag,
– bei einer Schenkung einschließlich einer gemischten Schenkung,
– bei einem Erbauseinandersetzungsvertrag oder einem Erbteilskauf,
– bei der Einbringung eines Grundstückes in eine Gesellschaft,
– bei dem Verkauf eines ideellen Anteils an einem Grundstück an einen Miteigentümer,
– bei der Ausübung des Wiederkaufsrechtes durch einen Dritten,
– beim Verkauf eines Grundstücks im Wege der Zwangsvollstreckung oder durch den Konkursverwalter (§ 512 BGB i. V. mit § 28 Abs. 2 Satz 2 BauGB).

Änderungen des Kaufvertrages nach Ausübung des Vorkaufsrechtes lassen dieses Recht unberührt. Das Gleiche gilt, wenn eine Vertragspartei von einem in dem

Grundstückskaufvertrag vereinbarten Rücktrittsrecht Gebrauch macht, oder wenn die Vertragsparteien den Vertrag wieder einvernehmlich aufheben.

3.5.2.2 Ausschluss der Ausübung

3.5.2.2.1 Allgemeines

258 § 26 BauGB enthält Regelungen über den Ausschluss der Ausübung der Vorkaufsrechte durch die Gemeinde. Liegt ein gesetzlicher Ausschlussgrund vor, ist die Gemeinde daran gehindert, ein ihr zustehendes Vorkaufsrecht auszuüben. In diesen Fällen ist die Ausübung des Vorkaufsrechtes nicht zum Wohle der Allgemeinheit i.S. von § 24 Abs. 3 Satz 1 BauGB gerechtfertigt.

3.5.2.2.2 Verwandtenprivileg

259 Die Ausübung des Vorkaufsrechtes ist nach § 26 Nr. 1 BauGB ausgeschlossen, wenn der Eigentümer das Grundstück

– an seinen Ehegatten
– an eine Person, die mit ihm in gerader Linie verwandt ist,
– an eine Person, die mit ihm verschwägert ist,
– an eine Person, die mit ihm in der Seitenlinie bis zum dritten Grad verwandt ist,

verkauft.

3.5.2.2.3 Kauf durch Bedarfsträger, Kirchen und Religionsgesellschaften sowie von Grundstücken mit bestimmten Anlagen

260 Die Ausübung des Vorkaufsrechtes ist ferner bei den in § 26 Nr. 2 und 3 BauGB genannten Grundstücken ausgeschlossen, vgl. zu diesen Grundstücken oben Rnr. 202f.

3.5.2.2.4 Plan- oder maßnahmenkonforme Nutzung

261 Wird ein Grundstück verkauft, das gemäß den städtebaulichen Zielen der Gemeinde bebaut ist und entsprechend genutzt wird, so bedarf es i.d.R. keines gemeindlichen Grunderwerbs. § 26 Nr. 4 BauGB schließt daher grundsätzlich die Ausübung des Vorkaufsrechtes aus, wenn das Grundstück entsprechend den Festsetzungen des Bebauungsplanes bebaut und genutzt wird. Es kann sich sowohl um einen qualifizierten als auch um einen einfachen Bebauungsplan handeln. Soweit ein Bebauungsplan nach § 17 BauNVO Obergrenzen für das Maß der baulichen Nutzung vorschreibt, ist das Grundstück auch dann entsprechend den Festsetzungen des Bebauungsplanes bebaut, wenn die Bebauung unterhalb dieser Grenze liegt. Die Ausübung des Vorkaufsrechtes ist aber nicht ausgeschlossen, wenn der Bebauungsplan die Erreichung eines Mindestmaßes der baulichen Nutzung vorschreibt und dieses Mindestmaß nicht erreicht wird. Die Ausübung des gemeindlichen Vorkaufsrechtes ist ferner nicht ausgeschlossen, wenn die vorhandene Be-

Besonderes Bodenrecht

bauung von den Festsetzungen eines neuen Bebauungsplanes abweicht. Der Grundstückskäufer kann sich nicht auf einen „Bestandsschutz" berufen.

Ein Grundstück, auf dem sich keine baulichen Anlagen befinden, gilt auch dann i.S. von § 26 Nr. 4 BauGB als bebaut, wenn auf ihm andere Festsetzungen des Bebauungsplanes, wie z.B. eine private Grünfläche entsprechend § 9 Abs. 1 Nr. 15 BauGB verwirklicht worden sind. *262*

An die Stelle der Festsetzungen eines Bebauungsplanes können auch die Ziele und Zwecke einer städtebaulichen Maßnahme i.S. von § 25 Abs. 1 Satz 1 Nr. 2 BauGB treten. Der Ausschluss des Vorkaufsrechtes aus diesem Grunde setzt aber voraus, dass die Gemeinde die Ziele und Zwecke der städtebaulichen Maßnahme bereits hinreichend verdeutlicht hat. Steht der Verwendungszweck für das entsprechende Grundstück noch nicht fest, entfällt der Ausschlussgrund. *263*

Die Ausübung des Vorkaufsrechtes ist auch nur ausgeschlossen, wenn das plankonform bebaute Grundstück zugleich plankonform genutzt wird. Bei einer planungsrechtlich unzulässigen Nutzung des Grundstücks ist daher die Ausübung des Vorkaufsrechtes nicht ausgeschlossen. Für den Ausschluss des Vorkaufsrechtes ist nach dem Wortlaut des § 26 Nr. 4 BauGB jedoch die Nutzung, d.h. die vom Verkäufer im Zeitpunkt des Kaufes tatsächlich ausgeübte Nutzung maßgebend. Diese Nutzung ist im Falle der Ausübung des Vorkaufsrechtes nach § 24 Abs. 1 Nr. 4 BauGB im Geltungsbereich einer Erhaltungssatzung beim Erwerb eines Grundstückes mit einer aufstehenden baulichen Anlage, welche eine städtebauliche Bedeutung i.S. von § 172 Abs. 3 Satz 1 BauGB hat, nicht maßgebend. In diesem Falle kommt es dagegen auf die vom Käufer zu erwartende Nutzung der baulichen Anlage an. Nach übereinstimmender Auffassung ist daher abweichend vom Wortlaut des § 26 Nr. 4 BauGB entsprechend dem Sinn der Vorschrift das Vorkaufsrecht im Geltungsbereich einer Erhaltungssatzung nach § 172 Abs. 1 Satz 1 BauGB nur dann ausgeschlossen, wenn nicht aufgrund konkreter Anhaltspunkte eine Beeinträchtigung der mit der Erhaltungssatzung von der Gemeinde verfolgten städtebaulichen Ziele durch den Käufer auf dem Grundstück anzunehmen ist. § 26 Nr. 4 BauGB enthält darüber hinaus eine Einschränkung des Ausschlusses der Ausübung des Vorkaufsrechtes nach dieser Vorschrift. Wenn eine bauliche Anlage nach ihrer inneren oder äußeren Beschaffenheit Missstände i.S. von § 177 Abs. 2 BauGB und Mängel i.S. von § 177 Abs. 3 BauGB aufweist, vgl. Rnr. 206f. und 508ff., entfallen in jedem Falle die Voraussetzungen für den Ausschluss des Vorkaufsrechtes nach § 26 Nr. 4 BauGB. Der Eigentümer kann jedoch nach § 27 Abs. 1 Satz 2 BauGB die Ausübung des Vorkaufsrechtes der Gemeinde durch den Abschluss eines Vertrages abwenden, in dem er sich gegenüber der Gemeinde verpflichtet binnen angemessener Frist die Mängel oder Missstände der baulichen Anlage selbst zu beseitigen. Das Gesetz sieht in diesem Fall keine Kostenerstattung durch die Gemeinde vor. *264*

3.5.2.3 Vorkaufsrecht im Sanierungsgebiet

265 Das BauGB enthält Vorschriften über mehrere gemeindliche Vorkaufsrechte, die an das Vorliegen bestimmter Voraussetzungen gebunden sind. Das allgemeine Vorkaufsrecht des § 24 Abs. 1 Nr. 3 BauGB setzt lediglich voraus, dass das betreffende Grundstück in einem förmlich festgelegten Sanierungsgebiet liegt. Die Gemeinde hat das sanierungsrechtliche Vorkaufsrecht auch, wenn sie die städtebauliche Sanierung im vereinfachten Verfahren nach § 142 Abs. 4 BauGB durchführt. Nach § 27 a Abs. 1 Satz 1 Nr. 2 BauGB kann die Gemeinde dieses Vorkaufsrecht auch zu Gunsten eines Sanierungsträgers ausüben, wenn dieser damit einverstanden ist. Wenn sich die förmliche Festlegung des Sanierungsgebietes verzögert, kann die Gemeinde auch gemäß § 25 Abs. 1 Nr. 2 BauGB als einem Gebiet, in dem sie städtebauliche Maßnahmen in Erwägung zieht, zur Sicherung einer geordneten städtebaulichen Entwicklung durch Satzung Flächen bezeichnen, an denen ihr ein Vorkaufsrecht zusteht. Diese Absicht kann sich u.a. aus einem städtebaulichen Rahmenplan ergeben. Diese Vorkaufssatzung bedarf einer Begründung. Sie ist weder zu genehmigen noch anzuzeigen. Neben dem sanierungsrechtlichen Vorkaufsrecht können der Gemeinde in dem Sanierungsgebiet unter den besonderen gesetzlichen Voraussetzungen noch andere Vorkaufsrechte zustehen, z.B. aufgrund von § 24 Abs. 1 Nr. 1 BauGB, weil das Gebiet im Geltungsbereich eines Bebauungsplanes liegt, oder nach § 24 Abs. 1 Nr. 4 BauGB, weil in dem Gebiet eine Erhaltungssatzung nach § 172 Abs. 1 BauGB in Form einer sonstigen Satzung gilt. Die gesetzlichen Vorkaufsrechte der Gemeinde haben gegenüber etwaigen privatrechtlichen Vorkaufsrechten an dem gleichen Grundstück den Vorrang, vgl. § 28 Abs. 2 Satz 5 BauGB. Dieser Vorrang besteht auch, wenn das privatrechtliche Vorkaufsrecht dinglich gesichert ist.

3.5.2.4 Ausübung des Vorkaufsrechtes

266 Die Ausübung des Vorkaufsrechtes durch die Gemeinde setzt einen gültigen Grundstückskaufvertrag eines Verkäufers mit einem Dritten voraus. Das bedeutet insbesondere:

Im Sanierungsgebiet muss die Gemeinde den Vertrag nach § 144 Abs. 2 Nr. 1 BauGB vor Ausübung ihres Vorkaufsrechtes genehmigt haben, es sei denn, sie hat die Anwendung des § 144 Abs. 2 BauGB in ihrer Sanierungssatzung entsprechend § 142 Abs. 4 BauGB ausgeschlossen. Solange diese Genehmigung fehlt, liegt kein wirksamer Kaufvertrag vor. Umgekehrt bedeutet die Erteilung der Genehmigung des Kaufvertrages durch die Gemeinde keinen Verzicht auf die Ausübung eines ihr zustehenden Kaufrechtes, da es sich hierbei um zwei selbstständige Verfahren handelt, so auch BGH 30.6.1994 NVwZ 1995, 101. Bedarf der Kaufvertrag der Genehmigung, empfiehlt es sich für die Gemeinde, gegebenenfalls die Erteilung der Genehmigung und die Ausübung des Vorkaufsrechtes im Zusammenhang vorzunehmen. Das Vorkaufsrecht wird nach § 28 Abs. 2 Satz 1 BauGB durch einen Verwaltungsakt der Gemeinde gegenüber dem Grundstücksverkäufer ausgeübt. Hierdurch kommt ein Kaufvertrag über das betreffende Grundstück zwischen der Gemeinde und dem Verkäufer zustande, der den gleichen Inhalt hat wie der vorher geschlossene Vertrag zwischen dem Verkäufer und dem Dritten, vgl. § 27a Abs. 2 BauGB. Widerspruch und Anfechtungsklage haben nach § 80 Abs. 1 VwGO auschiebende Wirkung.

Damit die Gemeinde die Möglichkeit hat, ihr Vorkaufsrecht auszuüben, verpflichtet § 28 Abs. 1 Satz 1 BauGB den Käufer dazu, der Gemeinde unverzüglich den Inhalt des Kaufvertrages mitzuteilen. Für die Ausübung des Vorkaufsrechtes hat die Gemeinde nach § 28 Abs. 1 Satz 1 BauGB nur eine Frist von zwei Monaten. Die Frist beginnt aber nur zu laufen, wenn der Kaufvertrag wirksam abgeschlossen wurde. Bedarf der Vertrag hingegen noch einer Genehmigung, dann beginnt die Frist erst mit der Vorlage dieser Genehmigung bei der für die Ausübung des Vorkaufsrechtes zuständigen Dienststelle zu laufen, vgl. BGH 30. 6. 1994 NVwZ 1995, 101. Entsprechend § 28 Abs. 1 Satz 1 Halbsatz 2 BauGB wird die Mitteilung des Verkäufers durch die des Käufers ersetzt. Wird die Gemeinde hingegen von einem Dritten über den Kaufvertrag unterrichtet, so liegt eine wirksame Mitteilung nur vor, wenn der Dritte hierzu von einer Vertragspartei bevollmächtigt worden ist. § 28 Absatz 1 Satz 1 BauGB verpflichtet aber nicht zur Vorlage einer Abschrift des Kaufvertrages. Das Grundbuchamt darf nach § 28 Absatz 1 Satz 2 BauGB den Käufer eines Grundstückes nur dann in das Grundbuch eintragen, wenn ihm die Nichtausübung oder das Nichtbestehen des Vorkaufsrechtes nachgewiesen wird. Da das Vorkaufsrecht keine dingliche Wirkung hat, kann die Gemeinde ferner nach § 28 Abs. 2 Satz 3 BauGB ihren Anspruch auf Übereignung des Grundstückes durch eine Vermerkung im Grundbuch sichern lassen.

267

Gemäß § 24 Abs. 3 Satz 2 BauGB hat die Gemeinde bei der Ausübung dieses Rechtes den Verwendungszweck anzugeben, da erst der konkrete Verwendungszweck erkennen lässt, welche Gründe des Allgemeinwohls dafür sprechen, dass die Gemeinde ihr Vorkaufsrecht ausübt. Die fehlende oder unvollständige Angabe des Verwendungszwecks macht für sich die Ausübung nicht rechtsfehlerhaft, die Gemeinde hat jedoch im Fall eines Rechtsstreits, etwa im Rahmen der Anfechtung des Vorkaufsrechtes oder im Rahmen des Anspruchs auf Rückübertragung nach § 164 BauGB, eine Darlegungslast, bei deren ungenügender Erfüllung sie damit rechnen muss, dass die Ausübung des Vorkaufsrechts gerichtlich aufgehoben wird.

268

3.5.2.5 Ausübung zum Wohle der Allgemeinheit

Nach § 24 Abs. 3 Satz 1 und § 25 Abs. 2 Satz 1 BauGB darf die Gemeinde ihr Vorkaufsrecht nur ausüben, wenn das Wohl der Allgemeinheit dies rechtfertigt. An die Rechtfertigung der Ausübung des Vorkaufsrechtes durch das Wohl der Allgemeinheit sind nicht die gleichen Anforderungen zu stellen wie an das Allgemeinwohlerfordernis nach § 87 Abs. 1 BauGB bei der Enteignung. Bei der Prüfung, ob die Ausübung des Vorkaufsrechtes durch das Wohl der Allgemeinheit gerechtfertigt ist, muss berücksichtigt werden, dass hier der Grundeigentümer im Gegensatz zur Enteignung sein Eigentum beim Verkauf an dem Grundstück aufgeben will. Soweit durch die Ausübung des Vorkaufsrechtes lediglich die Gemeinde an die Stelle

269

des Käufers tritt, erleidet der Eigentümer keinen materiellen Verlust. An die Bedeutung des Allgemeinwohls sind daher bei der Ausübung des Vorkaufsrechtes durch die Gemeinde gegenüber der Enteignung qualitativ geringere Anforderungen zu stellen. Die Ausübung des Vorkaufsrechtes kann schon dann gerechtfertigt sein, wenn im Hinblick auf eine bestimmte städtebauliche Aufgabe überwiegende Vorteile für die Allgemeinheit angestrebt werden. Die besondere Bedeutung städtebaulicher Sanierungsmaßnahmen i.S. des BauGB wird vom Gesetzgeber hervorgehoben, wenn er in § 136 Abs. 4 Satz 1 BauGB darauf hinweist, dass sie dem Allgemeinwohl dienen. Im Unterschied zur Enteignung kann das Vorkaufsrecht bereits zu einem Zeitpunkt ausgeübt werden, in dem das Grundstück noch nicht benötigt wird. In einem förmlich festgelegten Sanierungsgebiet rechtfertigt das Wohl der Allgemeinheit die Ausübung des Vorkaufsrechtes bereits zu einem Zeitpunkt, in dem einzelne Maßnahmen, die zur Beseitigung der städtebaulichen Missstände dienen, noch nicht feststehen. Es genügt bereits die Absicht, das nicht ausreichende gemeindliche Eigentum zu erweitern, um es beim Erwerb oder Tausch anderer Grundstücke zu verwenden, die für die Durchführung der Sanierungsmaßnahme von der Gemeinde benötigt werden.

270 Der Ausübung des Vorkaufsrechtes steht auch nicht entgegen, dass die Gemeinde den damit verfolgten Zweck möglicherweise auf andere zumutbare Weise erreichen kann. Die Ausübung des Vorkaufsrechtes kann auch durch das Wohl der Allgemeinheit gerechtfertigt sein, wenn der endgültige Nutzer das im Wege des Vorkaufsrechtes erworbene Grundstück für eine wichtige privatwirtschaftliche Nutzung benötigt, welche städtebauliche Bedeutung hat. So ist die Ausübung des Vorkaufsrechtes zum Zwecke des Erwerbs von Wohnbauflächen und Gewerbegrundstücken aus städtebaulichen Gründen unbedenklich. Nur im Einzelfall wird die Ausübung der Rechtfertigung durch das Allgemeinwohl zu versagen sein, wenn besonders schutzwürdigen Belangen des Erwerbers der Vorrang eingeräumt werden muss.

3.5.2.6 Abwendung des Vorkaufsrechtes

271 Nach § 27 Abs. 1 Satz 1 BauGB kann der Käufer die Ausübung des Vorkaufsrechtes durch die Gemeinde abwenden, wenn die Verwendung des Grundstücks nach den baurechtlichen Vorschriften oder den Zielen und Zwecken der städtebaulichen Maßnahmen bestimmt oder mit ausreichender Sicherheit bestimmbar und wenn er beabsichtigt, in angemessener Frist das Grundstück entsprechend den Zielen und Zwecken der städtebaulichen Sanierungsmaßnahme zu nutzen und er hierzu in der Lage ist. Befindet sich auf dem Grundstück eine bauliche Anlage, die Missstände oder Mängel i.S. von § 177 Abs. 2 und 3 Satz 1 BauGB aufweist, kann der Erwerber des Grundstückes die Ausübung des Vorkaufsrechtes auch abwenden, wenn er in der Lage ist, gem. § 27 Abs. 1 Satz 2 BauGB die Missstände und Mängel i.S. in angemessener Frist zu beseitigen und er eine entsprechende Verpflichtung eingeht. In beiden Fällen muss der Käufer die entsprechende Verpflichtungserklärung innerhalb einer Frist von zwei Monaten nach Mitteilung des Kaufvertrages an

Besonderes Bodenrecht

die Gemeinde abgeben, vgl. § 28 Abs. 2 Satz 1 BauGB. Im Falle des § 27 Abs. 1 Satz 1 BauGB kann es sich auch um ein bebautes Grundstück handeln, dessen derzeitige Bebauung aber nicht den Zielen und Zwecken der städtebaulichen Sanierungsmaßnahme entspricht. Die Nutzung eines unbebauten Grundstücks ist nur möglich, soweit das Grundstück ohne Bodenordnung bebaut werden kann oder bereits entsprechend der städtebaulichen Planung erschlossen ist. Bei Flächensanierungen wird das gemeindliche Vorkaufsrecht daher nur im Ausnahmefall aufgrund von § 27 Abs. 1 BauGB ausgeschlossen werden können. Sind dagegen die Ziele und Zwecke der städtebaulichen Sanierungsmaßnahme noch nicht mit ausreichender Sicherheit bestimmbar, entfällt der Ausschluss der Ausübung des Vorkaufsrechtes.

3.5.2.7 Verzicht auf die Ausübung des Vorkaufsrechtes

In vielen Fällen hat die Ausübung des Vorkaufsrechtes für die Gemeinde keine Bedeutung. Dies gilt insbesondere für städtebauliche Sanierungsmaßnahmen, die keine Veränderung der städtebaulichen Struktur, sondern ihre Erhaltung zum Ziel haben. Um unnötigen Verwaltungsaufwand zu sparen, kann es in derartigen Fällen für die Gemeinde sinnvoll sein, nach § 28 Abs. 5 Satz 1 BauGB auf die Ausübung zu verzichten. Der Verzicht ist nach § 28 Abs. 5 Satz 2 BauGB für zukünftige Kaufverträge jederzeit widerrufbar. 272

3.5.3 Enteignung

3.5.3.1 Allgemeines

Die Vorbereitung und Durchführung einer städtebaulichen Sanierungsmaßnahme kann nicht ausschließlich den Interessen der betroffenen Eigentümer dienen. Im Vordergrund muss das von der Gemeinde zu bestimmende öffentliche Interesse an der einheitlichen Vorbereitung der Sanierungsmaßnahme stehen, vgl. § 136 Abs. 1 BauGB und oben Rdn. 59. Zwischen städtebaulicher Planung und Grundeigentum besteht jedoch ein Spannungsverhältnis. Zahlreiche Planungskonzepte sind in der Vergangenheit am Widerstand der Eigentümer gescheitert. Vielfach haben deswegen Planer, wie z.B. in der Charta von Athen, die Verfügbarkeit des nutzbaren Bodens für den Städtebau verlangt. Das städtebauliche Sanierungsrecht folgt diesem Grundsatz jedoch nicht. Auch hat der Städtebau der DDR, in der dieser Grundsatz galt, mit seinen Großsiedlungen nicht zu Ergebnissen geführt, die heute unsere Zustimmung finden. Umgekehrt sind nach heutigen Maßstäben überzogene Planungskonzepte, insbesondere für die Verkehrsführung in Altstadtbereichen, in der Nachkriegszeit am Widerstand der Eigentümer gescheitert. Die Berücksichtigung der vielfältigen Interessen der Eigentümer, die zumeist mit planerischen Kompromissen verbunden ist, kann dagegen zu interessanten städtebaulichen Ergebnissen führen. Aufgrund von § 137 BauGB ist eine umfassende Beteiligung und Mitwirkung der von der Sanierung betroffenen Personen vorgesehen. Entsprechend § 148 BauGB sollen die Eigentümer die sanierungserforderlichen Baumaßnahmen durchführen. Wenn jedoch im Einzelfall die städtebauliche Sanierungsmaßnahme ohne den Erwerb eines Grundstückes seitens der Gemeinde nicht oder 273 nicht zweckmäßig durchgeführt werden kann und ein Einvernehmen über den Eigentumsübergang mit dem Grundeigentümer nicht erzielbar ist, darf die Maßnahme nicht an dem Widerstand des Eigentümers scheitern. § 136 Abs. 4 BauGB hebt ausdrücklich hervor, dass städtebauliche Gesamtmaßnahmen dem Wohl der Allgemeinheit dienen. Insoweit kommt nach Artikel 14 Abs. 3 Satz 1 GG eine Enteignung in Betracht. Die Enteignung wird von der Enteignungsbehörde in einem besonderen Verfahren nach § 104 ff. BauGB durchgeführt. Für die Enteignung ist gemäß § 93 ff. BauGB eine Entschädigung zu leisten. Die Enteignung ist aufgrund der §§ 85 ff. BauGB an bestimmte Voraussetzungen gebunden.

274 Die Gemeinde muss im Enteignungsverfahren aufgrund ihrer Sanierungsziele darlegen, dass das Wohl der Allgemeinheit die Enteignung erfordert und der Enteignungszweck, d.h. hier die Durchführung der Sanierung, nicht auf andere zumutbare Weise erreicht werden kann, vgl. § 87 Abs. 1 BauGB. Zur Enteignung und zum Enteignungsverfahren wird auf die Ausführungen von Runkel in Portz/Runkel Rdn. 380 verwiesen. Das Enteignungsrecht des BauGB enthält im fünften Teil einige Sondervorschriften für die Enteignung zum Zwecke der Durchführung städtebaulicher Sanierungsmaßnahmen. Soweit die Sanierung nicht gem. § 142 Abs. 4 BauGB im vereinfachten Verfahren durchgeführt wird, ist bei der Bemessung der Enteignungsentschädigung § 153 Abs. 1 BauGB zu beachten. Bei der Wiederveräußerung der enteigneten Grundstücke müssen diese, soweit die Sanierung nicht im vereinfachten Verfahren durchgeführt wird, nach § 153 Abs. 4 Satz 1 BauGB zu dem Wert veräußert werden, der sich durch die rechtliche und tatsächliche Neuordnung des Sanierungsgebietes ergibt, vgl. oben Rnr. 310. Eine entsprechende Verpflichtung der Gemeinde zur Veräußerung der Grundstücke zu diesem Wert kann sich auch aus kommunalrechtlichen Regelungen oder Vorgaben der für die Bewilligung von Finanzhilfen zuständigen Stelle für Grundstücke ergeben, die die Gemeinde freihändig oder im vereinfachten Sanierungsverfahren erlangt hat.

3.5.3.2 Enteignung zu Gunsten des Sanierungsträgers

275 Aufgrund von § 87 Abs. 3 Satz 3 BauGB kann die Enteignung eines Grundstückes zum Zwecke der Nutzung oder Vorbereitung der Nutzung entsprechend den Festsetzungen eines Bebauungsplanes i.S. von § 85 Abs. 1 Nr. 1 BauGB oder eines un- oder geringfügig bebauten Grundstückes innerhalb eines bebauten Ortsteiles zum Zwecke der baulichen Nutzung oder Zuführung zur Nutzung i.S. von § 85 Abs. 1 Nr. 2 BauGB auch zu Gunsten eines Sanierungsträgers vorgenommen werden. Die Gemeinde kann im Anschluss an die Enteignung eines Grundstückes dieses auch auf ihren Sanierungsträger übertragen. § 87 Abs. 3 Satz 3 BauGB dient dazu, diesen Umweg zu vermeiden. Die Anwendung dieser Vorschrift setzt daher voraus, dass die Enteignung auch zu Gunsten der Gemeinde rechtlich zulässig wäre.

3.5.3.3 Zwingende städtebauliche Gründe

276 Anstelle der in § 87 Abs. 2 BauGB genannten Voraussetzungen für eine Enteignung nach § 85 Abs. 1 Nrn. 1 und 2 BauGB genügt nach § 88 Satz 1 BauGB der

Nachweis, dass die Gemeinde sich ernsthaft, aber vergeblich um den freihändigen Erwerb des Grundstücks zu angemessenen Bedingungen bemüht hat, wenn sie die Enteignung aus zwingenden städtebaulichen Gründen beantragt. Nach § 88 Satz 1 BauGB sind zwingende städtebauliche Gründe gegeben, wenn ein im förmlich festgelegten Sanierungsgebiet gelegenes Grundstück zu Gunsten der Gemeinde oder des Sanierungsträgers (§ 87 Abs. 3 BauGB) enteignet werden soll. Hierbei handelt es sich um eine unwiderlegbare gesetzliche Vermutung, deren Richtigkeit im Einzelfall nicht nachzuprüfen ist. In förmlich festgelegten Sanierungsgebieten brauchen somit die Nachweise nach § 87 Abs. 2 BauGB in keinem Fall erbracht werden.

3.5.3.4 Veräußerungspflicht

Im Rahmen von § 89 Abs. 1 BauGB ist die Gemeinde verpflichtet, Grundstücke, die durch Ausübung des Vorkaufsrechtes oder die zu ihren Gunsten enteignet worden sind, um sie für eine bauliche Nutzung vorzubereiten oder der baulichen Nutzung zuzuführen, wieder zu veräußern. Dies gilt entsprechend § 89 Abs. 1 Satz 2 BauGB nicht für Grundstücke, die öffentlichen Zwecken dienen. § 89 Abs. 3 und 4 BauGB enthält Regelungen über die Reprivatisierung dieser Grundstücke. Aufgrund von § 159 Abs. 3 Satz 1 BauGB gelten diese enteignungsrechtlichen Bestimmungen auch für Grundstücke, die der Sanierungsträger nach Übertragung der Aufgabe zur Vorbereitung oder Durchführung der Sanierung erworben hat. Die Art des Erwerbs durch den Sanierungsträger ist hier ohne Bedeutung.

3.5.4 Miet- und Pachtverhältnisse

3.5.4.1 Bedeutung

Nicht nur die Eigentumsverhältnisse sind für die Durchführung städtebaulicher Sanierungsmaßnahmen von Bedeutung, sondern auch Miet- und Pachtverhältnisse sowie andere schuldrechtliche Nutzungsverhältnisse. Dies gilt insbesondere für Nutzungsverhältnisse, die auf unbefristet geltenden Verträgen beruhen und zumeist nicht kurzfristig kündbar sind. Die Bestimmungen der §§ 182 bis 186 BauGB räumen der Gemeinde das Recht ein, im förmlich festgelegten Sanierungsgebiet derartige Rechtsverhältnisse durch Verwaltungsakt gegenüber den Vertragsparteien aufzuheben oder zu verlängern. Wenn die Gemeinde selbst Eigentümerin ist, wird das Aufhebungsrecht nicht durch ein etwaiges Kündigungsrecht ausgeschlossen. Die §§ 182 bis 186 BauGB enthalten besondere Schutzrechte zu Gunsten der betroffenen Mieter und Pächter. Das Aufhebungsrecht ist als eigenständiges Recht. Öffentlich-rechtliche Aufhebung und zivilrechtliche Kündigung sind gleichrangig und gleichwertig, so auch VGH Kassel 15. 12. 1997 BBauBl 1999, 97. § 186 BauGB lässt die Verlängerung von Miet- und Pachtverhältnissen durch die Gemeinde zu.

3.5.4.2 Aufhebung

3.5.4.2.1 Allgemeines

Nutzungsrechtliche Schuldverhältnisse sind grundsätzlich enteignungsfähig, vgl. § 86 Abs. 1 Nr. 3 BauGB. Die Vorschriften der §§ 182 bis 185 BauGB über die Aufhebung von Miet- oder Pachtverhältnissen über Grundstücke, Gebäude, Gebäudeteile und sonstige bauliche Anlagen lassen das Enteignungsrecht unberührt. Die Aufhebung eines Mietverhältnisses kann, anders als die Enteignung, von der Gemeinde selbst durchgeführt werden. Die Durchführung zahlreicher Ordnungs- oder Baumaßnahmen, z. B. die Freilegung eines Grundstückes oder die Instandsetzung eines Gebäudes, setzt die Beendigung eines Miet- oder Pachtverhältnisses voraus. Die zügige Durchführung der städtebaulichen Sanierung soll in diesen Fällen nicht an dem unbegründeten Widerstand des Mieters oder Pächters gegen die Räumung seines Besitzes scheitern. Die §§ 182 und 183 BauGB räumen daher der Gemeinde das Recht ein, solche schuldrechtlichen Nutzungsverhältnisse einseitig, d. h. durch Verwaltungsakt, gegenüber den Vertragsparteien zu lösen. Dieser Verwaltungsakt wird in der Praxis oft durch einen öffentlich-rechtlichen Vertrag zwischen der Gemeinde und den Vertragsparteien des Miet- oder Pachtverhältnisses ersetzt. Der Abschluss dieses Vertrages ist nicht an die privatrechtlichen Kündigungsvoraussetzungen gebunden.

280 Laut § 184 BauGB sind die §§ 182 und 183 BauGB auf alle anderen schuldrechtlichen Vertragsverhältnisse entsprechend anzuwenden, die zum Gebrauch oder zur Nutzung eines Grundstückes, Gebäudes oder Gebäudeteils oder einer sonstigen baulichen Anlage berechtigen. Es kommt nicht darauf an, ob die gemieteten Räume tatsächlich genutzt werden oder ob sie leer stehen. Die Aufhebung eines Miet- oder Pachtverhältnisses durch die Gemeinde setzt einen entsprechenden Antrag des Eigentümers oder des Mieters oder Pächters voraus. Das bedeutet, die Gemeinde kann hier nicht von Amts wegen tätig werden. Sie kann nur die Stellung eines solchen Antrages anregen. Hat die Gemeinde ein städtebauliches Gebot i. S. der §§ 175 bis 179 BauGB angeordnet, bedarf es keines Aufhebungsvertrages.

3.5.4.2.2 Antrag des Eigentümers

281 § 182 Abs. 1, 2 und § 183 BauGB enthalten Regelungen über die Aufhebung von Miet- und Pachtverhältnissen auf Antrag des Eigentümers oder im Hinblick auf die Anordnung eines städtebaulichen Gebotes durch die Gemeinde. Ist diese selbst Eigentümerin, entfällt das Antragserfordernis.

Nach § 182 Abs. 1 BauGB kann die Gemeinde im förmlich festgelegten Sanierungsgebiet ein Miet- oder Pachtverhältnis zur Verwirklichung der Ziele und Zwecke der Sanierung mit einer Frist von mindestens sechs Monaten aufheben. Pachtverhältnisse bei land- oder forstwirtschaftlich genutzten Grundstücken dürfen nur zum Schluss eines Pachtjahres aufgehoben werden. Nach § 182 Abs. 2 Satz 1 BauGB darf die Gemeinde ein Mietverhältnis über Wohnraum nur aufheben, wenn angemessener Ersatzwohnraum zu zumutbaren Bedingungen für den Mieter und die zu seinem Hausstand gehörenden Personen zur Verfügung steht. Soweit zum Hausstand des Mieters ältere oder gebrechliche Menschen gehören ist bei der Wahl des Ersatzraumes hierauf Rücksicht zu nehmen, so auch VGH Kassel 15. 12. 1997 BBauBl 1999, 97. § 182 Abs. 2 Satz 2 BauGB enthält eine entsprechende Regelung für Miet- und Pachtverhältnisse in Bezug auf Geschäftsraum, die aber in ungewöhnlichen Fällen Ausnahmen zulässt. Aufgrund von § 183 Abs. 1 BauGB kann die Gemeinde auf Antrag des Eigentümers Miet- oder Pachtverhältnisse in Bezug auf ein unbebautes Grundstück aufheben, das für eine alsbaldige andere Nutzung nach den Festsetzungen des Bebauungsplanes bestimmt ist. Über § 183 Abs. 2 BauGB ist diese Vorschrift auch in einem förmlich festgelegten Sanierungsgebiet entsprechend anwendbar.

3.5.4.2.3 Antrag des Mieters oder Pächters

Nach § 182 Abs. 3 BauGB kann der Mieter oder Pächter von Geschäftsraum im 282
Sanierungsgebiet die Aufhebung seines Nutzungsrechtes verlangen, wenn seine Erwerbsgrundlage infolge der Durchführung städtebaulicher Sanierungsmaßnahmen wesentlich beeinträchtigt wird und ihm daher die Fortsetzung der Miete oder Pacht nicht mehr zugemutet werden kann. In diesem Falle darf die Gemeinde das Nutzungsrecht nur innerhalb einer Frist von mindestens sechs Monaten aufheben.

3.5.4.2.4 Entschädigung

§ 185 Abs. 1 BauGB gewährt den von der Aufhebung eines schuldrechtlichen 283
Nutzungsverhältnisses Betroffenen einen Anspruch auf Entschädigung für die vorzeitige Beendigung des Rechtsverhältnisses. Betroffene sind die Vertragsparteien des aufgehobenen Rechtsverhältnisses. Der Anspruch besteht auch im Falle der Ersetzung der Aufhebung durch einen öffentlich-rechtlichen Aufhebungsvertrag der Vertragsparteien mit der Gemeinde, nicht aber bei Beendigung des Rechtsverhältnisses durch privatrechtliche Kündigung oder einvernehmliche Vertragsaufhebung durch die Vertragsparteien. Der Entschädigungsanspruch richtet sich nach § 185 Abs. 2 Satz 1 BauGB gegen die Gemeinde. Bei der Bemessung der Höhe der Entschädigung sind nach § 185 Abs. 1 Satz 2 BauGB die Vorschriften über die Entschädigung im Enteignungsfalle entsprechend anzuwenden, vgl. Hierzu oben Rnr. 292ff. § 185 Abs. 3 BauGB enthält eine besondere Regelung im Falle der Aufhebung eines Pachtvertrages über kleingärtnerisch genutztes Land. Danach ist die Gemeinde nicht nur zur Entschädigung, sondern auch zur Bereitstellung oder Beschaffung von Ersatzland verpflichtet. Ist die Gemeinde hierzu außerstande, kann sie durch die höhere Verwaltungsbehörde von dieser Verpflichtung befreit werden.

3.5.4.3 Verlängerung

§ 186 BauGB ermächtigt die Gemeinde zur Verlängerung eines Miet- oder 284
Pachtverhältnisses über Wohn- oder Geschäftsraum im förmlich festgelegten Sanierungsgebiet, soweit dies zur Verwirklichung des Sozialplanes erforderlich ist. Es handelt sich um einen privatrechtsgestaltenden Verwaltungsakt, der einen entsprechenden Antrag des gekündigten Mieters oder Pächters voraussetzt. Die Vorschrift hat in der Praxis bisher keine größere Bedeutung erlangt.

3.5.5 Genehmigungspflichtige Vorhaben und Rechtsvorgänge

3.5.5.1 Genehmigungspflicht

3.5.5.1.1 Zweck

285 Die Sanierungssatzung führt insbesondere zur Geltung des sanierungsrechtlichen Genehmigungsvorbehaltes. Die Genehmigungspflicht nach den §§ 144 und 145 BauGB ist das sanierungsrechtliche Hauptinstrument der Gemeinde. Mit ihr kann sie zwar nichts veranlassen, aber im Wesentlichen alles an baulichen und rechtlichen Vorgängen verhindern, was die Verwirklichung ihrer Sanierungsziele beeinträchtigen könnte. Die Genehmigungspflicht nach den §§ 144, 145 BauGB im förmlich festgelegten Sanierungsgebiet dient vor allem dazu, die Planung und Durch-führung der städtebaulichen Sanierungsmaßnahme gegen Störungen und Erschwerungen zu schützen, vgl. BVerwG 7. 9. 1984 NJW 1985, 278. Die Regelungen dienen aber auch dazu, die betroffenen Grundeigentümer vor Fehlinvestitionen zu bewahren. Der Genehmigungspflicht werden die in § 144 Abs. 1 und 2 BauGB genannten Vorhaben und Rechtsvorgänge unterworfen, vgl. hierzu Rnr. 256ff. Letztlich handelt es sich bei der Bestimmung um ein Verbot mit dem Vorbehalt, diese Vorhaben und Rechtsvorgänge erlauben zu können. Ohne die sanierungsrechtliche Genehmigung durchgeführte Vorhaben sind rechtswidrig. Genehmigungspflichtige Rechtsvorgänge sind bis zur Erteilung der Genehmigung schwebend rechtsunwirksam. Wird die sanierungsrechtliche Genehmigung erteilt, gelten die Rechtsvorgänge nach § 184 Abs. 1 BGB als von Anfang rechtswirksam. Der sanierungsrechtliche Genehmigungsvorbehalt erlaubt es der Gemeinde ihre Sanierungsziele bis zur Aufstellung der städtebaulichen Planung ungestört zu entwickeln, vgl. unten Rdn. 303. Er hat aber auch gegenüber den betroffenen Grundeigentümern den Zweck, sie vorbeugend vor Investitionen zu schützen, die sich im weiteren Verlauf der Sanierungsmaßnahme als verfehlt erweisen könnten. Wenn eine Abschöpfung städtebaulich bedingter Bodenwertsteigerungen durchzuführen ist (vgl. unten Rnr. 337ff.), muss nach § 153 Abs. 2 BauGB bei der Prüfung der Genehmigungsfähigkeit nach § 145 Abs. 2 BauGB zugleich eine Kaufpreisprüfung durchgeführt werden.

3.5.5.1.2 Ausschluss anderer Bestimmungen

286 Soweit sich der sanierungsrechtliche Genehmigungsvorbehalt auf Vorhaben i.S. von § 29 BauGB oder nach § 51 Abs. 1 BauGB genehmigungspflichtige Maßnahmen im Umlegungsverfahren bezieht, löst er die entsprechenden Genehmigungsvorbehalte ab. Der sanierungsrechtliche Genehmigungsvorbehalt sichert auch die Bauleitplanung i.S. der §§ 14, 15 BauGB (Veränderungssperre und Zurückstellung von Baugesuchen), wenn diese im Sanierungsgebiet durchgeführt wird, vgl. BVerwG 15. 7. 1994 1994, 294. Die Genehmigungspflicht nach den §§ 144 und 145 BauGB tritt an die Stelle der folgenden Vorschriften, die in dem förmlich festgelegten Gebiet keine Anwendung finden:

– Veränderungssperre (§§ 14 und 16 bis 18 BauGB) gem. § 14 Abs. 4 BauGB,

Besonderes Bodenrecht

– Zurückstellung von Baugesuchen (§ 15 BauGB) gem. § 15 Abs. 2 BauGB,
– Verfügungs- und Veränderungssperre bei Umlegungsverfahren (§ 51 BauGB) gemäß § 51 Abs. 1 Satz 2 BauGB. Eine bei der förmlichen Festlegung des Gebietes der städtebaulichen Sanierungsmaßnahme bereits bestehende Veränderungssperre nach § 14 BauGB tritt nach § 17 Abs. 6 BauGB außer Kraft.

Alle vorgenannten Bestimmungen sind aber dann weiter anzuwenden, wenn die Gemeinde in ihrer Sanierungssatzung die Genehmigungspflicht nach § 142 Abs. 4 Halbsatz 2 BauGB ausgeschlossen hat.

Anders als die Veränderungssperre nach § 14 BauGB dient die Genehmigungspflicht nach §§ 144, 145 BauGB nicht dazu, alle Vorhaben in dem Sanierungsgebiet zu verhindern, sondern einer Kontrolle durch die Gemeinde zu unterwerfen. Grundsätzlich sind bauliche Investitionen im Sanierungsgebiet besonders erwünscht. Die betroffenen Eigentümer sollen nach § 137 Abs. 2 BauGB zur Durchführung sanierungserforderlicher Baumßnahmen angeregt werden, vgl. oben Rnr. 121 ff.

3.5.5.1.3 Genehmigung durch die Gemeinde oder die Baugenehmigungsbehörde

In dem förmlich festgelegten Gebiet sind Vorhaben und Rechtsvorgänge nach § 144 Abs. 1 und Abs. 2 BauGB genehmigungspflichtig. Die Genehmigung wird nach § 145 Abs. 1 Satz 1 BauGB durch die Gemeinde erteilt. § 144 Abs. 1 BauGB sieht die Schriftform vor. Es handelt sich um einen gebundenen Verwaltungsakt, d.h. die Gemeinde hat kein Ermessen. Wenn die Versorgungsgründe vorliegen, darf die Gemeinde die sanierungsrechtliche Genehmigung nicht erteilen. Umgekehrt besteht ein Anspruch auf die Erteilung der Genehmigung. Voraussetzung dafür ist ein Antrag. Dieses besondere Antragserfordernis entfällt jedoch in den Fällen, in denen neben der sanierungsrechtlichen Genehmigung zugleich die Erteilung einer baurechtlichen Genehmigung oder an ihrer Stelle eine baurechtliche Zustimmung erforderlich ist. In diesen Fällen wird nach § 145 Abs. 1 Satz 2 BauGB aufgrund des EAG Bau die sanierungsrechtliche Genehmigung von der Baugenehmigungsbehörde erteilt. Sinn dieser besonderen Regelung ist es zwei nebeneinander laufende Genehmigungsverfahren, die sich auf das gleiche Vorhaben beziehen, durch zwei Behörden zu vermeiden. Allerdings bedarf die Baugenehmigungsbehörde bei der Erteilung der sanierungsrechtlichen Genehmigung des Einvernehmens der Gemeinde, d.h. diese muss vorher der Baugenehmigungsbehörde ihre Zustimmung erklären. Wird die Gemeinde hierbei von der Baugenehmigungsbehörde übergangen, kann sie die Genehmigung verwaltungsgerichtlich anfechten. Die Baugenehmigungsbehörde kann das gemeindliche Einvernehmen auch dann nicht ersetzen, wenn sie die Verweigerung für rechtswidrig hält. Bei der Erteilung oder Verweigerung des Einvernehmens handelt es sich um einen internen Verwaltungsvorgang und keinen Verwaltungsakt. Der Betroffene kann daher nicht gegen die Verweigerung des Einvernehmens durch die Gemeinde sondern nur gegen die Ablehnung der sanierungsrechtlichen Genehmigung durch die Baugenehmigungsbehörde verwaltungsrechtlich vorgehen. Auch kann die Gemeinde ihr Einvernehmen

287

bis zur Entscheidung der Baugenehmigungsbehörde, die allein gegenüber dem Antragsteller hervortritt, wieder zurücknehmen. Das Einvernehmen der Gemeinde bezieht sich aber nur auf die sanierungsrechtliche Genehmigung. Die baurechtliche Genehmigung oder die baurechtliche Zustimmung kann dagegen von der Baugenehmigungsbehörde ohne das Einvernehmen der Gemeinde erteilt werden. Die Regelung des § 145 Abs. 1 Satz 2 BauGB entspricht der in § 173 Abs. 1 Satz 2 BauGB, vgl. hierzu unten Rdn. 800 f.

3.5.5.1.4 Umfang

288 Die Genehmigungspflicht umfasst Rechtsvorgänge und Vorhaben, die nach förmlicher Festlegung getätigt oder durchgeführt werden. Sie unterliegen ihr grundsätzlich aber auch dann, wenn sie vor der förmlichen Festlegung begonnen wurden, jedoch noch nicht abgeschlossen sind. Das gilt insbesondere für schwebend unwirksame Rechtsvorgänge, für die z.B. eine notwendige Teilungsgenehmigung oder Genehmigung nach § 51 BauGB noch nicht erteilt ist.

3.5.5.1.5 Entfallen

289 Vorhaben, die zu ihrer Wirksamkeit nur nach einer Eintragung im Grundbuch bedürfen, werden dagegen nicht mehr genehmigungspflichtig, wenn der schuldrechtliche Vertrag und die Auflassung bzw. Einigung bereits vor Inkrafttreten der Satzung nach § 143 Abs. 1 BauGB vorgelegen haben, der Eintragungsantrag aber erst danach gestellt wird.

3.5.5.2 Vorhaben und Rechtsvorgänge

3.5.5.2.1 Vorhaben und sonstige Maßnahmen

290 (1) Nach § 144 Abs. 1 Nr. 1 BauGB unterliegen der Genehmigungspflicht die in § 14 Abs. 1 BauGB genannten Vorhaben und sonstigen Maßnahmen. § 14 Abs. 1 BauGB erfasst die folgenden Fälle:

- Durchführung von Vorhaben im Sinne von § 29 BauGB (§ 14 Abs. 1 Nr. 1 BauGB),
- Beseitigung baulicher Anlagen (§ 14 Abs. 1 Nr. 1 BauGB),
- erhebliche oder wertsteigernde Veränderungen von baulichen Anlagen und von Grundstücken, deren Veränderungen nicht genehmigungs-, zustimmungs-, oder anzeigepflichtig sind (§ 14 Abs. 1 Nr. 2 BauGB).

Die sanierungsrechtliche Genehmigung wird in diesen Fällen i.d.R. nur aufgrund einer städtebaulichen Planung erteilt werden können. Die Genehmigungspflicht nach § 144 Abs. 1 Nr. 1 BauGB in Verbindung mit § 14 Abs. 1 BauGB lässt jedoch für bauliche Anlagen die Vorschriften über ihre bauplanungsrechtliche (§§ 29 bis 38 und § 172 BauGB) und bauordnungsrechtliche Zulässigkeit unberührt. Hat sich aber die Gemeinde im Rahmen der vorbereitenden Untersuchungen entschlossen, die städtebauliche Sanierungsmaßnahme nicht auf der Grundlage eines bereits be-

Besonderes Bodenrecht

stehenden Bebauungsplanes durchzuführen, so hat die förmliche Festlegung insoweit die Bedeutung einer Veränderungssperre, d.h. § 30 BauGB ist nicht anzuwenden.

(2) Nach § 144 Abs. 1 Nr. 1 BauGB unterliegt aufgrund von § 14 Abs. 1 Nr. 1 BauGB jedes Vorhaben im Sinne von § 29 BauGB der Genehmigungspflicht. § 29 Absatz 1 Satz 1 BauGB bezieht sich auf die Errichtung, Änderung oder Nutzungsänderung baulicher Anlagen. Unter den Begriff der Änderung baulicher Anlagen fallen Modernisierungs- und Instandsetzungsmaßnahmen. Als Nutzungsänderung kann die Gemeinde z.b. die Umwandlung von Ladenraum in Spielhallen unterbinden, vgl. OVG Lüneburg 28. 6. 1985 BRS 44 Nr. 233, und damit einen künftigen Bebauungsplan sichern, der diese Nutzungen gemäß § 1 Abs. 5 und 9 BauNVO ausschließt. Die Genehmigungspflicht nach § 14 Abs. 1 Nr. 1 BauGB erfasst ferner auch die in § 29 Absatz 1 Satz 1 BauGB genannten Aufschüttungen und Abgrabungen größeren Umfanges sowie Ausschachtungen, Ablagerungen einschl. Lagerstätten. Der Genehmigungspflicht unterliegt daher auch z.B. das Ausheben einer Baugrube.

291

(3) Nach § 144 Abs. 1 Nr. 1 in Verbindung mit § 14 Abs. 1 Nr. 1 BauGB fällt die Beseitigung einer baulichen Anlage unter die Genehmigungspflicht. Ohne Bedeutung ist, ob die Errichtung der zu beseitigenden Anlage genehmigungspflichtig war und ob eine Beseitigung selbst nach anderen Vorschriften genehmigungspflichtig ist. Die Unterwerfung der Beseitigung dieser Anlagen unter die Genehmigungspflicht nach § 144 Abs. 1 Nr. 1 BauGB ermöglicht es der Gemeinde, zu prüfen, ob es sich bei dem zum Abbruch vorgesehenen Gebäude ggf. um ein nach § 172 Abs. 3 Satz 1 BauGB oder nach § 177 Abs. 3 Nr. 3 BauGB aus städtebaulichen Gründen zu erhaltendes Objekt handelt. Durch die Verhinderung der Beseitigung baulicher Anlagen kann die Gemeinde auch den sozialverträglichen Ablauf der städtebaulichen Sanierung entsprechend ihrem Sanierungskonzept fördern. Die Teilbeseitigung baulicher Anlagen fällt nach § 14 Abs. 1 Nr. 2 BauGB als Veränderung einer baulichen Anlage unter den sanierungsrechtlichen Genehmigungsvorbehalt.

292

(4) Nach § 144 Abs. 1 Nr. 1 in Verbindung mit § 14 Abs. 1 Nr. 2 BauGB unterliegen alle erheblichen und wesentlich wertsteigernden Veränderungen an Grundstücken und baulichen Anlagen der Genehmigungspflicht. Ohne Bedeutung ist, ob diese Veränderungen nach anderen Vorschriften genehmigungs-, zustimmungs- oder anzeigepflichtig sind. Veränderungen im Sinne von § 14 Abs. 1 Nr. 2 BauGB sind nur tatsächliche, aber keine rechtlichen Maßnahmen, wie z.B. die Veräußerung eines Grundstückes. Der Grundstücksbegriff des BauGB stimmt mit dem des Grundbuchrechtes überein. Grundstück ist danach jeder gegen andere Teile räumlich abgegrenzte Teil der Erdoberfläche, der auf einem besonderen Grundbuchblatt unter einer besonderen Nummer im Verzeichnis der Grundstücke eingetragen ist. Entsprechend der Eintragung kann danach jedes Flurstück ein Grundstück sein. Umgekehrt können mehrere Flurstücke aufgrund der Eintragung ein Grundstück bilden. Die Veränderung muss im Einzelfall auf eine längere Dauer angelegt sein. Zur Veränderung eines Grundstückes zählt auch die Errichtung einer genehmi-

293

gungsfreien baulichen Anlage. Als Veränderung einer baulichen Anlage ist auch deren genehmigungsfreier Umbau oder Abbruch anzusehen.

Maßgeblich ist, ob es sich um eine erhebliche oder wesentlich wertsteigernde Veränderung des Grundstücks oder der baulichen Anlage handelt. Wertsteigernd kann z.B. der Einbau von Etagenheizungen und Bädern in ein Mietshaus sein, so auch OVG Berlin 10. 10. 1995 NVwZ 1996, 920. Durch die Verweigerung des sanierungsrechtlichen Einvernehmens ist es der Gemeinde möglich, entsprechend ihrem Sanierungskonzept Modernisierungsmaßnahmen, die zu Mieterhöhungen und damit zur Verdrängung einkommensschwacher Bewohner führen, zu verhindern. Auch eine wertmindernde Veränderung kann zugleich eine erhebliche Veränderung sein. Umgekehrt kann auch eine unerhebliche Veränderung eine wesentliche Wertsteigerung bewirken. Unter den Begriff der erheblichen Veränderung von baulichen Anlagen können auch Teilabbrüche oder die Beseitigung von gestalterisch wichtigen Bauteilen fallen. Wesentlich wertsteigernde sonstige Veränderungen des Grundstückes können Anpflanzungen sowie eine Entwässerung und Veränderung unterhalb der Erdoberfläche sein. Die alleinige Änderung der Nutzung des Grundstücks unterliegt nicht der Genehmigungspflicht. Eine Maßnahme ist als wertsteigernd anzusehen, wenn sie zu einer ins Gewicht fallenden Steigerung des Verkehrswertes führen kann. Unterhaltungsarbeiten sind nach § 144 Abs. 4 Nr. 3 Halbsatz 2 BauGB genehmigungsfrei ohne Rücksicht darauf, wann mit ihnen begonnen worden ist oder wird. Genehmigungsfrei ist ferner die Fortführung einer bisher, d.h. vor der förmlichen Festlegung des Sanierungsgebietes, ausgeübten Nutzung. Dies gilt aber nur, wenn es sich um eine rechtlich zulässige oder genehmigte Nutzung handelt.

3.5.5.2.2 Rechtsvorgänge

294 Das Sanierungsrecht unterwirft auch die in § 144 Abs. 1 Nr. 2 und Abs. 2 BauGB genannten Rechtsvorgänge im förmlich festgelegten Sanierungsgebiet der schriftlichen Genehmigung der Gemeinde. Das Gesetz geht davon aus, diese Rechtsvorgänge im Einzelfall die städtebauliche Sanierung i.S. von § 145 Abs. 2 BauGB behindern können, vgl. Rdn. 303 ff.

295 (1) Vereinbarungen, durch die ein schuldrechtliches Vertragsverhältnis über den Gebrauch oder die Nutzung eines Grundstückes, Grundstücksteils, Gebäudes oder Gebäudeteils eingegangen oder verlängert wird, bedürfen nach § 144 Abs. 1 Nr. 2 BauGB ebenfalls der Genehmigung. Voraussetzung ist aber, dass sie auf eine bestimmte Zeit von mehr als einem Jahr abgeschlossen sind. Das ist auch der Fall, wenn bei unbestimmter Vertragsdauer eine Kündigungsfrist von mehr als einem Jahr vereinbart ist. Wenn aber nach § 573 Bürgerliches Gesetzbuch für die Kündigung von Wohnraum eine kürzere Frist gilt, unterliegen diese Mietverträge nicht dem sanierungsrechtlichen Genehmigungsvorbehalt. Genehmigungspflichtig sind auch Nutzungsverträge über noch zu errichtende Gebäude und Gebäudeteile. Genehmigungspflichtige oder von der Gemeinde nicht genehmigte schuldrechtliche Verträge sind rechtlich unverbindlich. Der Abschluss von Miet- und Pachtverträgen

Besonderes Bodenrecht

kann die Durchführung der Sanierung wesentlich erschweren, wenn die Gemeinde voraussichtlich weitere Bewohner oder Betriebe im Zuge der Sanierung anderweitig unterbringen muss.

(2) § 144 Abs. 2 BauGB erfasst in den Nummern 1 und 2 die dinglichen Rechtsgeschäfte zur Veräußerung von Grundstücken, zur Bestellung und Veräußerung von Erbbaurechten und zur Bestellung von das Grundstück belastenden Rechten nach § 873 Bürgerliches Gesetzbuch. Ein Erbbaurecht ist nach § 1 Abs. 1 der Verordnung über das Erbbaurecht das veräußerliche und vererbliche Recht auf einem (fremden) Grundstück ein Bauwerk zu haben. Grundstück ist das Grundstück im grundbuchrechtlichen Sinn, vgl. oben Rdn. 293. Es kann sich sowohl um ein bebautes als auch um ein unbebautes Grundstück handeln. Nicht unter den Begriff der rechtsgeschäftlichen Veräußerung i.S. von § 144 Abs. 2 Nr. 1 BauGB fällt der Eigentumsübergang durch einen staatlichen Akt, z.B. die Enteignung oder die Erteilung des Zuschlages im Rahmen einer Zwangsversteigerung. § 144 Abs. 2 Nr. 3 BauGB unterwirft die schuldrechtlichen Verträge, durch die eine Verpflichtung zu den dinglichen Rechtsgeschäften nach Absatz 2 Nr. 1 und 2 begründet wird, der Genehmigungspflicht. Die Regelung ermöglicht es der Gemeinde, die Entwicklung des Grundstücksmarktes im Sanierungsgebiet zu kontrollieren. Sie kann beispielsweise verhindern, dass ein Dritter Flächen erwirbt, die die Gemeinde selbst für Zwecke der städtebaulichen Sanierung benötigt. Eine Grundstücksveräußerung ist auch nicht genehmigungsfähig i.S. von § 153 Abs. 2 BauGB, wenn der Erwerber nicht bereit ist, eine sanierungsrelevante Vereinbarung zwischen der Gemeinde und dem bisherigen Eigentümer zu übernehmen. Aufgrund von § 144 Abs. 4 Nr. 2 BauGB entfällt die Genehmigungspflicht für alle Rechtsvorgänge im Sinne von § 144 Abs. 2 BauGB, wenn diese dem Zweck der Vorwegnahme der gesetzlichen Erbfolge dienen.

296

(3) Als Veräußerung eines Grundstückes gilt nach § 200 Abs. 1 BauGB auch die Veräußerung eines Grundstücksteils. Der Veräußerung eines Grundstücks ist die Veräußerung eines Miteigentumsanteils an einem Grundstück gleichzusetzen, da dieser ein unmittelbares Eigentumsrecht am Grundstück darstellt. Dagegen ist die Veräußerung eines Erbteils an einer Erbmasse, zu der das Grundstück gehört, nicht als Grundstücksveräußerung anzusehen, da der Erbteil nur ein Recht an der Sachgesamtheit begründet, nicht jedoch an den zu der Gesamtheit gehörenden einzelnen Sachen. Keine der sanierungsrechtlichen Genehmigungspflicht unterliegende Veräußerung ist der Erwerb eines Grundstücks im Zwangsversteigerungsverfahren, weil hier das Eigentum durch staatlichen Akt übertragen wird. Der Verkauf eines Grundstücks durch den Konkursverwalter unterliegt jedoch dem sanierungsrechtlichen Genehmigungsvorbehalt. Ebenfalls keiner sanierungsrechtlichen Genehmigung bedarf die entgeltliche Abtretung von Restitutionsansprüchen in den neuen Bundesländern. Hier besteht insoweit eine Rechtslücke, weil die Preiskontrolle der Gemeinde nach § 153 Abs. 2 i. V. mit § 145 Abs. 2 BauGB im herkömmlichen Sanierungsverfahren entfällt und der Erwerber des Restitutionsanspruches nicht vor einer überhöhten Preisgestaltung geschützt wird, vgl. unten Rnr. 379.

297

Nach § 144 Abs. 4 Nr. 5 BauGB entfällt der Genehmigungsvorbehalt für den rechtsgeschäftlichen (schuldrechtlichen und dinglichen) Erwerb von Grundstücken, die in ein Planfeststellungsverfahren i.S. von § 38 BauGB einbezogen sind.

298 (4) Die Bestellung aller ein Grundstück belastenden Rechte ist genehmigungsbedürftig, auch die Bestellung von Grundpfandrechten und Reallasten. Keiner Genehmigung bedürfen die Veräußerung und Aufhebung dieser Rechte. Nicht zu genehmigen ist die Eintragung einer Zwangshypothek. Kein belastendes Recht ist die Vormerkung i.S. von § 833 Bürgerliches Gesetzbuch. Ihre Eintragung dient lediglich der Sicherung eines belastenden Rechtes. Nach § 144 Abs. 2 Nr. 2 Halbsatz 2 BauGB ist die Bestellung eines belasteten Rechtes, das mit der Durchführung von Baumaßnahmen im Sinne des § 148 Abs. 2 BauGB in Zusammenhang steht, nicht genehmigungspflichtig. Die Baumaßnahmen müssen in Durchführung der städtebaulichen Sanierungsmaßnahme ausgeführt werden, d.h., mindestens im Einklang mit den festgelegten Zielen und Zwecken der Sanierung stehen. Im Zusammenhang mit der Durchführung von Baumaßnahmen können z.B. die Bestellung von Hypotheken zur Finanzierung der Neubauten, Ersatzbauten und Modernisierungen oder die Begründung von Geh-, Fahr- und Leitungsrechten auf Flächen nach § 9 Abs. 1 Nr. 21 BauGB oder eines Nutzungsrechtes in Vollzug der Festsetzungen nach § 9 Abs. 1 Nr. 7 BauGB stehen. Grundstücksbelastungen, die sich auf Flächen oder Teilflächen beziehen, die in der städtebaulichen Planung als öffentliche Flächen vorgesehen sind, werden hingegen i.d.R. die Sanierung i.S. von § 145 Abs. 2 BauGB beeinträchtigen. Das Gleiche gilt, wenn die Grundstücksbelastung die Erhebung des Ausgleichsbeitrages durch die Gemeinde gefährdet.

299 (5) Wird für einen schuldrechtlichen Vertrag, der eine Verpflichtung zu einer der in § 144 Abs. 2 Nr. 1 oder Nr. 2 BauGB genannten dinglichen Rechtsgeschäfte enthält, eine Genehmigung erteilt, so gilt auch das zur Ausführung vorgenommene dingliche Rechtsgeschäft als genehmigt (§ 144 Abs. 2 Nr. 3 Halbsatz 2 BauGB). Aus dieser Regelung folgt auch, dass sich die Genehmigungspflicht nicht auf die zur Veräußerung und Bestellung notwendigen Eintragungen in das Grundbuch bezieht.

300 (6) Nach § 144 Abs. 2 Nr. 4 BauGB unterliegt die Begründung, Änderung oder Aufhebung einer Baulast der sanierungsrechtlichen Genehmigung. Durch eine Baulast übernimmt ein Grundstückseigentümer gegenüber der Bauaufsichtsbehörde die öffentlich-rechtliche Verpflichtung zu einem sein Grundstück betreffenden Tun, Dulden oder Unterlassen. Hierbei muss es sich um eine Verpflichtung handeln, die sich nicht schon aus öffentlich-rechtlichen Vorschriften ergibt. Die Baulast wird in das Baulastenverzeichnis eingetragen und wirkt auch gegenüber den Rechtsnachfolgern des Grundstückseigentümers, vgl. hierzu § 79 MBO. Die Eintragung der Baulast dient dazu, baurechtliche Hindernisse für die Bebauung eines Nachbargrundstückes zu beheben, Inhalt von Baulasten sind vor allem Nutzungsbeschränkungen durch Freihaltung bestimmter Grundstücksflächen z.B. zur Sicherung der Zufahrt eines Hintergrundstückes. Für die Durchführung der Sanierung kann die Eintragung einer Baulast insofern von Bedeutung sein, als sie eine beabsichtigte Neuordnung des Sanierungsgebietes erschweren kann.

(7) § 144 Abs. 2 Nr. 5 BauGB stellt klar, dass es sich bei der Teilungsgenehmi- 301
gung um die Genehmigung eines Rechtsvorganges handelt. Wird ein vereinfachtes
Sanierungsverfahren nach § 142 Abs. 4 BauGB ohne Ausschluss des § 144 Abs. 2
BauGB durchgeführt, erhält daher das zuständige Grundbuchamt nach § 143
Abs. 4 Satz 1 BauGB Mitteilung davon, dass die von der Sanierungssatzung betroffenen Grundstücke auch hinsichtlich einer Teilung dem Genehmigungsvorbehalt
der Gemeinde unterliegen. § 144 Abs. 2 Nr. 5 BauGB führt zu einer Eintragung in
das Grundbuch, die auch ersichtlich macht, dass die Teilung des Grundstücks der
Genehmigung der Gemeinde bedarf. Der Begriff „Teilung eines Grundstücks" in
§ 144 Abs. 2 Nr. 5 BauGB entspricht dem Begriff der Teilung in § 19 Abs. 1 BauGB.
Unter Teilung ist ein Vorgang zu verstehen, der zu einer Änderung der Grundstücksgrenzen führt. Hierzu zählt nicht die Aufteilung in Wohnungseigentum nach
§ 8 Wohnungseigentumsgesetz (WEG). Die Genehmigung der Teilung wird nicht
entbehrlich durch die Genehmigung der Veräußerung eines Grundstücksteils
(§ 144 Abs. 2 Nr. 1 BauGB) oder der Verpflichtung hierzu (§ 144 Abs. 2 Nr. 3
BauGB). Umgekehrt gilt mit der Genehmigung der Teilung auch nicht die Veräußerung der Grundstücksteile und die Verpflichtung hierzu als genehmigt. Die sanierungsrechtliche Genehmigung einer Teilung wird i.d.R. eine städtebauliche Planung der Gemeinde voraussetzen. Wenn eine Sanierungssatzung nach § 142 Abs. 4
Halbsatz 2 BauGB mit dem sanierungsrechtlichen Genehmigungsvorbehalt nur
nach § 144 Abs. 1 BauGB a.F., also auch bezogen auf die Teilung der betroffenen
Grundstücke, vor dem 1. Januar 1998 in Kraft getreten ist, unterliegt die Teilung
aufgrund von § 235 Abs. 2 Satz 1 BauGB weiter der sanierungsrechtlichen Genehmigung. Die Gemeinde ist aber nach § 235 Abs. 2 Satz 2 BauGB verpflichtet, diese
Sanierungssatzung dem Grundbuchamt mitzuteilen.

3.5.5.2.3 Genehmigungsfreie Vorhaben und Rechtsvorgänge

§ 144 Abs. 4 BauGB stellt einige Vorhaben und Rechtsvorgänge des § 144 Abs. 1 302
und 2 BauGB aus unterschiedlichen Gründen von dem sanierungsrechtlichen Genehmigungsvorbehalt frei.

(1) Befreit sind zunächst aufgrund von § 144 Abs. 4 Nr. 1 BauGB alle Vorhaben
und Rechtsvorgänge an denen die Gemeinde oder ihr Sanierungsträger mit dem
Treuhandvermögen als Vertragsteil oder Eigentümer beteiligt ist. Wird eine Maßnahme nicht im vereinfachten Sanierungsverfahren durchgeführt, sind aber Gemeinde und Sanierungsträger beim Erwerb von Grundstücken an § 153 Abs. 3
Satz 1 BauGB gebunden, d.h. sie dürfen im Sanierungsgebiet Grundstücke ausschließlich zum sanierungsunbeeinflussten Wert i.S. von § 153 Abs. 3 BauGB erwerben. Desgleichen haben beide im herkömmlichen Sanierungsverfahren bei der
Grundstücksveräußerung im Sanierungsgebiet § 153 Abs. 4 BauGB zu beachten.
Die Befreiung gilt nicht für juristische Personen, die von der Gemeinde beeinflusst
oder beherrscht werden, also z.B. nicht für die städtische Wohnungsbaugesellschaft.

(2) Aufgrund von § 144 Abs. 4 Nr. 2 BauGB unterliegen Rechtsvorgänge i.S. von § 144 Abs. 2 Nr. 1 bis 3 BauGB nicht dem sanierungsrechtlichen Genehmigungsvorbehalt, wenn sie der Vorwegnahme der gesetzlichen Erbfolge dienen. Betroffen sind z.B. so genannte Hofübergabeverträge und Belastungen von Grundstücken zur Finanzierung der Auszahlung von Miterben.

(3) Vorhaben i.S. von § 144 Abs. 1 Nr. 1 BauGB bedürfen aufgrund von § 144 Abs. 4 Nr. 3 Halbsatz 1 BauGB keiner sanierungsrechtlichen Genehmigung, wenn sie vor der förmlichen Feststellung des Sanierungsgebietes genehmigt worden sind. Der Genehmigung steht die Erteilung eines Bauvorbescheides gleich. Nach der Neufassung des § 144 Abs. 4 Nr. 3 BauGB durch das EAG Bau gilt die Freistellung auch für Vorhaben i.S. von § 144 Abs. 1 Nr. 1 BauGB die vor dem Inkrafttreten einer Veränderungssperre bauordnungsrechtlich infolge der Kenntnis der Gemeinde zulässig waren unabhängig vom Beginn des Vorhabens. Die Regelung dient dem Vertrauensschutz. Ferner sind aufgrund von § 144 Abs. 4 Nr. 3 Halbsatz 2 BauGB Unterhaltungsarbeiten und die Fortsetzung einer bisher ausgeübten Nutzung genehmigungsfrei. Gemeint sind Unterhaltungsarbeiten, die der Erhaltung des baulichen Zustandes, nicht dagegen seiner Verbesserung dienen, wie z.B. der Einbau einer Elektro-Speicherwärmeheizung um die Fortsetzung der Wohnnutzung zu ermöglichen oder den Einbau von Maschinen zur Verbesserung der Produktion, vgl. OVG Lüneburg 15.6.1976 BRS 30 Nr. 195 und 19.3.1979 ZfBR 1980, 97. Genehmigungsfrei ist auch nur die Fortführung einer bisher tatsächlich ausgeübten Nutzung, nicht dagegen die Nutzungsänderung einer baulichen Anlage, wie z.B. die Wandlung einer Gaststätte in eine Spielhalle.

(4) Nach § 144 Abs. 4 Nr. 4 BauGB unterliegen Rechtsvorgänge nach § 144 Abs. 1 Nr. 2 und Abs. 2 BauGB, die der Landesverteidigung dienen, nicht dem sanierungsrechtlichen Genehmigungsvorbehalt.

(5) § 144 Abs. 4 Nr. 5 BauGB stellt den rechtsgeschäftlichen Erwerb eines in ein Verfahren i.S. von § 38 BauGB einbezogenen Grundstückes durch den Bedarfsträger von dem sanierungsrechtlichen Genehmigungsvorbehalt frei.

3.5.5.3 Versagungsgründe

303 Die Durchführung städtebaulicher Sanierungsmaßnahmen nach dem BauGB erfordert in hohem Maße den Einsatz öffentlicher Mittel. Aus diesem Grunde muss verhindert werden, dass durch Investitionen Dritter die Durchsetzung der städtebaulichen Zielsetzung der Gemeinde verhindert, wesentlich erschwert, verzögert oder zu Lasten der öffentlichen Haushalte verteuert wird. Der Hauptzweck des sanierungsrechtlichen Genehmigungsvorbehaltes ist es daher der Gemeinde eine angemessene Zeit für die Verwirklichung ihrer Sanierungsziele im öffentlichen Interesse einzuräumen. Der sanierungsrechtliche Genehmigungsvorbehalt hat daher keine drittschützende Bedeutung und begründet keine Nachbarrechte, so auch BVerwG 7.5.1997 BBauBl. 1997, 889. Ist ein Versagungsgrund gegeben, so liegt die Entscheidung nicht im Ermessen der Gemeinde, vielmehr muss sie die Genehmigung versagen. Durch § 145 Abs. 2 BauGB werden dem Eigentum und der Vertragsfreiheit Schranken gesetzt, für deren Einhaltung die Gemeinde bei der Entscheidung über die Genehmigung zu sorgen hat.

Die Genehmigung ist nach § 145 Abs. 2 BauGB nur dann zu versagen, wenn das *304* Vorhaben, der Rechtsvorgang einschließlich der Teilung eines Grundstückes oder die mit ihm erkennbar bezweckte Nutzung die zügige Durchführung der städtebaulichen Sanierungsmaßnahme

– unmöglich machen,
– wesentlich erschweren oder
– ihren Zielen und Zwecken zuwider laufen würden.

Diese Stufen der Beeinträchtigung der städtebaulichen Sanierungsmaßnahmen lassen sich nicht genau voneinander abgrenzen. Zwischen den drei Begriffen bestehen bestehen nur graduelle Unterschiede. Eine wesentliche Erschwerung der Durchführung der Sanierung liegt vor, wenn das Vorhaben oder der Rechtsvorgang, z.b. durch Auslösung einer gemeindlichen Entschädigungspflicht, zu einer zusätzlichen finanziellen Belastung der Gemeinde führen würde. Ein Vorhaben oder ein Rechtsvorgang, der eine Verzögerung der städtebaulichen Sanierung voraussichtlich verursacht, läuft den Zielen und Zwecken der Sanierung zuwider.

Es wird keine Gewissheit über das Vorliegen eines solchen Tatbetandes verlangt, *305* sondern es genügen konkrete Anhaltspunkte, die die Annahme rechtfertigen, dass Beeinträchtigungen im Sinne des Absatzes 2 zu erwarten sind, vgl. OVG Münster 8.4.1976 BRS 30 Nr. 196. Hierbei wird es im Wesentlichen auf die Lage des Einzelfalles ankommen. Die konkrete Nutzung ist nicht nur aus den Erklärungen der Beteiligten erkennbar; vielmehr können alle denkbaren Erkenntnisquellen verwertet werden. So ist eine Erschwerung der Sanierung anzunehmen, wenn die Ehefrau des Pächters eines Bordells dieses erwirbt, soweit sich hierdurch ein den Zielen und Zwecken der Sanierung zuwider laufendes Nutzungsverhältnis verfestigt, vgl. BVerwG 27.5.1997 BRS 59 Nr. 248.

Maßstab für die Prüfung der Beeinträchtigungen sind die planerischen Absichten der Gemeinde nach dem Stand der Maßnahmen, soweit sie in entsprechenden Beschlüssen der Gemeindevertretung niedergelegt sind. Entscheidend ist der für das Sanierungsgebiet angestrebte Sollzustand. Ohne Bedeutung ist, ob auf dem jeweils fraglichen Grundstück städtebauliche Missstände i.S. des § 136 Abs. 2 und 3 BauGB vorliegen. Da § 145 Abs. 2 BauGB auch der Sicherung der Planung dient, vgl. BVerwG 27.5.1997 BRS 59 Nr. 248 und 6.7.1984 NJW 1985, 184, bedarf es für den Zeitpunkt der förmlichen Festlegung noch keiner städtebaulichen Planung, sondern lediglich einer Aussage über die anzustrebenden allgemeinen Ziele der städtebau-lichen Sanierungsmaßnahme gem. § 141 Abs. 1 Satz 1 BauGB, vgl. Rnr. 144, bzw. eines Sanierungskonzeptes i.S. von § 140 Nr. 3 BauGB, vgl. oben Rdn. 170. Die Gemeinde kann die Genehmigung nach § 145 Abs. 2 BauGB versagen, ohne dass bereits eine von ihr beschlossene städtebauliche Planung vorliegt. In diesen Fällen müssen genehmigungspflichtige Vorhaben und Rechtsvorgänge nach § 144 Abs. 1 und 2 BauGB zurückgestellt werden, soweit sie der künftigen Planung vorgreifen. Insoweit hat diese Regelung die Bedeutung einer Veränderungssperre.

306 Aufgrund der in § 136 Abs. 1 BauGB vorgesehenen zügigen Durchführung der städtebaulichen Sanierungs- und Entwicklungsmaßnahmen ist die Gemeinde jedoch nach der förmlichen Festlegung verpflichtet, unverzüglich eine städtebauliche Planung aufzustellen (vgl. oben Rnr. 173ff.). Hierbei ist ein Verfahren in einzelnen Verfahrensschritten sinnvoll. Im Rahmen dieses Planverfahrens müssen sich die städtebaulichen Zielsetzungen (Sanierungszweck) zunehmend verdichten. Alternative Sanierungsziele schließen zu Beginn der Sanierung die Versagung der Genehmigung nicht aus. Im Ergebnis muss diese detaillierte Planung eine Aussageschärfe enthalten, die einen hinreichenden Maßstab für die Beurteilung der Vorhaben und Rechtsvorgänge nach § 144 Abs. 1 und 2 BauGB bildet, vgl. BVerwG 15. 1. 1982 DVBl. 1982, 537. Gegen ergänzende Planungsaussagen in verbaler Form bestehen keine Bedenken. Die Planung muss von der Gemeindevertretung ausdrücklich gebilligt worden sein. Soweit die Gemeinde ihrer Pflicht zur Konkretisierung der Ziele und Zwecke der städtebaulichen Gesamtmaßnahme durch eine Planung nicht genügt, wird nach Ablauf einer angemessenen Frist § 145 Abs. 2 BauGB gegenüber dem Betroffenen unanwendbar, vgl. BVerwG 7. 9. 1984, NJW 1985, 278.

307 Die Gemeindevertretung kann eine von ihr beschlossene städtebauliche Planung aus besonderem Anlass verändern oder durch eine neue Planung ersetzen, ohne dass dies die förmliche Festlegung berührt. Dies kann auch dazu führen, dass bereits einmal abgelehnte Anträge auf der Grundlage der geänderten Planung zu genehmigen sind. Die Anwendung des § 145 Abs. 2 BauGB ist jeweils nur für die Planung zugrunde zu legen, deren Durchsetzung die Gemeindevertretung im Rahmen der städtebaulichen Gesamtmaßnahme beabsichtigt. Unter diesen Voraussetzungen kann auch ein rechtsverbindlicher Bebauungsplan ggf. unbeachtlich sein, wenn feststeht, dass die städtebauliche Sanierung aufgrund einer anderen städtebaulichen Planung durchgeführt werden soll, so auch OVG Münster 8. 4. 1976 BRS 30 Nr. 196. Aus den §§ 30 und 34 BauGB können keine Ansprüche auf Erteilung einer Genehmigung nach § 145 Abs. 2 BauGB hergeleitet werden. Umgekehrt ersetzt die Genehmigung nach §§ 144, 145 BauGB nicht die nach §§ 30ff. BauGB erforderliche Zulässigkeit von Vorhaben.

3.5.5.4 Verpflichtung zur Erteilung der Genehmigung

308 Nach § 145 Abs. 3 BauGB kann eine vorhandene wesentliche Erschwerung der städtebaulichen Sanierungsmaßnahme im Sinne von § 145 Abs. 2 BauGB außer in den Fällen des § 144 Abs. 1 Nr. 1 oder Abs. 2 Nr. 2 oder 3 BauGB durch Verzicht der Beteiligten für sich und ihre Rechtsnachfolger auf Entschädigung beseitigt werden. In diesen Fällen besteht ein Rechtsanspruch auf die Erteilung der Genehmigung. Die Vorschrift dient dazu, Investitionen der Betroffenen auf eigenes Risiko zu ermöglichen, da im Falle der Enteignung die Entschädigung entfällt. § 145 Abs. 3 BauGB ist nur anzuwenden, wenn und soweit der Entschädigungsverzicht tatsächlich zu einer Beseitigung der wesentlichen Erschwerung der städtebaulichen Gesamtmaßnahme führt. Das ist dann nicht der Fall, wenn durch den Vorgang oder das Vorhaben Sachverhalte geschaffen werden, die tatsächlich schwer zu beseitigen sind und deswegen die zügige Durchführung der städtebaulichen Gesamtmaßnahme beeinträchtigen würden.

3.5.5.5 Genehmigungsverfahren

3.5.5.5.1 Antrag

Hinsichtlich des Genehmigungsverfahrens verweist § 145 Abs. 1 Satz 3 auf § 22 Abs. 5 Satz 2 bis 6 BauGB. Danach ist die Gemeinde grundsätzlich allein für die Erteilung der sanierungsrechtlichen Genehmigung zuständig. Es kommt nicht darauf an, ob sie auch die Bauaufsichtsbehörde ist. Daneben gelten die §§ 207 bis 213 BauGB, die durch die Bestimmungen des Verwaltungsverfahrensgesetzes ergänzt werden. Der Antrag ist grundsätzlich bei der Gemeinde einzureichen. Für den Antrag auf Genehmigung schreibt das Gesetz zwar keine Schriftform vor. Wegen der erforderlichen Eindeutigkeit und der Genehmigungsfiktion nach § 145 Abs. 1 Satz 2 i.V. mit § 22 Abs. 5 Satz 4 BauGB ist jedoch ein schriftlicher Antrag erforderlich, vgl. auch BverwG 16.4.1971 DVBl. 1971, 756. Er muss die Angaben enthalten und ihm sind die Unterlagen beizufügen, die den Rechtsvorgang, den Rechtsakt oder das Vorhaben und seiner Genehmigungspflichtigkeit eindeutig erkennen lassen und eine Beurteilung ermöglichen. Fehlende Unterlagen und Angaben hat die Behörde nachzufordern. Die Antragstellung kann von der Gemeinde nicht durch eine Ordnungsverfügung erzwungen werden, so auch OVG Münster 28.10.1986 DÖV 1987, 601. Die Gemeinde hat jedoch nach § 138 Abs. 1 Satz 1 BauGB das Recht, die Herausgabe prüffähiger Unterlagen zu verlangen.

309

Das besondere Antragserfordernis entfällt jedoch, wenn, nach § 145 Abs. 1 Satz 2 BauGB die Baugenehmigungsbehörde anstelle der Gemeinde über die Erteilung der sanierungsrechtlichen Genehmigung entscheidet, vgl. oben Rdn. 287.

3.5.5.5.2 Entscheidungsfrist

Über den Antrag hat die Genehmigungsbehörde gem. § 145 Abs. 1 Satz 3 i.V. mit § 22 Abs. 5 Satz 2 BauGB innerhalb eines Monats nach Eingang des Antrages zu entscheiden. Müssen erforderliche Unterlagen und Angaben nachgefordert werden, beginnt die Frist erst mit Eingang der letzten angeforderten Unterlagen zu laufen. Kann die Genehmigungsbehörde die Prüfung nicht innerhalb der Genehmigungsfrist abschließen, hat sie nach § 145 Abs. 1 Satz 3 BauGB entsprechend § 22 Abs. 5 Satz 3 BauGB zu verfahren und die Frist zu verlängern. Sie hat dies dem Antragsteller durch einen Zwischenbescheid mitzuteilen. Hierbei handelt es sich um eine als solche nichtanfechtbare Verfahrenshandlung. In dem Zwischenbescheid ist die Frist zu nennen, die für die abschließende Prüfung des Antrages benötigt wird; diese Frist darf höchstens weitere drei Monate betragen. Dieser Zwischenbescheid muss dem Antragsteller vor Ablauf der Genehmigungsfrist zugegangen sein; fällt

310

der letzte Tag der Frist auf einen Sonn- oder Feiertag oder auf einen Sonnabend, so genügt ein Zugang vor Ablauf des nächstfolgenden Werktages (§ 193 BGB). Im Falle einer Verlängerung der Frist durch Zwischenbescheid wird die neue Frist von dem Ablauf der Drei-Monats-Frist an berechnet.

Wenn nach § 145 Abs. 1 Satz 2 BauGB die Baugenehmigungsbehörde für die Erteilung der sanierungsrechtlichen Genehmigung zuständig ist, gilt aufgrund von § 145 Abs. 1 Satz 3 in entsprechender Anwendung von § 22 Abs. 5 Satz 6 BauGB Folgendes: Die Baugenehmigungsbehörde kann die Genehmigungsfrist von einem Monat um zwei Monate verlängern, damit die Gemeinde Gelegenheit zur Prüfung ihres Einvernehmens erhält. Wenn die Gemeinde die Erteilung des Einvernehmens nicht innerhalb dieser Frist verweigert, gilt es nach § 22 Abs. 5 Satz 6 Halbsatz 1 BauGB als erteilt. Diese Frist beginnt zu dem Zeitpunkt zu laufen, an dem das Ersuchen der Baugenehmigungsbehörde um das Einvernehmen bei der Gemeinde eingeht. Das Gleiche gilt nach § 22 Abs. 5 Satz 6 Halbsatz 2 BauGB auch, wenn entsprechend einer landesrechtlichen Regelung der Antrag auf Erteilung der sanierungsrechtlichen Regelung auch im Falle des § 145 Abs. 1 Satz 2 BauGB bei der Gemeinde zu stellen ist.

3.5.5.5.5.3 Genehmigung durch Ablauf der Entscheidungsfrist

311 Die Genehmigung gilt als erteilt, wenn sie nicht innerhalb der Frist oder der verlängerten Frist versagt wird (§ 22 Abs. 5 Satz 4 BauGB). Maßgebend ist der Zugang des Versagungsbescheides. Die Genehmigung gilt somit auch dann als erteilt, wenn der Zwischenbescheid erst nach Ablauf der ersten Monatsfrist zugeht und damit keine Verlängerungswirkung mehr hat. Bei mehreren Antragstellern ist zur Vermeidung uneinheitlicher Ergebnisse darauf zu achten, dass Versagungs- und Zwischenbescheide allen Antragstellern rechtzeitig zugehen. Ist die fiktive Genehmigung materiell rechtswidrig, kommt eine Rücknahme entsprechend § 48 Verwaltungsverfahrensgesetz durch die Gemeinde in Betracht. Wenn nach § 145 Abs. 1 Satz 2 BauGB die Baugenehmigungsbehörde entscheidungsbefugt ist, gilt diese Fiktionswirkung nicht zugleich für die ebenfalls beantragte baurechtliche Genehmigung oder Zustimmung. Soweit die sanierungsrechtliche Genehmigung nach § 22 Abs. 5 Satz 4 BauGB als erteilt gilt, ist nach § 22 Abs. 5 Satz 5 BauGB auf Antrag eines Beteiligten hierüber ein Zeugnis auszustellen.

3.5.5.5.5.4 Nebenbestimmungen

312 Die Genehmigung nach § 145 BauGB kann gem. § 145 Abs. 4 Satz 1 Halbsatz 1 BauGB unter Auflagen erteilt werden. Befristungen und Bedingungen sind nach § 145 Abs. 4 Satz 1 Halbsatz 2 BauGB nur bei der Genehmigung von Vorhaben und sonstigen Vorhaben nach § 144 Abs. 1 Nr. 1 BauGB möglich. Ist eine Genehmigung nach § 145 Abs. 3 BauGB nicht möglich, so kann sie auch nicht unter Auflagen, Befristungen oder Bedingungen erteilt werden, vgl. hierzu § 36 Abs. 2 Verwaltungsverfahrensgesetz. Auflagen, Befristungen oder Bedingungen sind nur insoweit zulässig, als sie dazu dienen, die Versagungsgründe auszuräumen, da ansonsten ein

Besonderes Bodenrecht

Rechtsanspruch auf die Erteilung der Genehmigung besteht. Auflösende Befristungen und Bedingungen sind z.B. mit der Auflasssung, auflösende Bedingungen mit der Bestellung eines Erbbaurechtes nicht vereinbar (§ 925 Abs. 2 BGB, § 1 Abs. 4 Satz 1 Erbbaurechtsverordnung). Die Möglichkeit, die Genehmigung mit Nebenbestimmungen versehen zu können, hat für die Sanierungspraxis große Bedeutung. Mit diesen Nebenbestimmungen kann die Gemeinde nur städtebauliche wie die in § 136 BauGB genannten Ziele und Zwecke verfolgen. Diese müssen jedoch in der von der Gemeindevertretung beschlossenen städtebaulichen Planung enthalten sein. Die Gemeinde darf daher nicht die Erteilung der Genehmigung mit willkürlichen gestalterischen Auflagen verbinden. Nicht zulässig sind daher mietrechtliche Regelungen durch Nebenbestimmungen, da der Gesetzgeber das Wohnungsmietrecht im Bürgerlichen Gesetzbuch abschließend geregelt hat. Zu beachten ist ferner, dass es sich bei der städtebaulichen Sanierung nur um ein zeitlich begrenztes Verfahren handelt. Nicht zulässig sind Nebenbestimmungen deren Erfüllung von der Zustimmung eines Dritten abhängt. Desgleichen darf der Antragsteller durch Nebenbestimmungen nicht wirtschaftlich belastet werden. Unzulässig ist es z.B. die Erteilung der sanierungsrechtlichen Genehmigung von der Abtretung von Grundstücksflächen abhängig zu machen. Eine durch Auflagen, Befristungen und Bedingungen betroffene Vertragspartei ist berechtigt, bis zum Ablauf eines Monats nach der Unanfechtbarkeit der Entscheidung vom Vertrag zurückzutreten (§ 145 Abs. 4 Satz 2 in Verbindung mit § 51 Abs. 4 Satz 2 und 3 BauGB).

§ 145 Abs. 4 Satz 3 BauGB stellt klar, dass entsprechende Regelungen auch durch einen städtebaulichen Vertrag getroffen werden können, wenn dadurch Versagungsgründe i.S. von § 145 Abs. 2 BauGB ausgeräumt werden. Hierdurch hat die Gemeinde noch weiter gehende Möglichkeiten erhalten. § 11 BauGB enthält Bestimmungen über den Abschluss städtebaulicher Verträge. In einem derartigen Vertrag darf beispielsweise die Erteilung einer sanierungsrechtlichen Genehmigung mit der Vereinbarung von Maßnahmen verbunden werden, die die Gemeinde auch durch ein städtebauliches Gebot i.S. der §§ 175 ff BauGB anordnen kann.

3.5.5.5.5 Übernahmeverlangen

Bei rechtmäßiger Versagung der Genehmigung nach § 145 Abs. 2 BauGB kann der Eigentümer nach § 145 Abs. 5 Satz 1 BauGB von der Gemeinde die Übernahme des Grundstücks verlangen, auf das sich der Rechtsvorgang, der Rechtsakt oder das Vorhaben bezieht. Dies gilt aber nur, wenn und soweit es ihm mit Rücksicht auf die Durchführung der Sanierungsmaßnahme wirtschaftlich nicht mehr zuzumuten ist, das Grundstück zu behalten oder es in der bisherigen oder einer anderen zulässigen Art zu nutzen. Unter diesen Voraussetzungen kann er auch die Übernahme eines außerhalb des Sanierungsgebietes gelegenen Grundstücksteiles verlangen. Dies ergibt sich aus dem in § 92 Abs. 3 BauGB zum Ausdruck kommenden Rechtsgedanken, der auch Anlass zu der Regelung des § 145 Abs. 5 Satz 2 BauGB war. Das durch diese Vorschrift begründete Übernahmeverlangen des Eigentümers eines land- oder forstwirtschaftlichen Betriebes findet allerdings seine Grenze in

313

der Zumutbarkeit für die Gemeinde zur Übernahme aller Betriebsgrundstücke. Aber auch bei unzumutbarer Belastung muss die Gemeinde die außerhalb des Gebietes oder Bereiches gelegenen Grundstücke übernehmen, soweit sie nicht mehr in angemessenem Umfang baulich oder wirtschaftlich genutzt werden können. Übernahmebestimmungen aufgrund anderer Vorschriften des BauGB, wie z.B. § 40 Abs. 2 BauGB wegen Festsetzungen in einem Bebauungsplan oder § 173 Abs. 2 BauGB wegen einer Erhaltungssatzung ein Übernahmeverlangen geltend zu machen, werden durch die §§ 145 Abs. 5 BauGB nicht berührt.

3.5.5.5.6 Allgemeine Erteilung der Genehmigungen

314 Nach § 144 Abs. 3 BauGB kann die Gemeinde vorweg allgemein für bestimmte Fälle des § 144 Abs. 1 und 2 BauGB die Genehmigung erteilen. Da § 144 Abs. 3 BauGB sich auf bestimmte Fälle der Absätze 1 und 2 bezieht, darf die Gemeinde nicht die Vorweggenehmigung für alle dort genannten Fälle erteilen. Die Regelung dient der Verwaltungsökonomie. Die Zahl der zu prüfenden Vorgänge soll verringert werden soweit dies im Einzelfall vertretbar ist. In der Praxis wird vor allem eine allgemeine Genehmigungserteilung für § 144 Abs. 1 Nr. 3 (Vereinbarung über ein schuldrechtliches Nutzungsverhältnis) und Abs. 2 Nr. 2 (Bestellung eines das Grundstück belastenden Rechtes) BauGB in Betracht kommen. Abzuraten ist hingegen von einer allgemeinen Genehmigung für alle Fälle nach § 144 Abs. 1 Nr. 1 (Vorhaben und sonstige Maßnahmen i.S. von § 14 Abs. 1 BauGB) BauGB. Soweit die Gemeinde die Anwendung von § 144 Abs. 2 Nr. 1 (rechtsgeschäftliche Veräußerung eines Grundstückes und Bestellung sowie Veräußerung eines Erbbaurechts) BauGB ausschließt, entfällt die Möglichkeit, die rechtsgeschäftliche Veräußerung eines Grundstücks, die den Anfangswert im Sinne des § 153 Abs. 1 BauGB überschreitet (vgl. hierzu unten Rnr. 342), nach § 153 Abs. 2 Satz 2 BauGB zu untersagen. Es kann daher nicht ausgeschlossen werden, dass der Grundstückserwerber sich später gegenüber seiner Heranziehung zur Zahlung eines Ausgleichsbetrages auf die allgemeinen Genehmigungen des Grundstücksgeschäftes durch die Gemeinde beruft und gem. § 155 Abs. 1 Nr. 3 BauGB eine Anrechnung des Betrages, der den Anfangswert überschreitet, verlangt. In diesem Falle würde der Gemeinde ein Einnahmeverlust entstehen.

315 Die allgemeine Erteilung der Genehmigung nach § 144 Abs. 3 BauGB erfolgt durch Verwaltungsakt in der Form der Allgemeinverfügung (vgl. § 35 Satz 2 Verwaltungsverfahrensgesetz (VwVfG)). Sie ist nach § 144 Abs. 3 Halbsatz 2 BauGB ortsüblich bekannt zu machen. Die Genehmigung kann erteilt werden, solange die Sanierungssatzung rechtsverbindlich ist. Sie kann unter den Voraussetzungen des § 49 VwVfG von der Gemeinde widerrufen werden. Auch der Widerruf bedarf der ortsüblichen Bekanntmachung. Es ist für die Gemeinde zweckdienlich, bei Erteilung der Genehmigung den jederzeitigen Widerruf vorzubehalten.

3.5.5.5.7 Eintragung in das Grundbuch

316 Auf die Genehmigung eines Rechtsvorganges nach § 144 Abs. 2 und 3 BauGB ist gem. § 145 Abs. 6 Satz 1 BauGB § 22 Abs. 6 BauGB entsprechend anzuwenden.

Abschluss der Sanierung

Danach darf das Grundbuchamt aufgrund eines solchen genehmigungsbedürftigen Rechtsvorganges eine Eintragung in das Grundbuch erst vornehmen, wenn ihm der Genehmigungsbescheid der Gemeinde vorliegt.

Die Gemeinde hat nach § 145 Abs. 6 Satz 2 BauGB auf Antrag eines Beteiligten ein Zeugnis auszustellen, dass die eine Genehmigung nach § 144 Abs. 3 BauGB allgemein erteilt worden ist.

3.5.5.5.5.8 Verhältnis zu anderen Genehmigungsverfahren

Soweit für ein Vorhaben eine planungsrechtliche oder bauaufsichtliche Genehmigung erforderlich ist, hat die Erteilung der sanierungsrechtlichen Genehmigung hierauf keinen Einfluss, vgl. BVerwG 31. 8. 1989 ZfBR 1990, 40. Das Gleiche gilt umgekehrt. Auch regelt das BauGB das baufsichtliche Genehmigungsverfahren nicht, dies ist eine Aufgabe des jeweiligen Landesgesetzgebers. Maßgebend ist deshalb die Rspr. der Oberverwaltungsgerichte, vgl. BverwG 20. 11. 1995 NVwZ 1996, 378. *317*

3.5.5.5.5.9 Durchführung von Vorhaben ohne Genehmigung

Ein ohne die erforderliche sanierungsrechtliche Genehmigung durchgeführtes Vorhaben ist rechtswidrig. Führt ein Grundeigentümer ein Vorhaben im Sinne von § 144 Abs. 1 Nr. 1 BauGB, das bauordnungsrechtlich nicht auch genehmigungspflichtig ist, ohne Genehmigung der Gemeinde nach § 145 Abs. 1 BauGB durch, begeht er keine Ordnungswidrigkeit. Die Verhängung einer Geldbuße ist daher nicht möglich. Betrifft das Vorhaben eine bauliche Anlage im Sinne des Landesbauordnungsrechtes, so kann die Bauaufsicht die Baueinstellung anordnen. Da die Bauaufsichtsbehörden allgemein die Aufgabe haben, rechtswidrige Baumaßnahmen von Amts wegen zu verhindern, wird in der Regel die Baueinstellung angeordnet werden müssen. Entsprechendes gilt auch für eine Beseitigungsanordnung durch die Bauaufsicht. Sie setzt aber zusätzlich eine hinreichend konkretisierte grundstücksbezogene Bestimmung des Zweckes der städtebaulichen Sanierungsmaßnahme durch die Gemeindevertretung voraus. Unter den gleichen Voraussetzungen kann die Bauaufsichtsbehörde auch dann die Baueinstellung oder Beseitigung anordnen, wenn das durchgeführte Vorhaben nicht der Bauaufsicht unterliegt, soweit sich das Landesbauordnungsrecht an den §§ 79, 80 Musterbauordnung orientiert. *318*

3.6 Abschluss der Sanierung

3.6.1 Bedeutung

Die städtebauliche Sanierung ist ihrem Wesen nach kein unbefristeter Vorgang, vgl. § 149 Abs. 4 Satz 2 BauGB. Da sie mit der Anwendung von Vorschriften verbunden ist, die die Rechte der betroffenen Eigentümer und Mieter besonders einschränken, muss die Sanierung aus rechtsstaatlichen Gründen beendet werden, sobald das spezielle gesetzliche Instrumentarium nicht mehr erforderlich ist. Diese *319*

Städtebauliche Sanierungsmaßnahmen

Verpflichtung entspricht zugleich dem Gebot der zügigen Durchführung der städtebaulichen Sanierungsmaßnahme nach § 136 Abs. 1 BauGB. Die städtebauliche Sanierung findet ihren Abschluss durch die Aufhebung der Sanierungssatzung nach § 162 BauGB. Für einzelne Grundstücke kann die Gemeinde aber die Sanierung schon vorher gemäß § 163 BauGB für abgeschlossen erklären. Den Maßstab für die Beurteilung, ob eine Sanierung durchgeführt ist, bildet die städtebauliche Planung der Gemeinde. Da sie diese Planung verändern kann, hat sie zugleich einen Spielraum für die Beurteilung, ob und wann die Ziele und Zwecke der städtebaulichen Sanierung erreicht sind und damit die Sanierung durchgeführt ist. Die in § 136 Abs. 2 Satz 1 BauGB vorgesehene Behebung städtebaulicher Missstände durch eine wesentliche Verbesserung oder eine Umgestaltung des Sanierungsgebietes verlangt keine Totalsanierung.

3.6.2 Abschlusserklärung für einzelne Grundstücke

3.6.2.1 Spätere Durchführung

320 § 163 Abs. 2 Satz 1 BauGB erlaubt es der Gemeinde, schon sehr frühzeitig die Durchführung für einzelne Grundstücke als abgeschlossen zu erklären. Die Abschlusserklärung vor Aufhebung der Sanierungssatzung entspricht dem Grundsatz der zügigen Durchführung der städtebaulichen Sanierung nach § 136 Abs. 1 BauGB. Es reicht aus, wenn die den Zielen und Zwecken der Sanierung entsprechende Bebauung oder sonstige Nutzung des Grundstücks oder die Modernisierung oder Instandsetzung der aufstehenden baulichen Anlage ohne Gefährdung dieser Ziele und Zwecke zu einem späteren Zeitpunkt dort voraussichtlich möglich ist. Insoweit hat die Gemeinde eine Prognose zu treffen. Zum Begriff der Modernisierung und Instandsetzung vgl. oben Rnr. 237ff. Eine entsprechende Gefährdung besteht nicht, wenn alle Voraussetzungen für die Durchführung der Maßnahmen gegeben sind und der Eigentümer hierzu bereit und in der Lage ist. Die Gemeinde hat sich zu vergewissern, dass die Finanzierung der später durchzuführenden Maßnahmen gesichert ist. Ferner müssen für das Grundstück alle sanierungsrelevanten Rechtsvorgänge abgeschlossen sein. Der Eigentümer hat laut § 163 Abs. 2 Satz 2 BauGB keinen Anspruch auf die Abgabe der Erklärung durch die Gemeinde. Es liegt in ihrem Ermessen, ob sie die Abschlusserklärung erteilt. Sie kann diese Erklärung von Amts wegen, d.h. ohne einen entsprechenden Antrag des betroffenen Grundeigentümers abgeben.

3.6.2.2 Abgeschlossene Durchführungsmaßnahmen

321 § 163 Abs. 1 Satz 1 BauGB bezieht sich auf den Fall, dass ein Grundstück insgesamt entsprechend den Zielen und Zwecken der Sanierung bebaut ist oder in sonstiger Weise genutzt wird oder das Gebäude modernisiert oder instandgesetzt ist. Die Regelung des § 163 Abs. 1 Satz 2 BauGB ist in dem Sinne zu verstehen, dass in Bezug auf das Grundstück die Ziele und Zwecke der Sanierung tatsächlich erreicht sein müssen. Es dürfen keine sanierungsrelevanten Maßnahmen oder Handlungen sowie die Anwendung der in § 163 Abs. 3 Satz 1 BauGB genannten Vorschriften

Abschluss der Sanierung

mehr erforderlich sein. Es kommt dagegen nicht darauf an, ob ein Sanierungsbebauungsplan in Kraft getreten ist.

Die Gemeinde kann den Abschluss der Sanierung von Amts wegen aber aufgrund von § 163 Abs. 1 Satz 2 BauGB auch auf Antrag des Eigentümers abgeben. Sie ist hierzu aber nicht von Amts wegen verpflichtet, vgl. BVerwG 12.12.1995 BBauBl. 1996, 321. Liegen die Voraussetzungen für die Abschlusserklärung vor, hat der antragstellende Eigentümer hierauf einen Anspruch wenn er den entsprechenden Antrag gestellt hat. Die Gemeinde ist nicht verpflichtet von Amts wegen in eine Prüfung einzutreten. Da es sich hierbei um eine abgeschlossene Regelung handelt, kann der Eigentümer den Anspruch auf Erteilung der Abschlusserklärung nicht aus anderen Gründen, wie z.B. der Dauer der städtebaulichen Sanierung geltend machen, so auch BVerwG 7.6.1996 NJW 1996, 2807. Der VGH Kassel 28.10.1993 BBauBl. 1994, 632 hat in einem Fall entsprechend entschieden, in dem die Sanierung 21 Jahre nach Inkrafttreten immer noch weiter fortgeführt wurde.

3.6.2.3 Form der Abschlusserklärung

Die Abschlusserklärung ist nach § 163 Abs. 2 Satz 1 BauGB in Form eines Bescheides, d.h. eines schriftlichen Verwaltungsaktes zu erteilen. Obwohl in § 163 Abs. 1 BauGB eine entsprechende Regelung fehlt, ist hier nicht anders zu verfahren. Bei der Abgabe der Erklärung handelt es sich um ein Geschäft der laufenden Verwaltung. Da es sich um einen begünstigenden Verwaltungsakt handelt, ist keine vorherige Anhörung des betroffenen Grundeigentümers erforderlich, vgl. § 28 Abs. 1 VwVfG. Im Falle der Abschlusserklärung nach § 163 Abs. 2 BauGB ist eine Erörterung der Angelegenheit mit dem Eigentümer aber sehr zweckmäßig. Die Gemeinde kann den Bescheid auch mit Nebenbestimmungen versehen, vgl. § 36 VwVfG. Dies gilt insbesondere im Falle des § 163 Abs. 2 Satz 1 BauGB. Hier ist es erforderlich die spätere Durchführung der auf dem Grundstück erforderlichen Maßnahmen rechtlich zu sichern. Als Nebenbestimmungen kommen eine Auflage oder der Vorbehalt des Widerrufes in Betracht. Infolge der privatrechtsgestaltenden Wirkung einer Abschlusserklärung kann sie nun für die Zukunft widerrufen werden. Ein Widerruf kommt in Frage, wenn entgegen den Erwartungen die Ziele und Zwecke der Sanierung gemäß § 163 Abs. 2 Satz 1 BauGB nicht verwirklicht werden konnten.

322

Der Bescheid über die Abschlusserklärung kann auch durch den Abschluss eines öffentlich-rechtlichen Vertrages zwischen der Gemeinde und dem Grundeigentümer ersetzt werden, vgl. § 54 VwVfG. Dieser Weg bietet die Möglichkeit, in den Vertrag Vereinbarungen über weitere Angelegenheiten einzubeziehen. Hierzu gehört eine Regelung über die Zahlung des Ausgleichsbetrages, der aufgrund der Abschlusserklärung nach § 154 Abs. 3 Satz 1 BauGB zu entrichten ist. Gegenstand der Vereinbarung können die Höhe des Ausgleichsbetrages und die Zahlungsmodalitäten sein. Im Falle des § 163 Abs. 2 BauGB hat die Gemeinde bei der Gestaltung des Vertragsinhaltes einen größeren Spielraum, weil der Grundeigentümer keinen Rechtsanspruch auf die Erteilung der Abschlusserklärung hat. In diesem Fall kön-

323

nen in den Vertrag nicht nur Bestimmungen über den Beginn der Bebauung, der sonstigen Nutzung des Grundstücks, der Modernisierung oder Instandsetzung des aufstehenden Gebäudes aufgenommen werden, sondern z.B. auch Vereinbarungen über die Art der Ausführung.

3.6.2.4 Rechtsfolgen

324 Aufgrund von § 163 Abs. 3 Satz 1 BauGB entfällt die Anwendung der §§ 144, 145 und 153 BauGB für das betroffene Grundstück, sobald die Abschlusserklärung unanfechtbar geworden ist. Das Grundstück gehört auch weiterhin zum förmlich festgelegten Sanierungsgebiet. Hieran ändert auch die Löschung des Sanierungsvermerks durch das Grundbuchamt auf Ersuchen der Gemeinde nach § 163 Abs. 3 Satz 2 BauGB nichts. Der betroffene Eigentümer hat keinen Rechtsanspruch auf Vornahme der Löschung. Wenn die Sanierung nicht nach § 142 Abs. 4 Halbsatz 1 BauGB im vereinfachten Verfahren durchgeführt wird, führt die Erteilung der Abschlusserklärung aufgrund von § 154 Abs. 3 Satz 1 BauGB zur Verpflichtung des Eigentümers, den Ausgleichsbetrag vorzeitig, d.h. vor Aufhebung der Sanierungssatzung, an die Gemeinde zu entrichten, vgl. hierzu unten Rnr. 346. Die abgaben- und steuerrechtlichen Befreiungen nach § 151 BauGB gelten weiter, soweit in Bezug auf das Grundstück noch sanierungsrelevante begünstigte Geschäfte und Verhandlungen stattfinden. Nach Unanfechtbarkeit der Abschlusserklärung dürfen auf dem Grundstück grundsätzlich keine Städtebauförderungsmittel zur Deckung von Sanierungskosten verwendet werden. Dies gilt nicht für vorher von der Gemeinde mit dem Eigentümer vereinbarte Durchführungsmaßnahmen, für die bereits Verbindlichkeiten bestehen.

3.6.3 Aufhebung der Sanierungssatzung

3.6.3.1 Verpflichtung zur Aufhebung

325 Aufgrund von § 149 Abs. 4 Satz 2 BauGB ist die städtebauliche Sanierungsmaßnahme innerhalb eines absehbaren Zeitraumes durchzuführen, vgl. unten Rdn. 329. Sobald die in § 162 Abs. 1 Satz 1 BauGB genannten Voraussetzungen für die Aufhebung der Sanierungssatzung vorliegen, ist die Gemeinde hierzu verpflichtet. Angesichts der eindeutigen Regelung im Gesetz hat die Gemeinde hier kein Ermessen. Die Aufhebungsverpflichtung besteht auch für einen Teil des Sanierungsgebietes, wenn nur dort die Voraussetzungen des § 162 Abs. 1 Satz 1 BauGB vorliegen. Hierbei muss es sich aber um ein städtebaulich oder planungsrechtlich eindeutig abgrenzbaren Teil des Sanierungsgebietes, wie z.B. einen Häuserblock oder den Geltungsbereich eines Bebauungsplanes handeln. Für einzelne Grundstücke im Sanierungsgebiet besteht keine Teilaufhebungsverpflichtung i.S. von § 162 Abs. 1 Satz 2 BauGB. Eigentümer einzelner Grundstücke im Sanierungsgebiet können unter den Voraussetzungen des § 163 Abs. 1 BauGB gegen die Gemeinde einen Anspruch auf Erteilung einer Abschlusserklärung geltend machen, vgl. oben Rnr. 321.

Die Verpflichtung zur Aufhebung oder Teilaufhebung kann gegenüber der Gemeinde kommunalaufsichtlich durchgesetzt werden. Die sanierungsbetroffenen Grundeigentümer haben dagegen keinen verwaltungsgerichtlich im Wege eines Normenkontrollverfahrens durchsetzbaren Anspruch auf Aufhebung der Sanierungssatzung gegen die Gemeinde.

3.6.3.2 Voraussetzungen

3.6.3.2.1 Durchführung der Sanierung

Die Sanierungssatzung ist nach § 162 Abs. 1 Nr. 1 BauGB aufzuheben, wenn die *326* Sanierung durchgeführt ist. Die Durchführung der Sanierung hängt nicht davon ab, ob in dem Sanierungsgebiet alle städtebaulichen Missstände beseitigt worden sind. Das Gesetz enthält keine Verpflichtung zur Durchführung einer Totalsanierung. Maßgebend sind die in der städtebaulichen Planung aufgeführten Ziele. Die Gemeinde kann ihre städtebauliche Planung ändern, sowohl in dem Sinne, dass sie ursprünglich vorgesehene bestimmte Durchführungsmaßnahmen nicht mehr für erforderlich hält oder umgekehrt, indem sie jetzt zusätzliche Durchführungsmaßnahmen für sinnvoll erachtet. Eine Sanierungssatzung ist aber auch ohne Änderung der städtebaulichen Planung aufzuheben, wenn die Anwendung des Sanierungsrechtes für die weitere Durchführung der Planung nicht mehr erforderlich ist. Dies kann der Fall sein, wenn die Gemeinde ihre eigenen Ordnungs- und Baumaßnahmen durchgeführt hat und von der bisherigen Sanierung eine Anstoßwirkung auf private Investoren ausgegangen ist, die die Annahme rechtfertigt, dass diese die restlichen sanierungserforderlichen Baumaßnahmen allein ohne Mitfinanzierung von Städtebauförderungsmitteln durchführen können. Soweit das Planungserfordernis des § 1 Abs. 3 BauGB für das Sanierungsgebiet vorliegt und deswegen ein Bebauungsplan aufzustellen ist, muss der Plan zumindest die Planreife nach § 33 Abs. 2 BauGB erlangt haben. Die Aufhebungsverpflichtung nach § 162 Abs. 1 BauGB setzt aber nicht allgemein einen Bebauungsplan für das Sanierungsgebiet voraus.

3.6.3.2.2 Undurchführbarkeit der Sanierung

Nach § 162 Abs. 1 Nr. 2 BauGB ist die Sanierungssatzung von der Gemeinde *327* auch aufzuheben, wenn sich die Sanierung als undurchführbar erweist. Hingegen wird die Satzung nicht aus diesem Grunde funktionslos, vgl. BVerwG 16. 2. 2001 NVwZ 2001, 1050. Die Frage der Undurchführbarkeit ist nach objektiven Maßstäben zu beurteilen. Eine aufhebende Sanierungssatzung darf nicht durch eine neue Sanierungssatzung für die gleichen Flächen ersetzt werden. Etwas anderes gilt nur, wenn der neuen Satzung ein völlig anderes Sanierungskonzept zu Grunde liegt, so auch BVerwG 10. 7. 2003, 1389. Eine Sanierungsmaßnahme ist undurchführbar, wenn die Gemeinde aus Gründen, die sie nicht zu vertreten hat, an der Durchführung oder an ihrer Fortsetzung gehindert ist. Dies ist der Fall, wenn die Gemeinde ihren Anteil an der Finanzierung der sanierungserforderlichen Ordnungs- und Baumaßnahmen nicht aufbringen kann, z. B. weil sie keine Finanzhilfen aus einem Städtebauförderungsprogramm mehr erhält. Als weiterer Grund für das Scheitern einer städtebaulichen Sanierungsmaßnahme kommt auch die mangelnde Mitwirkung der Betroffenen oder der öffentlichen Aufgabenträger in Frage.

3.6.3.2.3 Aufgabe der Sanierungsabsicht aus anderen Gründen

328 § 162 Abs. 1 Nr. 3 BauGB bezieht sich auf den Fall der Aufgabe der Sanierungsabsicht aus anderen als den in § 163 Abs. 1 und 2 BauGB genannten Gründen. Die durchführbare Sanierungsmaßnahme kann hier von der Gemeinde aus eigenem Entschluss aufgegeben werden. Da die Gemeinde aber grundsätzlich durch die Sanierungssatzung auch zur Durchführung der Sanierung verpflichtet ist, darf sie nicht aus beliebigen Gründen die Sanierungssatzung aufgeben. Es muss sich um sachliche Gründe handeln. In Betracht kommen letztlich nur atypische Fallgestaltungen, z.B. die Fortsetzung der Sanierungsmaßnahme erweist sich als entbehrlich weil die noch erforderlichen Ordnungs- und Baumaßnahmen von den betroffenen Eigentümern auf eigene Kosten durchgeführt werden. Des Weiteren können bei einer Funktionsschwächensanierung i.S. von § 136 Abs. 3 Nr. 2 BauGB auch planerische Erwägungen der Gemeinde das Erfordernis der städtebaulichen Sanierung in Frage stellen.

3.6.3.2.4 Einstellung der Durchführung

329 Nicht im Gesetz geregelt ist der Fall der Einstellung der Sanierungsdurchführung ohne Aufgabe der Sanierungsabsicht durch die Gemeinde. Bei diesem nicht praxisfremden Sachverhalt tritt die Sanierungssatzung nicht infolge Zeitablaufes außer Kraft, so auch BVerwG 20.10.1978 NJW 1979, 2577. Aufgrund der Vielschichtigkeit des Sanierungsverfahrens lässt sich dessen Dauer nicht allgemeingültig befristen, vgl. BVerwG 7.6.1986 NJW 1996, 2807. Die Gemeinde darf aber in dem betroffenen Sanierungsgebiet nicht mehr den Genehmigungsvorbehalt der §§ 144 und 145 BauGB anwenden, vgl. BVerwG 7.9.1984 NJW 1985, 278. Dagegen schließt nach BVerwG 15.3.1995 NVwZ 1995, 897 ein Zeitraum von 17 Jahren nach dem Inkrafttreten einer Sanierungssatzung nicht aus, dass die Ausübung des Vorkaufsrechtes nach § 24 Abs. 1 Nr. 3 BauGB dem Wohle der Allgemeinheit i.S. von § 24 Abs. 3 Satz 1 BauGB dienen kann.

3.6.3.3 Aufhebungssatzung

330 Die Sanierungssatzung ist nach § 162 Abs. 2 Satz 1 BauGB durch eine neue Satzung der Gemeinde aufzuheben. Die Aufhebungssatzung muss die Sanierungssatzung genau bezeichnen und ihre Aufhebung anordnen sowie das Datum ihres Inkrafttretens angeben. Bestehen die in § 168 Abs. 1 Satz 1 BauGB genannten Gründe nur für einen Teil des Sanierungsgebietes, so muss die Sanierungssatzung für diesen Teil aufgehoben werden. Als Teil des Sanierungsgebietes kommen hier aber nicht einzelne Grundstücke in Frage, sondern es muss sich um eine städtebauliche Gebietseinheit, wie z.B. einen Häuserblock oder um eine planungsrechtliche Gebietseinheit wie den Bereich eines Bebauungsplanes handeln. Bei einer Teilaufhebung nach § 162 Abs. 1 Satz 2 BauGB muss das aus der Sanierungssatzung zu entlassende Teilgebiet in entsprechender Anwendung von § 142 Abs. 3 BauGB genau bezeichnet werden. In diesem Falle ist eine Auflistung der von der Teilaufhebung betroffenen Grundstücke zweckmäßig.

Abschluss der Sanierung

Die Aufhebung der Sanierungssatzung setzt keine Betroffenenbeteiligung nach § 137 BauGB und keine Beteiligung der Träger öffentlicher Belange nach § 139 BauGB voraus. Desgleichen verlangt das Gesetz keine Begründung der Aufhebungssatzung.

Die Aufhebungssatzung ist nach § 162 Abs. 2 Satz 2 BauGB ortsüblich bekannt zu machen. Hierdurch wird sie gemäß § 162 Abs. 2 Satz 4 BauGB rechtsverbindlich. § 162 Abs. 2 Satz 3 BauGB lässt in entsprechender Anwendung von § 10 Abs. 3 Satz 2 bis 5 BauGB auch die Ersatzbekanntmachung zu.

3.6.3.4 Rechtsfolgen

Nach der Bekanntmachung der Aufhebungssatzung ersucht die Gemeinde nach § 162 Abs. 3 BauGB das Grundbuchamt die Sanierungsvermerke in den Grundbüchern zu löschen. Dies gilt nicht für das vereinfachte Sanierungsverfahren i.S. von § 142 Abs. 4 Halbsatz 1 BauGB, vgl. § 143 Abs. 4 Satz 4 BauGB. Die Löschung setzt voraus, dass die Gemeinde dem Grundbuchamt die von der Aufhebungssatzung betroffenen Grundstücke auflistet. § 164 BauGB enthält eine Regelung über den Rückübertragungsanspruch des früheren Eigentümers eines Grundstückes im Falle der Aufhebung einer Sanierungssatzung wegen erwiesener Undurchführbarkeit der Sanierung oder der Aufgabe der Sanierungsabsicht durch die Gemeinde aus anderen Gründen. Weitere Aussagen über die Rechtswirkungen der Aufhebung der Sanierungssatzung enthält das Gesetz in diesem Zusammenhang nicht. *331*

Eine § 163 Abs. 3 Satz 1 BauGB entsprechende Regelung über den Fortfall der Rechtswirkungen bei der Abschlusserklärung für einzelne Grundstücke gibt es für die Aufhebungssatzung nicht. Aus dem Sinn der Regelung lässt sich jedoch folgern, dass grundsätzlich die Anwendung aller Vorschriften entfällt, die ein förmlich festgelegtes Sanierungsgebiet zur Voraussetzung haben. Es sind dies folgende Regelungen des BauGB: § 24 Abs. 1 Nr. 3 (Allgemeines Vorkaufsrecht), § 87 Abs. 3 Satz 3 und § 88 Satz 2 (Enteignung), § 182 bis 186 (Miet- und Pachtverhältnisse) und § 193 (Land- und forstwirtschaftliche Grundstücke). Ferner entfällt die Ausübung des allgemeinen Vorkaufsrechtes der Gemeinde zu Gunsten ihres Sanierungsträgers. Im herkömmlichen Sanierungsverfahren entfällt zusätzlich die Anwendung folgender Bestimmungen des BauGB: § 14 Abs. 4 (Nichtanwendung der Vorschriften über die Veränderungssperre), § 15 Abs. 2 (Nichtanwendung der Vorschriften über die Zurückstellung von Baugesuchen), § 17 Abs. 6 (Außerkrafttreten einer Veränderungssperre), § 19 Abs. 4 Nr. 2 (Entfallen der Genehmigungspflicht für Teilungen), § 51 Abs. 1 Satz 2 (Entfallen der Verfügungs- und Veränderungssperre im Umlegungsverfahren). Soweit die Gemeinde hingegen die Anwendung des § 144 Abs. 1 BauGB oder des § 144 BauGB insgesamt im vereinfachten Verfahren ausgeschlossen hatte, waren die vorgenannten Vorschriften durch die Sanierungssatzung nicht ausgeschlossen. *332*

Die Aufhebung der Sanierungssatzung führt jedoch nicht zur völligen Aufhebung des Sanierungsrechtes. Weiter anzuwenden sind folgende Regelungen des BauGB: § 89 (Pflicht der Gemeinde zur Veräußerung von Grundstücken), § 138 Abs. 2 *333*

Satz 3 und Abs. 3 Satz 2 (Datenschutz), § 150 (Ersatz für Aufwendungen), §§ 157 bis 161 (Sanierungsträger und andere Beauftragte) und § 164 (Anspruch auf Rückübertragung). Im herkömmlichen Sanierungsverfahren finden auch nach Aufhebung der Sanierungssatzung folgende Bestimmungen des BauGB weiter Anwendung: § 154 Abs. 1 Satz 1 und Absatz 2 bis 5 (Ausgleichsbetrag des Eigentümers) und § 155 Abs. 1 bis 3 (Anrechnung auf den Ausgleichsbetrag und Absehen von der Festsetzung des Ausgleichsbetrages). Die Sanierungsmaßnahme ist unter Anwendung der weitergeltenden Vorschriften des BauGB von der Gemeinde abzuwickeln. Das Inkrafttreten der Aufhebungssatzung hat zugleich förderrechtliche Folgen. Vorhandene Städtebauförderungsmittel dürfen nur für die Deckung bereits eingegangener förderungsfähiger Verpflichtungen der Gemeinde verwendet werden. Die für die Deckung der Sanierungskosten als Vorauszahlung gewährten Förderungsmittel sind abzurechnen.

3.6.3.5 Anspruch auf Rückübertragung

3.6.3.5.1 Anspruchsvoraussetzung

334 § 164 BauGB regelt einen Anspruch des früheren Eigentümers gegen den jeweiligen, d.h. den jetzigen neuen Eigentümer. Hierbei handelt es sich um einen privatrechtlichen Rückkaufanspruch, bei Streitigkeiten entscheiden daher die Zivilgerichte. Erste Voraussetzung für diesen Rückübertragungsanspruch ist die Aufhebung der Sanierungssatzung durch die Gemeinde, weil sich die Sanierung i.S. von § 162 Abs. 1 Satz 1 Nr. 1 BauGB als undurchführbar erwiesen hat oder die Sanierungsabsicht von der Gemeinde gemäß § 162 Abs. 1 Satz 1 aus sonstigen Gründen aufgegeben worden ist. Zweite Voraussetzung für das Entstehen ist ein Grunderwerb der Gemeinde oder ihres Sanierungsträgers von dem früheren Eigentümer nach der förmlichen Festlegung des Sanierungsgebietes zur Durchführung der Sanierung. Hierbei ist von einer widerlegbaren Anscheinsvermutung auszugehen, dass ein Grundstück im förmlich festgelegten Sanierungsgebiet zum Zwecke der Sanierungsdurchführung erworben worden ist. Ferner müssen die Gemeinde oder der Sanierungsträger das Grundstück von dem früheren Eigentümer freihändig oder nach den Vorschriften des BauGB ohne Hergabe von entsprechendem Austauschland, Ersatzland oder Begründung von Miteigentum an einem Grundstück, grundstücksgleichen Rechten, Rechten nach dem Wohnungseigentumsgesetz oder sonstigen dinglichen Rechten an einem Grundstück erworben haben. Jetzige Eigentümer können die Gemeinde oder ihr Sanierungsträger aber auch andere privatrechtliche Personen sein, die das Grundstück unmittelbar von der Gemeinde oder dem Sanierungsträger erworben haben.

3.6.3.5.2 Ausschluss des Anspruches

335 § 164 Abs. 2 BauGB schließt in einer Reihe von Fällen das Bestehen des Rückübertragungsanspruches aus.

Abschluss der Sanierung

(1) Der Anspruch entfällt, wenn das Grundstück als Baugrundstück für den Gemeinbedarf oder als Verkehrs-, Versorgungs- oder Grünfläche in einem Bebauungsplan festgesetzt oder für sonstige öffentliche Zwecke benötigt wird. Soweit es auf den Sanierungsbebauungsplan ankommt, muss dieser in Kraft getreten sein. Ohne Bedeutung dagegen ist, ob seine Festsetzungen bereits verwirklicht worden sind. Hat die Gemeinde den Bebauungsplan ersatzlos wieder aufgehoben, bleibt insoweit der Rückübertragungsanspruch bestehen.

(2) Der Anspruch entfällt ferner, wenn der frühere Eigentümer selbst das Grundstück im Wege der Enteignung erworben hatte. Hierbei kommt es nicht auf den Zweck des seinerzeitigen Enteignungsverfahrens an.

(3) Der Rückübertragungsanspruch besteht auch nicht, wenn der jetzige Eigentümer oder einer der Voreigentümer bereits mit der zweckgerechten Verwendung des Grundstücks begonnen hat. Die zweckgerechte Verwendung ist auf die städtebauliche Planung der Gemeinde für die Sanierungsdurchführung zu beziehen. Für den Beginn der Verwendung reicht die Beseitigung vorhandener baulicher Anlagen oder das Ausheben einer Baugrube aus. Das Gesetz will hier den Grundstückseigentümer vor einem Rückübertragungsanspruch schützen, der Vertrauen in die Sanierungsplanung investiert hat.

(4) Der Anspruch besteht auch nicht, wenn die Gemeinde ein durch Ausübung des Vorkaufsrechtes oder durch Enteignung erlangtes Grundstück aufgrund ihrer Veräußerungspflicht aus § 89 BauGB an einen Dritten veräußert hat. Dies gilt auch für ein Grundstück, das ein Sanierungsträger nach Übertragung der Sanierungsaufgabe zum Zwecke der Sanierungsvorbereitung oder Sanierungsdurchführung aufgrund der Privatisierungspflicht nach § 89 Abs. 3 und 4 BauGB unter Beachtung der Weisungen der Gemeinde an einen Dritten veräußert hat. Bei den Grundstücken handelt es sich um solche, die er außerhalb des Treuhandvermögens mit eigenen Mitteln erworben hat. Der jetzige Eigentümer muss nicht der Dritte sein, an den die Grundstücke unmittelbar veräußert worden sind.

(5) Schließlich entfällt der Rückübertragungsanspruch auch, wenn nach der Veräußerung die Grundstücksgrenzen erheblich verändert worden sind. Das ist der Fall, wenn das ursprüngliche Grundstück mit anderen zusammengelegt oder aufgeteilt worden ist. Eine alleinige Vergrößerung oder Verkleinerung des Grundstücks bedeutet hingegen keine erhebliche Veränderung.

3.6.3.5.3 Verfahren

Aufgrund von § 164 Abs. 3 BauGB kann der frühere Grundstückseigentümer nur binnen zwei Jahren seit der Aufhebung der Sanierungssatzung die Rückübertragung verlangen. Die Frist beginnt mit dem Inkrafttreten der Aufhebungssatzung zu laufen. Gemäß § 164 Abs. 4 BauGB hat der frühere Eigentümer dem jetzigen Eigentümer für die Übertragung des Eigentums an dem Grundstück den Verkehrswert zu zahlen, den dieses im Zeitpunkt der Rückübertragung hat. § 164 Abs. 5

336

Satz 1 BauGB stellt klar, dass die Regelung über den Rückübertragungsanspruch die Geltendmachung eines Anspruches auf Rückenteignung aus § 102 BauGB unberührt lässt. Der frühere Eigentümer des Grundstücks hat daher insoweit ein Wahlrecht, auf welchem Weg er sein altes Grundstück wiedererlangen will. Während er den Rückübertragungsanspruch unmittelbar gegen den jetzigen Eigentümer geltend machen kann, muss er sich bei der Rückenteignung um die Einleitung eines Enteignungsverfahrens bemühen. Aufgrund der besonderen Regelung in § 164 Abs. 5 Satz 2 BauGB sind bei einer Rückenteignung sanierungsbedingte Werterhöhungen des Grundstücks, die im Zeitpunkt der Aufhebung der Sanierungssatzung gemäß § 164 Abs. 1 Satz 1 Nr. 2 und 3 BauGB eingetreten sind, bei der Entschädigung des derzeitigen Eigentümers zu berücksichtigen.

3.7 Abschöpfung sanierungsbedingter Werterhöhungen

3.7.1 Grundsätzliches

3.7.1.1 Abschöpfungssystem

337 Die Durchführung städtebaulicher Maßnahmen kann zu einer Werterhöhung der betroffenen Grundstücke führen. Die §§ 152 bis 156 BauGB enthalten unter der Abschnittsüberschrift „Besondere sanierungsrechtliche Vorschriften" Regelungen über Werterhöhungen von Grundstücken, die ausschließlich durch die städtebauliche Sanierung bewirkt worden sind. Hierbei ist unter Sanierung die jeweilige gebietsbezogene Gesamtmaßnahme einschließlich der Planung und ihrer Durchführung zu verstehen. Auf werterhöhende Einzelvorgänge kommt es dagegen nicht an, vgl. BVerwG 17.12.1992 DVBl. 1993, 441. Die durch die städtebauliche Sanierungsmaßnahme als Gesamtmaßnahme bewirkte Werterhöhung soll nicht den Grundstückseigentümern zuwachsen, sondern von der Gemeinde abgeschöpft werden. Soweit die Gemeinde ein Grundstück im Sanierungsgebiet nicht während des Sanierungsverfahrens erwirbt, wird die sanierungsbedingte Werterhöhung vom Grundeigentümer durch Erhebung eines entsprechenden Ausgleichsbetrages abgeschöpft. Die Gemeinde darf die erhobenen Ausgleichsbeträge nur für die Finanzierung der städtebaulichen Sanierungsmaßnahme als Gesamtmaßnahme verwenden, vgl. § 154 Abs. 1 Satz 1 BauGB. Die Ausgleichsbeträge dienen zugleich der Abschöpfung unverdienter Wertgewinne der Bodeneigentümer. Hierdurch wird aber nicht die beitragsrechtliche Qualität der Ausgleichsbeträge in Frage gestellt, vgl. BVerwG 17.12.1992 NVwZ 1993, 1112.

Erwirbt die Gemeinde dagegen ein Grundstück im Sanierungsgebiet, darf sie nach § 153 Abs. 3 BauGB mit dem Veräußerer keinen Kaufpreis vereinbaren, der sanierungsbedingte Werterhöhungen mit einschließt, es sei denn, es handelt sich um solche Werterhöhungen, die er zulässigerweise bewirkt hat. Umgekehrt darf sie im Rahmen von § 153 Abs. 4 BauGB Grundstücke nur zu dem Verkehrswert veräußern, der sich aus der Neuordnung des Sanierungsgebietes ergibt.

3.7.1.2 Grundsätze der Wertermittlung

Die eigentliche Problematik des Abschöpfungssystems liegt in der richtigen Ermittlung der Verkehrswerte, d.h. der im gewöhnlichen Geschäftsverkehr erzielbaren Grundstückswerte, vgl. § 194 BauGB. Hierfür zuständig ist die Gemeinde. Sie kann zur Bewältigung dieser Aufgabe Gutachten des Gutachterausschusses nach § 192 BauGB oder privater Sachverständiger als Hilfsmittel heranziehen. Sie ist jedoch nicht hierzu verpflichtet. Die Verantwortung für die Entscheidung über den Grundstückswert verbleibt in jedem Falle bei der Gemeinde. Diese Wertermittlung ist von den Gutachterausschüssen i.S. von § 192 BauGB nach der Verordnung über Grundsätze für die Ermittlung der Verkehrswerte von Grundstücken (Wertermittlungsverordnung WertV) vom 6. Dezember 1988 vorzunehmen. Die WertV enthält neben Bestimmungen über die Wertermittlungsverfahren (Vergleichs-, Ertrags-, und Sachwertverfahren) auch besondere Vorschriften für die Abschöpfung städtebaulich bedingter Werterhöhungen in den Sanierungsgebieten und den Entwicklungsbereichen, vgl. §§ 26ff. WertV. Wenn im Einzelfall die WertV nicht anwendbar ist, weil keine geeigneten Vergleichsdaten vorhanden sind, dürfen auch andere geeignete Bewertungsverfahren angewendet werden, so auch BVerwG 16.1.1996 BRS 58 Nr. 248. Andere Stellen, wie die Gemeinden oder private Gutachter sind nicht zur Anwendung der WertV verpflichtet. In der Praxis sind daher insbesondere von privaten Gutachtern zahlreiche eigenständige Bewertungsverfahren entwickelt worden, die auch von den Gerichten anerkannt worden sind. Die Wertermittlung ist letztlich eine besondere Schätzung, die Sachkunde und Erfahrung voraussetzt. Der sich hieraus ergebende Beurteilungsspielraum umfasst jedoch nicht die rechtlichen und tatsächlichen Grundlagen in Beziehung auf das zu bewertende Grundstück, vgl. BVerwG 15.5.2002 ZfBR 2002, 801. Die Ermittlung des Verkehrswertes wird jeweils durch Erarbeitung eines Gutachtens vorgenommen, welches einen „gedachten Grundstücksverkehr" i.S. von § 194 BauGB ersetzt. D.h. es wird gutachterlich der Preis bestimmt, der im gewöhnlichen Geschäftsverkehr nach den rechtlichen Gegebenheiten und tatsächlichen Eigenschaften, der sonstigen Beschaffenheit und der Lage des Grundstücks ohne Rücksicht auf ungewöhnliche oder persönliche Verhältnisse in dem Zeitpunkt, auf den sich die Ermittlung bezieht, zu erzielen wäre. Die Qualität dieser Gutachten ist daher für den Erfolg dieses Systems in der Praxis entscheidend.

338

3.7.1.3 Bedeutung

Das Abschöpfungssystem der §§ 152 bis 156 BauGB ist durchaus als sozial gerecht zu bewerten. Anders als bei den städtebaulichen Entwicklungsmaßnahmen hat sich die ursprüngliche Hoffnung, durch dieses System die Sanierungsmaßnahmen weitgehend finanzieren zu können, nicht erfüllt. Dies hängt aber auch damit zusammen, dass das ursprüngliche Konzept der Flächensanierung in der Praxis nur zum Teil verwirklicht wird. Bei den meisten erhaltenden Sanierungsmaßnahmen wird nur eine begrenzte Flächensanierung, etwa durch Entkernung von Blöcken oder Verlagerung störender Betriebe, durchgeführt.

339

3.7.1.4 Sanierungsbedingte Bodenwerterhöhungen

340 Zu den sanierungsbedingten Bodenwerterhöhungen gehören sämtliche durch die Sanierung als städtebauliche Gesamtmaßnahme einschließlich der Aussicht ihrer weiteren Durchführung bewirkten Werterhöhungen. Die Gesamtmaßnahme schließt die Vorbereitung der Sanierung nach § 140 BauGB ihrer Durchführung nach § 146 BauGB und den Einsatz von Mitteln der Gemeinde mit ein. Von abschöpfbaren Bodenwerterhöhungen ist insbesondere auszugehen bei Sanierungsmaßnahmen, die der Neuordnung eines Gebietes dienen. Hierzu zählen die Neuerschließung oder die Veränderung der Erschließung des Gebietes sowie die planungsrechtliche Änderung seiner baulichen Nutzung. Die Abschöpfung sanierungsbedingter Bodenwerterhöhungen setzt aber rechtlich keinen Bebauungsplan voraus. Die entsprechende Veränderung des Gebietes erfolgt hauptsächlich durch die von der Gemeinde veranlassten Ordnungsmaßnahmen sowie Infrastrukturverbesserungen.

Soweit Sanierungsmaßnahmen nicht der Neuordnung des Gebietes dienen, wird die Bodenwertabschöpfung nur in geringem Umfang in Betracht kommen, vgl. unten Rnr. 392. Der Begriff „Neuordnung des Gebietes" ist in umfassendem Sinne zu verstehen. Der Verkehrswert des einzelnen Grundstückes kann im Einzelnen z.B. gesteigert werden durch die Verbesserung

– der Lage,

– des Entwicklungszustandes,

– des Erschließungszustandes,

– der Art und des Maßes der baulichen Nutzung,

– der Grundstücksgestalt und der Bodenbeschaffenheit

des Grundstückes. Eine bessere Lagenwertigkeit kann sich z.B. durch die Verlagerung von am alten Standort störenden Betrieben und durch die Errichtung von Gemeinbedarfs- und Folgeeinrichtungen ergeben. In der Regel wirken sich die Verbesserungen auch auf die Ertragsverhältnisse aus. Es kommt aber nicht darauf an, ob der Eigentümer hiervon Gebrauch macht. Gem. § 153 Abs. 1 Satz 1 BauGB können sich städtebaulich bedingte Bodenwerterhöhungen bereits aus der Aussicht auf die Sanierung oder Entwicklung oder aus ihrer Vorbereitung ergeben. Dies ist der Fall wenn z.B. entsprechende Beschlüsse der Gemeinde bekannt werden und der Grundstücksmarkt hierauf reagiert, vgl. unten Rdn. 342 und 384.

§ 153 Abs. 1 Satz 1 BauGB bezieht sich ausschließlich auf sanierungsbedingte Werterhöhungen. Es ist jedoch auch denkbar, dass im Einzelfall infolge einer städtebaulichen Sanierungsmaßnahme der Wert eines Grundstücks gemindert wird. Soweit dies durch eine planungsrechtliche Herabstufung geschieht, kommt ein planungsrechtlicher Entschädigungsanspruch nach §§ 39ff. BauGB in Frage.

3.7.2 Gegenstand der Abschöpfung

3.7.2.1 Unterschiedliche Bodenwerte

Die Gemeinde schöpft die Werterhöhung ab, die sich aus dem Unterschied zwischen dem Bodenwert, der sich für das einzelne Grundstück durch die rechtliche und tatsächliche Neuordnung des Gebietes ergibt (Neuordnungswert) und dem Bodenwert, der sich für das Grundstück ergeben würde, wenn er weder durch die Aussicht auf die städtebauliche Gesamtmaßnahme noch durch Maßnahmen zu ihrer Vorbereitung oder Durchführung beeinflusst worden wäre (sanierungsunbeeinflusster Wert). Beide Werte sind rechnerisch gegenüberzustellen. 341

3.7.2.2 Sanierungsunbeeinflusster Wert und Anfangswert

Der sanierungsunbeeinflusste Wert des Grundstückes einschließlich Bebauung in § 153 Abs. 1 BauGB ist der Verkehrswert *ohne* die Werterhöhungen, die lediglich durch die Aussicht auf die städtebaulichen Gesamtmaßnahmen, durch ihre Vorbereitung oder ihre Durchführung eingetreten sind. Diese Regelung gilt für den Erwerb von Grundstücken durch die Gemeinde, vgl. § 153 Abs. 1 und 3 BauGB. Der sanierungsunbeeinflusste Wert wird in § 154 Abs. 2 BauGB ausschließlich auf den Bodenwert des Grundstückes, also *ohne* seine Bebauung, bezogen als *Anfangswert* bezeichnet. Hiervon abgesehen gilt für den sanierungsbeinflussten Wert eines Grundstückes i.S. von § 153 Abs. 1 und 3 BauGB mit seinen Zustandsmerkmalen das Gleiche wie für den Anfangswert i.S. von § 154 Abs. 2. Letztere Bestimmung bezieht sich auf die Abschöpfung durch die Erhebung von Ausgleichsbeträgen. Bei bebauten Grundstücken ist daher die Bebauung bei der Erhebung der Ausgleichsbeträge allgemein nicht zu berücksichtigen. Welche Werterhöhungen sanierungsbeeinflusst sind, kann nur für die jeweilige Sanierungsmaßnahme festgestellt werden. Hinweise hierauf können außergewöhnliche Bodenpreissteigerungen innerhalb des Gebietes geben, die eingetreten sind, nachdem die Sanierungsabsicht in der Öffentlichkeit bekannt geworden ist. Dieser Zeitpunkt liegt i.d.R. vor dem Tag, an dem die Sanierungssatzung durch Bekanntmachung rechtsverbindlich wird. Sanierungsbeeinflusst sind auch Wertsteigerungen, die lediglich durch die Aussicht auf die Durchführung der städtebaulichen Gesamtmaßnahme oder ihre Vorbereitung, insbesondere, wenn diese bereits mit einzelnen Durchführungsmaßnahmen verbunden ist, bewirkt sind. Einen Anhaltspunkt für die Bestimmung eines Stichtages zur Feststellung des sanierungsbeeinflussten Wertes bzw. des Anfangswertes bietet die Bekanntmachung des Beschlusses über die Einleitung der vorbereitenden Untersuchungen nach § 141 Abs. 3 Satz 2 BauGB. Entsprechend ist zu verfahren, wenn die Gemeinde vor Bekanntmachung des Einleitungsbeschlusses einen sanierungsbezogenen städtebaulichen Rahmenplan beschließt. 342

In der Praxis stellt sich das Problem der Ermittlung des sanierungsunbeeinflussten Wertes meist recht früh, spätestens zu dem Zeitpunkt, in dem die Gemeinde das erste Grundstück im Sanierungsgebiet entsprechend § 153 Abs. 3 BauGB zum sanierungsunbeeinflussten Wert zu erwerben oder die erste rechtsgeschäftliche Ver- 343 äußerung eines Grundstückes nach § 153 Abs. 2 i. V. mit § 145 Abs. 2 und § 144 Abs. 2 Nr. 1 BauGB zu genehmigen hat, vgl. unten Rnr. 375 ff. Dabei hat der gezahlte Kaufpreis außer Betracht zu bleiben, so auch BVerwG 17.5.2002 ZfBR 2002, 801. Die Ermittlung des sanierungsunbeeinflussten Wertes und des Anfangswertes ist vom Gutachterausschuss i.S. von § 192 BauGB nach § 26 Abs. 1 WertV, beim Anfangswert i. V. mit § 28 Abs. 1 WertV, vorzunehmen, vgl. hierzu unten Rnr. 517. Bei der Ermittlung dieser Werte ist fiktiv der Grundstückszustand zugrunde zu legen, den das Grundstück vor der Vorbereitung und Durchführung der Sanierung hatte. Dabei sind alle wertbeeinflussenden Umstände zu berücksichtigen. Für dieses Grundstück sind Vergleichsgrundstücke heranzuziehen, die neben allgemein wertbeeinflussenden Umständen wie der planungsrechtlichen Situation auch hinsichtlich ihrer städtebaulichen Missstände mit dem förmlich festgelegten Sanierungsgebiet übereinstimmen, für die jedoch in absehbarer Zeit keine Sanierung erwartet wird. Hiernach ist zum Wertermittlungsstichtag dieser fiktive, d.h. ehemalige Grundstückszustand zu bewerten. Wie sich aus § 153 Abs. 1 BauGB ergibt, ist der sanierungsunbeeinflusste Wert kein statischer Wert, denn danach sind Änderungen in den allgemeinen Wertverhältnissen auf dem Grundstücksmarkt bei der Bemessung von Entschädigungsleistungen zu berücksichtigen, vgl. unten Rnr. 346. Die Entwicklung der Wertverhältnisse entsprechender Grundstücke außerhalb des Sanierungsgebietes kann daher eine Fortschreibung der sanierungsbeeinflussten Werte im Sanierungsgebiet erfordern.

3.7.2.3 Neuordnungswert und Endwert

344 Der Neuordnungswert i.S. von § 153 Abs. 4 BauGB ist der Verkehrswert des Grundstückes, der sich durch die rechtliche und tatsächliche Neuordnung des Gebietes der städtebaulichen Sanierungsmaßnahme ergibt. Diese Bindung gilt für die Veräußerung von Grundstücken durch die Gemeinde, die sie durch die Ausübung des Vorkaufsrechtes oder durch Enteignung erworben hat, vgl. unten Rdn. 377f. Dabei ist auch die sogen. Vorwirkung der Gesamtmaßnahme bei der Feststellung des Neuordnungswertes zu berücksichtigen. Der sich durch die Sanierung des Gebietes ergebende Wert wird in § 154 Abs. 2 BauGB ausschließlich auf den Bodenwert des Grundstücks, **ohne** seine **Bebauung**, bezogen als **Endwert** bezeichnet. Diese Regelung gilt für die Abschöpfung durch die Erhebung von Ausgleichsbeträgen, vgl. unten Rdn. 384. Umgekehrt sind auch bei der Bodenwertermittlung Beeinträchtigungen der zulässigen Nutzungsmöglichkeit, die sich aus der bestehenbleibenden Bebauung auf dem Grundstück ergeben, zu berücksichtigen, wenn es bei wirtschaftlicher Betrachtungsweise geboten erscheint, das Grundstück in der bisherigen Weise zu nutzen.

3.7.3 *Nichtabschöpfbare Werterhöhungen*

3.7.3.1 Zulässige Aufwendungen des Eigentümers

345 Nicht abschöpfbar sind Werterhöhungen, die der Eigentümer zulässigerweise durch eigene Aufwendungen gem. § 153 Abs. 1 Satz 1 oder § 155 Abs. 1 Nr. 2

BauGB bewirkt hat. Für die Zulässigkeit sind ausschließlich die in Frage kommenden öffentlich-rechtlichen Bestimmungen maßgebend. Liegt z.B. die nach § 144 Abs. 1 Nr. 1 BauGB erforderliche Genehmigung für ein Vorhaben nicht vor, so sind die entsprechenden Aufwendungen des Eigentümers nicht zulässigerweise bewirkt. Unzulässige Aufwendungen liegen schon bei formellen Verstößen, d.h. bei genehmigungsfähigen, aber tatsächlich nicht genehmigten Maßnahmen vor. Hingegen sind Aufwendungen des Eigentümers für Maßnahmen, die private Rechte Dritter verletzen, als zulässig i.S. von §§ 153 Abs. 1 Satz 1, 155 Abs. 1 Nr. 2 BauGB anzusehen. Vgl. unten Rdn. 358 und 375.

3.7.3.2 Änderungen der allgemeinen Wertverhältnisse

346   Durch die Regelung des § 153 Abs. 1 und Abs. 3 BauGB soll vermieden werden, dass die Gemeinde Werterhöhungen an einem Grundstück, die sie selbst durch die städtebauliche Sanierung bewirkt hat, entschädigen oder bezahlen muss. Die Bodenwertabschöpfung führt dagegen nicht zu einem Einfrieren der Grundstückspreise. Änderungen der allgemeinen Wertverhältnisse auf dem Grundstücksmarkt sind bei der Bodenwertabschöpfung zu berücksichtigen, d.h. sie sind nicht Gegenstand der Abschöpfung städtebaulich bedingter Bodenwerterhöhungen, vgl. § 153 Abs. 1 Satz 2 BauGB. Danach sind Werterhöhungen in den allgemeinen Wertverhältnissen auf dem Grundstücksmarkt bei den Entschädigungsleistungen und den Ausgleichsbeträgen zu berücksichtigen. Insoweit unterliegen die Grundstücke weiterhin den Veränderungen des Marktes. Diese Änderungen werden i.d.R. zu Werterhöhungen führen. Die Entwicklung auf dem Grundstücksmarkt kann jedoch auch allgemein zu niedrigeren Wertverhältnissen führen. Auch in diesem Fall ist die Entwicklung auf dem Grundstücksmarkt von der Feststellung städtebaulich bedingter Wertsteigerungen zu unterscheiden. Wenn daher bei allgemein auf dem Grundstücksmarkt sinkenden Bodenpreisen die städtebauliche Neuordnung für das betreffende Grundstück zwar nicht zu einer tatsächlichen Bodenwerterhöhung gegenüber dem sanierungsunbeeinflussten Wert, wohl aber zu einem Ausgleich oder auch nur zu einer Verringerung der allgemeinen Bodenwertminderung führt, so ist auch insoweit eine Bodenwertabschöpfung durchzuführen. Abschöpfbar ist auch in diesem Fall der Unterschied zwischen dem Neuordnungswert, bezogen auf die allgemeinen Wertverhältnisse auf dem Grundstücksmarkt zum Zeitpunkt des Abschlusses der städtebaulichen Sanierungsmaßnahme, und dem sanierungsunbeeinflussten Wert.

3.7.4 Ausgleichsbeträge

3.7.4.1 Ausgleichsbetragspflichtiger

347   Ausgleichsbetragspflichtiger ist nach § 154 Abs. 1 Satz 1 Halbsatz 1 BauGB ausschließlich der Eigentümer. Die Verpflichtung bezieht sich sowohl auf bebaute als auf unbebaute Grundstücke. Ausgleichsbetragspflichtig ist der Eigentümer im Zeitpunkt

– der Aufhebung des Gebietes der städtebaulichen Gesamtmaßnahme gem. § 162 oder § 163 BauGB oder

– der Veranlagung zu einer Vorauszahlung auf den Ausgleichsbetrag nach § 154 Abs. 6 BauGB.

Für den Eigentumsnachweis sind die Eintragungen im Grundbuch maßgebend, außer wenn inzwischen ein Eigentumswechsel kraft Gesetzes stattgefunden hat (Erbgang, Zwangsversteigerung, Enteignung) und das Grundbuch noch nicht berichtigt ist.

Ist in einem Bescheid über den Abschluss der Sanierung für ein Grundstück nach § 163 BauGB ein Datum angegeben, so ist dieser Zeitpunkt und nicht das Datum des Zuganges des Bescheides maßgebend, so auch OVG Hamburg 24. 9. 1992 MDR 1993, 345. Danach richtet sich, welcher Eigentümer den Ausgleichsbetrag zu entrichten hat. Miteigentümer sind nach § 154 Abs. 1 Satz 1 Halbsatz 2 BauGB im Verhältnis ihrer Eigentumsanteile heranzuziehen. Gehört ein Grundstück dagegen insgesamt mehreren Personen, z.B. einer Erbengemeinschaft, kann sich die Gemeinde nach ihrem Ermessen an denjenigen der Gesamtschuldner halten, den sie hierfür geeignet hält, vgl. BVerwG 29. 5. 1982 E 66, 178. Erbbauberechtigte haben hingegen keine Ausgleichsbeträge zu entrichten, vgl. OVG Lüneburg 24. 9. 1993 NVwZ 1994, 1134.

Wechselt das Eigentum nach Abschluss der städtebaulichen Sanierungsmaßnahme, so geht die Ausgleichspflicht nicht auf den neuen Eigentümer über. Etwas Abweichendes gilt nur im Falle einer Gesamtrechtsnachfolge, also z.B. wenn das betreffende Grundstück nur ein Teil eines Erbnachlasses ist. Bei privat nutzbaren Grundstücken sind neben juristischen Personen des Privatrechts auch juristische Personen des öffentlichen Rechts ausgleichsbetragspflichtig. Privat nutzbar sind Grundstücke, deren Nutzung unabhängig von den derzeitigen Verhältnissen zu Erträgen führen kann. Grundstücke der Gemeinde unterliegen nicht der Ausgleichsbeitragspflicht, wohl aber private Grundstücke des Sanierungstreuhänders, d.h. Grundstücke, die nicht dem Treuhandvermögen zugeordnet sind.

348 Soweit bei solchen gemeindeeigenen Grundstücken eine Ausgleichsbetragspflicht besteht, entfällt diese, solange Schuldner und Gläubiger identisch sind. Ausgleichsbetragspflichtig sind grundsätzlich auch Eigentümer von Grundstücken mit öffentlicher Nutzung (z.B. Gemeinbedarfsflächen, Verkehrs- und Grünflächen). Besteht jedoch eine dauerhafte öffentliche Zweckbindung der Flächen, insbesondere durch einen Bebauungsplan, so sind diese Grundstücke dem allgemeinen Grundstücksverkehr entzogen, und ein Verkehrswert wird sich in der Regel nicht feststellen lassen. Soweit jedoch Erschliessungsanlagen i.S. des § 127 Abs. 2 hergestellt, erweitert oder verbessert werden und hierfür nach § 154 Abs. 1 Satz 2 BauGB keine Beiträge erhoben werden dürfen, vgl. unten Rnr. 349, sind die eingesparten Beiträge als Werterhöhung des Grundstücks zu berücksichtigen.

Der Ausgleichsbetragspflicht unterliegen auch ausnahmslos Grundstücke, auf denen Wohnraum mit Mitteln des öffentlich geförderterten sozialen Wohnungsbaus gebaut worden ist. § 6 Abs. 6 Nr. 2 II. Berechnungsverordnung schreibt ausdrücklich vor, dass der zu erwartende Ausgleichsbetrag schon bei der Berechnung der Gesamtkosten für die Baumaßnahme zu berücksichtigen ist. Insofern gilt hier nichts anderes als für die Erschließungskosten.

3.7.4.2 Beiträge für die Herstellung, Erweiterung und Verbesserung von Erschließungsanlagen

Die förmliche Festlegung im herkömmlichen Sanierungsverfahren führt gem. *349*
§ 154 Abs. 1 Satz 2 BauGB in Sanierungsgebieten zum Ausschluss der Erhebung von Erschließungsbeiträgen für die nach der förmlichen Festlegung erfolgten Herstellung, Erweiterung oder Verbesserung der in § 127 Abs. 2 BauGB aufgeführten Erschließungsanlagen. Hierzu zählen:

– die öffentlichen, zum Anbau bestimmten Straßen, Plätze und Wege,
– Fußwege, Wohnwege,
– Sammelstraßen innerhalb der Baugebiete,
– Parkflächen und Grünanlagen und
– Anlagen zum Schutz von Baugebieten gegen schädliche Umwelteinwirkungen, wie z. B. Lärmschutzwälle.

Das Gesetz geht davon aus, dass diese Anlagen im Sanierungsgebiet auch für die Sanierung erforderlich sind und will eine „Doppelbesteuerung" des Grundeigentümers vermeiden. Beitragspflichten für Erschließungsanlagen i.S. von § 127 Abs. 2 BauGB, die bereits vor der förmlichen Festlegung des Sanierungsgebietes entstanden sind, bleiben nach § 156 Abs. 1 Satz 1 BauGB bestehen. Entsprechendes gilt nach § 156 Abs. 1 Satz 2 BauGB für Kostenerstattungsbeträge i.S. von § 135 a Abs. 3 BauGB.

Da die Ausnahmeregelung des § 154 Abs. 1 Satz 2 BauGB nur für die im Sanierungsgebiet liegenden Erschließungsanlagen gilt, vgl. BVerwG 28.4.1999 DVBl. 1999, 1652, bezieht sie sich nicht auf Erschließungsanlagen i.S. von § 147 Satz 3 BauGB, d.h. sanierungsbedingte Erschließungsanlagen außerhalb des förmlich festgelegten Sanierungsgebietes. Erschließungskosten für diese Anlagen sind daher auch im Sanierungsgebiet umlegungsfähig soweit die Anlagen an das Gebiet angrenzen. Wenn diese Erschließungsanlagen zur Werterhöhung der Grundstücke im Sanierungsgebiet beitragen, sind diese Werterhöhungen zur Vermeidung einer „Doppelbesteuerung nach § 155 Abs. 1 Nr. 2 BauGB auf den Ausgleichsbetrag anzurechnen. Verwaltungswirtschaftliche Gründe sprechen daher dafür, alle an eine sanierungsbedingte Erschließungsanlage angrenzenden Grundstücke in das Sanierungsgebiet mit einzubeziehen. Die Aufteilung von Erschließungsanlagen in sanierungsbedingte und nicht sanierungsbedingte Bereiche ist nur begrenzt möglich, vgl. oben Rdn. 152.

350 Die Erhebung sonstiger kommunaler Abgaben ist hingegen zulässig, soweit sich diese nicht auf Erschließungsanlagen im Sinne von § 127 Abs. 2 BauGB bezieht. In Frage kommen daher Abgaben für Anlagen zur Ableitung von Abwasser sowie die Versorgung mit Elektrizität, Gas, Wärme und Wasser (vgl. § 127 Abs. 4 Satz 2 BauGB). Die Aufzählung ist nicht abschließend. Rechtsgrundlage für die Erhebung von Beiträgen im Sinne von § 127 Abs. 4 BauGB ist das Kommunalabgabengesetz des Landes. Da der Grundeigentümer für diese Anlagen Beiträge zu entrichten hat, sind nach dem Grundsatz der „Vermeidung der Doppelbesteuerung" Werterhöhungen, die auf die Herstellung oder Verbesserung dieser Anlagen zurückzuführen sind, bei der Erhebung der Ausgleichsbeträge nach § 155 Abs. 1 Nr. 2 BauGB ebenfalls auf den Ausgleichsbetrag anzurechnen.

351 An die Regelung des § 154 Abs. 1 Satz 2 BauGB über die Nichterhebung der Erschließungsbeiträge im Sanierungsgebiet knüpft § 154 Abs. 1 Satz 3 BauGB an. Danach findet neben der Erhebung des sanierungsrechtlichen Ausgleichsbetrages keine zusätzliche Erhebung des Kostenerstattungsbetrages für Maßnahmen der Gemeinde zum Ausgleich von Eingriffen in Natur und Landschaft i.S. von § 135a Abs. 1 Satz 3 BauGB statt. Hierunter fallen auch Kosten der Gemeinde für Ausgleichsmaßnahmen der Gemeinde einschließlich der Bereitstellung der erforderlichen Flächen, die in einem Bebauungsplan außerhalb des Sanierungsgebietes festgesetzt, den ausgleichpflichtigen Grundstücken im Sanierungsgebiet aber zugeordnet worden sind. § 135a Abs. 3 BauGB ist im förmlich festgelegten Sanierungsgebiet nicht anwendbar, es sei denn, in der Sanierungssatzung ist nach § 142 Abs. 4 Halbsatz 1 BauGB die Anwendung des Dritten Abschnittes des Sanierungsrechts ausgeschlossen worden. Von dieser Variante abgesehen, gelten die Ausgleichsmaßnahmen der Gemeinde als Teil der Sanierung. Durch die Maßnahmen ausgelöste Bodenwerterhöhungen sind insoweit sanierungsbedingt.

3.7.4.3 Verpflichtung der Gemeinde

352 Die Gemeinde ist nach § 154 Abs. 1 Satz 1 BauGB verpflichtet, von den Eigentümern der in den förmlichen festgelegten Sanierunggebieten gelegenen Grundstücke Ausgleichsbeträge zu erheben, soweit ihre Grundstücke städtebaulich bedingte Werterhöhungen erfahren haben. Da die Gemeinde keinen Ermessensspielraum hat, bedarf es für die Erhebung des Ausgleichsbetrages auch keines Beschlusses der Gemeindevertretung. Die Verpflichtung zur Erhebung des Ausgleichsbetrages besteht für die Gemeinde sowohl dem Grunde nach als auch in der vom Gesetz vorgesehenen Höhe. Die Gemeinde kann daher die betroffenen Grundeigentümer von der Entrichtung der Ausgleichsbeträge nicht befreien.

3.7.4.4 Zeitpunkt der Erhebung des Ausgleichsbetrages

353 Nach § 154 Abs. 3 Satz 1 BauGB sind die Ausgleichsbeträge zu erheben, wenn gem. § 162 BauGB die förmliche Festlegung des Gebietes der städtebaulichen Gesamtmaßnahme aufgehoben worden oder gem. § 163 BauGB die städtebauliche Sanierungsmaßnahme für ein Grundstück als abgeschlossen erklärt worden ist. Im

Abschöpfung sanierungsbedingter Werterhöhungen

letzteren Falle ist das Datum des Bescheides und nicht das Datum des Zuganges maßgebend. Im Falle der Aufhebung der förmlichen Festlegung nach § 162 Abs. 1 Nr. 2 oder 3 BauGB wird, soweit es nicht zur Durchführung einzelner städtebaulicher Maßnahmen gekommen ist, eine Erhebung der Ausgleichsbeträge nicht in Frage kommen. Die Erhebung der Ausgleichsbeträge setzt nicht das weitere Fortbestehen der Sanierungssatzung voraus. Die Ausschlusserklärung für ein Grundstück nach § 163 Abs. 3 Satz 1 BauGB führt nicht zum Ausschluss der §§ 155, 156 BauGB. Mit dem Abschluss der städtebaulichen Gesamtmaßnahme beginnt jedoch die Frist für die Verjährung der Forderung zu laufen. Die Verjährungsfrist wird durch § 155 Abs. 5 BauGB in Verbindung mit dem Kommunalabgabengesetz des Landes geregelt. I.d.R. verjährt die Forderung nach vier Jahren. Im Interesse der alsbaldigen Deckung der Kosten der städtebaulichen Gesamtmaßnahme ist eine möglichst frühe Entlassung der Grundstücke aus dem förmlich festgelegten Gebiet anzustreben, um den Ausgleichsbetrag erheben zu können.

Nach § 154 Abs. 6 Halbsatz 1 BauGB kann die Gemeinde Vorauszahlungen auf einen später zu entrichteten Ausgleichsbetrag verlangen, sobald auf dem Grundstück eine den Zielen und Zwecken der Sanierung entsprechende Bebauung oder sonstige Nutzung zulässig ist. Das Vorhaben muss sowohl sanierungsrechtlich nach § 145 Abs. 2 BauGB als auch planungsrechtlich nach den §§ 30 ff BauGB zulässig sein. Wenn jedoch bereits eine baurechtliche Genehmigung erteilt worden ist, kommt es auf die planungsrechtliche Zulässigkeit des Vorhabens nicht mehr an, so auch BVerwG 17.5.2002 ZfBR 2002, 801. Der in dem Vorauszahlungsbescheid festzusetzende Betrag darf den überschlägig zu ermittelnden voraussichtlichen Ausgleichsbetrag nicht überschreiten, vgl. OVG Lüneburg 13.3.1997 DWW 1998, 148. Die Einholung eines Gutachtens nach § 192 BauGB ist hierfür nicht erforderlich. Bei den Vorauszahlungen handelt es sich dem Wesen nach um Abschlagszahlungen. Durch ihre Erhebung kann die Gemeinde zu einer vorgezogenen Finanzierung der städtebaulichen Sanierung beitragen. Nach § 154 Abs. 6 Halbsatz 2 BauGB hat die Gemeinde hierbei § 154 Abs. 1 bsi 5 BauGB sinngemäß anzuwenden. Die Anwendung von § 154 Abs. 3 Satz 1 und 2 BauGB scheidet jedoch aus, da sich diese Bestimmungen auf den Zeitpunkt der Erhebung des Ausgleichsbetrages beziehen. Die geleisteten Vorauszahlungen sind nach § 155 Abs. 1 Nr. 1 BauGB auf den später zu entrichtenden Ausgleichsbetrag anzurechnen.

3.7.4.5 Bemessung des Ausgleichsbetrages

Die Höhe des Ausgleichsbetrages bemisst sich nach § 154 Abs. 2 und § 155 Abs. 1 BauGB. Der Ausgleichsbetrag ergibt sich danach aus dem Unterschiedsbetrag zwischen dem End- und Anfangswert des Grundstückes unter Berücksichtigung der nach § 155 BauGB anrechenbaren Beträge. Wird bei der Ermittlung des Endwertes von Vergleichspreisen unbebauter Grundstücke ausgegangen, so sind vom Gutachterausschuss i.S. von § 192 BauGB nach § 28 Abs. 3 WertV Beeinträchtigungen der zulässigen Nutzungsmöglichkeit, die sich aus einer bestehenbleibenden Bebauung auf dem Grundstück ergeben, zu berücksichtigen, wenn es bei wirtschaftlicher Be- *354* trachtungsweise geboten erscheint, das Grundstück in der bisherigen Weise zu nutzen, z. B. aufgrund der Denkmaleigenschaft der Bebauung, vgl. OVG Lüneburg 10. 3. 2003 BauR 2003, 1193. Die mit der Ermittlung des Verkehrswertes notwendigerweise verbundenen Unsicherheiten können durch eine vorsichtige, an die untere Grenze des Vertretbaren heranreichende Veranschlagung aufgefangen werden, vgl. OVG Lüneburg 30. 10. 1986 ZfBR 1987, 2060. Die Feststellung der Werterhöhung im Einzelfall zählt i. d. R. nicht zu den der Gemeindevertretung nach der Gemeindeordnung des Landes vorbehaltenen Aufgaben und kann daher von der Gemeindeverwaltung durchgeführt werden. Zur Wertermittlung siehe unten Rnr. 356 ff.

355   Die Anfangs- und Endwerte sind nach § 28 WertV jeweils bezogen auf die allgemeinen Wertverhältnisse auf dem Grundstücksmarkt zum Zeitpunkt des Abschlusses der Sanierung nach § 162 oder § 163 BauGB zu ermitteln. Für jedes einzelne Grundstück ist grundsätzlich eine Ermittlung der sanierungsbedingten Bodenwerterhöhungen durchzuführen. Hiervon kann ausnahmsweise abgesehen werden, soweit eine Sanierungsmaßnahme nicht der Neuordnung des Sanierungsgebietes dient. Erweist sich im Laufe des Sanierungsverfahrens aufgrund einer verfestigten und z. T. bereits durchgeführten städtebaulichen Planung oder beim Abschluss der Sanierung das Nichteintreten einer Bodenwertsteigerung im Sanierungsgebiet oder größerer Teile des Sanierungsgebietes, so kann die Gemeinde auf die Einholung der einzelnen Gutachten verzichten. Auf Verlangen ist den betreffenden Grundeigentümern in den entsprechenden Sanierungsgebieten oder Teilen davon nach Abschluss der Sanierung eine Mitteilung über das Nichtanfallen von Ausgleichsbeträgen zu erteilen.

3.7.4.6   Anrechnung auf den Ausgleichsbetrag

356   Auf die ermittelte Bodenwertsteigerung sind Vorteile, Werterhöhungen und Kosten gem. § 155 Abs. 1 BauGB wie folgt anzurechnen:

3.7.4.6.1   Berücksichtigte Vorteile oder Werterhöhungen

357   Nach § 155 Abs. 1 Nr. 1 BauGB sind auf den Ausgleichsbetrag die durch die städtebauliche Gesamtmaßnahme entstandenen Vorteile oder Werterhöhungen des Grundstücks anzurechnen, die bereits in einem anderen Verfahren, wie z. B. in einem Enteignungsverfahren, berücksichtigt worden sind. In Betracht kommen Fälle einer Vollenteignung gem. § 86 Abs. 1 Nr. 1 BauGB mit einer Bereitstellung von Ersatzland gem. § 100 BauGB innerhalb des Gebietes der städtebaulichen Maßnahme und einer Teilenteignung mit Vorteilsausgleich (Compensatio lucri cum damno) für städtebaulich bedingte Wertsteigerungen.

3.7.4.6.2   Eigene Aufwendungen

358   Werterhöhungen des Grundstücks, die der Eigentümer zulässigerweise durch eigene Aufwendungen bewirkt hat, sind gem. § 155 Abs. 1 Nr. 2 Halbsatz 1 BauGB

Abschöpfung sanierungsbedingter Werterhöhungen

auf den Ausgleichsbetrag anzurechnen. Auf den Zeitpunkt der Aufwendungen kommt es nicht an. Es kann sich daher auch um Aufwendungen vor der förmlichen Festlegung des Sanierungsgebietes handeln. Es sind nur die Erhöhungen des Bodenwertes, nicht dagegen die Aufwendungen selbst zu berücksichtigen. Zu den in § 155 Abs. 1 Nr. 2 Halbsatz 1 BauGB genannten erbrachten Aufwendungen zählen auch Beiträge nach dem Kommunalabgabengesetz des Landes, die im Rahmen der städtebaulichen Sanierungsmaßnahme zur Werterhöhung des Grundstückes beigetragen haben. In Betracht kommen Folgekosten sowie Kosten für Erschließungsanlagen i.S. von § 127 Abs. 4 BauGB. Auch hier gilt es, eine „Doppelbesteuerung" zu vermeiden. Sinnvoll und zulässig ist es, diese Aufwendungen bei der Feststellung des Endwertes auszuklammern. Dies gilt vor allem in den Fällen, in denen die sanierungserforderlichen Erschließungsmaßnahmen, auf die sich die Beiträge beziehen, gemäß § 147 Satz 3 BauGB auch außerhalb des Sanierungsgebietes durchgeführt worden sind und § 154 Abs. 1 Satz 2 BauGB nicht anzuwenden sind. Bei der Erhebung des Ausgleichsbetrages ist bei diesem Verfahren der Ausgleichspflichtige aber ausdrücklich auf die Nichteinbeziehung dieser Aufwendungen hinzuweisen. Sind Beiträge nach dem Kommunalabgabengesetz erhoben worden, so können diese im Einzelfall auch in voller Höhe angerechnet werden, um schwierige Bewertungen zu vermeiden.

3.7.4.6.3 Durchführungsmaßnahmen des Eigentümers

Dem Eigentümer entstandene Kosten für Ordnungsmaßnahmen i.S. von § 146 Abs. 3 BauGB sind gem. § 155 Abs. 1 Nr. 2 Halbsatz 2 BauGB anzurechnen. Dies gilt jedoch nur, soweit die Gemeinde dem Eigentümer die Kosten nicht bereits nach § 164a Abs. 2 Nr. 2 Halbsatz 1 BauGB erstattet hat, vgl. unten Rnr. 673. Soweit die anerkannten Kosten der Ordnungsmaßnahmen höher sind als der für das Grundstück ermittelte Ausgleichsbetrag, sind dem Eigentümer die Kosten der Ordnungsmaßnahmen gem. § 155 Abs. 6 BauGB zu erstatten, vgl. BVerwG 26. 3. 1985 NVwZ 1985, 749. Anrechenbar sind jedoch nur die Kosten der Ordnungsmaßnahmen, die die Gemeinde mit dem Eigentümer gem. § 146 Abs. 2 Satz 1 BauGB vereinbart hat.

359

Aufgrund von § 155 Abs. 1 Nr. 2 BauGB sind dem Eigentümer auch Kosten für die Errichtung von Gemeinbedarfs- und Folgeeinrichtungen auf den Ausgleichsbetrag anzurechnen. Hierbei muss es sich um Baumaßnahmen i.S. von § 148 Abs. 2 Satz 1 Nr. 3 BauGB handeln. Voraussetzung für die Anrechnung ist, dass die Gemeinde die Durchführung dieser Maßnahme entsprechend § 146 Abs. 3 Satz 1 BauGB dem Eigentümer aufgrund eines Vertrages überlassen hat. Soweit die Kosten des Eigentümers für die Durchführung der vertraglich vereinbarten Ordnungs- und Baumaßnahmen i.S. von § 146 Abs. 3 Satz 1 BauGB über den nach § 154 Abs. 1 BauGB ermittelten Ausgleichsbetrag hinausgehen sind sie ihm nach § 155 Abs. 6 BauGB zu erstatten, wenn dies nicht vertraglich ausgeschlossen worden ist. Wird nur die Gewährung eines Zuschusses der Gemeinde für die Durchführung einer Ordnungsmaßnahme seitens des Eigentümers vereinbart, schließt dies nicht mit ein, dass die Anrechenbarkeit der von dem Eigentümer aufgewendeten Kosten abbedungen ist, vgl. OVG Lüneburg 13. 3. 1997 DWW 1998, 148.

3.7.4.6.4 Ankauf zum Neuordnungswert

360   Nach § 155 Abs. 1 Nr. 3 BauGB sind auf den Ausgleichsbetrag sanierungsbedingte Bodenwerterhöhungen anzurechnen, für die der Eigentümer als Teil des Kaufpreises in den Fällen der Nrn. 1 oder 2 sowie des § 154 BauGB einen entsprechenden Betrag bereits beim Erwerb des Grundstücks gezahlt hat. § 155 Abs. 1 Nr. 3 BauGB bezieht sich sowohl auf von der Gemeinde oder dem Sanierungsträger sowie von Privaten erworbene Grundstücke. Soweit im letzteren Falle ein höherer als der nach § 153 Abs. 1 BauGB zulässige Wert gezahlt worden ist, findet keine Anrechnung statt, es sei denn, der Kaufpreis umfasst Werterhöhungen, die der Voreigentümer zulässigerweise bewirkt hat. Der Erwerber hat einen dem § 154 BauGB entsprechenden Betrag gezahlt, wenn er das Grundstück bereits zum Neuordnungswert erworben hat (vgl. oben Rnr. 344). Im Übrigen ist mangels Anrechenbarkeit eine Nacherhebung durchzuführen. Dies ist der Fall, wenn nach dem Erwerb des Grundstücks infolge Änderung der maßgeblichen Umstände weitere städtebaulich bedingte Wertsteigerungen eingetreten sind. Konnte hingegen bei Abschluss des Kaufvertrages die durch die städtebauliche Gesamtmaßnahme bedingte Bodenwertsteigerung auch nach § 27 Abs. 2 WertV noch nicht vollständig ermittelt werden, so ist bei der Erhebung des Ausgleichsbetrages nur die bei der Veräußerung bereits berücksichtigte Werterhöhung mit der Folge anzurechnen, dass dem Ausgleichsbetrag nur noch die weiteren Wertsteigerungen unterliegen.

361   Wenn ausnahmsweise unvorhergesehen nach Verkauf eines Grundstückes durch die Gemeinde infolge der weiteren Durchführung der städtebaulichen Gesamtmaßnahme Änderungen eintreten, die zu zusätzlichen Bodenwertsteigerungen führen, ist nur der beim Verkauf von der Gemeinde berücksichtigte Teil der Bodenwertsteigerungen auf den Ausgleichsbetrag anrechenbar, d.h. für den unvorhergesehenen Teil ist ein **Ausgleichsbetrag nachzuerheben**. Hierfür kommen vor allem Fälle in Betracht, in denen eine Änderung der städtebaulichen Planung zu weiteren Wertsteigerungen führt, die beim Abschluss des Kaufvertrages noch nicht vorhersehbar waren.

3.7.4.7 Vorzeitige Festsetzung des Ausgleichsbetrages

362   Die Gemeinde soll nach § 154 Abs. 3 Satz 3 BauGB auf Antrag des Ausgleichsbetragspflichtigen den Ausgleichsbetrag vorzeitig festsetzen, wenn

– der Ausgleichsbetragspflichtige an der vorzeitigen Festsetzung nach §§ 162 und 163 BauGB ein berechtigtes Interesse hat *und*
– der Ausgleichsbetrag mit hinreichender Sicherheit ermittelt werden kann.

Die vorzeitige Festsetzung tritt an die Stelle des Ausgleichsbetragsbescheides nach § 154 Abs. 4 BauGB; die Vorschriften des § 154 Abs. 5 BauGB über die Umwandlung des Ausgleichsbetrages in ein Tilgungsdarlehen sowie des § 155 BauGB übe die Anrechnung auf den Ausgleichsbetrag (vgl. oben Rnr. 357ff.) sind entsprechend anzuwenden. Unter den gesetzlichen Voraussetzungen hat der Eigentümer einen Rechtsanspruch gegen die Gemeinde auf vorzeitige Festsetzung. Ein berechtigtes Interesse liegt vor, wenn ihm aus besonderen Gründen die Festsetzung erst nach Abschluss der Sanierungsmaßnahme nicht zugemutet werden kann. Der Ausgleichsbetrag kann nur dann mit hinreichender Sicherheit ermittelt werden, wenn Aussicht auf die Durchführung der städtebaulichen Planung besteht. Neben der vorzeitigen Festsetzung kommt nach § 154 Abs. 3 Satz 2 BauGB auch eine Ablösung des Ausgleichsbetrages vor Abschluss der Sanierung in Betracht, vgl. unten Rdn. 372f.

3.7.4.8 Erhebung des Ausgleichsbetrages

Nach § 154 Abs. 4 Satz 1 Halbsatz 1 BauGB fordert die Gemeinde den Ausgleichsbetrag durch Bescheid, d.h. durch einen schriftlichen Verwaltungsakt, an. Vor der Festsetzung des Ausgleichsbetrages ist dem Ausgleichsbetragspflichtigen nach § 154 Abs. 3 Satz 2 BauGB Gelegenheit zur Stellungnahme und Erörterung *363*

– der für die Wertermittlung seines Grundstücks maßgeblichen Verhältnisse sowie
– der nach § 155 Abs. 1 BauGB anrechenbaren Beträge

innerhalb angemessener Frist zu geben. Der Verpflichtete muss ausreichend Zeit erhalten, sich mit der Problematik vertraut zu machen und sich erforderliche Informationen zu beschaffen. Im Regelfall wird hier von einem Zeitraum von mindestens vier Wochen auszugehen sein. Die Gemeinde ist aber nicht verpflichtet, dem Ausgleichsbetragspflichtigen zu diesem Zeitpunkt bereits die Höhe des voraussichtlichen Ausgleichsbetrages mitzuteilen. Beruht der Bescheid auf einer gutachterlichen Wertermittlung, ist diese aus Zweckmäßigkeitsgründen dem betroffenen Eigentümer zur Verfügung zu stellen. Wenn der Eigentümer hierzu keine Stellungnahme abgibt ist dies für ihn rechtlich unschädlich. Der Ausgleichsbetrag wird gemäß § 154 Abs. 4 Satz 1 Halbsatz 2 BauGB einen Monat nach Bekanntgabe des Ausgleichsbetragsbescheides fällig. Erst zu diesem Zeitpunkt entsteht die Verpflichtung des betroffenen Grundeigentümers zur Entrichtung des Ausgleichsbetrages in Geld nach § 154 Abs. 1 Satz 1 Halbsatz 1 BauGB. Mit der Fälligkeit beginnt die Zahlungsverjährung. Widerspruch und Anfechtungsklage gegen den Bescheid der Gemeinde haben nach § 212a Abs. 2 BauGB keine aufschiebende Wirkung. Nach § 154 Abs. 4 Satz 3 BauGB ruht der Ausgleichsbetrag nicht als öffentliche Last auf dem Grundstück. Der Ausgleichsbetrag genießt daher im Falle der Zwangsversteigerung nicht den Vorrang des § 10 Abs. 1 Nr. 3 Zwangsversteigerungsgesetz.

3.7.4.9 Umwandlung des Ausgleichsbetrages in ein Tilgungsdarlehen

3.7.4.9.1 Voraussetzungen der Umwandlung

Nach § 154 Abs. 5 Satz 1 BauGB hat die Gemeinde auf Antrag des Eigentümers *364* den Ausgleichsbetrag in ein Tilgungsdarlehen umzuwandeln, sofern ihm die Zahlung mit eigenen oder fremden Mitteln bei Fälligkeit nicht zugemutet werden kann. Das Wesen eines Tilgungsdarlehens besteht in der Verpflichtung des Darlehensnehmers zur regelmäßigen Tilgung des Darlehens neben den laufenden Zinszahlungen. Die Darlehensschuld ist mit höchstens 6 v.H. jährlich zu verzinsen und mit 5 v.H. zuzüglich der ersparten Zinsen jährlich zu tilgen (§ 154 Abs. 5 Satz 2 BauGB). Die Regelung dient insbesondere dazu, Härten, die sich aus den Notwendigkeiten der Finanzierung einer Baumaßnahme ergeben, zu vermeiden oder zu mildern. Für die Nichtzumutbarkeit lassen sich jedoch keine allgemeinen Beurteilungsmaßstäbe aufstellen. Grundsätzlich ist davon auszugehen, dass der betroffene Eigentümer seine Zahlungsverpflichtung mithilfe eigener oder fremder Mittel erfüllen kann. Soweit ein Antrag gestellt wird, ist die Zumutbarkeit in jedem Fall besonders zu prüfen. Ergibt diese Prüfung eine Nichtzumutbarkeit der Zahlung des Ausgleichsbetrages im Zeitpunkt der Fälligkeit, hat der Eigentümer einen Rechtsanspruch auf Umwandlung des Ausgleichbetrages in ein Tilgungsdarlehen. Aus § 154 Abs. 5 Satz 4 BauGB ergibt sich das Erfordernis einer dinglichen Sicherung des Tilgungsdarlehens durch Bestellung eines Grundpfandrechtes.

3.7.4.9.2 Herabsetzung der Tilgung und der Darlehenszinsen

365 Gemäß § 154 Abs. 5 Satz 3 BauGB kann unter bestimmten Voraussetzungen im Einzelfall der Tilgungssatz bis auf 1 v.H. herabgesetzt und das Darlehen niedrig verzinslich oder zinsfrei gestellt werden. Bei letzterem handelt es sich um eine besondere Vergünstigung. Die Entscheidung liegt im Ermessen der Gemeinde. Der Eigentümer hat keinen Anspruch auf die Herabsetzung oder Freistellung. Jeder Fall bedarf der besonderen Prüfung. Die Einzelfallentscheidung schließt aus, dass die Gemeinde die Vorschrift auf bestimmte Gruppen oder Kategorien von Grundeigentümern anwendet. Die Herabsetzung ist zulässig, wenn sie

– im öffentlichen Interesse oder
– zur Vermeidung unbilliger Härten oder
– zur Vermeidung einer vom Eigentümer nicht zu vertretenden Unwirtschaftlichkeit des Grundstücks

geboten ist. In der Praxis liegen die beiden letzten Voraussetzungen oftmals zugleich vor.

Das öffentliche Interesse i.S. der Vorschrift ist ausschließlich auf die städtebauliche Sanierung zu beziehen. Eine Herabsetzung der Tilgung und der Darlehenszinsen liegt z.B. im öffentlichen Interesse, wenn ohne sie eine geplante einzelne, aber für die städtebauliche Gesamtmaßnahme wichtige Baumaßnahme nicht möglich oder gefährdet wäre. Sie kommt des weiteren in Betracht, soweit der Ausgleichsbetragspflichtige im Falle der Heranziehung zu dem Ausgleichsbetrag objektiv nicht mehr in der Lage wäre, ein städtebaulich wertvolles Gebäude wirtschaftlich zu unterhalten.

Abschöpfung sanierungsbedingter Werterhöhungen

Eine unbillige Härte ist nicht bereits dann anzunehmen, wenn der Ausgleichsbetragspflichtige die für die Zins- und Tilgungsleistungen benötigten Mittel nicht aus dem Grundstück erwirtschaften kann. Die Zumutbarkeit bezieht sich auch auf den Einsatz fremder Mittel. Die Bedingungen, unter denen die fremden Mittel beschafft werden können, sind für die Entscheidung über die unbillige Härte wichtig. Bedeutsam ist auch, ob und in welchem Umfang im Erhebungszeitraum und auch für eine längere Zeit danach die städtebaulich bedingte Wertsteigerung vom Eigentümer realisiert werden kann. Die unbillige Härte muss im jeweiligen Einzelfall besonders geprüft werden. 366

Soweit eine Herabsetzung aufgrund einer vom Eigentümer nicht zu vertretenden Unwirtschaftlichkeit des Grundstücks in Frage kommt, gilt Folgendes: Beeinträchtigungen in der zulässigen Nutzung eines Grundstücks sind bereits gem. § 28 Abs. 3 Satz 2 WertV bei der Ermittlung des Bodenwertes zu berücksichtigen. Es kann sich bei sachgerechter Ermittlung des Endwertes nur um eine vorübergehende Unwirtschaftlichkeit handeln, d.h. die Erträge fließen zum Zeitpunkt der Erhebung noch nicht oder noch nicht voll. Bei jeder behaupteten Unwirtschaftlichkeit ist daher zuerst zu untersuchen, ob sie nicht vom Eigentümer selbst zu vertreten ist. Die Unwirtschaftlichkeit der Grundstücksnutzung ist für sich allein noch kein Grund für eine Herabsetzung des Tilgungssatzes und der Zinsen. Die Zumutbarkeit des Einsatzes eigener Mittel und fremder Mittel ist mithin bei der Prüfung entsprechender Anträge zu berücksichtigen. 367

3.7.4.10 Absehen von der Festsetzung des Ausgleichsbetrages

3.7.4.10.1 Bagatellfälle

Nach § 155 Abs. 3 BauGB kann die Gemeinde von der Festsetzung des Ausgleichsbetrages absehen, wenn 368

- eine geringfügige Bodenwerterhöhung gutachterlich ermittelt worden ist *und*
- der Verwaltungsaufwand für die Erhebung die voraussichtlichen Einnahmen unter Berücksichtigung der nach § 154 Abs. 1 BauGB anzurechnenden Beträge übersteigt.

Die Anwendung der Vorschrift wird in der Regel nur in Betracht kommen, wenn

- das Gebiet der Sanierungsmaßnahme aus einer Vielzahl kleiner Grundstücke besteht,
- das vorhandene Bodenwertniveau sowie die sanierungsbedingten Bodenwerterhöhungen verhältnismäßig niedrig sind,
- der wertermittlungstechnische sowie sonstige Verwaltungsaufwand verhältnismäßig hoch ist, weil die notwendigen Ermittlungen sich auf ein kleines, aber wertmäßig heterogenes Gebiet beziehen.

3.7.4.10.2 Einzelfälle

369 Gemäß § 155 Abs. 4 Satz 1 BauGB kann die Gemeinde im Einzelfall von der Erhebung des Ausgleichsbetrages ganz oder teilweise absehen, wenn dies im öffentlichen Interesse oder zur Vermeidung unbilliger Härten geboten ist. Das BauROG 1998 hat die Verweisung auf die entsprechende Anwendung des § 135 Abs. 5 BauGB durch eine eigene Regelung in § 135 Abs. 4 BauGB ersetzt. Nach § 155 Abs. 4 Satz 2 BauGB ist die Freistellung schon vor dem Entstehen der Ausgleichsbetragspflicht zulässig. Das Absehen bedarf keiner Zustimmung der höheren Verwaltungsbehörde, unterliegt aber ihrer Rechtsaufsicht. Für die Gemeinde ist es hingegen zweckmäßig den Verzicht vorher mit der fördernden Stelle abzustimmen. I.d.R. wird von dieser Seite keine Bereitschaft bestehen, die durch den Verzicht entstehende Finanzierungslücke durch die Bewilligung zusätzlicher Bundes- und Landesfinanzhilfen zu beseitigen.

370 Auch bei Vorliegen der gesetzlichen Voraussetzungen nach § 155 Abs. 4 Satz 1 BauGB besteht kein Anspruch auf das Absehen von der Erhebung des Ausgleichsbetrages, sondern die Entscheidung liegt im Ermessen der Gemeinde. Bei Ausübung ihres Ermessens muss die Gemeinde auch prüfen, ob die Umwandlung des Ausgleichsbetrages in ein zinsloses Darlehen gemäß § 154 Abs. 5 Satz 3 BauGB ausreicht. Zu den gesetzlichen Voraussetzungen für das Absehen vgl. die Ausführungen zur Herabsetzung des Tilgungssatzes und zur Zinsfreistellung oben Rnr. 329ff. Auch bei Vorliegen der gesetzlichen Voraussetzungen muss es sich um atypische Fälle, d.h. ungewöhnliche Fälle, die der Gesetzgeber nicht voraussehen konnte, handeln.

3.7.4.11 Landesrechtliche Vorschriften

371 Das BauGB regelt die Abwicklung des Bescheides über den Ausgleichsbetrag nicht vollständig. § 155 Abs. 5 BauGB bestimmt daher, dass im Übrigen die landesrechtlichen Vorschriften über kommunale Beiträge einschließlich der Bestimmungen über die Stundung und den Erlass entsprechend anzuwenden sind. Diese in den Kommunalabgabengesetzen der Länder enthaltenen Regelungen treten danach ergänzend neben die Bestimmungen des BauGB. Sie entsprechen weitgehend den in der bundesrechtlichen Abgabenordnung 1977 (AO 1977) enthaltenen Vorschriften. Da § 155 Abs. 5 BauGB ausdrücklich auf die landesrechtlichen Bestimmungen über die Stundung und den Erlass verweist, ist die bundesrechtliche Regelung des § 155 Abs. 4 BauGB nicht abschließend. Der Anspruch der Gemeinde gegen den Grundeigentümer auf Zahlung des Ausgleichsbetrages verjährt i.d.R. mit Ablauf von vier Jahren gerechnet ab Ende des Jahres, in dem die Gemeinde den Bescheid hätte erlassen können. Hat die Gemeinde hingegen den Ausgleichsbetrag durch Bescheid angefordert, so verjährt dessen Vollstreckbarkeit i.d.R. erst fünf Jahre nach dessen Zustellung.

3.7.4.12 Ablösung des Ausgleichsbetrages

3.7.4.12.1 Ablösung vor Abschluss

Gemäß § 154 Abs. 3 Satz 2 Halbsatz 1 BauGB kann die Gemeinde vor Abschluss der städtebaulichen Sanierungsmaßnahme nach eigenem Ermessen die freiwillige Ablösung des Ausgleichsbetrages zulassen. Die Ablösung hat für die Gemeinde den Vorteil, dass sie vorzeitig Einnahmen für die Finanzierung der Sanierung erhält, bzw. den später zu entrichtenden Ausgleichsbetrag nicht bis zur Aufhebung der Sanierungssatzung zwischenfinanzieren muss. Die Ablösung hat daher in der Sanierungspraxis besondere Bedeutung erlangt. Die durch die Ablösung getroffene Regelung ist endgültig. Bei dem Ablösungsvertrag handelt es sich um einen öffentlich-rechtlichen Vertrag, der der Schriftform bedarf, vgl. §§ 54, 57 VwVfG. Voraussetzung für die vorzeitige Ablösung des Ausgleichsbetrages ist, dass die von der Gemeindevertretung beschlossene städtebauliche Planung vorliegt, die sich aus der städtebaulichen Sanierungsmaßnahme ergebende Neuordnung und die daraus resultierende Nutzung des Grundstücks bekannt sind und die sanierungsbedingten Werterhöhungen entsprechend dem Verfahren zur Festsetzung der Ausgleichsbeträge ermittelt werden können. Hierbei ist jedoch die Wartezeit bis zum Abschluss der Sanierung durch eine Abzinsung sowie das Risiko einer Planungsänderung oder der Nichtdurchführbarkeit der Sanierung durch einen Wagnisabschlag auf den ermittelten Ausgleichsbetrag nach § 28 Abs. 1 i.V. mit § 27 Abs. 2 WertV zu berücksichtigen. Die Vorschriften des § 154 Abs. 4 und 5 sowie des § 155 BauGB über die Anrechnung auf den Ausgleichsbetrag sind bei der Ermittlung des Ablösebetrages entsprechend anzuwenden.

372

3.7.4.12.2 Höherer Ablösebetrag

§ 154 Abs. 3 Satz 2 letzter Halbsatz BauGB lässt zu, vor Abschluss der Sanierungsmaßnahme, vgl. Rnr. 283ff., einen höheren Ausgleichsbetrag freihändig zu vereinbaren, als sich möglicherweise nach Abschluss der Sanierungsmaßnahme ergibt. Dies wird insbesondere dann in Betracht kommen, wenn die Gemeindevertretung noch keine städtebauliche Planung beschlossen hat, die städtebaulich bedingten Bodenwerterhöhungen sich daher noch nicht feststellen, sondern nur schätzen lassen, ein Eigentümer aber an einer abschließenden Regelung interessiert ist. Eine solche vom Eigentümer begehrte vorzeitige abschließende Regelung mit der Gemeinde ist aber nur in der Weise möglich, dass die Zahlung eines Betrages vereinbart wird, in dem zu Gunsten der Gemeinde ein Sicherheitszuschlag enthalten ist, mit dem noch nicht absehbare, weitere städtebaulich bedingte Bodenwerterhöhungen infolge der weiteren Neuordnung des Gebietes, die sich auf das betreffende Grundstück auswirken können, vorsorglich berücksichtigt werden. Kommt es zu dieser einvernehmlichen Vereinbarung zwischen der Gemeinde und dem Grundstückseigentümer über die Leistung des Ausgleichsbetrages, hat es damit in Bezug auf die Leistung des Ausgleichsbetrages sein Bewenden. Wird nach Abschluss der städtebaulichen Gesamtmaßnahme die Bodenwerterhöhung ermittelt, der Ausgleichsbetrag bemessen und stellt sich dabei heraus, dass zwischen der Gemeinde

373

und dem Eigentümer ein höherer Betrag vereinbart worden ist, besteht kein Anspruch des Eigentümers auf Rückzahlung des Mehrbetrages. Auch dieser höhere Betrag darf ausschließlich für die Deckung der Kosten der Sanierungsmaßnahme verwendet werden. Die Vereinbarung eines geringeren Ausgleichsbetrages lässt das Gesetz dagegen nicht zu.

3.7.4.12.3 Ablösung nach Abschluss

374 Das Gesetz schließt es nicht aus, dass die Gemeinde auch nach Abschluss der Sanierung mit dem Ausgleichsbetragsverpflichteten einen Ablösevertrag schließt. Die Gemeinde ist daher rechtlich nicht daran gehindert, mit dem Verpflichteten eine entsprechende Vereinbarung zu treffen, vgl. § 54 VwVfG. Allerdings hat sie kein Ermessen, die Höhe des nach § 154 Abs. 2 BauGB ermittelten Wertes zu reduzieren. Sie kann aber dem Ausgleichsbetragsverpflichteten die Umwandlung des Ausgleichsbetrages in ein Tilgungsdarlehen nach § 154 Abs. 5 BauGB anbieten, sofern hierfür die Voraussetzungen vorliegen. Allgemein liegt es zur Vermeidung von Rechtsstreitigkeiten im Interesse der Gemeinde, hier zu einer einvernehmlichen Regelung zu kommen, vgl. § 154 Abs. 4 Satz 2 BauGB.

3.7.5 Grundstücksverkehr im Sanierungsgebiet

3.7.5.1 Erwerb von Grundstücken durch die Gemeinde und durch öffentliche Bedarfsträger

3.7.5.1.1 Erwerb und Enteignung zum sanierungsunbeeinflussten Wert

375 Ausgenommen von der Erhebung der Ausgleichsbeträge bleiben die Eigentümer, deren Grundstücke die Gemeinde selbst erwirbt. Um diese Eigentümer hinsichtlich der Bodenwertabschöpfung von den Eigentümern, die ihre Grundstücke behalten, gleich zu behandeln, darf die Gemeinde Grundstücke im Gebiet der Gesamtmaßnahme nur zum sanierungsunbeeinflussten Wert nach § 153 Abs. 3 in Verbindung mit § 153 Abs. 1 BauGB erwerben, vgl. hierzu oben Rnr. 342. Die Vorschrift gilt für jede Form des rechtsgeschäftlichen Erwerbs, also auch für die Ausübung des Vorkaufsrechtes nach § 24 Abs. 1 Nr. 3 BauGB, vgl. hierzu oben Rdn. 255. § 153 Abs. 3 BauGB gilt hingegen nicht für das Zwangsversteigerungsverfahren weil dort kein Kaufpreis vereinbart wird. Gemeinde und Sanierungsträger sind daher in diesem Verfahren nicht rechtlich daran gehindert, zu einem Wert zu bieten, der über dem des § 153 Abs. 1 BauGB liegt. Dies gilt auch für private Bieter, da im Zwangsversteigerungsverfahren keine Preisprüfung nach § 153 Abs. 2 BauGB stattfindet, vgl. hierzu unten Rdn. 379 f. Sanierungsbedingte Werterhöhungen werden deshalb bei der Bemessung des Kaufpreises nicht berücksichtigt. Werterhöhungen des Grundstücks oder des aufstehenden Gebäudes, die der Eigentümer zulässigerweise durch eigene Aufwendungen bewirkt hat, sind jedoch beim Kaufpreis zu berücksichtigen. Die den Aufwendungen zugrunde liegenden Maßnahmen sind zulässig, wenn sie nicht gegen öffentliches Recht verstoßen. Dies ist aber bereits der Fall, wenn eine ansich genehmigungsfähige Maßnahme ohne die

Einholung der erforderlichen Genehmigung durchgeführt worden ist (formelle Rechtswidrigkeit). Angerechnet werden nur die rechtmäßig bewirkten Werterhöhungen, nicht dagegen die zugrunde liegenden Aufwendungen des Eigentümers, vgl. § 155 Abs. 1 Nr. 2 Halbsatz 1 BauGB. Sind die Aufwendungen nach der förmlichen Festlegung getätigt worden, so müssen sie entsprechend den Veränderungen von der Gemeinde auch nach § 144 Abs. 1 Nr. 1 BauGB genehmigt worden sein. Die Bindung an den Wert nach § 153 Abs. 1 BauGB gilt für jede Art des gemeindlichen Grunderwerbs, also z.b. auch für Enteignungen, sowie die Überführung von Grundstücken des Sanierungsträgers in das Treuhandvermögen gem. § 160 Abs. 5 BauGB. Nach § 144 Abs. 4 Nr. 1 BauGB unterliegen Rechtsvorgänge an denen die Gemeinde oder ihr Sanierungsträger für das Treuhandvermögen beteiligt ist, nicht dem sanierungsrechtlichen Genehmigungsvorbehalt. An dessen Stelle tritt das Verbot des § 153 Abs. 3 Satz 1 BauGB. Ein Verstoß hiergegen führt zur Unwirksamkeit des Kaufvertrages und zu förderrechtlichen Folgen.

3.7.5.1.2 Erwerb von Grundstücken durch öffentliche Bedarfsträger

Das Verbot der Vereinbarung eines höheren Kaufpreises als des sanierungsunbeeinflussten Wertes gilt gem. § 153 Abs. 3 Satz 2 BauGB auch für die in § 144 Abs. 4 Nr. 4 und 5 BauGB genannten Bedarfsträger, die ein Grundstück für Zwecke der Landesverteidigung oder ein in ein Planfeststellungsverfahren i.S. von § 38 BauGB einbezogenes Grundstück erwerben. *376*

3.7.5.1.3 Verkauf der Grundstücke zum Neuordnungswert

Soweit eine Veräußerungspflicht besteht, ist die Gemeinde grundsätzlich verpflichtet, die von ihr nach § 89 BauGB erworbenen, d.h. die durch Ausübung des Vorkaufsrechtes oder durch Enteignung erlangten, Grundstücke zu veräußern. Dies gilt nicht soweit die Gemeinde die Grundstücke für öffentliche Zwecke als Austauschland oder zur Entschädigung in Land benötigt, vgl. § 89 Abs. 1 Nr. 3 BauGB. Der Verkauf dieser Grundstücke darf von der Gemeinde ausschließlich nach § 153 Abs. 4 Satz 1 BauGB zum Neuordnungswert durchgeführt werden. Zum Neuordnungswert vgl. oben Rdn. 340. Zusagen über einen geringen Veräußerungspreis sind daher unwirksam und amtspflichtwidrig, vgl. BGH 13.7.1993 NVwZ 1994, 91. Eine Verpflichtung der Veräußerung der Grundstücke zum Neuordnungswert gilt gem. § 159 Abs. 3 BauGB auch für alle zu veräußernden Grundstücke des Sanierungsträgers. Es besteht keine allgemeine Verpflichtung zur Offenlegung des auf die sanierungsbedingte Werterhöhung entfallenden Kaufpreisanteils, vgl. BVerwG 19.11.1997 Buchholz § 153 BauGB Nr. 1. Lässt sich im Zeitpunkt der Veräußerung kein vertretbarer Neuordnungswert ermitteln, kann die Gemeinde das Grundstück auch zum sanierungsbeeinflussten Wert veräußern. In diesem Falle bleibt das Grundstück aber ausgleichsbetragspflichtig, denn der Erwerber hat nicht nach § 155 Abs. 1 Nr. 3 BauGB, vgl. oben Rnr. 360f., für die sanierungsbedingten Werterhöhungen einen Teil des Kaufpreises entrichtet. Zur Vermeidung von Unklarheiten ist es zweckmäßig, dass die Gemeinde den Erwerber auf die Ausgleichs- *377* betragspflicht in diesem Falle hinweist. Ferner besteht die Möglichkeit den Neuordnungswert im Hinblick auf die Wartezeit bis zum Eintritt des anzunehmenden Sanierungserfolges und die Unsicherheit seines wirklichen Eintritts durch Abschläge zu mindern. vgl. § 27 Abs. 2 WertV. Maßgebend hierfür ist der Stand des Sanierungsverfahrens in Bezug auf die Verwirklichung der städtebaulichen Planung.

378 § 153 Abs. 4 Satz 1 BauGB lässt keine Ausnahmen zu. Dies gilt auch, wenn die vom Erwerber beabsichtigte Baumaßnahme im öffentlichen Interesse liegt. Die Gemeinde darf daher z.b. nicht Grundstücke zum Zwecke des öffentlich geförderten Wohnungsbaues unter dem Neuordnungswert veräußern. Die Gemeinde kann jedoch nach § 153 Abs. 4 Satz 2 BauGB unter den Voraussetzungen der für die Erhebung des Ausgleichsbetrages geltenden Regelung des § 154 Abs. 5 BauGB, den Teil des Kaufpreises, der der sanierungsbedingten Werterhöhung entspricht, in ein Tilgungsdarlehen umwandeln, vgl. oben Rnr. 365 ff. Obwohl § 153 Abs. 4 BauGB sich nur auf die nach § 89 und § 159 Abs. 3 BauGB zu veräußernden Grundstücke bezieht, sind Gemeinde und Sanierungsträger gut beraten, wenn sie zur Vermeidung von möglichen Verwerfungen auf dem örtlichen Grundstücksmarkt auch die freihändig erworbenen Grundstücke zum Neuordnungswert veräußern. Soweit sie anders verfahren, sind von den Erwerbern nach Abschluss der Sanierung Ausgleichsbeträge zu erheben, da § 155 Abs. 1 Nr. 3 BauGB nicht anwendbar ist. Die Gemeinde kann zur Erleichterung der späteren Erhebung des Ausgleichsbetrages beitragen, wenn sie den Erwerber bereits bei der Veräußerung auf die noch auf ihn zukommende finanzielle Verpflichtung hinweist.

Der Neuordnungswert des § 153 Abs. 4 Satz 1 BauGB bezieht sich auf das Grundstück einschließlich seiner Bestandteile, zu denen nach § 2 WertV Gebäude, Aussenanlagen und sonstige Anlagen sowie das Zubehör zählen. Bebaute Grundstücke werden im Vergleich zu unbebauten Grundstücken i.d.R. wegen des Ertragswertes der baulichen Anlagen, vgl. § 16 WertV, höher zu bewerten sein. In bestimmten Fällen können sich aber bauliche Anlagen für den Grundstückseigentümer auch wirtschaftlich belastend auswirken. Das ist der Fall wenn eine unwirtschaftliche Bebauung, wie z.B. ein schwer nutzbares Baudenkmal erhalten bleiben muss. In derartigen Fällen kann der Verkehrswert unter dem Verkehrswert eines gleichartigen unbebauten Grundstückes liegen.

3.7.5.2 Preiskontrolle des privaten Grundstücksverkehrs

379 § 153 Abs. 2 Satz 1 BauGB begründet die unwiderlegbare Vermutung, dass die Vereinbarung des Gegenwertes bei

– der rechtsgeschäftigen Veräußerung eines Grundstückes sowie
– der Bestellung der Veräußerung eines Erbbaurechtes

über dem sanierungsunbeeinflussten Wert im Sanierungsgebiet die Durchführung der städtebaulichen Maßnahme wesentlich erschwert. Die Veräußerung über dem sanierungsunbeeinflussten Wert führt im Ergebnis zu einer Abschöpfung der städtebaulich bedingten Bodenwertsteigerung durch den Veräußerer und somit zugleich zu einer doppelten Belastung des Erwerbers infolge der späteren Erhebung von Ausgleichsbeträgen durch die Gemeinde. Die Preisprüfung durch die Gemeinde dient dem Schutz des Erwerbers und erleichtert durch die Vermeidung der Abschöpfung der städtebaulich bedingten Wertsteigerung von seiten des Veräußerers die spätere Erhebung der Ausgleichsbeträge durch die Gemeinde. Der genehmigte Kaufpreis ist für den Verkäufer bindend. Er kann nicht gegenüber dem Käufer oder einem Dritten geltend machen, der Verkehrswert sei in Wirklichkeit höher, so auch BVerwG 17. 5. 2002 ZfBR 2002, 801. Ferner dient die Preiskontrolle der Gemeinde dazu den Grundstücksmarkt des Sanierungsgebietes von einer Preisunruhe möglichst frei zu halten, vgl. BVerwG 24. 11. 1978 E 57, 87.

Angesichts der unwiderlegbaren Vermutung des Gesetzes hat die Gemeinde einerseits bei der Prüfung des vereinbarten Gegenwertes keinen Ermessensspielraum. Im Ergebnis handelt es sich bei der Regelung um ein Verbot für die Vertragsparteien den Wert des § 153 Abs. 1 BauGB zu überschreiten. Insoweit sind für die Dauer der Zugehörigkeit eines Grundstücks zum Sanierungsgebiet Rechtsgeschäfte, die sich nicht an diesem Wert orientieren ausgeschlossen, so auch BVerwG 8. 1. 1998 NVwZ 1998, 954. Andererseits darf sie nach der Rechtsprechung des BVerwG die Genehmigung nur versagen, wenn der vereinbarte Gegenwert den sanierungsunbeeinflussten Wert „in einer den Rechtsverkehr erkennbaren Weise deutlich verfehlt", vgl. BVerwG 24. 11. 1978 E 57, 87 und 21. 8. 1981 NJW 1982, 398, sowie BGH 28. 3. 1993 NVwZ 1994, 409. Von den Vertragsparteien kann nur verlangt werden, dass sie alles tun, um dem richtigen Wert möglichst nahe zu kommen. Dabei sind allerdings ihre Aussichten diesen Wert genau zu ermitteln i. d. R. gering. Die Rspr. hat z.T. eine Überschätzung des von der Gemeinde zugrunde gelegten sanierungsbeeinflussten Wertes um 5 v. H. noch für unwesentlich gehalten, vgl. BayVGH 16. 11. 1989 GuG 1991, 102. Soweit Unsicherheiten über die erkennbare deutliche Verfehlung eines sanierungsunbeeinflussten Wertes i.S. von § 153 Abs. 1 BauGB bestehen, kann die Gemeinde die Genehmigung für das Grundstücksgeschäft nach § 144 Abs. 2 BauGB erteilen und den Vertragsparteien zugleich mitteilen, wie hoch sie den Anfangswert nach § 154 Abs. 2 BauGB bei der späteren Erhebung der Ausgleichsbeträge festsetzen wird. Durch diese Mitteilung kann die Gemeinde auch dazu beitragen, dass sich die Preise auf dem Grundstücksmarkt im Sanierungsgebiet nur allmählich nach oben entwickeln. Nach § 155 Abs. 1 Nr. 3 BauGB sind dem Eigentümer zwar die Zahlungen anzurechnen, die er zulässigerweise bereits entrichtet hat. Die Genehmigung des Grundstücksgeschäftes ansich enthält keine Anerkennung der über dem sanierungsunbeeinflussten Wert liegenden Zahlung. Der durch das EAG Bau in das Gesetz neu eingefügte § 153 Abs. 2 Satz 2 BauGB stellt klar, dass die Preiskontrolle entfällt, wenn keine Verpflichtung zur Entrichtung des Ausgleichsbetrages mehr besteht, weil z.B. eine Zahlung bereits aufgrund einer vorzeitigen Festsetzung oder der Vereinbarung einer Ablösung vorgenommen worden ist.

380

3.7.6 Wertermittlung

3.7.6.1 Verantwortung der Gemeinde

381 Die Ermittlung der maßgeblichen Grundstückswerte beim Vollzug des Sanierungsrechts obliegt grundsätzlich der Gemeinde. Die Gemeinde kann sich des Gutachterausschusses für Grundstückswerte bedienen, der nach § 193 Abs. 1 Nr. 1 BauGB auf Antrag Gutachten über den Verkehrswert von unbebauten und bebauten Grundstücken sowie Rechten an Grundstücken erstattet. Die Gutachten der Gutachterausschüsse haben nach § 193 Abs. 4 BauGB keine bindende Wirkung. Soweit jedoch die Gemeinde von dem eingeholten Gutachten abweicht, ist eine schriftliche Begründung zweckmäßig. Umgekehrt darf auch die Gemeinde einem solchen Gutachten nicht blindlings folgen, wenn es begründete Hinweise, z.B. in Form eines weiteren Gutachtens, die auf einen abweichenden Wert hindeuten, gibt, vgl. BGH 28.9.1993, NVwZ 1994, 409. Laut BGH 1.2.2001 BauR 2002, 449 können Grundstücksverkäufer, denen die Gemeinde aufgrund einer Fehlbewertung durch den Gutachterausschuss die Erteilung der sanierungsrechtlichen Genehmigung zu Unrecht versagt hat, gegen diesen einen Amtshaftungsanspruch nach § 839 BGB i.V. mit Art. 34 GG geltend machen, wenn der Gutachterausschuss schuldhaft gehandelt hat. Die Wertermittlung ist von ihm grundsätzlich nach dem Vergleichsverfahren gemäß §§ 13ff. WertV vorzunehmen. Soweit jedoch keine entsprechenden Vergleichswerte vorliegen, ist das Ertragswertverfahren nach §§ 15ff. WertV anzuwenden. Die Gemeinde kann auch private Sachverständige mit der Wertermittlung beauftragen. Diese sind wie auch die Gemeinde nicht an die Anwendung der Verfahren oder WertV gebunden.

3.7.6.2 Frühzeitige Ermittlung des sanierungsunbeeinflussten Wertes

382 Im Interesse der rechtlichen Gleichbehandlung der betroffenen Grundstückseigentümer während und nach Abschluss des Sanierungsverfahrens wird die möglichst frühzeitige Erarbeitung eines Rahmens für das Wertgefüge der Grundstücke im Sanierungsgebiet empfohlen. Hierfür sind im erforderlichen Umfang durchschnittliche Lagewerte für den Grund und Boden (besondere Bodenrichtwerte im Sinne des § 196 Abs. 1 Satz 4 BauGB) zu ermitteln, und zwar sowohl für den sanierungsunbeeinflussten Bodenwert im Sinne des § 153 Abs. 1 BauGB als auch für den Bodenwert unter Berücksichtigung der rechtlichen und tatsächlichen Neuordnung. Dabei ist es wichtig, dass die besonderen Bodenrichtwerte zueinander stimmig sind. Die besonderen Bodenrichtwerte können nach Maßgabe der §§ 4 und 5 WertV zur Ermittlung von Verkehrswerten herangezogen werden. Der Rahmen für das Wertgefüge ist entsprechend dem Ablauf der Sanierungsmaßnahme fortzuschreiben. Bereits während des Sanierungsverfahrens ist die Ermittlung der sanierungsunbeeinflussten Grundstückswerte im Sinne des § 153 Abs. 1 BauGB in folgenden Fällen erforderlich:

– bei der Genehmigung privater Grundstücksgeschäfte durch die Gemeinde gem. § 153 Abs. 2 BauGB,

Abschöpfung sanierungsbedingter Werterhöhungen

- beim Erwerb oder bei der Enteignung von Grundstücken durch die Gemeinde, den Sanierungs- oder Bedarfsträger nach § 153 Abs. 1 und 3 BauGB,
- bei Ausübung des Vorkaufsrechtes nach § 24 Abs. 1 Nr. 3 BauGB,
- bei der Überführung von Grundstücken des Sanierungsträgers gem. § 160 Abs. 5 BauGB.

3.7.6.3 Frühzeitige Ermittlung des Neuordnungswertes

Eine frühzeitige Ermittlung des Neuordnungswertes ist erforderlich für alle Grundstücke, die während des Verfahrens zum Neuordnungswert gem. § 153 Abs. 4 BauGB veräußert werden. Bei der Wertermittlung während des Verfahrens ist nicht der derzeitige Zustand des Grundstücks nach § 3 Abs. 2 WertV maßgebend, sondern es ist nach § 27 Abs. 1 WertV der Zustand des Gebietes nach Abschluss der städtebaulichen Gesamtmaßnahme zugrunde zu legen. Bei der Wertermittlung ist zunächst fiktiv davon auszugehen, dass die tatsächliche und rechtliche Neuordnung in dem Gebiet der städtebaulichen Gesamtmaßnahme bereits abgeschlossen worden ist. Hierbei ist, soweit kein Bebauungsplan aufgestellt worden ist, auf die Ziele und Zwecke der Sanierungs- oder Entwicklungsmaßnahme entsprechend der von der Gemeindevertretung beschlossenen städtebaulichen Planung abzustellen.

383

Um die Aussicht auf die in der Planung vorgesehenen Änderungen und sonstigen Wertverbesserungen in einer angemessenen Höhe bei der Wertermittlung zu berücksichtigen, muss insbesondere

384

- die Wartezeit bis zur Durchführung der von der Gemeinde geplanten Ordnungs- und Baumaßnahmen, vgl. § 27 Abs. 2 WertV und
- das für die Durchführung dieser Einzelmaßnahmen bestehende Wagnis

unter Berücksichtigung der ortsüblichen Gegebenheiten und der besonderen Verhältnisse des Grundstücks und seiner Umgebung abgeschätzt werden. Das Wagnis besteht vor allem darin, dass die erwartete Rentabilität von Investitionen zumindest vorübergehend in einer gewissen Anlaufzeit mit Unsicherheit behaftet und es für den Investor oftmals schwierig ist, wirtschaftlich vernünftig zu disponieren. Soweit sich dies im gewöhnlichen Geschäftsverkehr auf die Preisgestaltung auswirkt, muss es bei der Wertermittlung berücksichtigt werden. Von dem zunächst auf den fiktiven Endzustand bezogenen Endwert müssen daher entsprechend der Wartezeit für die Durchführung der von der Gemeinde geplanten Einzelmaßnahme im Rahmen der Gesamtmaßnahme und dem dafür bestehenden Wagnisabschläge (sog. Pionierabschläge) abgezogen werden. Soweit diese Voraussetzungen vorliegen, kann ein Abschlag zu einem Anteil von bis zu 30 v.H. durchaus angemessen sein.

3.7.6.4 Frühzeitige Ermittlung von Anfangs- und Endwerten

Anfangs- und Endwerte im Sinne des § 154 Abs. 2 BauGB sind in folgenden Fällen bereits während des Sanierungsverfahrens zu ermitteln:

385

- bei der Ablösung des Ausgleichsbetrages nach § 154 Abs. 3 Satz 2 BauGB einschließlich der Vereinbarung eines höheren Ausgleichsbetrages,
- bei der frühzeitigen Festsetzung des Ausgleichsbetrages auf Antrag des Ausgleichsbetragspflichtigen nach § 153 Abs. 3 Satz 3 BauGB,
- bei der Erhebung von Vorauszahlungen auf den Ausgleichsbetrag nach § 154 Abs. 6 BauGB,
- bei der Erhebung von Ausgleichsbeträgen bei Erklärung des Abschlusses der Sanierung für einzelne Grundstücke nach § 163 BauGB.

3.7.7 Sanierungsumlegung

386 Bei einer Umlegung in einem förmlich festgelegten Sanierungsgebiet gilt ein abgeändertes Umlegungsrecht. Die bodenordnungsrechtlichen Vorschriften der §§ 45 bis 84 BauGB finden mit Ausnahme der Vorschrift des § 58 über die Verteilung nach Flächen in förmlich festgelegten Sanierungsgebieten nach folgenden Maßgaben Anwendung (vgl. VVBauGB Nr. 227):

- als *Einwurfswert* (§ 57 Satz 2 BauGB) ist nach § 153 Abs. 5 Nr. 1 der Bodenwert unter Ausschluss sanierungsbedingter Werterhöhungen zu ermitteln;
- als Zuteilungswert (§ 57 Satz 3 und 4 BauGB) ist nach § 153 Abs. 5 Nr. 2 BauGB der Bodenwert unter Berücksichtigung der rechtlichen und tatsächlichen Neuordnung zu ermitteln;
- bei der Bemessung von Geldabfindungen, insbesondere nach § 59 Abs. 5 BauGB sowie nach Maßgabe des § 60 Satz 1 BauGB bleiben sanierungsbedingte Werterhöhungen außer Betracht;
- bei der Bemessung der Abfindung mit Grundeigentum, durch Begründung von Miteigentum an einem Grundstück, Gewährung von grundstücksgleichen Rechten, Rechten nach dem Wohnungseigentumsgesetz oder sonstigen dinglichen Rechten bleiben sanierungsbedingte Werterhöhungen grundsätzlich auch außer Betracht;
- bei Bemessung der Abfindung mit Grundeigentum außerhalb des Umlegungsgebietes, jedoch innerhalb des Sanierungsgebiets, kann in sinngemäßer Anwendung der Bestimmung des § 153 Abs. 4 BauGB die Abfindung unter Berücksichtigung der rechtlichen und tatsächlichen Neuordnung erfolgen; die Höhe des Abfindungsanspruchs bemisst sich auch in diesem Fall nach dem Wert des eingeworfenen Grundstücks unter Ausschluss sanierungsbedingter Werterhöhungen;
- bei der Bemessung eines Geldausgleiches, insbesondere nach § 59 Abs. 2 BauGB sowie den §§ 60 und 61 Abs. 1 BauGB, sind Wertänderungen durch die rechtliche und tatsächliche Neuordnung zu berücksichtigen.

Ein Ausgleichsbetrag entfällt aufgrund von § 155 Abs. 2 BauGB, wenn eine Umlegung nach Maßgabe des § 153 Abs. 5 BauGB durchgeführt worden ist. Bei der Ermittlung der Zuteilungswerte und der Geldausgleichsleistungen sind die sanierungsbedürftigen Bodenwerterhöhungen bereits im Rahmen der Umlegung einzurechnen und mit abzuschöpfen. Hiernach besteht kein Raum mehr für die Entrichtung eines Betrages, der der durch die Sanierung bewirkten Erhöhung des

Vereinfachtes Sanierungsverfahren

Bodenwertes des Grundstücks entspricht, so auch BVerwG 17.12.1992 NVwZ 1993, 1112. § 156 Abs. 3 BauGB enthält eine Überleitungsvorschrift für vor der förmlichen Festlegung des Sanierungsgebietes eingeleitete Umlegungsverfahren.

3.7.8 Überschussberechnung

§ 156a BauGB enthält eine Regelung über die Verteilung eines sich aus der Vorbereitung und Durchführung ergebenden Überschusses. Sie ist aufgrund des BauROG 1998 an die Stelle von § 245 Abs. 11 Satz 1 BauGB i.V. mit § 48 StBauFG getreten. Diese Bestimmung, die bisher in der Praxis wenig Bedeutung erlangt hat § 156a soll dazu dienen, dass ein hierbei erzielter Überschuss nicht der Gemeinde verbleibt, sondern nach Absatz 1 Satz 1 auf die Eigentümer der im Sanierungsgebiet gelegenen Grundstücke gemäß der in Absatz 2 enthaltenen Regelung verteilt wird. Insofern belegt die Bestimmung den beitragsmäßigen Charakter der Ausgleichsbeträge.

387

Ein denkbarer Überschuss könnte sich aus einer nach Absatz 1 Satz 1 vorzunehmenden Gegenüberstellung zwischen den bei Vorbereitung und Durchführung erzielten Einnahmen und den hierfür getätigten Ausgaben ergeben. Diese Gegenüberstellung ist aber von der förderrechtlichen Abrechnung der Gesamtmaßnahme zu unterscheiden. Aufgrund der in § 156a Abs. 3 BauGB enthaltenen Regelung sind bei der Errechnung des Überschusses alle Zuschüsse, die die Gemeinde oder die von der Sanierung betroffenen Eigentümer aus Mitteln eines anderen öffentlichen Haushaltes zur Deckung von Kosten der Vorbereitung oder Durchführung der Sanierung erhalten haben, abzuziehen. D.h. insbesondere sind die für die Finanzierung der Sanierung gewährten Bundes- und Landesfinanzhilfen vor Verteilung eines etwaigen Überschusses zurückzuzahlen, denn diese Mittel sollen nicht den betroffenen Eigentümern zum Vorteil gereichen. Wenn danach noch ein Überschuss vorhanden ist, muss er verteilt werden. Die Überschussberechnung setzt daher sinngemäß die Durchführung der förderrechtlichen Abrechnung voraus.

3.8 Vereinfachtes Sanierungsverfahren

3.8.1 Inhalt

§ 142 Abs. 4 BauGB eröffnet der Gemeinde die Möglichkeit, in einem vorgegebenen Rahmen auf die Gestaltung des Sanierungsrechtes Einfluss zu nehmen. Über die Anwendung dieser Bestimmung entscheidet die Gemeinde in der Sanierungssatzung. Trifft die Gemeinde in der Sanierungssatzung keine besondere Regelung, so gilt das herkömmliche Sanierungsverfahren. Das BauGB geht grundsätzlich davon aus, dass für die Behebung städtebaulicher Missstände die Anwendung des Sanierungsrechtes insgesamt erforderlich ist. § 142 Abs. 4 Halbsatz 1 BauGB lässt die Anwendung des vereinfachten Sanierungsverfahrens zu, in welchem die Regelungen der §§ 152 bis 156 BauGB über die Abschöpfung sanierungsbedingter Werterhöhungen keine Anwendung finden. Hiervon unberührt sind im vereinfachten Sa-

388

nierungsverfahren weiter die besonderen Bestimmungen über das Vorkaufsrecht in § 24 Abs. 1 Satz 1 Nr. 3 BauGB, die Ausübung des Vorkaufsrechtes zu Gunsten eines Sanierungsträgers nach § 27 a Abs. 1 Satz 1 Nr. 2 BauGB, die Enteignung zu Gunsten des Sanierungsträgers in § 87 Abs. 3 Satz 1 BauGB und die Erleichterung der Enteignung nach § 88 Satz 2 BauGB anzuwenden.

389 Da im vereinfachten Sanierungsverfahren die Anwendung des § 154 Abs. 1 Satz 2 BauGB ausgeschlossen ist, sind im Sanierungsgebiet für die Herstellung, Erweiterung oder Verbesserung von Erschließungsanlagen i.S. von § 127 Abs. 2 BauGB Erschließungsbeiträge nach § 127ff. BauGB und den Kommunalabgabegesetzen der Länder zu erheben. Hat die Gemeinde gemäß § 142 Abs. 4 Halbsatz 1 BauGB die Anwendung der besonderen sanierungsrechtlichen Vorschriften ausgeschlossen, so kann sie gemäß § 142 Abs. 4 Halbsatz 2 BauGB auch den sanierungsrechtlichen Genehmigungsvorbehalt nach § 144 BauGB insgesamt oder nach § 144 Abs. 1 oder nach § 144 Abs. 2 BauGB ausschließen.

390 Der Ausschluss des § 144 BauGB insgesamt führt zur Anwendbarkeit der Bestimmungen über die Veränderungssperre in den §§ 14ff. BauGB, über die Teilungsgenehmigung in den §§ 19ff. BauGB und die umlegungsrechtliche Verfügungs- und Veränderungssperre in § 51 BauGB. Die in §§ 14 Abs. 4, 15 Abs. 2, 17 Abs. 6 Satz 2, 19 Abs. 4 Nr. 2 und 51 Abs. 1 Satz 2 BauGB enthaltenen Ausschlussregelungen sind nicht anwendbar. Die Eintragung eines Sanierungsvermerkes in das Grundbuch entfällt aufgrund von § 143 Abs. 2 Satz 4 BauGB.

Der Ausschluss nur des § 144 Abs. 1 BauGB hat mit zwei Ausnahmen die gleichen Rechtsfolgen wie der Ausschluss des gesamten § 144 BauGB. § 51 BauGB ist nur in Bezug auf die in § 144 Abs. 1 BauGB genannten Vorhaben und Teilungen ausgeschlossen. Die Eintragung des Sanierungsvermerkes in das Grundbuch entfällt dagegen nicht. Der Ausschluss nur des § 144 Abs. 2 BauGB führt dazu, dass § 51 BauGB in Bezug auf die in § 144 Abs. 2 BauGB genannten Rechtsvorgänge nicht anzuwenden ist. Des Weiteren entfällt aufgrund von § 143 Abs. 2 Satz 4 BauGB in diesem Falle die Eintragung des Sanierungsvermerkes in das Grundbuch.

3.8.2 Anwendung

391 Die Anwendung des vereinfachten Verfahrens steht nicht im freien Ermessen der Gemeinde. Die Gemeinde ist aufgrund von § 142 Abs. 4 Halbsatz 1 BauGB verpflichtet, die Anwendung der Vorschriften über die Bodenwertabschöpfung auszuschließen, wenn sie

– für die Durchführung der Sanierung nicht erforderlich ist *und*
– diese hierdurch voraussichtlich nicht erschwert wird.

Das bedeutet, die Gemeinde muss im Untersuchungsbericht nach § 141 BauGB begründen, aus welchen Gründen es der Anwendung der Vorschrift über die Bodenwertabschöpfung bei der Durchführung der Sanierung bedarf. Die Entscheidung der Gemeinde hinsichtlich der Art des Sanierungsverfahrens ist im Rahmen

Vereinfachtes Sanierungsverfahren

eines Normenkontrollverfahrens im Sinne von § 47 VwGO verwaltungsgerichtlich überprüfbar.

Wenn sanierungsbedingte Bodenwerterhöhungen im Sanierungsgebiet oder in Teilen davon zu erwarten sind, ist die Anwendung der §§ 152 bis 156 in der Regel erforderlich, 392

– um Ausgleichsbeträge zur Finanzierung der Sanierung zu erzielen,
– um Grundstücke preisgünstig für gemeindliche Zwecke zu erwerben und
– um die Erschwerung privater Investitionen durch unkontrollierte Bodenwertsteigerungen zu verhindern.

Der Ausschluss dieser Bestimmungen ist daher unzulässig, wenn der Gemeinde hierdurch möglicherweise Einnahmeverluste zur Finanzierung der Vorbereitung und Durchführung der städtebaulichen Gesamtmaßnahme entstehen würden. Ob sanierungsbedingte Bodenwertsteigerungen zu erwarten sind, kann nur anhand der konkreten städtebaulichen Situation im Sanierungsgebiet und aufgrund der anzustrebenden allgemeinen Ziele der Sanierung beurteilt werden. Hat die Sanierung im Wesentlichen die Erhaltung, Modernisierung und Instandsetzung vorhandener baulicher Anlagen zum Ziel, sind erfahrungsgemäß Bodenwertsteigerungen nicht oder nur in geringem Umfange zu erwarten. In der Praxis kommt das vereinfachte Sanierungsverfahren insbesondere im ländlichen Raum zur Anwendung.

Die §§ 152 bis 156 BauGB nehmen Bezug auf eine Neuordnung des Sanierungsgebietes. Für Sanierungsmaßnahmen, die überwiegend eine Umstrukturierung des Gebietes zum Ziel haben, kann i.d.R. von sanierungsbedingten Bodenwertsteigerungen ausgegangen werden. Die Bodenwertsteigerung wird außer durch planungsrechtliche Veränderungen vor allem durch Ordnungsmaßnahmen der Gemeinde bewirkt. Bestehen die Ordnungsmaßnahmen jedoch im Wesentlichen in der Erstellung, Erweiterung und Verbesserung von Erschließungsanlagen im Sinne von § 127 Abs. 2 BauGB, so können zur Deckung der Kosten Erschließungsbeiträge entweder nach § 129 BauGB oder nach dem Kommunalabgabengesetz des Landes erhoben werden. In diesem Fall wird die Finanzierung der städtebaulichen Gesamtmaßnahme nicht erschwert, wenn durch die Erhebung von Ausgleichsbeträgen voraussichtlich keine höheren Einnahmen zu erwarten sind. 393

3.8.3 Ausschluss des sanierungsrechtlichen Genehmigungsvorbehaltes

Die Anwendung des § 142 Abs. 4 Halbsatz 2 BauGB setzt die Anwendung des vereinfachten Sanierungsverfahrens nach § 144 Abs. 4 Halbsatz 1 BauGB voraus. Die Entscheidung über die Anwendung des § 142 Abs. 4 Halbsatz 2 BauGB liegt im Ermessen der Gemeinde. Das Gesetz verlangt hier keine besondere Prüfung der Erforderlichkeit. Trifft sie hierzu keine Regelung in ihrer Sanierungssatzung, so gilt die sanierungsrechtliche Genehmigungspflicht uneingeschränkt auch im vereinfachten Sanierungsverfahren. Allerdings kann die Gemeinde später durch eine Änderung ihrer Sanierungssatzung eine andere Regelung treffen. Der Ausschluss der 394

Städtebauliche Sanierungsmaßnahmen

Anwendung des § 144 Abs. 1 BauGB ist nur in den Fällen vertretbar, in denen die Gemeinde die städtebauliche Entwicklung durch Anwendung einer örtlichen Bauvorschrift im Sinne des Landesbauordnungsrechtes oder einer Erhaltungssatzung im Sinne von § 172 BauGB oder entsprechenden Festsetzungen in einem Bebauungsplan lenken kann. Diese Satzungen haben gegenüber der Sanierungssatzung den Vorteil der unbefristeten Geltungsdauer. Ein Ausschluss der Anwendung der Genehmigungspflicht ist insoweit in den Fällen zweckdienlich, in denen die Gemeinde nicht die Neuordnung des Sanierungsgebietes anstrebt.

3.8.4 Verfahrenswechsel

3.8.4.1 Allgemeines

395 Das BauGB schließt einen Wechsel vom vereinfachten Sanierungsverfahren zum Sanierungsverfahren mit Bodenwertabschöpfung oder umgekehrt nicht aus. Ein Verfahrenswechsel kommt hauptsächlich in Betracht bei Änderungen der Sanierungsziele sowie bei unvorhergesehenen Entwicklungen auf dem Grundstücksmarkt. Der Wechsel ist zu begründen. Der Wechsel wird durch Änderung der Sanierungssatzung vorgenommen. Dies gilt auch für einen Wechsel der Verfahrensart im vereinfachten Sanierungsverfahren. Bei einem Verfahrenswechsel ist darauf zu achten, dass eine sachlich nicht gerechtfertigte Ungleichbehandlung der von der Sanierung betroffenen Grundeigentümer bei der Erhebung von Ausgleichsbeträgen und Erschließungsbeiträgen vermieden wird.

3.8.4.2 Wechsel vom vereinfachten zum herkömmlichen Verfahren

396 Ein Wechsel vom vereinfachten zum Sanierungsverfahren mit Bodenwertabschöpfung, z.B. wegen des unvorhersehbaren Eintretens sanierungsbedingter Bodenwertsteigerungen, erfolgt durch Aufhebung der Bestimmung der Sanierungssatzung, welche die Anwendung der §§ 152 bis 156 BauGB ausschließt. Wertsteigerungen, die während der Durchführung des vereinfachten Sanierungsverfahrens eingetreten sind, können jedoch nicht als sanierungsbedingte Bodenwertsteigerungen i.S. von § 153 Abs. 1 und § 154 Abs. 2 BauGB bewertet werden. Sie sind daher auch nach Änderung der Sanierungssatzung nicht abschöpfbar. Soweit die Gemeinde als Sanierungsziel aus Kostengründen ausschließlich die Durchführung von Baumaßnahmen und die Herstellung und Verbesserung von Erschließungsanlagen vorsieht, weil keine Aussicht besteht, weitere notwendige Ordnungsmaßnahmen innerhalb eines absehbaren Zeitraumes durchführen zu können, vgl. § 149 Abs. 4 Satz 2 BauGB, ist das Gebiet zunächst im vereinfachten Verfahren förmlich festzulegen.

3.8.4.3 Wechsel vom herkömmlichen zum vereinfachten Verfahren

397 Will die Gemeinde vom Sanierungsverfahren mit Bodenwertabschöpfung zum vereinfachten Verfahren übergehen, weil sie die Lage falsch beurteilt hat oder die Durchführung der Sanierung einen bestimmten Stand erreicht hat und die weitere Anwendung des besonderen Bodenrechtes nicht mehr für die weitere Sanierungs-

durchführung erforderlich ist, z.B. weil nur noch Baumaßnahmen durchzuführen sind, kann sie die Sanierungssatzung durch eine Bestimmung ergänzen, in der die Anwendung der §§ 152 bis 156 BauGB ausgeschlossen wird. Im Anschluss an die Änderung der Sanierungssatzung sind die Ausgleichsbeträge entsprechend § 154 Abs. 3 BauGB zu erheben.

3.9 Übertragung von Sanierungsaufgaben auf Dritte

3.9.1 Allgemeines

Die Gemeinde ist für die städtebauliche Sanierungsmaßnahme verantwortlich. *398* Nach § 157 Abs. 1 Satz 1 BauGB kann sich die Gemeinde zur Erfüllung der Aufgaben, die ihr bei der Vorbereitung oder Durchführung der Sanierung obliegen, eines geeigneten Beauftragten bedienen. Das Gesetz geht davon aus, dass es sich bei der städtebaulichen Sanierung um eine besonders schwierige Verwaltungsaufgabe handelt. Ihre Erfüllung verlangt planerische, planungsrechtliche, bautechnische, wirtschaftliche und förderungsrechtliche Kenntnisse. Die mit der Bewältigung der städtebaulichen Sanierung verbundenen Aufgaben überfordern daher i.d.R. die Personalausstattung kleinerer Gemeinden. Die Übertragung von Sanierungsaufgaben auf Dritte, die hier über die notwendigen Erfahrungen verfügen, ist daher sehr zweckmäßig. In der Praxis machen die Gemeinden daher von dieser Möglichkeit weitgehend Gebrauch. Das Gesetz ermächtigt die Gemeinde zur Übertragung auf einen geeigneten Beauftragten. Es schließt aber nicht aus, dass die Gemeinde verschiedene Sanierungsaufgaben auf mehrere geeignete Beauftragte überträgt.

Das Gesetz ermächtigt die Gemeinde zur Übertragung, verpflichtet sie aber nicht *399* dazu. Die Übertragung liegt daher im Ermessen der Gemeinde. Wenn allerdings eine Sanierungsmaßnahme von der Gemeinde nicht i.S. von § 136 Abs. 1 BauGB zügig durchgeführt wird, kann das Erfordernis der Übertragung von Sanierungsaufgaben geboten sein. So kann die Bewilligungsstelle für Finanzhilfen zur Deckung der Sanierungskosten der Gemeindeaufgabe sich eines geeigneten Beauftragten bedienen, wenn sonst der mit der Gewährung der Finanzhilfen verbundene Zweck nicht erreicht wird. Auch nach einer Übertragung dieser Aufgaben bleibt die Gemeinde für ihre Erledigung kommunal und planungsrechtlich verantwortlich. Grundsätzlich dürfen alle gemeindlichen Aufgaben, die der Planung und Durchführung städtebaulicher Sanierungsmaßnahmen dienen, übertragen werden. Ausgenommen ist hingegen die Übertragung hoheitlicher Befugnisse der Gemeinde. Hierzu gehören Entscheidungen über Angelegenheiten, die einen Beschluss der Gemeinde voraussetzen sowie das Verwaltungshandeln der Gemeinde durch Satzung und durch Verwaltungsakt. Nicht ausgeschlossen ist dagegen die Vorbereitung derartiger Handlungen der Gemeinde durch den geeigneten Beauftragten. Soweit das Gesetz hoheitliches Handeln durch die Gemeinde nicht zwingend vorschreibt, ist die Übertragung der Aufgabe zulässig. Das ist danach immer der Fall, wenn anstelle des hoheitlichen Aktes durch Vertrag das Einvernehmen mit dem Betroffenen hergestellt wird. Soweit also statt eines Modernisierungsgebotes der Gemeinde gegen den Eigentümer einer mit Missständen behafteten baulichen Anlage nach § 177 Abs. 3 BauGB der geeignete Beauftragte einen Modernisierungsvertrag mit diesem abschließt, ist dies zulässig. Da der geeignete Beauftragte eine kommunale Aufgabe wahrzunehmen hat, handelt es sich bei der Übertragung um einen öffentlich-rechtlichen Vertrag i.S. von § 54 VwVfG.

3.9.2 Andere Beauftragte

400   Die Überschrift des Vierten Abschnittes des Ersten Teiles des Besonderen Städtebaurechtes lautet: „Sanierungsträger und andere Beauftragte". Das BauGB behält die Übertragung der in § 157 Abs. 1 Satz 2 BauGB genannten Sanierungsaufgaben durch die Gemeinde besonderen Unternehmen, den Sanierungsträgern, vor. Die Übertragung der übrigen Sanierungsaufgaben an andere Beauftragte knüpft das Gesetz hingegen an keine besonderen Voraussetzungen. Andere Beauftragte kommen in der Praxis hauptsächlich bei der Vorbereitung der Sanierung, insbesondere bei der Erarbeitung städtebaulicher Rahmenpläne vor. Es hat sich gezeigt, dass die Unvoreingenommenheit externer Planer hier zu qualifizierten Ergebnissen führen kann. Geeignet sind vor allem Planer, die schon Erfahrungen in Bezug auf die Verwirklichung ihrer Planungsvorstellungen bei anderen Sanierungsaufgaben machen konnten. Im Unterschied zum Personal der Gemeinde hat der geeignete Beauftragte bestimmte Leistungen im Rahmen seines Auftragsverhältnisses selbstständig und eigenverantwortlich zu erbringen. Hierbei muss er sich an die Vorgaben der Gemeinde im Rahmen seines Auftragsverhältnisses halten. Das Vertragsverhältnis zwischen Gemeinde und geeignetem Beauftragten soll grundsätzlich einem Werklieferungsvertrag im Sinne von § 651 BGB entsprechen. Die von dem geeigneten Beauftragten zu erbringenden Leistungen sind möglichst genau zu umschreiben.

3.9.3 Sanierungsträger

3.9.3.1 Vorbehaltene Aufgaben

401   Folgende in § 157 Abs. 1 Satz 2 BauGB genannte Aufgaben darf die Gemeinde nur einem Unternehmen übertragen, dass die Voraussetzungen des § 158 BauGB für die Übernahme der folgenden Aufgaben als Sanierungsträger erfüllt:

– Durchführung städtebaulicher Sanierungsmaßnahmen, d.h. Durchführung der der Gemeinde obliegenden sanierungsbedingten Ordnungs- und Baumaßnahmen,
– Erwerb von Grundstücken oder Rechten an ihnen im Auftrag der Gemeinde zur Vorbereitung oder Durchführung der Sanierung,
– Bewirtschaftung von Mitteln, die der Sanierung dienen, hierunter fallen hauptsächlich die zur Verfügung stehenden Städtebauförderungsmittel. Unter Bewirtschaftung von Mitteln ist hier hauptsächlich die eigenständige Entscheidung über deren Verwendung zu verstehen.

Kennzeichnend für den Sanierungsträger ist, dass er ein breites Spektrum von Sanierungsaufgaben selbstständig durchführt. Der Hauptvorteil der Beauftragung eines Sanierungsträgers besteht darin, dass er bei der Sanierung Erfahrungen nutzen kann, die er bei der Bewältigung dieser Aufgabe in anderen Gemeinden gemacht hat. Die Gemeinde braucht daher insoweit die Fehler anderer Gemeinden nicht zu wiederholen. Auch kann ein in mehreren Gemeinden tätiger Sanierungsträger eher Fachleute beschäftigen, die sich ganz bestimmten Aufgaben widmen, z.B. dem Abschluss von Modernisierungsverträgen oder Fragen des Grundstücksverkehrs. Unter diesem Gesichtspunkt ist die Gründung eines stadteigenen oder die Beauftragung eines nur in einer Stadt tätigen Sanierungsträgers unzweckmäßig.

Bei kleineren Gemeinden ist die Übertragung der in § 157 Abs. 1 Satz 2 BauGB genannten Aufgaben auf einen Sanierungsträger i.d.R. unumgänglich, weil die Gemeindeverwaltung diese Aufgaben nicht oder zumindest nicht allein bewältigen kann. Bei den größeren Städten besteht von Seiten der Verwaltung oftmals eine Abneigung gegen die Übertragung dieser Sanierungsaufgaben, weil das städtische Personal sich dieser interessanten Tätigkeit selbst widmen möchte. Hier kommt ein anderer Gesichtspunkt zum Tragen. Bei der städtebaulichen Sanierung als Verwaltungsaufgabe handelt es sich um eine sogenannte Querschnittsaufgabe, bei der viele sehr unterschiedliche Verwaltungstätigkeiten miteinander verflochten sind. Die Kommunalverwaltungen der großen Städte sind hingegen nach Fachsparten gegliedert. Soweit eine Stadt die städtebauliche Sanierung ohne besondere organisatorische Vorkehrungen selbst durchführen will, fällt diese Aufgabe in die Zuständigkeit vieler Ämter, Abteilungen und Unterabteilungen. Hierdurch entsteht ein großer Koordinationsbedarf. Die Übertragung der Sanierung auf einen Sanierungsträger kann erheblich zur Minderung dieses Koordinationsaufwandes beitragen. *402*

3.9.3.2 Sanierungsunternehmer

Das Gesetz lässt in § 159 Abs. 1 Satz 1 BauGB zwei Formen von Sanierungsträgern zu: den Sanierungstreuhänder und den auf eigene Rechnung tätigen, d.h. den unternehmerisch tätigen Sanierungsträger. Der letztere geht davon aus, dass die Sanierung im Ergebnis für ihn einen Gewinn abwirft. Er trägt deswegen auch anstelle der Gemeinde das wirtschaftliche Risiko der Sanierung. Seine Stellung entspricht in etwa der eines Generalunternehmers. Das Gesetz enthält für ihn zwei Sonderregelungen. Nach § 159 Abs. 1 Satz 2 BauGB darf ihm die Gemeinde die Bewirtschaftung der für die Sanierung zur Verfügung stehenden Mittel nicht übertragen. Dies schließt aber nicht aus, dass er von der Gemeinde als Dritter Mittel für die Vorbereitung und Durchführung der Sanierung empfängt. *403*

Die Erwartung, infolge der Durchführung der Sanierung einen Gewinn zu erzielen, setzt eine Kalkulation der Kosten voraus. Dies ist nur aufgrund einer festgelegten städtebaulichen Planung als Vorgabe der Gemeinde möglich. Die Übertragung von Sanierungsaufgaben für größere Sanierungsgebiete wird nur in Ausnahmefällen zweckmäßig sein, weil hier i.d.R. immer wieder Planungsänderungen erforderlich sind. Soweit in der Praxis für eigene Rechnung tätige Unternehmen Sanie- *404* rungsträger geworden sind, handelt es sich zumeist um gemeindeeigene oder Unternehmen mit mehrheitlicher Gemeindebeteiligung. § 159 BauGB enthält in den Absätzen 6 und 7 Bestimmungen, die ausschließlich für unternehmerisch tätige Sanierungsträger gelten.

3.9.3.3 Sanierungstreuhänder

405 In der Praxis hat sich ganz überwiegend der Sanierungstreuhänder durchgesetzt. Er wird mit einem zu bildenden Treuhandvermögen nach § 160 Abs. 1 Satz 1 BauGB für Rechnung der Gemeinde im eigenen Namen tätig. Nach § 160 Abs. 1 Satz 3 BauGB muss er aber im Regelfall bei der Wahrnehmung der ihm übertragenen Aufgaben beim Verkehr mit Dritten seinem Namen einen das Treuhandverhältnis kennzeichnenden Zusatz hinzufügen. Der Zusatz ist bei einem städtischen Unternehmen entbehrlich, dessen Name bereits auf die Zugehörigkeit zu der Gemeinde hinweist. Die Unterlassung der Hinzufügung dieses Zusatzes führt aber im Einzelfall nicht zur Rechtsunwirksamkeit eines Rechtsgeschäftes. Nach § 160 Abs. 1 Satz 2 BauGB hat die Gemeinde ihrem Sanierungstreuhänder eine Bescheinigung über die Übertragung der Sanierungsaufgabe als Treuhänder zu erteilen. Soweit der Sanierungsträger eindeutig als Treuhänder der Gemeinde handelt, wird er umsatzsteuerrechtlich als Vermittler angesehen. Das bedeutet, die von ihm verwalteten Mittel im Treuhandvermögen werden als durchlaufende Posten i.S. von § 10 Abs. 1 Satz 4 Umsatzsteuergesetz behandelt. Vertraglich vereinbarte Leistungen, die Dritte gegenüber dem Sanierungstreuhänder erbringen, gelten steuerrechtlich als Leistungen an die Gemeinde. Kennzeichnend für ein Treuhandverhältnis ist die Trennung zwischen juristischem und wirtschaftlichem Eigentum. Juristisch ist der Treuhänder Eigentümer, wirtschaftlich aber der Treugeber, d.h. die ihn beauftragende Gemeinde. Der Treuhänder handelt eigenständig aber ausschließlich im Interesse des Treugebers. Die Rechtsgeschäfte des Treuhänders sind gegenüber dem Treugeber wirksam.

406 Typische Aufgaben des treuhänderischen Sanierungsträgers sind im Rahmen der städtebaulichen Sanierung neben der ständigen Beratung der Gemeinde insbesondere:

– die Durchführung der vorbereitenden Untersuchungen (§ 141 Abs. 1 BauGB)
– die Vorbereitung der förmlichen Festlegung des Sanierungsgebietes (§ 142 BauGB)
– die Mitwirkung an der städtebaulichen Planung (§ 140 Nr. 4 BauGB)
– die Erörterung der beabsichtigten Sanierung (§ 140 Nr. 5 BauGB)
– die Erarbeitung und Fortschreibung des Sozialplanes (§§ 140 Nr. 6 und 180 BauGB)
– die Erarbeitung der Kosten- und Finanzierungsübersicht (§ 149 BauGB)
– die Beantragung von Finanzhilfen (§§ 164 a und 164 b BauGB)
– der freihändige Erwerb und die Veräußerung von Grundstücken (§§ 157 Abs. 1 Nr. 2, 159 Abs. 3 und 89 BauGB)
– die Stellung von Enteignungsanträgen (§ 87 Abs. 2 und Abs. 3 BauGB)

- die Durchführung weiterer Ordnungsmaßnahmen (§ 146 BauGB)
- die Vergabe von Bauaufträgen für Vorhaben der Gemeinde (§ 148 Abs. 1 Satz 1 Halbsatz 2 BauGB)
- die Beratung von bauwilligen Eigentümern (§ 148 Abs. 1 Satz 1 Halbsatz 1 BauGB)
- der Abschluss von Modernisierungs- und Instandsetzungsverträgen (§ 164a Abs. 3 Satz 2 BauGB)

3.9.3.4 Prüfung der Voraussetzungen

Die Gemeinde darf die in § 157 Abs. 1 Satz 2 BauGB genannten Sanierungsaufgaben, vgl. oben Rdn. 401, nur einem Unternehmen übertragen, das die Voraussetzungen des § 158 BauGB erfüllt. Wenn die Gemeinde dies nicht beachtet handelt sie rechtswidrig. Die Kommunalaufsicht kann daher einen solchen Sanierungsvertrag beanstanden. Zudem dürfen die Kosten der Tätigkeit des rechtswidrig beauftragten Sanierungsunternehmers nicht mit Städtebauförderungsmitteln gedeckt werden. Da das EAG Bau das frühere Bestätigungsverfahren durch die zuständige Landesbehörde aufgehoben hat, muss die Gemeinde selbst prüfen, ob das Unternehmen welches sie mit der städtebaulichen Sanierung beauftragen will, den Voraussetzungen des § 158 BauGB genügt. Vor allem die Befugnis zur eigenverantwortlichen Bewirtschaftung öffentlicher Mittel rechtfertigt eine eingehende Durchleuchtung der personellen und finanziellen Verhältnisse des Sanierungsträgers. Entsprechende Auskünfte und die Vorlage von einschlägigen Unterlagen kann die Gemeinde von ihrem Sanierungsträger verlangen solange der Sanierungsvertrag besteht.

407

3.9.3.5 Voraussetzungen für die Beauftragung

3.9.3.5.1 Ausschluss von Bauunternehmen

Nach § 158 Abs. 1 Nr. 1 BauGB können Unternehmen nur als Sanierungsträger tätig werden, die nicht selbst als Bauunternehmen tätig oder von einem Bauunternehmen abhängig sind. Bauunternehmen sind gewerbliche Unternehmen, die Baustoffe und Bauelemente herstellen oder vertreiben sowie Unternehmen, die Hoch- oder Tiefbauten ausführen. Zur Tätigkeit eines Bauunternehmens gehört auch die Änderung oder Beseitigung baulicher Anlagen. Ein Abhängigkeitsverhältnis liegt in entsprechender Anwendung des § 17 Abs. 1 Aktiengesetz vor, wenn auf das eine Bestätigung beantragende, rechtlich selbstständige Unternehmen ein Bauunternehmen unmittelbar oder mittelbar einen beherrschenden Einfluss ausüben kann; von einem in Mehrheitsbesitz stehenden Unternehmen wird vermutet, dass es von dem an ihm mit Mehrheit beteiligten Unternehmen abhängig ist. Die Regelung des § 158 Abs. 1 Nr. 1 BauGB dient der Verhinderung des Entstehens besonderer Interessenkonflikte beim Sanierungsträger. Über diesen Fall hinaus kommen Interessenkonflikte des Sanierungsträgers immer dann in Betracht, wenn er im Sanierungsgebiet im eigenen Interesse oder für Rechnung Dritter tätig wird.

408

3.9.3.5.2 Geschäftstätigkeit und wirtschaftliche Verhältnisse

409 Entsprechend § 158 Abs. 1 Nr. 2 BauGB muss das Unternehmen nach seiner Geschäftstätigkeit und seinen wirtschaftlichen Verhältnissen geeignet und in der Lage sein, die Aufgaben eines Sanierungsträgers ordnungsgemäß zu erfüllen. Hierzu gehören insbesondere auch die erforderlichen Kenntnisse über das Sanierungsrecht. Nicht ausgeschlossen wird, dass das Unternehmen zugleich Geschäften anderer Art nachgeht, sofern es sich nicht um ein Bauunternehmen i.S. von § 158 Abs. 1 Nr. 1 BauGB handelt. In der Praxis sind viele Sanierungsträger zugleich Wohnungsbauunternehmen oder Töchter solcher Unternehmen. Es kann sich bei dem zu bestätigenden Unternehmen aber auch um eine Neugründung handeln, welches noch keine Sanierungserfahrungen besitzt. In diesem Fall muss das Unternehmen aber nachweisen, dass es über sachkundiges Personal verfügt. Wohnungswirtschaftliche Kenntnisse sind allein nicht ausreichend, weil es sich bei der städtebaulichen Sanierung um eine weitergehende Aufgabenstellung handelt.

Zur Eignung nach den wirtschaftlichen Verhältnissen zählt auch eine entsprechende Ausstattung mit Eigenkapital. Die Bestätigung eines freischaffenden Architekten oder eines Maklers wird an dieser Forderung i.d.R. scheitern. Die Höhe des erforderlichen Eigenkapitals hängt vom Umfang der übertragenen Sanierungsaufgaben ab. Das Eigenkapital dient hauptsächlich der Risikohaftung gegenüber der Gemeinde. Das antragstellende Unternehmen muss der Gemeinde zugleich seine geschäftliche Tätigkeit und seine Organisationsstruktur offen legen. Dies ist durch Vorlage eines von einem unabhängigen Wirtschaftsprüfer erstellten Prüfberichtes möglich. Des Weiteren kann die Gemeinde die Vorlage von Selbstauskünften der Geschäftsführer verlangen.

3.9.3.5.3 Jährliche Prüfung

410 Aufgrund von § 158 Abs. 1 Nr. 3 BauGB muss sich das antragstellende Unternehmen einer jährlichen Prüfung seiner Geschäftstätigkeit und seiner wirtschaftlichen Verhältnisse unterwerfen. Dies gilt nicht, wenn das Unternehmen bereits kraft Gesetzes einer solchen Prüfung unterliegt oder sich bereits einer derartigen Prüfung freiwillig unterworfen hat. Aus dem Sinn der Regelung ergibt sich, dass sich das Unternehmen auch verpflichten muss, der Gemeinde die jährlichen Prüfberichte jeweils zugänglich zu machen. Zum Zwecke der Klarstellung kann dies im Sanierungsvertrag nieder gelegt werden.

3.9.3.5.4 Zuverlässigkeit der leitenden Personen

411 § 158 Abs. 1 Nr. 4 BauGB setzt voraus, dass die zur Vertretung des Unternehmens berufenen Personen sowie die leitenden Angestellten die erforderliche geschäftliche Zuverlässigkeit besitzen müssen. Vertretungsberechtigte Personen sind Geschäftsführer, Prokuristen und Generalbevollmächtigte. Leitende Angestellte sind Personen, die den zur Vertretung des Unternehmens berechtigten Personen unmittelbar unterstellt sind und die gegenüber anderen Mitarbeitern weisungsberechtigt sind. Eine Person besitzt die erforderliche geschäftliche Zuverlässigkeit, wenn sie im Geschäftsverkehr unbescholten ist. Die Bestätigungsbehörde kann daher von den in Frage kommenden Personen die Vorlage eidesstattlicher Versicherungen in Bezug auf Wechselproteste, Vergleichs- oder Konkursverfahren oder Zwangsmaßnahmen von Gläubigern verlangen. Desgleichen ist das Verlangen nach einer entsprechenden Versicherung über das Nichtvorliegen einschlägiger rechtskräftiger Verurteilungen zulässig. Einschlägig sind hier alle Vermögensdelikte.

3.9.3.6 Grundstücke des Sanierungsträgers

Das Gesetz schließt es nicht aus, dass der Sanierungsträger sich neben seiner städtebaulichen Aufgabenstellung privat als Investor und Bauherr betätigt. Er darf daher auch mit eigenen Mitteln Grundstücke in dem Sanierungsgebiet erwerben. Dies ergibt sich aus § 160 Abs. 5 Satz 1 BauGB. Nach dieser Regelung hat der Sanierungsträger Grundstücke im förmlich festgelegten Sanierungsgebiet, die er mit Mitteln erworben hat, die nicht zum Treuhandvermögen gehörten, auf Verlangen der Gemeinde in das Treuhandvermögen zu überführen. *412*

§ 159 Abs. 3 BauGB regelt ein besonderes Weisungsrecht der Gemeinde gegenüber dem Sanierungsträger. Es gilt für Grundstücke, die der Sanierungsträger als Investor, also nicht als Sanierungsträger zur Vorbereitung und Durchführung der städtebaulichen Sanierung im Auftrage der Gemeinde, aber nach Übertragung dieser Aufgaben, erworben hat. § 159 Abs. 3 Satz 1 BauGB verpflichtet den Sanierungsträger, diese Grundstücke nach Maßgabe des § 89 Abs. 3 und 4 i.V. mit § 153 Abs. 4 BauGB zum Neuordnungswert, vgl. oben Rdn. 344, zu veräußern. Hierbei hat er Weisungen der Gemeinde zu beachten. Diese müssen sich aber an den vorgegebenen Rahmen des § 89 Abs. 3 und 4 BauGB halten. Ist eine Veräußerung nach Maßgabe des § 89 Abs. 3 und 4 BauGB nicht möglich, weil z.B. die vorrangig zu berücksichtigenden Personen i.S. von § 89 Abs. 3 Satz 2 BauGB kein Interesse am Erwerb der Grundstücke haben, kommt § 159 Abs. 3 Satz 2 BauGB zur Anwendung. Der Sanierungsträger muss danach der Gemeinde die nicht veräußerten Grundstücke angeben. Auf Verlangen der Gemeinde hat der Sanierungsträger die Grundstücke an andere Dritte oder an die Gemeinde selbst zu veräußern. § 159 Abs. 3 BauGB stärkt zur Vermeidung von Interessenkonflikten die Gemeinde gegenüber dem Sanierungsunternehmer. Die Vorschrift gilt aber auch für den Sanierungstreuhänder, soweit dieser sich mit eigenen Mitteln außerhalb des Treuhandvermögens oder durch Herausgabe von Austauschland durch Grunderwerb unternehmerisch betätigt. Nach § 160 Abs. 5 Satz 1 BauGB kann die Gemeinde die Überführung dieser Grundstücke in das Treuhandvermögen gegen Ersatz seiner Aufwendungen verlangen. § 160 Abs. 5 Satz 2 BauGB begrenzt den Ersatz dieser Aufwendungen für das in die Treuhandvermögen zu überführenden Grundstücke auf den sanierungsunbeeinflussten Wert nach § 153 Abs. 1 BauGB. *413*

Das Gesetz stellt sicher, dass sanierungsbedingte Werterhöhungen der Grundstücke des Sanierungsträgers im herkömmlichen Sanierungsverfahren der Gemeinde zur Deckung der Sanierungskosten zugute kommen, vgl. § 154 Abs. 1 Satz 1 BauGB. Veräußert der Sanierungsträger aus seinem Eigentum Grundstücke ein- *414* schließlich des Wertes, der der sanierungsbedingten Erhöhung des Bodenwertes i.S. der §§ 154 und 155 BauGB entspricht, so hat er aufgrund von § 159 Abs. 4 Satz 1 BauGB einen Betrag, der diesem Wert entspricht, an die Gemeinde abzuführen oder mit ihr zu verrechnen. Gewährt der Sanierungsträger dem Erwerber des Grundstücks gemäß § 154 Abs. 5 BauGB ein Tilgungsdarlehen in Höhe des durch die Sanierung bedingten Bodenwertes, so wird er durch § 159 Abs. 4 Satz 2 BauGB dazu verpflichtet, auf Verlangen der Gemeinde das Darlehen an sie abzutreten und bereits empfangene Zinsen und Tilgungen an sie abzuführen oder mit ihr zu verrechnen. Bleibt der Sanierungsträger hingegen Eigentümer seiner Grundstücke, so unterliegt er wie andere Eigentümer im herkömmlichen Sanierungsverfahren auch der Ausgleichsbetragspflicht nach den §§ 154 und 155 BauGB. Hierauf weist § 159 Abs. 5 BauGB ausdrücklich hin.

3.9.3.7 Auskunftspflicht des Sanierungsträgers

415 Auch nach Übertragung der Sanierungsaufgabe auf ein bestätigtes Sanierungsunternehmen bleibt die Gemeinde für die Vorbereitung und Durchführung der städtebaulichen Sanierung verantwortlich. Nach § 159 Abs. 1 Satz 3 BauGB hat daher der Sanierungsträger der Gemeinde auf Verlangen Auskunft zu geben. Die Auskunftsverpflichtung gilt für alle mit der Vorbereitung und Durchführung der städtebaulichen Sanierung zusammenhängenden Fragen, nicht jedoch für eindeutig innerbetriebliche Angelegenheiten. Im gleichen Rahmen gilt das Weisungsrecht der Gemeinde gegenüber dem Sanierungsträger, das in § 159 Abs. 2 Satz 1 BauGB vorausgesetzt wird. Rechtsgeschäfte, die der Sanierungsträger unter Missachtung einer gemeindlichen Weisung abschließt, sind aber grundsätzlich wirksam. Eine Ausnahme hiervon kommt in Fällen in Betracht, in denen der Dritte von der dem Rechtsgeschäft entgegenstehenden Weisung eine eindeutige Kenntnis hatte.

3.9.3.8 Sanierungsvertrag

3.9.3.8.1 Form

416 Die Gemeinde überträgt Sanierungsaufgaben, wie sie in § 157 Abs. 1 Satz 2 BauGB genannt werden, einem bestätigten Sanierungsträger durch Abschluss eines Vertrages. Dieser Vertrag muss den in § 159 Abs. 2 Satz 1 BauGB umschriebenen Mindestinhalt haben. Das Gesetz verlangt zugleich, dass der Vertrag insoweit schriftlich festgehalten wird. § 126 Bürgerliches Gesetzbuch regelt hierfür die Einzelheiten. Aufgrund weiterer Überlegungen bedarf jedoch der Sanierungsvertrag über seinen Mindestinhalt hinaus für den ganzen Vertragsinhalt der Schriftform. Der Sanierungsvertrag unterliegt zumeist nach den Gemeindeordnungen der Länder der kommunalaufsichtlichen Genehmigung und bedarf daher der vorherigen Prüfung. Des Weiteren wird der Sanierungsvertrag entsprechend dem Kommunalrecht der Länder der Zustimmung von seiten der Gemeindevertretung bedürfen, weil hier wichtige kommunale Verwaltungsaufgaben mehrjährig auf einen Dritten übertragen werden. Aufgrund von § 159 Abs. 2 Satz 2 BauGB bedarf der Sanierungsvertrag nicht der notariellen Beurkundung i.S. von § 311b Abs. 1 BGB.

3.9.3.8.2 Mindestinhalt

§ 159 Abs. 2 Satz 1 BauGB gibt den Partnern fünf Themen vor, die sie in dem Sanierungsvertrag mindestens regeln müssen. (1.) Danach muss der Vertrag eine Bestimmung über die vom Sanierungsträger zu übernehmenden Aufgaben enthalten. Zu regeln ist, welche der in § 157 Abs. 1 Satz 2 BauGB genannten Aufgaben oder Teile dieser Aufgaben dem Sanierungsträger übertragen werden. Zur Vermeidung von Doppelarbeit müssen die übertragenen Aufgaben möglichst eindeutig umschrieben werden. Wenn hierbei eine räumliche Begrenzung des Tätigkeitsbereiches vorgenommen werden soll, dann empfiehlt es sich, auf das Untersuchungsgebiet zurückzugreifen. Die Bezugnahme auf das förmlich festgelegte Sanierungsgebiet würde hingegen bei jeder Gebietserweiterung eine Ergänzung des Sanierungsvertrages erforderlich machen. (2.) Das Gesetz verlangt ferner die Regelung der Rechtsstellung des Sanierungsträgers, d. h. der Vertrag muss bestimmen, ob der Sanierungsträger die ihm übertragenen Aufgaben als Sanierungstreuhänder oder als Sanierungsunternehmer erfüllen soll.

417

(3.) Im Sanierungsvertrag ist weiter die von der Gemeinde an den Sanierungsträger zu entrichtende angemessene Vergütung zu regeln. Bei der Vergütung treuhänderischer Sanierungsträger hat sich in der Praxis eine Vergütung nach Stunden- oder Tagessätzen durchgesetzt. Zur Kostenersparnis ist es zweckmäßig, durch diese Form der Vergütung anfallende sachliche Kosten des Sanierungsträgers mitabzudecken. Eine Ausschreibung der Sanierungsübertragung scheidet aus, soweit die Gemeinde nicht über mehrere Jahre hinweg die erforderlichen Einzelmaßnahmen festlegen und der Sanierungsträger seine Kosten nicht kalkulieren kann. (4.) Im Sanierungsvertrag ist ferner zu regeln, wer für die Gemeinde die Weisungsbefugnis gegenüber dem Sanierungsträger wahrzunehmen hat. In Betracht kommen Bürgermeister oder Stadtbaurat. Es ist sachdienlich, wenn nur ein Vertreter der Gemeinde weisungsbefugt ist. Das Weisungsrecht der Gemeinde ist einerseits unabdingbar, andererseits enthebt das Weisungsrecht den Sanierungsträger nicht gänzlich der eigenen Verantwortung. Rechtswidrige Weisungen darf der Sanierungsträger in keinem Falle befolgen. Die ordnungsgemäße Bewirtschaftung der Mittel, die der Sanierung dienen schließt auch die Befolgung von eindeutig sachwidrig motivierten Weisungen, wie z.B. Weisung, eine bestimmte Firma bei der Auftragsvergabe zu bevorzugen, aus. Die Weisungsbefugnis der Gemeinde erstreckt sich auch nicht auf innerbetriebliche Angelegenheiten des Sanierungsträgers. Da die Weisungsbefugnis nur das Innenverhältnis zwischen Gemeinde und Sanierungsträger berührt, sind ohne Beachtung von Weisungen abgeschlossene Rechtsgeschäfte des Sanierungsträgers mit Dritten rechtswirksam.

418

3.9.3.8.3 Weiterer Inhalt

Das Gesetz lässt den Partnern des Sanierungsvertrages genügend Raum für die Regelung weiterer Fragen durch den Sanierungsvertrag. Irreführend ist es jedoch, in den Vertrag Klauseln hineinzunehmen, die scheinbar regeln, was das Gesetz selbst schon unmittelbar bestimmt. In den Vertrag sollte hingegen eine Regelung

419

aufgenommen werden, die festlegt, welchem Vertreter der Gemeinde gegenüber der Sanierungsträger nach § 159 Abs. 1 Satz 3 BauGB zur Auskunft verpflichtet ist. In den Vertrag kann auch eine Verpflichtung des Sanierungsträgers zur regelmäßigen Vorlage eines Berichtes über den Stand der Sanierung aufgenommen werden. Zur Vermeidung von Interessenkonflikten des treuhänderischen Sanierungsträgers ist dessen vertragliche Verpflichtung, in der Gemeinde nur mit deren Zustimmung für Rechnung Dritter tätig zu werden, sehr zweckmäßig.

420 In der Praxis besteht die Neigung, das Zusammenwirken der Vertragspartner in vielen Einzelheiten zu regeln. Hierbei ist aber zu berücksichtigen, dass durch derartige Klauseln eine vertrauensvolle Zusammenarbeit nicht erzwungen werden kann. Dem Wesen eines treuhänderischen Rechtsverhältnisses widerspricht es, wenn der Treugeber, hier die Gemeinde, die Entscheidungsbefugnis des Treuhänders durch die Vereinbarung von Zustimmungsvorbehalten im Innenverhältnis, z.B. beim Grunderwerb oder bei der Erteilung von Aufträgen, einschränkt. Der treuhänderische Sanierungsträger muss in die Lage versetzt werden, seine Leistungen entsprechend den planerischen Vorgaben der Gemeinde möglichst selbstständig zu erbringen. Die städtebauliche Planung der Gemeinde, die auch einen Durchführungs- oder Maßnahmenplan umfassen kann, ist das geeignete Instrument für die Steuerung des Sanierungstreuhänders. Dessen Aufgabe besteht darin, diesen Plan möglichst zweckmäßig und wirtschaftlich in eigener Verantwortung durchzuführen.

3.9.3.8.4 Kündigung

421 Aufgrund von § 159 Abs. 2 Satz 3 BauGB darf der Sanierungsvertrag von jeder Seite nur aus wichtigem Grund gekündigt werden. Diese Bestimmung ist unabdingbar, d.h. sie kann durch den Sanierungsvertrag weder aufgehoben, noch verändert werden. Entgegenstehende vertragliche Bestimmungen sind rechtsunwirksam. Dies gilt auch für die Vereinbarung eines fristgemäßen Kündigungsrechtes oder den Abschluss eines befristeten Vertrages mit der Möglichkeit der Verlängerung. Der Sanierungsvertrag endet grundsätzlich erst mit seiner Erfüllung, d.h. dem Abschluss der städtebaulichen Sanierung. Abschluss der städtebaulichen Sanierung ist hier nicht streng i.S. der Beendigung der Sanierung durch Aufhebung der Sanierungssatzung nach § 162 BauGB zu verstehen. Auch nach diesem Zeitpunkt fallen i.d.R. noch Aufgaben, die vom Sanierungsträger durchzuführen sind. Hierzu gehört insbesondere die Abwicklung des Treuhandvermögens und die Abrechnung der Städtebauförderungsmittel gegenüber der hierfür zuständigen Stelle des Landes. Einer einvernehmlichen Auflösung des Sanierungsvertrages steht das Gesetz hingegen nicht im Wege.

422 Das Gesetz geht von einer langjährigen Partnerschaft zwischen Gemeinde und Sanierungsträger aus. Die Regelung stößt oftmals auf Ablehnung bei den betroffenen Gemeinden, die keine längerfristige Bindung mit einem privaten Unternehmen eingehen wollen. Auf der anderen Seite besteht aber ein solches Bindungsbedürfnis, weil der Sanierungsträger qualifiziertes Personal vorhalten muss. Im Interesse der Herbeiführung einer Rechtsklarheit nehmen die Vertragspartner oftmals in

den Sanierungsvertrag Klauseln auf, die bestimmen sollen, was als wichtiger Kündigungsgrund i.S. von § 159 Abs. 2 Satz 3 BauGB gelten soll. Es wird jedoch anzunehmen sein, dass die Verwaltungsgerichte sich im Konfliktfall nicht hieran gebunden sehen. Das Gesetz räumt den Vertragspartnern hier keinen Raum zur Rechtsgestaltung ein. Lediglich eine Kündigungsfrist bei Vorliegen eines wichtigen Kündigungsgrundes kann im Sanierungsvertrag vereinbart werden.

Ein wichtiger Grund i.S. von § 159 Abs. 2 Satz 3 BauGB ist auf der einen Seite die Aufgabe der Sanierungsabsicht durch die Gemeinde und auf der anderen Seite das Entfallen der Voraussetzungen des § 158 BauGB oder die allgemeine Einstellung der Sanierungstätigkeit durch den Sanierungsträger. Als wichtiger Grund kommt ein Verhalten des Vertragspartners in Frage, welches es dem anderen Vertragspartner unzumutbar macht, das Vertragsverhältnis fortzusetzen, weil das erforderliche Vertrauensverhältnis gestört ist. Vertragsverletzungen kommen hingegen als Kündigungsgrund nur in Frage, wenn sie den Ablauf der städtebaulichen Sanierung gefährden und wenn sie vorher von dem Vertragspartner abgemahnt worden sind. Meinungsverschiedenheiten über die Vorbereitung und Durchführung der Sanierung zwischen Gemeinde und Sanierungsträger bieten keinen wichtigen Grund i.S. der Vorschrift. Sie können durch das Weisungsrecht der Gemeinde geklärt werden. Hierbei ist zu beachten, dass der Sanierungsträger nur rechtmäßige Weisungen befolgen muss. Unbeachtlich ist z.B. die Weisung, eine bestimmte Fördervorschrift des Landes nicht zu beachten. Die Befolgung einer solchen Weisung könnte zum Widerruf der Bestätigung als Sanierungsträger nach § 158 Abs. 1 Nr. 2 und Abs. 2 BauGB durch die zuständige Landesbehörde führen. Dies wiederum wäre in jedem Falle ein wichtiger Grund für eine Kündigung.

3.9.3.9 Treuhandvermögen

3.9.3.9.1 Wesen

§ 160 BauGB enthält einige wichtige Bestimmungen über das Treuhandvermögen. Die wichtigste Regelung ist in § 160 Abs. 2 BauGB enthalten. Danach hat der Sanierungsträger das Treuhandvermögen von anderen Vermögen getrennt zu verwalten. § 160 Abs. 5 BauGB enthält eine besondere Regelung für Grundstücke des Sanierungsträgers im Sanierungsgebiet, die nicht zum Treuhandvermögen gehören. Das Treuhandvermögen ist ein wirtschaftliches Sondervermögen der Gemeinde, welches ausschließlich der Deckung der Sanierungskosten dient, und daher niemals für andere Zwecke verwendet werden darf. Juristisch, d.h. nach außen, ist jedoch der Sanierungsträger Eigentümer dieses Vermögens. Es unterliegt daher nicht den Vorschriften des Kommunalrechtes und insbesondere nicht denen des kommunalen Haushaltsrechtes. Hingegen sind die Mittel, die die Gemeinde dem Treuhandvermögen zur Verfügung stellt, im Haushaltsplan der Gemeinde im Unterabschnitt 615 zu veranschlagen. Die Aufsplitterung der Mittel im Haushalt der Gemeinde würde dem Prinzip der Gesamtmaßnahme widersprechen und die Durchführung der Sanierung wesentlich erschweren.

3.9.3.9.2 Mittel

425 § 160 Abs. 3 BauGB umschreibt, was alles zum Treuhandvermögen gehört. Nach Satz 1 zählen dazu die Mittel, die die Gemeinde dem Sanierungsträger zur Erfüllung seiner Aufgaben zur Verfügung stellt. Hier sind an erster Stelle die Städtebauförderungsmittel zu nennen. Bewilligte Bundes- und Landesfinanzhilfen können unmittelbar auf das Treuhandkonto überwiesen werden. Die Bewilligung kann mit der Bedingung verknüpft werden, dem Treuhandvermögen auch die im Sanierungsgebiet gelegenen privat nutzbaren Grundstücke der Gemeinde als Mittel i.S. von § 160 Abs. 3 Satz 1 BauGB zur Verfügung zu stellen. Zu den Mitteln gehören aber auch sanierungsbedingte Einnahmen der Gemeinde, wie die Ausgleichsbeträge nach §§ 154 und 155 BauGB, sofern die Sanierung nicht gemäß § 142 Abs. 4 BauGB im vereinfachten Verfahren durchgeführt wird, sowie Erschließungsbeiträge für den sanierungsbedingten Bau oder Ausbau von Erschließungsanlagen im Sanierungsgebiet. § 160 Abs. 3 Satz 2 BauGB regelt den wichtigen Grundsatz der dinglichen Surrogation. Danach gehört zum Treuhandvermögen auch alles, was der Sanierungsträger mit Mitteln des Treuhandvermögens erwirbt. Das gleiche gilt auch für alles, was der Sanierungsträger durch ein Rechtsgeschäft, das sich auf das Treuhandvermögen bezieht, oder aufgrund eines zum Treuhandvermögen gehörenden Rechts oder als Ersatz für die Zerstörung, Beschädigung oder Entziehung eines zum Treuhandvermögen gehörenden Gegenstandes erwirbt. Soweit der Sanierungsträger Treuhandmittel bei der Vergabe von Bauleistungen an Dritte umsetzt hat er nach § 57 a Haushaltsgrundsätzegesetz i. V. mit § 2 Abs. 1 Satz 1 Vergabeverordnung Teil A der Verdingungsordnung (VOB/A) anzuwenden. Öffentliche Bauanträge mit einer Gegenwertsumme von über 5 Mio. Ecu sind europaweit auszuschreiben.

3.9.3.9.3 Haftung

426 Als wirtschaftliche Eigentümerin des Treuhandvermögens haftet die Gemeinde nach § 160 Abs. 4 Satz 1 BauGB gegenüber Dritten für Verbindlichkeiten des Treuhandvermögens. Im Ergebnis hat die Gemeinde hier die rechtliche Stellung eines Bürgen. Die Gemeinde muss daher ein Interesse daran haben, laufend über den Stand des Treuhandvermögens unterrichtet zu werden. Der Sanierungstreuhänder darf aber aufgrund von § 160 Abs. 4 Satz 2 BauGB Darlehen bei Dritten zu Lasten des Treuhandvermögens und damit zu Lasten der Gemeinde nur mit deren schriftlicher Zustimmung aufnehmen. Diese Zustimmung unterliegt wegen der Gewährleistung der Gemeinde aus § 160 Abs. 4 Satz 1 BauGB entsprechend landesgesetzlicher Regelung der kommunalaufsichtlichen Genehmigung. Aufgrund von § 160 Abs. 4 Satz 3 BauGB gilt die Regelung über die Darlehensaufnahme auch für die Einbringung von eigenen Mitteln des Sanierungsträgers in das Treuhandvermögen, also Darlehen des Treuhandvermögens beim Sanierungsträger.

§ 161 Abs. 1 BauGB stellt klar, dass der Sanierungstreuhänder mit dem Treuhandvermögen gegenüber Dritten nicht für Verbindlichkeiten haftet, die sich nicht auf dieses Vermögen beziehen. Nach § 160 Abs. 4 Satz 1 Halbsatz 2 BauGB haftet

Abgaben- und Auslagenbefreiung

der Sanierungstreuhänder mit dem Treuhandvermögen ausschließlich für Verbindlichkeiten, die infolge seiner Tätigkeit als Sanierungsträger entstanden sind. § 161 Abs. 2 BauGB enthält eine besondere Regelung, die das Treuhandvermögen vor einer unberechtigten Zwangsvollstreckung schützt. § 161 Abs. 3 BauGB sichert das Treuhandvermögen bei einem Konkurs des Sanierungsträgers.

3.9.3.9.4 Auflösung

§ 160 Abs. 7 BauGB regelt, wie bei der Auflösung des Treuhandvermögens hinsichtlich der vom Sanierungsträger in das Treuhandvermögen überführten Grundstücke zu verfahren ist. Aufgrund von § 160 Abs. 6 Satz 1 BauGB ist der Sanierungstreuhänder verpflichtet, der Gemeinde nach Beendigung seiner Tätigkeit Rechenschaft abzulegen. Das Treuhandvermögen einschließlich der zugehörigen Grundstücke ist nach § 160 Abs. 6 Satz 2 BauGB auf die Gemeinde juristisch zu übertragen. Von diesem Zeitpunkt an entfällt gemäß § 160 Abs. 6 Satz 3 BauGB die Haftung des Sanierungsträgers für Verbindlichkeiten des ehemaligen Treuhandvermögens. Nunmehr haftet die Gemeinde für diese Verbindlichkeiten allein. 427

3.9.3.9.5 Grunderwerbssteuerpflicht

Steuerrechtliche Überlegungen sprechen gegen eine Überführung von Grundstücken der Gemeinde in das Treuhandvermögen als Mittel für die Erfüllung der Sanierungsaufgabe i.S. von § 160 Abs. 3 Satz 1 BauGB. Nach Auffassung der Finanzbehörden ist die unentgeltliche Übertragung von Grundstücken in das Treuhandvermögen des Sanierungsträgers nach § 1 Abs. 1 Grunderwerbssteuergesetz steuerpflichtig. Das gleiche gilt auch für die Übertragung von Grundstücken auf die Gemeinde nach Beendigung der Tätigkeit des Sanierungstreuhänders gemäß § 160 Abs. 6 Satz 2 BauGB. Erwirbt hingegen der Sanierungstreuhänder ein Grundstück von einem Dritten, sind nach Auffassung des Bundesfinanzhofes (BFH BStBl 1989 II S. 157) sowohl der Treuhänder als auch die Gemeinde zur Zahlung der Grunderwerbssteuer heranzuziehen, da diese als wirtschaftliche Eigentümerin des Treuhandvermögens jederzeit über das Grundstück verfügen könne. In der Praxis werden daher aufgrund besonderer vertraglicher Regelungen die der städtebaulichen Sanierung dienenden Grundstücke nur wirtschaftlich aber nicht juristisch dem Treuhandvermögen zugeordnet. Der Sanierungstreuhänder erhält hierfür von der Gemeinde eine Generalvollmacht für den Erwerb, die Bewirtschaftung und Veräußerung von Grundstücken im Sanierungsgebiet. Der Erwerb von Grundstücken wird aus dem Treuhandvermögen finanziert. Erträge aus der Bewirtschaftung und der Veräußerung dieser Grundstücke fließen entsprechend der vertraglichen Regelung dem Treuhandvermögen zu. 428

3.10 Abgaben- und Auslagenbefreiung

3.10.1 Zweck

§ 151 BauGB begünstigt eine Reihe von Geschäften, Verhandlungen und Grunderwerbsvorgängen, die der Vorbereitung und Durchführung städtebaulicher Sanie- 429 rungsmaßnahmen dienen, durch Gewährung der Befreiung von Gebühren und ähnlichen nichtsteuerlichen Abgaben sowie von Auslagen. Die Regelung hat den Zweck, die Sanierungsmaßnahmen finanziell zu entlasten und die Mitwirkungsbereitschaft der betroffenen Eigentümer zu fördern. Der Katalog der Befreiungstatbestände in § 151 Abs. 1 und Abs. 3 BauGB ist abschließend.

3.10.2 Abgaben und Auslagen

430 Das Gesetz bezieht sich in § 151 Abs. 1 BauGB neben Auslagen auf Gebühren und ähnliche nicht-steuerliche Abgaben. Infolge dieser Beschränkung auf nicht steuerliche Abgaben gilt die Befreiung nicht für die Erhebung der Grunderwerbssteuer bei sanierungsbedingten Grundstücksübertragungen. Gebühren sind Geldleistungen für die besondere Inanspruchnahme von Verwaltungsleistungen, z.B. Verwaltungsgebühren, für die Vornahme bestimmter Amtshandlungen, wie die Erteilung einer Genehmigung oder z.B. Benutzungsgebühren als Entgelte für die Benutzung einer öffentlichen Einrichtung wie den Bezug von Gas, Wasser oder Elektrizität. Die Verwaltungs- und Benutzungsgebühren dienen der Deckung des mit den Verwaltungsleistungen verbundenen besonderen Aufwandes. Hierdurch unterscheiden sie sich von der Steuer, die nicht zur Deckung bestimmter Kosten erhoben wird.

431 Den Gebühren ähnliche nichtsteuerliche Abgaben i.S. von § 151 Abs. 1 BauGB sind Beiträge. Hierunter sind ebenfalls Geldleistungen für die Deckung des Aufwandes besonderer Verwaltungsleistungen zu verstehen. Der Unterschied zu den Gebühren besteht darin, dass die Pflichtigen die Beiträge auch dann zu entrichten haben, wenn sie die mit den besonderen Verwaltungsleistungen verbundenen Vorteile überhaupt nicht in Anspruch nehmen. So sind Erschließungsbeiträge i.S. der §§ 127ff. BauGB auch dann zu bezahlen, wenn die entsprechenden Grundstücke nicht bebaut sind und die vorhandene Erschließung daher von den betroffenen Grundeigentümern nicht genutzt wird. Auslagen i.S. von § 151 Abs. 1 BauGB sind Aufwendungen einer Behörde, die ihr durch Zahlungen an Dritte für kostenpflichtige Amtshandlungen entstehen. Zur Vereinfachung kann die Behörde Auslagen in eine von ihr zu erhebende Gebühr einbeziehen.

Die Befreiung des § 151 Abs. 1 BauGB gilt nach § 151 Abs. 2 Satz 2 BauGB nicht für entsprechende Regelungen durch landesrechtliche Vorschriften, sie bezieht sich also nur auf bundesrechtliche Regelungen. Maßgebend ist jeweils die materielle Grundlage für den Gebührentatbestand. Desgleichen bestimmt § 151 Abs. 2 Satz 1 BauGB, dass die Befreiung nicht für die Kosten eines Rechtsstreites gilt. Ebenfalls von der Abgabenfreiheit ausgeschlossen sind Notariatsgebühren.

3.10.3 Geschäfte und Verhandlungen

432 § 151 Abs. 1 BauGB bezieht sich auf Geschäfte und Verhandlungen. Beide Begriffe sind hier im umfassenden Sinne zu verstehen. Gemeint sind nicht nur Rechtsgeschäfte, sondern auch tatsächliche Handlungen der Gemeinde, die im Einzelfall

Abgaben- und Auslagenbefreiung

eine Abgabenpflicht begründen können, wie z.B. Erörterungen und Beratungen entsprechend §§ 137 bis 139 BauGB. In der Praxis bedeutsam ist die Befreiung für Geschäfte und Verhandlungen, die der Übereignung oder Belastung von Grundstücken dienen.

3.10.4 Befreiungstatbestände

3.10.4.1 Vorbereitung und Durchführung städtebaulicher Sanierungsmaßnahmen

Die Abgaben- und Auslagenbefreiung gilt nach § 151 Abs. 1 Nr. 1 BauGB für alle Geschäfte und Verhandlungen zur Vorbereitung und Durchführung städtebaulicher Sanierungsmaßnahmen. Maßgebend ist der ursächliche Zusammenhang zwischen den Geschäften und Verhandlungen einerseits und der Vorbereitung und Durchführung der städtebaulichen Sanierungsmaßnahme andererseits. Es handelt sich um eine Generalklausel, die durch die besonderen Befreiungstatbestände in § 151 Abs. 1 Nr. 1 (Erwerbsvorgänge) und Nr. 2 (Gründung oder Auflösung von Sanierungsunternehmen) ergänzt wird. Die §§ 140 und 146 bis 148 BauGB bestimmen, welche Maßnahmen zur Vorbereitung und Durchführung der Sanierung gehören. Die Auslagen- und Abgabenbefreiung gilt grundsätzlich während der Dauer des Sanierungsverfahrens vom Einleitungsbeschluss nach § 141 Abs. 3 BauGB bis zum Abschluss der städtebaulichen Sanierung nach § 162 oder § 163 BauGB. Bereits vor dem Einleitungsbeschluss stattfindende Geschäfte und Verhandlungen können abgaben- und auslagenfrei sein, wenn die Einleitung eines Sanierungsverfahrens zu erwarten ist. Des Weiteren gilt die Befreiung auch noch nach Abschluss der Sanierungsmaßnahmen für solche Geschäfte und Verhandlungen, die für deren Abwicklung erforderlich sind. Abgaben- und auslagenfrei sind danach z.B.

433

- Genehmigungen und Versagungen nach § 145 BauGB,
- Ausgleichsbetragsbescheide (§ 154 Abs. 4 BauGB),
- Bescheide über den Sanierungsabschluss für einzelne Grundstücke (§ 163 BauGB),
- Treuhänderbescheinigungen für Sanierungsträger (§ 169 Abs. 1 BauGB),
- Eintragung oder Löschung des Sanierungsvermerkes (§§ 163 Abs. 4, 162 Abs. 3 und 164 Abs. 3 Satz 2 BauGB).

3.10.4.2 Gründung oder Auflösung von Sanierungsunternehmen

§ 151 Abs. 1 Nr. 3 BauGB befreit Geschäfte und Verhandlungen, die der Gründung oder Auflösung eines Sanierungsunternehmens dienen, von Abgaben und Auslagen. Voraussetzung ist aber, dass der Geschäftszweck des Unternehmens ausschließlich darauf ausgerichtet ist, als Sanierungsträger tätig zu werden. Hierbei kann es sich sowohl um einen treuhänderischen als auch um einen unternehmerischen Sanierungsträger handeln.

434

3.10.4.3 Durchführung von Erwerbsvorgängen

435 Aufgrund von § 151 Abs. 1 Nr. 2 BauGB sind Geschäfte und Verhandlungen zur Durchführung von Erwerbsvorgängen von Abgaben und Auslagen befreit. § 151 Abs. 3 Nr. 1 bis 4 BauGB bestimmt, welche Erwerbsvorgänge unter diese Regelung fallen. § 151 Abs. 3 Nr. 1 Satz 1 BauGB bezieht sich auf den Erwerb eines Grundstücks durch eine Gemeinde, einen nach § 157 BauGB bestätigten Sanierungsträger oder einen Planungsverband i.S. von § 205 BauGB zur Vorbereitung oder Durchführung der Sanierung i.S. von § 140 und § 146 BauGB. Der Grunderwerb muss aber nicht zur Durchführung bestimmter Ordnungs- oder Baumaßnahmen vorgenommen werden. Das Gesetz verlangt nicht, dass bereits ein Beschluss über die Einleitung vorbereitender Untersuchungen vorliegt. Soweit bereits ein Sanierungsgebiet von der Gemeinde förmlich festgelegt worden ist, gelten die Befreiungen auch für den Grunderwerb zum Zwecke der Herstellung von Erschließungsanlagen sowie der Errichtung von Ersatzbauten, Ersatzanlagen und sanierungsbedingter Gemeinbedarfs- und Folgeeinrichtungen i.S. von § 147 Abs. 1 Satz 2 und § 148 Abs. 1 Satz 2 BauGB außerhalb dieses Sanierungsgebietes.

436 Laut § 151 Abs. 3 Nr. 1 Satz 2 BauGB gehört auch der Erwerb eines Grundstücks zur Verwendung als Austausch- oder Ersatzland zur Vorbereitung und Durchführung von städtebaulichen Sanierungsmaßnahmen i.S. von § 151 Abs. 3 Nr. 1 Satz 1 BauGB. Derartiger Grunderwerb wird in der Praxis häufig bei der Verlagerung von Betrieben durchgeführt. Bei dem Erwerb eines Grundstückes zur Verwendung als Austausch- oder Ersatzland im Rahmen einer städtebaulichen Sanierungsmaßnahme kann es sich auch um ein Grundstück außerhalb des Untersuchungs- oder Sanierungsgebietes handeln. Maßgebend ist der unmittelbare Zusammenhang mit der Vorbereitung und Durchführung der städtebaulichen Sanierungsmaßnahme. § 151 Abs. 3 Nr. 2 Satz 1 BauGB führt zur Abgaben- und Auslagenbefreiung beim Erwerb eines Grundstücks durch eine Person, die ein Grundstück zur Vorbereitung oder Durchführung von städtebaulichen Sanierungsmaßnahmen oder zur Verwendung als Austausch- oder Ersatzland übereignet oder verloren hat. Durch diese Regelung soll dem Betroffenen der Ersatzerwerb erleichtert werden. § 151 Abs. 3 Nr. 2 Satz 2 BauGB schränkt die Befreiung zeitlich ein. Sie gilt für den Ersatzerwerb in dem förmlich festgelegten Sanierungsgebiet, in dem das übereignete oder verlorene Grundstück liegt, nur bis zum Abschluss der städtebaulichen Sanierungsmaßnahme nach §§ 162, 163 BauGB. Für Ersatzerwerb in anderen Fällen gilt die Abgaben- und Auslagenbefreiung innerhalb einer Frist von zehn Jahren, gerechnet von dem Zeitpunkt ab, in dem das Grundstück des Erwerbers übereignet oder verloren wurde. Aufgrund von § 151 Abs. 3 Nr. 3 BauGB gehört auch der Tausch von Grundstücken im förmlich festgelegten Sanierungsgebiet zur Durchführung eines Erwerbsvorganges i.S. von § 151 Abs. 1 Nr. 2 BauGB. Die Bestimmung dient der Bodenordnung i.S. von § 147 Abs. 1 Nr. 1 BauGB.

437 Zu den begünstigten Erwerbsvorgängen gehört nach § 151 Abs. 3 Nr. 4 BauGB auch der Erwerb eines Grundstückes, der durch die Begründung, das Bestehen oder die Auflösung eines Treuhandverhältnisses i.S. der §§ 160, 161 BauGB bedingt ist.

Abgaben- und Auslagenbefreiung

Nach dem Zweck der Vorschrift sollen der Gemeinde durch die Beauftragung eines treuhänderischen Sanierungsträgers keine Belastungen durch Gebühren, nichtsteuerliche Abgaben und Auslagen entstehen. Infolge der Erhebung der Grunderwerbssteuer für diese Erwerbsvorgänge, sowohl bei der Gemeinde als auch bei ihrem treuhänderischen Sanierungsträger, wird aber der Sinn der Regelung im Ergebnis wieder in Frage gestellt, vgl. Rnr. 391.

4. Städtebauliche Entwicklungsmaßnahmen

4.1 Gegenstand und Ziele

4.1.1 Allgemeines

Städtebauliche Entwicklungsmaßnahmen sind gebietsbezogene Gesamtmaßnah-   *438*
men, deren einheitliche Vorbereitung und zügige Durchführung im öffentlichen Interesse liegt, vgl. § 165 Abs. 1 und § 171 Abs. 2 i. V. mit § 149 Abs. 3 BauGB. Eine städtebauliche Entwicklungsmaßnahme setzt einen besonderen städtebaulichen Handlungsbedarf voraus, der ein planmäßiges und aufeinander abgestimmtes Vorgehen erfordert, welches wegen seiner Art, seines Umfanges und seiner zeitlichen Erfordernisse mit den Vorschriften des Allgemeinen Städtebaurechtes allein nicht durchführbar ist, vgl. BVerwG 3.7.1998 E 107, 213. Hierzu bedarf es einer flächendeckenden und zeitlich geschlossenen Planungskonzept für ein genau umgrenztes Gebiet, vgl. BVerwG a.a.O. Städtebauliche Entwicklungs- und Sanierungsmaßnahmen unterscheiden sich sowohl in der vom Gesetz vorgegebenen städtebaulichen Zielsetzung als auch durch z. T. voneinander abweichende rechtliche Regelungen. Das städtebauliche Entwicklungsrecht enthält in den §§ 165 bis 171 BauGB zahlreiche eigenständige Regelungen, insbesondere über die städtebaulichen Entwicklungsziele, die Voraussetzungen für die Festlegung eines Entwicklungsbereiches und das hierbei anzuwendende Verfahren sowie die Entwicklungsaufgabe der Gemeinde, den Erwerb und die Wiederveräußerung von Grundstücken und die Finanzierung der städtebaulichen Entwicklung. Bei einigen Regelungen des Entwicklungsrechtes handelt es sich aber nur um Vorschriften, die z. T. auf sanierungsrechtliche Bestimmungen verweisen oder dem Sanierungsrecht nachgebildet sind. Daneben steht eine Gruppe von sanierungsrechtlichen Regelungen, die im städtebaulichen Entwicklungsrecht entsprechend anzuwenden sind. Ferner schließt das Entwicklungsrecht die Anwendung einiger Bestimmungen des Allgemeinen Städtebaurechtes des BauGB im städtebaulichen Entwicklungsbereich aus. § 235 Abs. 1 BauGB enthält eine Überleitungsvorschrift für Entwicklungsmaßnahmen, die früher auf einer anderen gesetzlichen Grundlage begonnen worden sind.

4.1.2 Ortsteile und andere Teile des Gemeindegebietes

Nach § 165 Abs. 2 Satz 1 BauGB können Ortsteile und andere Teile des Gemein-   *439*
degebietes Gegenstand einer städtebaulichen Entwicklungsmaßnahme sein. Das Gesetz erläutert diese Begriffe nicht. Es kann davon ausgegangen werden, dass der Ortsteil im Verhältnis zum anderen Teil des Gemeindegebietes größer ist. Ein Ortsteil wie auch das andere Gemeindeteilgebiet muss ein im Gesamtgefüge des Ortes deutlich wahrnehmbares Eigengewicht haben. Zu einem Ortsteil gehört auch, dass

er nicht nur eine Funktion in Bezug auf die Nutzung erfüllt. In diesem Sinne können z.B. Gewerbeflächen kein Ortsteil sein.

440 Bei den anderen Teilen des Gemeindegebietes handelt es sich um räumliche Teilbereiche der Gemeinde unterhalb der Bedeutung von Ortsteilen. Weder der Begriff des „Ortsteiles" noch der des „anderen Teiles des Gemeindegebietes" lässt sich eindeutig, etwa nach der Größe der Fläche oder der Einwohnerzahl quantifizieren. Der andere Teil des Gemeindegebietes muss aber als solcher im Gesamtgefüge der Gemeinde ein deutlich wahrnehmbares beträchtliches Eigengewicht haben, vgl. BVerwG a.a.O. Maßgebend ist die städtebauliche Bedeutung für die Entwicklung der Gemeinde. Hierbei kann es neben quantitativen auch um die Erfüllung qualitativer Anforderungen gehen, vgl. BVerwG a.a.O.

Der Maßstab kann im Einzelfall nur aus der Größe der Gemeinde abgeleitet werden. Was von der Größe her in einem Dorf von erheblicher Bedeutung sein kann, braucht in einer Großstadt überhaupt keine Bedeutung zu haben. Ortsteile und andere Teile des Gemeindegebietes i.S. von § 165 Abs. 2 Satz 1 BauGB müssen aber entweder eine besondere Bedeutung für die städtebauliche Entwicklung und Ordnung der Gemeinde oder für die angestrebte Entwicklung des Landesgebietes oder der Region haben, vgl. BT-Drs. 11/5972 S. 14. Diese besondere Bedeutung ergibt sich somit nicht nur aus der Lage oder Größe des jeweiligen Bereiches, sondern ist auch danach zu bewerten, was in Bezug auf den Bereich planerisch erforderlich oder gewollt ist. Ein Entwicklungsbereich kann grundsätzlich auch aus räumlich getrennten Flächen bestehen, wenn diese in einer funktionalen Beziehung zu einander stehen, die zur Erreichung bestimmter Entwicklungsziele eine einheitliche Vorbereitung und zügige Durchführung erfordert. Zwischen den verschiedenen Teilgebieten muss insoweit eine städtebauliche Beziehung bestehen, vgl. OVG Lüneburg 3. 2. 1997 BauR 1997, 620 und BVerwG 3. 7. 1998 E 107, 213. Die gemeinsame Finanzierung der Durchführung der städtebaulichen Entwicklung auf den Teilbereichen reicht hierfür nicht aus. Der notwendige städtebauliche Zusammenhang muss durch das Entwicklungskonzept begründet werden.

4.1.3 Entwicklungsziele

4.1.3.1 Zulässige Entwicklungsziele

441 § 165 Abs. 2 Satz 1 BauGB enthält zwei verschiedene Ziele für städtebauliche Entwicklungsmaßnahmen. Danach kommen städtebauliche Entwicklungsmaßnahmen unter bestimmten Voraussetzungen für die erstmalige Entwicklung und die neue Entwicklung eines Ortsteiles oder eines anderen Teiles des Gemeindegebietes in Betracht. Bei der erstmaligen Entwicklung eines Ortsteiles oder eines anderen Teiles der Gemeinde handelt es sich um eine städtebauliche Gesamtmaßnahme zur Stadt- oder Ortserweiterung. Das Gesetz lässt Entwicklungsmaßnahmen mit dieser Zielsetzung unter zwei unterschiedlichen Voraussetzungen zu. Als zweites Ziel für eine städtebauliche Entwicklungsmaßnahme sieht das Gesetz die Zuführung von Ortsteilen oder anderen Teilen des Gemeindegebietes zu einer neuen Entwicklung

Gegenstand und Ziele

vor. Entwicklungsmaßnahmen dieser Art dienen der Umgestaltung bebauter Ortslagen. In diesem Falle ist die Überschneidung zur gesetzlichen Aufgabenstellung für städtebauliche Sanierungsmaßnahmen nach § 136 Abs. 2 BauGB offenkundig. Das BauROG 1998 hat § 165 Abs. 2 Satz 2 BauGB, der eine programmatische Aussage über Entwicklungsziele enthielt, ersatzlos gestrichen.

4.1.3.2 Erstmalige Entwicklung

Die erstmalige Entwicklung eines Ortsteiles oder eines anderen Teiles der Gemeinde dient der Erschließung neuer Siedlungsflächen. Hierfür kommen nur Bereiche in Betracht, die bisher weitgehend noch nicht bebaut sind. Derartige Flächen finden sich in der Regel außerhalb des im Zusammenhang bebauten Ortsbereiches. Soweit für die Flächen noch keine qualifizierte verbindliche Bauleitplanung besteht, handelt es sich um Außenbereiche i.S. von § 35 BauGB. Die für die erstmalige Entwicklung eines Ortsteiles oder eines anderen Teiles der Gemeinde in Frage kommenden Flächen müssen nach § 165 Abs. 2 Satz 1 BauGB entweder für die städtebauliche Entwicklung und Neuordnung der Gemeinde oder für die angestrebte Entwicklung des Landesgebietes oder der Region eine besondere Bedeutung haben, vgl. BT-Drucksache 11/5972 S. 14. *442*

Die besondere Bedeutung der Flächen ergibt sich vorrangig aus deren räumlicher Lage. Sie müssen für die jeweilige städtebauliche Entwicklung geeignet sein. Es ist aber auch erforderlich, dass entsprechende planerische Konzepte vorliegen. Soweit die Flächen eine besondere Bedeutung für die städtebauliche Entwicklung und Ordnung der Gemeinde haben, kann sich dieses Konzept aus dem Flächennutzungsplan oder einem städtebaulichen Entwicklungsplan der Gemeinde ergeben. *443*

Sollen die Flächen hingegen eine besondere Bedeutung für die angestrebte Entwicklung des Landesgebietes oder der Region haben, sind die Aussagen der Landes- oder Regionalplanung maßgebend. Sind die vorgesehenen Entwicklungsflächen in dem Flächennutzungsplan nicht als Bauflächen dargestellt, so muss im Interesse der zügigen Durchführung der städtebaulichen Entwicklung der Flächennutzungsplan sobald wie möglich entsprechend geändert werden.

4.1.3.3 Zuführung zu einer neuen Entwicklung

Aufgrund von § 165 Abs. 2 BauGB können auch Ortsteile oder andere Teile des Gemeindegebietes im Rahmen einer städtebaulichen Neuordnung einer neuen Entwicklung zugeführt werden. Städtebauliche Neuordnung setzt hier eine planerische Konzeption voraus, die über den betroffenen noch festzulegenden Entwicklungsbereich hinausreicht. Als Gegenstand einer solchen Entwicklungsmaßnahme kommen in erster Linie großflächige Brachen oder Gebiete mit Mindernutzungen in Betracht. Diese Flächen können sich auch innerhalb bereits bebauter Ortslagen befinden. Das Entwicklungsziel besteht in der Herbeiführung einer Um- oder Wiedernutzung des betreffenden Gebietes, die von der Gemeinde auch in ihrem Flächennutzungsplan dargestellt werden muss. Zu denken ist insbesondere an brach- *444*

Städtebauliche Entwicklungsmaßnahmen

gefallene Gewerbe- und Industrieflächen sowie nicht mehr genutzte Sonderflächen, wie z.B. ehemalige Militär- oder Bahnflächen. Die Wiedernutzung brachliegender Flächen verdient den Vorzug vor der Erschließung neuer Siedlungsflächen im Außenbereich, weil hierdurch weitere Eingriffe in den Naturhaushalt vermieden werden können, vgl. §§ 8ff. Bundesnaturschutzgesetz. Bei mindergenutzten Flächen kann das Rechtsinstrument der städtebaulichen Entwicklungsmaßnahme geeignet sein, Widerstände einer Vielzahl von Grundeigentümern zu überwinden.

4.1.4 Abgrenzung zu den Sanierungsmaßnahmen

445 Eine städtebauliche Gesamtmaßnahme i.S. des BauGB kann nur entweder als Sanierungs- oder als Entwicklungsmaßnahme durchgeführt werden. In der städtebaulichen Zielsetzung bestehen zwischen Sanierungs- und Entwicklungsmaßnahmen inhaltliche Überschneidungen. Dies gilt insbesondere für die Entwicklungsmaßnahme mit dem Ziel der Zuführung des Ortsteiles oder anderen Teiles des Gemeindegebietes zu einer neuen Entwicklung i.S. von § 165 Abs. 2 BauBG, die der Behebung einer Funktionsschwäche dient. Nach § 136 Abs. 2 Nr. 2 BauGB liegen städtebauliche Missstände auch vor, wenn „das Gebiet in der Erfüllung der Aufgaben erheblich beeinträchtigt ist, die ihm nach seiner Lage und Funktion obliegen". Vgl. hierzu oben Rnr. 91ff. Städtebauliche Entwicklungsmaßnahmen hingegen können auch der Neuordnung bereits bebauter Ortslagen mit dem Ziel der Neustrukturierung dienen, so auch BVerwG 8.7.1998 NVwZ 1998, 1298.

446 In den Fällen, in denen nach der städtebaulichen Aufgabenstellung sowohl die Durchführung einer Sanierungs- wie auch einer Entwicklungsmaßnahme in Betracht kommt, unterliegt die Beurteilung im Rahmen der gesetzlichen Voraussetzungen der Gemeinde, so auch BVerwG 2.11.2000 BBauBl. 2000, 55. Sie kann auch ein sanierungsbedürftiges baulich genutztes Gebiet in einen größeren neu zu strukturierenden Entwicklungsbereich miteinbeziehen. Die Gemeinde bei ihrer Entscheidung aber auch die Unterschiede zwischen Sanierungs- und Entwicklungsrecht zugrundelegen. Hierbei ist zu beachten, dass die Anwendung des Entwicklungsrechtes im Vergleich zum Sanierungsrecht zu einem weitergehenden Eingriff in die Rechte der betroffenen Grundeigentümer führt. Im Rahmen von § 166 Abs. 3 Satz 1 bis 3 BauGB soll die Gemeinde die Grundstücke im städtebaulichen Entwicklungsbereich erwerben. Deshalb ist nach § 169 Abs. 3 Satz 1 BauGB die Enteignung zu Gunsten der Gemeinde im Entwicklungsbereich ohne Bebauungsplan zulässig. Desgleichen verlangt das Entwicklungsrecht von der Gemeinde mehr Aktivitäten als das Sanierungsrecht. Insoweit handelt es sich auch um eine instrumentale Entscheidung.

4.2 Voraussetzungen

4.2.1 Allgemeines

447 Ob ein Bereich festgelegt wird, in dem eine städtebauliche Entwicklungsmaßnahme durchzuführen ist, liegt nach § 165 Abs. 3 Satz 1 BauGB unter den gesetzlichen

Voraussetzungen

Voraussetzungen im Ermessen der Gemeinde. Das Gesetz nennt drei Voraussetzungen, die in jedem Fall alle vorliegen müssen. Nach Nr. 1 muss die Entwicklungsmaßnahme den Zielen und Zwecken des § 165 Abs. 2 BauGB entsprechen, vgl. Rnr. 402f. Das Allgemeinwohlerfordernis nach Nr. 2 muss zu bejahen sein. Entsprechend Nr. 3 muss die zügige Durchführung gewährleistet sein. Des Weiteren sind nach § 166 Abs. 3 Satz 2 BauGB die öffentlichen und privaten Belange gegeneinander und untereinander abzuwägen. Dieses entwicklungsrechtliche Abwägungsgebot bezieht sich hauptsächlich:

a) auf die Frage, ob ein Entwicklungsbereich festzulegen ist,
b) auf dessen Abgrenzung und
c) auf die städtebauliche Planung.

4.2.2 Allgemeinwohlerfordernis

4.2.2.1 Bedeutung

Nach § 165 Abs. 3 Satz 1 Nr. 2 BauGB muss das Wohl der Allgemeinheit die Durchführung der städtebaulichen Entwicklung erfordern. Mit dieser Formulierung knüpft das Gesetz an den zentralen Begriff des Enteignungsrechtes an. Nach Art. 14 Abs. 3 Satz 1 GG ist eine Enteignung nur zum Wohle der Allgemeinheit zulässig. Der Sinn der Bezugnahme des Entwicklungsrechtes auf das Allgemeinwohlerfordernis liegt darin, dass die förmliche Festlegung eines städtebaulichen Entwicklungsbereiches eine enteignungsrechtliche Vorwirkung hat. Die Gemeinde muss daher prüfen, ob das Wohl der Allgemeinheit die förmliche Festlegung des Ortsteiles oder anderen Teiles der Gemeinde zum städtebaulichen Entwicklungsbereich erfordert. Diese Prüfung hat sich jedoch auf den Bereich insgesamt, nicht dagegen auf die einzelnen Grundstücke zu beziehen, vgl. BVerwG 15. 1. 1982 NJW 1982, 2787. Da das Gesetz von der Gemeinde zu diesem Zeitpunkt noch kein grundstücksbezogenes Planungskonzept verlangt, kann es sich insoweit nur um eine pauschale Prüfung handeln. 448

Unter dem Wohle der Allgemeinheit ist hier ein besonderes öffentliches Interesse zu verstehen, dem der Vorrang vor entgegenstehenden Eigentumsrechten einzuräumen ist. Das Vorliegen des Allgemeinwohlerfordernisses ist zu bejahen, wenn die Entwicklungsmaßnahme durch ein im Verhältnis zu entgegenstehenden öffentlichen und privaten Interessen überwiegend städtebauliches Erfordernis gerechtfertigt ist, vgl. BVerwG 16. 2. 2001 NVwZ 2001, 1050. Hierbei handelt es sich nicht um eine planerische Abwägung sondern um eine gerichtlich überprüfbare gewichtende Bilanzierung, so auch BVerwG 5. 8. 2002 BauR 2003, 73 und BVerfG 4. 7. 2002 BauR 2003, 70. Die städtebaulichen Ziele der Gemeinde müssen daher im Einzelfall ein besonderes Gewicht haben und einen besonderen städtebaulichen Handlungsbedarf voraussetzen, der ein Vorgehen erfordert, das durch die Anwendung des Allgemeinen Städtebaurechts, insbesondere durch die Aufstellung von Bebauungsplänen, allein nicht zu bewältigen wäre, vgl. BVerwG 3. 7. 1998 E 107, 213 und 19. 4. 1999 ZfBR 1999, 277. § 165 Abs. 3 Satz 1 Nr. 2 BauGB nennt, ausge- 449

Städtebauliche Entwicklungsmaßnahmen

drückt durch das Wort „insbesondere", beispielhaft den Fall der Deckung eines erhöhten Bedarfs an Wohn- und Arbeitsstätten, die Errichtung von Gemeinbedarfs- und Folgeeinrichtungen sowie den Fall der Wiedernutzung brachliegender Flächen. Es handelt sich hierbei um Fallgestaltungen, bei denen der Gesetzgeber davon ausgeht, dass sie die Annahme des Allgemeinwohlerfordernisses für die Durchführung einer städtebaulichen Entwicklungsmaßnahme rechtfertigen können. Die Gemeinde hat die Möglichkeit, die Gesamtmaßnahme gegebenenfalls auf einen oder mehrere der in § 165 Abs. 3 Satz 1 Nr. 2 BauGB genannten Ziele zu beschränken. Da diese Aufzählung nur beispielhaft ist, kommt die Festlegung eines Entwicklungsbereiches im Interesse der Allgemeinheit auch aus anderen städtebaulichen Gründen in Frage, z.B. wenn in einer unter großem Siedlungsdruck stehenden Universitätsstadt ein großflächiges Kasernengelände frei wird, vgl. OVG Mannheim 12. 9. 1994 BauR 1996, 523, vgl. auch BVerwG 16. 2. 2001 NVwZ 2001, 1050. Das Bundesverfassungsgericht hat das Gemeinwohlerfordernis für das Entwicklungsziel der Anlage eines Landschaftsparks für die Naherholung bejaht, für Dauerkleingärten und Flächen für den Reitsport dagegen mangels öffentlichem Interesse zurecht abgelehnt, vgl. BVerfG 4. 7. 2002 BauR 2003, 70. Nach BVerwG 12. 12. 2002 BauR 2003, 1195 besteht das Gemeinwohlerfordernis nicht, wenn die vorgesehene Entwicklungsmaßnahme den Zielen und Grundsätzen der Raumordnung, Landes- und Regionalplanung nicht entspricht.

Ist eine Entwicklungssatzung wegen Nichtvorliegens des Allgemeinwohlerfordernisses nichtig, so begründet dies nicht zugleich die Rechtsunwirksamkeit eines Bebauungsplanes, der die Festsetzungen zur Durchführung der Entwicklung vorgesehenen Einzelmaßnahmen enthält, wegen Verstoßes gegen das Abwägungsgebot, so auch BVerwG 31. 3. 1998 BBauBl. 1998, 65. Zwischen Entwicklungssatzung und Entwicklungsbebauungsplan besteht insoweit kein zwingender Zusammenhang.

4.2.2.2 Wohn- und Arbeitsstätten

450 Von einem erhöhten Bedarf an Wohn- und Arbeitsstätten ist nach § 165 Abs. 3 Satz 1 Nr. 2 BauGB grundsätzlich auszugehen, wenn die Zahl der Wohnungssuchenden und der Arbeitslosen nicht nur vorübergehend über dem Bundesdurchschnitt liegt. Bezugsgröße ist das Gemeindegebiet einschließlich der Nachbargemeinden, vgl. BVerwG 12. 12. 2003, 1195, es sei denn, die Entwicklungsmaßnahme dient nach § 165 Abs. 2 BauGB der angestrebten Entwicklung des Landesgebietes oder der Region, so auch OVG NW 1. 12. 1997 DVBl. 1998, 351. Ferner muss die Nachfrage nach hierfür geeigneten Flächen muss das verfügbare Angebot aus strukturellen Gründen mittelfristig deutlich übersteigen. Eine akute Wohnungsnotlage muss aber nicht bereits eingetreten sein, vgl. OVG Berlin 28. 11. 1997 BRS 59 Nr. 252. Nicht zulässig ist hingegen die Durchführung einer Entwicklungsmaßnahme zu dem Zweck eine Nachfrage erst hervor zu rufen. Das Entwicklungsrecht ist kein Instrument für eine Angebotsplanung, so zurecht BVerwG 5. 8. 2002 BauR 2003, 73. Geeignet sind aber nur solche Flächen, die den Entwicklungszielen sowie den entsprechenden besonderen Standortanforderungen entsprechen. Die Ge-

Voraussetzungen

meinde muss im Rahmen der Entwicklungsvorbereitung den erhöhten Bedarf an Wohn- und Arbeitsstätten belegen. Hierbei kann sie auf vorliegende Erhebungen und Statistiken zurückgreifen. Erforderlich ist eine nachvollziehbare Prognose, die auf einer vertretbaren Methode beruht, die folgerichtig angewandt worden ist. Hierbei sind auch vorhandene Baulücken und ausgewiesene aber noch nicht verwirklichte Wohneinheiten in Bebauungsplangebieten bedarfsmindernd zu berücksichtigen. Die Gemeinde hat über die anzuwendende Prognosemethode frei zu entscheiden. Die Prognose ist nicht fehlerhaft, wenn die angenommene Entwicklung später nicht oder nur begrenzt eintritt, sondern nur, wenn sie von Anfang an auf unbegründeten Annahmen beruht, so auch BVerwG 19. 4. 1999 ZfBR 1999, 277.

Gehen in einer Gemeinde Arbeitsplätze in größerer Zahl verloren, kann ein erhöhter Bedarf im Sinne des Gesetzes vorliegen, vgl. BVerwG 3. 7. 1998 E 107, 213. Der Bedarf an Arbeitsstätten wird nicht allgemein dadurch in Frage gestellt, dass in der Gemeinde an anderer Stelle Bauland im erforderlichen Umfange bereit steht. Entscheidend ist vielmehr ob die anderswo gelegenen Grundstücke sich für den mit der Entwicklungsmaßnahme verfolgten städtebaulichen Zweck in gleicherweise eignen. Haben diese Grundstücke gemessen am Planungskonzept der Gemeinde nicht die erforderliche Qualität z. B. in Bezug auf die Nähe standortrelevanter Einrichtungen oder die Anbindung an das Verkehrsnetz, so ist die Gemeinde nicht auf die bauliche Nutzung dieser Flächen angewiesen, vgl. BVerwG a. a. O.

4.2.2.3 Gemeinbedarfs- und Folgeeinrichtungen

Das BauROG 1998 hat auf Vorschlag des Vermittlungsausschusses in § 165 Abs. 3 Satz 1 Nr. 2 BauGB als möglichen Grund für die Annahme des Allgemeinwohlerfordernisses neu eingefügt: „zur Errichtung von Gemeinbedarfs- und Folgeeinrichtungen." Zu dem Begriff vgl. oben Rdn. 245. Hierbei handelt es sich um einen Kompromiss zwischen unterschiedlichen Gesetzesvorstellungen des Bundestages und des Bundesrates. Letzterer strebte ursprünglich die allgemeine Abschöpfung planungsbedingter Bodenwerterhöhungen in neuen Bebauungsplangebieten an, vgl. BR-Drs. 339/97 S. 14 ff. Dieser Planwertausgleich sollte der Finanzierung der Infrastruktur in neuen Baugebieten durch die Gemeinde dienen. Zur Begründung wurde darauf verwiesen, die Gemeinde könne die Kosten für den Bau dieser erforderlichen Einrichtungen, wie Kindergärten, Schulen, Verbesserungen des Angebotes des öffentlichen Personennahverkehrs und die Anbindung des Baugebietes an überörtliche Straßen- und Schienenwege einschließlich des hierfür erforderlichen Grunderwerbs nicht über Erschließungsbeiträge finanzieren. Die Neuregelung hat im Ergebnis den Anwendungsbereich des Entwicklungsrechtes erheblich erweitert. Dies gilt auch unter Berücksichtigung von § 165 Abs. 3 Satz 1 Nr. 3 BauGB in der neuen Fassung. Allerdings dient § 165 Abs. 3 Satz 1 Nr. 2 BauGB in der derzeitigen Fassung nicht der Errichtung einzelner Gemeinbedarfs- und Folgeeinrichtungen. Wegen des Gesamtmaßnahmengrundsatzes können diese nur als Teil eins zu entwickelnden Baugebietes in Anwendung des städtebaulichen Entwicklungsrechtes errichtet werden. Der im Gesetz vorgeschriebene erhöhte Bedarf

451

bezieht sich nicht auf die Gemeinbedarfs- und Folgeeinrichtungen sondern nur auf die Wohn- und Arbeitsstätten. Es ist auch unschädlich, wenn die geplanten Gemeinbedarfs- und Folgeeinrichtungen den Bewohnern umliegender Ortsteile zugute kommen, vgl. BVerwG 30. 1. 2001 – 4 BN 72/60 – JURIS.

4.2.2.4 Wiedernutzung brachliegender Flächen

452 § 165 Abs. 3 Satz 1 Nr. 2 BauGB nennt als Beispiel für den Fall, in dem das Wohl der Allgemeinheit die Durchführung der städtebaulichen Entwicklungsmaßnahme erfordert, die Wiedernutzung brachliegender Flächen. Hierdurch werden Entwicklungsmaßnahmen, die entsprechend § 165 Abs. 2 Satz 1 BauGB im Rahmen einer städtebaulichen Neuordnung ein Gebiet einer neuen Entwicklung zuführen, besonders herausgehoben, wenn es sich bei dem Gebiet um brachliegende Flächen handelt. Das Gesetz gibt dem Sinn nach derartigen Entwicklungsmaßnahmen im Vergleich zu Maßnahmen, die der erstmaligen Entwicklung eines Gebietes dienen, den Vorrang. Durch die Wiedernutzung brachliegender Flächen kann die Erschließung neuer Siedlungsflächen im Außenbereich vermieden werden, die immer zugleich einen naturschutzrechtlichen Eingriff in Natur und Landschaft bedeuten, vgl. § 8 Abs. 1 Bundesnaturschutzgesetz.

4.2.3 Erforderlichkeit der Anwendung des städtebaulichen Entwicklungsrechtes

453 § 165 Abs. 3 Satz 1 Nr. 3 BauGB konkretisiert den Grundsatz der Erforderlichkeit staatlicher Eingriffe in Rechte der Bürger durch zwei Fallgestaltungen. Dieser Grundsatz leitet sich aus dem Rechtstaatprinzip ab. Danach darf in diese Rechte nur soweit eingegriffen werden, wie dies zu dem besonderen Zweck unbedingt erforderlich ist. Die Gemeinde ist aufgrund des Abwägungsgebotes verpflichtet, diejenige Lösung für die Verwirklichung ihrer städtebaulichen Ziele zu wählen, die öffentliche und private Belange am wenigsten beeinträchtigt. Da die Festlegung eines städtebaulichen Entwicklungsbereiches i.d.R. zur Enteignung der betroffenen Grundeigentümer führt, ist diese Maßnahme rechtlich unzulässig wenn die Gemeinde ihre städtebaulichen Ziele auch auf einem anderen Wege erreichen kann. § 165 Abs. 3 Satz 1 Nr. 3 BauGB, der im Vermittlungsverfahren konzipiert worden ist, nennt als zu prüfende Möglichkeiten städtebaulicher Verträge und die Bereitschaft der Grundeigentümer die von der Gemeinde benötigten Grundstücke zum entwicklungsunbeeinflussten Wert zu erwerben. Die Gemeinde muss daher in entsprechende Überlegungen, Prüfungen und gegebenenfalls Verhandlungen mit den Grundeigentümern eintreten, soweit diese hieran interessiert sind. Wenn die Gemeinde Verhandlungen verweigert, leidet die Entwicklungssatzung unter einem Mangel, so auch BVerwG 16. 2. 2001 NVwZ 2001, 1053. Die Gemeinde muss aber nicht mit einzelnen oder mehreren betroffenen Grundeigentümer Ankaufsverhandlungen führen, vgl. BVerwG 3. 7. 1998 E 107, 213. Sie braucht auch nicht zu prüfen, ob einzelne oder mehrere private Eigentümer bauwillig sind, so auch BVerwG 2. 11. 2000 BBauBl. 2001, 55. Erklären die Eigentümer mehrheitlich ihre Verhandlungsbereitschaft erst nach der förmlichen Festlegung des städtebaulichen

Voraussetzungen

Entwicklungsbereiches, wird hierdurch die Rechtmäßigkeit der Entwicklungssatzung nicht berührt, so auch BVerwG 16. 2. 2001 NVwZ 2001, 1053. Soweit das Entwicklungskonzept die Errichtung von Gemeinbedarfs- und Folgeeinrichtungen vorsieht muss beim Abschluss städtebaulicher Verträge auch deren Finanzierung gesichert sein. Entsprechendes gilt für die gebotene zügige städtebauliche Entwicklung. Hinsichtlich der zweiten im Gesetz genannten Möglichkeit kommt es nicht auf die Verkaufsbereitschaft einzelner Grundeigentümer an. Ohne Bedeutung ist auch die Verkaufsbereitschaft von Eigentümern von Grundstücken, die Gemeinde bei einer Festlegung zum Entwicklungsbereich nach § 166 Abs. 3 Satz 3 BauGB aus den dort genannten Gründen nicht erwerben soll. Die Festlegung eines städtebaulichen Entwicklungsbereiches ist auch dann nicht erforderlich wenn für die Verwirklichung der von der Gemeinde angestrebten Entwicklungsziele geeignete und bereits erschlossene Flächen zur Verfügung stehen. Die Aufstellung von Bebauungsplänen allein reicht dagegen in Fällen nicht aus, in denen innerhalb eines begrenzten Zeitraumes umstrukturiert werden muss. Hier würden Bebauungspläne als Angebotsplanung längerfristig zu einem unvertretbaren Nebeneinander nicht harmonischer Grundstücksnutzungen führen, so auch OVG Berlin 28. 11. 1997 BRS 59 Nr. 252.

4.2.4 Gewährleistung der zügigen Durchführung

Nach § 165 Abs. 1 BauGB muss die zügige Durchführung städtebaulicher Entwicklungsmaßnahmen im öffentlichen Interesse liegen, vgl. hierzu Rnr. 52. § 165 Abs. 3 Satz 1 Nr. 4 BauGB schreibt zusätzlich vor, dass die zügige Durchführung innerhalb eines absehbaren Zeitraumes gewährleistet sein muss. Diese Formulierung reicht nach dem Wortlaut über die sanierungsrechtliche Bestimmung des § 149 Abs. 4 Satz 2 BauGB hinaus, die nur eine Aussicht auf Durchführung einer städtebaulichen Sanierungsmaßnahme innerhalb eines absehbaren Zeitraumes voraussetzt. Ob die Zügigkeit i.S. des Gesetzes gewährleistet ist, muss noch den Verhältnissen zum Zeitpunkt der Beschlussfassung über die Entwicklungssatzung beurteilt werden, so auch BVerwG 3. 7. 1998 E 107, 213. Die Vorschrift ist aber nicht im Sinne einer absoluten Garantie der zügigen Durchführung innerhalb eines absehbaren Zeitraumes anzusehen. Eine solche Garantie kann niemand abgeben, weil immer unvorhersehbare Hindernisse eintreten können. Es müssen vielmehr bei einer realistischen Betrachtungsweise alle Voraussetzungen für den zügigen Ablauf der beabsichtigten städtebaulichen Entwicklung vorliegen. Zur zügigen Durchführung gehören ein realistischer Zeitplan und die Aussicht auf die Finanzierung der städtebaulichen Entwicklungsmaßnahme.

454

Was als absehbarer Zeitraum gelten kann, hängt wie bei der städtebaulichen Sanierung von der Größe des Gebietes und dem Schwierigkeitsgrad der Gesamtmaßnahmen ab. Hierbei ist zu berücksichtigen, dass die Gemeinde bei der Entwicklungsmaßnahme grundsätzlich alle Grundstücke erwerben und deswegen, soweit es erforderlich ist, auch Enteignungsverfahren einleiten muss. Die Rechtsprechung zu den städtebaulichen Entwicklungsmaßnahmen nach dem Städtebauförderungsge-

455

setz hat jedenfalls einen Zeitraum von 15 und 17 Jahren als mit dem Gesetz in Einklang stehend angesehen. § 165 Abs. 3 Satz 1 Nr. 4 BauGB entspricht dem aufgehobenen § 53 Abs. 1 Nr. 3 StBauFG. Insoweit kann auf die hierzu ergangene Rechtsprechung Bezug genommen werden, vgl. VGH Kassel 30. 12. 1980 BRS 38 Nr. 218 und OVG Berlin 28. 11. 1997 BRS 59 Nr. 252. Erforderlich ist eine methodisch einwandfreie Prognose zum Zeitpunkt des Erlasses der Entwicklungssatzung. Erweist sich diese zunächst vertretbare Einschränkung später als unzutreffend, führt dies nicht zur Unwirksamkeit der Entwicklungssatzung.

4.3 Träger der Entwicklungsmaßnahme

4.3.1 Hoheitlicher Träger

456   Nach § 166 Abs. 1 Satz 1 BauGB wird die Entwicklungsmaßnahme von der Gemeinde vorbereitet und durchgeführt, sofern nicht nach § 166 Abs. 4 BauGB eine andere Regelung getroffen wird. Nach dieser letzteren Bestimmung kann die Vorbereitung und Durchführung der Entwicklungsmaßnahme auf einen Planungsverband nach § 205 Abs. 4 BauGB übertragen werden. Diese Vorschrift lässt die Übertragung aller Aufgaben der Gemeinde, die ihr nach dem BauGB obliegen, auf den Planungsverband nach Maßgabe der Satzung zu. Der Planungsverband ist nach § 205 Abs. 1 Satz 1 BauGB ein Zusammenschluss von Gemeinden und sonstigen öffentlichen Planungsträgern. Einem Planungsverband müssen daher mindestens zwei Gemeinden angehören. Als sonstige öffentliche Planungsträger kommen Träger hoheitlicher Fachplanungen in Frage. Entwicklungsrechtlich bedeutsam kann die Beteiligung eines Kreises als des Trägers der Straßenbaulast und der Landschaftsrahmenplanung an einem Planungsverband sein. Es sind Entwicklungsmaßnahmen denkbar, die der Entwicklung eines neuen, größeren Ortsteiles auf den Gebieten mehrerer kleinerer Gemeinden dienen sollen. Im Vordergrund steht das notwendige Zusammenwirken mehrerer Planungsträger. Der Planungsverband kann zugleich eine größere Verwaltungskraft entwickeln als die einzelne angehörige Gemeinde.

457   Entsprechend § 205 Abs. 1 Satz 2 BauGB tritt der Planungsverband nach Maßgabe seiner Satzung für die Bauleitplanung und ihre Durchführung an die Stelle der Gemeinden. Der Zusammenschluss zu einem Planungsverband wird von seinen Mitgliedern durch öffentlich-rechtlichen Vertrag vorgenommen. Der Planungsverband regelt seine Zuständigkeit durch Satzung. Im Rahmen dieser Zuständigkeit entscheidet er anstelle der ihm angehörigen Gemeinden. Der Planungsverband kann z.B. eine Entwicklungssatzung beschließen und die entwicklungserforderlichen Bauleitpläne aufstellen. Unter den Voraussetzungen des § 205 Abs. 2 BauGB können die Beteiligten aber auch gegen ihren Willen zu einem Planungsverband zusammengeschlossen werden. § 206 Abs. 6 BauGB lässt auch einen Zusammenschluss aufgrund von besonderen landesgesetzlichen Bestimmungen zu. Soweit die Mitglieder eines Planungsverbandes im Einzelfall sich nicht über eine Satzung oder

Träger der Entwicklungsmaßnahme

einen Plan verständigen können, lässt § 205 Abs. 3 BauGB unter bestimmten Voraussetzungen eine Ersatzvornahme durch die Landesregierung zu.

4.3.2 Übertragung von Entwicklungsaufgaben

§ 167 BauGB lässt die Übertragung von städtebaulichen Entwicklungsaufgaben der Gemeinde auf geeignete Beauftragte, insbesondere auf einen privatrechtlichen Entwicklungsträger zu. Wie beim Sanierungsträger darf die Gemeinde dem Entwicklungsträger keine hoheitlichen Aufgaben, wie z.b. die Aufstellung von Bauleitplänen oder die Anordnung von städtebaulichen Geboten nach §§ 175ff. BauGB übertragen. Übertragungsfähig sind hingegen nach § 167 Abs. 1 BauGB die Vorbereitung und Durchführung der städtebaulichen Entwicklungsmaßnahme sowie die Bewirtschaftung der für die Finanzierung der Entwicklungsmaßnahme zur Verfügung stehenden Mittel. Die Beauftragung eines Entwicklungsträgers hat für die Gemeinde insofern eine besondere Bedeutung, weil die Durchführung einer Entwicklungsmaßnahme im Verhältnis zu einer Sanierungsmaßnahme i.d.R. einen noch größeren Verwaltungsaufwand erfordert. § 167 BauGB verweist hinsichtlich der Regelung verschiedener Einzelheiten auf die Bestimmungen der §§ 157 bis 161 über Sanierungsträger und andere Beauftragte, die überwiegend für die Entwicklungsmaßnahme entsprechend gelten. Die Übertragung dieser Aufgaben auf einen Entwicklungsträger setzt nach § 167 Abs. 1 Satz 2 BauGB voraus, dass es die Voraussetzungen des § 158 BauGB für die Übernahme der Aufgaben erfüllt. Einzelne Vorbereitungs- und Durchführungsaufgaben darf die Gemeinde hingegen auf Dritte übertragen, die nicht diesen Bedingungen genügen. § 167 Abs. 1 Satz 2 BauGB verweist hinsichtlich der Voraussetzungen für die Bestätigung, des Verfahrens und der Zuständigkeit auf die entsprechende Anwendung der für den Sanierungsträger in § 158 BauGB enthaltenen Regelung. 458

Der beauftragte Entwicklungsträger darf aufgrund von § 167 Abs. 2 Satz 1 BauGB die ihm von der Gemeinde übertragenen Aufgaben ausschließlich als deren Treuhänder für deren Rechnung, aber in eigenem Namen durchführen. Anders als im Sanierungsrecht ist im Entwicklungsrecht die Beauftragung eines unternehmerischen Trägers nicht zulässig. § 167 Abs. 2 Satz 2 BauGB führt zu einer entsprechenden Anwendung der sanierungsrechtlichen Bestimmungen in § 160 und § 161 BauGB über das Treuhandvermögen und seine Sicherung, vgl. Rnr. 405ff. und 424. Desgleichen sind danach die in § 159 Abs. 2 BauGB enthaltenen Regelungen über den Vertrag zwischen Gemeinde und Sanierungsträger entsprechend anzuwenden. § 167 Abs. 2 Satz 2 bestimmt ferner, dass die sanierungsrechtliche Vorschrift des § 159 Abs. 1 Satz 3 BauGB über den Anspruch der Gemeinde hinsichtlich der dem Sanierungsträger übertragenen Aufgaben auch im Entwicklungsrecht entsprechend gilt. Aufgrund der besonderen Bestimmung des § 167 Abs. 3 Halbsatz 1 BauGB ist der Entwicklungsträger an die in § 169 Abs. 5 bis 8 BauGB enthaltenen Maßgaben über die Veräußerung von Grundstücken gebunden. Diese gelten auch für die im Treuhandvermögen befindlichen Grundstücke. Da § 167 Abs. 3 Halbsatz 1 BauGB auch auf § 169 Abs. 5 BauGB hinweist, gilt die entsprechende Anwendung der Ver- 459 äußerungsvorschriften nur für solche Grundstücke, die die Gemeinde oder der Entwicklungsträger nach dieser Bestimmung erworben hat. Nach § 167 Abs. 3 Halbsatz 2 BauGB ist der Entwicklungsträger bei der Veräußerung der Grundstücke des Treuhandvermögens an Weisungen der Gemeinde gebunden.

4.4 Vorbereitung der Entwicklung

4.4.1 Gegenstand der Vorbereitung

460 Das BauROG 1998 hat das Entwicklungsrecht hinsichtlich der Vorbereitung städtebaulicher Entwicklungsmaßnahmen durch die Neufassung des § 165 Abs. 4 BauGB weitgehend an das Sanierungsrecht angeglichen. Aufgrund von § 165 Abs. 4 Satz 2 BauGB sind die §§ 137 bis 141 BauGB im Rahmen der vorbereitenden Untersuchungen entsprechend anzuwenden. Die sanierungsrechtliche Auflistung der verschiedenen Vorbereitungsmaßnahmen gilt nunmehr entsprechend auch für die Vorbereitung städtebaulicher Entwicklungsmaßnahmen.

4.4.2 Vorbereitende Untersuchungen

461 Nach § 164 Abs. 4 Satz 1 BauGB muss die Gemeinde vor der förmlichen Festlegung des städtebaulichen Entwicklungsbereiches vorbereitende Untersuchungen durchzuführen oder zu veranlassen, um Beurteilungsunterlagen über die Festlegungsvoraussetzungen nach § 164 Abs. 3 BauGB zu gewinnen. Die Gemeinde hat hinreichende Beurteilungsunterlagen zu ermitteln, die die Festsetzungsvoraussetzungen der jeweiligen beabsichtigten Entwicklungsmaßnahme inhaltlich tragen können. Hierbei sind, bezogen auf das Gebiet, nicht aber auf die einzelnen Grundstücke, zu prüfen (1) die Notwendigkeit der Entwicklung des Gebietes, (2) die allgemeine Mitwirkungs- und Veräußerungsbereitschaft der Eigentümer, (3) die Erforderlichkeit des besonderen entwicklungsrechtlichen Instrumentariums und (4) die zügige Durchführbarkeit der Maßnahme im Allgemeinen, vgl. BT-Drucksache 12/3944, S. 32. Ferner muss in den Beurteilungsunterlagen auf das Ergebnis der nach § 165 Abs. 3 Satz 2 BauGB vorzunehmenden gerechten Abwägung der öffentlichen und privaten Belange hauptsächlich in Bezug auf die anzustrebenden allgemeinen Ziele der Entwicklung eingegangen werden.

462 Wegen der enteignungsrechtlichen Vorwirkung der möglichen späteren förmlichen Festlegung des Entwicklungsbereiches, vgl. oben Rnr. 448ff., ist die Erforderlichkeit der Anwendung des Entwicklungsrechtes sorgfältig zu untersuchen. Im Übrigen verweist § 165 Abs. 4 Satz 2 BauGB hinsichtlich der vorbereitenden Untersuchungen auf die entsprechende Anwendung der §§ 137 bis 141 BauGB.

463 Entsprechend der sanierungsrechtlichen Regelung kann nach § 165 Abs. 4 Satz 2 i. V. mit § 141 Abs. 2 BauGB von den Voruntersuchungen abgesehen werden, wenn bereits hinreichende Beurteilungsunterlagen vorliegen. In Frage kommen z. B. Unterlagen die in Zusammenhang mit einem Bauleitplanverfahren erarbeitet worden sind, vgl. OVG Koblenz 30. 3. 1995 JURIS. Wie im Sanierungsrecht leitet die Ge-

Vorbereitung der Entwicklung

meinde die Voruntersuchungen nach § 165 Abs. 4 Satz 2 i.V. mit § 141 Abs. 3 BauGB durch einen Beschluss, den sog. Einleitungsbeschluss, ein. Dieser Beschluss ist nach § 165 Abs. 4 Satz 2 i.V. mit § 141 Abs. 3 Satz 2 und 3 BauGB wie sein sanierungsrechtliches Gegenstück ortsüblich bekannt zu machen. Entsprechend dem Sanierungsrecht muss die Gemeinde nach in der Bekanntmachung auf die Auskunftspflicht nach § 138 BauGB hinweisen. § 165 Abs. 2 Satz 2 i.V. mit § 141 Abs. 4 Satz 1 BauGB regelt die Rechtsfolgen des entwicklungsrechtlichen Einleitungsbeschlusses: Er führt zur Anwendung der in §§ 137, 138 und 139 BauGB enthaltenen Regelungen über die Beteiligung und Mitwirkung der Betroffenen, die Auskunftspflicht und Mitwirkung öffentlicher Aufgabenträger und bewirkt zugleich auch die entsprechende Anwendung des § 15 BauGB auf Anträge auf Genehmigung der Durchführung eines Vorhabens i.S. von § 29 Abs. 1 BauGB und der Beseitigung einer baulichen Anlage, vgl. dazu oben Rnr. 110f.

4.4.3 Förmliche Festlegung des Entwicklungsbereiches

4.4.3.1 Begrenzung des Entwicklungsbereiches

Die in § 165 Abs. 5 Satz 1 und 2 BauGB enthaltene Regelung über die Begrenzung des städtebaulichen Entwicklungsbereiches ist der entsprechenden sanierungsrechtlichen Regelung in § 142 Abs. 1 Satz 2 und 3 BauGB nachgebildet, vgl. dazu oben Rnr. 149ff. Maßgebend sind dabei die von der Gemeinde verfolgten Ziele i.S. von § 165 Abs. 2 und 3 BauGB. Die Gemeinde kann aber auch Flächen in den Entwicklungsbereich einbeziehen, die nach § 1a Abs. 3 BauGB zum Ausgleich der durch die Baumaßnahmen zu erwartenden Eingriffe in Natur und Landschaft benötigt werden, vgl. BVerwG 3. 7. 1998 E 107, 213. Danach ist die Zweckmäßigkeit der Entwicklungsdurchführung für die Abgrenzung maßgebend. Hierbei ist eine Abwägung der öffentlichen und privaten Belange gegeneinander entsprechend § 165 Abs. 3 Satz 2 BauGB vorzunehmen. Bei dieser Abwägung sind die vom Gesetz vorgegebenen zulässigen Ziele städtebaulicher Entwicklungsmaßnahmen zu beachten. Hierzu gehört nicht die Schaffung von Baulandreserven. In einen städtebaulichen Entwicklungsbereich dürfen daher nur Flächen einbezogen werden, die innerhalb eines absehbaren Zeitraumes zur Beplanung anstehen, so auch BVerwG 3. 4. 1998 E 107, 213. Einzelne Grundstücke innerhalb des Bereiches, die von der Entwicklung nicht betroffen werden, können aus dem Bereich ganz oder teilweise herausgenommen werden. Wenn diese Grundstücke aber infolge der Vorbereitung und Durchführung der städtebaulichen Entwicklungsmaßnahme Werterhöhungen erfahren, ist aus Gründen der Gleichbehandlung von einer Herausnahme aus dem Entwicklungsbereich abzuraten. Die Durchführung einer Entwicklungsmaßnahme als städtebauliche Gesamtmaßnahme auf räumlich getrennten Teilbereichen ist zulässig, wenn dieser untereinander in einer funktionalen Beziehung stehen, welche die einheitliche Beplanung und Durchführung zweckmäßig macht, vgl. oben Rnr. 440.

464

In den Entwicklungsbereich können neben Grundstücken im Außenbereich i.S. von § 35 BauGB auch Grundstücke innerhalb im Zusammenhang bebauter Ortstei-

465

le i.S. von § 34 BauGB und bereits qualifiziert beplante Grundstücke i.S. von § 30 Abs. 1 BauGB einbezogen werden. In Betracht kommen Grundstücke, die gemessen an dem Entwicklungskonzept der Gemeinde als fehl- oder mindergenutzt zu bewerten sind, so auch OVG Mannheim 12.9.1994 BauR 1996, 523. Die Hereinnahme von bebaubaren Grundstücken in den städtebaulichen Entwicklungsbereich führt jedoch zu hohen Grunderwerbskosten. Sie ist zulässig, wenn die Bebauung für eine grundlegend neue städtebauliche Entwicklung beseitigt werden soll.

466 Aufgrund von § 165 Abs. 5 Satz 3 BauGB darf die Gemeinde aber bestimmte Grundstücke nur mit Zustimmung des zuständigen öffentlichen Bedarfsträgers in den städtebaulichen Entwicklungsbereich miteinbeziehen. Es handelt sich um Grundstücke

- die einem öffentlichen Bedarfsträger für Zwecke der Landesverteidigung, des Bundesgrenzschutzes, der Zollverwaltung, der Polizei, des Zivilschutzes oder des Post- und Fernmeldewesens (§ 26 Nr. 2 a BauGB),
- die den Kirchen oder Religionsgemeinschaften des öffentlichen Rechtes für Zwecke des Gottesdienstes oder der Seelsorge (§ 26 Nr. 2 b BauGB),
- die der Erforschung, Entwicklung oder Nutzung der Kernenergie zu friedlichen Zwecken oder der Entsorgung radioaktiver Abfälle (§ 35 Abs. 1 Nr. 7 BauGB)

dienen oder

- auf denen nach § 26 Nr. 3 BauGB Vorhaben errichtet werden sollen, für die ein in § 38 BauGB genanntes Verfahren eingeleitet oder durchgeführt worden ist.
- für die nach § 1 Abs. 2 des Landbeschaffungsgesetzes ein Anhörungsverfahren eingeleitet worden ist

und

- bundeseigene Grundstücke, bei denen die Absicht, sie für Zwecke der Landesverteidigung zu verwenden, der Gemeinde bekannt ist.

Wenn der überwiegende Teil der von der beabsichtigten städtebaulichen Entwicklung betroffenen Grundstücke Eigentum des Bundes ist, steht dies der Festlegung eines städtebaulichen Entwicklungsbereiches nicht entgegen, so auch VGH Mannheim 12.9.1994 BauR 1996, 523.

467 Die Zustimmung des Bedarfsträgers liegt nicht in seinem Ermessen. Nach § 165 Abs. 5 Satz 4 BauGB ist der Bedarfsträger im Regelfall verpflichtet, seine Zustimmung zu erteilen, wenn aufgrund einer Abwägung auch unter Berücksichtigung seiner öffentlich-rechtlichen Aufgaben ein überwiegendes öffentliches Interesse an der Durchführung der städtebaulichen Gesamtmaßnahme besteht.

Dem Zustimmungsbedürfnis in Hinblick auf § 26 Nr. 2 BuGB unterliegen nicht Grundstücke des öffentlichen Bedarfsträgers, die dieser für andere als seine eigentlichen Aufgaben benötigt.

Vorbereitung der Entwicklung

4.4.3.2 Entwicklungssatzung

Die förmliche Festlegung ist nach § 165 Abs. 6 BauGB wie im Sanierungsrecht 468
von der Gemeinde durch Satzung vorzunehmen. § 165 Abs. 6 BauGB entspricht nahezu wörtlich der Regelung in § 142 Abs. 3 BauGB. Die räumliche Bezeichnung des Geltungsbereiches des städtebaulichen Entwicklungsrechtes muss eindeutig sein. Die Markierung des Geltungsbereiches durch eine gestrichelte drei Millimeter breite Linie auf einer Karte von 1:5000 die in Wirklichkeit einem Streifen von 15 Metern entspricht begründet jedoch keine Nichtigkeit einer Entwicklungssatzung. Darüberhinaus führen Unklarheiten über die Zugehörigkeit von Flächen im Randbereich einer Entwicklungssatzung nicht zu deren Nichtigkeit sondern insoweit nur zu einer Teilnichtigkeit, vgl. BVerwG 3. 7. 1998 E 107, 213.

Das EAG Bau hat die Verpflichtung der Gemeinde, die Entwicklungssatzung der 469
höheren Verwaltungsbehörde zur Genehmigung vorzulegen, aufgehoben, vgl. aber § 246 Abs. 1a BauGB. Die Gemeinde hat somit die Verantwortung für die Rechtmäßigkeit der Satzung allein zu tragen. § 165 Absatz 7 Satz 1 BauGB verpflichtet daher die Gemeinde der Entwicklungssatzung eine Begründung beizufügen. Diese Begründung ist nicht Bestandteil der Satzung, sie muss aber zum Zeitpunkt der Beschlussfassung über die Entwicklungssatzung vorliegen. Fehlt die Begründung oder besteht sie nur aus Leerformeln, ist die Satzung nichtig. Es handelt sich um einen beachtlichen Verfahrensverstoß i.S. von § 214 Abs. 1 Satz 1 Nr. 3 Halbsatz 1 BauGB. Die Begründung kann von einem Dritten, z.B. dem Entwicklungsträger verfasst werden. Sie kann auf der Grundlage des Ergebnisses der vorbereitenden Untersuchungen nach § 165 Abs. 4 Satz 1 BauGB erarbeitet werden. Gemäß § 165 Abs. 8 Satz 2 BauGB sind die Gründe darzulegen, die die förmliche Festlegung des entwicklungsbedürftigen Bereiches rechtfertigen. Es muss dargelegt werden, dass dei Voraussetzungen des § 165 Abs. 2 und 3 BauGB für die förmliche Festlegung eines städtebaulichen Entwicklungsbereiches gegeben sind, vgl. hierzu oben Rdn. 447 ff. Auf das Ergebnis des Abwägungsverfahrens nach § 165 Abs. 3 Satz 2 BauGB ist besonders einzugehen. Angesichts der weitreichenden Folgen einer Entwicklungssatzung für die betroffenen Grundeigentümer müssen die Gründe ausführlich dargelegt werden. Einzelne Planungsfragen brauchen hingegen noch nicht erörtert, sondern können durch die i.d.R. nachfolgende städtebauliche Planung geklärt werden.

Nach § 165 Abs. 8 Satz 1 BauGB ist die Entwicklungssatzung zusammen mit der 470
ortsüblich bekannt zu machen. Als Formen der Bekanntmachung kommen in Frage der öffentliche Aushang oder der Abdruck in einer Zeitung. Aufgrund des § 165 Abs. 8 Satz 2 BauGB ist auch die Ersatzbekanntmachung nach § 10 Abs. 3 Satz 2 bis 5 BauGB zulässig. Danach kann sich die Bekanntmachung darauf beschränken, dass die Entwicklungssatzung beschlossen worden ist. Die Entwicklungssatzung ist zusammen mit der Begründung zu jedermann Einsicht bereit zu halten. In der Bekanntmachung ist darauf hinzuweisen, wo die Entwicklungssatzung eingesehen werden kann. Mit der ortsüblichen Bekanntmachung wird die Entwicklungssatzung rechtsverbindlich. Die Gemeinde kann in der Satzung keinen anderen Zeitpunkt

für deren Inkrafttreten bestimmen, vgl. oben Rnr. 163. Die Bestimmung des § 165 Abs. 9 BauGB über die Eintragung des Entwicklungsvermerkes durch das Grundbuchamt entspricht der Regelung des § 143 Abs. 2 Satz 1 und 2 BauGB über den Sanierungsvermerk, vgl. oben Rdn. 165.

Die Entwicklungssatzung ist nach § 169 Abs. 1 Nr. 8 BauGB in entsprechender Anwendung des § 162 BauGB aufzuheben, vgl. oben Rdn. 326 ff. Ebenfalls aufgrund von § 169 Abs. 1 Nr. 8 BauGB kann die Gemeinde in entsprechender Anwendung von § 163 BauGB die Entwicklung für einzelne Grundstücke als abgeschlossen erklären, vgl. oben Rdn. 320 ff. § 169 Abs. 1 Nr. 8 BauGB führt ferner zur entsprechenden Anwendung der Regelung des § 164 BauGB über die Rückübertragung von Grundstücken, vgl. dazu oben Rdn. 334 ff. Für die Änderung einer Entwicklungssatzung zur Erweiterung des städtebaulichen Entwicklungsbereiches gilt das gleiche Verfahren wie für den erstmaligen Erlass der Entwicklungssatzung.

§ 235 Abs. 1 Satz 2 BauGB enthält eine Überleitungsvorschrift für städtebauliche Entwicklungsbereiche, die noch nach dem Städtebauförderungsgesetz durch Entwicklungsverordnung förmlich festgelegt worden sind.

4.4.4 Ziele und Zwecke der Entwicklung

471   Nach § 165 Abs. 4 Satz 2 i.V. mit § 140 Nr. 3 BauGB gehört die Bestimmung der Ziele und Zwecke der städtebaulichen Entwicklungsmaßnahme zur Vorbereitung der Entwicklung. Das BauGB stellt in einigen Regelungen ausdrücklich auf die Ziele und Zwecke der städtebaulichen Entwicklungsmaßnahme ab, vgl. §§ 165 Abs. 3 Satz 1 Nr. 2, 166 Abs. 2 und Abs. 3 Satz 3 Nr. 2, § 169 Abs. 6 Satz 1 und Abs. 7 Satz 1 und 2 sowie 170 Satz 1. Insoweit haben die Ausführungen unter Rnr. 170 ff. oben zur Bestimmung der Ziele und Zwecke der Sanierung hier eine entsprechende Geltung. Zum Entwicklungskonzept der Gemeinde gehören insbesondere Aussagen darüber inwieweit die in § 165 Abs. 2 und Abs. 3 Satz 1 Nr. 2 BauGB genannten Ziele und Zwecke verfolgt werden sollen.

4.4.5 Städtebauliche Planung

4.4.5.1   Form der Planung

472   § 166 Abs. 1 Satz 2 Halbsatz 1 BauGB verpflichtet die Gemeinde dazu, für den städtebaulichen Entwicklungsbereich ohne Verzug Bebauungspläne aufzustellen. Das Gesetz geht daher davon aus, dass für die Vorbereitung städtebaulicher Entwicklungsmaßnahmen in jedem Falle das Planungserfordernis besteht. Das Gesetz enthält keine Aussage, welche Qualität diese aufzustellenden Bebauungspläne haben müssen. In aller Regel werden es aber Bebauungspläne i.S. von § 30 Abs. 1 BauGB sein müssen. Hiermit sind Bebauungspläne gemeint, die mindestens Festsetzungen über die Art und das Maß der baulichen Nutzung, die überbaubaren Grundstücksflächen und die örtlichen Verkehrsflächen enthalten, sogenannte qualifizierte Bebauungspläne. Die Gemeinde ist verpflichtet, die Bebauungspläne nach der förmlichen Festlegung des Entwicklungsbereiches unverzüglich aufzustellen,

Vorbereitung der Entwicklung

d.h. entsprechend dem Entwicklungskonzept Schritt für Schritt ohne von ihr zu vertretende Verzögerungen. Nicht erforderlich ist hingegen, dass nach dem Inkrafttreten der Entwicklungssatzung alle erforderlichen Bebauungsplanverfahren sofort und zugleich begonnen werden, insoweit ist VGH München 23.10.1995 BayVBl. 1996, 271 nicht zu folgen. Diese Planungspflicht hat ihren Sinn darin, dass nach § 169 Abs. 3 Satz 1 BauGB Enteignungen zu Gunsten der Gemeinde ohne Bebauungsplan zulässig sind. Aus rechtsstaatlichen Gründen soll der Zeitraum für derartige Enteignungen möglichst kurz gehalten werden. Soweit schon Bebauungspläne in dem Entwicklungsbereich in Kraft getreten sind, muss die Gemeinde entscheiden, ob auf deren Grundlage die städtebauliche Entwicklung durchgeführt werden soll. Die Bestandskraft dieser Bebauungspläne hängt nicht von der Rechtsgültigkeit der Entwicklungssatzung ab.

Die rechtliche Verpflichtung zur Aufstellung von Bebauungsplänen schließt nicht aus, dass die Gemeinde vorher städtebauliche Rahmenpläne i.S. von § 165 Abs. 4 Satz 2 i.V. mit § 140 Nr. 4 BauGB aufstellt. § 166 Abs. 1 Satz 2 BauGB bezieht sich nicht auf den „Bebauungsplan", sondern auf „Bebauungspläne". Er geht also davon aus, dass der Entwicklungsbereich vom räumlichen Umfang her die Aufstellung mehrerer Bebauungspläne erfordern kann. Gerade hier kann die Aufstellung eines Rahmenplanes aus planerischen Gründen notwendig sein, um der Planung durch mehrere Entwicklungsbebauungspläne einen Rahmen zu geben, d.h. sie inhaltlich zu koordinieren, vgl. oben Rnr. 183ff. *473*

4.4.5.2 Vorgaben des Gesetzes

4.4.5.2.1 Funktionsfähiger Bereich

§ 166 Abs. 2 BauGB enthält programmatische Vorgaben für den Inhalt der städtebaulichen Planung der Entwicklungsmaßnahme. So hat die Gemeinde durch ihre Planung die Voraussetzungen dafür zu schaffen, dass ein funktionsfähiger Bereich entsteht, der nach seinen wirtschaftlichen Gefügen und der Zusammensetzung der Bevölkerung den Zwecken und Zielen der städtebaulichen Entwicklungsmaßnahme entspricht und in dem eine ordnungsgemäße und zweckentsprechende Versorgung der Bevölkerung mit Gütern und Dienstleistungen sichergestellt ist. Dabei soll der „funktionsfähige Bereich" entsprechend der beabsichtigten städtebaulichen Entwicklung und Ordnung entstehen. Die Verpflichtung zur Sicherstellung einer ordnungsgemäßen und zweckentsprechenden Versorgung der Bevölkerung mit Gütern und Dienstleistungen besteht dagegen unabhängig von den Zwecken und Zielen der Entwicklungsmaßnahme. *474*

Diese Aussage des Gesetzes bedeutet eine Absage an so genannte Schlafstädte, d.h. die planerische Ausweisung großflächiger reiner Wohngebiete, die in den 60er- und 70er Jahren bei vielen Stadterweiterungen entstanden sind und bei der Bevölkerung wenig Anklang gefunden haben. Der heutige Städtebau wird überwiegend durch das Leitbild der Nutzungsmischung, das auch als „Stadt der kurzen Wege" bezeichnet wird, beherrscht. Ziel ist eine enge Nachbarschaft von Wohnen und Ar- *475* beiten in einer städtebaulichen Verdichtung. Hierfür kommen Dienstleistungsbetriebe, Handwerks- und kleinere Gewerbebetriebe und kleinere Verwaltungseinrichtungen in Betracht. Voraussetzung für eine derartige Aufhebung der Trennung von Lebensbereichen ist eine entsprechend kleinteilige Grundstücksstruktur. Nicht gefragt sind hier Großeinrichtungen wie Industriebetriebe, Sportanlagen, Kasernen oder Kläranlagen, die Umfeldqualität der Wohnungen beeinträchtigen können. Der Verwirklichung dieses städtebaulichen Leitbildes wirken Investoren entgegen, die aus wirtschaftlichen Gründen den Bau größerer Einheiten, wie Schul- oder Verwaltungszentren, Arzthäuser, Großwarenhäuser usw. anstreben sowie der Wunsch breiter Volksschichten, in einem Eigenheim im Grünen zu wohnen. Die Vorteile der Verflechtung der Lebensbereiche Wohnen und Arbeiten werden demgegenüber in der Einsparung von Energie infolge der Vermeidung von Verkehr und der Verminderung des Ausbaues von Verkehrsanlagen, in der Verringerung des Bodenverbrauches und einer gesteigerten Urbanität gesehen.

476 Dabei ist zu vergegenwärtigen, dass nach dem Grundsatz der planerischen Funktionstrennung die Schlafstadt dem Geschäftszentrum, d.h. planungsrechtlich der Ausweisung von Kerngebieten korrespondiert. Kerngebiete sind i.d.R. nach Geschäftsschluss genauso tot wie reine Wohngebiete tagsüber. Auf dem Grundsatz beruht nach wie vor die Baunutzungsverordnung. Bei der vorletzten Novellierung der Baunutzungsverordnung im Jahre 1977 ist den Gemeinden aber durch eine neue Fassung des § 1 eine sehr weitgehende Gestaltungsfreiheit eingeräumt worden. Allerdings hat die heute geltende Bekanntmachungsverordnung noch eine systemimmanente Vorbildwirkung für eine funktionstrennende Bauleitplanung. Die radikale räumliche Fragmentierung der städtischen Funktionen wird heute allgemein kritisiert. Die Entwicklung des zeitgenössischen Städtebaues tendiert zu einer weitgehenden Funktionsmischung unter dem Schlagwort: „Stadt der kurzen Wege". Dabei ist davon auszugehen, dass heute infolge verschärfter Umweltschutzbestimmungen von großen Teilen der Industrie- und Gewerbebetriebe keine das Wohnen beeinträchtigenden Störungen ausgehen dürfen. Allerdings hat an vielen Orten auch die Empfindlichkeit der Wohnbevölkerung zugenommen. Zu berücksichtigen ist ferner, dass bodenrechtlich relevante Spannungen auch von einem stärkeren Lieferverkehr durch Kraftfahrzeuge ausgehen können.

477 Die an der Konzentration der Funktionen orientierte Planung wird zunehmend durch eine Planung ersetzt, die sich auf innerörtliche Bereiche, Quartiere oder Ortsteile bezieht und die versucht, auch im Interesse der Verkehrsvermeidung die über das Wohnen hinausgehenden Lebensbedürfnisse der Menschen möglichst wohnungsnah zu befriedigen. Inwieweit eine Dezentralisierung im Einzelhandel aber möglich ist, hängt auch mit der Entwicklung der Benzinpreise und der Ladenschlusszeiten zuammen. Die moderne Datentechnik mit ihren Vernetzungsmöglichkeiten hingegen erlaubt in den Oberzentren und ihrem Nahbereich weitgehend die Dezentralisierung von Verwaltungsaufgaben. Zur Sicherstellung der ordnungsgemäßen und zweckentsprechenden Versorgung der Bevölkerung mit Gütern und Dienstleistungen i.S. von § 166 Abs. 2 BauGB kann die Gemeinde durch entspre-

Vorbereitung der Entwicklung

chende Festsetzungen im Bebauungsplan und durch die Veräußerung der Grundstücke an geeignete Unternehmer beitragen. Entscheidend ist aber der Markt, d.h. die Aussicht auf Rentabilität derartiger erwerbsmäßig betriebener Einrichtungen. Diese kann die Gemeinde nur insoweit beeinflussen, dass sie nicht entsprechende Konkurrenzeinrichtungen an anderer Stelle, z.B. in Form von Großwarenhäusern außerhalb des baulichen Zusammenhanges planungsrechtlich zulässt.

4.4.5.2.2   Zusammensetzung der Bevölkerung

Nach § 166 Abs. 2 BauGB hat die Gemeinde auch die Voraussetzungen dafür zu schaffen, dass ein funktionsfähiger Bereich entsteht, der nach der Zusammensetzung seiner Bevölkerung den Zielen und Zwecken der städtebaulichen Entwicklungsmaßnahme entspricht. § 1 Abs. 6 Nr. 2 BauGB schreibt als Planungsleitlinie der Bauleitplanung vor, stabile Bevölkerungsstrukturen zu schaffen. Nach § 169 Abs. 6 Satz 1 BauGB sind die neugeordneten und erschlossenen Grundstücke im Entwicklungsbereich „unter Berücksichtigung weiter Kreise der Bevölkerung" zu veräußern. Das Entwicklungskonzept der Gemeinde nach § 165 Abs. 4 Satz 2 i.V. mit § 140 Nr. 3 BauGB kann entsprechende Vorgaben für die Zusammensetzung der Bevölkerung des Entwicklungsbereiches enthalten. Gegen diesen Grundsatz der sozialen Mischung ist bei der Planung der Trabantensiedlungen in den 70er Jahren verstoßen worden. Das Märkische Viertel in Berlin besteht z.B. ausschließlich aus 17.000 Sozialwohnungen. Das bedeutet in der Praxis, die Wohnungen dürfen grundsätzlich nur von Personen bezogen werden, deren Einkommen unterhalb bestimmter Grenzen liegen. Diese Konzentration von Bewohnern mit geringem Einkommen löst sich erst langfristig nach Auslaufen der Bindungen der Wohnungsvergabe an diese Einkommensgrenzen. Erst danach können die Wohnungen an Mieter mit höherem Einkommen vergeben werden. Ferner kann sich diese Konzentration durch Verbesserung der Einkommensverhältnisse der einzelnen Mieter lockern, indem diese zu wohnungspolitisch nicht gewünschten Fehlbelegern werden. Zur Vermeidung einer einseitigen Bevölkerungsstruktur ist es daher erforderlich, dass die Gemeinde einen angemessenen Teil der für den Wohnungsbau vorgesehenen Grundstücke an Erwerber veräußert, die dort freifinanzierte Wohnungen bauen wollen.

478

4.4.5.3   Umgang mit Grund und Boden

Besondere Bedeutung für die Planung neuer städtebaulicher Entwicklungsmaßnahmen wird die in § 1a Abs. 2 BauGB enthaltene „Bodenschutzklausel" gewinnen. Danach soll bei der Bauleitplanung mit Grund und Boden sparsam und schonend umgegangen werden. Rechtlich handelt es sich bei der Bodenschutzklausel um ein so genanntes Optimierungsgebot, d.h. die Gemeinde muss, wenn sie von dieser Verpflichtung abweichen will, dies besonders begründen. Die Regelung ist durch das BauGB aus umweltpolitischen Gründen in das Bauleitplanungsrecht eingeführt worden, um die Gemeinden bei der Ausweisung neuer Baugebiete zu einem sparsamen Umgang mit dem Boden zu veranlassen. Die Landschaft soll nicht zer-

479

siedelt werden. Zum sparsamen und schonenden Umgang mit Grund und Boden gehört vor allem die flächendeckende Gestaltung des Baugebietes. Dies schließt für die Zukunft ein städtebauliches Leitbild aus, welches aus weiträumig gestreuten frei stehenden Einfamilienhäusern mit Garten besteht.

480 Das Gebot des sparsamen und schonenden Umgangs mit Grund und Boden verlangt vielmehr bei der Beplanung und Erschließung neuen Baulandes eine flächensparende, d.h. verdichtete Bauweise. Eine verdichtete Bauweise ermöglicht auch eine wirtschaftliche Erschließung des Baugebietes. Neben dem Straßennetz wird auch das Netz der Leitungen für Abwasser, Elektrizität, Wärme und Wasser verkürzt. Hierdurch können die Erschließungskosten eingeschränkt werden. Schließlich kann infolge einer verdichteten Bauweise auch der öffentliche Nahverkehr wirtschaftlicher gestaltet werden. Allerdings steht heute in kleineren Städten und in ländlichen Gebieten noch der Wunsch nach einem frei stehenden Einfamilienhaus bei vielen Bauherren im Vordergrund. Verdichtete Bauweise bedeutet nicht zwangsläufig den weiteren Bau überdimensionierter Trabantenstädte oder den Bau von familienunfreundlichen Wohnhochhäusern. Bauliche Dichte lässt sich nicht nur durch hohe Baukörper, sondern auch durch das Zusammenrücken relativ flacher Gebäude erreichen. Nach dem Bauordnungsrecht der Länder hängt die Tiefe der gesetzlich erforderlichen Abstandsfläche zwischen den einzelnen Gebäuden von deren Höhe ab. Auch führt die höhere Stapelung von Wohngeschossen nicht zu einem Kosten sparenden Bauen. Das Bauordnungsrecht der Länder schreibt i.d.R. für den Bau von mehr als vier Vollgeschossen den Einbau einer ausreichenden Zahl von Aufzügen vor, von denen einer auch zur Aufnahme von Lasten, Krankentragen und Rollstühlen geeignet sein muss.

481 Flächensparende Bauformen hat es schon in der Antike gegeben, als Beispiel ist die griechische Stadt Priene in der heutigen Westtürkei zu nennen. Auch die mittelalterlichen Städte bieten viele Beispiele für einen sparsamen Umgang mit dem Bauland durch eine dichte und niedrige Bebauung. Soweit in den erhaltenen Altstadtkernen heute Missstände in Bezug auf die Belichtung und Besonnung in den unteren Geschossen, vgl. § 136 Abs. 3 Nr. 1a) BauGB, festzustellen sind, beruht dies oftmals auf einer im 19. Jahrhundert durchgeführten Heraufzonung der Gebäude sowie auf Überbauungen der Blockinnenbereiche. Hingegen hat die Verdichtung durch das Zusammenrücken der Gebäude zu den maßstäblich gestalteten Straßen und Plätzen geführt, die heute wieder positiv bewertet werden. Aber auch das 20. Jahrhundert kennt viele Beispiele für gelungene flächensparende Bauformen. Allerdings haben sich diese in einigen anderen Ländern wie Holland, England, USA, noch stärker durchgesetzt als in Deutschland.

482 Der Bau einer entsprechenden flächenschonenden Struktur setzt neben einem entsprechenden Erschließungssystem auch eine entsprechende kleinteilige Parzellenstruktur voraus. Hierbei tragen Grundstücke mit einer größeren Tiefe als Breite zu einer sparsamen Erschließung bei. Als Haustypen kommen z.B. Gartenhofhäuser, Reihenhäuser und Stadthäuser, d.h. Reihenhäuser mit einer Einliegerwohnung in Betracht. Bei letzterem Haustyp kann eine individuelle Erschließung einer Woh-

Vorbereitung der Entwicklung

nung durch eine Außentreppe das Straßenbild gestalterisch bereichern. In diesem Zusammenhang ist auch eine Ausrichtung der Hauseingänge unmittelbar auf die Straße sinnvoll.

4.4.5.4 Beachtung des Bodenreliefs und des Landschaftsbildes

Die Beachtung des vorhandenen Bodenreliefs und des Landschaftsbildes hat für die Planung und Durchführung städtebaulicher Entwicklungsmaßnahmen besondere Bedeutung. Ortsbild und Landschaftsbild stehen zueinander in enger Beziehung und sind in vielen Fällen nahezu identisch. Bereits in früheren Jahrhunderten wurde aber auch das Landschaftsbild im Einzelfall aus städtebaulichen Gründen durch Eingriffe in das Bodenrelief verändert. Flüsse wurden umgeleitet und Berge abgetragen. In unseren Tagen verfügen wir hierfür über sehr viel bessere technische Mittel als unsere Vorfahren. Sie widersprechen aber dem Anliegen unseres heutigen Naturschutzes. Nach § 8 Abs. 2 Satz 1 Bundesnaturschutzgesetz (BNatSchG) sind vermeidbare Beeinträchtigungen von Natur und Landschaft zu unterlassen. Hierunter sind Eingriffe i.S. von § 8 Abs. 1 BNatSchG zu verstehen, d.h. Veränderungen der Gestalt oder die Nutzung von Grundflächen, die die Leistungsfähigkeit des Naturhaushalts oder das Landschaftsbild erheblich oder nachhaltig beeinträchtigen können. Das Landschaftsbild ist hier als der ästhetische Teil des Naturschutzes zu verstehen. Die Errichtung einer baulichen Anlage bedeutet grundsätzlich die Vornahme eines solchen naturschutzrechtlichen Eingriffes. Soweit er unvermeidbar ist, muss er möglichst geringfügig gehalten werden, sog. Minimierungsgebot, vgl. BVerwG 21.8.1990 UPR 1991, 102. *483*

Nach § 8a Absatz 1 BNatSchG ist über die Belange des Naturschutzes und der Landschaftspflege unter entsprechender Anwendung der Eingriffsregelung bereits in der Bauleitplanung zu entscheiden ist. Voraussetzung hierfür ist, dass aufgrund der Aufstellung, Änderung, Ergänzung oder Aufhebung von Bauleitplänen Eingriffe in Natur und Landschaft zu erwarten sind. Dies wird bei städtebaulichen Entwicklungsmaßnahmen i.d.R. der Fall sein. Entsprechend § 1a Abs. 3 BauGB sind die zu erwerbenden Eingriffe in der Abwägung zu berücksichtigen. Im Ergebnis gehört daher das Minimierungsgebot zu den abwägungsrelevanten Planleitlinien. D.h. das Minimierungsgebot ist bei der städtebaulichen Planung zu berücksichtigen, soweit es aufgrund der von der Gemeinde vorzunehmenden Abwägung nach § 1 Abs. 6 BauGB nicht hinter anderen im Einzelfall wichtigen Belangen zurücktreten muss. Soweit dies nicht der Fall ist, muss die Planung so gestaltet werden, dass ihre Durchführung zu möglichst geringen Eingriffen in das vorhandene Bodenrelief führt. Hierzu zählen Bodenbewegungen durch Planierungen oder Aufschüttungen. *484*

Die Planung soll die vorhandene Topografie möglichst nicht verändern, sondern berücksichtigen. Zur Topografie gehören insbesondere Anhöhen, Täler, Bäche, Flüsse, Seen und der Meeresstrand. Danach muss sich das Planungsergebnis weitgehend in die vorhandene Topografie einordnen. Die Möglichkeit zu geometrischen Siedlungsgrundrissen wird hingegen hierdurch eingeengt, soweit ihre Durchführung eine Veränderung der Topografie durch Planung voraussetzt. *485*

Entsprechendes gilt für Formen der Vegetation, die für das Landschaftsbild wesentlich sind, wie z. B. Biotope, Wälder oder einzelne Bäume, die aus Gründen des Naturschutzes zu erhalten sind. Die städtebauliche Planung muss sich bemühen, sie soweit wie möglich nicht durch nachfolgende Eingriffe in bauliche Vorhaben zu beeinträchtigen.

486   Bei der Vermeidung von Eingriffen in das Landschaftsbild geht es in der städtebaulichen Planung um den optisch wahrnehmbaren Einklang von Natur und baulichen Anlagen. Dieser Einklang kann insbesondere durch Großbauten leicht erheblich beeinträchtigt werden. Das Minimierungsgebot verlangt daher in derartigen Fällen eine Prüfung, ob die städtebauliche Zielsetzung nicht auch durch kleinere Baukörper und entsprechende Festsetzungen in dem Bebauungsplan erreicht werden kann. Ausweislich unserer noch erhaltenen Altstadtbereiche haben unsere Vorfahren durch Anpassung einheitlicher Bauweisen an die vorhandene verschiedenartige Topografie oftmals sehr harmonische Bauformen entwickelt. So kann die Respektierung des Geländes zu gestalterisch interessanten Variationen eines Bautypus sowie einer identitätsstiftenden Eigentümlichkeit des jeweiligen Städtebaues führen.

4.4.5.5 Städtebau im menschlichen Maßstab

487   Nach § 1 Abs. 5 Satz 1 BauGB sollen Bauleitpläne dazu beitragen, eine menschenwürdige Umwelt zu sichern. Diese Bestimmung ist 1976 in das damalige BBauG aufgenommen worden. Bezieht man die Regelung nicht ausschließlich auf den Umweltschutz und den Schutz vor Immissionen, sondern auch auf die Gestaltung der die unmittelbare Umwelt des Menschen prägenden baulichen Anlagen, so ist die Frage aufzuwerfen, welcher Städtebau als menschenwürdig zu qualifizieren ist. In den 70er Jahren wurde das Schlagwort von der humanen Stadt gebraucht. Hierin drückte sich zugleich die Kritik an der Monotonie, Massierung und Phantasielosigkeit des damaligen Städtebaues aus. Zugleich sollten wieder menschliche Maßstäbe zur Grundlage des Bauens werden. Dies bezieht sich nicht auf die richtige Bemessung der Breite von Türen und Bürgersteigen oder der Deckenhöhe in Wohnräumen. Gemeint ist die Rücksichtnahme auf den Menschen vorgegebene natürliche Eigenheiten, Fähigkeiten und Grenzen bei der Planung der Dimensionen von Ortsteilen, Straßenbreiten und insbesondere Baukörpern.

488   Der durchschnittliche fußläufige Aktionsradius eines erwachsenen Menschen beträgt ungefähr 600 m. Dies ist zugleich das für ihn überschaubare unmittelbare Umfeld. Wenn er sich dort heimisch fühlen soll, bedarf dieses Umfeld einer gewissen Unverwechselbarkeit in der Gestaltung. Etwa 50 m weit reicht die menschliche Stimme. Auch das Sehvermögen des Menschen hat seine Grenzen. Das Blickfeld des Menschen ist begrenzt. Wir können nur bis zu einer bestimmten Entfernung verschiedene Gesichter unterscheiden. Hieraus lassen sich Anhaltspunkte gewinnen dafür, wie breit eine Straße sein soll, damit jemand auf der anderen Straßenseite noch eine ihm bekannte Person erkennen und anrufen kann. Wir verfügen auch über Anhaltspunkte über die Bestimmung der Höhe eines Wohngebäudes, damit

Vorbereitung der Entwicklung

eine Mutter von dort aus ihr vor dem Haus spielendes Kind beaufsichtigen kann. Wohnhochhäuser werden daher heute nahezu einhellig als familiär unfreundlich beurteilt. Bereits das Mittelalter kannte maßstabssprengende Großbauten. Dome und Kirchen waren Symbole des Glaubens. Schlösser und Rathäuser waren Darstellungen politischer Macht. Albert Speer wollte mit seinen überdimensionierten Gebäuden die Macht des Dritten Reiches darstellen. Was sollen heute die Hochhäuser der Banken und Verwaltungen als städtebauliche Dominanten symbolisieren?

4.4.6 Erörterung der beabsichtigten Entwicklung

Aufgrund von § 165 Abs. 4 Satz 2 BauGB ist § 137 BauGB bei der Vorbereitung der städtebaulichen Entwicklungsmaßnahme entsprechend anzuwenden. Erörterungsberechtigt sind nur die von der in Aussicht genommenen städtebaulichen Entwicklung betroffenen Betroffenen. In Frage kommen hauptsächlich Personen, die in dem festzulegenden Entwicklungsbereich wohnen, arbeiten oder dort ihren Betrieb haben. Gegenstand der Erörterung ist neben der Abgrenzung des Entwicklungsbereiches das Entwicklungskonzept. Ferner ist die städtebauliche Planung soweit sie sich abzeichnet, ebenfalls möglichst frühzeitig mit den Betroffenen zu erörtern. Sie müssen die Gelegenheit erhalten, Einwendungen und Gegenvorstellungen zu den Planungsbeschlüssen der Gemeinde vorzubringen. *489*

4.4.7 Sozialplan

Entsprechend § 165 Abs. 4 Satz 2 i.V. mit § 140 Nr. 6 BauGB gehört die Erarbeitung und Fortschreibung des Sozialplanes zur Vorbereitung der städtebaulichen Entwicklung. Soweit sich städtebauliche Entwicklungsmaßnahmen voraussichtlich auf die persönlichen Lebensumstände der in dem Gebiet wohnenden und arbeitenden Menschen nachteilig auswirken, soll die Gemeinde nach § 180 Abs. 1 Satz 1 BauGB Vorstellungen entwickeln und mit den Betroffenen erörtern, wie nachteilige Auswirkungen möglichst vermieden werden können. Insoweit gilt hier das Gleiche wie für die städtebauliche Sanierung, vgl. oben Rdn. 199. Die Durchführung von Außenentwicklungsmaßnahmen setzt häufig die Auflösung oder soweit möglich, die Verlagerung landwirtschaftlicher Betriebe voraus. *490*

4.4.8 Vorgezogene Durchführungsmaßnahmen

Aufgrund von § 165 Abs. 4 Satz 2 i.V. mit § 140 Nr. 7 BauGB sind einzelne Durchführungsmaßnahmen, d.h. Ordnungs- und Baumaßnahmen bereits vor der förmlichen Festlegung des städtebaulichen Entwicklungsbereiches zulässig. Soweit eine städtebauliche Planung bereits vorliegt, können z.B. Durchführungsmaßnahmen auf gemeindeeigenen Grundstücken oder solchen, die die Gemeinde nach § 166 Abs. 3 BauGB nicht erwerben muss, in Betracht. Im Übrigen wird ein Grunderwerb zum entwicklungsunbeeinflussten Wert nach § 169 Abs. 1 Nr. 6 i.V. mit § 153 Abs. 3 Satz 1 BauGB i.d.R. die förmliche Festlegung des Entwicklungsbereiches voraussetzen. *491*

4.5 Durchführung städtebaulicher Entwicklungsmaßnahmen

4.5.1 Aufgaben der Gemeinde

4.5.1.1 Verwirklichungspflicht

492 § 166 Abs. 1 Satz 2 Halbsatz BauGB verpflichtet die Gemeinde ausdrücklich dazu, alle erforderlichen Maßnahmen zu ergreifen, um die vorgesehene Entwicklung im städtebaulichen Entwicklungsbereich zu verwirklichen, soweit eine Aufgabe nicht nach sonstigen gesetzlichen Vorschriften einem anderen obliegt. Schwerpunkte dieser Verpflichtung sind neben der Aufstellung der Bebauungspläne, der Grunderwerb, die Neuordnung und Erschließung der Grundstücke, ihre Wiederveräußerung und die Sicherung der erforderlichen Baumaßnahmen.

Nach § 166 Abs. 2 BauGB hat die Gemeinde die Voraussetzungen dafür zu schaffen, dass ein funktionsfähiger Bereich entsprechend der beabsichtigten städtebaulichen Entwicklung und Ordnung entsteht. D.h. auch, die Gemeinde muss all ihre rechtlichen und finanziellen Möglichkeiten ausschöpfen, damit die beabsichtigte städtebauliche Entwicklung zustandekommt.

4.5.1.2 Grunderwerb

493 Der Erwerb der Grundstücke im Entwicklungsbereich ist eine Hauptaufgabe der Gemeinde. Die Grunderwerbspflicht ist für die städtebauliche Entwicklungsmaßnahme kennzeichnend. Bei der förmlichen Festlegung eines städtebaulichen Entwicklungsbereiches sind entsprechend § 165 Abs. 3 Satz 1 Nr. 2 BauGB gebiets-, nicht grundstücksbezogen, die Voraussetzungen einer Enteignung zu prüfen. Die Gemeinde ist aber nicht verpflichtet gleich alle betroffenen Grundstücke im Anschluss an das Inkrafttreten der Entwicklungssatzung zu erwerben. Im Interesse der Kostenersparnis braucht die Gemeinde nur die jeweils von ihr benötigten Grundstücke zu erwerben. Der sofortige Erwerb aller Grundstücke würde wegen der erheblichen Vorfinanzierungskosten den Gemeindehaushalt erheblich belasten, so zutreffend OVG Berlin 28. 11. 1997 BRS 59 Nr. 252. Zum Übernahmeverlangen des Eigentümers eines im städtebaulichen Entwicklungsbereiches gelegenen Grundstücks nach § 168 BauGB vgl. unten Rdn. 512 ff. § 166 Abs. 3 Satz 1 BauGB verpflichtet die Gemeinde im Laufe der Entwicklungsmaßnahme grundsätzlich dazu, alle Grundstücke im Entwicklungsbereich zu erwerben. D.h. sie darf nur im Ausnahmefall von dem Grunderwerb absehen. § 166 Abs. 3 Satz 3 BauGB enthält eine Aussage über diese Ausnahmefälle. Damit die Gemeinde die Grundstücke erwerben kann, hat das BauGB die Enteignung im Entwicklungsbereich erleichtert, vgl. unten Rnr. 510f. Der Grunderwerb dient jedoch nicht der Kommunalisierung des Bodens. Nach § 166 Abs. 3 Satz 2 BauGB soll die Gemeinde schon beim Grunderwerb feststellen, ob und in welcher Form die bisherigen Eigentümer bei der später von der Gemeinde vorzunehmenden Wiederveräußerung der Grundstücke den Erwerb von Grundstücken oder grundstücksgleichen Rechten, Rechten nach dem Wohnungseigentumsgesetz oder sonstigen dinglichen Rechten an Grundstücken anstreben.

Durchführung städtebaulicher Entwicklungsmaßnahmen

§ 166 Abs. 3 Satz 3 BauGB regelt, in welchen Fällen die Gemeinde vom Grunderwerb absehen soll, d.h. grundsätzlich sollen die Grundtücke nicht erworben werden, auch in diesen Fällen kommen in atypischen Fällen Ausnahmen in Frage, und dann gilt wieder die Grunderwerbspflicht. *494*

Der erste Fall betrifft ein baulich genutztes Grundstück, bei dem durch die städtebauliche Entwicklung die Art und das Maß der baulichen Nutzung nicht geändert werden sollen. Maßgebend hierfür ist die städtebauliche Planung der Gemeinde. Soweit noch keine solche grundstücksbezogene Planung aufgestellt ist, kann die Gemeinde die Entscheidung über den Grunderwerb zurückstellen.

Der zweite Fall setzt voraus, dass die Gemeinde die Ziele und Zwecke ihrer Entwicklungsmaßnahme in Bezug auf die Verwendung eines Grundstücks bestimmt hat oder diese Ziele und Zwecke zumindest mit ausreichender Sicherheit bestimmbar sind. Unter diesen Voraussetzungen kann der Eigentümer sich vertraglich verpflichten, das betreffende Grundstück in angemessener Frist zu nutzen. Ist der Eigentümer hierzu in der Lage, hat die Gemeinde grundsätzlich vom Erwerb des Grundstücks abzusehen. Die Verpflichtung muss sich auf die plankonforme Nutzung des gesamten Grundstücks beziehen. Die Anwendung dieser Vorschrift setzt voraus, dass das Grundstück bereits erschlossen ist und nicht der Neuordnung bedarf.

Damit die Gemeinde, von diesen Fällen abgesehen, ihre Verpflichtung zum Grunderwerb gegenüber den betroffenen Eigentümern auch durchsetzen kann, erleichtert das Gesetz im förmlich festgelegten städtebaulichen Entwicklungsbereich die Enteignung, vgl. unten Rnr. 510f. Desgleichen verfügt die Gemeinde aufgrund von § 24 Abs. 1 Nr. 3 BauGB im städtebaulichen Entwicklungsbereich über ein allgemeines Vorkaufsrecht wie im förmlich festgelegten Sanierungsgebiet., vgl. oben Rnr. 254ff. Die Vorschriften der §§ 182 bis 186 BauGB über die Aufhebung und Verlängerung von Miet- und Pachtverhältnissen finden im städtebaulichen Entwicklungsbereich ebenfalls Anwendung, vgl. hierzu oben Rnr. 278ff. Infolge der allgemeinen Grunderwerbspflicht entfällt im förmlich festgelegten Entwicklungsbereich aufgrund von § 169 Abs. 2 BauGB die Anwendung der Bestimmungen des Vierten Teiles des Allgemeinen Städtebaurechtes des BauGB über die Umlegung und die Grenzregelung. Als Eigentümerin der Grundstücke kann die Gemeinde die Neuordnung der Grundstücke ohne Anwendung eines besonderen gesetzlichen Verfahrens durchführen. *495*

4.5.1.3 Neuordnung der Grundstücke

Die Gemeinde hat die von ihr erworbenen Grundstücke entsprechend ihrer städtebaulichen Planung neuzuordnen, vgl. § 169 Abs. 6 Satz 1 BauGB. Die Gemeinde führt als Eigentümerin der Grundstücke eine Umlegung durch. Hierbei ist in erster Linie an eine Neuparzellierung von bisher landwirtschaftlich genutzten großen Flurstücken zu denken. Zugleich sind Flächen für den städtebaulich erforderlichen Straßenbau abzugrenzen. Die plangemäße Neuordnung der Grundstücke entschei- *496* det zugleich über die städtebauliche Struktur der zu entwickelnden neuen Teile des Gemeindegebietes. Durch einen kleinteiligen Zuschnitt der Parzellen mit leichten Abweichungen kann die Gemeinde dem Entstehen gleichförmiger Gestaltungsformen entgegen wirken.

4.5.1.4 Erschließung der Grundstücke

497 Nach der Neuordnung hat die Gemeinde ihre Grundstücke zu erschließen, vgl. § 169 Abs. 6 Satz 1 BauGB. Erschließung bedeutet Bau der in § 127 Abs. 2 und Abs. 4 BauGB genannten Erschließungsanlagen, soweit dies erforderlich ist. Aufgrund von § 169 Abs. 1 Nr. 6 i. V. mit § 156 Abs. 1 BauGB entfällt eine Umlegung der Erschließungskosten auf die betroffenen Grundeigentümer. Die Gemeinde darf die Durchführung der Erschließung nicht einem privaten Träger, sondern nur einem Entwicklungsträger i. S. von § 167 BauGB übertragen, vgl. hierzu oben Rnr. 458f. Allerdings kann die Gemeinde aufgrund von § 169 Abs. 1 Nr. 2 i. V. mit § 147 Abs. 2 BauGB die Durchführung der Ordnungsmaßnahmen dem Eigentümer überlassen. Zu den Ordungsmaßnahmen gehört nach § 147 Abs. 1 Satz 1 Nr. 4 BauGB auch die Herstellung und Änderung von Erschließungsanlagen. Die Durchführung von Ordnungsmaßnahmen durch die Grundeigentümer kommt aber nur in Bezug auf Grundstücke in Betracht, bei denen die Gemeinde aufgrund von § 166 Abs. 3 Satz 2 BauGB vom Erwerb absehen könnte. Die Anlage eines grundstücksübergreifenden Erschließungssystems kann hingegen im städtebaulichen Entwicklungsbereich nicht Aufgabe der Grundeigentümer sein.

4.5.1.5 Weitere Ordnungsmaßnahmen

498 Aufgrund von § 169 Abs. 1 Nr. 4 BauGB ist ein städtebaulicher Entwicklungsbereich auch § 147 BauGB entsprechend anzuwenden. Danach kommen noch weitere entwicklungsbedingte Ordnungsmaßnahmen in Betracht. Es hat sich bei der Durchführung von Entwicklungsmaßnahmen, die der Erschließung neuen Baulandes dienen, gezeigt, dass auch dort neben der Bodenordnung und dem Bau von Erschließungsanlagen auch Ordnungsmaßnahmen, wie z. B. die Verlagerung von landwirtschaftlichen Betrieben und die Freilegung von Grundstücken erforderlich sind. Hinzu kommt, dass § 165 Abs. 2 Satz 1 BauGB auch städtebauliche Entwicklungsmaßnahmen zulässt, die der Zuführung von Teilen des Gemeindegebietes zu einer neuen Entwicklung im Rahmen einer städtebaulichen Neuordnung dienen. Diese Entwicklungsmaßnahmen können auch in einem im Zusammenhang bebauten Ortsteil durchgeführt werden. Die angestrebte Neuordnung setzt die Durchführung zahlreicher Ordnungsmaßnahmen voraus. Sie entspricht insoweit einer Flächensanierung. Aufgrund von § 169 Abs. 1 Nr. 4 BauGB kann die Gemeinde die Durchführung von Ordnungsmaßnahmen im Rahmen von § 147 Abs. 3 BauGB dem Eigentümer des Grundstücks überlassen. Hierfür kommen Eigentümer von Grundstücken, die die Gemeinde nach § 166 Abs. 3 Satz 3 BauGB nicht erwerben soll, in Frage.

4.5.1.6 Veräußerung der Grundstücke

4.5.1.6.1 Veräußerungspflicht

Der Erwerb der Grundstücke im städtebaulichen Entwicklungsbereich durch die Gemeinde dient nicht der Vermehrung der gemeindlichen Liegenschaften, sondern ausschließlich der Durchführung der städtebaulichen Entwicklung. § 169 Abs. 5 BauGB verpflichtet daher die Gemeinde dazu, grundsätzlich alle privat nutzbaren Grundstücke, die sie zur Durchführung der Entwicklungsmaßnahme freihändig, d. h. durch Kauf oder Tausch, sowie die Grundstücke, die sie in Anwendung von Bestimmungen des BauGB erworben hat, wiederzuveräußern. Als Bestimmungen in diesem Sinne kommen die Vorschriften über die Enteignung und die Ausübung des Vorkaufsrechtes in Betracht. Die Wiederveräußerungspflicht der Gemeinde besteht auch noch nach der Aufhebung der Entwicklungssatzung. § 169 Abs. 5 BauGB klammert von der Reprivatisierungspflicht lediglich Flächen aus, die

499

– in einem Bebauungsplan als Baugrundstücke für den Gemeinbedarf oder als Verkehrs-, Versorgungs- oder Grünflächen festgesetzt sind oder
– für sonstige öffentliche Zwecke
oder
als Austauschland
oder
zur Entschädigung in Land benötigt werden.

Nicht der gesetzlichen Veräußerungspflicht unterliegen auch die so genannten Altgrundstücke, d. h. die Grundstücke, die sich schon vor der Vorbereitung der städtebaulichen Entwicklungsmaßnahme im Liegenschaftsvermögen der Gemeinde befanden.

4.5.1.6.2 Veräußerung an Bauwillige

Die Gemeinde darf die Grundstücke, die nach § 169 Abs. 5 BauGB der Veräußerungspflicht unterliegen, gemäß § 169 Abs. 6 Satz 1 BauGB unter Beachtung der Ziele und Zwecke der Entwicklungsmaßnahme nur an Bauwillige veräußern. Diese müssen sich verpflichten, innerhalb angemessener Frist die Grundstücke entsprechend den Festsetzungen des Bebauungsplanes und den Erfordernissen der Entwicklungsmaßnahme zu bebauen. Aus der Sicht der Gemeinde ist es daher sinnvoll in den Veräußerungsvertrag ein Rückkaufrecht für den Fall der Nichtdurchführung zu vereinbaren. In den Vertrag können auch Regelungen über die bauliche Gestaltung des Vorhabens aufgenommen werden. Die Gemeinde darf von dem Bauwilligen verlangen, dass er die Finanzierbarkeit seines Vorhabens darlegt. Bei der Veräußerung hat die Gemeinde nach § 169 Abs. 7 Satz 1 BauGB dafür zu sorgen, dass die Bauwilligen die Bebauung in wirtschaftlich sinnvoller Reihenfolge derart durchführen, dass

500

– die Ziele und Zwecke der städtebaulichen Entwicklung erreicht werden und
– die Vorhaben sich in den Rahmen der Gesamtmaßnahme einordnen.

Nach § 169 Abs. 6 Satz 4 i. V. mit § 89 Abs. 4 BauGB kann die Gemeinde neben der Übertragung des Eigentums ihre Veräußerungspflicht auch erfüllen, indem sie

– grundstücksgleiche Rechte wie z. B. Erbbaurechte oder
– Rechte nach dem Wohnungseigentumsgesetz oder
– sonstige dingliche Rechte wie z. B. eine Dienstbarkeit nach § 1018ff. BGB

zu Gunsten eines Dritten begründet oder gewährt. Es reicht aber auch aus, wenn die Gemeinde dem Dritten einen Anspruch auf den Erwerb eines der genannten Rechte verschafft, z. B. durch Bewilligung der Eintragung einer entsprechenden Vormerkung in das Grundbuch.

501 Darüber hinaus muss die Gemeinde nach § 169 Abs. 7 Satz 2 BauGB auch die dauerhafte Nutzung der neu geschaffenen baulichen Anlagen entsprechend den Zielen und Zwecken der städtebaulichen Entwicklungsmaßnahme sicherstellen. Diese gesetzlichen Vorgaben kann die Gemeinde bei der Gestaltung der Grundstücksveräußerungsverträge berücksichtigen. Danach müssen sich Erwerber der Grundstücke verpflichten, den Erfordernissen des Gesetzes nachzukommen. In die Verträge können z. B. Klauseln aufgenommen werden, die den Erwerber verpflichten, das Grundstück bei Nichteinhaltung der eingegangenen vertraglichen Verpflichtungen innerhalb der dort bestimmten Frist zum Erwerbspreis zurückzuveräußern.

4.5.1.6.3 Weite Kreise der Bevölkerung

502 Die Grundstücke sind von der Gemeinde entsprechend § 169 Abs. 6 Satz 1 BauGB nach der Neuordnung und Erschließung „unter Berücksichtigung weiter Kreise der Bevölkerung" zu veräußern. Das Gesetz verfolgt hier wie in § 1 Abs. 5 Satz 2 Nr. 2 und § 89 Abs. 3 Satz 1 BauGB das Ziel der Eigentumsstreuung. Möglichst viele bauwillige Interessenten sollen Grundeigentum erwerben können. Das schließt die Zwischenveräußerung an einen Bauträger jedoch nicht völlig aus. Soweit die städtebauliche Planung eine einheitliche Bebauung durch Reihen- oder Mehrfamilienhäuser vorsieht, kann dies im Einzelfall zulässig sein. In diesem Fall muss aber die Gemeinde, um dem gesetzlichen Ziel der Eigentumsstreuung zu genügen, die Weiterveräußerung der Grundstücke an Privatpersonen in geeigneter Form sicherstellen, so auch VGH Mannheim 27. 1. 1995 ZfBR 1995, 275.

4.5.1.6.4 Bevorzugte Personengruppen

503 Das Gesetz verpflichtet aus eigentumspolitischen Gründen die Gemeinde dazu, bei der Veräußerung der Grundstücke bestimmte Personengruppen zu bevorzugen. Hieraus ist aber im Einzelfall kein Anspruch eines Bevorrechtigten auf Erwerb eines bestimmten Grundstückes abzuleiten. Entsprechend § 169 Abs. 6 Satz 2 BauGB sind bei der Veräußerung der Grundstücke zunächst die früheren Eigentümer zu berücksichtigen. Nach § 169 Abs. 6 Satz 3 BauGB müssen Grundstücke im Entwicklungsbereich Land- und Forstwirten angeboten werden, die zur Durchführung der Entwicklungsmaßnahme Grundstücke übereignet haben oder abgeben

Durchführung städtebaulicher Entwicklungsmaßnahmen

mussten, wenn im Bebauungsplan eine land- oder forstwirtschaftliche Nutzung festgesetzt worden ist. Mangels Vorliegens dieser Voraussetzung hat diese Bestimmung bisher wenig praktische Bedeutung erlangt.

4.5.1.6.5 Veräußerung zum Neuordnungswert

§ 169 Abs. 8 Satz 1 BauGB verpflichtet die Gemeinde dazu, die Grundstücke und die grundstücksgleichen Rechte, die der gesetzlichen Privatisierungspflicht nach § 169 Abs. 5, vgl. oben Rdn. 499, unterliegen, zu dem Verkehrswert zu veräußern, der sich aus der rechtlichen und tatsächlichen Neuordnung des Entwicklungsbereiches ergibt, vgl. Rnr. 496. Die Regelung entspricht der sanierungsrechtlichen Vorschrift des § 153 Abs. 4 BauGB, vgl. oben Rdn. 377f. Auf die Art des Grunderwerbs kommt es hier im Entwicklungsrecht jedoch nicht an. § 168 Abs. 8 Satz 1 BauGB unterliegt keinem Planungsvorbehalt. Städtebauliche Entwicklungsmaßnahmen können daher nicht vom den Gemeinden zum Zwecke der Beschaffung preisgünstigen Baulandes oder zur Erleichterung der Finanzierung der sozialen Wohnraumförderung durchgeführt werden. Der bauwillige Käufer hat daher immer den Kaufpreis zu entrichten dem aktuellen Verkehrswert des Grundstückes entspricht, so auch BVerwG 19. 4. 1999 ZfBR 1999, 390. Ein Verstoß gegen § 169 Abs. 8 BauGB kann die Gemeinde Schadensersatzansprüchen der Überschussberechtigten nach § 171 Abs. 1 Satz 2 i.V. mit § 156a Abs. 1 BauGB aussetzen. Die Zusage der Gemeinde ein Grundstück unterhalb des entwicklungsbedingten Neuordnungswertes zu veräußern ist rechtswidrig und daher unwirksam, vgl. BGH 13. 7. 1993 NVwZ 1994, 91.

504

4.5.1.6.6 Nachfrage nach Grundstücken

Ob und inwieweit eine städtebauliche Entwicklungsmaßnahme durchgeführt wird, hängt letztlich vom Verkauf der Grundstücke zu den vorgenannten Bedingungen an geeignete Bauinvestoren ab. Die Gemeinde ist daher gut beraten, wenn sie die örtliche Marktsituation vor der förmlichen Festlegung der Entwicklungsmaßnahme genau prüft und das Ergebnis dieser Prüfung auch entsprechend bei der Erarbeitung ihrer städtebaulichen Planung für die Entwicklungsmaßnahme berücksichtigt. Zu empfehlen ist eine möglichst breit gefächerte Untersuchung des Investitionsmarktes. Soll die Entwicklungsmaßnahme auch dem Bau von Mietwohnungen dienen, wird die Gemeinde sich vergewissern müssen, dass die erforderlichen Mittel des öffentlich geförderten sozialen Wohnungsbaues zur Verfügung stehen, soweit aufgrund des Mieterschutzes keine privaten Bauherren zum Bau von Mietwohnungen bereit sind.

505

4.5.1.7 Baumaßnahmen der Gemeinde

Zu einem funktionsfähigen Bereich i.S. von § 166 Abs. 2 BauGB gehören auch die erforderlichen Gemeindebedarfs- und Folgeeinrichtungen i.S. von § 148 Abs. 2 Nr. 3 BauGB. Da die Gemeinde verpflichtet ist, die privaten Grundeigentümer zur Durchführung der Baumaßnahmen anzuhalten, wird sie selbst mit gutem Beispiel

506

Städtebauliche Entwicklungsmaßnahmen

vorangehen müssen und sobald wie möglich die entwicklungserforderlichen Gemeinbedarfs- und Folgeeinrichtungen bauen, deren Träger sie selbst ist. Oftmals haben diese Baumaßnahmen eine Signalwirkung für die anderen Bauträger.

4.5.2 Baumaßnahmen Dritter

4.5.2.1 Baumaßnahmen öffentlicher Bedarfsträger

507 Die Erfahrungen der Praxis zeigen, dass Baumaßnahmen öffentlicher Bedarfsträger i.S. von § 139 BauGB bei der städtebaulichen Entwicklung eine größere Rolle spielen als bei der städtebaulichen Sanierung. Die Gemeinde wird daher bei der Veräußerung von Grundstücken an diese Bedarfsträger darauf achten müssen, dass die Grundstücke nicht auf Vorrat, sondern für die tatsächliche Durchführung der geplanten Baumaßnahmen erworben werden.

4.5.2.2 Baumaßnahmen privater Bauträger

508 Nach § 169 Abs. 1 Nr. 4 i.V. mit § 148 Abs. 1 Satz 1 BauGB bleibt die Durchführung der Baumaßnahmen den Eigentümern überlassen, soweit die zügige und zweckmäßige Durchführung gewährleistet ist. Wenn die Gemeinde aufgrund des Grundstücksveräußerungsvertrages keine Handhabe hat, den bauunwilligen Eigentümer zur Durchführung des Vorhabens zu veranlassen, vgl. hierzu oben Rdn. 500f., kann sie unter den Voraussetzungen des § 176 BauGB ein Baugebot anordnen, vgl. hierzu unten Rnr. 538ff. Das städtebauliche Erfordernis eines solchen Baugebotes i.S. von § 175 Abs. 2 BauGB ist im förmlich festgelegten Entwicklungsbereich uneingeschränkt zu bejahen. Der Erwerber eines solchen Grundstückes wird gegenüber der Anordnung des Gebotes auch kaum nach § 176 Abs. 3 oder 4 BauGB einwenden können, ihm sei die Durchführung der Baumaßnahme aus wirtschaftlichen Gründen nicht zuzumuten.

4.6 Besonderes Bodenrecht

4.6.1 Bedeutung und System

509 Die Festlegung des städtebaulichen Entwicklungsbereiches durch eine Entwicklungssatzung führt entsprechend dem Sanierungsrecht zur Geltung zahlreicher besonderer Vorschriften des BauGB in dem Entwicklungsbereich. Dieses Besondere Bodenrecht hat für die Vorbereitung und Durchführung städtebaulicher Entwicklungsmaßnahmen im Verhältnis zu den Sanierungsmaßnahmen eine noch größere Bedeutung. Ausschlaggebend hierfür ist die Grunderwerbspflicht der Gemeinde nach § 166 Abs. 3 BauGB. Ferner spielt die Abschöpfung entwicklungsbedingter Bodenwerterhöhungen im Vergleich zu den Sanierungsmaßnahmen für die Deckung der im Rahmen der Gesamtmaßnahme anfallenden Kosten eine größere Rolle.

Besonderes Bodenrecht

Die Entwicklungssatzung hat für die zum Entwicklungsbereich gehörenden Grundstücke die folgenden Rechtswirkungen:

- Besondere Vorschriften des BauGB außerhalb des Sanierungsrechtes sind anwendbar,
- Bestimmte sanierungsrechtliche Bestimmungen erlangen Geltung,
- Die im Entwicklungsrecht genannten bodenrechtlichen Regelungen sind anzuwenden.

4.6.2 Enteignung

Ein wichtiger Bezugspunkt des besonderen Entwicklungsrechtes ist die in § 166 Abs. 3 Satz 1 BauGB geregelte grundsätzliche Verpflichtung der Gemeinde zum Erwerb aller Grundstücke im Entwicklungsbereich. Damit die Gemeinde dieser gesetzlichen Verpflichtung nachkommen kann, erleichtert das Gesetz die Enteignung im förmlich festgelegten Entwicklungsbereich. Abweichend vom allgemeinen Enteignungsrecht sind hier Enteignungen zu Gunsten der Gemeinde oder des Entwicklungsträgers nach § 169 Abs. 3 Satz 1 BauGB zur Erfüllung ihrer Aufgaben bereits vor der Aufstellung der Bebauungspläne zulässig. *510*

Aufgrund von § 169 Abs. 3 Satz 3 BauGB sind die enteignungsrechtlichen Bestimmungen der §§ 85, 87, 88 und 89 Abs. 1 bis 3 BauGB im Entwicklungsbereich nicht anzuwenden. An die Stelle der in § 85 BauGB enthaltenen Regelung über den Enteignungszweck tritt § 169 Abs. 3 Satz 1 BauGB. Die Anwendung der in § 87 Abs. 1 BauGB enthaltenen Vorschrift über das Allgemeinwohlerfordernis entfällt, weil die Gemeinde dieses Erfordernis bereits nach § 165 Abs. 3 Satz 1 Nr. 2 BauGB bei der Zuordnung der einzelnen Grundstücke zum städtebaulichen Entwicklungsbereich bei ihrem Beschluss über die Entwicklungssatzung zu bejahen hatte. § 169 Abs. 3 Satz 2 BauGB schreibt vor, dass die Gemeinde vor einer Enteignung im Entwicklungsbereich sich ernsthaft um einen freihändigen Erwerb zu angemessenen Bedingungen bemüht haben muss. Diese Bestimmung tritt an die Stelle der entsprechenden Regelung in § 87 Abs. 2 BauGB. Weil nach § 169 Abs. 3 Satz 1 BauGB nur zu Gunsten der Gemeinde oder des Entwicklungsträgers enteignet werden kann, ist § 87 Abs. 3 BauGB entbehrlich. § 89 Abs. 1 bis 3 BauGB ist in § 169 BauGB, der eine allgemeine Veräußerungspflicht der Gemeinde begründet, aufgegangen. *511*

Soweit die Gemeinde im Entwicklungsbereich alle Grundstücke zu erwerben hat, kann sie die nach § 169 Abs. 6 Satz 1 BauGB erforderliche Neuordnung der Grundstücke als deren Eigentümerin ohne Berührung mit den Rechten Dritter durchführen. Die Anwendung besonderer Vorschriften des BauGB über die Bodenordnung ist daher entbehrlich. Folglich schließt § 169 Abs. 2 BauGB die Anwendung der Bestimmungen über die Umlegung und die Grenzregelung in §§ 45 bis 84 BauGB aus.

4.6.3 Übernahmeverlangen

Die Zuordnung eines Grundstücks zu einem städtebaulichen Entwicklungsbereich bedeutet für den betroffenen Grundeigentümer – abgesehen von den beiden *512*

Fallgestaltungen des § 166 Abs. 3 Satz 3 BauGB – den Verlust des Eigentums. Die betroffenen Eigentümer brauchen aber hinsichtlich der zu erwartenden Aufgabe ihres Grundeigentums nicht zu warten, bis die Gemeinde oder der Entwicklungsträger an sie herantritt. § 168 Satz 1 BauGB räumt dem Eigentümer eines im städtebaulichen Entwicklungsbereich gelegenen Grundstücks unter bestimmten Voraussetzungen das Recht ein, von der Gemeinde die Übernahme des Grundstücks zu verlangen.

513 Maßgebend sind die Erklärung zum städtebaulichen Entwicklungsbereich, d.h. die Zuordnung des Grundstücks zum Entwicklungsbereich durch die Entwicklungssatzung sowie der Stand der Entwicklungsmaßnahme, d.h. ihre Vorbereitung und Durchführung. Der Eigentümer hat einen Übernahmeanspruch gegen die Gemeinde, wenn es ihm hiernach wirtschaftlich nicht mehr zuzumuten ist, das Grundstück zu behalten oder in der bisherigen oder einer anderen zulässigen Art zu nutzen. Das ist der Fall, wenn der Eigentümer mit wesentlichen Vermögensbeeinträchtigungen rechnen muss, z.B. weil bei einem Betrieb die restlichen Flächen nicht mehr ausreichen um ihn auf Dauer wirtschaftlich zu führen. Der Eigentümer trägt aber die Beweislast in Bezug auf die Verursachung der drohenden Vermögensverluste durch die städtebauliche Entwicklungsmaßnahme. Der Übernahmeanspruch ist dagegen nicht begründet, wenn der Eigentümer die Vermögensverluste durch eine andere zulässige Nutzung des Grundstückes vermeiden kann. Mit Rücksicht auf die bevorstehende Abgabe des Grundstücks an die Gemeinde dürfen aber von dem Grundeigentümer keine Investitionen erwartet werden, damit das Grundstück rentierlich genutzt werden kann.

514 Soweit im Falle eines begründeten Übernahmeverlangens Grundstücke eines land- oder forstwirtschaftlichen Betriebes sowohl innerhalb als auch außerhalb des Entwicklungsbereiches liegen, kann der betreffende Eigentümer nach § 168 Satz 2 i.V. mit § 145 Abs. 5 Satz 2 Halbsatz 1 BauGB grundsätzlich die Übernahme der gesamten Betriebsfläche verlangen. Voraussetzung hierfür ist aber, dass die Erfüllung des Übernahmeverlangens für die Gemeinde keine unzumutbare Belastung bedeutet. Eine unzumutbare Belastung der Gemeinde ist anzunehmen, wenn die Betriebsflächen überwiegend außerhalb des Entwicklungsbereiches liegen und ihr Erwerb einen unverhältnismäßig hohen finanziellen Aufwand der Gemeinde erfordert. Aufgrund von § 168 Satz 2 i.V. mit § 145 Abs. 5 Satz 2 Halbsatz 2 BauGB darf sich die Gemeinde aber nicht darauf berufen, dass die außerhalb des Entwicklungsbereiches gelegenen Flächen nicht mehr in angemessenem Umfang baulich oder wirtschaftlich genutzt werden können.

515 Können sich Eigentümer und Gemeinde hinsichtlich der Übernahme des Grundstücks nicht einigen, hat der Eigentümer nach § 168 Satz 2 i.V. mit § 145 Abs. 5 Satz 2 BauGB das Recht, die Entziehung seines Eigentums an diesem Grundstück zu verlangen, d.h. seine Enteignung zu beantragen, vgl. hierzu oben Rnr. 313. Diese Bestimmung gilt über § 169 Abs. 1 Nr. 3 BauGB auch entsprechend für den städtebaulichen Entwicklungsbereich. Die entsprechende Anwendung des § 145 Abs. 5 BauGB über diese entwicklungsrechtliche Vorschrift setzt aber voraus, dass die Ge-

Besonderes Bodenrecht

meinde die Erteilung einer Genehmigung nach § 145 Abs. 2 BauGB verweigert hat. Das Recht des Eigentümers nach § 168 BauGB, von der Gemeinde die Übernahme seines Grundstückes zu verlangen, lässt die Anwendung anderer Übernahmevorschriften im Einzelfall, z.B. auch § 40 Abs. 2 BauGB unberührt.

4.6.4 *Abschöpfung entwicklungsbedingter Werterhöhungen*

4.6.4.1 Grundsätzliches

Für die Abschöpfung entwicklungsbedingter Werterhöhungen der Grundstücke sind im städtebaulichen Entwicklungsbereich grundsätzlich die für das Sanierungsrecht geltenden Vorschriften entsprechend anzuwenden. Anders als im Sanierungsrecht kann die Anwendung dieser Bestimmungen nicht in der Entwicklungssatzung ausgeschlossen werden. Es gibt kein der Regelung in § 142 Abs. 4 BauGB entsprechendes vereinfachtes Entwicklungsverfahren.   *516*

4.6.4.2 Erwerb von Grundstücken zum entwicklungsunbeeinflussten Wert

Aufgrund von § 169 Abs. 1 Nr. 6 BauGB ist § 153 Abs. 1 bis 3 BauGB im städtebaulichen Entwicklungsbereich entsprechend anzuwenden. Bei Ausgleichs- und Entschädigungsleistungen und beim Erwerb von Grundstücken durch die Gemeinde oder den Entwicklungsträger bleiben Werterhöhungen, die lediglich durch die Aussicht auf die Entwicklung, durch ihre Vorbereitung oder ihre Durchführung eingetreten sind, nur insoweit berücksichtigt, als der Betroffene diese Werterhöhungen durch eigene Aufwendungen zulässigerweise bewirkt hat, vgl. hierzu oben Rnr. 308. Bei der Erstattung von Gutachten durch die Gutachterausschüsse i.S. der §§ 192, 193 BauGB ist nach § 26 Abs. 2 Satz 1 WertV die Wertermittlung nach § 26 Abs. 1 WertV vorzunehmen, vgl. oben Rdn. 338. Es sind Vergleichsgrundstücke und Ertragsverhältnisse möglichst aus Gebieten heranzuziehen, die neben den allgemeinen wertbeeinflussenden Umständen nach Zustand und Entwicklung den zu bewertenden Grundstücken in dem Entwicklungsbereich entsprechen. Als Faustregel kann man annehmen, dass bestimmten Zustandsstufen eines Grundstückes ein bestimmter Anteil des Wertes für ein entsprechendes bebaubares Grundstück zugeordnet werden kann. Danach hat Bauerwartungsland i.S. von § 4 Abs. 2 WertV, das sind Flächen, die nach ihrer Eigenschaft, Lage und Beschaffenheit in absehbarer Zeit eine bauliche Nutzung tatsächlich erwarten lassen, einen Wert, der etwa 15 bis 40 v. H. des Baulandwertes entspricht. Eine derartige Erwartung lässt sich aus einer entsprechenden Darstellung in einem Flächennutzungsplan aber auch aus einem entsprechenden Verhalten der Gemeinde ableiten. Rohbauland i.S. von § 4 Abs. 3 WertV, das sind planungsrechtlich bebaubare, aber noch nicht erschlossene Flächen, haben danach einen Wert, der etwa 60 bis 70 v. H. des Wertes von Bauland entspricht.   *517*

Hierzu enthält § 169 Abs. 4 BauGB eine Ausnahmeregelung über die Bewertung land- oder forstwirtschaftlich genutzter Grundstücke. Der Zweck der Vorschrift lässt sich nicht aus dem Wortlaut, sondern nur aus ihrer Entstehungsgeschichte sowie aus   *518*

§ 26 Abs. 2 Satz 2 WertV entnehmen. Die Regelung bezieht sich auf Flächen i.S. von § 4 Abs. 1 Nr. 1 WertV im Entwicklungsbereich. Das sind Flächen, von denen anzunehmen ist, dass sie nach ihren Eigenschaften, der sonstigen Beschaffenheit und Lage, nach ihren Verwertungsmöglichkeiten oder den sonstigen Umständen in absehbarer Zeit nur land- oder forstwirtschaftlichen Zwecken dienen werden. Der Entwicklungszustand dieser Flächen wird als „innerlandwirtschaftlicher Verkehrswert" eingestuft. In der Praxis werden die Flächen auch als „reines Agrarland" bezeichnet. Die Eigentümer dieser Grundstücke sollen bei der Bewertung ihrer Grundstücke nach § 153 Abs. 1 BauGB in dem Sinne begünstigt werden, dass ihre Grundstücke über den tatsächlichen Verkehrswert hinaus bei der Bemessung der Entschädigung mindestens als Grundstücke i.S. von § 4 Abs. 1 Nr. 2 WertV einzustufen sind. Hierbei handelt es sich um Flächen, die sich, insbesondere durch ihre landschaftliche oder verkehrliche Lage, durch ihre Funktion oder durch ihre Nähe zu Siedlungsgebieten geprägt, auch für außerlandwirtschaftliche oder außerforstwirtschaftliche Nutzungen eignen, sofern im gewöhnlichen Geschäftsverkehr eine dahingehende Nachfrage besteht und auf absehbare Zeit keine Entwicklung zu einer Bauerwartung bevorsteht. Diese Flächen werden auch als begünstigtes Agrarland bezeichnet. Diese fragwürdige Begünstigung hat für die Praxis aber nur eine geringe Bedeutung. Nur begrenzt kommt die ausschließliche Einbeziehung reinen Agrarlandes in den Bereich einer Entwicklungssatzung in Betracht. I.d.R. setzt die erfolgreiche Durchführung einer städtebaulichen Entwicklungsmaßnahme voraus, dass eine Nachfrage nach Bauland vorhanden ist. Dies schließt die Annahme reinen Agrarlandes aus.

4.6.4.3 Verkauf der Grundstücke zum Neuordnungswert

519 Der Erwerbspflicht der Gemeinde nach § 166 Abs. 3 Satz 1 BauGB entspricht die Verpflichtung der Gemeinde zur Veräußerung der Grundstücke im Rahmen von § 169 Abs. 5 BauGB, vgl. oben Rdn. 499. Es handelt sich insoweit um einen Durchgangserwerb. § 169 Abs. 8 Satz 1 BauGB verpflichtet die Gemeinde ausdrücklich, das Grundstück oder das grundstücksgleiche Recht zu dem Verkehrswert zu veräußern, der sich durch die rechtliche oder tatsächliche Neuordnung des städtebaulichen Entwicklungsbereiches ergibt. Die Vorschrift entspricht insoweit der sanierungsrechtlichen Bestimmung des § 153 Abs. 4 BauGB. Vgl. hierzu Rnr. 377f. Angesichts des eindeutigen Wortlautes des Gesetzes ist eine Veräußerung unterhalb des Neuordnungswertes, vgl. oben Rdn. 504, etwa zur Versorgung der einheimischen Bevölkerung mit preiswerten Baugrundstücken oder zur Förderung der sozialen Wohnraumförderung aus kommunalpolitischen Erwägungen, rechtlich unzulässig. Zugleich stellt § 169 Abs. 8 Satz 1 BauGB klar, dass die Veräußerung zum entwicklungsbedingten Verkehrswert, gemeint ist der Unterschied zwischen diesem Wert und dem entwicklungsunabhängigen Wert i.S. von § 169 Abs. 1 Nr. 6 i.V. mit § 153 Abs. 1 bis 3 BauGB, ausschließlich der Finanzierung der städtebaulichen Entwicklungsmaßnahme dient.

§ 169 Abs. 8 Satz 2 BauGB entspricht der sanierungsrechtlichen Regelung des § 153 Abs. 4 Satz 2 BauGB. Danach kann die Gemeinde in sinngemäßer Anwen-

Besonderes Bodenrecht

dung von § 154 Abs. 5 BauGB auf Antrag den Teil des Kaufpreises, der auf der durch die Entwicklung bedingten Werterhöhung des Grundstücks beruht, in ein Tilgungsdarlehen umwandeln, vgl. hierzu oben Rnr. 364.

4.6.4.4 Ausgleichsbeträge

Soweit die Gemeinde nach § 166 Abs. 3 Satz 3 BauGB nicht zum Erwerb der Grundstücke im städtebaulichen Entwicklungsbereich verpflichtet ist, müssen die Eigentümer aufgrund von § 166 Abs. 3 Satz 4 BauGB einen Ausgleichsbetrag an die Gemeinde entrichten, der der durch die Entwicklungsmaßnahme bedingten Erhöhung des Bodenwertes ihrer Grundstücke entspricht. Aufgrund von § 166 Abs. 3 Satz 5 BauGB sind hierbei die §§ 154 und 155 BauGB entsprechend anzuwenden. Insofern gilt das Gleiche wie für das herkömmliche Sanierungsverfahren, vgl. hierzu oben Rnr. 347ff. *520*

4.6.4.5 Finanzierung der Entwicklungsmaßnahmen

Die Abschöpfung der durch die städtebauliche Maßnahme eingetretenen Werterhöhungen hat für deren Finanzierung bei der Entwicklungsmaßnahme eine sehr viel größere Bedeutung. § 171 Abs. 1 BauGB weist deswegen besonders daraufhin, dass diese Einnahmen für die Finanzierung der Entwicklungsmaßnahmen zu verwenden sind. In Gebieten mit großer Nachfrage nach Bauland – insbesondere in der Nachbarschaft großer Städte – können städtebauliche Entwicklungsmaßnahmen ausschließlich durch die Abschöpfung der entwicklungsbedingten Bodenwerterhöhungen finanziert werden. Insbesondere durch die Umwandlung von begünstigtem Agrarland in baureife Flächen i.S. von § 4 Abs. 4 WertV lassen sich Wertsteigerungen erreichen, mit denen die Kosten der Neuordnung und Erschließung der Grundstücke sowie die der erforderlichen Gemeinbedarfs- und Folgeeinrichtungen weitgehend gedeckt werden können. Für den erforderlichen Grunderwerb muss die Gemeinde zu Beginn der städtebaulichen Entwicklungsmaßnahmen über ein Anfangskapital verfügen. Das Risiko des Wiedererlangens dieses Kapitals wird maßgeblich durch die Nachfrage nach Bauland in dem Entwicklungsbereich bestimmt. *521*

4.6.4.6 Überschussverteilung

Aufgrund von § 171 Abs. 1 Satz 1 BauGB dürfen die bei der Vorbereitung und Durchführung der Entwicklungsmaßnahme entstehenden Einnahmen ausschließlich für deren Finanzierung verwendet werden. § 171 Abs. 1 Satz 2 BauGB verpflichtet die Gemeinde einen bei der Durchführung der städtebaulichen Entwicklungsmaßnahme entstandenen etwaigen Überschuss in entsprechender Anwendung des § 156 a BauGB zu verteilen. Vgl. hierzu oben Rnr. 387. *522*

4.6.5 Anwendung sanierungsrechtlicher Vorschriften

Aufgrund von § 169 Abs. 1 Nr. 1 bis 10 BauGB sind im städtebaulichen Entwicklungsbereich die folgenden sanierungsrechtlichen Bestimmungen entsprechend anzuwenden: *523*

Städtebauliche Entwicklungsmaßnahmen

- die §§ 137, 138 und 139 BauGB über die Auskunftspflicht und die Beteiligung der Betroffenen und öffentlichen Aufgabenträger, vgl. oben Rnr. 112 ff.
- § 142 Abs. 2 BauGB, der die Festlegung von Ersatz- und Ergänzungsgebieten regelt, vgl. oben Rnr. 167 ff.
- die §§ 144 und 145 BauGB über genehmigungspflichtige Vorhaben und Rechtsvorgänge, vgl. hierzu oben Rnr. 285 ff.
- die §§ 146 bis 148 BauGB über die Durchführung von Ordnungs- und Baumaßnahmen, vgl. oben Rnr. 201 ff.
- die §§ 150 und 151 BauGB über die Änderung von Versorgungseinrichtungen und die Abgaben- sowie Auslagenbefreiung, vgl. oben Rnr. 233 ff. und 429 ff.
- § 153 Abs. 1 bis 3 BauGB über die Bemessung von Ausgleichs- und Entschädigungsleistungen sowie Kaufpreise, vgl. hierzu oben Rnr. 341 ff.
- §§ 154 bis 156 BauGB über den Ausgleichsbetrag, die Nichterhebung von Erschließungsbeiträgen, die Anrechnung auf den Ausgleichsbetrag und die Überleitungsvorschriften zur förmlichen Festlegung, vgl. Rnr. 374
- §§ 162 bis 164 BauGB über den Abschluss der Maßnahme, vgl. Rnr. 319 ff.
- die §§ 164 a und 165 b BauGB über die Städtebauförderungsmittel

Im Ergebnis gilt danach der gesamte Erste Teil des Zweiten Kapitels des BauGB auch im förmlich festgelegten Entwicklungsbereich mit Ausnahme der §§ 136, 143 Abs. 1, 3 und 4, 143, 152, 153 Abs. 4 und 159 Abs. 3 bis 7 BauGB. Vgl. auch oben Rdn. 56 ff.

4.6.6 Vorschriften über den Verkehr mit land- und forstwirtschaftlichen Grundstücken

524 Aufgrund von § 169 Abs. 1 Nr. 10 BauGB findet die in § 191 BauGB enthaltene Regelung über Vorschriften beim Verkehr mit land- und forstwirtschaftlichen Grundstücken auch im Geltungsbereich einer Entwicklungssatzung Anwendung. § 191 BauGB gilt zwar im räumlichen Geltungsbereich eines Bebauungsplanes oder einer Sanierungssatzung. Die Bestimmung hat aber für die städtebauliche Entwicklung praktisch keine Bedeutung. § 191 BauGB dient der Verwaltungsvereinfachung, er schließt die Anwendung der Vorschriften über den Verkehr mit land- und forstwirtschaftlichen Grundstücken in seinem Anwendungsbereich aus. Die Vorschrift bezieht sich hierbei mittelbar auf das Gesetz über Maßnahmen zur Verbesserung der Agrarstruktur und zur Sicherung land- und forstwirtschaftlicher Betriebe (Grundstückverkehrsgesetz GrdstVG). Dieses Gesetz dient der Erhaltung und Verbesserung der land- und forstwirtschaftlichen Struktur. Zu diesem Zweck unterwirft das GrdstVG zahlreiche Rechtsgeschäfte der Genehmigung durch eine besondere Behörde. Diese Genehmigungspflicht entfällt grundsätzlich aufgrund von § 191 BauGB. Da in den von dieser Bestimmung erfassten räumlichen Bereichen entweder eine Bebauung vorhanden oder geplant ist, bedarf hier die Agrarstruktur keines Schutzes. Soweit im städtebaulichen Entwicklungsbereich Land- und Forstwirte Eigentümer von Grundstücken sind, ist eine Abstimmung zwischen Gemeinde und Agrarbehörde aber sinnvoll. Der Gesichtspunkt der Verbesserung der Agrarstruktur gehört zu den öffentlichen Belangen i.S. von § 165 Abs. 3 Satz 2 BauGB,

Anpassungsmaßnahmen

die bei der Vorbereitung und Durchführung städtebaulicher Entwicklungsmaßnahmen in der Abwägung zu berücksichtigen sind. Vielfach wird die Gemeinde land- und forstwirtschaftliche Flächen leichter erwerben können, wenn sie den betroffenen Eigentümern im Zusammenwirken mit den Agrarbehörden Ersatzflächen anbieten kann. Die Befreiung des § 191 BauGB gilt nicht im Falle der Veräußerung der Wirtschaftsstelle eines land- und forstwirtschaftlichen Betriebes oder solcher Grundstücke, die im Bebauungsplan als Flächen für die Landwirtschaft oder als Wald ausgewiesen sind.

4.7 Anpassungsmaßnahmen

4.7.1 Anpassungsgebiet

§ 170 BauGB enthält eine Sonderregelung für Anpassungsgebiete. Ein Anpassungsgebiet ist ein räumlicher Teilbereich eines städtebaulichen Entwicklungbereiches, den die Gemeinde in der Entwicklungssatzung nach § 170 Satz 1 BauGB als solchen förmlich festgelegt werden kann. Bei dem Anpassungsgebiet muss es sich um ein im Zusammenhang bebautes Gebiet handeln. Der Begriff ist umfassender als der des „im Zusammenhang bebauten Ortsteils" in § 34 Abs. 1 Satz 1 BauGB. Als Anpassungsgebiet kann auch der Teilbereich eines Entwicklungsbereiches festgelegt werden, der nicht die Eigenschaft eines Ortsteiles hat. Ein im Zusammenhang bebautes Gebiet setzt eine vorhandene aufeinanderfolgende Bebauung voraus. Eine besondere Bebauung wird nicht vorausgesetzt. Die Bebauung kann regellos und funktionslos sein.

525

4.7.2 Maßnahmen zur Anpassung

In dem im Zusammenhang bebauten Gebiet sind Maßnahmen zur Anpassung an die vorgesehene Entwicklung durchzuführen. Maßgebend sind die Ziele und Zwecke der städtebaulichen Entwicklungsmaßnahme. Maßnahmen zur Anpassung sind Ordnungsmaßnahmen i.S. von § 147 BauGB und Baumaßnahmen i.S. von § 148 BauGB. Als Anpassungsmaßnahmen kommen in Betracht der Ausbau von Straßen oder Gemeinbedarfs- und Folgeeinrichtungen. Unter den Begriff der Anpassung fällt hingegen nicht die Neuordnung des Gebietes, d.h. die Neugestaltung der Grundstücksverhältnisse und der Erschließung. Die Maßnahmen zur Anpassung des im Zusammenhang bebauten Gebietes müssen den Zielen und Zwecken der städtebaulichen Entwicklungsmaßnahmen dienen und ihnen insoweit untergeordnet sein. Unter den Voraussetzungen des § 170 Satz 1 BauGB kann die Gemeinde das Anpassungsgebiet festlegen. Sie hat daher ein Ermessen in der Beurteilung des Erfordernisses der Festlegung. Bei der Entscheidung hat die Gemeinde zu beachten, dass aufgrund von § 170 Satz 4 BauGB wichtige Vorschriften des Entwicklungsrechtes, die der Strukturveränderung dienen, im Anpassungsgebiet nicht anzuwenden sind. Insoweit wird das Entwicklungsrecht durch sanierungsrechtliche Bestimmungen ersetzt, die nicht so stark in das Grundeigentum eingreifen.

526

4.7.3 Förmliche Festlegung

527   Aufgrund von § 170 Satz 1 BauGB wird das Anpassungsgebiet in der Entwicklungssatzung förmlich festgelegt. Hierbei kann die Gemeinde das Anpassungsgebiet zusammen mit dem gesamten städtebaulichen Entwicklungsbereich oder später durch eine Änderung der Entwicklungssatzung förmlich festlegen. Letzteres wird der Fall sein, wenn die Ziele und Zwecke der städtebaulichen Entwicklung nach der förmlichen Festlegung geändert werden oder vor diesem Zeitpunkt noch nicht hinreichend eindeutig formuliert worden sind.

Des Weiteren darf nach § 170 Satz 3 BauGB die förmliche Festlegung des Anpassungsgebietes erst nach Durchführung vorbereitender Untersuchungen nach § 141 BauGB vorgenommen werden, vgl. oben Rnr. 108ff. Hier reichen demgemäß die durchgeführten entwicklungsrechtlichen Voruntersuchungen i.S. von § 165 Abs. 4 BauGB nicht aus. Sie müssen statt dessen durch die sanierungsrechtlichen vorbereitenden Untersuchungen ersetzt oder ergänzt werden. Insbesondere muss sich die Gemeinde entsprechend § 141 Abs. 1 Satz 2 BauGB mit den nachteiligen Auswirkungen, die sich für die von der beabsichtigten Anpassung unmittelbar Betroffenen ergeben, auseinandersetzen. Die Verfahrensvorschriften in § 141 Abs. 3 und 4 BauGB sind einzuhalten. Aufgrund von § 170 Satz 2 BauGB muss das Anpassungsgebiet in der Entwicklungssatzung bezeichnet werden. Die betroffen Eigentümer müssen der Entwicklungssatzung eindeutig entnehmen können, ob ihr Grundstück dem Anpassungsgebiet zugeordnet worden ist. Wird das Anpassungsgebiet in der Entwicklungssatzung gleichzeitig mit dem übrigen Entwicklungsbereich förmlich festgelegt, so bezieht sich die Genehmigung der Entwicklungssatzung nach § 165 Abs. 7 Satz 1 BauGB zugleich auf die Festlegung des Anpassungsgebietes. Wird das Anpassungsgebiet hingegen später durch eine Änderung der Entwicklungssatzung förmlich festgelegt, bedarf dieser Vorgang einer weiteren Genehmigung durch die höhere Verwaltungsbehörde.

4.7.4 Rechtsfolgen der förmlichen Festlegung

528   § 170 Satz 4 BauGB bestimmt, welche Vorschriften im Anpassungsgebiet entsprechend anzuwenden sind. Zunächst gilt grundsätzlich das Entwicklungsrecht der §§ 165 bis 171 BauGB. Hiervon ausgenommen sind die Regelungen des § 166 Abs. 3 BauGB über die Grunderwerbspflicht der Gemeinde und des § 169 Abs. 2 bis 8 BauGB über

- den Ausschluss der Umlegung und der Grenzregelung,
- die Enteignung,
- die Bewertung land- und forstwirtschaftlicher Grundstücke,
- die Neuordnung und Erschließung der Grundstücke und
- die Veräußerung der Grundstücke.

Im Anpassungsgebiet kann daher wie im Sanierungsgebiet eine Umlegung durchgeführt werden.

Städtebauliche Entwicklungsmaßnahme Bundeshauptstadt

Im Anpassungsgebiet ist ferner grundsätzlich das Sanierungsrecht des BauGB anzuwenden. Hiervon ausgenommen sind die Regelungen der

- § 136 über städtebauliche Sanierungsmaßnahmen und städtebauliche Missstände,
- § 142 über die Sanierungssatzung und
- § 143 Abs. 1, 2 und 4 über das Sanierungsverfahren.

Bei der Durchführung der vorbereitenden Untersuchungen nach § 141 BauGB braucht die Gemeinde sich daher nicht mit vorhandenen städtebaulichen Missständen auseinandersetzen. Die Anpassungsmaßnahme kann nicht entsprechend im vereinfachten Sanierungsverfahren durchgeführt werden, da § 142 Abs. 4 BauGB dort aufgrund von § 170 Satz 4 BauGB nicht entsprechend anzuwenden ist.

4.8 Städtebauliche Entwicklungsmaßnahme Bundeshauptstadt

§ 247 BauGB enthält besondere Vorschriften über den Ausbau Berlins zur Hauptstadt der Bundesrepublik Deutschland. § 247 Abs. 7 BauGB bestimmt, dass die Entwicklung der Parlaments- und Regierungsbereiche in Berlin den Zielen und Zwecken einer städtebaulichen Entwicklungsmaßnahme nach § 165 Abs. 2 BauGB entspricht. Insoweit sind die Gründe, die i.S. von § 166 Abs. 7 Satz 1 BauGB die förmliche Festlegung des entwicklungsbedürftigen Bereiches rechtfertigen, hier kraft gesetzlicher Regelung gegeben. Der Gesetzgeber sieht in dem städtebaulichen Entwicklungsrecht das geeignete Instrument für die Vorbereitung besonders schwieriger und umfassender Aufgaben, weil es den schnellsten Zugriff auf die benötigten Grundstücke ermöglicht. Vorgesehen ist die förmliche Festlegung von zwei räumlich getrennten Teilentwicklungsbereichen, die eine Fläche von etwa 220 Hektar umfassen sollen.

529

Die wichtigsten Ziele dieser städtebaulichen Entwicklungsmaßnahme bestehen darin, Verfassungsorgane des Bundes, parlaments- und regierungsnahe Einrichtungen sowie die ausländischen Missionen in Neubauten oder umzubauenden vorhandenen Gebäuden angemessen unterzubringen. Des weiteren sollen zur Vermeidung einer einseitigen baulichen Nutzung in dem Entwicklungsbereich 3000 Wohnungen gebaut werden. Es besteht zudem die Absicht, dort über 13.000 Arbeitsplätze zu schaffen. Der Zeitraum für die Durchführung der Entwicklungsmaßnahme wird auf zehn Jahre geschätzt. Die Kosten werden mit etwa 1,3 Milliarden DM veranschlagt. Mehr als die Hälfte der Kosten soll auf die Ordnungsmaßnahmen einschließlich Grunderwerb und insbesondere auf Erschließungsmaßnahmen entfallen. Ein Drittel der Kosten wird für den Bau von Gemeinbedarfs- und Folgeeinrichtungen veranschlagt. Der Rest der Kosten soll auf die Vorbereitung der Entwicklungsmaßnahme und weitere Baumaßnahmen einschließlich Wohnumfeldverbesserung und Maßnahmen zur Stadtbildpflege entfallen. Es besteht die Hoffnung, einen Kostenanteil in Höhe von 500 Millionen DM durch die Abschöpfung entwicklungsbedingter Werterhöhungen finanzieren zu können.

530

Städtebauliche Entwicklungsmaßnahmen

4a. Stadtumbau und Soziale Stadt

4a.1 Allgemeines

530a Das EAG Bau hat nach § 171 BauGB die Teile Stadtumbau und Soziale Stadt (§§ 171a bis 171e) neu in das besondere Städtebaurecht eingefügt. Die dort umschriebenen Maßnahmen der Gemeinden zur Stadterneuerung von Bund und Ländern sind bereits Gegenstand der Förderung auf der Grundlage der VV-Städtebauförderung, vgl. hierzu unten Rdn. 631 ff. Diese Aufgabenfelder der Stadterneuerung werden grundsätzlich auch durch den Anwendungsbereich des städtebaulichen Sanierungsrechtes gedeckt. Die besondere Förderung der Stadterneuerungsaufgaben Stadtumbau und Soziale Stadt dient dem städtebaulich zielgerechten Einsatz der hierzu von Bund und Ländern bereitgestellten Finanzhilfen. Mit der Aufnahme dieser Stadterneuerungsmaßnahmen in das Gesetz soll ihrer besonderen und zunehmenden Bedeutung Rechnung getragen werden. Insbesondere ist es das Ziel, die derzeit ablaufenden städtebaulichen Schrumpfungs- und Anpassungsvorgänge stadt- und sozialverträglich zu gestalten. Von derartigen Vorgängen sind vor allem Städte in den neuen Bundesländern und Zentren alter Industriegebiete in den alten Bundesländern betroffen, denen infolge des Rückgangs der Einwohnerzahl städtebauliche Funktionsverluste zu entstehen drohen.

530b Sowohl beim Stadtumbau als auch bei der sozialen Stadt handelt es sich gemäß § 171a Abs. 1 bzw. § 171 Abs. 1 BauGB um gebietsbezogene städtebauliche Gesamtmaßnahmen, „deren einheitliche und zügige Durchführung im öffentlichen Interesse liegen". Diese Regelungen entsprechen § 136 Abs. 1 BauGB, vgl. hierzu oben Rdn. 63. Die Gebiete, in denen diese städtebaulichen Gesamtmaßnahmen durchgeführt werden sollen, sind nach § 171b Abs. 1 Satz 1 bzw. § 171e Abs. 3 Satz 1 BauGB durch Beschluss der Gemeinde festzulegen. Die Zuständigkeit hierfür in der Gemeinde richtet sich nach dem jeweiligen Kommunalverfassungsrecht. I. d. R. wird das Hauptbeschlussorgan zuständig sein. Nach § 171b Abs. 1 Satz 2 bzw. § 171e Abs. 3 Satz 2 BauGB ist das Gebiet „in seinem städtebaulichen Umfang so festzulegen, dass sich die Maßnahmen zweckmäßig durchführen lassen". Diese Bestimmungen lehnen sich an die sanierungsrechtlichen Regelung des § 142 Abs. 1 Satz 1 BauGB an, vgl. hierzu oben Rdn. 149 ff.

Der Festlegungsbeschluss hat, abgesehen vom Verfahren nach § 171d BauGB zur Sicherung von Durchführungsmaßnahmen beim Stadtumbau, keine planungsrechtliche Wirkung und führt nicht zur Einschränkung von Rechten der von Festlegung betroffenen Eigentümer. Er hat insoweit nur Bedeutung im Rahmen der Städtebauförderung. Da in dem festgelegten Gebiet § 149 Abs. 4 Satz 2 BauGB nicht entsprechend anzuwenden ist, besteht für die Dauer der städtebaulichen Gesamtmaßnahmen, ausgenommen das Verfahren nach § 171d BauGB., keine zeitliche Begrenzung. Dieser Umstand erlaubt zugleich die Festlegung eines weiträumigen Gebietes. Bei den festzulegenden Gebieten muss es sich nach § 171a und § 171e Abs. 1 BauGB um Stadt- oder Ortsteile handeln. Hierdurch wird die Anwendung der Bestimmungen auf einzelne Grundstücke ausgeschlossen. Der Begriff „Ortsteil" ermöglicht die Anwendung der Bestimmungen über den Stadtumbau und die soziale Stadt auch in Gemeinden mit nichtstädtischem Charakter, zu dem Begriff Ortsteil vgl. auch oben Rdn. 439.

Grundlage für den Beschluss über die Gebietsfestlegung ist ein von der Gemeinde aufzustellendes schriftliches Entwicklungskonzept, in dem die Teile und Maßnahmen schriftlich darzustellen sind, vgl. § 171b Abs. 2 Satz 3 und § 171e Abs. 4 Satz 1 BauGB. Bei der Aufstellung dieses Konzeptes sind die sanierungsrechtlichen Bestimmungen der §§ 137 und 139 BauGB über die Beteiligung und Mitwirkung der Betroffenen sowie der öffentlichen Aufgabenträger, vgl. hierzu oben Rdn. 121 ff, nach § 171b Abs. 3 bzw. § 171e Abs. 4 BauGB entsprechend anzuwenden. Nach § 171b Abs. 2 BauGB gilt dies ausdrücklich nicht nur für die Vorbereitung, sondern auch für die Durchführung der Stadtumbaumaßnahmen. Zudem sind dort ebenfalls die Bestimmungen des § 180 BauGB über den Sozialplan, vgl. hierzu oben Rdn. 63 ff, anzuwenden. Bei den Maßnahmen der Sozialen Stadt sollen die Beteiligten auch in die Umsetzung des Entwicklungskonzeptes einbezogen werden. Aus diesen Regelungen über die Beteiligten ergibt sich i.d.R. mittelbar eine Verpflichtung der Gemeinde zur Veröffentlichung ihres Entwicklungskonzeptes. Mitwirkung und Beteiligung setzt Kenntnis der städtebaulichen Absichten der Gemeinde durch die Betroffenen und die öffentlichen Aufgabenträger voraus.

530c

Da zwischen den Darstellungen des Entwicklungskonzeptes und dem Festlegungsbeschluss keine inhaltliche Bindung besteht, kann es unter Beachtung der §§ 137 und 139 BauGB geändert oder ergänzt werden. Das Entwicklungskonzept, welches in § 171b Abs. 2 Satz 1 BauGB für den Stadtumbau als städtebauliches Entwicklungskonzept bezeichnet wird und dessen Aufstellung die Vornahme einer Abwägung voraussetzt, vgl. dazu oben Rdn. 65 ff, hat keine planungsrechtliche Bedeutung. Die Ergebnisse des von der Gemeinde für Stadtumbaumaßnahmen beschlossenen städtebaulichen Entwicklungskonzeptes sind jedoch gemäß § 1 Abs. 6 Nr. 11 BauGB bei der Aufstellung der Bauleitpläne im Rahmen der Abwägung nach § 1 Abs. 7 BauGB wie die einer sonstigen von der Gemeinde beschlossenen städtebaulichen Planung zu berücksichtigen.

Inhaltlich dokumentiert das Entwicklungskonzept die von der Gemeinde angestrebten Ziele und die durchzuführenden Maßnahmen im Stadtumbaugebiet oder dem Gebiet der sozialen Stadt. Das Gesetz enthält keine Maßgaben für den Mindestinhalt eines Entwicklungskonzeptes. Da das Gesetz für das Entwicklungskonzept nur eine schriftliche Darstellung der jeweiligen Ziele und Maßnahmen verlangt, reicht deren verbale Umschreibung aus. Neben der Darstellung in textlicher Form kommt aber auch die Verwendung von Zeichnungen wie bei den informellen Planungen in Betracht. So kann die Gemeinde auch auf einen von ihr aufgestellten städtebaulichen Rahmenplan zurückgreifen, der einen Maßnahmen- und Durchführungsplan enthält, vgl. hierzu oben Rdn. 187. Allerdings können die sonstigen Maßnahmen nach § 171e Abs. 2 Satz 3 BauGB, d.h. die nicht investiven Maßnahmen der Sozialen Stadt nur textlich dargestellt werden, soweit sie nicht grundstücksbezogen durchgeführt werden.

Städtebauliche Entwicklungsmaßnahmen

Soweit Gemeinden bereits vor dem Inkrafttreten des EAG Bau am 20. Juli 2004 im Hinblick auf die Gewährung von Finanzhilfen von Bund und Ländern zur Deckung ihrer städtebaulichen Maßnahmen im Rahmen der Förderung Entwicklungskonzepte für den Stadtumbau oder Maßnahmen der sozialen Stadt aufgestellt haben und die entsprechenden Maßnahmengebiete hierfür beschlossen haben, gelten diese nach den Überleitungsvorschriften des § 245 BauGB als Konzepte bzw. Maßnahmengebiete i. S. des § 171b bzw. § 171e BauGB.

530d Da die Bestimmungen über den Stadtumbau und die Soziale Stadt keine Regelungen über die Städtebauförderung enthalten, sondern in § 171b Abs. 4 und § 171e Abs. 6 BauGB ausnahmslos auf die entsprechende Anwendung der §§ 164a und 164b BauGB verweisen, ergibt sich hieraus hinsichtlich der förderungsfähigen Maßnahmen eine weitgehende Annäherung an das Recht der städtebaulichen Sanierung. So kann die Gemeinde z. B. die Vorbereitung und Durchführung des Stadtumbaus oder von Maßnahmen der Sozialen Stadt auf geeignete Beauftragte übertragen, vgl. hierzu oben Rdn. 398 ff.

Die §§ 171a Abs. 1 und 171e Abs. 1 BauGB weisen daraufhin, dass die Stadtumbaumaßnahmen oder die Maßnahmen der Sozialen Stadt „anstelle oder ergänzend" zu sonstigen Maßnahmen nach dem BauGB durchgeführt werden können. Die Anwendung anderer Regelungen dieses Gesetzes bleibt daher von den Vorschriften über den Stadtumbau oder die Soziale Stadt unberührt. Bedeutsam ist das Verhältnis zum Sanierungsrecht insbesondere wegen der Überschneidung der städtebaulichen Zielsetzung mit der Funktionsschwächensanierung i. S. von § 136 Abs. 2 Satz 2 Nr. 2 und Abs. 3 BauGB, vgl. hierzu oben Rdn. 89f. In Fällen, in denen auf die Anwendung der mit dem Sanierungsrecht verbundenen bodenrechtlichen Regelungen einschließlich des vereinfachten Sanierungsverfahrens, vgl. hierzu oben Rdn. 388 ff. verzichtet werden kann, kommt daher anstelle des Sanierungsrechtes ausschließlich die Anwendung der §§ 171a ff oder des § 171e BauGB in Betracht. Eine ergänzende Anwendung ist dagegen in den Fällen sinnvoll, in denen das Sanierungsrecht nur für einen räumlichen Teilbereich des Maßnahmengebietes erforderlich ist oder weil es sich um so langfristige Gesamtmaßnahmen handelt, deren Durchführung die zulässige Dauer eines ansehbaren Zeitraumes i. S. von § 149 Abs. 4 Satz 2 BauGB überschreitet (vgl. hierzu oben Rdn. 319f.). Vor allem in Maßnahmengebieten mit geringer Mitwirkungsbereitschaft der Betroffenen wird dagegen die Anwendung des Sanierungsrechtes erforderlich sein. Zudem setzt die Beauftragung eines Sanierungsträgers i. S. von § 159 BauGB, vgl. hierzu oben Rdn. 401 ff., die bei vielen Gesamtmaßnahmen erforderlich ist, eine Sanierungssatzung i. S. von § 142 BauGB voraus. Das Sanierungsträgerrecht geht in § 159 Abs. 6 Satz 1, § 160 Abs. 5 Satz 1 und Abs. 7 Satz 3 BauGB vom Bestehen einer solchen Satzung aus. Auch führt weder die Festlegung eines Stadtumbaugebietes noch die eines Gebietes für Maßnahmen der Sozialen Stadt durch Beschluss der Gemeinde zu einer entsprechenden Anwendung der §§ 157 ff.

4a.2 Stadtumbau

4a.2.1 Stadtumbaumaßnahmen

Der durch das EAG Bau in das BauGB eingeführte Begriff „Stadtumbau" wird in dem städtebaulichen Fachschrifttum bereits seit längerem, allerdings ohne klare Abgrenzung verwendet. Der Begriff zielt auf eine Form der Stadterneuerung, die der Änderung eines bereits im Zusammenhang bebauten Bereiches durch Rück- und Neubau infolge einer als notwendig erachteten neuen Nutzung dient. *530e*

Bei den Stadtumbaumaßnahmen i.S. des Gesetzes handelt es sich um einen weitgehend offenen Begriff. Der Gesetzgeber hat die Bedeutung dieser städtebaulichen Aufgabe unterstrichen, indem er in § 171a Abs. 3 Satz 1 BauGB die Aussage getroffen hat, dass sie dem Allgemeinwohl dienen sollen, vgl. hierzu oben Rdn. 106. Die Durchführung von Stadtumbaumaßnahmen setzt nach § 171a Abs. 2 Satz 1 BauGB Gebiete voraus, die von erheblichen städtebaulichen Funktionsverlusten betroffen sind. § 171a Abs. 2 Satz 2 BauGB nennt hierfür das Bestehen oder den Erwerb eines dauerhaften Überangebotes an baulichen Anlagen und weist dabei auf bauliche Anlagen für Wohnzwecke hin. In Betracht kommt aber auch ein bauliches Überangebot an gewerblichen Anlagen. Von einem dauerhaften Überangebot ist auszugehen, wenn auf absehbare Zeit keine Aussicht auf Nutzung der baulichen Anlagen besteht. Wenn das dauerhafte Angebot noch nicht besteht, sondern nur erwartet wird, ist diese Erwartung von der Gemeinde durch eine nachvollziehbare, d.h. methodisch einwandfreie Prognose zu belegen. Das vom Gesetz genannte Überangebot ist im Zusammenhang mit erforderlichen Rückbaumaßnahmen i.S. von § 171a Abs. 3 Nr. 5 BauGB zu sehen. Durch die Stadtumbaumaßnahmen werden in den von den Funktionsverlusten betroffenen Gebieten nach § 171a Abs. 2 Satz 1 BauGB „Anpassungen" zur Herstellung nachhaltiger städtebaulicher Strukturen vorgenommen. Mit dem Begriff der nachhaltigen städtebaulichen Strukturen knüpft das Gesetz an den in § 1 Abs. 5 Satz 1 BauGB vorgeschriebenen Planungsgrundsatz der nachhaltigen städtebaulichen Entwicklung an. Durch die Anpassung soll hauptsächlich langfristig den städtebaulichen Folgen der innerörtlichen Bevölkerungsverringerung und den sich hieraus ergebenden wirtschaftlichen und infrastrukturellen Problemen Rechnung getragen werden. Die Anpassung wird durch Ordnungs- und Baumaßnahmen i.S. von § 147 und § 148 BauGB auf der Grundlage des städtebaulichen Entwicklungskonzeptes der Gemeinde nach § 171b Abs. 2 BauGB vorgenommen. Für dessen Umsetzung ist die Gemeinde gemäß § 171c Satz 1 BauGB verantwortlich. Die Durchführung dieser Maßnahmen erfordert neben der Aufstellung eines städtebaulichen Entwicklungskonzeptes i.d.R. auch die Aufstellung eines Bebauungsplanes. Das EAG Bau hat in § 1 Abs. 5 Nr. 4 BauGB die Anpassung und den Umbau von vorhandenen Ortsteilen zu einem bei der Bauleitplanung in der Abwägung zu beachtenden öffentlichen Belang bestimmt.

§ 171a Abs. 3 Satz 2 BauGB erläutert durch eine beispielhafte Aufzählung von städtebaulichen Zielen und Maßnahmen den Aufgabenbereich der Stadtumbaumaßnahmen. Die angeführten Aufgaben lassen sich z.T. nicht voneinander abgren- *530f* zen. Der Katalog umfasst sowohl funktionale Zielsetzungen als auch bestimmte Baumaßnahmen. Er verdeutlicht zugleich, dass Stadtumbau mehr als Rückbau ist. Nr. 1, die Anpassung der Siedlungsstruktur an die Erfordernisse der Entwicklung von Bevölkerung und Wirtschaft, knüpft unmittelbar an § 171a Abs. 2 Satz 1 BauGB erläuternd an. Das Gesetz lässt aber offen, in welcher Form die Anpassung erfolgen soll. Möglich sind sowohl eine flächenhafte Beseitigung sowie eine Herunterzonung von baulichen Anlagen. Weder Ersatz- noch Neubauten werden ausgeschlossen.

Nr. 2 nennt allgemein die Verbesserung der Wohn- und Arbeitsverhältnisse sowie der Umwelt. Die Bestimmung lehnt sich inhaltlich an die in § 136 Abs. 3 Nr. 1 und Abs. 4 Satz 2 Nr. 3 BauGB enthaltenen sanierungsrechtlichen Regelungen an. Die Wohn- und Arbeitsverhältnisse können durch Modernisierungs- und Instandsetzungsmaßnahmen verbessert werden. Zu der Verbesserung der Umwelt vgl. oben Rdn. 98.

Nr. 3 führt allgemein die Stärkung der innerstädtischen Bereiche als eine Aufgabe an, zu der die Stadtumbaumaßnahmen beitragen sollen. Diese Bestimmung entspricht in ihrem Grundgedanken der Regelung des § 164b Abs. 2 Nr. 1 BauGB. Danach sollen die Finanzhilfen des Bundes für die Förderung der städtebaulichen Sanierung einen Schwerpunkt haben in der „Stärkung von Innenstädten und Ortsteilzentren in ihrer städtebaulichen Funktion unter besonderer Berücksichtigung des Denkmalschutzes und der Denkmalpflege". Das Gesetz enthält keine Umschreibung für den Begriff der „innerstädtischen Bereiche". Er ist als Gegensatz zum Stadtrandbereich zu verstehen. Die innerstädtischen Bereiche dienen i.d.R. aufgrund ihrer stadtgeschichtlichen Entwicklung und wegen ihrer guten Erreichbarkeit als Standort für die wichtigsten Einrichtungen von Verwaltung, Wirtschaft und Kultur. Sie sind planungsrechtlich als Kerngebiete i.S. von § 7 BauNVO einzustufen. Ihre wirtschaftliche Bedeutung hat vielfach durch das Entstehen von Einkaufszentren und großflächigen Einzelhandelsbetrieben am Stadtrand oder in Stadtrandgemeinden Schaden genommen. Diese Einrichtungen sind für den Benutzer von Kraftfahrzeugen gut erreichbar und bieten ihm im Gegensatz zu den innerstädtischen Bereichen kostenlose Stellplätze. Diese Entwicklung hat oftmals dort zur Schließung von Geschäften und somit zur Minderung ihrer städtebaulichen Funktion geführt. Leer stehende Geschäftsräume tragen zur Verödung der innerstädtischen Bereiche bei und haben somit negative städtebauliche Folgen mit Bedeutung für das übrige Stadtgebiet. In den innerstädtischen Bereichen können im Rahmen des Stadtumbaus Parkmöglichkeiten an geeigneten Stellen geschaffen und der öffentliche Nahverkehr gebessert werden. Als weitere Maßnahmen kommen hauptsächlich die Schließung von Baulücken unter besonderer Berücksichtigung fehlender Versorgungseinrichtungen i.S. von § 5 Abs. 2 Nr. 2 BauGB sowie Modernisierungs- und Instandsetzungsmaßnahmen in Frage.

Nr. 7 erwähnt die Erhaltung der innerstädtischen Altbaubestände. Diese Zielsetzung ist von der Nr. 3 abzugrenzen. Mit der Nr. 7 verfolgt das Gesetz nicht ein funktionales, sondern ein baukulturelles Anliegen. Allerdings werden die innerstädti-

Stadtumbau und Soziale Stadt

schen Altbaubestände nicht begrifflich umschrieben. Die Altbaubestände sind von den modern gestalteten städtebaulichen Bereichen zu unterscheiden. Zu den innerstädtischen Altbaubeständen zählen die vor dem 1. Weltkrieg in vorindustrieller Bauweise errichteten oftmals gründerzeitlichen Stadtquartiere mit ihren individuellen, aber nach einheitlichen Maßstäben errichteten Architekturformen. Sie sollen im Rahmen der Stadtbaumaßnahmen nicht zurückgebaut, sondern instandgesetzt werden.

Der Katalog des § 171 a Abs. 3 Satz 2 BauGB enthält neben den vorgenannten städtebaulichen Zielen die folgenden Maßnahmen, ohne diese begrifflich abzugrenzen:

Nr. 4 nennt die Umnutzung von nicht mehr bedarfsgerechten baulichen Anlagen. Hierbei ist hauptsächlich an ehemals gewerblich genutzte bauliche Anlagen zu denken, deren weitere Nutzung zu anderen Zwecken durch entsprechende bauliche Veränderung im Vergleich zur Errichtung von Neubauten kostengünstiger ist.

Nr. 5, der Rückbau von baulichen Anlagen, die nicht mehr einer anderen Nutzung zugeführt werden können, bildet die Hauptaufgabe der Stadtumbaumaßnahmen. Hierbei ist zuerst an die Vielzahl überzähliger Wohnungen in oftmals überdimensionierten Gebäuden zu denken.

Nr. 6 fördert die Wiedernutzung freigelegter Flächen. Soweit sie einer „nachhaltigen städtebaulichen Entwicklung" zugeführt werden sollen, hat das Gesetz den in § 1 Abs. 5 Satz 1 BauGB enthaltenen und nunmehr dort erläuterten Planungsgrundsatz aufgegriffen. Wesentlich hierfür ist eine langfristig angelegte Planung, die die Belange des Umweltschutzes, wie sie in § 1 Abs. 6 Nr. 7 BauGB zum Ausdruck kommen, zu einem Ausgleich mit den wirtschaftlichen und sozialen Belangen führt. Dieser seit 1998 im BauGB enthaltene Planungsgrundsatz hat bisher kaum praktische Bedeutung erlangt. Soweit aus Planungsgründen die künftige Nutzung der freigelegten Flächen noch offen bleibt, soll eine etwaige Zwischennutzung eine nachhaltige städtebauliche Entwicklung nicht gefährden.

Die Konkretisierung der Ziele und Maßnahmen ist im Einzelfall von der Gemeinde in dem nach § 171b Abs. 2 Satz 1 BauGB aufzustellenden städtebaulichen Entwicklungskonzept vorzunehmen. Das Entwicklungskonzept bezieht sich auf das Stadtumbaugebiet und die Auswirkungen der geplanten Stadtumbaumaßnahme auf das übrige Gemeindegebiet. Maßgebend für die Auswirkungen werden zumeist funktionale Verflechtungen sein. Die Planung des Rückbaues von Wohngebäuden erfordert eine Aufnahme und Bewertung des Bestandes sowie Überlegungen zur Bevölkerungsentwicklung über das einzelne Stadtgebiet hinaus.

4 a.2.2 Stadtumbauvertrag

Der Gesetzgeber strebt eine möglichst einvernehmliche Durchführung der Stadtumbaumaßnahmen im Zusammenwirken der Gemeinde mit den beteiligten Eigentümern, d.h. hauptsächlich mit den Wohnungsunternehmen an. Durch § 171c

530g

Satz 1 BauGB fordert er daher die Gemeinde dazu auf, nach Möglichkeit zur Umsetzung ihres städtebaulichen Entwicklungskonzeptes mit den betroffenen Eigentümern städtebauliche Verträge i.S. von § 11 BauGB abzuschließen. Diese haben jedoch keinen Rechtsanspruch gegen die Gemeinde auf den Abschluss solcher Verträge. Als Vertragsinhalt kommt die Durchführung von Ordnungs- und Baumaßnahmen i.S. der §§ 147, 148 BauGB seitens der Gemeinde auf Grundstücken in privatem Eigentum oder durch die Grundstückeigentümer selbst in Betracht. § 171c Satz 2 BauGB nennt beispielhaft Gegenstände für den Abschluss dieser Verträge (Rückbaudurchführung und Kostenübernahme, Verzicht auf Planungsschäden und Lastenausgleich zwischen den beteiligten Eigentümern). Diese Aufzählung verdeutlicht, welche Probleme aus der Sicht des Gesetzgebers beim Stadtumbau zu lösen sind, wenn man z.B. von Strukturanpassungsmaßnahmen i.S. von § 171a Abs. 3 Satz 2 Nr. 1 BauGB oder dem Rückbau i.S. von § 171a Abs. 3 Satz 2 Nr. 5 BauGB ausgeht.

Beim Rückbau ist der Eigentümer für den Verlust seines Eigentums zu entschädigen. Soweit allerdings eine bauliche Anlage mangels Interessenten nicht vermietet oder verpachtet werden kann und daher auf Dauer leer steht, ist davon auszugehen, dass dem Eigentümer durch den Rückbau kaum Vermögensnachteile entstehen. Es bedarf jedoch auch eines Verzichtes des vom Rückbau betroffenen Eigentümers auf die Wiederbebauung seines Grundstückes, wenn er es nicht an die Gemeinde veräußert. Durch den Rückbau verliert der Eigentümer nicht das Recht, sein Grundstück entsprechend den Regelungen der §§ 30 bis 34 BauGB im Stadtumbaugebiet wieder zu bebauen. Zumeist wird jedoch das städtebauliche Entwicklungskonzept für das freigelegte Grundstück keine Wiederbebauung des Grundstücks vorsehen. Hierbei besteht allgemein die gleiche Rechtslage wie beim planungsrechtlichen Entzug des Baurechtes, wie z.B. durch die Änderung eines Bebauungsplanes. Das bedeutet, der dem Eigentümer zugemutete Verzicht auf die Wiederbebauung ist gleichsam als ein Planungsschaden nach §§ 39 ff BauGB auszugleichen.

Umgekehrt werden oftmals durch den Rückbau den Eigentümern benachbarter Grundstücke mit aufstehenden baulichen Anlagen wirtschaftliche Vorteile entstehen, weil z.B. die neuen Freiflächen deren Nutzwert steigern oder weil das Angebot an Nutzflächen eingeschränkt wird und dadurch ihr Marktwert steigt. Diese Vorteile sind ebenfalls bei einem Ausgleich von Lasten unter den beteiligten Eigentümern zu berücksichtigen. Bei der vom Gesetz angestrebten gerechten Verteilung der Vor- und Nachteile des Stadtumbaus unter den beteiligten Eigentümern können noch in den neuen Bundesländern insoweit besondere Probleme in den Fällen auftreten, in denen das Eigentum an dem Grundstück und der zugehörigen baulichen Anlage auseinander fallen. Wenn die Gemeinde, z.B. wegen der Vielzahl der betroffenen Grundeigentümer den Abschluss eines Stadtumbauvertrages nicht erreichen kann, wird sie eine Bebauungsplan aufstellen, vgl. hierzu oben Rdn. 175, und eine Bodenordnung entweder über den kommunalen Erwerb der Grundstücke oder eine Umlegung, vgl. hierzu oben Rdn. 206, durchführen müssen.

4a.2.3 Stadtumbausatzung

Zur Sicherung und sozialverträglichen Durchführung der Stadtumbaumaßnahmen kann die Gemeinde gemäß § 171d Abs. 1 BauGB ein festgelegtes Stadtumbaugebiet i.S. von § 171b Abs. 1 BauGB oder Teile davon in Form einer Satzung mit bodenrechtlicher Bedeutung bezeichnen. Die Anwendung der Regelung kommt vor allem in Betracht, soweit eine einvernehmliche Durchführung der Stadtumbaumaßnahmen nicht zu erwarten ist. Allerdings ist die Stadtumbausatzung im Verhältnis zur Sanierungssatzung nach § 142 BauGB für die Gemeinde ein schwächeres Sicherungsinstrument. Zudem setzt die Stadtumbausatzung genaue Vorstellungen über die in dem Satzungsgebiet durchzuführenden Maßnahmen voraus, weil bereits für den Beschluss über die Festlegung des Stadtumbaugebietes nach § 171b Abs. 2 Satz 1 BauGB ein städtebauliches Entwicklungskonzept vorliegen muss. Danach bedürfen in dem durch Satzung festgelegten Stadtumbaugebiet alle Vorhaben und sonstigen Maßnahmen i.S. von § 14 Abs. 1 BauGB, vgl. hierzu oben Rdn. 290, einer besonderen Genehmigung. Über die Erteilung der Genehmigung ist nach § 171d Abs. 3 BauGB zu entscheiden. Diese Bestimmung ist der erhaltungsrechtlichen Vorschrift über die Erteilung einer Genehmigung bei städtebaulichen Umstrukturierungen nachgebildet, vgl. hierzu unten Rdn. 798.

530h

Der Genehmigungsvorbehalt dient der Sicherung der städtebaulichen und sozialen Belange beim Ablauf der Stadtumbaumaßnahmen. Nur zu diesem Zweck darf die Gemeinde die Genehmigung versagen. Diese Belange haben ihre Grundlage entweder in dem städtebaulichen Entwicklungskonzept i.S. von § 171b Abs. 2 BauGB oder einem Sozialplan i.S. von § 180 BauGB, vgl. hierzu oben Rdn. 69 ff. Ist kein Sozialplan erarbeitet worden, kann der Genehmigungsvorbehalt unter Bezug auf die sozialen Belange nur ausgeübt werden, soweit sich diese in dem städtebaulichen Entwicklungskonzept niedergeschlagen haben. Relevant ist diese Regelung insbesondere beim Rückbau von Wohngebäuden. Liegen die Voraussetzungen für eine Versagung der Genehmigung vor, muss gemäß § 171d Abs. 3 Satz 2 BauGB eine Abwägung im Hinblick auf die wirtschaftliche Unzumutbarkeit der Nichtdurchführung des Vorhabens oder der Maßnahmen unter Berücksichtigung des Allgemeinwohls durchgeführt werden (vgl. hierzu unten Rdn. 795f.). Soweit danach die Versagung der Genehmigung für den Antragsteller, d.h. in der Regel für den betroffenen Eigentümer, wirtschaftlich unzumutbar wäre, muss sie erteilt werden. Infolge dieser Unzumutbarkeitsregelung werden die Rechte der Eigentümer in dem Gebiet der Stadtumbausatzung im Verhältnis zu dem sanierungsrechtlichen Genehmigungsvorbehalt nach § 144 BauGB weniger eingeschränkt. Anders als beim sanierungsrechtlichen Genehmigungsvorbehalt begeht der Bauherr allerdings nach § 213 Abs. 1 Nr. 4 BauGB eine Ordnungswidrigkeit, wenn er im Bereich der Stadtumbausatzung eine bauliche Anlage ohne die Genehmigung rückbaut oder ändert. § 171d Abs. 2 BauGB entspricht der erhaltungsrechtlichen Regelung des § 172 Abs. 2 BauGB, vgl. hierzu unten Rdn. 815 ff. Danach kann bereits vor dem Inkrafttreten der später folgenden Stadtumbausatzung aufgrund der ortsüblichen Bekanntmachung des Aufstellungsbeschlusses über eine Stadtumbausatzung durch die entsprechende Anwendung von § 15 BauGB die Entscheidung über ein Vorhaben oder ein Maßnahme für eine Höchstfrist von zwölf Monaten zurückgestellt werden. Voraussetzung für die Zurückstellung ist die Befürchtung, das Vorhaben oder die Maßnahme werde die Durchführung des städtebaulichen Entwicklungskonzeptes unmöglich machen oder wesentlich erschweren; vgl. zu der etwas weitergehenden sanierungsrechtlichen Regelung des § 145 Abs. 2 BauGB oben Rdn. 304.

§ 171 d Abs. 4 BauGB führt im Satzungsgebiet zur entsprechenden Anwendung des sanierungsrechtlichen Auskunftsrechtes der Gemeinde nach § 138 BauGB, vgl. hierzu oben Rdn. 112 ff., sowie der erhaltungsrechtlichen Bestimmungen der § 173 und 174 BauGB über das Genehmigungsverfahren, vgl. hierzu unten Rdn. 799 ff. Aufgrund von § 24 Abs. 1 Nr. 4 BauGB hat die Gemeinde im Gebiet der Stadtumbausatzung ein Vorkaufsrecht beim Verkauf von Grundstücken, vgl. zum Zweck und Wesen des gemeindlichen Vorkaufsrechtes oben, Rdn. 254 ff. Entsprechend § 85 Abs. 1 Nr. 7 BauGB kann im Geltungsbereich dieser Satzung auch eine Enteignung durchgeführt werden um eine bauliche Anlage aus den in § 171 d Abs. 3 BauGB genannten Gründen zu erhalten oder zu beseitigen; d.h. zur Sicherung eines den städtebaulichen und sozialen Belangen Rechnung tragenden Ablaufes der Stadtumbaumaßnahmen auf der Grundlage des Entwicklungskonzeptes oder des Sozialplans (vgl. hierzu auch oben Rdn. 273 ff. und 731). Neben der Stadtumbausatzung stehen den Gemeinden für die Sicherung der Durchführung der Stadtumbaumaßnahmen grundsätzlich alle anderen Verfahren des Baugesetzbuches, neben der Bauleitplanung vor allem das Sanierungsrecht unter den gesetzlichen Voraussetzungen, zur Verfügung. § 171 d BauGB, der sowohl auf Bestimmungen des Sanierungs- als auch des Erhaltungsrechtes verweist, beruht in seiner Konzeption auf der Erwägung, dass es in vielen Fällen nicht des Einsatzes oder nicht des vollen Einsatzes dieser anderen Instrumente des Städtebaurechtes bedarf.

4 a.3 Soziale Stadt

530 i   In den letzten Jahren sind die sozialen Probleme in der städtebaulichen Entwicklung insbesondere in den „sozialen Brennpunkten" in den Vordergrund getreten, vgl. hierzu oben Rdn. 69. Nach § 164 b Abs. 2 Nr. 3 BauGB sind städtebauliche Maßnahmen zur Behebung sozialer Missstände ein Schwerpunkt für die Verwendung von Bundesfinanzhilfen zur Förderung städtebaulicher Sanierungsmaßnahmen.

Seit 1999 fördern Bund und Länder zusätzlich im Rahmen der Städtebauförderung das besondere Programm „Förderung von Stadtteilen mit besonderem Entwicklungsbedarf – die soziale Stadt". Die Aufnahme der Bestimmungen des § 171 e BauGB über städtebauliche Maßnahmen der sozialen Stadt in das Gesetz soll die mit diesem Programm verfolgten Ziele unterstützen. Nach § 171 e Abs. 2 Satz 1 BauGB dienen städtebauliche Maßnahmen der sozialen Stadt der Stabilisierung und Aufwertung von bestimmten Bereichen. Als solcher nennt das Gesetz hier Ortsteile, die durch soziale Missstände benachteiligt sind und andere Teile des Gemeindegebietes, in denen ein besonderer Entwicklungsbedarf besteht.

Stadtumbau und Soziale Stadt

Die vom Gesetzgeber angestrebte Stabilisierung bezieht sich auf die Verhältnisse der in dem Gebiet lebenden Menschen. Sie sollen dauerhaft in einen Zustand gebracht werden, in dem sie möglichst konfliktfrei leben können. Die Schaffung und Erhaltung sozial stabiler Bewohnerstrukturen ist zugleich ein allgemeiner Grundsatz, der nach § 6 Satz 2 Nr. 3 Wohnraumförderungsgesetz bei der Förderung des Wohnungsbaues zu berücksichtigen ist. Aufwertung eines Ortsteiles oder eines anderen Teiles des Gemeindegebietes bedeutet seine städtebauliche Verbesserung vor allem im Verhältnis zu den übrigen Bereichen der Gemeinde. In der Anwendung werden sich die Stabilisierung und die Aufwertung häufig überschneiden. Das Gleiche gilt für die Begriffe soziale Missstände und besonderer Entwicklungsbedarf, die im Gesetz nicht umschrieben, sondern in § 171e Abs. 2 Satz 2 und 3 BauGB beispielhaft erläutert werden. Bei der Auslegung dieser Tatbestände und der Beurteilung der Erforderlichkeit von Maßnahmen der sozialen Stadt hat die Gemeinde einen erheblichen Spielraum.

Maßgeblich ist danach im ersten Fall, dem der „sozialen Missstände", die Benachteiligung eines Gebietes infolge der Zusammensetzung der Bevölkerung und die wirtschaftliche Lage der dort lebenden Menschen. Hierbei handelt es sich um Stadt- oder Ortsteile mit einem überdurchschnittlich hohen Anteil von Sozialhilfeempfängern, Arbeitslosen, Alleinerziehenden, Schulabbrechern, Menschen mit keiner oder nur geringer Ausbildung sowie nicht integrierten Ausländern. Nachbarschaften werden durch Streitigkeiten zwischen Ausländern und Deutschen über Fragen der Belästigung durch Lärm, Musik und Geruch überfordert. Der Anteil der in dem Gebiet lebenden Wohnungs- und Grundeigentümer ist gering. Der Anteil der Nichtwähler liegt über dem Durchschnitt in der Gemeinde. Nur wenige in dem Gebiet lebende Menschen sind bereit, einen öffentliche Verantwortung zu übernehmen. Eine überdurchschnittlich hohe Kriminalitätsrate beeinträchtigt das allgemeine Sicherheitsgefühl. Die in dem Gebiet vorhandenen Arbeitsplätze setzen überwiegend eine geringe Vorbildung Voraus. Die Einkommen liegen entsprechend niedrig. Infolge der Spannungen in dem Gebiet neigen Personen mit besserem Einkommen, soweit sie noch dort wohnen, dazu, wegzuziehen. Die mit der Zusammensetzung der in dem Gebiet lebenden und arbeitenden Menschen verbundenen sozialen und wirtschaftlichen Probleme in ihrer räumlichen Häufung zeitigen oftmals städtebaulich ungünstige Folgen. Die Bereitschaft zu investieren ist gering. Bauliche Anlagen werden vernachlässigt. Gewerbe- und Wohnräume stehen zum Teil leer. Bewusst werden Zerstörungen vorgenommen. Die öffentlich zugänglichen Räume verwahrlosen.

530j

Das Gesetz geht in § 171e Abs. 2 Satz 1 BauGB, dem zweiten Fall, davon aus, dass in anderen Teilen des Gemeindegebietes ein „besonderer Entwicklungsbedarf" besteht. § 171e Abs. 2 Satz 3 BauGB erläutert diesen Entwicklungsbedarf beispielhaft. Danach kommen hierfür benachteiligte, d.h. ungünstig entwickelte Wohn- und Mischgebiete in Frage. Für diese Gebiete ist die fehlende Bereitschaft zu privaten Investitionen besonders kennzeichnend.

Der Leitfaden zur Ausgestaltung der Gemeinschaftsinitiative „Soziale Stadt" der ARGEBAU aus dem Jahre 2000 geht von zwei Gebietstypen aus. Der erste Typ wird umschrieben durch „innerstädtische oder innenstadtnahe (oft gründerzeitliche) Quartiere in benachteiligten Regionen mit nicht modernisierter Bausubstanz und deutlich unterdurchschnittlicher Umweltqualität". Als zweiter Typ werden „große Wohnsiedlungen aus der Nachkriegszeit und Wohnsiedlungen der abgezogenen Streitkräfte mit wenig individueller Architektur, fehlender Nutzungsmischung und unzureichender sozialer Infrastruktur" genannt. Im Leitfaden der ARGEBAU werden diese Neubauquartiere u.a. wie folgt beschrieben: „Die Siedlungen liegen häufig am Stadtrand und sind nur unzureichend in den öffentlichen Verkehr eingebunden. Die Planung hat zum Teil auf landschaftliche und ökologische Gegebenheiten zu wenig Rücksicht genommen. Viele Quartiere sind als Schlafstädte konzipiert. Es fehlt eine selbsttragende lokale Wirtschaft und es mangelt an Arbeitsplätzen im Nahbereich. Die Architektur ist häufig einfallslos, bei der gegebenen Höhe und Dichte der Bebauung vermisst man besonders die individuelle Ausprägung der Erdgeschosszonen, Eingangsbereiche und Vorgärten."

§ 171e Abs. 2 Satz 3 BauGB geht davon aus, dass es in den dort genannten Gebieten mit besonderem Entwicklungsbedarf „einer aufeinander abgestimmten Bündelung von investiven und sonstigen Maßnahmen bedarf". In dieser Bündelung liegt das eigentliche Wesen der Maßnahme der Sozialen Stadt. Baumaßnahmen allein, wie etwa die Modernisierung und Instandsetzung von Wohngebäuden, die Errichtung und Änderung von Gemeinbedarfs- und Folgeeinrichtungen, reichen in diesen Gebieten nicht aus, um die dortigen Probleme zu lösen. Vielmehr bedürfen die erforderlichen investiven, d.h. städtebaulichen Maßnahmen der Ergänzung durch die sonstigen Maßnahmen. Hierbei handelt es sich überwiegend um fürsorgerische, bildungs- und kulturfördernde Maßnahmen, wie z.B. die Erteilung von Deutschunterricht für Ausländer oder EDV-Unterricht. Zu den sonstigen Maßnahmen gehören auch Maßnahmen der Jugendförderung. Auch können Maßnahmen zur Verbesserung der öffentlichen Sicherheit erforderlich sein. Die Durchführung dieser sonstigen Maßnahmen obliegt grundsätzlich besonderen Maßnahmeträgern und ist nicht von der Gemeinde mit Städtebauförderungsmitteln, sondern aus anderen öffentlichen Haushalten zu finanzieren, vgl. hierzu unten Rdn. 708.

530k   Nach § 171e Abs. 4 Satz 1 BauGB sind in dem Entwicklungskonzept die Ziele und Maßnahmen schriftlich darzustellen. Ziele sind die in § 171e Abs. 2 Satz 1 BauGB genannten Stabilisierung die Aufwertung von Ortsteilen und anderen Teilen des Gemeindegebietes. Dargestellt werden müssen sowohl die investiven als auch die sonstigen Maßnahmen. Nach § 171e Abs. 4 Satz 1 BauGB sind die Betroffenen und die öffentlichen Aufgabenträger an der Aufstellung des Entwicklungskonzeptes zu beteiligen. Das Gesetz nimmt hier auf die sanierungsrechtlichen Regelungen der §§ 137 und 139 BauGB Bezug, vgl. hierzu oben Rdn. 123f. Aufgrund der erforderlichen Maßnahmen gehören hier die anerkannten Wohlfahrtsverbände zu den öffentlichen Aufgabenträgern. Entsprechend § 171e Abs. 4 Satz 2 BauGB sind im Entwicklungskonzept insbesondere Maßnahmen anzugeben, die „der Verbesserung der Wohn- und Arbeitsverhältnisse sowie der Schaffung und Erhaltung sozial stabiler Bevölkerungsstrukturen dienen". Die Verbesserung der Wohn- und Ar-

Stadtumbau und Soziale Stadt

beitsverhältnisse setzt die Durchführung von Modernisierungs- und Instandsetzungsmaßnahmen gegebenenfalls auch von Neubauten sowie die Eröffnung und Ansiedlung von Betrieben voraus. Die Schaffung sozial stabiler Bevölkerungsstrukturen erfordert deren Änderung. Mit dem Begriff Bevölkerungsstrukturen ist hier die Zusammensetzung der Bevölkerung nach unterschiedlichen Beurteilungsmerkmalen wie Alter, Einkommen, Bildung, Staatsangehörigkeit gemeint. Angestrebt wird eine Zusammensetzung der Bevölkerung in dem Gebiet, die ein möglichst konfliktarmes Miteinanderleben in dem Gebiet gewährleistet. Bei der Erhaltung sozial stabiler Bevölkerungsstrukturen geht es dagegen um vorbeugende Maßnahmen, die ein weiteres soziales Abgleiten des Gebietes verhindern sollen.

Die Bevölkerungsstruktur kann zum einen durch die Änderung der Verhältnisse der in dem Gebiet lebenden Menschen vorgenommen werden, z.B. durch die Beschaffung von Arbeitsplätzen mittels Ansiedlung von Betrieben. Als weitere Möglichkeit kommt eine Änderung der Zusammensetzung der Wohnbevölkerung z.B. durch den Austausch von Mietern in Frage. Zur Schaffung von stabilen Bevölkerungsstrukturen kann auch die bauleitplanerische Ausweisung von Flächen für den Bau von Einfamilienhäusern beitragen.

§ 171e Abs. 5 BauGB regelt das Zusammenwirken der Gemeinde mit den Beteiligten durch Sollvorschriften, d.h. nur in atypischen Fällen besteht hierzu keine rechtliche Verpflichtung. Nach § 171e Abs. 5 Satz 1 BauGB sollen die Beteiligten in die Erstellung und Umsetzung des Entwicklungskonzeptes in geeigneter Form einbezogen und von der Gemeinde zur Mitwirkung angeregt werden. Beteiligte sind die in § 171e Abs. 4 Satz 1 BauGB genannten Betroffenen und die öffentlichen Aufgabenträger. Die vom Gesetz angestrebte Mitwirkung der Beteiligten, insbesondere der der Betroffenen, hat maßgebliche Bedeutung für den Erfolg der Maßnahmen der Sozialen Stadt. Als geeignete Form der Mitwirkung hat sich die Gründung von Gesprächs- und Arbeitskreisen unter Beteiligung von Betroffenen erwiesen. Als Aufgabenträger kommen Gegenstände wie z.B. Verkehr, Sicherheit, Wohnumfeld, interkultureller und interreligiöser Austausch, Sport- und Jugendförderung usw. in Frage. Diese Mitwirkung setzt eine breitgefächerte Öffentlichkeitsarbeit der Gemeinde voraus, die insbesondere die Erläuterung und Fortschreibung des Entwicklungskonzeptes mit einschließt.

Nach § 171e Abs. 5 Satz 2 BauGB soll die Gemeinde die Beteiligten im Rahmen des Möglichen fortlaufend beraten und unterstützen. Die Regelung entspricht inhaltlich § 137 BauGB, vgl. hierzu oben Rdn. 121ff., geht jedoch insofern weiter, als die Gemeinde auch verpflichtet wird, die Beteiligten fortlaufend zu unterstützen. Hieraus erwächst diesen allerdings kein bestimmter Leistungsanspruch etwa auf Gewährung eines Härteausgleiches i.S. von § 181 BauGB. § 171e Abs. 5 Satz 2 BauGB ersetzt hier die Bestimmungen über den Sozialplan. § 180 BauGB gilt im Gegensatz zu den Stadtumbaumaßnahmen nicht für die Maßnahmen der Sozialen Stadt. Der Gemeinde bleibt es überlassen, in welcher Form sie ihrer Beratungs- und Unterstützungspflicht gegenüber den Beteiligten nachkommt. Als geeigneter Weg hierfür, insbesondere gegenüber den Betroffenen, den in in dem Gebiet ansässigen

530l

283

Mietern, Pächtern und Eigentümern, hat sich die Einrichtung einer ganztägig geöffneten Beratungsstelle bewährt. Als Träger hierfür kommt neben der Gemeinde auch ein öffentlicher Aufgabenträger in Betracht. In § 171e Abs. 5 Satz 3 BauGB weist das Gesetz auf die Möglichkeiten der Einrichtung einer Koordinierungsstelle im Zusammenwirken von Gemeinde und Beteiligten für die Beratung und Unterstützung der Beteiligten hin. Koordinierungsstellen und Beratungsstellen lassen sich zweckmäßigerweise räumlich verbinden. Die Koordinierungsstelle dient der aufeinander abgestimmten gebündelten Umsetzung der investiven und der sonstigen Maßnahmen, vgl. § 171 e Abs. 2 Satz 3 BauGB. Nach § 171e Abs. 5 Satz 4 BauGB soll die Gemeinde, soweit es erforderlich ist, mit den Eigentümern und den sonstigen Maßnahmenträgern städtebauliche Verträge abschließen. Als sonstige Maßnahmenträger kommen weitere Personen in Betracht, die über Grundstücke oder bauliche Anlagen verfügen dürfen. Mit den städtebaulichen Verträgen sind städtebauliche Verträge i.S. von § 11 BauGB gemeint, die der Schriftform bedürfen. Sie sollen der Verwirklichung und Förderung der mit dem Entwicklungskonzept verfolgten Ziele dienen und Regelungen für die Übernahme von Kosten durch die Vertragspartner enthalten. Der Abschluss dieser Verträge ist daher im Zusammenhang mit der Aufstellung des Entwicklungskonzeptes zweckmäßig.

5. Städtebauliche Gebote

5.1 Grundsätzliches

Durch die Anordnung eines städtebaulichen Gebotes kann die Gemeinde den Eigentümer zu besonderen Maßnahmen auf seinem Grundstück, wie z.B. Errichtung eines Gebäudes, Modernisierung und Instandsetzung einer baulichen Anlage, Vornahme einer Bepflanzung, veranlassen. Ferner kann die Gemeinde den Eigentümer verpflichten, den Abbruch einer baulichen Anlage auf seinem Grundstück zu dulden. Bei der Anordnung eines städtebaulichen Gebotes handelt es sich um eine Ermessensentscheidung der Gemeinde. Das Abbruchgebot, das Baugebot und das Modernisierungsgebot waren früher im Städtebauförderungsgesetz enthalten. Sie waren Teil der besonderen bodenrechtlichen Vorschriften des Sanierungsrechtes und konnten ausschließlich im förmlich festgelegten Sanierungsgebiet und im förmlich festgelegten städtebaulichen Entwicklungsbereich angeordnet werden. Diese Regelungen wurden 1976 in ergänzter Form in das damals geltende Bundesbaugesetz übernommen. Den Gemeinden sollte es ermöglicht werden, aus städtebaulichen Gründen auch außerhalb der Sanierungsgebiete und Entwicklungsbereiche die betroffenen Grundeigentümer zur Durchführung oder Duldung wichtiger Maßnahmen auf ihren Grundstücken veranlassen zu können. In der Praxis haben sie dennoch bei der städtebaulichen Sanierung und Entwicklung Bedeutung, weil hiernach die Gemeinde die Möglichkeit hat, auf die Durchführung dieser Maßnahmen auf den privaten Grundstücken Einfluss zu nehmen. Einige städtebauliche Gebote, wie das Baugebot nach § 176 Abs. 1 BauGB, das Pflanzgebot i.S. von § 178 BauGB und das Rückbau- und Entsiegelungsgebot gemäß § 179 Abs. 1 BauGB setzen im Gegensatz zu den übrigen Geboten einen Bebauungsplan voraus. Hierbei kann es sich um einen einfachen Bebauungsplan i.S. von § 30 Abs. 2 BauGB handeln. *531*

Die Anordnung eines städtebaulichen Gebotes durch die Gemeinde bedeutet keine Enteignung, soweit die Durchführung der angeordneten Maßnahme beim Eigentümer des Grundstücks nicht zu dauernden wirtschaftlichen Nachteilen führt oder diese Nachteile von der Gemeinde oder von dritter Seite ausgeglichen werden. Die Verpflichtung zur Durchführung der angeordneten Maßnahme ergibt sich grundsätzlich aus der Sozialbindung des Eigentums. Hierfür ist die besondere Lage des Grundstücks in seinem städtebaulichen Umfeld maßgebend. Die Verpflichtung wird durch die Anordnung des Gebotes aktualisiert. Diese städtebauliche Handlungspflicht aufgrund des angeordneten Gebotes steht unabhängig neben einer inhaltlich gleichen Handlungspflicht auf einer anderen Rechtsgrundlage wie etwa dem Bauordnungs- oder dem Denkmalschutzrecht. *532*

Die Anordnung eines städtebaulichen Gebotes ist rechtlich ein Verwaltungsakt gegenüber dem Eigentümer des Grundstücks. Da es sich um einen Verwaltungsakt *533*

Städtebauliche Gebote

handelt, der von der Gemeinde grundsätzlich aufgrund der tatsächlichen Situation des Grundstücks und nach den städtebaulichen Erfordernissen ergeht, berührt ein Eigentümerwechsel ein rechtmäßig angeordnetes städtebauliches Gebot nicht. Bei ungeklärten Eigentumsverhältnissen in den neuen Bundesländern ist das Gebot an den jetzigen Verfügungsberechtigten zu richten. Nach § 3 Abs. 3 Satz 1 Gesetz zur Regelung offener Vermögensfragen (Vermögensgesetz – VermG) i.d.F. der Bekanntmachung vom 3. August 1992 (BGBl. I S. 1446) ist ihm zwar grundsätzlich die Eingehung langfristiger Verpflichtungen ohne Zustimmung des Berechtigten, d.h. der die Rückgabe des Grundstückes beansprucht, untersagt. Hiervon nimmt § 3 Abs. 3 Satz 2 VermG jedoch ausdrücklich Rechtsgeschäfte aus, die zur Erfüllung von Rechtspflichten des Eigentümers erforderlich sind. Hierzu nennt das Gesetz beispielhaft die Anordnung eines Modernisierungs- und Instandsetzungsgebotes nach § 177 BauGB. Aufgrund von § 3 Abs. 3 Satz 5 VermG gilt diese Regelung auch im Falle der Ersetzung der Anordnung durch eine vertragliche Regelung, wenn die Kosten der Baumaßnahmen nach Maßgabe von § 177 Abs. 4 und 5 BauGB von der Gemeinde oder einer anderen Stelle erstattet werden.

534   § 175 Abs. 5 BauGB stellt klar, dass durch die Anordnung eines städtebaulichen Gebotes landesrechtliche Bestimmungen insbesondere über den Schutz und die Erhaltung von Denkmälern unberührt bleiben. Die Gemeinde kann sich daher durch eine Gebotsanordnung nicht über das geltende Denkmalschutzrecht hinwegsetzen. Dem trägt auch die für das Instandsetzungsgebot in § 177 Abs. 3 Satz 1 und 2 BauGB enthaltene besondere Regelung über den Zustimmungsvorbehalt der zuständigen Denkmalschutzbehörde Rechnung. Als weitere von den §§ 175 bis 179 BauGB unberührt bleibende landesrechtliche Vorschriften sind insbesondere alle Regelungen des Bauordnungsrechtes zu nennen. Auch hier kommt es in der Praxis zu Überlagerungen. So kann der Abbruch einer baulichen Anlage auch aus Gründen des Bauordnungsrechtes geboten sein. Andererseits ersetzt die Anordnung eines Baugebotes nicht die Erteilung einer nach den Landesbauordnungsrecht notwendige Baugenehmigung. Die Gemeinde muss im Einzelfall alle relevanten Vorschriften bei der Anordnung eines städtebaulichen Gebotes beachten. Sie darf dem betroffenen Eigentümer nichts auferlegen, was gegen rechtliche Vorschriften verstößt, wie z.B. die Beseitigung einer unter Denkmalschutz stehenden baulichen Anlage.

5.2 Städtebauliche Gründe

535   Die Anordnung eines städtebaulichen Gebotes setzt nach § 175 Abs. 2 Halbsatz 1 BauGB voraus, dass die Durchführung der angeordneten Maßnahme aus städtebaulichen Gründen erforderlich ist. Hierfür reicht ein Bebauungsplan nicht aus. Die Festsetzungen eines Bebauungsplanes verpflichten die betroffenen Eigentümer nicht dazu, die zulässigen Nutzungen auf ihrem Grundstück zu verwirklichen. Das Erfordernis der Anordnung eines Gebotes i.S. der §§ 176 bis 179 BauGB bedarf daher einer eigenständigen städtebaulichen Begründung. Zum Begriff Städtebau vgl.

Städtebauliche Gründe

oben Rnr. 1. Hierbei geht es um Überlegungen, die über das einzelne betroffene Grundstück hinaus für die räumliche Ordnung und Gestaltung im Zusammenhang durch bauliche Maßnahmen eine besondere Bedeutung im öffentlichen Interesse haben. Hierbei können im Einzelfall sowohl funktionale als auch gestalterische Gründe zum Tragen kommen.

Zu den städtebaulichen Gründen i.S. von § 175 Abs. 2 Halbsatz 1 BauGB gehören: *536*

(1) die Beseitigung einer städtebaulichen Störung, die von einem Grundstück ausgeht, z.B. infolge einer bodenrechtlichen Spannung zu den Nachbargrundstücken, dies kann aber auch durch eine Beeinträchtigung des Ortsbildes geschehen,

(2) die Erhaltung von Gebäuden, die für ihr Umfeld gestalterisch bedeutsam sind aus Gründen der Stadterhaltung,

(3) die Stadtumgestaltung im Innenbereich durch Veränderung und Nutzungsänderung von Gebäuden aufgrund einer städtebaulichen Konzeption der Gemeinde,

(4) die Ortserweiterung im Außenbereich.

Bei den städtebaulichen Gründen handelt es sich um ein besonderes öffentliches Interesse, das im Einzelfall von seiner Bedeutung her gegenüber dem Interesse des betroffenen Grundeigentümers an der Nichtdurchführung der in Frage stehenden Maßnahme das größere Gewicht haben muss.

Wenn zur Durchführung einer Sanierungs- oder Entwicklungsmaßnahme i.S. des BauGB aufgrund einer maßnahmebezogenen städtebaulichen Planung ein städtebauliches Gebot von der Gemeinde angeordnet wird, ist grundsätzlich das städtebauliche Erfordernis i.S. von § 175 Abs. 2 Halbsatz 1 BauGB zu bejahen. Die einheitliche Vorbereitung und Durchführung dieser Gesamtmaßnahmen liegt im öffentlichen Interesse, vgl. oben Rnr. 61. Ferner verpflichtet das Gesetz die Gemeinden zur zügigen Durchführung der Sanierungs- und Entwicklungsmaßnahmen, vgl. oben Rnr. 63. Ursprünglich waren die wichtigsten städtebaulichen Gebote Teil des Sanierungsrechtes im früheren StBauFG. *537*

Ferner schreibt das Gesetz in § 175 Abs. 2 Halbsatz 1 BauGB ausdrücklich vor, dass die alsbaldige Durchführung der anzuordnenden Maßnahmen erforderlich sein muss. Eine vorsorgliche Anordnung eines städtebaulichen Gebotes ist daher nicht zulässig. Die städtebauliche Erforderlichkeit der durchzuführenden Maßnahme muss daher im Zeitpunkt der Anordnung gegeben sein.

5.3 Baugebote im Einzelnen

5.3.1 Allgemeines

538   Die Anordnung eines Baugebotes i. S. von § 176 BauGB dient der Herbeiführung der Bebauung oder weiteren Bebauung eines baureifen Grundstücks, d. h. eines nach den öffentlich-rechtlichen Vorschriften nutzbaren Grundstücks. In Deutschland gibt es zahlreiche derartige Flächen, die aus unterschiedlichen Gründen nicht bebaut werden. Hierbei ist der spekulative Erwerb von Grundstücken von großer Bedeutung, der durch eine sehr geringe Grundsteuer in Zeiten des mehr oder weniger langsamen aber stetigen Währungsverfalles begünstigt wird. Bemühungen, die Eigentümer unbebauter aber baureifer Grundstücke durch Änderung des Steuerrechtes mit einer besonderen Steuer zu belegen, blieben bisher erfolglos. Die Nichtnutzung der baureifen Grundstücke bedeutet zugleich eine Nichtnutzung der in die vorhandene Erschließung getätigten Investitionen. Bei vorhandener Nachfrage nach Bauland führt die bauliche Nichtnutzung dieser Grundtücke zu weiteren Investitionen für die Erschließung weiteren Baulandes und damit auch zum weiteren Landschaftsverbrauch. Mit derartigen Überlegungen lässt sich allerdings kein Baugebot begründen, sondern hierfür ist eine städtebauliche Begründung i. S. von § 175 Abs. 2 Halbsatz 1 BauGB erforderlich.

539   Das Gesetz begünstigt die erforderliche städtebauliche Begründung allerdings durch § 175 Abs. 2 Halbsatz 2 BauGB, indem es klarstellt, dass bei der Anordnung eines Baugebotes auch ein dringender Wohnbedarf der Bevölkerung berücksichtigt werden kann. Maßgebend ist eine das Angebot deutlich übersteigende Nachfrage in Bezug auf geeigneten Wohnraum in der jeweiligen Gemeinde. Ein dringender Bedarf i. S. der Vorschrift ist anzunehmen, wenn in der Gemeinde nicht nur vorübergehend eine Vielzahl von Personen behelfsmäßig oder unzureichend untergebracht ist. Allerdings bezieht sich das Baugebot nicht ausschließlich auf den Bau von Wohngebäuden. Maßgebend ist die jeweilige planungsrechtliche Situation. Danach kann im Einzelfall auch eine gewerbliche Nutzung des Grundstückes zulässig sein. § 175 Abs. 2 Halbsatz 2 BauGB hat daher nur insoweit Bedeutung, als für das Grundstück allein eine Bebauung zum Zwecke des Wohnens in Frage kommt.

5.3.2 Planungsrechtliche Voraussetzungen

540   § 176 BauGB regelt neben den sonstigen auch die planungsrechtlichen Voraussetzungen der Anordnung eines Baugebotes durch die Gemeinde. Danach kommt aufgrund von Abs. 1 eine Anordnung im Geltungsbereich eines Bebauungsplanes in Betracht. Hierfür reicht ein einfacher Bebauungsplan i. S. von § 30 Abs. 2 BauGB, also ein Bebauungsplan, der nicht mindestens Festsetzungen über die Art und das Maß der baulichen Nutzung, die überbaubaren und die örtlichen Verkehrsflächen enthält. Bei einem einfachen Bebauungsplan richtet sich die Zulässigkeit eines Vorhabens ergänzend nach den Anforderungen des § 34 BauGB. Die Anordnung eines Baugebotes bewirkt auch keine Änderung der planungsrechtlichen Situation des betroffenen Grundstücks, sondern verpflichtet den Eigentümer, das zu bauen, was

Baugebote im Einzelnen

planungsrechtlich zulässig ist. Wenn die Gemeinde aus städtebaulichen Gründen bestimmte Anforderungen für die Gestaltung des zu errichtenden Baues durchsetzen will, muss sie vor der Anordnung des Gebotes die planungsrechtliche Lage für das Grundstück entsprechend regeln. Hierfür kommen z.B. zwingende Festsetzungen in dem Bebauungsplan über die Höhe der baulichen Anlage gemäß § 16 Abs. 4 Satz 2 BauNVO und der Erlass einer örtlichen Bauvorschrift in Frage.

5.3.3 Formen des Baugebotes

§ 176 Abs. 1 Nr. 1 BauGB regelt das Neubaugebot. Danach kann die Gemeinde den Eigentümer des Grundstücks verpflichten, sein Grundstück entsprechend den Festsetzungen des Bebauungsplanes zu bebauen. Das Gebot bezieht sich auf ein bisher nicht bebautes Grundstück. § 176 Abs. 1 Nr. 2 BauGB betrifft dagegen ein Grundstück mit einer vorhandenen sonstigen Bauanlage. Hier kann die Gemeinde durch ein so genanntes Anpassungsgebot den Eigentümer verpflichten, das Gebäude oder die sonstige bauliche Anlage an die Festsetzungen des Bebauungsplanes anzupassen. Die Anordnung setzt voraus, dass der Zustand der baulichen Anlage den Festsetzungen des Bebauungsplanes nicht entspricht. Hierbei muss es sich aber um Mindestfestsetzungen handeln. Gemeint sind Ergänzungen der baulichen Anlage, nicht die Beseitigung von Bauteilen.

541

§ 176 Abs. 2 BauGB regelt die Anordnung des Baugebotes außerhalb des Geltungsbereiches eines Bebauungsplanes innerhalb eines im Zusammenhang bebauten Ortsteiles, vgl. hierzu Porz/Runkel Rnr 265ff . Die Regelung bezieht sich auch auf Grundstücke, die im Bereich einer Satzung nach § 34 Abs. 4 BauGB liegen. Es muss also ein Ortsteil i.S. von § 34 Abs. 1 Satz 1 BauGB vorhanden sein. Ein Ortsteil setzt hierbei im Gegensatz zur unerwünschten Splittersiedlung eine Siedlungsstruktur mit einem gewissen Eigengewicht voraus. Ein Bebauungszusammenhang setzt eine tatsächliche aufeinander folgende Bebauung voraus. Gegenstand des Gebotes sind unbebaute oder geringfügig bebaute Grundstücke. Ein Grundstück ist gering bebaut, wenn seine tatsächliche bauliche Nutzung erheblich hinter der planungsrechtlich zulässigen Nutzung zurückbleibt.

542

§ 176 Abs. 2 BauGB nennt als Beispiel Baulücken. Dieses Baugebot kann daher auch als Baulückenschließungsgebot bezeichnet werden. Darüber hinaus kann das Gebot aber auch angeordnet werden, um das Grundstück entsprechend den baurechtlichen Vorschriften zu nutzen oder einer baurechtlichen Nutzung zuzuführen. Als baurechtliche Vorschriften kommen hier § 34 Abs. 1 und 2 BauGB und, soweit vorhanden, eine örtliche Bauvorschrift in Frage. Von letzterer Fallgestaltung abgesehen lässt sich aus § 34 BauGB eine große Bandbreite der zulässigen baulichen Gestaltung ableiten. Da das Gesetz aber ausdrücklich nicht das Vorliegen eines Bebauungsplanes zur Voraussetzung der Anordnung macht, kann die erforderliche Konkretisierung der Baumaßnahmen hier im Einzelfall nur aus dem abgeleitet werden, was städtebaulich erforderlich ist. Dies gilt vor allem in den Fällen, in denen die Schließung der baulichen Lücke wegen einer Störung des Straßen- oder Ortsbildes, vgl. entsprechend § 177 Abs. 3 Satz 1 Nr. 2 BauGB, erforderlich ist. Als Bei-

543

spiel ist hier eine Baulücke in einem Bereich mit einer mehrgeschossigen geschlossenen Bebauung zu nennen. In Bezug auf die geringfügig bebauten Grundstücke ist aber darauf hinzuweisen, dass das Einfügungsgebot des § 34 Abs. 1 BauGB nicht nur gegenüber der Überschreitung aus dem baulichen Umfeld abzuleitender Obergrenzen, sondern auch gegenüber der Unterschreitung entsprechender Mindestgrenzen gilt. So wäre die Errichtung eines eingeschossigen Flachbaues nach § 34 Abs. 1 BauGB in einen mehrgeschossigen Umfeld planungsrechtlich nicht zulässig.

544 § 176 Abs. 5 BauGB sieht ein Abbruch- und Baugebot vor. Hierbei kann die Gemeinde zusammen mit dem Baugebot die Beseitigung einer baulichen Anlage oder von Teilen einer baulichen Anlage anordnen, wenn dies Voraussetzung für die Durchführung des Baugebotes ist. Das Abbruch- und Baugebot setzt keinen Bebauungsplan voraus, kann daher auch im unbeplanten Innenbereich unter den Voraussetzungen des § 176 Abs. 2 BauGB angeordnet werden. Anders als bei der Anordnung eines Abbruchgebotes nach § 179 BauGB muss der Eigentümer die Beseitigung der baulichen Anlage nicht dulden, sondern selbst vornehmen. Die Schutzbestimmungen des § 179 Abs. 2 und Abs. 3 Satz 1 BauGB bei der Beseitigung von Wohn- und Geschäftsraum sowie die Entschädigung von Nutzungsberechtigten gelten gemäß § 176 Abs. 5 Satz 2 BauGB auch bei der Anordnung des Abbruch- und Baugebotes.

5.3.4 Wirtschaftliche Zumutbarkeit

545 Das Gesetz nimmt in § 176 Abs. 3 und 4 BauGB Bezug auf die wirtschaftliche Zumutbarkeit des Vorhabens für den Eigentümer. Hierbei ist zwischen objektiver und subjektiver wirtschaftlicher Zumutbarkeit zu unterscheiden. Die objektive Zumutbarkeit bezieht sich auf das Vorhaben an sich, ohne dass es auf die Person des Eigentümers ankommt. Die Durchführung eines objektiv wirtschaftlich nicht zumutbaren Vorhabens kann von dem Eigentümer nicht verlangt werden. Nach § 176 Abs. 3 BauGB hat daher die Gemeinde in diesem Falle von der Anordnung des Baugebotes abzusehen. Die objektive wirtschaftliche Unzumutbarkeit des Vorhabens liegt vor, wenn die durch seine Verwirklichung entstehenden Bewirtschaftungskosten nicht auf Dauer durch die erzielbaren Einnahmen gedeckt werden können. Für die Finanzierung der Baukosten kann von dem Eigentümer die Aufnahme eines Baudarlehens erwartet werden, soweit mit seiner Tilgung aus Bewirtschaftungsergebnissen, d.h. den Erträgen gerechnet werden kann. In die Prüfung sind auch mögliche Steuervergünstigungen und gegebenenfalls zur Verfügung stehende öffentliche Mittel einzubeziehen.

546 Im Ergebnis wird die Aufstellung einer Wirtschaftlichkeitsberechnung erforderlich sein. Wenn es sich bei dem durchzuführenden Vorhaben um ein Wohngebäude handelt, sind hierbei die in der II. Berechnungsverordnung enthaltenen Grundsätze zu berücksichtigen. Bei der Prüfung der Wirtschaftlichkeit des Vorhabens ist auch festzustellen, ob nur eine vorübergehende objektive wirtschaftliche Unzumutbarkeit vorliegt, die ihre Ursache z.B. in einer besonderen Lage auf dem Kreditmarkt hat. Im Bereich eines Bebauungsplanes wird i.d.R. keine dauerhafte wirtschaftliche

Unzumutbarkeit für die Verwirklichung der zulässigen Vorhaben festzustellen sein. Andernfalls hätte der Bebauungsplan im Ergebnis die Wirkung einer „totalen Veränderungssperre" und wäre rechtlich angreifbar. Stellt die Gemeinde eine dauerhafte objektive Unwirtschaftlichkeit eines städtebaulich erforderlichen Vorhabens fest, kann sie diese Unwirtschaftlichkeit durch Zusage eines Zuschusses oder Baudarlehens in entsprechender Anwendung der in § 177 Abs. 4 BauGB enthaltenen Regelung über den Kostenerstattungsanspruch des Eigentümers gegen die Gemeinde bei einer städtebaulich erforderlichen Modernisierungs- oder Instandsetzungsmaßnahme beseitigen.

Liegt eine subjektive Unwirtzumutkeit vor, d.h. das Vorhaben ist zwar wirtschaftlich, aber dem derzeitigen Eigentümer ist die Baumaßnahme nicht zuzumuten, kann er die Übernahme seines Grundstückes von der Gemeinde verlangen. Die Durchführung eines Vorhabens ist z.B. für den Eigentümer subjektiv nicht zumutbar, weil er hierfür zu alt oder weil er wegen zu hoher Verschuldung nicht kreditfähig ist. Der betroffene Eigentümer muss dies, soweit es nicht offenkundig ist, gegenüber der Gemeinde glaubhaft machen. Das bedeutet, er muss seine Behauptung durch Vorlage vorhandener Unterlagen für die Gemeinde wahrscheinlich machen. Der Übernahmeanspruch entsteht durch die Anordnung des Baugebotes. Nach Übernahme des Grundstückes kann die Gemeinde dieses an einen Bauwilligen veräußern. Aufgrund von § 176 Abs. 4 Satz 2 BauGB ist dagegen der ursprüngliche Eigentümer in entsprechender Anwendung der dort genannten enteignungsrechtlichen Bestimmungen zu entschädigen. *547*

5.4 Gebot zur sonstigen Nutzung

Wenn die Gemeinde in einem Bebauungsplan eine andere als eine bauliche Nutzung festgesetzt hat, kann sie nach § 176 Abs. 6 BauGB die Nutzung des Grundstücks anordnen. Als Festsetzungen für andere als bauliche Nutzungen kommen insbesondere in Frage: Nebeneinrichtungen einer baulichen Nutzung wie private Spielflächen und Flächen für Stellplätze i.S. von § 9 Abs. 1 Nr. 4 BauGB, private Grünflächen und Spielplätze i.S. von § 9 Abs. 1 Nr. 15 BauGB sowie Kinderspielplätze und Stellplätze als Gemeinschaftanlagen i.S. von § 9 Abs. 1 Nr. 22 BauGB. Bei der Anordnung eines Gebotes nach § 176 Abs. 6 BauGB ist neben § 176 Abs. 1 auch § 176 Abs. 3 bis 5 BauGB entsprechend anzuwenden. Danach setzt die Anordnung eines Gebotes zur sonstigen Nutzung immer einen Bebauungsplan voraus. Soweit sich ein Gebot auf eine Nebeneinrichtung bezieht, sind bei der Prüfung der wirtschaftlichen Zumutbarkeit nach § 176 Abs. 3 BauGB Neben- und Haupteinrichtung als Einheit anzusehen. Aufgrund der entsprechenden Anwendbarkeit von § 176 Abs. 5 BauGB kann das Gebot zur sonstigen Nutzung auch mit dem Gebot zur Beseitigung einer baulichen Anlage oder Teilen davon angeordnet werden. *548*

5.5 Modernisierungs- und Instandsetzungsgebot

5.5.1 *Grundsätzliches*

549   Das Modernisierungs- und Instandsetzungsgebot nach § 177 BauGB hat unter den städtebaulichen Geboten die größte Bedeutung. Es ist vor allem ein wichtiges Instrument für die Durchführung der erhaltenden Stadtsanierung. Die Anordnung eines Modernisierungs- und Instandsetzungsgebotes setzt keinen Bebauungsplan voraus. Die Anordnung eines Gebotes nach § 177 BauGB ist daher sowohl im unbeplanten Innenbereich i.S. von § 34 BauGB als auch im Außenbereich i.S. von § 35 BauGB zulässig. Das Modernisierungs- und Instandsetzungsgebot dient der baulichen Verbesserung einer vorhandenen baulichen Anlage. Die Art der Nutzung der baulichen Anlage hat keine grundsätzliche Bedeutung. Zur Unterscheidung zwischen Modernisierungs- und Instandsetzungsmaßnahmen vgl. oben Rnr. 237 ff.

550   Die Anordnung eines Modernisierungs- und Instandsetzungsgebotes setzt voraus, dass eine bauliche Anlage vorhanden ist. Dieser Begriff wird nicht vom BauGB, sondern von den Landesbauordnungen umschrieben. Danach sind bauliche Anlagen mit dem Erdboden verbundene, aus Baustoffen und Bauteilen hergestellte Anlagen. Gegenüber dem Gebäude handelt es sich bei der baulichen Anlage um einen Oberbegriff. Alle Gebäude sind bauliche Anlagen. Bei Gebäuden handelt es sich um selbstständig benutzbare, überdeckte bauliche Anlagen, die von Menschen betreten werden können und geeignet sind, dem Schutz von Menschen, Tieren oder Sachen zu dienen. Als bauliche Anlagen, die keine Gebäude sind, kommen z.B. Mauern und Tore in Betracht.

551   Für die Anwendung des § 177 BauGB ist die planungsrechtliche Relevanz entscheidend. Was bei einem gedachten Neubau des noch Vorhandenen einer planungsrechtlichen Genehmigung nach § 29 BauGB unterliegen würde, ist als bauliche Anlage anzusehen. Wenn daher in diesem Sinne noch Fundamente oder Mauern vorhanden sind, kann grundsätzlich noch ein Gebot i.S. von § 177 angeordnet werden. Ohne Bedeutung ist, welchem Zweck die bauliche Anlage dient oder welches Alter sie hat. Die anzuordnenden baulichen Maßnahmen müssen nach § 177 Abs. 1 Satz 1 BauGB möglich sein. Die erforderlichen Modernisierungs- und Instandsetzungsmaßnahmen sind möglich, wenn sie baurechtlich zulässig und bautechnisch machbar sind, vgl. BVerwGE 9.7.1991 NVwZ 1991, 164. Angesichts der heutigen bautechnischen Möglichkeiten hat sich die Wirtschaftlichkeit der Baumaßnahmen als das eigentliche Regulativ in der Praxis erwiesen und die Wirtschaftlichkeit ergibt sich aus einer Gegenüberstellung des Nutzwertes unter Einbeziehung der Baunutzungsdauer im Verhältnis zu den Baukosten einer entsprechenden baulichen Anlage am gleichen Ort. Die Gemeinde kann die Wirtschaftlichkeit durch eine Übernahme des unrentierlichen Teiles der Baukosten gewährleisten. Je zerstörter und im Nutzwert unrentierlicher eine bauliche Anlage ist, desto höher ist der von der Gemeinde zu tragende Teil der Baukosten. Die Gemeinde muss daher die städtebauliche Bedeutung baulicher Anlagen insbesondere bei aufwändigen Modernisierungs- und Instandsetzungsmaßnahmen entsprechend beurteilen.

5.5.2 Modernisierung

Die Gemeinde kann aufgrund von § 177 Abs. 1 Satz 1 BauGB die Beseitigung von Missständen durch ein Modernisierungsgebot anordnen, die eine bauliche Anlage nach ihrer inneren oder äußeren Beschaffenheit aufweist. § 177 Abs. 2 BauGB erläutert den Begriff der Missstände beispielhaft. Danach kommt es darauf an, ob die Anlage den baulichen Anforderungen an gesunde Wohn- und Arbeitsverhältnisse entspricht. Es handelt sich hierbei um die gleiche Umschreibung wie die in § 136 Abs. 2 Satz 1 Nr. 1 BauGB enthaltene Definition städtebaulicher Missstände. Obwohl sich das Sanierungsrecht anders als § 177 Abs. 2 BauGB nicht auf eine einzelne bauliche Anlage, sondern auf die bauliche Beschaffenheit eines Gebietes bezieht, können die in § 136 Abs. 3 Nr. 1 BauGB genannten Maßstäbe auch für die Beurteilung der Anordnungsfähigkeit eines Modernisierungsgebotes entsprechend herangezogen werden. Die Anforderungen an gesunde Wohn- und Arbeitsverhältnisse unterliegen einem zeitlichen Wandel. Maßgebend sind die geltenden bauordnungs- und gewerberechtlichen Vorschriften. Was danach zu beanstanden ist, rechtfertigt ein Modernisierungsgebot unter der Voraussetzung des städtebaulichen Erfordernisses i.S. von § 175 Abs. 2 Halbsatz 1 BauGB. Es dürfen aber auch keine höheren Anforderungen gestellt werden, als sie nach öffentlich-rechtlichen Vorschriften für einen entsprechenden Neubau gelten. Hier kommen vor allem Wohngebäude in Frage mit ungenügenden Belichtungs- und Belüftungsmöglichkeiten und Räumen, die eine geringe Höhe haben oder sehr klein sind oder Wohnungen mit fehlenden oder unzureichenden Sanitäranlagen. Die städtebauliche Dimension ist insbesondere dann gegeben, wenn sich in einem örtlichen Bereich mehrere Gebäude mit derartigen Missständen befinden. Geringfügige Missstände an bauliche Anlagen werden dagegen i.d.R. städtebaulich bedeutungslos sein. Die Ursachen der Missstände sind für die Anordnung eines Modernisierungsgebotes ohne Bedeutung. Sie können daher schon bei der Errichtung der Gebäude vorhanden gewesen sein.

5.5.3 Instandsetzung

5.5.3.1 Behebung von Mängeln

Die Anordnung eines Instandsetzungsgebotes nach § 177 Abs. 1 Satz 1 BauGB dient der Behebung von Mängeln, die eine bauliche Anlage nach ihrer inneren oder äußeren Beschaffenheit aufweist. Der Mängelbegriff ist im weiteren Sinne zu verstehen. Es muss sich aber um solche Mängel handeln, die nach Errichtung der baulichen Anlage entstanden sind. Über die Art der Behebung durch bauliche Maßnahmen enthält das Gesetz keine Aussage. Die Instandsetzungsmaßnahmen können sowohl zu einer Umgestaltung der baulichen Anlage als auch zu ihrer Umnutzung führen. § 177 Abs. 3 Satz 1 BauGB nennt beispielhaft Ursachen und Fälle von durch Instandsetzungsmaßnahmen zu beseitigenden Mängeln an baulichen Anlagen. Ursachen der Mängel können danach Abnutzung, Alterung, Witterungseinflüsse oder Einwirkungen Dritter sein. Als weitere Ursachen kommen Einwirkungen des Eigentümers oder der Voreigentümer, vor allem aber unterlassene Instandsetzungen, vgl. § 177 Abs. 4 Satz 3 BauGB, in Frage. Die in § 177 Abs. 3 Satz 1 Nr. 1 bis 3 BauGB beispielhaft genannten Instandsetzungsfälle lassen sich in der Praxis meist nicht eindeutig voneinander abgrenzen. Vielfach wird eine bauliche Anlage alle drei genannten Mängel aufweisen.

5.5.3.2 Beeinträchtigung der Nutzung

554 § 177 Abs. 3 Satz 1 Nr. 1 BauGB bezieht sich auf Beeinträchtigung der bestimmungsgemäßen Nutzung der baulichen Anlage. Da es hier um die Nutzung geht, kommt diese Fallgestaltung der Beseitigung von Missständen an einer baulichen Anlage nahe. Welche Nutzung der baulichen Anlage bestimmungsgemäß ist, wird von ihrem Eigentümer festgelegt. Allerdings wird dieses Bestimmungsrecht durch die Rechtsordnung, hier vor allem durch das Planungsrecht eingeschränkt. Als Voraussetzung der Anordnung eines Instandsetzungsgebotes muss eine nicht nur unerhebliche Beeinträchtigung der bestimmungsgemäßen Nutzung der baulichen Anlage vorliegen. Eine unerhebliche Beeinträchtigung reicht danach nicht aus. Andererseits verlangt das Gesetz auch keinen Zustand der baulichen Anlage, der ein Einschreiten der Bau- oder Gewerbeaufsicht rechtfertigen würde. Maßgebend ist eindeutiges sozial unverträgliches Abweichen vom Zustand einer gleichartigen baulichen Anlage, die ordnungsgemäß instandgehalten wurde, so auch VGH Kassel 21. 10. 1993 BBauBl. 1994, 630. In Betracht kommen Mängel des Daches, der Decken, der Außen- und Innenwände, der Fenster und Türen, der Heizanlage sowie der Ver- und Entsorgungsanlagen des Gebäudes. Es reicht aus, wenn eine Reihe minderschwerer Mängel sich im Einzelfall summieren.

5.5.3.3 Beeinträchtigung des Straßen- oder Ortsbildes

555 § 177 Abs. 3 Satz 1 Nr. 2 BauGB bezieht sich ausschließlich auf die äußere Beschaffenheit einer baulichen Anlage. Voraussetzung für die Anordnung eines Instandsetzungsgebotes ist eine nicht nur unerhebliche Beeinträchtigung des Straßen- oder Ortsbildes durch die bauliche Anlage. Wenn dies der Fall ist, kann zugleich von einem städtebaulichen Erfordernis i.S. von § 175 Abs. 2 BauGB für die Anordnung des Instandsetzungsgebotes ausgegangen werden. Hier geht es um das Verhältnis einer baulichen Anlage zu ihrem örtlichen Umfeld, also einen städtebaulichen Gesichtspunkt. Die bauliche Anlage muss in ihrer derzeitigen äußeren Beschaffenheit eine ortsgestalterische Störung hervorrufen. Diese Beeinträchtigung des Straßen- oder Ortsbildes kann sowohl auf einem Verfall der baulichen Anlage infolge unterlassener Instandhaltung beruhen als auch von störenden baulichen Veränderungen ausgehen. In der Praxis sind derartige Veränderungen oftmals in folgenden Formen zu verzeichnen: Verwendung ungeeigneter Baumaterialien bei der Fassadengestaltung durch Kacheln, metallische und textile Verkleidungen oder Glasbausteine oder bei der Dacheindeckung in Form von Wellblech. In Betracht kommen aber auch unpassende Anbauten oder der Aufbruch der Fassade im Erdgeschoß für die Einrichtung großer Schaufenster. Umgekehrt kann eine

Modernisierungs- und Instandsetzungsgebot

Beeinträchtigung auch darin liegen, dass bestimmte gestalterisch wichtige Bauteile, wie z.B. ein Giebeldach fehlen.

Es muss sich um eine von öffentlichen Flächen her wahrnehmbare Beeinträchtigung handeln. Verschandelungen von Wohnhäusern innerhalb eines der Öffentlichkeit nicht zugänglichen Wohnblockes beeinträchtigen das Straßenbild nicht. Ob eine nicht unerhebliche Beeinträchtigung vorliegt, hängt jedoch nicht ausschließlich von der baulichen Anlage, sondern auch von der gestalterischen Qualität ihres Umfeldes ab. Bei einem weitgehend einheitlich gestalteten Straßenbild können sich abweichende Gestaltungsformen einer baulichen Anlage sehr viel störender bemerkbar machen als bei einem uneinheitlichen Straßenbild. Die Anordnung eines Instandsetzungsgebotes zur Behebung der in § 177 Abs. 3 Satz 1 Nr. 2 BauGB genannten Mängel setzt aber nicht allgemein ein homogenes Straßen- oder Ortsbild voraus. Zu beachten ist ferner, dass gestalterische Abweichungen vom Umfeld sich im Einzelfall auch positiv i.S. einer Bereicherung des Straßenbildes auswirken können. Zur Vermeidung des Anscheins willkürlicher Entscheidungen ist die Gemeinde gut beraten, wenn sie unberührt von einzelnen Fällen Maßstäbe für negative Gestaltungselemente in den jeweiligen örtlichen Bereichen entwickelt. Hierfür sind neben örtlichen Bauvorschriften auch Stadtbildanalysen geeignet, vgl. unten Rnr. 979.

556

5.5.3.4 Erhaltenswerte bauliche Anlagen

§ 177 Abs. 3 Satz 1 Nr. 3 BauGB dient dem Gedanken der Stadterhaltung. Hiernach liegen Mängel, die die Anordnung eines Instandsetzungsgebotes rechtfertigen können, auch dann vor, wenn eine erneuerungsbedürftige bauliche Anlage wegen ihrer städtebaulichen, insbesondere geschichtlichen oder künstlerischen Bedeutung erhalten bleiben soll, vgl. hierzu unten ausführlich Rnr. 779 ff. Eine bauliche Anlage ist erneuerungsbedürftig, wenn sie oder wichtige Teile von ihr ohne Instandsetzungsmaßnahmen vom Verfall bedroht sind. Es muss sich jedoch keine akute Gefährdung des Bestandes der baulichen Anlage abzeichnen. Die Gemeinde muss sich wegen der städtebaulichen Bedeutung der baulichen Anlage für deren Erhaltung entschieden haben. Auch hier ist es von seiten der Gemeinde sinnvoll, wenn sie unabhängig vom Einzelfall einen Katalog der in der Gemeinde zu erhaltenden baulichen Anlagen erarbeitet. Dies kann z.B. im Zusammenhang mit der Aufstellung eines städtebaulichen Rahmenplanes geschehen. Wichtig ist, vgl. hierzu oben Rnr. 183 ff., dass die Gemeinde ihre Vorstellungen veröffentlicht und insbesondere den betroffenen Eigentümern unabhängig von der Möglichkeit einer Gebotsanordnung mitteilt. Liegen städtebauliche Gründe für die Erhaltung einer baulichen Anlage vor, so ist auch grundsätzlich das städtebauliche Erfordernis für die Anordnung eines Instandsetzungsgebotes nach § 175 Abs. 2 BauGB anzunehmen. Zur Frage, unter welchen Voraussetzungen die städtebauliche, insbesondere geschichtliche oder künstlerische Bedeutung einer baulichen Anlage anzunehmen ist, vgl. unten Rnr. 724 ff. Unter den Voraussetzungen einer Erhaltungssatzung nach § 172 Abs. 1 Satz 1 Nr. 1 BauGB kann die Gemeinde auch die Genehmigung gemäß § 172 Abs. 2

557

Städtebauliche Gebote

Satz 1 BauGB für den Abbruch einer solchen baulichen Anlage versagen, vgl. hierzu unten Rnr. 706 und 712ff.

5.5.3.5 Zustimmung der Denkmalschutzbehörde

558 Bauliche Anlagen mit geschichtlicher oder künstlerischer Bedeutung sind zumeist gleichzeitig Baudenkmäler und unterliegen dem Denkmalschutz. § 177 Abs. 3 Satz 2 BauGB enthält daher für bestimmte Fälle ein Zustimmungserfordernis bei der Anordnung eines Instandsetzungsgebotes. Voraussetzung hierfür ist, dass auch die zuständige Landesbehörde für Denkmalschutz nach landesrechtlichen Vorschriften die Behebung der Mängel von dem Eigentümer der baulichen Anlage verlangen kann. In diesem Falle darf die Gemeinde das Instandsetzungsgebot nur mit Zustimmung dieser Behörde anordnen. Soweit ein Instandsetzungsgebot ohne diese Zustimmung von der Gemeinde angeordnet wird, ist es rechtswidrig und daher verwaltungsgerichtlich anfechtbar. Handelt es sich um eine bauliche Anlage, die dem Denkmalschutz unterliegt, bedürfen bauliche Veränderungen in jedem Falle der Zustimmung der Denkmalschutzbehörde. Dies gilt selbst dann, wenn diese Behörde keine Befugnis zur Anordnung der Beseitigung von Mängeln nach dem Landesrecht hat. Bei der Beseitigung von Mängeln an Baudenkmälern ist daher in jedem Falle das Zusammenwirken von Gemeinde und Denkmalschutzbehörde geboten.

559 Eine solche Abstimmung kann auch notwendig sein, wenn ein Modernisierungsgebot die fachlichen Belange des Denkmalschutzes berührt. Diesem Gedanken trägt das Gesetz in § 177 Abs. 3 Satz 3 BauGB besonders Rechnung. Diese Bestimmung erweitert den Bereich der anordnungsfähigen Instandsetzungsmaßnahmen. Danach ist die Gemeinde verpflichtet, in ihr Instandsetzungsgebot die in § 177 Abs. 3 Satz 2 BauGB genannten denkmalschutzrechtlich gebotenen Instandsetzungsmaßnahmen grundsätzlich aufzunehmen und dort besonders zu bezeichnen. Hierfür kommen auch solche denkmalschutzrelevanten Baumaßnahmen in Frage, die städtebaulich nicht anordnungsfähig sind, weil sie z.B. ausschließlich in bestimmten Einzelheiten die innere Beschaffenheit der baulichen Anlage betreffen. In der Praxis werden bei Instandsetzungs- und Modernisierungsmaßnahmen im Inneren alter Gebäude vielfach unbekannte, kunsthistorisch wertvolle Kostbarkeiten, wie Wandgmälde, besondere Decken oder Treppenverzierungen entdeckt. In diesen Fällen ist an eine Nutzung des Gebäudes zu denken, um dieses der Öffentlichkeit zugänglich zu machen, z.B. als Behörde mit Publikumsverkehr oder als Sparkasse.

5.5.4 *Modernisierungs- und Instandsetzungskosten*

5.5.4.1 Grundsätzliches

560 § 177 Abs. 4 und 5 BauGB enthalten eine ausführliche Regelung über die Verteilung der Baukosten zwischen den Eigentümern der baulichen Anlage und der Gemeinde nach Durchführung eines Modernisierungs- oder Instandsetzungsgebotes.

Modernisierungs- und Instandsetzungsgebot

Die Bestimmung geht davon aus, dass grundsätzlich der Eigentümer der baulichen Anlage die Kosten der angeordneten Baumaßnahmen zu tragen hat. Dieser Grundsatz findet seine Grenze dort, wo die Baukosten den Eigentümer wirtschaftlich in unzumutbarer Weise belasten. Wenn dies der Fall ist, werden zugleich die Schranken der Sozialbindung des Eigentums i.S. von Art. 14 Abs. 2 Grundgesetz überschritten. Hierdurch entsteht ihm ein Schaden, der von der Gemeinde durch eine Kostenerstattung auszugleichen ist. § 177 Abs. 5 Halbsatz 1 BauGB enthält eine Verfahrensregelung für die Berechnung dieses Kostenerstattungsanspruches. Der Anspruch ist umso höher, je weniger rentierlich eine Baumaßnahme ist. Zu den unrentierlichen Baumaßnahmen zählen hauptsächlich Instandsetzungsmaßnahmen zur Behebung der in § 177 Abs. 3 Satz 1 Nr. 2 und 3 BauGB genannten Mängel, weil sie nicht zu einer Erhöhung des Gebrauchswertes führen. § 177 Abs. 4 Satz 3 BauGB bestimmt aber, dass der Eigentümer bestimmte Kosten selbst zu tragen hat.

5.5.4.2 Kosten

Das Gesetz enthält keine Umschreibung oder Aufzählung der Kosten eines Modernisierungs- oder Instandsetzungsgebotes. Soweit ein Wohngebäude Gegenstand eines Modernisierungs- oder Instandsetzungsgebotes ist, können die Kostenregelungen in §§ 5ff. Verordnung über wohnungswirtschaftliche Berechnungen (Zweite Berechnungsverordnung – II. BV) sinngemäß zugrunde gelegt werden. Als Baukosten i.S. von § 177 Abs. 4 Satz 1 BauGB kommen in Betracht Ausgaben für: 561

– die Untersuchung der baulichen Anlage einschließlich Bauvorentwurf und Kostenschätzung,
– Kosten der Bauleistung einschließlich der Sach- und Arbeitsleistung des Eigentümers,
– Baunebenkosten (Kosten für Architekten- und Ingenieurleistungen, Verwaltungsleistungen für die Vorbereitung und Durchführung der Baumaßnahme sowie die Beschaffung von Finanzierungsmitteln, Zwischenfinanzierungszinsen, Gerichts- und Notarkosten),
– Hausanschlusskosten, soweit sie vom Eigentümer zu tragen sind,
– die Neugestaltung von Außenanlagen, soweit dies durch die angeordneten Baumaßnahmen bedingt ist,
– bauordnungsrechtlich notwendige Spiel- und Stellplätze oder Beiträge zur Ablösung von der Pflicht zur Schaffung solcher Anlagen,
– Miet- oder Pachtausfälle für die Dauer der Unbenutzbarkeit von Räumen aufgrund der Durchführung der angeordneten Baumaßnahmen abzüglich ersparter Aufwendungen,
– Aufwendungen, die dem Eigentümer dadurch entstehen, dass er selbst die bauliche Anlage infolge Durchführung der angeordneten Baumaßnahmen zeitweise nicht nutzen kann, z.B. Umzugskosten oder Kosten für die Herrichtung von Ersatzräumen.

Der Eigentümer hat der Gemeinde seine Baukosten einschließlich ihrer Erforderlichkeit nachzuweisen, wenn er seinen Kostenerstattungsanspruch geltend 562

Städtebauliche Gebote

macht. Der Eigentümer ist verpflichtet, die angeordnete Modernisierungs- oder Instandsetzungsmaßnahme wirtschaftlich durchzuführen. Dies schließt bei größeren Gewerken die vorherige Ausschreibung mit ein. Kosten, die auf rechtlich nicht gebotenen Sonderausführungen beruhen, zählen nicht zu den erstattungsfähigen Kosten i. S. von § 177 Abs. 4 Satz 1 BauGB.

5.5.4.3 Ermittlung der Kosten

563 Die Kosten der angeordneten Modernisierungs- und Instandsetzungsmaßnahme lassen sich erst nach deren Durchführung feststellen. Dennoch haben Eigentümer und Gemeinde i. d. R. ein Interesse zu erfahren, welche Kosten bei Durchführung der Baumaßnahme voraussichtlich entstehen werden. Die Gemeinde wird daher vor der Anordnung des Gebotes eine gutachterliche Gebäudeuntersuchung veranlassen. Hierbei ist sie weitgehend auf ein Zusammenwirken mit dem Eigentümer der baulichen Anlage angewiesen. Nach § 209 BauGB haben Eigentümer und Besitzer zwar das Betreten des Grundstücks durch die Beauftragten der Gemeinde zu dulden. Wohnungen dürfen hingegen nur mit Zustimmung des Wohnungsinhabers betreten werden. Ein Betretungsrecht kommt nur zum Zwecke der Gefahrenabwehr nach dem Landesbauordnungsrecht in Betracht.

564 Die Ermittlung der für die Modernisierung und Instandsetzung einer baulichen Anlage erforderlichen Kosten ist bei umfangreichen Baumaßnahmen eine schwierige Aufgabe. Sie kann nur von einem Architekten erfolgreich bewältigt werden, der besondere Erfahrungen im Umgang mit alter Bausubstanz hat. Bei der Instandsetzung baulicher Anlagen i. S. von § 177 Abs. 3 Satz 1 Nr. 3 BauGB, die wegen ihrer städtebaulichen Bedeutung erhalten bleiben sollen, ist zugleich i. d. R. ein enges Zusammenwirken mit der zuständigen Denkmalpflegebehörde erforderlich. Eine solche Baumaßnahme setzt daher zwar nicht rechtlich, aber tatsächlich die Erarbeitung einer umfassenden Modernisierungs- und Instandsetzungsuntersuchung voraus, die überwiegend die Bedeutung eines Sachverständigengutachtens haben muss. Zunächst ist eine Bestandsaufnahme der baulichen Anlage notwendig. Hierzu gehört die Erhellung seiner Baugeschichte einschließlich seiner städtebaulichen Bedeutung. Die bauliche Anlage ist zeichnerisch in einem geeigneten Maßstab verformungsgetreu aufzunehmen. Darüber hinaus ist die Erfassung der Statik, des Baumaterials und baugestalterisch wichtiger Bauteile durch Fotos, zeichnerische Darstellungen und textliche Beschreibungen erforderlich. Hierbei wird die Denkmalpflegebehörde auch auf die Erfassung und Darstellung wichtiger früherer Bauzustände Wert legen. Der nächste Schritt ist eine eingehende Bewertung der Bestandsaufnahme. Hierbei sind die Missstände und Mängel i. S. von § 177 Abs. 1 bis 3 BauGB aufzulisten. Darzustellen ist, welche Bauteile sich für eine Wiederverwendung eignen, vgl. auch Rnr. 239.

565 Schließlich sind Angaben erforderlich, für welche Nutzungen die bauliche Anlage nach Durchführung der Baumaßnahmen in Betracht kommt. Hier liegen in der Praxis Meinungsunterschiede zwischen Gemeinde und Denkmalpflegebehörde nahe. Letztere strebt zumeist eine Nutzung an, die die Wiederherstellung eines kul-

turhistorisch wichtigen Zustandes zulässt. Aus dieser Sicht wird z.B. die Erhaltung niedriger Decken und des bisherigen Grundrisses mit engen Gängen und kleinen Räumen begrüßt. Aus den gleichen Gründen wird die Denkmalpflegebehörde auch nicht an nutzungsrelevanten Änderungen der äußeren Gestaltung der baulichen Anlage, z.B. am Einbau von Fenstern im Dach, interessiert sein. Demgegenüber hat die Gemeinde ein Interesse daran, eine möglichst rentierliche Nutzung durch eine entsprechende Gestaltung der baulichen Anlage zu ermöglichen, da sie andernfalls sich in größerem Umfang an der Deckung der Baukosten beteiligen muss.

Erforderlich ist eine Kostenschätzung, die auch den Wert der tatsächlich zu verwendenden Bauteile miteinbezieht. Schließlich sind voraussichtlicher Bauaufwand und Nutzwert gegenüberzustellen. Die Modernisierungs- und Instandsetzungsuntersuchung führt zur Erarbeitung der Grundlagen für eine Finanzierungsplanung. Hierzu gehören Angaben über die voraussichtliche Restnutzungsdauer und die Kosten für den Neubau einer entsprechenden baulichen Anlage auf demselben Grundstück. Erforderlich sind schließlich auch Angaben über die Höhe der Baukosten, die auf unterlassenen Instandsetzungsmaßnahmen beruhen. 566

5.5.4.4 Kostenanteil des Eigentümers

5.5.4.4.1 Grundsätzliches

Der Eigentümer ist für die bauliche Anlage verantwortlich. Die Modernisierung oder Instandsetzung führt i.d.R. zu einer Wertsteigerung der baulichen Anlage. Von daher rechtfertigt sich die Regelung des Gesetzes, dem Eigentümer grundsätzlich die Baukosten anzulasten. Die rechtliche Verpflichtung des Eigentümers zur Deckung der Kosten gilt unabhängig von seiner finanziellen Leistungsfähigkeit und seinen persönlichen Möglichkeiten, so auch BVerwG 9.7.1991 NVwZ 1992, 164. In der Praxis werden jedoch Eigentümer oftmals von der Durchführung umfangreicher Baumaßnahmen überfordert. Dies gilt z.B. für durchgreifende Instandsetzungsmaßnahmen an baulichen Anlagen mit städtebaulicher Bedeutung i.S. von § 177 Abs. 3 Satz 1 Nr. 3 BauGB. Andererseits ist die Durchsetzung eines Modernisierungs- und Instandsetzungsgebotes im Wege der Zwangsvollstreckung in diesen Fällen nicht ausgeschlossen. Hierbei ist jedoch bei einem wirtschaftlich nicht leistungsfähigen Eigentümer die Androhung und Verhängung eines Zwangsgeldes unzweckmäßig. Die vorherige Ermittlung der vom Eigentümer nach § 177 Abs. 4 Satz 1 BauGB voraussichtlich zu tragenden Baukosten ergibt sich durch eine Gegenüberstellung der erforderlichen Aufwendungen im Verhältnis zu den Erträgen der baulichen Anlage nach Durchführung der angeordneten Baumaßnahmen. 567

5.5.4.4.2 Aufwendungen des Eigentümers

Aufwendungen des Eigentümers für die Finanzierung der angeordneten Modernisierungs- oder Instandsetzungsmaßnahmen sind 568

– eigene Mittel des Eigentümers,
– fremde Mittel, z.B. Baudarlehen und

− zusätzliche, d.h. infolge der Durchführung der Baumaßnahmen entstandene Bewirtschaftungskosten.

Als Kapitalkosten kommen neben den Fremdkapitalkosten auch Eigenkapitalkosten in Betracht. D.h., es werden auch Zinsen für erbrachte Eigenleistungen des Eigentümers als Aufwendungen angerechnet. Diese Eigenleistungen können neben Eigengeld auch aus Sach- und Arbeitsleistungen des Eigentümers bestehen. Praxisüblich ist eine Verzinsung von 4 v. H. Bewirtschaftungskosten sind die Kosten, die durch die Bewirtschaftung der baulichen Anlage oder der wirtschaftlichen Einheit entstehen. Als Bewirtschaftungskosten kommen in Frage

− die Abschreibung,
− Verwaltungskosten,
− Betriebskosten,
− Instandhaltungskosten und
− das Mietausfallwagnis.

In der Praxis sind zwei Methoden der Berechnung des vom Eigentümer zu tragenden Anteils der Baukosten entwickelt worden: die Gesamtertragsberechnung und die Mehrertragsberechnung.

5.5.4.4.3 Nachhaltig erzielbare Erträge

569   Nach § 177 Abs. 5 Halbsatz 1 BauGB wird der vom Eigentümer zu tragende Kostenanteil nach Durchführung der Modernisierungs- oder Instandsetzungsmaßnahmen unter Berücksichtigung der Erträge ermittelt, die für die modernisierte oder instandgesetzte bauliche Anlage bei ordentlicher Bewirtschaftung nachhaltig erzielt werden können. Der Eigentümer muss sich wirtschaftliche Vorteile aus der Durchführung der angeordneten Baumaßnahmen anrechnen lassen. Die nachhaltig erzielbaren Erträge hängen von der Art der Nutzung der baulichen Anlage und von der Situation auf dem örtlichen Markt ab. Bei nicht preisgebundenem Wohnraum ist von Erträgen auszugehen, wie sie für gleichen Wohnraum in gleicher Lage ortsüblich sind. Hierbei kann auf Angaben in Mietspiegeln i.S. von § 2 Abs. 2 Satz 2 des Gesetzes zur Regelung der Miethöhe (MHG) zurückgegriffen werden. Bei preisgebundenem Wohnraum muss dagegen grundsätzlich die Bewilligungsmiete zugrunde gelegt werden. Soweit aber eine preisgebundene Wohnung ausnahmsweise auch nach Durchführung der angeordneten Modernisierung nicht die Ausstattung von Wohnungen im heutigen sozialen Wohnungsbau erreicht, sind entsprechende Abschläge bei der Berechnung der Erträge zu machen. Für Eigenheime und eigengenutzte Eigentumswohnungen sind fiktive Erträge zu berechnen, die der ortsüblichen Miete eines Wohnhauses oder einer Wohnung in gleicher Art, Größe, Ausstattung und Lage entsprechen.

570   Aufgrund bestimmter kommunalpolitischer Entscheidungen können sich geringere Erträge und vor allem ein geringerer Mietzins bei vermietetem Wohnraum ergeben. Nach § 177 Abs. 5 Halbsatz 2 BauGB hat der Eigentümer der baulichen An-

lage bei der Bemessung der Erträge die Ziele und Zwecke der Gemeinde zu berücksichtigen, die die Gemeinde mit einem Bebauungsplan, einem Sozialplan, einer städtebaulichen Sanierungsmaßnahme oder einer sonstigen städtebaulichen Maßnahme verfolgt. Als sonstige städtebauliche Maßnahmen kommen z.b. städtebauliche Entwicklungsmaßnahmen sowie Erhaltungssatzungen i.S. von § 172 BauGB in Frage. Soweit die Gemeinde von dieser rechtlichen Möglichkeit Gebrauch macht, mindert sie jedoch die Rentierlichkeit der angeordneten Modernisierungs- oder Instandsetzungsmaßnahme und muss dem Eigentümer die eintretenden Einnahmeausfälle ersetzen.

5.5.4.4.4 Mehrertragsberechnung

Bei der Mehrertragsberechnung werden die Erträge des Eigentümers aus der baulichen Anlage vor und nach der Durchführung der Modernisierung und Instandsetzung einander gegenübergestellt. Das Ergebnis ist der Jahresmehrertrag. Dabei bleiben aber solche Erträge vor der Durchführung der angeordneten Baumaßnahme außer Betracht, die eindeutig überhöht sind oder die auf einer Nutzung beruhen, die zu den zu beseitigenden Missständen beigetragen haben. Mit dem Jahresmehrertrag hat der Eigentümer nach der Modernisierung oder Instandsetzung entstehende zusätzliche Bewirtschaftungskosten und zusätzliche Eigen- und Fremdkapitalkosten zu decken. Sein Eigenanteil an der Finanzierung der Kosten besteht aus den aus dem Jahresmehrertrag verzinsbaren eigenen oder fremden Mitteln. Die Berechnung des Unterschiedes zwischen diesem Betrag und den Kosten der Baumaßnahme führt zu dem Kostenerstattungsanspruch des Eigentümers gegen die Gemeinde. *571*

5.5.4.4.5 Gesamtertragsberechnung

Die Gesamtertragsberechnung entspricht weitgehend der im Wohnungsbau üblichen Wirtschaftlichkeitsberechnung. Die Gesamtertragsberechnung hat die bauliche Anlage insgesamt nach Durchführung der baulichen Maßnahmen zum Gegenstand. Eine Unterscheidung der wirtschaftlichen Beurteilung der baulichen Anlage vor und nach Durchführung der angeordneten Baumaßnahme unterbleibt hier. Zu den eigenen Mitteln des Eigentümers i.S. von § 177 Abs. 4 Satz 1 BauGB zählen der Wert des Grundstücks und der Wert der wiederverwendbaren Bauteile. Die auf dem Grundstück der baulichen Anlage vor der Durchführung der Modernisierung oder Instandsetzung lastenden Verbindlichkeiten sind bei der Veranschlagung der fremden Mittel zu berücksichtigen. Diesen und den anderen Kosten werden die laufenden Aufwendungen für die Bewirtschaftung der baulichen Anlage nach Durchführung der erforderlichen Baumaßnahmen hinzugerechnet. Soweit die laufenden Erträge der baulichen Anlage nach Durchführung der Modernisierung oder Instandsetzung für die Deckung der zuvor errechneten Kosten nicht ausreichen, entsteht dem Eigentümer infolge der Durchführung des Modernisierungs- oder Instandsetzungsgebotes ein finanzieller Nachteil, der die Kostenerstattungsanspruch gegen die Gemeinde begründet. *572*

573 Die Gesamtertragsberechnung hat den Vorzug, dass sie eine Bewirtschaftung der baulichen Anlage nach der Modernisierung oder Instandsetzung sicherstellt. Ihre Anwendung ist daher in Fällen sinnvoll, in denen die bauliche Anlage vor der Durchführung der Baumaßnahme nur geringe oder gar keine Erträge abgeworfen hat. Hier sind insbesondere bauliche Anlagen mit erheblichen Missständen und Mängeln einzuordnen. Die Jahresertragsberechnung eignet sich aber auch für die Berechnung der Kosten der Modernisierung und Instandsetzung von baulichen Anlagen, die nach § 177 Abs. 3 Satz 1 Nr. 3 BauGB wegen ihrer städtebaulichen Bedeutung erhalten bleiben sollen. Hierbei kann es sich in vielen Fällen um Objekte mit geringen Erträgen handeln, deren Ersetzung durch einen Neubau im wirtschaftlichen, nicht aber im städtebaulichen Interesse der Gemeinde liegen würde.

5.5.4.5 Kostenerstattungsanspruch

574 Nach § 177 Abs. 4 Satz 2 BauGB hat die Gemeinde dem Eigentümer die Kosten der angeordneten Modernisierung oder Instandsetzung zu erstatten, die er nicht zu tragen hat. Der Kostenerstattungsanspruch entsteht erst nach Durchführung der angeordneten Baumaßnahme. Der Eigentümer hat keinen Anspruch auf Vorauszahlungen und muss daher die Baukosten vorfinanzieren. Die Gemeinde ist auch rechtlich nicht verpflichtet, dem Eigentümer vor der Abrechnung der Kosten Zusagen über die Höhe der von ihr zu erstattenden Kosten zu machen. Maßgeblich sind die tatsächlich entstandenen Kosten. Diese weichen in der Praxis oftmals von den veranschlagten Baukosten ab.

575 Auch bei genauer Untersuchung des Bestandes zeigt es sich immer wieder, dass entgegen ursprünglicher Annahme Bauteile entweder nicht zu verwenden oder doch zu verwenden sind. Desgleichen kann die Entdeckung bisher unbekannter, aber aus kulturhistorischen Gründen zu erhaltender Teile der baulichen Anlage zu einer Änderung der Planung oder sogar der Nutzung führen. Erstattungsfähig sind nur solche Kosten des Eigentümers, die nach Anordnung des Gebotes entstanden sind. Hierbei muss sich der Eigentümer auch steuerliche Vorteile, die ihm unmittelbar infolge der Durchführung der Modernisierung oder Instandsetzung entstehen, anrechnen lassen.

5.5.4.6 Entfallen oder Minderung des Kostenerstattungsanspruches

576 Unter bestimmten Voraussetzungen entfällt der Kostenerstattungsbetrag oder der Eigentümer der modernisierten oder instandgesetzten Anlage muss sich von dem errechneten Kostenerstattungsbetrag eine Reihe von Abschlägen gefallen lassen. Zunächst einmal ist der Kostenerstattungsanspruch gemäß § 177 Abs. 4 Satz 2 BauGB um Zuschüsse zu mindern, die eine andere Stelle dem Eigentümer gewährt hat. Es muss sich um einen Zuschuss handeln, der der Finanzierung der ausgeführten Baumaßnahme dient. Maßgeblich ist die tatsächliche Gewährung. Ohne Belang ist, ob der Eigentümer einen Rechtsanspruch auf die Gewährung des Zuschusses hat. Ohne Bedeutung ist auch, wer der Zuschussgeber ist. Es muss sich hierbei nicht

Modernisierungs- und Instandsetzungsgebot

um eine Behörde handeln. Die Gewährung eines Darlehens braucht sich der Eigentümer dagegen auf den Kostenerstattungsanspruch nicht anrechnen zu lassen.

Der Kostenerstattungsbetrag mindert sich ferner nach § 177 Abs. 4 Satz 3 BauGB um solche Kosten, die der Eigentümer aufgrund von anderen Rechtsvorschriften zu tragen verpflichtet ist. Hierfür kommt das Landesbauordnungsrecht in Frage. Danach hat der Eigentümer einer baulichen Anlage alle von ihr ausgehenden öffentlichen Gefahren auf eigene Kosten zu beseitigen. In diesem Zusammenhang ist von Bedeutung, dass zur Aufgabe des Bauordnungsrechtes auch die Verhinderung von Verunstaltungen des Orts- und Straßenbildes gehört. Soweit der Eigentümer der baulichen Anlage diese rechtswidrig verändert hat, z.B. unter Nichtbeachtung einer örtlichen Bauvorschrift aufgrund des Landesbauordnungsrechtes, kann die zuständige Bauaufsichtsbehörde die Beseitigung dieser baulichen Veränderung auf dessen Kosten verlangen. Entsprechendes gilt für bauplanungsrechtlich nicht zulässige Veränderungen der baulichen Anlage. In der Praxis hat diese Minderung des Kostenerstattungsanspruches größte Bedeutung. *577*

Der Kostenerstattungsanspruch entfällt ferner nach § 177 Abs. 4 Satz 3 BauGB, soweit der Eigentümer der baulichen Anlage Instandsetzungen unterlassen hat. Hierbei muss sich der derzeitige Eigentümer auch entsprechende Unterlassungen seiner Voreigentümer anrechnen lassen. Nicht maßgebend ist, ob sich diese Unterlassungen auf den Kaufpreis mindernd ausgewirkt haben, vgl. BVerwG 10. 5. 1985 DVBl. 1985, 1173. Das Gesetz geht davon aus, dass der Eigentümer zur Verhinderung eines Wertverlustes seiner baulichen Anlage die erforderlichen Instandsetzungsmaßnahmen durchführt. Es wäre bei unterlassener Instandhaltung nicht verständlich, wenn die Gemeinde ihm hierfür aufgrund eines Instandsetzungsgebotes die entstandenen Schäden entgelten müsste. *578*

Das Gesetz lässt allerdings in § 177 Abs. 4 Satz 3 BauGB zwei Ausnahmen von dieser Regelung zu. In beiden Fällen liegt aber die Beweislast für die gesetzlichen Voraussetzungen einer solchen Ausnahme allein bei dem Eigentümer der baulichen Anlage. In der ersten Fallgestaltung muss die Vornahme der erforderlichen Instandsetzungen für den Eigentümer wirtschaftlich unvertretbar gewesen sein. Das ist grundsätzlich der Fall, wenn auf Dauer die Erträge aus der Bewirtschaftung einer baulichen Anlage nicht für die Finanzierung der Instandhaltungskosten ausreichen. Es kommt letztlich darauf an, wie ein wirtschaftlich denkender Eigentümer sich vernünftigerweise in dem Zeitpunkt verhalten hätte, in dem die Vornahme der Instandsetzungsmaßnahmen erforderlich gewesen wäre. Ohne Bedeutung sind hierbei die wirtschaftlichen Verhältnisse des Eigentümers. *579*

Bei der anderen Fallgestaltung kommt es hingegen gerade darauf an. Die Folgen unterlassener Instandsetzungen für eine Erhöhung der Baukosten bleiben danach unbeachtlich, wenn der Eigentümer nachweisen kann, dass ihm die erforderliche Instandhaltung nicht zuzumuten war. Diese Unzumutbarkeit ist anzunehmen, wenn der Eigentümer über keine anderen Einkünfte als die Erträge aus der Bewirtschaftung seiner baulichen Anlage verfügt. *580*

5.5.4.7 Pauschalierter Kostenerstattungsbetrag

581 Die Berechnung eines Kostenerstattungsbetrages nach § 177 Abs. 4 Satz 1 bis 3 BauGB ist i.d.R. mit einem erheblichen Aufwand verbunden. § 177 Abs. 3 Satz 4 BauGB gestattet es daher dem Eigentümer, auf die Berechnung des Kostenerstattungsbetrages zu verzichten und diesen im Einzelfall durch die Vereinbarung einer Pauschale in Höhe eines bestimmten Vomhundertsatzes der Modernisierungs- oder Instandsetzungskosten mit der Gemeinde zu ersetzen. Die Kosten der angeordneten Modernisierungs- oder Instandsetzungsmaßnahmen müssen danach festgestellt werden. Der Eigentümer der baulichen Anlage kann als Adressat eines Modernisierungs- oder Instandsetzungsgebotes nicht verpflichtet werden, der Vereinbarung einer Kostenpauschale zuzustimmen. In der Praxis wird daher eine Pauschale i.S. von § 177 Abs. 4 Satz 4 BauGB im Rahmen eines Modernisierungs- und Instandsetzungsvertrages, der das Gebot ersetzt, vereinbart. Die Vereinbarung einer Kostenerstattung in Form einer Pauschale ist hauptsächlich in den kleineren Instandsetzungsfällen zweckmäßig, die zu keiner Erhöhung der Erträge aus der Bewirtschaftung der baulichen Anlage führen. Eine entsprechende Vereinbarung kann ferner für die Gemeinde sinnvoll sein bei gleichartigen baulichen Anlagen, wenn bereits ein entsprechender Kostenerstattungsbetrag errechnet worden ist.

5.6 Pflanzgebot

582 Aufgrund von § 178 BauGB kann die Gemeinde den Eigentümer eines Grundstückes verpflichten, dieses entsprechend den nach § 9 Abs. 1 Nr. 25 BauGB getroffenen Festsetzungen des Bebauungsplanes zu bepflanzen. Ein einfacher Bebauungsplan reicht aus. Gegenstand der Anordnung kann das genannte Grundstück einschließlich der Bauteile, die für eine Bepflanzung geeignet sind, wie z.B. Hauswände und Mauern, sein. Bei der Anordnung eines Pflanzgebotes hat die städtebauliche Begründung i.S. von § 175 Abs. 2 Halbsatz 1 BauGB eine besondere Bedeutung. Diese kann auch hier nicht unmittelbar aus dem Bebauungsplan entnommen werden. Dies gilt auch in den Fällen, in denen versucht wird, ein Pflanzgebot bereits im Bebauungsplan festzusetzen. In der Praxis kommt es häufig vor, dass Gemeinden in ihren Bebauungsplänen die Anpflanzung einer Vielzahl unterschiedlicher Arten festsetzen, die einem botanischen Garten zur Ehre gereichen würden. Die Festsetzung einer solchen Artenvielfalt ist fragwürdig, weil die Bebauungspläne nach § 8 Abs. 1 Satz 1 BauGB die rechtsverbindlichen Festsetzungen für die städtebauliche Ordnung enthalten sollen. Gründe des Natur- oder Landschaftsschutzes rechtfertigen aber nicht die Anordnung eines Pflanzgebotes i.S. von § 178 BauGB. Insoweit ist bei der Anordnung von Pflanzgeboten Zurückhaltung angebracht. Umgekehrt dürfen an die städtebauliche Begründung eines Pflanzgebotes auch keine überhöhten Anforderungen gestellt werden.

583 Anpflanzungen sind grundsätzlich ein Element des Städtebaues. Maßgeblich ist die Zweckbestimmung der Bepflanzung. Städtebauliche Konzepte und Planungen können als Bestandteil auch so genannte Grünpläne enthalten. Anpflanzungen können als so genanntes Schutzgrün dazu dienen, die Auswirkungen von Emissionen zu mildern. Bepflanzungen können auch zur Verbesserung des Kleinklimas dienen. Ferner können geeignete Anpflanzungen der besonderen Gestaltung des Ortsbildes dienen. Das angeordnete Pflanzgebot verpflichtet den Eigentümer zur Vornahme der Bepflanzung, nicht aber zur Erhaltung und Pflege der vorgenommenen Bepflanzungen. Die nach § 9 Abs. 1 Nr. 25b) BauGB zulässige Festsetzung der Erhaltung von Bäumen, Sträuchern und sonstigen Bepflanzungen kann nicht durch Anordnung eines Pflanzgebotes unmittelbar erzwungen werden. Wohl aber kann das Pflanzgebot unter den Voraussetzungen des § 178 BauGB wiederholt werden.

Der Eigentümer des Grundstücks hat die angeordnete Bepflanzung grundsätzlich auf eigene Kosten vorzunehmen. Eine Begrenzung hierfür ergibt sich jedoch aus § 41 Abs. 2 BauGB. Danach können schon Festsetzungen nach § 9 Nr. 25 BauGB zu einem Entschädigungsanspruch des Eigentümers gegen die Gemeinde führen, wenn besondere Anpflanzungen notwendig sind, die über das bei ordnungsgemäßer Bewirtschaftung erforderliche Maß hinausgehen, oder wenn infolge dieser Festsetzungen eine wesentliche Wertminderung des Grundstücks eintritt. *584*

5.7 Rückbau- und Entsiegelungsgebot

5.7.1 Allgemeines

Die Anordnung eines Rückbau- und Entsiegelungsgebotes nach § 179 BauGB dient der Beseitigung oder Teilbeseitigung einer baulichen Anlage oder der sonstigen Wiedernutzbarmachung von nicht mehr dauerhaft genutzten Flächen im Geltungsbereich eines Bebauungsplanes. Bei dem Bebauungsplan kann es sich um einen einfachen Bebauungsplan i.S. von § 30 Abs. 2 BauGB handeln. Das BauROG 1998 hat das vormalige Abbruchgebot in Rückbaugebot umbenannt um deutlich zu machen, dass Gegenstand des Gebotes nicht die Beseitigung der gesamten baulichen Anlage sein muss. Zugleich wurde § 179 BauGB durch den neuen Absatz 1 Satz 2 um das Entsiegelungsgebot erweitert. Die Anordnung eines Rückbaugebotes begründet eine so genannte Duldungspflicht. Bei einer Teilbeseitigung muss der Abbruch im Verhältnis zu einer Instandsetzung eine selbstständige Bedeutung haben. In Frage kommen z.B. der Abbruch eines Seitenflügels oder die Herunterzonung um ein Geschoß. Soweit dagegen im Rahmen eines Instandsetzungsgebotes auch die ersatzlose Entfernung von Bauteilen, z.B. von Dachaufbauten durchgesetzt werden kann, entfällt die Anordnung eines Teilrückbaugebotes. Der Eigentümer wird hierdurch rechtlich nur verpflichtet, die Beseitigung oder Teilbeseitigung der baulichen Anlage durch die Gemeinde oder ihre Beauftragten zu dulden. Die Gemeinde trägt daher auch allein die Abbruchkosten. *585*

Im Gegensatz zu der Anordnung der übrigen städtebaulichen Gebote wird der Adressat eines Abbruchgebotes nicht zu bestimmten Handlungen verpflichtet. Er kann jedoch der Gemeinde von sich aus anbieten, die Beseitigung der baulichen Anlage selbst vorzunehmen. § 179 Abs. 1 Satz 3 BauGB hebt dies ausdrücklich her- *586* vor. Dieses Recht zur Selbstvornahme besteht unbefristet bis zur Beseitigung der baulichen Anlage durch die Gemeinde. Sie muss dem Eigentümer die Kosten erstatten, wenn ein unanfechtbares Rückbaugebot vorliegt. In vielen Fällen wird der Eigentümer wegen seiner genauen Kenntnis die bauliche Anlage zweckmäßiger und kostengünstiger beseitigen können als die Beauftragten der Gemeinde.

587   Für die Anordnung eines Rückbaugebotes ist es ohne Bedeutung, ob die zu beseitigende Anlage rechtmäßig errichtet worden ist oder nicht. Hierauf kommt es lediglich bei der Klärung der Frage an, ob der Eigentümer für die Beseitigung der baulichen Anlage zu entschädigen ist. Bei der Anordnung eines Rückbaugebotes i.S. von § 179 Abs. 1 BauGB hat die Gemeinde den Eingriff in die Bausubstanz so gering wie möglich zu gestalten. Sie muss daher prüfen, ob sie ihre städtebaulichen Ziele auch durch eine Teilbeseitigung der baulichen Anlage erreichen kann.

5.7.2 Voraussetzungen der Anordnung

5.7.2.1 Planwidrigkeit

588   Nach § 179 Abs. 1 Satz 1 BauGB ist die Anordnung eines Rückbaugebotes unter zwei verschiedenen Voraussetzungen zulässig. Im ersten Falle ist die Anordnung zulässig, wenn die bauliche Anlage den Festsetzungen des Bebauungsplanes nicht entspricht und ihm auch nicht angepasst werden kann. Unter Anpassung ist hier eine Baumaßnahme zu verstehen, die durch ein Anpassungsgebot i.S. von § 176 Abs. 1 Nr. 1 BauGB angeordnet werden kann. Die vorhandene bauliche Anlage muss in Widerspruch zu den inhaltlichen Festsetzungen des in Kraft befindlichen Bebauungsplanes stehen. Ohne Bedeutung ist, worin dieser Widerspruch seine baurechtliche Ursache hat. Maßgeblich ist das Abweichen des Ist-Zustandes vom planungsrechtlichen Soll-Zustand. Es kommt nicht darauf an, ob die bauliche Anlage durch eine andere bauliche Anlage ersetzt werden soll. Nicht maßgeblich ist auch, ob der Bebauungsplan eine bauliche Anlage im Plan als „zu beseitigen" kennzeichnet. Der Bebauungsplan kann die Beseitigung einer baulichen Anlage oder von Teilen einer baulichen Anlage nicht rechtsverbindlich festsetzen.

589   Für die Anordnung eines Rückbaugebotes ist eine städtebauliche Begründung i.S. von § 175 Abs. 2 BauGB erforderlich, die nicht aus den Festsetzungen des Bebauungsplanes abgeleitet werden kann. Städtebauliche Gründe für die Anordnung der Beseitigung eines Gebäudes können dagegen z.B. angenommen werden, wenn die vorhandene bauliche Anlage der Herstellung einer wichtigen Erschließungsanlage oder der Verwirklichung eines im Bebauungsplan festgesetzten Vorhabens entgegensteht, welches für sein Umfeld eine besondere Bedeutung hat. Umgekehrt kann auch von der zu beseitigenden baulichen Anlage, z.B. weil sie einen Maßstabsbruch bedeutet, eine Störung des Ortsbildes ausgehen. Nicht zulässig ist dagegen die Anordnung eines Abbruch- oder Teilabbruchgebotes, um auf dem Grundstück eine öffentliche Nutzung herbeizuführen. Hierfür bedarf es des Erwerbs des Grundstücks durch die Gemeinde. Die Anordnung eines Abbruchgebotes hat dage-

5.7.2.2 Missstände und Mängel

Bei der Anordnung eines Rückbaugebotes nach § 179 Abs. 1 Nr. 2 BauGB kommt es nicht auf eine Planwidrigkeit der vorhandenen baulichen Anlage an. Maßgeblich ist stattdessen ihre Beschaffenheit. Die bauliche Anlage muss Missstände i.S. von § 177 Abs. 2 BauGB oder Mängel i.S. von § 177 Abs. 3 BauGB aufweisen, vgl. hierzu Rnr. 552ff., die auch durch eine Modernisierung und Instandsetzung nicht behoben werden können. Angesichts der nahezu unbegrenzten bautechnischen Möglichkeiten kommt es hierbei auf bauwirtschaftliche Feststellungen an. Die Missstände oder Mängel können nicht behoben werden, wenn die Durchführung der erforderlichen Modernisierungs- oder Instandsetzungsmaßnahmen unwirtschaftlich ist. Hierbei sind die Kosten einer Modernisierung oder Instandsetzung unter Berücksichtigung der Restnutzungsdauer der baulichen Anlage mit den Kosten eines gleichartigen Neubaues auf dem Grundstück zu vergleichen. *590*

In der Praxis geht es hierbei zumeist um bauliche Anlagen ohne besondere städtebauliche Bedeutung. Geht die Gemeinde in einem solchen Falle von der Unwirtschaftlichkeit der Modernisierung oder Instandsetzung aus, bleibt es dem Eigentümer aber unbenommen, die erforderliche Beseitigung der Missstände oder Behebung der Mängel auf eigene Kosten vorzunehmen und so das Abbruchgebot zu vermeiden. Bei baulichen Anlagen i.S. von § 177 Abs. 3 Nr. 3 BauGB mit besonderer städtebaulicher Bedeutung sollten bauwirtschaftliche Überlegungen allein nicht ausschlaggebend sein. Für die Anordnung eines Abbruchgebotes i.S. von § 179 Abs. 1 Nr. 2 BauGB müssen städtebauliche Gründe vorliegen. Dies kann der Fall sein, weil z.B. die bauliche Anlage aufgrund ihrer besonderen örtlichen Lage durch ihre Mängel das Orts- oder Straßenbild stört. Entsprechende städtebaulich relevante Störungen sind auch dann anzunehmen, wenn mehrere bauliche Anlagen im baulichen Zusammenhang Missstände und Mängel aufweisen. Auch hier muss die Gemeinde jeweils prüfen, ob sie ihre städtebaulichen Ziele bereits durch eine teilweise Beseitigung der baulichen Anlage erreichen kann. *591*

5.7.3 Ersatzraum

5.7.3.1 Grundsätzliches

§ 179 Abs. 2 BauGB enthält eine Schutzvorschrift für Gebäude, die Wohn- oder überwiegend gewerblichen sowie beruflichen Zwecken dienen. Auch bei Vorliegen eines unanfechtbaren Abbruchbescheides darf bei einer derartigen Nutzung das Gebäude nur beseitigt werden, wenn Ersatzräume zur Verfügung stehen. Dem Wesen nach handelt es sich um einen Vollstreckungsschutz. D.h., das Gebot darf zwar angeordnet, aber nicht vollzogen werden. Dagegen schützt § 182 Abs. 2 BauGB, der weitgehend einen ähnlichen Wortlaut hat, vor der Aufhebung des Miet- oder Pachtverhältnisses durch die Gemeinde, vgl. oben Rnr. 282. Die Gemeinde wird aber *592* schon vor Anordnung eines entsprechenden Abbruch- oder Teilabbruchgebotes die Verpflichtung zur Ersatzraumstellung zweckmäßigerweise in ihre Überlegungen einbeziehen müssen. Der Vollzug eines Abbruchgebotes setzt nach § 179 Abs. 2 Satz 1 BauGB voraus, dass im Zeitpunkt der Beseitigung angemessener Ersatzraum unter zumutbaren Bedingungen zur Verfügung steht.

5.7.3.2 Wohnraum

593 Bezieht sich das Gebot auf den Abbruch von Wohnraum, darf der Bescheid nur vollzogen werden, wenn im Zeitpunkt der angeordneten Beseitigung angemessener Ersatzraum für die Bewohner unter zumutbaren Bedingungen vorhanden ist. Bewohner i.S. von § 179 Abs. 2 Satz 1 BauGB sind alle Personen, die in dem zu beseitigenden Wohnraum ihre ständige Unterkunft haben. Sinn der Regelung ist es, das Entstehen von Obdachlosigkeit zu vermeiden. Es ist daher ohne Bedeutung, ob die Bewohner überhaupt Mieter oder Angehörige eines Mieters sind. Wenn das Gesetz verlangt, dass angemessener Ersatzraum zur Verfügung steht, will es die Bewohner vor einer durchgreifenden Einschränkung ihrer Lebensverhältnisse schützen. Dagegen muss der Ersatzraum im Verhältnis zu dem zu beseitigendem Wohnraum nicht absolut gleichwertig sein. Er kann insbesondere in Bezug auf die Ausstattung von der jetzigen Wohnung abweichen. Allerdings müssen gesunde Wohnverhältnisse für die Bewohner gewährleistet werden. Auch wenn das Gesetz für den Ersatzwohnraum zumutbare Bedingungen voraussetzt, bedeutet dies nicht, dass der Mietzins der neuen Wohnung die Höhe der Miete nicht überschreiten darf. Der Bewohner muss aber aufgrund seines Einkommens, gegebenenfalls unter Einbeziehung der Gewährung von Wohngeld, in der Lage sein, die Miete ohne grundlegende Einschränkung seiner materiellen Lebensverhältnisse zu finanzieren. Der Ersatzraum hat zur Verfügung zu stehen. Dies bedeutet, er muss anmietbar sein. Der Bewohner des zu beseitigenden Wohnraumes hat sich um den Abschluss des Mietvertrages zu bemühen. Wenn er dies nicht tut, entfällt der Schutz des § 179 Abs. 2 Satz 1 BauGB.

5.7.3.3 Geschäftsraum

594 Nach § 179 Abs. 2 Satz 2 BauGB darf ein Rückbaugebot, welches die Beseitigung von Geschäftsraum, d.h. Raum, der überwiegend gewerblichen und beruflichen Zwecken dient, nur unter bestimmten Voraussetzungen von der Gemeinde vollzogen werden. Auch hier kommt es auf die tatsächliche Nutzung an. Ohne Bedeutung ist daher, ob die Räume ausdrücklich für geschäftliche Zwecke gemietet worden sind. Die Bestimmung dient dem Schutz der Berufsausübung und der Erhaltung von Arbeitsplätzen. Die Vollstreckung setzt voraus, dass der Inhaber des Raumes von sich aus eine anderweitige Unterbringung anstrebt, um seine gewerbliche oder berufliche Tätigkeit fortzusetzen. Hat er diese in der zu beseitigenden baulichen Anlage bereits eingestellt, ist § 179 Abs. 2 Satz 2 BauGB nicht anwendbar.

595 Das Rückbaugebot soll nur vollzogen werden, wenn im Zeitpunkt der Beseitigung der baulichen Anlage anderer geeigneter Geschäftsraum unter zumutbaren

Bedingungen zur Verfügung steht, d.h. angemietet oder gepachtet werden kann. Der neue Geschäftsraum muss im Verhältnis zu dem derzeitigen Geschäftraum nicht gleichwertig sein. Allerdings muss der Inhaber dort seine gewerbliche oder berufliche Tätigkeit fortsetzen können. Der Ersatzraum ist hingegen nicht geeignet, wenn er räumlich soweit von dem jetzigen Standort entfernt ist, dass der Inhaber mit Ertragseinbußen aufgrund des Verlustes von Kunden rechnen muss. Zumutbare Bedingungen liegen vor, wenn der Inhaber für die Benutzung des Ersatzgeschäftsraumes nicht Aufwendungen z.B. in Form von Miet- oder Pachtzinsen erbringen muss, die aus den Erträgen der beruflichen oder gewerblichen Tätigkeit nicht finanziert werden können. Hierbei muss aber davon ausgegangen werden, dass die Tätigkeit des Inhabers allgemein rentierlich ist. Dies muss in Zweifel gezogen werden, wenn die wirtschaftliche Existenz des Inhabers davon abhängt, dass er für die Nutzung seines Geschäftraumes geringe oder überhaupt keine Aufwendungen zu erbringen hat. Jedenfalls lässt sich aus § 179 Abs. 2 Satz 2 BauGB kein Anspruch des Inhabers gegen die Gemeinde auf Subventionierung seiner Tätigkeit im Falle eines Umzuges aufgrund der Beseitigung seines Geschäftsraumes ableiten. Da es sich bei der Regelung um eine Sollvorschrift handelt, sind in ungewöhnlichen Fallgestaltungen Ausnahmen von dem Vollzugsschutz zulässig.

5.7.4 Vermögensnachteile

Die Beseitigung oder Teilbeseitigung einer baulichen Anlage kann für den hiervon Betroffenen, den Eigentümer, Mieter, Pächter oder einen sonstigen Nutzungsberechtigten, mit Vermögensnachteilen verbunden sein. Ob dies der Fall ist, hängt vom Nutzwert der zu beseitigenden baulichen Anlage ab. Die durch die Beseitigung der baulichen Anlage entstehenden Vermögensnachteile sind von der Gemeinde nach § 179 Abs. 3 Satz 1 BauGB angemessen in Geld zu entschädigen. Maßgebend ist bei der Entschädigung des Eigentümers der Verkehrswert der baulichen Anlage, vgl. § 194 BauGB. Der Abbruch einer nicht mehr gebrauchsfähigen baulichen Anlage ist i.d.R. nicht entschädigungsfähig. Soweit eine solche bauliche Anlage einer wirtschaftlichen Nutzung des Grundstücks im Wege steht, bedeutet ihre Beseitigung für den Eigentümer des Grundstücks einen wirtschaftlichen Vorteil. Die Gemeinde hat jedoch auch in diesem Fall keinen Anspruch gegen den Eigentümer auf Erstattung der Abbruchkosten. Entstehen dem Eigentümer dagegen Vermögensnachteile, sind diese dann nicht von der Gemeinde zu entschädigen, wenn der Eigentümer auch aufgrund anderer öffentlich-rechtlicher Vorschriften selbst zur Beseitigung seiner baulichen Anlage verpflichtet ist. Aufgrund von § 95 Abs. 3 BauGB ist die Beseitigung einer baulichen Anlage in diesem Falle grundsätzlich nicht entschädigungsfähig.

596

Den bisherigen Nutzern der baulichen Anlage werden i.d.R. durch deren Beseitigung keine besonderen Vermögensnachteile entstehen, wenn das Miet-, Pacht- oder sonstige Nutzungsverhältnis nach §§ 182 ff. von der Gemeinde aufgehoben worden ist. Für dieses Verfahren sieht bereits § 185 BauGB eine Entschädigung vor. Ein darüber hinausgehender Entschädigungsanspruch ist nur denkbar, wenn

597

den Mietern, Pächtern und sonstigen Nutzungsberechtigten allein durch die Beseitigung der von ihnen genutzten baulichen Anlage zusätzliche Vermögensnachteile entstehen.

598 § 179 BauGB enthält keine eigenständige Regelung über die Entschädigung des Eigentümers durch die Beseitigung der baulichen Anlage entstehenden Vermögensnachteile, sondern verweist in Absatz 3 auf die entsprechende Anwendung der entschädigungsrechtlichen Vorschriften des § 43 Abs. 1, 2, 4 und 5 sowie des § 44 Abs. 2 und 3 BauGB. Von diesen Regelungen hat § 43 Abs. 4 BauGB für die Praxis besondere Bedeutung, denn sie kann zu Abschlägen bei der Bemessung der Entschädigung führen. Nach dieser Vorschrift sind in zwei Fallgestaltungen, die häufig zugleich vorliegen werden, bestimmte Bodenwerte nicht zu entschädigen. Nach § 43 Abs. 4 Nr. 1 BauGB sind solche Bodenwerte nicht zu entschädigen, die darauf beruhen, dass die zulässige Nutzung auf dem Grundstück den allgemeinen Anforderungen an gesunde Wohn- und Arbeitsverhältnisse oder an die Sicherheit der auf dem Grundstück oder im umliegenden Gebiet wohnenden oder arbeitenden Menschen nicht entspricht. Allerdings müssen diese Missstände eindeutig im Sinne einer Störung vorliegen. Maßgeblich ist die tatsächliche und rechtlich zulässige Nutzung des Grundstücks.

Aufgrund von § 43 Abs. 4 Nr. 2 BauGB sind Bodenwerte nicht zu entschädigen, soweit sie darauf beruhen, dass die Nutzung des Grundstücks zu städtebaulichen Missständen i.S. von § 136 Abs. 2 Nr. 1 BauGB (Substanzschwäche) oder § 136 Abs. 2 Nr. 2 BauGB (Funktionsschwäche) wesentlich beiträgt. Maßgebend ist hier in erster Linie das Umfeld des Grundstücks. Es muss sich um ein Gebiet handeln, dessen Beschaffenheit die Voraussetzungen für die Durchführung einer städtebaulichen Maßnahme erfüllt. Von dem einzelnen Grundstück muss bei einer Einzelbetrachtung keine Störung ausgehen. Allerdings muss zwischen den städtebaulichen Missständen des Gebietes und der baulichen Nutzung des Grundstücks eine kausale Beziehung bestehen. Es reicht aus, wenn auf dem Grundstück eine bauliche Anlage beseitigt werden muss, weil sie den heutigen Anforderungen nicht mehr entspricht und sich in seinem Umfeld weitere bauliche Anlagen minderer Qualität befinden.

599 § 179 Abs. 3 Satz 2 BauGB räumt dem Eigentümer des von einem Rückbau- oder Entsiegelungsgebot betroffenen Grundstücks anstelle einer Entschädigung in Geld einen Anspruch gegen die Gemeinde auf Übernahme des Grundstücks ein. Voraussetzung hierfür ist, dass es ihm mit Rücksicht auf das Gebot wirtschaftlich nicht mehr zumutbar ist, sein Grundstück zu behalten. Hierfür trägt der Eigentümer die Beweislast. Denkbar ist es, dass er infolge Beseitigung der baulichen Anlagen keinen Mieter oder Pächter mehr findet. Der Eigentümer kann das Übernahmeverlangen nach § 179 Abs. 3 Satz 3 i.V. mit § 43 Abs. 1 BauGB gegen die Gemeinde verfolgen, indem er bei der Enteignungsbehörde die Entziehung seines Eigentums beantragt.

Rückbau- und Entsiegelungsgebot

5.7.5 Pflicht zur Benachrichtigung

§ 179 Abs. 1 Satz 2 BauGB legt der Gemeinde nach Anordnung des Abbruchgebotes durch Bescheid eine besondere Benachrichtigungspflicht auf. Adressat des Abbruchgebotes ist grundsätzlich nur der Eigentümer des Grundstücks. Nach § 179 Abs. 1 Satz 2 BauGB müssen jedoch weitere Personen von dem Abbruchbescheid benachrichtigt werden, d.h. ihnen ist der Bescheid ebenfalls zuzusenden. Die Benachrichtigungspflicht entsteht aber erst, wenn der Anordnungsbescheid unanfechtbar geworden ist. Zu benachrichtigen sind diejenigen, für

600

– die ein Recht an dem Grundstück oder
– ein das Grundstück belastendes Recht

eingetragen oder durch Eintragung gesichert ist, das nicht zur Nutzung berechtigt. Der Ausschluss der Nutzungsberechtigten von der Benachrichtigungspflicht beruht darauf, dass diese Betroffene i.S. von § 175 Abs. 1 Satz 1 BauGB sind, mit denen die Gemeinde die Beseitigung der baulichen Anlage bereits vor Anordnung des Abbruchgebotes erörtern muss. Die Benachrichtigung der nicht nutzungsberechtigten Rechtsinhaber hat den Zweck, ihnen die Wahrnehmung ihrer Rechte im Entschädigungsverfahren zu erleichtern. In der Hauptsache handelt es sich um Grundpfandgläubiger, deren Pfandrecht sich auch auf die zu beseitigende bauliche Anlage als Bestandteil erstreckt. Er wird durch die Benachrichtigung in die Lage versetzt, Ersatzansprüche gegen den Eigentümer im Hinblick auf eine nach § 179 Abs. 3 Satz 1 BauGB zu gewährende Entschädigung in Geld geltend zu machen, soweit sein Pfandrecht durch die Beseitigung der baulichen Anlage gemindert worden ist.

5.7.6 Entsiegelungsgebot

Das durch das BauROG 1998 eingeführte Entsiegelungsgebot dient dem Umweltschutz im Städtebau. Es bezieht sich nach § 179 Abs. 1 Satz 2 Halbsatz 1 BauGB auf dauerhaft nicht mehr genutzte Flächen, bei denen der durch die Bebauung oder Versiegelung beeinträchtigte Boden in seiner Leistungsfähigkeit erhalten oder wiederhergestellt werden soll. Eine dauerhaft nicht genutzte Fläche ist anzunehmen, wenn sie seit mindestens drei Jahren nicht mehr genutzt wurde und eine Wiedernutzung auf absehbare Zeit nicht erwartet werden kann. Eine Beeinträchtigung des Bodens liegt vor, wenn Bebauung oder Versiegelung die Aufnahme von Wasser oder Luft durch den Boden verhindern oder behindern, so dass dort weitgehend alles Leben abstirbt. Unter sonstiger Wiedernutzbarmachung i.S. von § 179 Abs. 1 Satz 2 Halbsatz 1 BauGB ist daher eine Nutzbarmachung für den Naturhaushalt zu verstehen. Aufgrund von § 179 Abs. 1 Satz 2 Halbsatz 2 BauGB entspricht diese sonstige Wiedernutzbarmachung einem Rückbaugebot i.S. von § 179 Abs. 1 Satz 1 Nr. 1 BauGB. Das Entsiegelungsgebot ist somit planakzessorisch i.S. dieser Vorschrift. Seine Anordnung setzt hiernach voraus, dass der Bebauungsplan eine andere als die derzeitige Nutzung festsetzt. In Frage kommen Festsetzungen nach § 9 Abs. 1 NR. 10, 15, 16, 20, 25 a und b BauGB. Die übrigen Regelungen des § 179 BauGB sind auf das Entsiegelungsgebot entsprechend anzuwenden.

601

5.8 Verpflichtung des Bedarfsträgers

602 Die Gemeinde kann ein städtebauliches Gebot i.S. der §§ 176 bis 179 BauGB grundsätzlich auch für Grundstücke im Eigentum der öffentlichen Hand anordnen. Hierzu enthält jedoch § 175 Abs. 4 Satz 1 BauGB eine abschließende Ausnahmeregelung. Danach ist die Anordnung eines städtebaulichen Gebotes für die in § 26 Nr. 2 und 3 BauGB genannten Grundstücke von öffentlichen Bedarfsträgern, Kirchen und Grundstücken, auf denen sich bestimmte Anlagen befinden, allgemein ausgeschlossen, vgl. hierzu oben Rnr. 226. Es sind die Grundstücke, die nicht dem gemeindlichen Vorkaufsrecht unterliegen, auf denen nach § 139 Abs. 4 Satz 1 BauGB städtebauliche Sanierungsmaßnahmen nur mit Zustimmung des Bedarfsträgers durchgeführt werden dürfen und die gemäß § 165 Abs. 5 Satz 3 BauGB nur mit Zustimmung des jeweiligen Bedarfsträgers in einen städtebaulichen Entwicklungsbereich einbezogen werden dürfen.

603 Aufgrund von § 175 Abs. 4 Satz 2 BauGB kann jedoch die Gemeinde, soweit die allgemeinen Voraussetzungen für die Anordnung eines Gebotes nach den §§ 176 bis 179 BauGB vorliegen, in einem besonderen Verfahren die Durchführung der erforderlichen städtebaulichen Maßnahme veranlassen. Die in § 26 Nr. 2 und 3 BauGB genannten privilegierten Bedarfsträger sind vom Gesetz nicht freigestellt worden, um sich den aus den §§ 176 bis 179 BauGB ergebenden Verpflichtungen völlig zu entziehen. Die Gemeinde kann von dem Bedarfsträger verlangen, dass er die erforderlichen Maßnahmen durchführt oder ihre Durchführung durch die Gemeinde duldet, soweit er hierdurch nicht in der Erfüllung seiner Aufgaben beeinträchtigt wird. Bei diesem Verlangen handelt es sich um einen Verwaltungsakt der Gemeinde, der eine entsprechende rechtliche Verpflichtung des privilegierten Bedarfsträgers begründet. Wenn der Bedarfsträger behauptet, die Durchführung der städtebaulichen Maßnahme auf seinem Grundstück beeinträchtige ihn in der Erfüllung seiner Aufgaben, hat der dies darzulegen. Nicht jede Erschwerung infolge der durchzuführenden Maßnahme bedeutet zugleich eine Beeinträchtigung i.S. des Gesetzes. Im Einzelfall ist gegebenenfalls eine Güterabwägung zwischen dem Interesse des Bedarfsträgers an der Erfüllung seiner Aufgaben und dem, was städtebaulich erforderlich ist, vorzunehmen. Da es sich bei § 175 Abs. 4 Satz 2 BauGB um eine Sollvorschrift handelt, kommen in ungewöhnlichen Fällen Ausnahmen in Betracht.

604 Das Gesetz enthält keine Regelung über die Deckung der Kosten der auf dem Grundstück des Bedarfsträgers durchzuführenden städtebaulichen Maßnahme. Die in § 176 Abs. 3 und in § 177 Abs. 4 und 5 BauGB enthaltenen Regelungen sind hier auch nicht entsprechend anwendbar, weil die Grundstücke der Bedarfsträger, soweit sie der Erfüllung öffentlicher Aufgaben dienen, nicht unter wirtschaftlichen Gesichtspunkten verwaltet werden. Was, hiervon abgesehen, jedoch vom Gesetz einem privaten Grundeigentümer an Aufwendungen für die Deckung der Kosten der angeordneten städtebaulichen Maßnahme uneingeschränkt auferlegt wird, ist in jedem Falle auch dem Bedarfsträger zuzumuten. Er ist neben der Wahrnehmung seiner besonderen Aufgabe auch den städtebaulichen Erfordernissen der Gemeinde verpflichtet, die im öffentlichen Interesse liegen. Grundsätzlich wird man daher davon ausgehen müssen, dass der Bedarfsträger die Kosten für die auf seinem Grundstück aus städtebaulichen Gründen durchzuführenden Maßnahmen allein aufzubringen hat. Ausnahmen werden dort in Betracht zu ziehen sein, wo ein Bedarfsträger von seiner finanziellen Ausstattung her eindeutig nicht in der Lage ist, die Durchführung einer städtebaulich wichtigen Maßnahme zu finanzieren. Hierbei ist in erster Linie an die Instandsetzung städtebaulich erhaltenswerter alter Kirchen in den neuen Bundesländern zu denken.

5.9 Duldungspflicht der Nutzungsberechtigten

Aufgrund von § 175 Abs. 3 BauGB haben Mieter, Pächter und sonstige Nutzungsberechtigte die Durchführung der Maßnahmen nach den §§ 176 bis 179 BauGB zu dulden. Hierbei geht es um Nutzungsrechtsverhältnisse, die während der Durchführung der Maßnahme bestehen bleiben. Dies schließt auch eine zeitweise Räumung mit vorübergehender anderweitiger Unterbringung mit ein. Muss dagegen das Nutzungsrechtsverhältnis beendet werden, z.B. weil die genutzte bauliche Anlage beseitigt werden soll, ist es nach § 182 BauGB von der Gemeinde aufzuheben, wenn es nicht fristgerecht auf privatrechtlicher Grundlage durch Kündigung seitens des Grundstückseigentümers beendet wird oder werden kann. Die Duldungspflicht der Nutzungsberechtigten besteht auch, wenn das rechtlich zulässige Gebot nicht angeordnet, sondern durch einen öffentlich-rechtlichen Vertrag zwischen Gemeinde und Eigentümer ersetzt wird. Die Duldungspflicht des Nutzungsberechtigten aus § 175 Abs. 3 BauGB lässt etwaige zivilrechtliche Ansprüche des Nutzungsberechtigten gegen den Eigentümer unberührt. *605*

Bei der Duldungspflicht handelt es sich um eine öffentlich-rechtliche Nebenwirkung des angeordneten städtebaulichen Gebotes oder des an seiner Stelle zwischen Gemeinde und Eigentümer abgeschlossenen Vertrages. Im Einzelfall kann die Gemeinde die Duldung durch Anordnung eines Duldungsgebotes erzwingen. Dieses Gebot konkretisiert zugleich, welche Maßnahmen der Nutzungsberechtigte auf dem Grundstück und den von ihm benutzten Räumen hinnehmen muss. Die Gemeinde kann diesen Verwaltungsakt, sobald er unanfechtbar geworden ist, entsprechend dem Vollstreckungsrecht des Landes gegenüber dem Adressaten durch die Anordnung von Zwangsgeld oder durch unmittelbaren Zwang durchsetzen. *606*

5.10 Erörterung und Beratung

5.10.1 Bedeutung

§ 175 Abs. 1 Satz 1 BauGB verpflichtet die Gemeinde vor Anordnung eines städtebaulichen Gebotes dazu, die erforderliche städtebauliche Maßnahme mit den Betroffenen zu erörtern. Zugleich soll die Gemeinde nach § 175 Abs. 1 Satz 2 BauGB die Betroffenen bei der Durchführung der Maßnahme und ihrer Finanzierung aus *607* öffentlichen Kassen beraten. Betroffene sind die Eigentümer, Mieter, Pächter und alle sonstigen Nutzungsberechtigten, nicht jedoch die in § 179 Abs. 1 Satz 2 BauGB genannten Inhaber von Rechten, die nicht zur Nutzung des Grundstückes berechtigen. Der Gesetzgeber hat die Erörterungs- und Beratungspflicht der Gemeinde an den Anfang der Bestimmungen über die städtebaulichen Gebote gestellt, um ihre Bedeutung hervorzuheben. Die Verpflichtung der Gemeinde entsteht bereits, sobald sie die Anordnung eines städtebaulichen Gebotes ernsthaft beabsichtigt. Die Erörterung und Beratung dient zwei Zielen. Zum einen wird die Gemeinde über die Interessenlage der Betroffenen unterrichtet. Sie erhält Kenntnis von den Problemen, die die Durchführung der städtebaulich erforderlichen Maßnahme bei den Betroffenen voraussichtlich verursachen wird. Hierdurch wird die Gemeinde in die Lage versetzt, die erforderliche Abwägung zwischen ihren städtebaulichen Belangen und den Interessen der Betroffenen vorzunehmen.

608 Erst hiernach lassen sich letztlich die Voraussetzungen für die Anordnung eines städtebaulichen Gebotes beurteilen. Zum anderen soll die Erörterung aber gerade dazu dienen, trotz Vorliegens der tatbestandlichen Voraussetzungen für die Gebotsanordnung diese sowie ergänzende Duldungsgebote gegen die Nutzungsberechtigten gerade zu vermeiden und durch einvernehmliche Regelungen mit den Betroffenen zu ersetzen. Das Ziel der Erörterung ist der Abschluss eines öffentlich-rechtlichen Vertrages zwischen Gemeinde und Grundeigentümer, der die Durchführung der städtebaulich erforderlichen Maßnahme anstelle der Gebotsanordnung regelt, vgl. BVerwG 11. 4. 1991 DÖV 1991, 890. In der Sanierungspraxis beruht auf diesem Gesetzesverständnis die Förderung der Modernisierungs- und Instandsetzungsmaßnahmen. Die Anordnung eines städtebaulichen Gebotes ist rechtlich nur zulässig, wenn der betroffene Grundeigentümer nicht zu einer einvernehmlichen Lösung bereit ist, die die Belange der Gemeinde berücksichtigt. Die eigentliche Bedeutung der §§ 175 bis 179 BauGB liegt nicht in der tatsächlichen Gebotsanordnung, sondern darin, dass die Gemeinde auf dieser Grundlage an den betreffenden Grundstückseigentümer mit ihrem städtebaulichen „Anliegen" herantreten kann. Der Eigentümer hat aber keinen Anspruch auf Abschluss eines das städtebauliche Gebot ersetzenden Vertrages, wenn die Gemeinde auf die Durchführung der städtebaulich erforderlichen Maßnahme verzichtet, z.B. weil der Kostenerstattungsbetrag bei einer Instandsetzungsmaßnahme nach ihrer Auffassung zu hoch ist.

609 Bei der Erörterung und Beratung handelt es sich um Rechtspflichten der Gemeinde, die § 175 Abs. 1 BauGB in die Form von Sollvorschriften gekleidet hat. Unter besonderen Umständen kann die Gemeinde daher auf die Erörterung und Beratung verzichten. Dies ist der Fall, wenn der betroffene Grundeigentümer schon vorher bekundet hat, dass er die städtebaulich erforderliche Maßnahme unter keinen Umständen in Erwägung zieht. Ordnet die Gemeinde ein städtebauliches Gebot unter Missachtung ihrer Erörterungs- und Beratungspflicht an, so ist das Gebot nur dann rechtmäßig, wenn ungeachtet dieses Verfahrensfehlers in der Sache keine andere Entscheidung hätte ergehen können, vgl. § 46 VwVfG. Wohl aber kann der

Erörterung und Beratung

Verstoß gegen die Erörterungs- oder Beratungspflicht Schadensersatzansprüche der Betroffenen gegen die Gemeinde begründen. Soll die erforderliche städtebauliche Maßnahme als Teil einer Sanierungs- oder Entwicklungsmaßnahme durchgeführt werden, bietet sich die Beauftragung eines Sanierungs- oder Entwicklungsträgers mit der Wahrnehmung der Erörterungs- und Beratungsaufgabe an. Von ihm kann insbesondere das für die Beratung erforderliche baurechtliche, bautechnische und bauwirtschaftliche Fachwissen erwartet werden.

5.10.2 Erörterung

Gegenstand der Erörterung nach § 175 Abs. 1 BauGB sind die städtebaulich erforderliche Maßnahme und die mit ihrer Durchführung verbundenen Probleme. Anliegen der Gemeinde muss es sein, den betreffenden Grundeigentümer und die Nutzungsberechtigten von der städtebaulichen Bedeutung dieser baulichen Maßnahme zu überzeugen. Hierbei kann die Gemeinde gegebenenfalls auf ihre städtebauliche Planung und die hierzu durchgeführte Bürgerbeteiligung hinweisen. Aufgrund einer Darlegung der städtebaulichen Ziele durch die Gemeinde können die Betroffenen andere Vorschläge vortragen, die möglicherweise auch den städtebaulichen Zielen der Gemeinde Rechnung tragen. Zur Erörterung gehören alle mit der städtebaulichen Maßnahme verbundenen bautechnischen und wirtschaftlichen Fragen. Bei der Erörterung mit den Nutzungsberechtigten stehen zumeist die sozialen Folgen der Maßnahme im Vordergrund. *610*

Die Erörterung ist keine Anhörung, sondern geht darüber hinaus. Die Gemeinde muss die Meinung der Betroffenen nicht nur zur Kenntnis nehmen, sondern sich auch dazu äußern. Eine Erörterung setzt aber auch auf seiten der Betroffenen eine Bereitschaft zur Meinungsäußerung voraus. Das Gesetz regelt die Form der Erörterung nicht. Diese kann sowohl im Rahmen eines Gespräches als auch eines Schriftwechsels durchgeführt werden. Die Gemeinde genügt daher ihrer Pflicht zur Erörterung, wenn sie den Betroffenen ihre Absicht und die Gründe hierfür schriftlich unterbreitet und ihnen dazu einen Gesprächstermin anbietet. *611*

Die Gemeinde kann die Erörterung nach § 175 Abs. 1 Satz 1 BauGB zur Vereinfachung mit anderen Erörterungsverpflichtungen, die ihr das BauGB auferlegt, verbinden. Als Erörterungen aufgrund anderer Bestimmungen des BauGB kommen in Betracht: *612*

- § 3 Abs. 1 Erörterung allgemeiner Ziele und Zwecke der Planung,
- § 66 Abs. 1 Satz 1 Erörterung des Umlegungsplanes,
- § 137 Erörterung der städtebaulichen Sanierung oder Entwicklung (i.V. mit § 165 Abs. 4 Satz 6),
- § 173 Abs. 3 Erörterung eines Genehmigungsantrages im Gebiet einer Erhaltungssatzung,
- § 180 Abs. 1 Erörterung der sozialen Folgen eines Bebauungsplanes, einer städtebaulichen Sanierungs- oder Entwicklungsmaßnahme.

315

5.10.3 Beratung

613 § 175 Abs. 1 BauGB nennt die Beratung neben der Erörterung. Das Gesetz hindert die Gemeinde aber nicht daran, die Beratung mit der Erörterung zweckmäßigerweise zu verbinden. Auch die Beratung setzt wie die Erörterung die Bereitschaft der Betroffenen hierzu voraus. § 175 Abs. 1 Satz 2 BauGB nennt als Beratungsberechtigte die Eigentümer, Mieter, Pächter und die sonstigen Nutzungsberechtigte. Sie sind von der Gemeinde zu beraten, wie die Maßnahme durchgeführt werden kann und welche Finanzierungsmöglichkeiten aus öffentlichen Kassen bestehen. Die Beratung bezieht sich wie die Erörterung auf alle im Zusammenhang mit der Durchführung der städtebaulichen Maßnahme entstehenden Fragen. Dem Eigentümer soll die Durchführung der Maßnahme möglichst erleichtert werden. Hierbei sind insbesondere gegebenenfalls alle bauplanungs- und bauordnungsrechtlichen Probleme zu klären. Bei der Beratung der Finanzierung aus öffentlichen Kassen ist in erster Linie an die von der Gemeinde zu erbringenden Entschädigungsleistungen, wie z.B. den Kostenerstattungsanspruch aber auch in Bezug auf die Nutzungsberechtigten, wenn sie ihr Nutzungsrecht aufgeben müssen, an die Gewährung eines Härteausgleiches zu denken. Aufgrund von § 175 Abs. 1 Satz 2 BauGB besteht die Beratungspflicht für die Gemeinde nur im Rahmen des ihr Möglichen, d.h. im Rahmen dessen, was ihre Gemeindeverwaltung zu leisten vermag. Für die Gemeinde besteht daher keine Rechtspflicht, darüber hinaus Stellungnahmen oder Gutachten bei Dritten, die über besondere Fachkenntnisse verfügen, einzuholen.

5.11 Öffentlich-rechtlicher Vertrag

614 Liegen die rechtlichen Voraussetzungen für die Anordnung eines städtebaulichen Gebotes i.S. der §§ 175 bis 179 BauGB oder der Aufhebung eines Miet- oder Pachtverhältnisses i.S. der §§ 182 bis 185 BauGB vor, kann die Gemeinde diesen Verwaltungsakt durch einen öffentlich-rechtlichen Vertrag mit dem betroffenen Eigentümer, Mieter oder Pächter ersetzen. Die in Betracht kommenden Personen haben aber keinen Anspruch gegen die Gemeinde auf Abschluss eines solchen Vertrages. Ein solcher Vertrag ist öffentlich-rechtlich, weil er Verpflichtungen aus dem BauGB, das Teil des öffentlichen Rechtes ist, regelt. Der Vertrag bedarf der Schriftform, vgl. § 54 VwVfG. Bei Streitigkeiten über einen solchen Vertrag entscheiden nach § 40 Abs. 1 Verwaltungsgerichtsordnung wie bei einem städtebaulichen Gebot die Verwaltungsgerichte. In dem Vertrag ist die Verpflichtung des Eigentümers, Mieters oder Pächters, die sich aus den genannten Bestimmungen des BauGB ergibt, genau zu umschreiben. Des Weiteren ist zu regeln, ob und welche Entschädigungen die Gemeinde zu leisten hat. Dies gilt auch gegebenenfalls bei Mietern und Pächtern für die Gewährung eines Härteausgleiches nach § 181 BauGB. In einem derartigen Vertrag darf die Gemeinde keine höhere Entschädigung vereinbaren, als sie im Falle einer Anordnung zu leisten hätte.

615 Der Abschluss eines solchen Vertrages kann für die Betroffenen gegenüber der Gebotsanordnung mit Vorteilen verbunden sein. So ist es möglich, vertraglich die

Anordnung

von der Gemeinde zu leistenden Entschädigungen und die Gewährung von Abschlagszahlungen schon während der Durchführung der Maßnahme zu regeln. Diese Möglichkeit hat insbesondere für den Abschluss von Modernisierungs- und Instandsetzungsverträgen eine große Bedeutung. So können in einem solchen Vertrag ein vorläufiger Kostenerstattungsbetrag und seine Auszahlung entsprechend dem Baufortschritt vereinbart werden. Ferner kann die Gemeinde mit dem Eigentümer aufgrund von § 177 Abs. 4 Satz 4 BauGB einen Kostenerstattungsbetrag in Form einer Kostenpauschale vereinbaren. In der Sanierungspraxis sind Modernisierungs- und Instandsetzungsverträge üblich. § 164a Abs. 3 Satz 2 BauGB lässt die Verwendung von Städtebauförderungsmitteln für vertraglich vereinbarte Modernisierungs- und Instandsetzungsmaßnahmen zu, die baulich über den Rahmen des § 177 BauGB hinaus reichen, also insoweit nicht anordnungsfähig sind.

5.12 Anordnung

5.12.1 Anordnungsbescheid

Ob die Gemeinde ein städtebauliches Gebot anordnet, liegt in ihrem Ermessen. In förmlich festgelegten Sanierungsgebieten und Entwicklungsbereichen kann sich aus dem Gebot der Gewährleistung der Durchführung allerdings im Einzelfall eine Verpflichtung zur Gebotsanordnung ergeben. Bei der Anordnung eines städtebaulichen Gebotes i.S. der §§ 175 bis 179 BauGB handelt es sich um einen an den Eigentümer des betreffenden Grundstücks gerichteten Verwaltungsakt der Gemeinde, vgl. § 35 VwVfG. Ein Wechsel des Eigentümers nach der Gebotsanordnung berührt deren Rechtmäßigkeit nicht, weil es sich um einen Verwaltungsakt handelt, bei dem die persönlichen Verhältnisse des Eigentümers ohne Bedeutung sind. Bei ungeklärten Eigentumsverhältnissen ist der Verfügungsberechtigte verpflichtet, die Maßnahme durchzuführen oder zu dulden. Der Verwaltungsakt muss in schriftlicher Form, d.h. als Bescheid ergehen, obwohl § 179 BauGB für das Abbruchgebot im Gegensatz zu den §§ 176 Abs. 1, 177 Abs. 1 Satz 2 und 178 BauGB keinen Bescheid vorschreibt. 616

Der Bescheid muss umschreiben, welche Maßnahmen der Grundeigentümer auf seinem Grundstück durchzuführen oder im Falle des Abbruchgebotes zu dulden hat. Ferner hat die Gemeinde dem Eigentümer eine Frist für die Durchführung der angeordneten Maßnahme zu setzen. Diese Frist muss im Verhältnis zum Umfang der Maßnahme angemessen sein. Dem Eigentümer, der sich als Bauherr betätigen soll, ist eine ausreichende Frist für die Planung, Finanzierung und Durchführung des Vorhabens einzuräumen. Der Anordnungsbescheid muss in seiner Begründung darlegen, warum entsprechend § 175 Abs. 2 Halbsatz 1 BauGB die alsbaldige Durchführung der angeordneten Maßnahmen aus städtebaulichen Gründen erforderlich ist. Diese Gründe sind anzugeben. Die Gemeinde ist verpflichtet, in der Begründung darzulegen, welche Ermessenserwägungen bei ihrer Entscheidung maßgeblich waren, vgl. BVerwG 15.2.1990 DVBl. 1990, 576. Des Weiteren muss die 617

Gemeinde angeben, zu welchem Ergebnis die Erörterung und Beratung nach § 175 Abs. 1 BauGB geführt hat.

5.12.2 Bestimmtheit der Anordnung

618   Der Anordnungsbescheid muss einerseits inhaltlich hinreichend bestimmt sein, vgl. § 37 Abs. 1 VwVfG, darf aber andererseits nicht den Gestaltungsspielraum des Eigentümers und Bauherren einschränken. Wie der Eigentümer seine Verpflichtung erfüllt ist seine Angelegenheit. Er entscheidet über die Ausführungsmittel. In diesem Zusammenhang ist zu beachten, dass das Bau- aber auch das Modernisierungs- und Instandsetzungsgebot, soweit erforderlich, eine Reihe von Handlungspflichten miteinschließen, die nicht von der Gemeinde besonders im Anordnungsbescheid erwähnt werden müssen. Hierzu gehören die Beauftragung eines Architekten, die Beschaffung der Finanzierungsmittel, die Vergabe der Bauaufträge und die Einreichung des Bauantrages bei der Genehmigungsbehörde. Erst hierdurch wird das Vorhaben, soweit es nach der Landesbauordnung genehmigungspflichtig ist, letztlich konkretisiert. Insofern darf der Grundsatz der Bestimmtheit bei der Anordnung eines Bau- oder Modernisierungs- und Instandsetzungsgebotes nicht überspannt werden, vgl. BVerwG 15. 2. 1990 DVBl. 1990, 576.

619   Während die Gemeinde beim Modernisierungsgebot die zu beseitigenden Missstände und beim Instandsetzungsgebot die zu behebenden Mängel im Anordnungsbescheid nennen muss, kann sie beim Baugebot den Inhalt der Handlungspflicht aus planungsrechtlichen Gründen i.d.R. nicht so genau festlegen. Der Eigentümer als Adressat eines Baugebotes ist planungsrechtlich einem Eigentümer, der sein Grundstück freiwillig bebaut, völlig gleichgestellt. Er kann daher die planungsrechtlich zulässigen Möglichkeiten der Nutzung seines Grundstücks z.B. im Hinblick auf die Art und das Maß der baulichen Nutzung sowie die Bauweise voll ausschöpfen. Die Gemeinde kann aber das Baugebot mit rechtlich unverbindlichen Hinweisen für eine planungsrechtlich zulässige Nutzung des Grundstücks versehen. Hierbei darf sie auch beispielhaft erläutern, wie das städtebaulich erforderliche Vorhaben im Rahmen der anzuwendenden baurechtlichen Vorschriften gestaltet werden kann.

5.13 Durchsetzung der Gebotsanordnung

620   Bei der verwaltungsmäßigen Durchsetzung eines Abbruchgebotes, einer Maßnahme der Gemeinde, die der Eigentümer lediglich auf seinem Grundstück zu dulden hat, gibt es keine besonderen Rechtsprobleme. Auch hinsichtlich der übrigen städtebaulichen Gebote, die Handlungspflichten des Eigentümers auf seinem Grundstück begründen, besteht kein Zweifel, dass sie durchgesetzt werden können. Die Anordnung eines städtebaulichen Gebotes hat nicht allein die Bedeutung eines Appells der Gemeinde an den Eigentümer, sich mit ihr zu verständigen. Sondern der dem Gebot entgegenstehende Wille des Eigentümers soll, wenn sich keine einvernehmliche Regelung erreichen lässt, gebrochen werden können, vgl. BVerwG

Enteignung

11.4.1991 DÖV 1991, 890. Der Vollzug setzt ein unanfechtbares städtebauliches Gebot voraus. Hierfür ist bei einem Bescheid mit Rechtsbehelfsbelehrung § 74 VwGO und bei einem Bescheid ohne Rechtsbehelfsbelehrung § 58 Abs. 2 VwGO maßgeblich. D.h. ein Bescheid mit Rechtsbehelfsbelehrung wird nach einem Monat, wenn kein Widerspruch eingelegt wird, unanfechtbar. Ein Bescheid ohne Rechtsbehelfsbelehrung wird erst nach einem Jahr unanfechtbar. Es sei denn, der Adressat des Bescheides erhebt innerhalb der jeweils geltenden Frist eine Anfechtungsklage i.S. von § 42 VwGO vor dem zuständigen Verwaltungsgericht. Dem Vollzugsrecht ist die Erzwingung von Handlungen durch bestimmte Personen geläufig. Hierzu gehört z.B. die Beseitigung baurechtswidriger Zustände durch den Eigentümer einer baulichen Anlage.

Der Vollzug eines unanfechtbaren städtebaulichen Gebotes richtet sich nach den Verwaltungsvollstreckungsgesetzen der Länder. Ein noch anfechtbares Gebot kann dagegen unter den besonderen und zu begründenden Voraussetzungen des § 80 Abs. 2 Nr. 4 VwGO von der Gemeinde für vorläufig vollziehbar erklärt werden. Als Zwangsmittel kommen nach vorheriger schriftlicher Androhung die Festsetzung eines Zwangsgeldes oder die Anordnung der Ersatzvornahme in Betracht. Ersatzvornahme bedeutet, die Gemeinde oder ihre Beauftragten führen die angeordnete Maßnahme selbst durch. Hierbei büßt der Eigentümer notgedrungen den Gestaltungsspielraum ein, den er bei der Selbstausführung gehabt hätte. Bei der Ersatzvornahme muss die Gemeinde die möglicherweise erheblichen Kosten der städtebaulich erforderlichen Maßnahme vorfinanzieren. Es besteht aber die Möglichkeit, dass sie diese Kosten durch Eintragung einer Zwangshypothek sichert. *621*

Das Bundesverwaltungsgericht hat Zweifel, ob ein Baugebot angesichts der großen Gestaltungsmöglichkeiten des Vorhabens im Wege der Ersatzvornahme durchgesetzt werden kann, vgl. BVerwG 15.2.1990 DVBl. 1990, 576 mit Anmerkung Köhler.

5.14 Enteignung

In vielen Fällen, in denen das städtebauliche Erfordernis für eine Gebotsanordnung gemäß § 175 Abs. 2 BauGB vorliegt, wird zugleich das Wohl der Allgemeinheit eine Enteignung i.S. von § 87 Abs. 1 BauGB erfordern. Hierbei ist an besonders wichtige städtebauliche Maßnahmen zu denken, insbesondere an bauliche Maßnahmen, die für die Durchführung von städtebaulichen Sanierungs- oder Entwicklungsmaßnahmen eine maßgebliche Bedeutung haben. Dies ist der Fall, wenn die betreffenden Einzelmaßnahmen für die Sanierung des Gebietes oder die Entwicklung des Bereiches eine herausgehobene Bedeutung haben, weil sich z.B. ohne ihre Durchführung die Gesamtmaßnahme erheblich verzögert oder gar gefährdet ist. Unter den zulässigen Enteignungszwecken nennt § 85 Abs. 1 Nr. 5 BauGB die Zuführung von Grundstücken zu einer baulichen Nutzung, wenn der Eigentümer seiner Verpflichtung aus einem Baugebot im Bereich eines Bebauungsplanes nicht nachkommt. Auch bestimmt § 87 Abs. 4 BauGB, dass die Zulässigkeit der Enteig- *622* nung durch die Vorschriften des Dritten Teils des Zweiten Kapitels, das sind die Regelungen über die Erhaltungssatzung und die städtebaulichen Gebote, nicht berührt wird. Bei der Anordnung eines Baugebotes handelt es sich im Verhältnis zur Enteignung um einen geringeren Eingriff in das Eigentumsrecht.

623 Das Baugebot nimmt dem Eigentümer nur die Freiheit, sein Grundstück nicht zu bebauen. Nach dem Grundsatz des geringstmöglichen Eingriffes, der als Teil des Gebotes der Rechtsstaatlichkeit Verfassungsrang hat, müsste die Gemeinde auch in Fällen, in denen die Voraussetzungen für eine Enteignung vorliegen, zunächst das Baugebot anordnen. Danach würde § 176 BauGB zu einem Instrument der Verzögerung der Enteignung in Fällen, in denen seine Durchsetzung mit großen Schwierigkeiten verbunden ist. Dieses Gesetzesverständnis würde aber nicht die rechtliche Eigenständigkeit der Regelungen über die städtebaulichen Gebote berücksichtigen. Um bei der Durchsetzung von Baugeboten unnötige Verzögerungen zu vermeiden, hat der Gesetzgeber in § 176 Abs. 7 bis 9 BauGB den Wechsel vom Baugebot zur Enteignung erleichtert. Nach § 176 Abs. 7 BauGB kann die Gemeinde (d.h. ob sie das tut, liegt in ihrem Ermessen) in dem Anordnungsbescheid den Eigentümer zugleich durch ein so genanntes Bauantragsgebot verpflichten, innerhalb einer bestimmten angemessenen Frist den für die angeordnete bauliche Nutzung des Grundstücks erforderlichen Antrag auf Erteilung der bauaufsichtlichen Genehmigung zu stellen.

624 Kommt der Eigentümer dieser Verpflichtung nicht nach, so kann die Gemeinde, nachdem sie erfolglos gegen ihn das Verwaltungsvollzugsverfahren durchgeführt hat, nach § 85 Abs. 1 Nr. 5 BauGB vor Ablauf der in § 176 BauGB genannten Frist das Enteignungsverfahren einleiten. Diese Frist bezieht sich auf den im Baugebot von der Gemeinde zu bestimmenden Zeitraum für die Verwirklichung des Vorhabens durch den Eigentümer des Grundstückes. Die Gemeinde braucht daher diese Frist nicht verstreichen zu lassen, um einen Enteignungsantrag stellen zu können. Sondern es reicht aus, dass der Eigentümer auch nach Anordnung des Zwangsgeldes den erforderlichen Bauantrag nicht gestellt hat. Durch § 176 Abs. 8 BauGB wird somit der Verfahrensablauf verkürzt. Aufgrund der enteignungsrechtlichen Vorschrift des § 176 Abs. 9 Satz 1 Halbsatz 1 BauGB ist im Enteignungsverfahren nicht zu prüfen, ob die Voraussetzungen für die Anordnung des Baugebotes vorliegen. Sondern die Enteignungsbehörde hat von einem unanfechtbaren Baugebot auszugehen. An dessen feststellende Wirkung sind insoweit Gerichte und Behörden gebunden. Das bedeutet im Ergebnis, die Berechtigung der Gemeinde nach § 176 Abs. 7 BauGB, das Bauantragsgebot anzuordnen, darf nicht in Frage gestellt werden. § 176 Abs. 9 Satz 1 Halbsatz 2 BauGB stellt aber ausdrücklich klar, dass hieraus nichts über das Vorliegen der Enteignungsvoraussetzungen abzuleiten ist.

625 § 176 Abs. 9 Satz 2 BauGB enthält eine besondere Entschädigungsregelung für das Enteignungsverfahren. Bei der Bemessung der Entschädigung werden solche Werterhöhungen des Grundstücks nicht berücksichtigt, die nach der Unanfechtbarkeit des Anordnungsbescheides eingetreten sind. Dem Eigentümer sollen insoweit gegebenenfalls aus der Nichtbeachtung des Baugebotes keine materiellen Vorteile

erwachsen. Hiervon nimmt das Gesetz lediglich Werterhöhungen aus, die der Eigentümer durch eigene Aufwendungen, z.B. den Einsatz von Kapital oder Arbeitskraft, zulässigerweise, d.h. ohne Verstoß gegen Rechtsvorschriften bewirkt hat.

§ 236 Abs. 1 BauGB enthält eine Übergangsvorschrift für unanfechtbare Baugebote, die nach dem 31. Mai 1987, d.h. nach dem Inkrafttreten des BauGB-MaßnahmenG angeordnet worden sind. In diesen Fällen ist § 176 Abs. 9 BauGB bei Enteignungsverfahren nach § 85 Abs. 1 Nr. 5 BauGB ebenfalls anzuwenden, wenn der Eigentümer die Verpflichtung aus dem Baugebot nicht erfüllt hat.

6. Städtebauförderung

6.1 Grundsätze

Die Vorbereitung und Durchführung städtebaulicher Sanierungs- und Entwicklungsmaßnahmen ist für die Gemeinden mit erheblichen Kosten verbunden. Sie tragen insoweit die Kosten der Vorbereitung der Sanierungs- oder Entwicklungsmaßnahme und der Ordnungsmaßnahmen, als sie die Kosten für ihre sanierungs- oder entwicklungsbedingten eigenen Baumaßnahmen aufbringen und sanierungs- oder entwicklungsbedingte Entschädigungsansprüche Dritter begleichen müssen. Beim Inkrafttreten des Städtebauförderungsgesetzes ist der Gesetzgeber davon ausgegangen, dass die Gemeinden diese Kosten nicht alleine tragen können und sich deswegen Bund und Länder an der Deckung dieser Kosten beteiligen müssen. Insofern bestand auch ein Anlass, die Verwendung der Mittel in einem bestimmten Rahmen gesetzlich zu regeln. In das StBauFG wurden daher einige Bestimmungen über die Städtebauförderung, insbesondere die Verwendung der Städtebauförderungsmittel durch die Gemeinden, aufgenommen.

626

Förderrechtliche Bestimmungen sind auf Wunsch der Länder nicht unmittelbar in das BauGB übernommen worden. Die Länder wollten 1985 bei der Neuregelung des Städtebaurechtes durch das BauGB die Beteiligung des Bundes an der Gemeinschaftsfinanzierung Städtebauförderung beenden, um finanziell einen größeren Gestaltungsraum zu erhalten. Aus diesem Grunde wurde die in § 245 Abs. 11 BauGB a.F. enthaltene Regelung in das Gesetz aufgenommen. Die dort in Satz 1 genannten Vorschriften des ehemaligen StBauFG bestimmten, für welche Kosten und in welcher Form die Städtebauförderungsmittel durch die Gemeinde verwendet werden durften. Sie galten gemäß § 245 Abs. 11 Satz 2 BauGB a.F. für die Fördermittel des Bundes weiter. Das BauROG 1998 hat diese Regelung aufgehoben und durch die neuen §§ 164a und 164b ersetzt, da es nicht zu der ursprünglich von den Ländern angestrebten Entflechtung der Städtebauförderung als Gemeinschaftsfinanzierung von Bund und Ländern gekommen ist. Die in § 245 Abs. 11 Satz 2 BauGB a.F. genannten Bestimmungen des ehemaligen StBauFG haben insoweit noch Bedeutung als die „Vereinbarung über die Gewährung von Finanzhilfen des Bundes an die Länder nach Artikel 104a Absatz 4 des Grundgesetzes zur Förderung städtebaulicher Maßnahmen (VV-Städtebauförderung 2004)" hierauf zum Teil noch Bezug nimmt.

627

6.2 Gemeinschaftsfinanzierung

6.2.1 Verfassungsrechtliche Grundlage

Die Städtebauförderung ist eine Gemeinschaftsfinanzierung von Bund, Ländern und Gemeinden zur Deckung der den Gemeinden bei der Vorbereitung und

628

Durchführung städtebaulicher Sanierungs- und Entwicklungsmaßnahmen entstehenden Kosten. Die Beteiligung des Bundes an dieser Gemeinschaftsfinanzierung hat ihre verfassungsrechtliche Grundlage in dem 1969 im Rahmen der Finanzreform in das Grundgesetz eingefügten Artikel 104 a Abs. 4. Die Bestimmung hat folgenden Wortlaut:

„Der Bund kann den Ländern Finanzhilfen für besonders bedeutsame Investitionen der Länder und Gemeinden (Gemeindeverbände) gewähren, die zur Abwehr einer Störung des gesamtwirtschaftlichen Gleichgewichts oder zum Ausgleich unterschiedlicher Wirtschaftskraft im Bundesgebiet oder zur Förderung des wirtschaftlichen Wachstums erforderlich sind. Das Nähere, insbesondere die Arten der zu fördernden Investitionen, wird durch Bundesgesetz, das der Zustimmung des Bundesrates bedarf, oder auf Grund des Bundeshaushaltsgesetzes durch Verwaltungsvereinbarung geregelt."

Danach gilt verfassungsrechtlich Folgendes: Der Bund ist zu einer Mitfinanzierung ermächtigt, aber nicht verpflichtet. Schon beim Inkrafttreten des Städtebauförderungsgesetzes im Jahre 1971 ist man aber allgemein davon ausgegangen, dass eine Beteiligung des Bundes an der Finanzierung wegen der Höhe der zu erwartenden Kosten zwingend erforderlich ist. Hierin liegt bis heute die Rechtfertigung für die Beteiligung des Bundes an der Finanzierung dieser gemeindlichen Aufgabe.

629 Die Mittel dürfen nur für besonders bedeutsame Investitionen verwendet werden, die wichtigen wirtschaftspolitischen Zielen dienen. Diese Voraussetzungen liegen bei der Verwendung der Finanzhilfen für die Deckung der bei der Vorbereitung und Durchführung von städtebaulichen Sanierungs- und Entwicklungsmaßnahmen entstehenden Kosten vor. Entschließt sich der Bund zur Mitfinanzierung, sind die Bundesfinanzhilfen den Ländern zu gewähren. Sie laufen über die Landeshaushalte und wandeln sich hierdurch in Landesmittel. Mit Ausnahme des in Artikel 106 Abs. 8 Grundgesetz geregelten Falles bestehen zwischen Bund und Gemeinden allgemein keine unmittelbaren Finanzbeziehungen. Der Bund darf die Gewährung seiner Finanzhilfen nicht an bestimmte Bedingungen knüpfen, die darauf zielen, beim Einsatz dieser Mittel die Planungs- und Gestaltungsfreiheit der Länder außerhalb der Grenzen des Artikels 104 a Abs. 4 GG an bestimmte bundespolitische Interessen und Absichten zu binden, vgl. BVerfG 4. 3. 1975 E 39, 96. Die Befugnis des Bundes zur Mitfinanzierung aus Art. 104 a Abs. 4 GG ist kein Instrument der Investitionssteuerung zur Durchsetzung bestimmter politischer Ziele des Bundes in den Ländern. Soweit die Länder die Finanzhilfen für Investitionen in den Gemeinden zur Verfügung stellen, ist es dem Bund daher verwehrt, unmittelbar mit den Gemeinden in Verbindung zu treten und auf die Verwendung der Mittel im Einzelnen Einfluss zu nehmen.

6.2.2 Gesetzliche Grundlage

630 Im Vergleich zu den förderrechtlichen Bestimmungen des früheren Städtebauförderungsgesetzes enthalten die neu in das BauGB eingefügten §§ 164 a und

Gemeinschaftsfinanzierung

164 b nur wenige Regelungen. Wichtige Grundsätze der Städtebauförderung, wie z.B. das Subsidiaritätsprinzip bei der Verwendung der Städtebaufördermittel hat das Gesetz nicht übernommen. Insoweit kommt den Verwaltungsvereinbarungen i.S. von Art. 104 a Abs. 4 Satz 2 GG auf die § 164 b Abs. 1 BauGB verweist, künftig noch größere Bedeutung zu. Nach § 164 b Abs. 1 Satz 2 BauGB ist der Maßstab der Verteilung der Finanzhilfen an die Länder sowie das Nähere für den Einsatz der Finanzhilfen durch Vereinbarung zwischen Bund und Ländern festzulegen. Die §§ 164 a und 164 b BauGB beziehen sich nach ihrem Wortlaut ausschließlich auf Sanierungsmaßnahmen. Aufgrund von § 169 Abs. 1 Nr. 9 BauGB sind sie jedoch im städtebaulichen Entwicklungsbereich entsprechend anzuwenden.

6.2.3 Verwaltungsabkommen zwischen Bund und Ländern

Nach § 164 b Abs. 1 BauGB kann der Bund den Ländern nach Maßgabe des jeweiligen Haushaltsgesetzes zur Förderung städtebaulicher Sanierungsmaßnahmen Finanzhilfen für Investitionen der Gemeinde gewähren, d.h. er ist gesetzlich hierzu nicht verpflichtet. Die Verwaltungsvereinbarungen teilen die vom Bund zur Verfügung gestellten Finanzhilfen nach einem bestimmten Schlüssel für die einzelnen Länder auf. Der Bund stellt hierbei den neuen Bundesländern aufgrund des großen Nachholbedarfes bei der Altstadtsanierung sehr viel höhere Beträge zur Verfügung. Der Bund beteiligt sich an jeder Sanierungs- und Entwicklungsmaßnahme als Gesamtmaßnahme mit einem Anteil von einem Drittel. Die restlichen zwei Drittel müssen daher zusammen von dem Land und der betreffenden Gemeinde aufgebracht werden. Hierbei muss es sich nicht um gleiche Anteile handeln. Gegenstand der Förderung sind ausschließlich städtebauliche Gesamtmaßnahmen i.S. der §§ 136 bis 171e BauGB sowie die städtebauliche Denkmalpflege. Die Bundesfinanzhilfen dürfen für Modernisierungs- und Instandsetzungsmaßnahmen nur nach Maßgabe von § 177 Abs. 4 und 5 BauGB verwendet werden.

631

Es werden nur solche Gesamtmaßnahmen gefördert, die von dem jeweiligen Land in ein jährlich aufzustellendes Landesprogramm aufgenommen worden sind. Der Bund fasst die einzelnen Landesprogramme zu einem Bundesprogramm zusammen. Das Programm besteht aus den bereits geförderten Gesamtmaßnahmen (Fortsetzungsmaßnahmen) und den neu aufgenommenen städtebaulichen Sanierungs- und Entwicklungsmaßnahmen. Der Bund ist berechtigt, solche Maßnahmen nicht in das Bundesprogramm aufzunehmen, die nicht zur Verwirklichung der mit den Finanzhilfen angestrebten Ziele des Artikels 104 a Abs. 4 Satz 1 GG beitragen. Die Länder sind verpflichtet, dem Bund, das bedeutet, in der Praxis dem Bundesministerium für Raumordnung, Bauwesen und Städtebau, jeweils bis zum 15. November des Jahres ihr Landesprogramm einschließlich der erforderlichen Begleitinformationen zu übersenden. Anschließend wird das Bundesprogramm für das nächste Jahr aufgestellt (Programmjahr). Die Bundesfinanzhilfen sind von den Gemeinden grundsätzlich nur zur Deckung von Kosten zu verwenden, die nach dem 1. Januar des jeweiligen Programmjahres entstanden sind. Die Länder dürfen jedoch in Abweichung hiervon bereits im Vorjahr entstandene Kosten für förde-

632

rungsfähig erklären. Diese Vorjahreskosten dürfen aber einen Anteil in Höhe von 15 % der dem Land für das vorhergehende Jahr zugeteilten Bundesfinanzhilfen nicht übersteigen.

633 Die Länder bewilligen den Gemeinden die Bundesfinanzhilfen für die einzelnen städtebaulichen Sanierungs- und Entwicklungsmaßnahmen. In der Praxis bewilligen die Länder diese Finanzhilfen zusammen mit ihren eigenen Fördermitteln. Die Länder sind aufgrund der Verwaltungsabkommen verpflichtet, in den Bewilligungsbescheiden zum Ausdruck zu bringen, inwieweit die Förderung auf Finanzhilfen des Bundes beruht. Zugleich ist in der VV-Städtebauförderung geregelt, dass die Bundesfinanzhilfen von den Ländern zu den gleichen Bedingungen den Gemeinden bewilligt werden müssen wie die ergänzenden Fördermittel der Länder. Ferner dürfen die Bundesfinanzhilfen nicht zeitlich anteilsmäßig vor den Fördermitteln des Landes eingesetzt werden. Im Ergebnis dürfen die Gemeinden die ihnen bewilligten Bundes- und Landesfinanzhilfen und ihre erforderlichen ergänzenden Mittel aus den eigenen Haushalten immer nur zusammen, d. h. als Städtebauförderungsmittel zur Deckung der förderungsfähigen Kosten verwenden.

634 Die Finanzhilfen des Bundes und der Länder für städtebauliche Sanierungs- und Entwicklungsmaßnahmen werden den Gemeinden weder als Zuschüsse noch als Darlehen, sondern als sogenannte Vorauszahlungen zur Verfügung gestellt. Erst aufgrund einer Abrechnung, die sich auf die jeweilige städtebauliche Gesamtmaßnahme bezieht, wird entschieden, ob die Finanzhilfen den Gemeinden als Zuschuss oder Darlehen gewährt werden. Bis zu diesem Zeitpunkt bleiben die Vorauszahlungen zins- und tilgungsfrei, vgl. auch unten Rnr. 666ff. Die Verwaltungsvereinbarungen enthalten hierzu ergänzend wichtige Grundsätze über die Abrechnung der Vorauszahlungen, die für die Fördervorschriften der Länder maßgebend sind, vgl. unten Rnr. 698ff.

635 Die Länder sind berechtigt, einer Gemeinde bereits zugeteilte Bundesfinanzhilfen, die von dort nicht in Anspruch genommen werden, für eine im Bundesprogramm enthaltene Sanierungs- oder Entwicklungsmaßnahme einer anderen Gemeinde einzusetzen (Umschichtung). Die Länder sind verpflichtet, dem Bund formularmäßig die zweckentsprechende Verwendung der Bundesfinanzhilfen nachzuweisen. Die Prüfung der den Ländern zugeteilten Bundesfinanzhilfen wird aber nicht vom Bundesrechnungshof, sondern von den obersten Rechnungsprüfungsbehörden der Länder vorgenommen.

636 In der Vergangenheit hat sich der Bund in der Städtebauförderung als der Schrittmacher der Finanzierung erwiesen. Ohne die Beteiligung des Bundes an dieser Gemeinschaftsfinanzierung gäbe es in den meisten Bundesländern keine Städtebauförderung. Da die Bundesfinanzhilfen nur im Zusammenhang mit den ergänzenden Mitteln der Länder verwendet werden dürfen, gelten die in den Verwaltungsabkommen geregelten Grundsätze für die Bundesfinanzhilfen im Ergebnis auch für die Landes- und in der Praxis der Länder zugleich für Gemeinde-

Förderrichtlinien der Länder

mittel. Insoweit sind diese vertraglichen Bestimmungen für das System der Städtebauförderung maßgebend.

Vor allem wegen der unterschiedlichen Höhe der Bundesfinanzhilfen in den einzelnen Bundeshaushalten wird die VV-Städtebauförderung jährlich neu abgeschlossen. Die dort vereinbarten Fördergrundsätze haben sich jedoch als grundsätzlich gleich bleibend erwiesen.

In der Praxis sind aber die Länder in Sachen Städtebauförderung die Ansprechpartner der Gemeinden. Sie beteiligen sich i.d.R. wie der Bund in Höhe von einem Drittel der Kosten der einzelnen städtebaulichen Gesamtmaßnahmen. Bei einigen Ländern hängt der Anteil dagegen von der Finanzkraft der jeweiligen Gemeinde ab. Bei anderen Ländern ist der Anteil des Landes allgemein höher als ein Drittel. Den Ländern obliegt ferner die Aufsicht über die Städtebauförderung. Sie regeln die Kriterien für die Vergabe der Bundes- und Landesfinanzhilfen. Hierbei sind sie befugt, den gesetzlichen Förderrahmen einzuschränken und bestimmte Arten von Einzelmaßnahmen, z.B. Betriebsverlagerungen oder etwa den Grunderwerb von der Förderung auszuschließen, vgl. Köhler in Schrödter, § 164a Rdn. 7. Durch die Aufstellung ihrer Förderprogramme entscheiden die Länder, welche Gemeinden Bundes- und Landesfinanzhilfen für bestimmte städtebauliche Sanierungs- und Entwicklungsmaßnahmen erhalten. Die Gemeinden haben gegenüber den Ländern keinen Rechtsanspruch auf die Bewilligung der Finanzhilfen. Die Gemeinden müssen die Finanzierungen der einzelnen städtebaulichen Gesamtmaßnahmen gegenüber der zuständigen Stelle des Landes abrechnen.

637

6.3 Förderrichtlinien der Länder

Die Verwaltungsabkommen zwischen Bund und Ländern haben für die Gemeinden keine unmittelbare rechtliche Bedeutung. Maßgebend sind für sie die jeweiligen Förderrichtlinien der Länder. Die Förderrichtlinien müssen, soweit sie sich auf Bundesfinanzhilfen beziehen, den Rahmen der §§ 164a und 164b BauGB und der Bund-Länder-Verwaltungsabkommen beachten. Sie bestimmen unter welchen Voraussetzungen Gemeinden Bundes- und Landesfinanzhilfen erhalten können und dürfen aus sachlichen, willkürfreien Gründen jederzeit geändert werden, vgl. BVerwG 8.4.1997 DÖV 1997, 732.

638

Neben den weiter anzuwendenden Bestimmungen des Städtebauförderungsgesetzes und der Verwaltungsvereinbarung hat das Landeshaushaltsrecht für die Städtebauförderung Bedeutung. Die Förderrichtlinien des Landes können die vorläufigen Verwaltungsvorschriften zu § 44 Landeshaushaltsordnung (Vorl. VV-LHO) für anwendbar erklären. Dies gilt auch für die eingeführten baufachlichen Ergänzungsbestimmungen zu den Vorl. VV-LHO und zu den vorläufigen Verwaltungsvorschriften für Gebietskörperschaften (ZBauL). Angesichts des relativ groben Rasters der Vorschriften des BauGB hat die Ausgestaltung der Förderrichtlinien durch die einzelnen Länder für die Finanzierung der städtebaulichen

639

Städtebauförderung

Sanierungs- und Entwicklungsmaßnahmen in den Gemeinden besondere Bedeutung.

640   Die Fachkommission Städtebauliche Erneuerung der ARGEBAU hat 1999 Musterförderungsbestimmungen für die Länder beschlossen. Dennoch weichen deren Förderrichtlinien im Einzelnen erheblich voneinander ab. Jedoch handelt es sich bei der Städtebauförderung allgemein um ein in sich geschlossenes Finanzierungssystem. Gegenstand der Förderung ist die jeweilige Sanierungs- und Entwicklungsmaßnahme, die als Gesamtmaßnahme zahlreiche Einzelmaßnahmen umfasst und die als solche auch abzurechnen ist. Wegen der Kostenbeteiligung der Gemeinden sind Städtebauförderungsmittel im Ergebnis die jeweils zur Verfügung stehenden Bundes- und Landesfinanzhilfen einschließlich der erforderlichen Ergänzungsmittel der Gemeinden.

6.4 Gegenstand der Städtebauförderung

6.4.1 Gesamtmaßnahmen

641   Gegenstand der Städtebauförderung ist entsprechend § 164a Abs. 1 Satz 1 BauGB die jeweilige städtebauliche Sanierungs- oder Entwicklungsmaßnahme als gebietsbezogene Gesamtmaßnahme, die zahlreiche Einzelmaßnahmen umfasst, vgl. hierzu oben Rnr. 47ff., und als solche auch insgesamt abzurechnen ist. Einnahmen aus der Durchführung der jeweiligen Gesamtmaßnahme sind bis zu ihrem Abschluss für ihre weitere Finanzierung zu verwenden. Durch den Gebietsbezug unterscheidet sich die Städtebauförderung wesentlich von anderen staatlichen Förderprogrammen wie z.B. der Wohnungsbauförderung oder der Wirtschaftsförderung. Der Gebietsbezug der Städtebauförderung rechtfertigt es auch, sie als das umfassendere Förderprogramm im Einzelfall gegenüber anderen Förderprogrammen als nachrangig zurücktreten zu lassen. Da die jeweilige städtebauliche Gesamtmaßnahme Zuwendungsgegenstand der der Gemeinde zugewiesenen Bundes- und Landesfinanzierungshilfen ist, können hiermit die Kosten aller zur Gesamtmaßnahme gehörenden Einzelmaßnahmen gedeckt werden, soweit diese nach den Vorschriften des Landes förderungsfähig sind. Für Einzelmaßnahmen, die nicht Bestandteil der Gesamtmaßnahme sind, dürfen die Finanzhilfen dagegen nicht verwendet werden. Der Grundsatz der Förderung der städtebaulichen Gesamtmaßnahme lässt es zu, dass die fördernde Stelle bei bestimmten Einzelmaßnahmen, z.B. dem Bau eines Rathauses, die Höhe der zu verwendenden Städtebauförderungsmittel zahlenmäßig beschränkt.

642   Wesentlich für städtebauliche Sanierungs- und Entwicklungsmaßnahmen ist ihre zeitliche und räumliche Begrenzung. Sie beginnen mit ihrer Vorbereitung und finden ihren Abschluss nach ihrer Durchführung spätestens mit der Beendigung der Abwicklung nach Aufhebung der Sanierungs- oder Entwicklungssatzung. In diesem Rahmen ist es maßgebend, ob sie Bestandteil des Landesstädtebauförderungsprogrammes sind. Dies gilt auch für die räumliche Begrenzung der Sanierungs und Ent-

Gegenstand der Städtebauförderung

wicklungsmaßnahmen. Insbesondere bei der Abgrenzung haben Gemeinde und die für die Programmaufstellung zuständige Stelle des Landes in der Praxis oft sehr unterschiedliche Vorstellungen. Entscheidend ist hier, dass die Gemeinde keinen Rechtsanspruch auf die Gewährung von Finanzhilfen zur Deckung ihrer Sanierungs- oder Entwicklungskosten gegen das Land hat. Sie muss sich daher insoweit auch räumliche Einschränkungen für die Verwendung dieser Mittel gefallen lassen. Aus diesem Grund bedarf auch die Erweiterung des Gebietes einer städtebaulichen Gesamtmaßnahme einer Änderung des Landesstädtebauförderungsprogrammes. Eine städtebauliche Gesamtmaßnahme kann schon während der vorbereitenden Untersuchungen oder der Voruntersuchungen in das Programm aufgenommen werden.

Nach der förmlichen Festlegung eines Sanierungsgebietes können auch außerhalb dieses Satzungsgebietes folgende Einzelmaßnahmen und Flächen Bestandteil der Gesamtmaßnahme sein: *643*

– durch die Sanierung bedingte Erschließungsanlagen (§ 147 Abs. 1 Satz 3 BauGB) vgl. oben Rnr. 190,
– Ersatzbauten (Neubau und Modernisierungen/Instandsetzungen), Ersatzanlagen und durch die Sanierung bedingte Gemeinbedarfs- und Folgeeinrichtungen (§ 148 Abs. 1 Satz 1 Satz 2 BauGB),
– von der Gemeinde zu übernehmende Flächen eines land- oder forstwirtschaftlichen Betriebes sowie sonstiger Betriebe, die sowohl innerhalb als auch außerhalb des förmlich festgelegten Sanierungsgebietes liegen (§ 145 Abs. 5 Satz 2 BauGB),
– Flächen, die als Austausch- oder Ersatzland benötigt werden,
– Flächen, die als Ausgleichsflächen gemäß § 1a Abs. 3 BauGB benötigt werden.

6.4.2 Zuwendungszeitraum

Die städtebauliche Gesamtmaßnahme kann sich auf einen Zeitraum von mehr als zehn Jahren erstrecken. Der Zuwendungszeitraum beginnt i.d.R. mit dem 1. Januar des Jahres, in dem die jeweilige Gesamtmaßnahme in das Städtebauförderungsprogramm aufgenommen worden ist. Aufgrund des haushaltsrechtlichen Refinanzierungsverbotes dürfen Kosten der städtebaulichen Gesamtmaßnahme, die vor ihrer Aufnahme in das Programm entstanden sind, grundsätzlich nicht mit Städtebauförderungsmitteln gedeckt werden. Hiervon kann abgewichen werden, wenn die für die Programmaufstellung zuständige Stelle auf Antrag der Gemeinde vor Erteilung des Auftrages eine Ausnahme ausdrücklich zugelassen hat. Haushaltrechtlich wird diese Zustimmung als Genehmigung des vorzeitigen Baubeginns bezeichnet. Die Erteilung dieser Zustimmung bedeutet keine Zusage einer Aufnahme in das Programm und damit der Gewährung von Finanzhilfen. Die Bestimmung hat rechtlich ausschließlich die Bedeutung, dass der Gemeinde nach Aufnahme ihrer Gesamtmaßnahme in das Städtebauförderungsprogramm später nicht das Refinanzierungsverbot entgegengehalten werden kann. *644*

645 Die Einholung einer solchen Zustimmung kann für die Gemeinde z.B. sinnvoll sein, wenn sie die Gelegenheit hat, in dem künftigen Sanierungsgebiet zu günstigen Bedingungen Grundstücke zu erwerben. Sie kann dann nach Vorliegen der Zustimmung den Erwerb der Grundstücke mit eigenen oder fremden Mitteln vorfinanzieren und sich nach der Programmaufnahme mit Städtebauförderungsmitteln refinanzieren. Allgemein wird die Aufnahme einer städtebaulichen Gesamtmaßnahme nicht dadurch ausgeschlossen, dass die Gemeinde in dem vorgesehenen Gebiet schon vorher bestimmte Einzelmaßnahmen auf eigene Kosten oder mit Zuwendungen von dritter Seite begonnen hat. Die Durchführung derartiger Einzelmaßnahmen kann gegenüber der für die Programmaufstellung zuständigen Landesbehörde die Ernsthaftigkeit des Willens der Gemeinde zur städtebaulichen Sanierung oder Entwicklung unterstreichen. Darüber hinaus ist es der für die Programmaufstellung zuständigen Stelle unbenommen, von der Gemeinde vor der Aufnahme in das Städtebauförderungsprogramm die Erbringung bestimmter Vorleistungen auf eigene Kosten zu verlangen. So kann es aus dieser Sicht z.B. sachdienlich sein, wenn von der Gemeinde die Aufstellung eines städtebaulichen Rahmenplanes verlangt wird, um die Bedeutung der vorgesehenen Gesamtmaßnahme einschließlich der bei ihrer Durchführung zu erwartenden Kosten richtig einschätzen zu können.

646 Der Zuwendungszeitraum endet grundsätzlich mit der Aufhebung der Sanierungs- oder Entwicklungssatzung nach § 162 BauGB. Von diesem Zeitpunkt an können die Städtebauförderungsmittel nur noch für die Deckung solcher förderungsfähigen Kosten verwendet werden, die von der Gemeinde rechtsverbindlich bereits begründet worden oder von der für die Programmaufstellung zuständigen Stelle als abwicklungsbedingt anerkannt worden sind.

6.5 Förderungsverfahren

6.5.1 Städtebauförderungsprogramm

647 Das Landesstädtebauförderungsprogramm ist die Grundlage für die jährliche Bewilligung der Bundes- und Landesfinanzhilfen. Im Rahmen der Programmaufstellung wird nur einmal im Jahr über die vorliegenden Anträge der Gemeinden entschieden. Insofern stehen alle städtebaulichen Gesamtmaßnahmen der einzelnen Gemeinden einmal im Jahr in einem Wettbewerbsverhältnis. Bei der Aufstellung des Förderprogrammes hat die hierfür zuständige Stelle des Landes einen Handlungsspielraum. Die Beachtung des Gleichbehandlungsgrundsatzes verlangt hier nicht eine schematische Verteilung der Finanzhilfen. Erforderlich ist hingegen die Beachtung sachgerechter, d.h. willkürfreier Gesichtspunkte, vgl. OVG Lüneburg 17.12.1998 DÖV 1959, 564 und BVerwG 8.4.1997 E 104, 220. Die fördernde Stelle kann das Städtebauförderungsprogramm unter besonderen räumlichen Gesichtspunkten aufstellen. So können beispielsweise städtebauliche Gesamtmaßnahmen vorzugsweise in Landesteilen gefördert werden, deren wirtschaftliche Entwicklung hinter dem Landesdurchschnitt zurückgeblieben ist. Unter besonderen sachlichen Gesichtspunkten können dagegen die Finanzhilfen schwerpunktmäßig

Förderungsverfahren

für Gesamtmaßnahmen verwendet werden, die einen thematischen Schwerpunkt haben, wie z.B. die Erhaltung kulturhistorisch wichtiger Ortsteile.

§ 164 b Abs. 2 legt drei thematische Schwerpunkte für den Einsatz der den Ländern aufgrund der Verwaltungsvereinbarung gewährten Finanzhilfen fest. Die Regelung gilt nur für Sanierungsmaßnahmen i.S. von § 164 Abs. 1 BauGB, d.h. solche Maßnahmen an deren Finanzierung der Bund beteiligt ist. Laut § 169 Abs. 1 Nr. 9 BauGB ist sie im städtebaulichen Entwicklungsbereich entsprechend anzuwenden. § 164 Abs. 2 BauGB gilt hingegen nicht für besondere Städtebauförderungsprogramme von Bund und Ländern. Aufgrund der Regelung müssen hauptsächlich Gesamtmaßnahmen in das Förderprogramm aufgenommen werden, deren städtebauliche Zielsetzung mit den im Gesetz genannten Schwerpunkten übereinstimmt. Der Bundesgesetzgeber sieht hier die Hauptaufgaben der allgemeinen Städtebauförderung

648

(1) Nach § 164b Abs. 2 Nr. 1 soll die städtebauliche Funktion der Innenstädte und Ortsteilzentren gestärkt werden. Das Gesetz umschreibt diese Begriffe nicht, insofern besteht daher ein Beurteilungsspielraum der Gemeinden. Begrifflich bilden diese Bereiche den Gegensatz zu den Stadt- oder Ortsrandgebieten. Bei den Innenstädten und den Ortsteilzentren handelt es sich zumeist um Kerngebiete i.S. von § 7 BauNVO. Durch den Einsatz von Städtebauförderungsmitteln sollen sie in ihrer städtebaulichen Funktion gestärkt werden. Hiermit sind hauptsächlich die in § 7 BauNVO genannten Nutzungen gemeint. Vielfach kennzeichnen leerstehende Geschäftsräume die Sanierungsbedürftigkeit eines solchen Bereiches. Oftmals geht dieser Tatbestand auf Planungsfehler der Gemeinde zurück soweit sie am Stadtrand großzügig Bauflächen für den Einzelhandel ausgewiesen und hierdurch den innerstädtischen Einzelhandel einem Wettbewerb ausgesetzt hat, den er, z.B. mangels Stellplätzen für die Kunden nicht bestehen kann. Die Länder können daher die Bewilligung von Finanzhilfen an die Bedingung knüpfen, dass die Gemeinden Abstand von Planungen nehmen, die großflächige Einzelhandelsbetriebe i.S. von § 11 Abs. 3 BauNVO ausserhalb der Innenstädte zu lassen. Nach dem Gesetz soll bei der Stärkung der Funktionen der Innenstädte und Ortsteilzentren auch der Wohnungsbau besonders berücksichtigt werden. Hierbei knüpft § 164b Abs. 2 Nr. 1 BauGB an das sanierungsrechtliche Erfordernis der Verbesserung der Wohnverhältnisse gemäß § 136 Abs. 3 Nr. 1 BauGB an. Durch die besondere Berücksichtigung des Wohnungsbaues können die Gemeinden eine Verödung ihrer Innenstädte nach Geschäftsschluss entgegen wirken. Als Einzelmaßnahmen kommen hier sowohl die Schließung von Baulücken durch Wohnungsneubauten als auch die Modernisierung und Instandsetzung von Wohngebäuden in Frage. Die angestrebte Stärkung der Funktionen der Innenstädte und Ortsteilzentren soll aber nicht zu Lasten erhaltenswerter baulicher Anlagen vorgenommen werden. Nach § 164 Abs. 2 Nr. 1 BauGB müssen dabei neben dem Wohnungsbau auch die Belange des Denkmalschutzes und der Denkmalpflege besonders berücksichtigt werden. Die Bestimmung entspricht in ihrer städtebaulichen Zielsetzung der in § 136 Abs. 4 Satz 2 Nr. 4 und in § 1 Abs. 6 Nr. 5 BauGB. Das Gesetz verfolgt hier das Anliegen des

Städtebauförderung

städtebaulichen Denkmalschutzes i.S. von § 172 Abs. 3 Satz 1 BauGB, vgl. dazu unten Rdn. 712. Durch die städtebauliche Sanierung sind daher in den Altstadtbereichen, auf die es hier hauptsächlich ankommt, Modernisierungs- und Instandsetzungsmaßnahmen i.S. von § 177 Abs. 3 Satz 1 Nr. 3 BauGB mit zufinanzieren. Die Stärkung der innerstädtischen Bereiche und die Erhaltung innerstädtischer Altstadtbereiche sind nach § 171a Abs. 3 Satz 2 Nr. 3 und 7 BauGB auch Aufgabe der Stadtumbaumaßnahmen, vgl. oben Rdn. 530 ff.

649 (2) Weiterer Schwerpunkt ist nach § 164b Abs. 2 Nr. 2 BauGB die Wiedernutzung von Flächen, d.h. jetzt brachliegenden früher bereits baulich genutzten Grundstücken. Hierbei handelt es sich i.d.R. um bereits erschlossene Flächen. Ihre erneute bauliche Nutzung verdient aus Gründen des sparsamen Umganges mit Grund und Boden im Interesse des Umweltschutzes den Vorzug vor der Erschließung neuer Siedlungsflächen, die mit einer weiteren Versiegelung von Böden verbunden ist. Das Gesetz zählt beispielhaft die hauptsächlich für eine Wiedernutzung in Frage kommenden Flächen in den Innenstädten auf: brachliegende Industrie-, Konversions- oder Eisenbahnflächen, und nennt zugleich die für die Wiedernutzung anzustrebenden Nutzungen: Wohn- und Arbeitsstätten, Gemeinbedarfs- und Folgeeinrichtungen. Diese sollen funktional sinnvoll mit dem Ziel einer Nutzungsmischung zugeordnet werden. Dies bedeutet zugleich eine Absage an das früher geltende städtebauliche Leitbild der Funktionstrennung, welches nach der BauNVO zu Grunde liegt. Bei der Wiedernutzung sind umweltschonende, kosten- und flächensparende Bauweisen zu berücksichtigen. Hierbei handelt es sich zugleich um bei der Bauleitplanung zu beachtende öffentliche Belange, vgl. § 1 Abs. 6 Nr. 2 und 7 sowie § 1a Abs. 2 Satz 1 BauGB. Das Wohnraumförderungsgesetz enthält in § 6 Satz 2 Nr. 7 und 9 entsprechende Fördergrundsätze. In Betracht kommt z.B. der Bau von Reihen- und Stadthäusern auf kleinen Grundstücken. Durch begrenzte Verkehrsflächen kann eine unnötige Bodenversiegelung vermieden werden. Nach § 165 Abs. 3 Satz 1 Nr. 2 BauGB können zur Wiedernutzung brachliegender Flächen und zur Errichtung von Gemeinbedarfs- und Folgeeinrichtungen städtebauliche Entwicklungsbereiche festgelegt werden, vgl. oben Rdn. 452. Nach § 171a Abs. 3 Satz 2 Nr. 6 BauGB sollen Stadtumbaumaßnahmen dazu beitragen, dass „freigelegte Flächen einer nachhaltigen städtebaulichen Entwicklung oder einer hiermit verträglichen Zwischennutzung zugeführt werden", vgl. hierzu oben Rdn. 530f.

650 (3) Ferner nennt das Gesetz in § 164 Abs. 2 Nr. 3 BauGB als weiteren Schwerpunkt für die Verwendung der Bundesfinanzhilfen „städtebauliche Maßnahmen zur Behebung sozialer Missstände." Hierdurch soll dem Entstehen von Sozialghettos entgegen gewirkt werden, für die unausgewogene Bevölkerungszusammensetzungen ursächlich sein können. In Betracht kommen hier Sanierungsgebiete mit besonderen sozialen Problemen der Wohnbevölkerung, vgl. hierzu oben Rdn. 69f. Als städtebauliche Maßnahme in diesem Sinne kommt der Bau von Einrichtungen in Frage, die der Beratung und Stärkung von Eigeninitiativen der Bevölkerung sowie der Integration von Ausländern dienen, wie z.B. Jugendzentren und Begegnungsstätten. Hierdurch kann durch Entschärfung sozialer Brennpunkte auch ein Beitrag zur Kriminalprävention geleistet werden. Der Stabilisierung und Aufwertung von

Förderungsverfahren

durch soziale Missstände benachteiligten Teilen des Gemeindegebietes dienen besonders die städtebaulichen Maßnahmen der Sozialen Stadt nach § 171e BauGB, vgl. hierzu oben Rdn. 530i und unten Rdn. 709.

Die Aufnahme einer Gesamtmaßnahme in das Städtebauförderungsprogramm 651 begründet keinen Rechtsanspruch der Gemeinde auf eine Berücksichtigung bei der Fortschreibung des Programmes in den Folgejahren. Die Förderprogramme werden entsprechend den jeweils zur Verfügung stehenden Haushaltsmitteln des Bundes und des Landes aufgestellt. Die für die Programmaufstellung zuständige Stelle kann Finanzhilfen, die im Programm für eine bestimmte Gesamtmaßnahme enthalten sind, dort aber zurzeit nicht verwendet werden, durch eine Umschichtung im Förderprogramm für die Finanzierung einer anderen Gesamtmaßnahme zur Verfügung stellen. Der Rückruf dieser Mittel setzt einen entsprechenden Vorbehalt in dem Bewilligungsbescheid voraus.

Um die Förderungsfähigkeit und die Förderungswürdigkeit der Anmeldungen 652 der Gemeinden zum Städtebauförderungsprogramm beurteilen zu können, verlangt die für die Programmaufstellung zuständige Stelle die Vorlage geeigneter Unterlagen. Zu den Unterlagen gehören städtebauliche Planungen i.S. von § 140 Nr. 4 BauGB aber auch Darstellungen über die zu erwarteten Kosten. In der Praxis bewährt hat sich die Vorlage einer jährlich fortgeschriebenen Kosten- und Finanzierungsübersicht i.S. von § 149 BauGB, vgl. oben Rnr. 79ff. Nach § 149 Abs. 6 Satz 1 BauGB kann die höhere Verwaltungsbehörde von der Gemeinde Ergänzungen und Änderungen der Kosten- und Finanzierungsübersicht verlangen. Ferner hat sie für ein wirtschaftlich sinnvolles Zusammenwirken der Gemeinde und der anderen Träger öffentlicher Belange bei der Durchführung ihrer Maßnahmen zu sorgen und die Gemeinde bei der Beschaffung von Fördermitteln eines öffentlichen Haushalts zu unterstützen.

Diese Regelung dient hauptsächlich der Abstimmung zwischen Gemeinde und 653 Landesbehörde über die Kosten der städtebaulichen Gesamtmaßnahme und ihre Finanzierung. Die Gemeinde muss sich mit den Ergänzungs- oder Änderungsverlangen der Landesbehörde auseinandersetzen und hierzu Stellung nehmen. Eine Änderung oder Ergänzung kann die höhere Landesbehörde aber nicht unmittelbar erzwingen. Die für die Programmaufstellung zuständige Stelle darf hingegen aufgrund der Vorlage einer wirklichkeitsfremden Kosten- und Finanzierungsübersicht die Gemeinde aus dem Förderungsprogramm ausschließen. Die vorgelegte Kosten- und Finanzierungsübersicht bildet in jedem Falle eine geeignete Grundlage für die Förderungsentscheidung. Die Kosten- und Finanzierungsübersicht kann mit einer Zwischenabrechnung der städtebaulichen Gesamtmaßnahme verbunden werden.

6.5.2 Bewilligung der Finanzhilfen

Die Bewilligung der Bundes- und Landeshilfen wird nach der Aufstellung des 654 Städtebauförderungsprogrammes in einem besonderem Verfahren vorgenommen. Zum Teil bedienen sich die Länder hierbei der Hilfe einer Bank oder einer ban-

Städtebauförderung

kähnlichen öffentlich-rechtlichen Einrichtung. Der Bewilligungsbescheid führt rechtlich eine Zahlungsverpflichtung der Landes herbei. Er enthält die Summen der bewilligten Bundes- und Landesfinanzhilfen und Angaben, wann diese Finanzhilfen abgerufen werden können. In der Praxis steht zumeist nur ein Teil der bewilligten Mittel im Programmjahr kassenmäßig zur Verfügung. I.d.R. erstreckt sich die Auszahlung über drei bis fünf Jahre. Die Förderrichtlinien der Länder können den Gemeinden aber eine Vorfinanzierung der später fälligen Raten der Bundes- und Landesfinanzhilfen genehmigen. Der Bewilligungsbescheid bindet die Gemeinden rechtlich an die Beachtung der Förderrichtlinie des Landes. Er kann zusätzlich auf die einzelne städtebauliche Gesamtmaßnahme bezogene sachlich gerechtfertigte Auflagen und Bedingungen enthalten. Zulässig ist auch der Vorbehalt eines Widerrufes für den Fall der Nichtzahlung oder der Kürzung der Bundesfinanzhilfen, so auch OVG Lüneburg 17. 12. 1998 DÖV 1999, 564.

6.5.3 Auszahlung der Finanzhilfen

655   Die in dem Bewilligungsbescheid genannten Beträge werden der Gemeinde auf Abruf ausgezahlt. Hat die Gemeinde die Durchführung ihrer städtebaulichen Gesamtmaßnahme einen treuhänderischen Sanierungs- oder Entwicklungsträger übertragen, vgl. §§ 158, 167 BauGB, sind die abgerufenen Mittel zur Vermeidung unnötigen Zahlungsverkehrs, unmittelbar an diesen Treuhänder zu überweisen. Der Abruf der Finanzhilfen ist aufgrund des in den Förderrichtlinien enthaltenen Grundsatzes der nachrangigen Verwendung an verschiedene Voraussetzungen gebunden.

656   (1) Es dürfen der Gemeinde keine anderen Mittel auch keine Mittel aus der Durchführung der Gesamtmaßnahme, wie z.B. Erlöse aus dem Verkauf zu privatisierender Grundstücke kassenmäßig in ausreichender zur Verfügung stehen. (2) Der Abruf darf sich nur auf die Deckung bestimmter Kosten beziehen, soweit dies der Summe nach erforderlich ist. Hierbei ist nur ein Abruf in Höhe der anteilsmäßig der Gemeinde gewährten Finanzhilfen zulässig. Wenn also wie im Regelfall Bund und Land zusammen zwei Drittel der Kosten einer Gesamtmaßnahme decken, kann auch nur ein Anteil von zwei Dritteln der konkreten Kosten abgerufen werden. Die abgerufenen Finanzhilfen darf die Gemeinde zeitlich nicht vor ihrem Eigenanteil an der Finanzierung der Städtebauförderung verwenden. Insoweit steht die Gemeinde gegenüber Bund und Land haushaltsrechtlich in einem Treueverhältnis.

657   (3) Die Finanzhilfen können erst abgerufen werden, sobald dies erforderlich wird. Es muss sich um die Deckung fälliger Kosten handeln, oder die Kosten müssen in Kürze fällig werden. Die Finanzhilfen müssen spätestens in dem auf den Abruf folgenden übernächsten Monat benötigt werden. Entstehen die Kosten entgegen der Erwartung nicht, z.B. weil der Ankauf eines bestimmten Grundstücks scheitert und ein Enteignungsverfahren eingeleitet werden muss, sind die Kassenmittel der für ihre Bewilligung zustehenden Stelle unverzüglich zurückzuzahlen. Die Gemeinden oder ihre Treuhänder dürfen grundsätzlich keine Kassenmittel zu

Fördergrundsätze

Lasten des Bundes und des Landes vorhalten. (4) Die Länder können in Durchbrechung dieses Grundsatzes den Gemeinden und Treuhändern aber einen zu bestimmenden Sockelbetrag an Betriebsmitteln genehmigen. Hierdurch wird für Deckung zahlreicher kleiner Beträge von anfallenden Kosten ein unnötiger Zahlungsverkehr vermieden. So fallen z.B. Kosten für Reparaturen an gemeindeeigenen Gebäuden im Gebiet der Gesamtmaßnahme an. Die Höhe dieses Sockelbetrages kann vom Umfang und der Art der städtebaulichen Gesamtmaßnahme abhängig gemacht werden.

6.6 Fördergrundsätze

6.6.1 Zuwendungsvoraussetzungen

Die Förderrichtlinien binden die Verwendung der bewilligten Finanzhilfen einschließlich der ergänzenden Eigenmittel der Gemeinden über die Einhaltung der Förderrichtlinien hinaus an die Beachtung bestimmter Voraussetzungen. Allgemein ist der Hinweis auf die Haushaltsgrundsätze der Wirtschaftlichkeit und Sparsamkeit bei dem Einsatz der Mittel. Die Förderrichtlinien setzen ferner voraus, dass die förderungsfähigen Ausgaben für die städtebaulichen Gesamtmaßnahmen nicht anderweitig gedeckt werden können. Als anderweitige Deckung kommt insbesondere die Erhebung von Ausgleichsbeträgen und Erschließungsbeiträgen in Frage. Soweit eine Gemeinde auf diese Finanzierungsquellen verzichtet, darf sie die fehlenden nicht durch die Inanspruchnahme von Bundes- und Landesfinanzhilfen ausgleichen, vgl. BVerwG 27.1.1989 NVwZ 1989, 469. Die Ersetzung von der Gemeinde bewirkter Mindereinnahmen durch die Finanzhilfen des Bundes und des Landes würde angesichts des begrenzten Umfanges der Finanzhilfen im Ergebnis zu Lasten anderer in das Städtebauförderungsprogramm aufgenommener Gesamtmaßnahmen auswirken. 658

6.6.2 Bereitstellung von Grundstücken

6.6.2.1 Bereitstellungspflicht

Eine besondere Zuwendungsvoraussetzung für die Gewährung der Finanzhilfen ist die sogenannte Bereitstellung der Grundstücke durch die Gemeinde. Danach muss die Gemeinde ihre privat nutzbaren Grundstücke im Gebiet der Gesamtmaßnahme, welche Gegenstand des Förderungsprogrammes ist, für die Deckung der Kosten der Gesamtmaßnahme verwenden. Dieser Grundsatz beruht auf den folgenden Erwägungen. Bei der Finanzierung der städtebaulichen Gesamtmaßnahmen handelt es sich um eine Aufgabe der Gemeinde. Infolge der Durchführung der städtebaulichen Gesamtmaßnahme ist i.d.R. mit einer Werterhöhung der Grundstücke der Gemeinde ebenso wie bei den Grundstücken der privaten Eigentümer in dem Sanierungsgebiet oder dem Entwicklungsbereich zu rechnen. Aufgabe der Städtebauförderung ist es aber nicht das Liegenschaftsvermögen der Gemeinde zu erhöhen. 659

6.6.2.2 Privatisierungspflicht

660   Die privat nutzbaren Grundstücke im Gebiet der städtebaulichen Gesamtmaßnahme sind daher zu veräußern, soweit sie von der Gemeinde in entsprechender Anwendung von § 169 Abs. 5 BauGB nicht für

- den Bau von Gemeinbedarfseinrichtungen,
- als Verkehrs-, Versorgungs- oder Grünflächen,
- für sonstige öffentliche Zwecke,
- als Austauschland oder
- zur Entschädigung in Land

benötigt werden.

Die Verpflichtung bezieht sich auf alle vor der Aufnahme in das Förderprogramm von der Gemeinde erworbenen Grundstücke. Die Art des Erwerbs ist ohne Bedeutung. Insoweit geht bei städtebaulichen Gesamtmaßnahmen die förderrechtliche Privatisierungspflicht über die gesetzliche Veräußerungsverpflichtung aus § 89 Abs. 1 und § 159 Abs. 3 BauGB hinaus.

6.6.2.3 Form der Bereitstellung

661   Aufgrund der Förderrichtlinien sind alle privat nutzbaren Grundstücke der Gemeinde im Gebiet der Gesamtmaßnahme dem Treuhandvermögen eines Sanierungs- oder Entwicklungsträgers i.S. von § 160 BauGB zuzuordnen, wenn es vorhanden ist. Soweit kein treuhänderisch tätiger Sanierungs- oder Entwicklungsträger von der Gemeinde mit der Durchführung der städtebaulichen Gesamtmaßnahme von der Gemeinde beauftragt worden ist, können die Förderrichtlinien bestimmen, dass ein entsprechendes städtebauliches Sondervermögen von der Gemeinde zur Finanzierung der Gesamtmaßnahme zu bilden ist. Hierdurch unterliegt die Verwendung der Erlöse der bereitgestellten Gemeindegrundstücke einer Zweckbindung. Die Verpflichtung zur Bereitstellung bezieht sich auch auf privatisierungsfähige Rechte an Grundstücken.

6.6.2.4 Später erworbene Grundstücke

662   Dem Treuhand- oder Sondervermögen sind auch solche Grundstücke zuzuordnen, die die Gemeinde nach Aufnahme der Gesamtmaßnahme in deren Gebiet mit Mitteln dieses Vermögens einschließlich Städtebauförderungsmitteln erworben hat. Das gleiche gilt für Grundstücke, die die Gemeinde außerhalb des Gebietes der Gesamtmaßnahme mit Mitteln des Treuhand- oder Sondervermögens als Ersatz oder durch Tausch erworben hat. Die Gemeinde darf Grundstücke aus dem Treuhand- oder Sondervermögen nur mit Zustimmung der für die Aufstellung des Förderprogrammes zuständigen Stelle oder der Bewilligungsstelle aussondern.

Fördergrundsätze

6.6.3 Treuhand- oder Sondervermögen

6.6.3.1 Allgemeines

Das Treuhand- oder Sondervermögen ist die wirtschaftliche Folge des Grundsatzes der Förderung der städtebaulichen Gesamtmaßnahme. Diese Einrichtung ist für die Gemeinde gegenüber einer Förderung von Einzelmaßnahmen, wie sie z.B. in städtebaulichen Konjunkturförderprogrammen üblich waren, von Vorteil. Werden bei der Förderung einzelner Durchführungsmaßnahmen die Kosten höher als von der Gemeinde veranschlagt, muss sie dieses Defizit anderweitig, d.h. zumeist mit eigenen Mitteln decken. Bleiben hingegen die tatsächlichen hinter den erwarteten Kosten zurück, muss sie die überschüssigen Fördermittel zurückgeben. Beides wird durch die Förderung der Gesamtmaßnahme über das Treuhand- oder Sondervermögen vermieden. Zu diesem Vermögen gehören auch alle Einnahmen, die infolge Durchführung der städtebaulichen Gesamtmaßnahme entstehen, z.B. durch Verkauf der mit Fördermitteln erworbenen oder der von der Gemeinde bereitgestellten Grundstücke. Die Förderrichtlinien binden die Verwendung aller dem Treuhand- oder Sondervermögen zugerechneten Mittel für die Finanzierung der städtebaulichen Gesamtmaßnahme. Diese Mittel dürfen ausschließlich für die Deckung solcher Kosten verwendet werden, für die auch die Städtebauförderungsmittel eingesetzt werden dürfen. Die Städtebauförderungsmittel sind daher dem Treuhandvermögen oder Sondervermögen ebenfalls zuzuordnen. Dies gilt auch für alle Sachen, Rechte und Forderungen, die mit Mitteln des Treuhand- oder Sondervermögens erworben werden, z.B. für Grundstücke.

663

6.6.3.2 Einnahmen

Als sanierungs- oder entwicklungsbedingte Einnahmen, die vorrangig vor den Städtebauförderungsmitteln für die Deckung der förderungsfähigen Kosten zu verwenden sind, kommen in Betracht:

664

(1) Ausgleichsbeträge der Grundeigentümer nach § 154 BauGB,

(2) Erschließungsbeiträge nach § 127ff. BauGB und dem Kommunalabgabenrecht des Landes,

(3) Ablösebeträge nach dem Bauordnungsrecht des Landes infolge Nichteinhaltung der Verpflichtung zum Bau von Stellplätzen,

(4) Beiträge für naturschutzrechtliche Ausgleichs- und Ersatzmaßnahmen der Gemeinde nach § 135 a Abs. 3 BauGB,

(5) Erlöse aus Grundstücksverkäufen,

(6) Überschüsse aus Umlegungen im Gebiet einer städtebaulichen Gesamtmaßnahme,

(7) Zinserträge, z.B. aus der Vergabe von Erbbaurechten,

Städtebauförderung

(8) Rückflüsse aus Darlehen, die die Gemeinde Dritten gewährt hat,

(9) Leistungen anderer Aufgabenträger zur Ersetzung von Vor- und Zwischenfinanzierungen gemäß Artikel 12 Abs. 2 VV-Städtebauförderung 1998 vgl. Rnr 612f.,

(10) Überschüsse aus der Bewirtschaftung eines Treuhandvermögens i.S. von § 160 Abs. 3 Satz 2 BauGB oder eines entsprechenden Sondervermögens. Einnahmen können sich hier insbesondere aus der Bewirtschaftung von Grundstücken und anderen Vermögensgegenständen ergeben, die dem Treuhand- oder Sondervermögen zugeordnet sind,

(11) Zuwendungen des Landkreises oder anderer Dritter zur Finanzierung von Einzelmaßnahmen im Rahmen der städtebaulichen Gesamtmaßnahme, soweit sie nicht bei der Ermittlung der Ausgaben abgesetzt werden,

(12) Zuwendungen Dritter, insbesondere des Landes und des Landkreises, für die Finanzierung der städtebaulichen Gesamtmaßnahmen, soweit sie nicht zur Ersetzung der erforderlichen Eigenmittel der Gemeinde zur Bindung der Finanzierungshilfen des Bundes und des Landes bestimmt sind. Derartige Ersatzmittel werden in der Praxis finanzschwachen Gemeinden zugewiesen, die sonst mangels Eigenmitteln nicht an der Städtebauförderung teilnehmen könnten.

665 Soweit bestimmte Einnahmen, wie Erschließungsbeiträge, Ablösebeträge für Stellplätze und Beiträge für naturschutzrechtliche Ausgleichs- und Ersatzmaßnahmen, unmittelbar für die Deckung von Kosten verwendet werden, die mit ihnen in einem bestimmten Zusammenhang stehen, wie dem Bau von Erschließungsanlagen und Stellplätzen, brauchen sie, d.h. die Einnahmen und Kosten, nicht der Gesamtmaßnahme zugeordnet zu werden. Maßgeblich sind hier die Bestimmungen der Förderrichtlinien.

6.6.4 Vorauszahlungen

666 Die Gemeinden erhalten die Finanzierungshilfen für die Deckung der förderungsfähigen Kosten der städtebaulichen Sanierungs- und Entwicklungsmaßnahmen nicht als Zuschüsse oder als Darlehen, sondern als Vorauszahlungen bewilligt. Die Zahlungen erfolgen unter dem Vorbehalt der späteren Bestimmung, ob sie als

– Darlehen oder
– Zuschuss

gewährt werden oder

– durch andere Finanzmittel zu ersetzen oder
– zurückzuzahlen

sind.

Verwendung der Städtebauförderungsmittel

Diese Bestimmung wird aufgrund der Abrechnung der städtebaulichen Gesamtmaßnahmen vorgenommen. Die Vorauszahlungen bleiben in der Vorauszahlungszeit, d.h. bis zur Abrechnung der Gesamtmaßnahme, zins- und tilgungsfrei. Die Förderrichtlinien der Länder können dies im Einzelnen regeln. Wenn eine Gemeinde z.B. die fällige Abrechnung der Gesamtmaßnahme schuldhaft verzögert, kann die für die Überprüfung dieser Abrechnung zuständige Stelle des Landes die zins- und tilgungsfreie Vorauszahlungszeit für beendet erklären.

Die Bestimmung zu Darlehen kommt in Frage, soweit zum Zeitpunkt der Abrechnung noch mit Einnahmen zu rechnen ist, die für die Deckung der Kosten der Gesamtmaßnahme zu verwenden sind, z.B. durch die Veräußerung privat nutzbarer Grundstücke oder die Erhebung von Ausgleichsbeträgen oder Erschließungsbeiträgen. Entsprechend ist auch zu verfahren, wenn diese Einnahmen aus Gründen, die die Gemeinde zu vertreten hat, nicht erzielt werden. Die Bestimmung der Vorauszahlungen zu Zuschüssen ist dagegen erforderlich, soweit keine Einnahmen erzielt werden und die förderungsfähigen Kosten von der Gemeinde nicht anders gedeckt werden konnten. *667*

Die Vorauszahlungen sind zurückzuzahlen, soweit sie durch Mittel von anderer Seite ersetzt werden können, weil zum Zeitpunkt der Abrechnung verbindliche Zusagen hierfür vorliegen. Insoweit kommt hier der Grundsatz der nachrangigen Verwendung der Städtebauförderungsmittel zur Anwendung. Zurückzuzahlen sind die Vorauszahlungen auch im Falle ihrer Verwendung für die Deckung nicht förderungsfähiger Kosten durch die Gemeinde. Unzulässig ist die Verwendung für allgemein nicht förderungsfähige Zwecke i.S. einer Zweckentfremdung. In Betracht kommen aber auch Fälle, in denen ein in den Förderrichtlinien enthaltener Zustimmungsvorbehalt für eine bestimmte Verwendung nicht beachtet wurde. *668*

6.7 Verwendung der Städtebauförderungsmittel

6.7.1 Grundsatz der Subsidiarität

Ein wesentliches Merkmal der Städtebauförderung ist der Grundsatz der Subsidiarität, der aus § 164a Abs. 1 Satz 2 BauGB abzuleiten ist und von der VV-Städtebauförderung in der Präambel besonders hervorgehoben wird. Danach dürfen Städtebauförderungsmittel auch für die Deckung der Kosten förderungsfähiger Ausgaben nur nachrangig von der Gemeinde verwendet werden, d.h. wenn keine andere Finanzierungsmöglichkeit besteht. Die Beachtung dieses Grundsatzes ist deshalb so wesentlich für die Städtebauförderung, weil es sich hierbei um ein umfassendes Förderungssystem handelt, mit dem im Gebiet der Gesamtmaßnahme eine Vielzahl einzelner Durchführungsmaßnahmen finanziert werden kann. In der Praxis zeigt es sich immer wieder, dass Dritte – z.B. öffentliche Bedarfsträger, Landkreise und Kirchengemeinden – versuchen, an der Städtebauförderung teilzuhaben, um eigene Aufwendungen zu sparen. Die Erfahrungen aus der Praxis zeigen zugleich, dass insbesondere solche Einzelmaßnahmen, hinter denen einflussreiche *669*

Städtebauförderung

Interessentengruppen stehen, i.d.R. auch eine anderweitige Finanzierung finden. Vertretbar kann es dagegen sein, Städtebauförderungsmittel für die Finanzierung von Maßnahmen zu verwenden, die für den Bauträger von geringem Nutzen, für die Gemeinde dagegen von ortsgestalterischem Interesse sind. Als Beipiel sei der Wiederaufbau eines zerstörten Kirchturms genannt.

6.7.2 Kosten einer anderen Stelle

670 Dem Gedanken der subsidiären Verwendung der Städtebauförderungsmittel entspricht insbesondere die Möglichkeit ein, die Kosten einer anderen Stelle für bestimmte Einzelmaßnahmen mit Städtebauförderungsmitteln durch die Gemeinde vor- oder zwischenzufinanzieren. Die in Frage kommende Einzelmaßnahme muss durch die städtebauliche Gesamtmaßnahme bedingt, d.h. Teil der Gesamtmaßnahme sein oder mit ihr zusammenhängen. Ein Zusammenhang in diesem Sinne besteht, wenn die Einzelmaßnahme für die Verwirklichung der Gesamtmaßnahme unmittelbar zweckdienlich ist. Als Einzelmaßnahmen kommen hier hauptsächlich Durchführungsmaßnahmen, wie z.B. der Herstellung und Änderung von Erschließungsanlagen, sowie die Errichtung und Änderung von Gemeinbedarfs- und Folgeeinrichtungen in Betracht.

671 Eine Vorfinanzierung setzt voraus, dass Mittel der anderen Stelle zu erwarten sind. Eine Zwischenfinanzierung kommt dagegen in Frage, wenn die Ablösung der Städtebauförderungsmittel durch eine Dauerfinanzierung von seiten der anderen Stelle sichergestellt ist. Diese kann auf einer anderen rechtlichen Grundlage dazu verpflichtet sein, die Kosten zu tragen. Es reicht aber auch aus, wenn die andere Stelle die Kosten aus anderen als Städtebauförderungsmitteln trägt oder derartige Maßnahmen überhaupt fördert. Voraussetzung für die Vor- oder Zwischenfinanzierung ist aber in jedem Falle die Zustimmung der anderen Stelle. Diese soll von der Gemeinde bei der Erfüllung ihrer Aufgaben nicht finanziell entlastet werden. Die Vor- und Zwischenfinanzierung dient dazu, die Durchführung der einzelnen Maßnahme zeitlich vorzuziehen. In der Praxis werden häufig die Kosten von Straßenbaumaßnahmen nach dem Gemeindeverkehrsfinanzierungsgesetz vor- oder zwischenfinanziert. Die andere Stelle hat aber in keinem Falle einen Rechtsanspruch auf Gewährung einer Vor- oder Zwischenfinanzierung.

6.7.3 Grundsatz der Entschädigung

6.7.3.1 Allgemeines

672 Das BauGB geht davon aus, dass die Gemeinde einen Verwaltungsakt auch durch einen entsprechenden öffentlich-rechtlichen Vertrag zwischen der Gemeinde und dem Bürger ersetzen kann, vgl. § 177 Abs. 4 Satz 4 BauGB. Von Ausnahmefällen abgesehen besteht auch in diesem Falle die Bindung der Gemeinde an die gesetzliche Regelung der Entschädigung sowohl dem Grunde nach als auch in Bezug auf die Höhe des zu zahlenden Entschädigungsbetrages. D.h. es darf nicht mehr gezahlt werden als aufgrund eines möglichen Verwaltungsaktes zu entschädigen wäre, außerdem müssen die gesetzlichen Voraussetzungen für den Erlass eines solchen Verwaltungsaktes vorliegen. Die Beachtung dieser Regelung liegt im Interesse der Gemeinde. Erfahrungen in der Praxis haben gezeigt, dass einzelne „Grenzüberschreitungen" sich schnell verbreiten und in weitem Umfang zusätzliche finanzielle Forderungen der Betroffenen auslösen.

6.7.3.2 Modernisierungs- und Instandsetzungsverträge

Nach § 164 a Abs. 3 Satz 1 BauGB können Städtebauförderungsmittel für Modernisierungs- und Instandsetzungsmaßnahmen i.S. des § 177 BauGB eingesetzt werden. § 177 Abs. 4 Satz 3 BauGB stellt klar, dass die Gemeinde einem Eigentümer die Kosten der Modernisierung und Instandsetzung nur insoweit zu erstatten hat, als er diese Kosten nicht selbst tragen muss. Wieweit er diese Kosten selbst finanzieren muss, ergibt sich aus § 177 Abs. 4 und 5 BauGB. Danach hat er die Kosten für eine derartige Baumaßnahme nicht selbst zu tragen, soweit er im Falle der Anordnung eines Modernisierungs- und Instandsetzungsgebotes nach diesen Bestimmungen einen Kostenerstattungsanspruch gegen die Gemeinde hätte. Die Gemeinde darf daher grundsätzlich keinen höheren Kostenerstattungsanspruch mit dem Eigentümer vereinbaren. Von dieser Regel geht auch Artikel 2 Abs. 1 Satz 1 VV-Städtebauförderung aus. Danach richtet sich der Umfang der förderungsfähigen Kosten bei Modernisierungs- und Instandsetzungsmaßnahmen immer nach den Regelungen über den Kostenerstattungsanspruch in § 177 Abs. 4 und 5 BauGB, wenn der Eigentümer sich verpflichtet hat, bestimmte Modernisierungs- und Instandsetzungsmaßnahmen i.S. § 177 Abs. 1 bis 3 BauGB, durchzuführen. Nach § 164 a Abs. 3 Satz 2 BauGB können Städtebauförderungsmittel auch für vertraglich vereinbarte Modernisierungs- und Instandsetzungsmaßnahmen i.S. des § 177 BauGB verwendet werden „soweit nichts anderes vereinbart ist." *673*

Die Regelung bezieht sich allein auf Gebäude, die wegen ihrer geschichtlichen, künstlerischen oder städtebaulichen Bedeutung erhalten bleiben sollen, vgl. hierzu unten Rnr. 779f. Über dieses Sollen entscheidet allein die Gemeinde im Rahmen ihrer städtebaulichen Planung. Wenn die Gemeinde mit dem Eigentümer eines Gebäudes dieser Qualität einen Modernisierungsvertrag abschließt, kann der Vertrag auch die Durchführung weiterer Baumaßnahmen vorsehen, die nicht mittels eines Modernisierungs- oder Instandsetzungsgebotes anordnungsfähig sind. Für diese zusätzlichen Baumaßnahmen können Städtebauförderungsmittel nach dem Grundsatz der Kostenerstattung entsprechend § 177 Abs. 4 und 5 BauGB verwendet werden. Die Fördervorschrift trägt dem Umstand Rechnung, dass bei der Instandsetzung und Modernisierung von alten Gebäuden dieser Art Kosten in einem Umfang entstehen können, die im Einzelfall erheblich über den Kosten für einen entsprechenden Neubau auf demselben Grundstück liegen. *674*

Voraussetzung für die Anwendung dieser Vorschrift ist, dass die Maßnahmen der Erhaltung und funktionsgerechten Verwendung des Gebäudes dienen. Aufgrund dieser Förderregelung kann die Gemeinde in der Praxis in diesen Fällen einen besonderen Erhaltungsaufwand finanzieren und dadurch auch weitgehend den *675*

Städtebauförderung

Belangen der Denkmalpflege Rechnung tragen. Soweit jedoch Kosten über die Maßnahmen zur Erhaltung, Erneuerung und funktionsgerechten Verwendung des Gebäudes hinaus ausschließlich für Aufgaben der Denkmalpflege anfallen, kommt eine Förderung nicht in Betracht. Die Vorschrift ist weit auszulegen. Hierunter fallen auch der Abbruch eines solchen Gebäudes und sein anschließender Wiederaufbau an gleicher oder anderer Stelle unter Verwendung alter Bauteile. Artikel 14 Abs. 1 Satz 2 VV-Städtebauförderung 2004 lässt auch die Verwendung von Städtebauförderungsmitteln für die Deckung der erhöhten laufenden Aufwendungen aufgrund einer derartigen Baumaßnahme zu.

6.7.4 Art der Gewährung von Städtebauförderungsmitteln

676   Artikel 14 Abs. 1 VV-Städtebauförderung regelt, wie die Gemeinde die ihr zur Verfügung stehenden Städtebauförderungsmittel verwenden darf.

Danach können die Mittel Dritten gegenüber verwendet werden als

(1) Darlehen oder Zuschüsse zur Deckung der Kosten;

(2) Darlehen oder Zuschüsse zur Verbilligung von anderen Darlehen, die der Deckung der Kosten dienen;

(3) Darlehen zur Vor- oder Zwischenfinanzierung;

(4) Zuschüsse zur Verbilligung anderer Vor- oder Zwischenfinanzierungsdarlehen;

(5) Darlehen oder Zuschüsse zur Deckung der erhöhten laufenden Aufwendungen bei Modernisierungsmaßnahmen, Instandsetzungsmaßnahmen und Maßnahmen i.S. von § 43 Abs. 3 Satz 2 des ehemaligen StBauFG. Hierbei geht es um über § 177 hinausgehende Maßnahmen i.S. von § 164 a Abs. 3 Satz 2 BauGB, die der Erhaltung, Erneuerung und funktionsgerechten Verwendung eines Gebäudes dienen, das wegen seiner geschichtlichen, künstlerischen oder städtebaulichen Bedeutung erhalten bleiben soll.

677   In der Praxis setzen die Gemeinden die Städtebauförderungsmittel überwiegend als Zuschüsse ein. Die Notwendigkeit hierfür ergibt sich schon daraus, dass in den Entschädigungsfällen der Berechtigte durchweg einen Anspruch auf Zahlung eines bestimmten Betrages zum Ausgleich der ihm entstandenen Nachteile hat. Darlehen kommen dagegen in Form von Baudarlehen aufgrund von Modernisierungs- und Instandsetzungsverträgen in der Praxis vor. Die Gemeinde kann mit dem Eigentümer die Ersetzung des Kostenerstattungsbetrages durch ein Baudarlehen vereinbaren. Der Barwert dieses Darlehens darf allerdings die Höhe des Kostenerstattungsbetrages nicht überschreiten. Darlehen oder Zuschüsse zur Verbilligung von Baudarlehen werden hauptsächlich für den Bau privater Erschließungsanlagen gewährt, die weitgehend rentierlich sind. Hier ist an die Finanzierung von Parkhäusern und Tiefgaragen zu denken. Die Verwendung von Städtebauförderungsmitteln zur Deckung laufender Aufwendungen bedeutet eine Besonderheit. Sie hat ihren

Förderungsfähige Kosten

Grund darin, dass die Instandhaltung eines Gebäudes nach der Durchführung von Modernisierungs- und Instandsetzungsmaßnahmen i.S. von § 164a Abs. 3 Satz 2 BauGB für den Eigentümer zu einer besonderen finanziellen Belastung führen kann. Als Beispiel hierfür kommt ein denkmalgeschütztes, aber wenig nutzbares und daher in der Bewirtschaftung unrentierliches Gebäude in Betracht. Das Haushaltsrecht schließt die Förderung einer Maßnahme eines Dritten durch die Gemeinde aus, wenn dieser damit bereits ohne Zustimmung der Gemeinde begonnen oder sie gar vollendet hat. Hierdurch wird die Refinanzierung des Dritten ausgeschlossen.

6.8 Förderungsfähige Kosten

6.8.1 Grundsätzliches

§ 164a BauGB sowie die ergänzenden Bestimmungen der VV-Städtebauförderung setzen nur einen Rahmen für die Regelung der förderungsfähigen Kosten. Dieser Rahmen bedarf der Ergänzung durch die Förderrichtlinien der Länder. Insbesondere § 164a Abs. 1 Satz 1 BauGB ist im Gegensatz zu dem früheren § 39 Abs. 1 Satz 1 StBauFG besonders offen formuliert worden. Zulässig wäre danach auch die Förderung der städtebaulichen Sanierung eines privaten Trägers oder eine pauschalierte Förderung. § 164a Abs. 1 Satz 2 BauGB enthält wie früher § 47 StBauFG den Grundsatz der Bündelung aller Fördermittel im Sanierungsgebiet.

Die in § 164a Abs. 2 und 3 BauGB enthaltene und nur für die Deckung der Sanierungskosten geltende Regelung nennt als förderungsfähig die Kosten für

- die Vorbereitung der Sanierung i.S. von § 140 BauGB,
- die Durchführung der Ordnungsmaßnahmen i.S. von § 147 BauGB einschließlich von Entschädigungen ohne erlangten Gegenwert,
- die Durchführung der Baumaßnahmen nach § 148 BauGB,
- die Gewährung einer Vergütung für einen beauftragten Dritten,
- die Verwirklichung des Sozialplanes nach § 180 BauGB sowie die Gewährung eines Härteausgleiches nach § 181 BauGB
- der Modernisierungsmaßnahmen und
- der Instandsetzungsmaßnahmen i.S. von § 177 BauGB sowie § 164a Abs. 3 Satz 2 BauGB

Diese Regelungen sind für die Verwendung der Bundesfinanzhilfen abschließend. Die Förderrichtlinien der Länder können insofern keine weitere Fördertatbestände eröffnen.

Nicht förderungsfähig sind nach § 164a Abs. 2 Nr. 2 Halbsatz 2 BauGB persönliche und sachliche Kosten der Gemeinde, d.h. Kosten der Gemeindeverwaltung. Förderungsfähig sind hingegen nach § 164a Abs. 2 Nr. 4 BauGB die Kosten Dritter, die Gemeinde im Rahmen der §§ 157ff. BauGB mit Sanierungs- und Entwicklungsaufgaben beauftragt hat. Hierfür kommen hauptsächliche Planer und Sanie-

678

679

680

Städtebauförderung

rungsträger in Betracht. Die Gemeinde ist daher unter dem Gesichtspunkt der Deckung ihrer Kosten gut beraten, wenn sie soweit wie zulässig Sanierungs- und Entwicklungsaufgaben nicht mit ihrem eigenen Personal durchführt, sondern privatisiert.

6.8.2 Kosten der Vorbereitung

681 Was zur Vorbereitung der Sanierung gehört ergibt sich aus § 140 BauGB. Diese Vorschrift ist aufgrund von § 165 Abs. 4 Satz 2 BauGB für die Vorbereitung von städtebaulichen Entwicklungsmaßnahmen entsprechend anzuwenden. Der Begriff städtebauliche Planung ist umfassend zu verstehen. Entsprechend den jeweiligen Förderrichtlinien des Landes können auch gefördert werden:

– Untersuchungen über die Verkehrswerte der Grundstücke im Gebiet der Gesamtmaßnahmen,
– die Ausarbeitung örtlicher Bauvorschriften über die Gestaltung nach dem Landesbauordnungsrecht einschließlich Stadt- oder Ortsgestaltanalyse sowie
– Untersuchungen über die Wirtschaftlichkeit städtebaulich wichtiger Baumaßnahmen.

Nach § 140 BauGB ist die Vorbereitung der Sanierung Aufgabe der Gemeinde. Soweit ihr durch die Beauftragung Dritter, wie Sanierungsträger und Planer, Kosten entstehen, können diese mit Städtebauförderungsmitteln nach § 164a Abs. 2 Nr. 1 BauGB, bei Entwicklungsmaßnahmen i. V. mit § 169 Abs. 1 Nr. 9 BauGB gedeckt werden. § 140 Nr. 7 BauGB umfasst auch die Durchführung einzelner Ordnungs- und Baumaßnahmen vor der förmlichen Festlegung des Sanierungsgebietes oder Entwicklungsbereiches. Sie können gefördert werden, soweit die Gemeinde nach §§ 146, 147 BauGB für ihre Durchführung verantwortlich ist.

6.8.3 Kosten der Ordnungsmaßnahmen

6.8.3.1 Allgemeines

682 Nach § 147 Satz 1 Halbsatz 1 BauGB ist die Durchführung der Ordnungsmaßnahmen Aufgabe der Gemeinde. Aufgrund von § 165 Abs. 4 Satz 2 BauGB ist § 147 BauGB bei städtebaulichen Entwicklungsmaßnahmen entsprechend anzuwenden. Welche Arten von Maßnahmen zu den Ordnungsmaßnahmen gehören ergibt sich aus § 147 Satz 1 Halbsatz 2 sowie Satz 2 und 3 BauGB, vgl. hierzu oben Rdn. 205 ff.

6.8.3.2 Entschädigungen

683 Nach § 164a Abs. 2 Nr. 2 Halbsatz 1 BauGB sind Entschädigungen als Ordnungsmaßnahmen förderungsfähig. Es muss sich um Entschädigungszahlungen handeln, die erforderlich sind um Ordnungs- oder Baumaßnahmen i.S. von §§ 146 bis 148 BauGB durchführen zu können, weil vermögenswerte private Rechte aufgehoben werden müssen. Nach § 164a Abs. 2 Nr. 2 Halbsatz 1 BauGB sind diese Entschädigungsleistungen der Gemeinde aber nur soweit förderungsfähig soweit diese

keinen Gegenwert erlangt. Aufgabe der Städtebauförderung ist nicht die Bereicherung des Gemeindevermögens. Entschädigt die Gemeinde z.B. zum Zwecke der städtebaulichen Sanierung den Eigentümer eines Grundstückes für den Verlust des Eigentums an einem privatnutzbaren Grundstück, welches nicht für öffentliche Zwecke benötigt wird, vgl. hierzu § 169 Abs. 5 BauGB, so hat sie dieses wieder zu veräußern und den Erlös für Kosten der Sanierung oder Entwicklung zu verwenden. Bei der Abrechnung einer Sanierungs- oder Entwicklungsmaßnahme als Gesamtmaßnahme ist daher der Grundstückswert als Einnahme anzusetzen, wenn das Grundstück zu diesem Zeitpunkt von der Gemeinde noch nicht veräußert worden ist.

6.8.3.3 Grunderwerbskosten

§ 147 Abs. 1 Satz 1 Nr. 1 BauGB ordnet den Grunderwerb den Ordnungsmaßnahmen zu. Der Grunderwerb muss der Sanierung oder Entwicklung dienen. Dies ist anzunehmen, wenn das Grundstück in dem förmlich festgelegten Sanierungsgebiet oder Entwicklungsbereich liegt. Hat die Gemeinde hingegen diese förmliche Festlegung noch nicht vorgenommen, muss das Grundstück in dem Untersuchungsgebiet i.S. von § 141 Abs. 3 BauGB liegen. Der Erwerb eines Grundstückes kann nach der förmlichen Festlegung des Sanierungsgebietes außerhalb dieses Gebietes der Sanierung dienen, soweit es dort für die Herstellung von Erschließungsanlagen i.S. von § 147 Satz 3 BauGB oder für den Bau von Ersatzbauten, Ersatzanlagen und durch die Sanierung bedingter Gemeinbedarfs- und Folgeeinrichtungen i.S. von § 148 Abs. 1 Satz 2 BauGB benötigt wird. Die Verwendung von Städtebauförderungsmitteln für Grundstücke außerhalb des förmlich festgelegten Sanierungsgebietes oder des Entwicklungsbereiches kommt ferner in Frage, soweit die Grundstücke von der Gemeinde als Austausch- oder Ersatzland für Betroffene benötigt werden oder wenn die Grundstücke auf Verlangen eines Eigentümers von der Gemeinde nach Bestimmungen des BauGB übernommen werden müssen. *684*

Ohne Bedeutung für die Förderungsfähigkeit ist dagegen die Art des Grunderwerbs. Der Mustererlass Städtebauförderung der ARGEBAU (Musterförderungsbestimmungen) listet folgende Arten des Grunderwerbs auf: *685*

„12.1.1 den freihändigen Erwerb von Grundstücken und Rechten an Grundstücken,

12.1.2 Eigentumserwerb aufgrund der Ausübung des gemeindlichen Vorkaufsrechts (§ 24 Abs. 1, § 25 Abs. 1 Nr. 2 BauGB),

12.1.3 die Übernahme von Grundstücken oder Entziehung des Eigentums auf Verlangen des Eigentümers nach § 40 Abs. 2, § 42 Abs. 9, § 43, § 145 Abs. 5, § 173 Abs. 2, § 176 Abs. 4 und § 179 Abs. 3 BauGB,

12.1.4 die Enteignung nach §§ 85 bis 122 BauGB,

12.1.5 die Überführung von Grundstücken des Sanierungsträgers in das Treuhandvermögen nach § 160 Abs. 5 BauGB,

12.1.6 den Erwerb nach anderen gesetzlichen Vorschriften, z.B. nach dem Gesetz über die Zwangsversteigerung und die Zwangsverwaltung (ZVG) oder nach dem Flurbereinigungsgesetz,

12.1.7 die Umlegung nach §§ 45 bis 79 BauGB; gegebenenfalls in Verbindung mit § 153 Abs. 5 Nr. 1 BauGB; dazu zählen auch die im Umlegungsverfahren getroffenen Vorwegentscheidungen gemäß § 76 BauGB; dazu zählen auch die vertragliche oder freiwillige Umlegung; berücksichtigt werden die durch Beiträge nach § 64 Abs. 3 BauGB nicht gedeckten Aufwendungen für die im Umlegungsplan festgesetzten Geldleistungen der Gemeinde nach § 64 BauGB,

12.1.8 die Grenzregelung nach §§ 81 bis 84 BauGB; dazu zählen auch die vertragliche oder freiwillige Grenzregelung (§ 54 VwVfG, §§ 124 Abs. 2 und 147 Abs. 2 BauGB); berücksichtigt werden die durch Beiträge nach §§ 81 Abs. 2, § 64 Abs. 3 BauGB nicht gedeckten Aufwendungen für die im Grenzregelungsbeschluss festgelegten Geldleistungen der Gemeinde nach § 81 BauGB und die Grunderwerbssteuer, die die Gemeinde zur Erreichung der Sanierungsziele erstattet."

686 Die förderungsfähigen Kosten umfassen den Kaufpreis oder die Entschädigung für den durch die Enteignung nach § 95 BauGB eintretenden Rechtsverlust. Im Sanierungsgebiet mit vereinfachtem Verfahren und beim Erwerb von Grundstücken außerhalb eines Sanierungsgebietes oder Entwicklungsbereiches sind Kosten in Höhe des Verkehrswertes i.S. von § 194 BauGB förderungsfähig, vgl. hierzu oben Rnr 228.

Zu den Grunderwerbskosten gehören außer dem Kaufpreis für das Grundstück einschließlich der auf ihm befindlichen baulichen Anlagen

– Ablösungsbeträge für Rechte an dem Grundstück, soweit sie nicht bereits bei der Vereinbarung des Kaufpreises berücksichtigt worden sind,
– notwendige Anwalts- und Beratungskosten des Eigentümers, Maklerprovisionen, Notarkosten und Gebühren des Grundbuchamtes,
– Vermessungskosten, Katastergebühren und Kosten für die Ermittlung des Grundstückswertes,
– die Grundsteuer und
– Aufwendungen eines treuhänderischen Sanierungsträgers für die Rücküberführung eines Grundstücks nach § 160 BauGB.

6.8.3.4 Kosten für den Umzug von Bewohnern und Betrieben

687 Beim Umzug von Bewohnern und Betrieben können Kosten gefördert werden, soweit ein Entschädigungsanspruch besteht, vgl. hierzu oben Rnr. 229 und 230ff.

Förderungsfähige Kosten

6.8.3.5 Erschließungskosten

Zu den förderungsfähigen Kosten für Ordnungsmaßnahmen gehören auch Ausgaben der Gemeinde für die Herstellung und Änderung von Erschließungsanlagen, soweit diese Maßnahmen für die Durchführung der jeweiligen städtebaulichen Sanierungs- oder Entwicklungsmaßnahme erforderlich sind, vgl. hierzu oben Rnr. 213 ff. Die Durchführung der Ordnungsmaßnahmen ist nach § 147 Satz 1 Halbsatz 1 BauGB Aufgabe der Gemeinde. Zu beachten ist aber, dass die Gemeinde im vereinfachten Sanierungsverfahren nach § 142 Abs. 4 BauGB infolge des Ausschlusses der Anwendung der §§ 152 bis 156 a BauGB den auf die betroffenen Grundeigentümer entfallenen nach Erschließungsaufwand nach § 129 BauGB oder dem Kommunalabgabenrecht des Landes umlegen kann.

6.8.3.6 Kosten der Freilegung von Grundstücken

Bei der Freilegung von Grundstücken können entsprechend dem Mustererlass Städtebauförderung der ARGEBAU berücksichtigt werden Ausgaben: 688

„12.4.1 der Beseitigung überirdischer und unterirdischer baulicher Anlagen, einschließlich Abräumkosten und Nebenkosten,

12.4.2 der Beseitigung sonstiger Anlagen, z. B. von Aufschüttungen, Straßendecken,

12.4.3 für Maßnahmen der Verkehrssicherung und der Grundstückszwischennutzung sowie der Sicherung betroffener Gebäude (z. B. das Schließen offener Gebäudeteile),

12.4.4 des Abräumens von Lagerplätzen, des Abbaus von Bodenversiegelungen, der Beseitigung von umweltgefährdenden Stoffen im Boden,

12.4.5 für die Beseitigung baulicher Anlagen Dritter oder die von der Gemeinde ausgelösten oder von ihr zu tragenden Entschädigungen oder Wertverluste; Wertverluste können nur insoweit berücksichtigt werden, als der Wert des Gebäudes nicht bereits im Rahmen der Förderung des Grunderwerbs berücksichtigt worden ist,

12.4.6 der Freilegung, Ausgrabung und Sicherung von Bodenfunden, soweit nicht nach Landesrecht ein Dritter die Ausgaben zu tragen verpflichtet ist.

12.4.7 Wertverluste gemeindeeigener baulicher Anlagen können in Einzelfällen mit Zustimmung der Bewilligungstelle als Ausgaben anerkannt werden."

6.8.3.7 Kosten sonstiger Ordnungsmaßnahmen

Städtebauförderungsmittel können auch für die Finanzierung sonstiger Ordnungsmaßnahmen i. S. von § 147 Abs. 1 Satz 1 Nr. 5 BauGB verwendet werden. Hierzu gehören die Deckung von Verlusten, die sich aus der Bewirtschaftung von Grundstücken und anderen Vermögensgegenständen des Treuhand- oder Sondervermögens sowie die Finanzierung sonstiger Ausgaben, die sich aus der städtebaulichen Gesamtmaßnahme zwingend ergeben, wie z. B. für 689

Städtebauförderung

- Aufwendungen der Gemeinde für Erstattungsansprüche öffentlicher Versorgungsträger nach § 150 BauGB, vgl. hierzu oben Rnr. 236 ff.,
- Aufwendungen der Gemeinde für einen Eigentümer aufgrund eines Vertrages nach § 147 Abs. 2 BauGB zu erstattende Kosten, vgl. oben Rnr. 224 f.,
- Verluste aus der Bewirtschaftung von Grundstücken und anderen Gegenständen im Treuhand- oder Sondervermögen,
- Gebäudewertminderungen infolge der Durchführung von Ordnungsmaßnahmen auf benachbarten Grundstücken,
- Maßnahmen zur Behebung besonderer Gründungsschwierigkeiten,
- die Regulierung des Grundstücksniveaus etwa durch den Bau von Stützmauern.

6.8.3.8 Durchführung naturschutzrechtlicher Ausgleichsmaßnahmen

690   Nach § 147 Abs. 2 Satz 1 BauGB gelten auch naturschutzrechtliche Ausgleichsmaßnahmen i.S. von § 1 a Abs. 3 BauGB, die die Gemeinde anstelle der Grundeigentümer durchführt einschließlich der Bereitstellung der hierfür erforderlichen Flächen als Ordnungsmaßnahmen. Ihre Kosten können daher nach § 164 a Abs. 2 Nr. 2 Halbsatz 1 BauGB mit Städtebauförderungsmitteln gedeckt werden. Vgl. oben Rdn. 219 ff.

6.8.4 *Kosten für Baumaßnahmen*

6.8.4.1 Allgemeines

691   Nach § 164 a Abs. 2 Nr. 3 BauGB können Städtebauförderungsmittel für die Durchführung von Baumaßnahmen eingesetzt werden. Es muss sich um Baumaßnahmen handeln, die für die Durchführung der Sanierungs- oder Entwicklungsmaßnahme erforderlich sind. Da nach § 148 Abs. 1 Satz 1 die Durchführung der Baumaßnahmen grundsätzlich den Eigentümern obliegt, können neben Baumaßnahmen der Gemeinde private Baumaßnahmen nur gefördert werden, soweit sie unrentabel sind, vgl. § 177 Abs. 4 BauGB § 148 Abs. 2 BauGB regelt abschließend welche Maßnahmen zu den Baumaßnahmen gehören. Soweit es sich nicht um Baumaßnahmen der Gemeinde handelt, hat hier bei der Verwendung von Städtebauförderungsmitteln die Beachtung des Grundsatzes der Nachrangigkeit eine ganz besondere Bedeutung.

6.8.4.2 Gemeinbedarfs- und Folgeeinrichtungen

692   Nach § 147 Abs. 2 Satz 1 BauGB gehören Gemeinbedarfs- und Folgeeinrichtungen zu den Baumaßnahmen. Zum Begriff vgl. oben Rnr. 245, Voraussetzung für eine Förderung ist in jedem Falle der Nachweis der Unrentierlichkeit der Einrichtung. Für viele städtebauliche Gesamtmaßnahmen hat die Verwendbarkeit von Städtebauförderungsmitteln für die Errichtung oder Änderung von gemeindeeigenen Gemeinbedarfs- und Folgeeinrichtungen eine entscheidende kommunalpolitische Bedeutung. In zahlreichen Gesamtmaßnahmen nehmen derartige Baumaßnahmen städtebaulich die Rolle einer Schlüsselfunktion ein. Der Bau eines

Rathauses oder einer Stadtbücherei kann in einem innerstädtischen Sanierungsgebiet planerisch sehr sinnvoll sein, er kommt aber der Gemeinde insgesamt zugute, dient also nicht nur der Sanierung. Insoweit sind hier Abschläge bei der Verwendung von Städtebauförderungsmitteln vertretbar. Die fördernde Stelle kann daher den Einsatz der Städtebauförderungsmittel für die Deckung der Baukosten auf einen rechnerisch abzugrenzenden Bauabschnitt beschränken. Möglich ist aber auch eine gegenüber den bewilligten Bundesfinanzhilfen eingeschränkte Zuweisung von Landesfinanzhilfen und ein entsprechender Ausgleich durch einen höheren Anteil gemeindlicher Eigenmittel zur Bindung der Bundesfinanzhilfen von einem Drittel der Kosten jeder Gesamtmaßnahme. Die Förderung interregionaler Einrichtungen scheidet daher grundsätzlich aus, weil sie dem Grundsatz der Nachrangigkeit der Städtebauförderung widerspricht, vgl. hierzu oben Rdn. 669.

Vielfach ist ein Dritter anstelle der Gemeinde Träger einer Einrichtung, die der sozialen und kulturellen Betreuung der Bewohner des Gebietes der städtebaulichen Gesamtmaßnahme dient. Dritter kann sowohl eine öffentlich-rechtliche Körperschaft als auch ein Privater sein. Die Förderung der Einrichtung eines privaten Trägers setzt voraus, dass deren Benutzung durch alle Gemeindeeinwohner rechtlich gesichert ist. Auch können die Förderrichtlinien eine Mindesteigenbeteiligung des privaten Trägers an den Baukosten vorsehen.

6.8.4.3 Neubebauung und Ersatzbauten

Nach § 148 Abs. 2 Satz 1 Nr. 2 BauGB gehören die Neubebauung und die Ersatzbauten zu den Baumaßnahmen. Zu den Begriffen vgl. oben Rdn. 244. Das Gesetz geht davon aus, dass die planungsrechtlich zulässige Bebauung auch wirtschaftlich tragbar ist. Wenn dies nicht der Fall ist, kann sie von der Gemeinde auch nicht durch Anordnung eines Baugebotes nach § 176 BauGB erzwungen werden. Für den Bau von Wohnungen kommt die Verwendung von Städtebauförderungsmitteln insbesondere in Frage, wenn Mittel des sozialen Wohnungsbaues nicht zur Verfügung stehen und eine begonnene Sanierungs- oder Entwicklungsmaßnahme nicht abgeschlossen werden könnte oder wenn es für die Erreichung der städtebaulichen Ziele der Gesamtmaßnahme dringend erforderlich ist. Möglich ist danach eine Finanzierung des unrentierlichen Teiles der Baukosten. Die Gemeinden können Städtebauförderungsmittel auch den Bauherren zuweisen um die Kosten für einen ortsgestalterisch begründeten Mehraufwand der Baumaßnahmen abzudecken.

693

6.8.4.4 Modernisierung und Instandsetzung

Nach § 148 Abs. 2 Satz 1 Nr. 1 BauGB gehört die Modernisierung und Instandsetzung zu den Baumaßnahmen. Zur Modernisierung und Instandsetzung vgl. oben Rnr. 206 ff. und 504 ff. Mit Städtebauförderungsmitteln können folgende Ausgaben gedeckt werden:

694

– Der Kostenerstattungsbetrag nach § 177 Abs. 4 und 5 BauGB aufgrund eines Modernisierungs- oder/und Instandsetzungsgebotes,

- der Kostenerstattungsbetrag nach § 164a Abs. 3 Satz 2 BauGB aufgrund einer vertraglichen Verpflichtung zur Vermeidung der Anordnung eines Modernisierungs- oder/und Instandsetzungsgebotes,
- der Kostenerstattungsbetrag nach § 177 Abs. 4 Satz 4 BauGB als Pauschale aufgrund einer vertraglichen Verpflichtung zur Vermeidung der Anordnung eines Modernisierungs- oder/ und Instandsetzungsgebotes,
- die Kosten von Maßnahmen, die der Erhaltung und Erneuerung und funktionsgerechten Verwendung eines Gebäudes i.S. § 164a Abs. 3 Satz 2 Halbsatz 2 BauGB dienen, wenn ein Kostenerstattungsbetrag aufgrund eines Vertrages gewährt wird, der der Vermeidung eines Modernisierungsgebotes dient,
- die Kosten für die Deckung der erhöhten laufenden Aufwendungen aufgrund von Art. 15 Abs. 1 Satz 2 VV-Städtebauförderung bei einer Maßnahme i.S. von § 164a Abs. 3 Satz 2 Halbsatz 2 BauGB,
- die Kosten der Modernisierung und Instandsetzung einer baulichen Anlage im Treuhandvermögen oder städtebaulichen Sondervermögen der Gemeinde aufgrund von § 164a Abs. 2 Nr. 3 i.V. mit § 148 Absatz 1 Nr. 2 BauGB.

6.8.4.5 Verlagerung und Änderung von Betrieben

695 Nach § 148 Abs. 2 Nr. 4 BauGB können zu den für die Durchführung der Sanierung erforderlichen Baumaßnahmen auch die Verlagerung oder Änderung von Betrieben in das Sanierungsgebiet oder den Entwicklungsbereich gehören, vgl. hierzu oben Rnr. 216. In Betracht kommt eine Spitzenfinanzierung, die die Bewältigung von Anlaufschwierigkeiten an dem neuen Standort erleichtern.

6.8.5 *Kosten für die Vergütung beauftragter Dritter*

696 Aufgrund von § 164a Abs. 2 Nr. 3 BauGB können Städtebauförderungsmittel für die Gewährung einer angemessenen Vergütung von nach Maßgabe des BauGB beauftragten Dritten eingesetzt werden. In Betracht kommt die Übertragung von nichthoheitlichen Aufgaben der Gemeinde im Rahmen der städtebaulichen Sanierung oder Entwicklung. Aufgrund dieser Fördervorschrift ist, vor dem Hintergrund der Regelung in § 164a Abs. 2 Halbsatz 2 BauGB, die Übertragung dieser Aufgaben auf geeignete Dritte wirtschaftlich. Die Übertragung richtet sich nach §§ 157 bis 161 BauGB. In der Praxis handelt es sich bei den geeigneten Beauftragten zumeist um städtebauliche Planer und treuhänderische Sanierungsträger.

6.8.6 *Kosten für den Sozialplan und den Härteausgleich*

697 Aufgrund von § 164a Abs. 2 Nr. 5 BauGB sind Kosten für die bei der Verwirklichung eines Sozialplanes nach § 180 BauGB sowie die Gewährung eines Härteausgleiches i.S. von § 181 BauGB entstehen, förderungsfähig. Bei der Förderung von Sozialplankosten ist zu beachten, dass seitens der Betroffenen sich aus § 180 BauGB kein Anspruch auf die Gewährung von Leistungen gegen die Gemeinde ableiten lässt. Den Ländern obliegt es daher durch ihre Förderrichtlinien zu regeln, unter welchen Voraussetzungen und in welchem Maße Städtebauförderungsmittel

Abrechnung

für die Verwirklichung von Sozialplänen eingesetzt werden dürfen. Die Einsetzung von Städtebauförderungsmitteln für die Gewährung eines Härteausgleiches nach § 181 BauGB kommt hauptsächlich bei sanierungs- oder entwicklungserforderlichen Umzügen von Bewohnern und Betrieben in Frage, wenn sie auf der Beendigung eines schuldrechtlichen Nutzungsverhältnisses beruhen, vgl. hierzu oben Rdn. 81ff. Von Bedeutung sind ferner Ausgaben der Gemeinde für die Unterbringung in Zwischenunterkünften, soweit die entsprechenden Nachteile nicht bereits bei der Bemessung einer Entschädigung berücksichtigt worden sind.

6.9 Abrechnung

6.9.1 Allgemeines

Die Abrechnung bezieht sich auf die jeweilige städtebauliche Gesamtmaßnahme, wie sie in das Städtebauförderungsprogramm aufgenommen worden ist. Förderungsfähige Kosten, die durch Zuwendungen von dritter Seite gedeckt worden sind, bleiben von der Abrechnung unberührt. Dies gilt aber nicht für Zuwendungen der Landkreise zur Ersetzung der erforderlichen Ergänzungsmittel der Gemeinden. Zu unterscheiden sind Schlussabrechnung und Zwischenabrechnungen. Die Abrechnungen der Gesamtmaßnahme sind ihrem Wesen nach Gegenüberstellungen und Aufrechnungen der infolge der Gesamtmaßnahme entstandenen Einnahmen und der für ihre Vorbereitung und Durchführung entstandenen förderungsfähigen Aufwendungen. Hierbei sind die Einnahmen und Kosten nach Vorgabe der Förderrichtlinien in Gruppen zu gliedern. 698

Soweit aufgrund haushaltsrechtlicher Bestimmungen nach der Durchführung einzelner Erschließungsmaßnahmen und kommunaler Baumaßnahmen eine baufachliche Prüfung durchzuführen ist, werden deren Ergebnisse bei den Abrechnungen der Gesamtmaßnahme nicht wieder in Frage gestellt. Ein entsprechendes Verfahren empfiehlt sich wegen der Dauer der Gesamtmaßnahme auch bei anderen Einzelmaßnahmen wie der Festsetzung oder Vereinbarung von Kostenerstattungsbeträgen oder dem Ankauf von Grundstücken. Die Ergebnisse dieser zeitnahen Einzelprüfungen können dann gleichsam als Bausteine in die Schlussabrechnung der städtebaulichen Gesamtmaßnahme eingehen. 699

Die Zwischenabrechnung dient haushaltsrechtlich als Verwendungsnachweis und kann zugleich Bestandteil der jährlich fortzuschreibenden Kosten- und Finanzierungsübersicht i.S. von § 149 BauGB sein. Die Zwischenabrechnungen führen zugleich zu einer Einschränkung der Schlussabrechnung. Von der Bewilligungsstelle anerkannte Zwischenabrechnungen der Gemeinde gehen als Bestandteil in die Schlussabrechnung ein. 700

Die Schlussabrechnung dient als haushaltsrechtlicher Verwendungsnachweis. Aufgrund der Schlussabrechnung entscheidet die fördernde Stelle abschließend über die endgültige Förderung der städtebaulichen Gesamtmaßnahme. Vom Ergebnis der Schlussabrechnung hängt es ab, in welchem Umfang die als Vorauszah- 701

Städtebauförderung

lungen bewilligten Städtebauförderungsmittel zu Zuschüssen oder Darlehen bestimmt werden oder zurückzuzahlen oder ausnahmsweise durch weitere Städtebauförderungsmittel in Form von Zuschüssen zu ergänzen sind. Zum Zeitpunkt der Schlussabrechnung nach Aufhebung der Sanierungs- oder Entwicklungssatzung werden i.d.R. bestimmte einzelne Einnahmen und Ausgaben noch offen sein, obwohl sie der Höhe nach feststehen. Z.B. können bereits festgesetzte Ausgleichsbeträge oder Erschließungsbeiträge noch zu entrichten sein sowie Grundstücke zu einem bestimmten Wert zu privatisieren sein. Umgekehrt kann für die Gemeinde die Verpflichtung zur späteren Bezahlung eines bereits vereinbarten oder festgesetzten Kostenerstattungsbetrages bestehen. In diesem Falle sind im Rahmen der Schlussabrechnung die später fälligen Einnahmen und förderungsfähigen Ausgaben auf den Zeitpunkt der Abrechnung abzuzinsen, d.h. entsprechend der späteren Fälligkeit zinsmäßig zu mindern. Der Mustererlass Städtebauförderung geht hierbei von einem Zinssatz von 6 v.H. und einem Zinszeitraum von längstens zehn Jahren aus, der mit Ablauf des Jahres beginnen soll, in dem die Schlussabrechnung aufgestellt worden ist.

6.9.2 *Wertausgleich*

702   In der Schlussabrechnung sind sowohl die von der Gemeinde bereitgestellten privat nutzbaren Grundstücke, vgl. hierzu Rnr. 655 ff., als auch die von ihr in das Liegenschaftsvermögen übernommenen oder zu übernehmenden privat nutzbaren Grundstücke zu erfassen. Bei der Übernahme oder Zurücknahme von solchen Grundstücken kann es sich nur um eine Ausnahme handeln. Sie wirkt sich nachteilig für die Finanzierung der Gesamtmaßnahme aus. Für diese privat nutzbaren Grundstücke wird daher in der Abrechnung ein Wertausgleich zu Lasten der Gemeinde vorgenommen. Entsprechend ist auch zu verfahren, wenn von der Gemeinde übernommene Grundstücke durch Vergabe von Erbbaurechten oder sonstigen Nutzungsrechten einer privaten Nutzung zugeführt worden sind. Laufende Einnahmen aus der Bereitstellung der Nutzungsrechte müssen in kapitalisierter Form als Einnahme berücksichtigt werden.

703   Der Wertausgleich zu Lasten der Gemeinde wird dadurch bewirkt, dass der Wert der Grundstücke bei der Abrechnung als Einnahme angesetzt wird. Hierbei ist der Verkehrswert der Grundstücke einschließlich Bebauung unter Berücksichtigung der rechtlichen und tatsächlichen Neuordnung des Gebietes der Gesamtmaßnahme zugrundelegen. Bei vorzeitiger Übernahme der Grundstücke in das Liegenschaftsvermögen der Gemeinde ist der Verkehrswert in diesem Zeitpunkt maßgebend. Im Übrigen ist der Verkehrswert auf den Zeitpunkt des Abschlusses der Gesamtmaßnahme beziehen. Der Wertausgleich zu Lasten der Gemeinde ist nicht für Grundstücke vorzunehmen, auf denen planungsrechtlich nur die Herstellung von Erschließungsanlagen oder der Bau von Gemeinbedarfs- und Folgeeinrichtungen in Betracht kommt. Soweit jedoch die Gemeinde Grundstücke übernimmt, auf denen nicht förderungsfähige Erschließungsanlagen oder Gemeinbedarfs- und Folgeeinrichtungen errichtet worden sind oder noch errichtet werden sollen, so ist entspre-

Abrechnung

chend ein voller oder ein anteiliger Wertausgleich zu Lasten der Gemeinde vorzunehmen. Der Mustererlass Städtebauförderung sieht für diesen Fall vor, dass höchstens von dem Verkehrswert auszugehen ist, den diese Grundstücke nach § 153 Abs. 3 BauGB, d.h. von der städtebaulichen Gesamtmaßnahme unbeeinflusst, im Zeitpunkt des Erwerbs oder der Bereitstellung durch die Gemeinde hatten.

Entsprechend den Regelungen der Förderrichtlinien der Länder kommt auch ein Wertausgleich zu Gunsten der Gemeinde für bereitgestellte Grundstücke in Betracht. Eine solche Regelung ist sinnvoll für von der Gemeinde vor der Aufnahme in das Förderprogramm im Hinblick auf die erforderliche städtebauliche Gesamtmaßnahme erworbene Grundstücke. Durch den Erwerb dieser Grundstücke hat die Gemeinde eine Vorleistung für die Durchführung der städtebaulichen Gesamtmaßnahme erbracht. Dieser Wertausgleich kommt in Frage für privat nutzbare Grundstücke und für Flächen mit einer vorhandenen öffentlichen Nutzung, die nicht auf das Gebiet der Gesamtmaßnahme bezogen ist. Der Wertausgleich wird durchgeführt, indem der Verkehrswert solcher Grundstücke in der Abrechnung als Ausgabe berücksichtigt wird. Zugrunde zu legen ist der durch die Gesamtmaßnahme unbeeinflusste Verkehrswert nach § 153 Abs. 3 BauGB, vgl. hierzu oben Rnr. 342 und 375, im vereinfachten Sanierungsverfahren der Verkehrswert des § 194 BauGB, d.h. der Wert, der im gewöhnlichen Geschäftsverkehr nach den rechtlichen Gegebenheiten und den tatsächlichen Eigenschaften, der sonstigen Beschaffenheit und der Lage des Grundstückes ohne Rücksicht auf ungewöhnliche oder persönliche Verhältnisse zu erzielen wäre. Für die Durchführung des Wertausgleiches hat die Gemeinde ein genaues Verzeichnis aller von ihr bereitgestellten und der von ihr in das Liegenschaftsvermögen übernommenen Grundstücke einschließlich der Verkehrswerte zu führen und den für die Prüfung der Abrechnung der Gesamtmaßnahme zuständigen Stellen vorzulegen. *704*

6.9.3 Prüfung der Abrechnung

Die Abrechnung der städtebaulichen Gesamtmaßnahme ist Aufgabe der Gemeinde. Die für die Gemeinde zuständige Prüfstelle kontrolliert die Belege und prüft die Abrechnung sachlich und rechnerisch. Hierbei ist besonders wichtig die Prüfung *705*

– der gleichzeitigen und ausreichenden Verwendung der gemeindlichen Eigenmittel,
– die Ausschöpfung der Einnahmemöglichkeiten die richtige Bewertung der Grundstücke,
– die Bereitstellung der Grundstücke.

Anschließend hat die Gemeinde die Abrechnung mit der Bescheinigung des Prüfungsergebnisses durch ihre Prüfungsstelle wie z.B. das Gemeindeprüfungsamt der Bewilligungsstelle zuzusenden. Diese überwacht die vorgelegte Abrechnung. Die Gemeinde hat auf Verlangen der Bewilligungsstelle eine unvollständige oder rechnerisch unrichtige Abrechnung zu ergänzen oder zu berichtigen. Die Bewilligungs-

Städtebauförderung

stelle prüft die Abrechnung förderrechtlich und entscheidet darüber, ob die Vorauszahlungen gemäß Artikel 9 Abs. 4 VV-Städtebauförderung Zuschüsse oder Darlehen werden oder durch andere Finanzierungsmittel zu ersetzen oder zurückzuzahlen sind, vgl. oben Rnr. 701. Die Rückforderung zuviel gezahlter Bundes- und Landesfinanzhilfen durch einen Verwaltungsakt ist mangels einer gesetzlichen Grundlage nicht zulässig. Verweigert die Gemeinde unbegründet die Rückzahlung muss daher die fördernde Stelle die überzahlten Finanzhilfen verwaltungsgerichtlich im Wege der Leistungsklage i.S. von § 43 Abs. 2 Satz 1 Verwaltungsgerichtsordnung zurückfordern.

706 Das Ergebnis der Abrechnung kann aber auch nach entsprechender Regelung der anzuwendenden Förderrichtlinien des Landes zu einer Nachförderung der städtebaulichen Gesamtmaßnahme führen. Voraussetzung hierfür ist, dass der Wert der förderungsfähigen Ausgaben den Wert der Einnahmen der Gesamtmaßnahme mit Zustimmung der für die Programmaufstellung zuständigen Stelle überschritten hat. Eine solche Nachförderung kann sich aufgrund des Wertausgleiches ergeben. Dies wird der Fall sein, wenn der Wert der von der Gemeinde bereitgestellten Grundstücke höher ist, als der Wert der von der Gemeinde aus dem Treuhand- oder dem Sondervermögen in ihr Liegenschaftsvermögen überführten Grundstücke. Soweit dieser Unterschiedsbetrag nicht dazu benötigt wird, einen sich aus der übrigen Gesamtabrechnung ergebenden Einnahmenüberschuss abzubauen, kommt in entsprechender Höhe eine Nachförderung in Frage. Die Mitteilung der Bewilligungsstelle an die Gemeinde über das Ergebnis der Prüfung der Abrechnung der städtebaulichen Gesamtmaßnahme beinhaltet daher zugleich auch den endgültigen Bewilligungsbescheid über die gewährten Finanzhilfen des Bundes und des Landes.

6.10 Besondere Städtebauförderung

6.10.1 Allgemeines

707 Bund und Länder fördern außer den städtebaulichen Sanierungs- und Entwicklungsmaßnahmen noch die weiteren gebietsbezogenen städtebaulichen Gesamtmaßnahmen:

Stadtumbau,
Soziale Stadt und
Städtebaulicher Denkmalschutz.

Auch hier beruht die Beteiligung des Bundes an dieser Gemeinschaftsfinanzierung auf der verfassungsrechtlichen Grundlage des § 104 Abs. 4 Grundgesetz, vgl. hierzu oben Rdn. 628 ff. Die mit diesen Programmen geförderten städtebaulichen Ziele und Maßnahmen der Gemeinden liegen i.d.R. nicht außerhalb derjenigen der städtebaulichen Sanierung nach § 136 BauGB, vgl. hierzu oben Rdn. 86 ff. Mit ihnen wollen Bund und Länder den Gemeinden gezielt bei der Finanzierung der Durchführung ganz bestimmter wichtiger Aufgaben helfen. Die beiden ersten dieser Förderprogramme wurden durch das EAG Bau in das BauGB verfahrensmäßig

Besondere Städtebauförderung

als Dritter und Vierter Teil des Besonderen Städtebaurechts aufgenommen, vgl. hierzu oben Rdn. 530 a ff. Hiernach sind aufgrund von § 171b Abs. 4 sowie § 171e Abs. 6 Satz 1 BauGB die Regelungen der §§ 164a und 164b BauGB über den Einsatz von Städtebauförderungsmitteln und die diesbezügliche Verwaltungsvereinbarung entsprechend anzuwenden, vgl. hierzu oben Rdn. 630 ff.

Nach der VV Städtebauförderung 2004 und der Ergänzungs-VV Städtebauförderung gewähren Bund und Länder, abweichend von der allgemeinen Städtebauförderung, den Gemeinden die Finanzierungshilfen für die eingangs genannten städtebaulichen Aufgaben als Zuschüsse.

6.10.2 Stadtumbau

Der Stadtumbau wird auf der Grundlage von städtebaulichen Entwicklungskonzepten der Gemeinde gefördert. Nach der Ergänzungs-VV Städtebauförderung 2004 für die alten Länder sind in dem Konzept die Ziele und Maßnahmen im Fördergebiet darzustellen. Es muss räumlich und sachlich die Aspekte umfassen, „welche für die Stadtumbaumaßnahme im Fördergebiet sowie die Auswirkungen und die Bedeutung der Stadtumbaumaßnahme auf und für das übrige Stadtgebiet bedeutsam sind". Die VV-Städtebauförderung hebt für die Finanzierung des Stadtumbaus in den neuen Ländern die Notwendigkeit der Beteiligung der Wohnungseigentümer an der Aufstellung des städtebaulichen Entwicklungskonzeptes hervor.

708

Der Bund beteiligt sich wie bei der allgemeinen Städtebauförderung mit einem Anteil von einem Drittel der förderungsfähigen Kosten. Hiervon abweichend trägt er die Hälfte des Förderungsaufwandes beim Rückbau von Wohnraum, während die Länder den restlichen Anteil der förderungsfähigen Kosten tragen. Gefördert wird der Rückbau leerstehender, dauerhaft nicht mehr benötigter Wohngebäude oder Wohngebäudeteile. Eingeschlossen sind die Aufwendungen für die Freimachung von Wohnungen, den Abbruch des Gebäudes und eine einfache Herrichtung des Grundstückes zur Wiedernutzung, wie insbesondere für seine Begrünung. Beim Rückbau werden die Aufwendungen des betroffenen Eigentümers in Höhe eines Pauschalbetrages je Quadratmeter rückgebauter Gebäude oder Gebäudeteile ist hingegen nicht förderungsfähig. Die Förderung des Rückbaus durch Zuschüsse setzt zudem den Verzicht des Grundeigentümers auf etwaige planungsrechtliche Entschädigungsansprüche voraus, vgl. hierzu oben Rdn. 530f.

Die Förderung des Stadtumbaus, die auch als Aufwertung von Stadtquartieren bezeichnet wird, umfasst die Anpassung der städtischen Infrastruktur, die Wiedernutzung freigelegter Flächen und die Verbesserung des Wohnumfeldes sowie die Aufwertung des vorhandenen Gebäudebestandes, insbesondere die Erhaltung von Gebäuden mit baukultureller Bedeutung. Hierzu gehört beispielsweise die Instandsetzung und Modernisierung von das Stadtbild prägenden Gebäuden. Die Förderung der Aufwertung von Stadtquartieren schließt ferner Aufwendungen für sonstige Bau- und Ordnungsmaßnamen, die für den Stadtumbau erforderlich sind,

Städtebauförderung

sowie die Fortschreibung städtebaulicher Entwicklungskonzepte und auch die Leistungen von Beauftragten mit ein.

Die VV-Städtebauförderung 2004 berücksichtigt für die Förderung des Stadtumbaues in den neuen Ländern die Bestimmungen des BauGB noch nicht. Voraussetzung für die Förderung ist ein durch Beschluss der Gemeinde räumlich abgegrenztes Fördergebiet. Diese räumliche Angrenzung kann durch ein Sanierungsgebiet nach § 142 BauGB oder ein Erhaltungsgebiet nach § 172 BauGB sowie aufgrund eines von der Gemeinde unter Beteiligung der Wohnungseigentümer aufgestelltes städtebauliches Entwicklungskonzept vorgenommen werden. Die Länder können aber aus sachdienlichen Gründen die Vergabe von Bundes- und Landesfinanzhilfen mit der Auflage der Anwendung gesetzlichen Vorschriften im Fördergebiet verbinden. Die für die Förderung des Stadtumbaues in den alten Ländern geltende Ergänzungs-VV Städtebauföderung setzt hingegen die Abgrenzung des Fördergebietes durch ein Sanierungsgebiet nach § 142 BauGB oder ein Erhaltungsgebiet nach § 172 BauGB oder ein Stadtumbaugebiet nach § 171b BauGB voraus.

6.10.3 *Soziale Stadt*

709 § 171e Abs. 6 Satz 2 BauGB erweitert für den Bereich der sozialen Stadt die förderrechtliche Regelung des § 164a Abs. 1 Satz 2 BauGB. Diese Regelung betrifft die Verwendung von Förder- und Finanzmitteln auf anderer gesetzlicher Grundlage, also außerhalb des BauGB, für Maßnahmen, die im Rahmen der Sanierung durchgeführt werden können. Der dort vorgesehene Grundsatz des gebündelten Einsatzes der verschiedenen Fördermittel wird für die städtebaulichen Maßnahmen der sozialen Stadt durch § 171e Abs. 6 Satz 2 BauGB auf die in § 171e Abs. 2 Satz 3 BauGB genannten sonstigen, d.h. nicht investiven Maßnahmen erweitert.

In Betracht kommen vor allem Maßnahmen zur Bildungsförderung, zur sozialen Betreuung, zur Förderung der Wirtschaft und Arbeitsbeschaffung, zur Verbesserung der Jugendbetreuung sowie der Sicherheit. Zu nennen sind auch wohnungswirtschaftliche Maßnahmen wie die Freistellung und der Tausch von Wohnungsbindungsrechten nach §§ 30 und 31 Wohnraumförderungsgesetz. Angestrebt wird eine Verzahnung der diesen Maßnahmen zugrunde liegenden Programme mit den baulichen Maßnahmen der Stadterneuerung, die hier eine koordinierende Klammerwirkung erhalten soll. Die Steuerung dieses Zusammenwirkens kann zweckmäßigerweise einem Sanierungsträger oder einem sonstigen geeigneten Beauftragten der Gemeinde i.S. von § 157 BauGB, vgl. hierzu oben Rdn. 398ff. übertragen werden, wenn die Maßnahmenträger damit einverstanden sind. Zur Förderung der ganzheitlichen Aufwertung der Gebiete der sozialen Stadt sieht die V-Städtebauförderung folgende Maßnahmengruppen vor:

– Verbesserung der Wohnverhältnisse
– Einleitung neuer wirtschaftlicher Tätigkeiten (z.B. durch die Förderung von Unternehmensgründungen),
– Schaffung und Sicherung der Beschäftigung auf lokaler Ebene,
– Verbesserung der Infrastruktur, insbesondere für junge Menschen,

Bedeutung der Städtebauförderung

- Verbesserung des Angebotes an bedarfsgerechten Aus- und Fortbildungsmöglichkeiten,
- Maßnahmen für eine sichere Stadt,
- Öffentlicher Personennahverkehr,
- Wohnumfeldverbesserung,
- Stadtteilkultur,
- Freizeit.

Bei der sozialen Stadt beteiligt sich der Bund, wie bei der allgemeinen Städtebauförderung, mit einem Anteil von einem Drittel der förderungsfähigen Kosten.

6.10.4 Städtebaulicher Denkmalschutz

Der Bund und die neuen Länder fördern seit 1991 den städtebaulichen Denkmalschutz; zu dem Begriff vgl. unten Rdn. 831. Das Programm dient der Sicherung und Erhaltung der Struktur und Funktion bedrohter historischer Stadtkerne mit denkmalwerter Bausubstanz. Das BauGB enthält keine Bestimmungen über die Förderung des städtebaulichen Denkmalschutzes. Die Förderungsmittel dürfen jedoch nur für Vorhaben in Gebieten verwendet werden, die von der Gemeinde durch eine städtebauliche Erhaltungssatzung i.S. von § 172 Absatz 1 Satz 1 Nr. 1 BauGB bezeichnet worden sind, vgl. hierzu unten Rdn. 734 ff. Die Förderungsmittel können eingesetzt werden für die Sicherung sowie Modernisierung und Instandsetzung oder den Aus- und Umbau von erhaltenswerten Gebäuden, historischen Ensembles oder sonstiger Anlagen von geschichtlicher, künstlerischer oder städtebaulicher Bedeutung; vgl. zu diesen Begriffen oben Rdn. 557 und unten Rdn. 779 ff. Ausnahmsweise kann auch die bauliche Ergänzung geschichtlich bedeutsamer Ensembles gefördert werde. Bei den Modernisierungs- und Instandsetzungsmaßnahmen sind die unrentierlichen Kosten gemäß § 177 Abs. 4 und 5 BauGB, vgl. hierzu oben Rdn. 560 ff, sowie die Kosten nach § 164 a Abs. 3 Satz 2 BauGB, vgl. hierzu oben Rdn. 673, förderungsfähig. Das Programm dient auch der Erhaltung und Umgestaltung von Straßen- und Platzräumen von geschichtlicher oder städtebaulicher Bedeutung sowie der Durchführung von Ordnungsmaßnahmen zur Erhaltung bzw. Wiederherstellung des historischen Stadtbildes.

710

Förderungsfähig sind ferner die Leistungen von Sanierungsträgern und anderen bestätigten Beauftragten zur Beratung von Eigentümern und Investoren über die Einhaltung von Auflagen der Denkmalpflege oder aus örtlichen Satzungen sowie Aufwendungen für den Wissenstransfer. Bund und Länder fördern die Maßnahmen des städtebaulichen Denkmalschutzes als Gesamtmaßnahme zu je einem Anteil in Höhe von 40 v.H. der förderungsfähigen Kosten. Den Gemeinden verbleibt somit die Finanzierung eines Anteils von 20 v.H. dieser Kosten.

6.11 Bedeutung der Städtebauförderung

Die Beteiligung des Bundes an der Städtebauförderung beruht verfassungsrechtlich auf Art. 104 a Abs. 4 GG, einer Regelung, die der Wirtschaftsförderung dient.

711

Nach § 136 Abs. 4 Satz 2 Nr. 2 BauGB sollen städtebauliche Sanierungsmaßnahmen dazu beitragen, dass die Verbesserung der Wirtschaftsstruktur unterstützt wird. Die bisherigen Erfahrungen mit der Städtebauförderung zeigen, dass deren wirtschaftsfördernde Wirkung sehr hoch zu veranschlagen ist. Die Aussicht auf Gewährung von Bundes- und Landesfinanzhilfen führt in den Gemeinden zur Planungssicherung oder ihrer Verbesserung und macht dadurch private Bauinvestition sinnvoller. Die Verwendung von Städtebauförderungsmitteln in den Maßnahmegebieten und Entwicklungsbereichen führt zu einem bedeutsamen Anstoßeffekt in Bezug auf den gebündelten Einsatz anderer öffentlicher und privater Mitteln. Das vielfach abwartende Verhalten möglicher privater Bauherren kann hierdurch überwunden werden. Hierbei hat der Umstand Bedeutung, dass in den neuen Ländern die Grundeigentümer zumeist nicht selbst in den Sanierungsgebieten wohnen. Der räumlich konzentrierte Einsatz der öffentlichen Mittel bewirkt in der Regel private Investitionen in mehrfacher Höhe der öffentliche Mittel. Insoweit entsteht hier ein volkswirtschaftlicher „Multiplikatoreffekt".

Der gebündelte Einsatz öffentlicher und privater Mittel in den Sanierungsgebieten und städtebaulichen Entwicklungsbereichen führt zu dem zu einem über diese Räume hinausreichenden Ausstrahlungseffekt. Dies gilt umso mehr wenn es sich hierbei um zentral gelegene Gebiete handelt. Es gibt kein anderes Fördersystem, welches zu einer entsprechenden Vernetzung unterschiedlicher Förderungen bewirkt. Allgemein ist davon auszugehen, dass die Verwendung von 1 DM Städtebauförderungsmittel weitere Investitionen in Höhe von 3 bis 4 DM auslöst. Hierbei kann die Relation in Wachstumsregionen höher in strukturschwachen Regionen dagegen niedriger sein. Selbst bei zurückhaltender Bewertung kann daher die Städtebauförderung als das öffentliche Fördersystem angesehen werden, welches zu den größten privatwirtschaftlichen Auswirkungen führt.

Soweit zu den städtebaulichen Gesamtmaßnahmen Modernisierungs- und Instandsetzungsmaßnahmen oder die Änderung von Erschließungsanlagen wie z.B. Fußgängerzonen gehören, handelt es sich um besonders arbeitsplatzintensive Maßnahmen. Hierbei ist die Verwendung von Maschinen nur im begrenzten Umfang möglich. Dagegen sind weitgehend handwerkliche Tätigkeiten erforderlich. Darüber hinaus tragen städtebauliche Gesamtmaßnahmen auch zur Erhaltung und Schaffung neuer Dauerarbeitsplätze bei. Sie führen zur Ansiedlung von Einzelhandelsgeschäften und anderen gewerblichen Betrieben durch Standortwechsel oder Neuansiedlung. Soweit die städtebauliche Gestaltung eines innerstädtischen Bereiches wesentlich verbessert wird, z.B. durch Auslagerung störender Elemente oder durch Einrichtung einer Fußgängerzone, wirkt sich dies sehr positiv auf den Einzelhandel aus und verbessert die Standortattraktivität. Schließlich trägt auch die Verbesserung des Ortsbildes in vielen Gemeinden zur Förderung des Tourismus bei. Insoweit ist die Städtebauförderung auch ein geeignetes Instrument der Konjunktur-, Wachstums- und Strukturpolitik.

7. Steuerrechtliche Vergünstigungen

7.1 Allgemeines

Angesichts der wachsenden Vielfalt steuerrechtlicher Regelungen kann hier nur auf solche Vorschriften hingewiesen werden, die sich unmittelbar auf das Besondere Städtebaurecht beziehen. Das BauGB selbst enthält im Gegensatz zum aufgehobenen Städtebauförderungsgesetz keine steuerrechtlichen Vorschriften. Aufgrund der nahezu hektischen Aktivitäten des Gesetzgebers im Steuerrecht unterliegen diese Hinweise ganz besonders dem Vorbehalt einer Rechtsänderung. Für die städtebauliche Sanierung und Entwicklung wichtige Steuervergünstigungen ergeben sich aus dem Einkommensteuergesetz 1990 (EStG 1990) i.d.F. der Bekanntmachung vom 7. September 1990 (BGBl. I S. 1898, 1991 I S. 808) zuletzt geändert durch Artikel 27 des Gesetzes zur Reform der agrarsozialen Sicherung (Agrarsozialreformgesetz 1995 – ASRG 1995) vom 25. Juli 1994 (BGBl. I S. 1014). Bei der Anwendung steuerrechtlicher Vorschriften ist zu beachten, dass diesen im Vergleich zum BauGB eine ganz andere Systematik zugrunde liegt und die Terminologie z.T. eine ganz andere ist.

712

7.2 Gewinne aus der Veräußerung von Grund und Boden

§ 6b Abs. 8 EStG 1990 begünstigt die Veräußerung bestimmter Wirtschaftsgüter an bestimmte Erwerber zum Zwecke der Vorbereitung und Durchführung von städtebaulichen Sanierungs- oder Entwicklungsmaßnahmen. Zu den in § 6b Abs. 1 Satz 1 EStG 1990 genannten Wirtschaftsgütern gehören Grund und Boden sowie Gebäude. Als Erwerber kommen nach § 6 Abs. 8 Satz 3 EStG 1990 in Frage

713

– Gebietskörperschaften,
– Gemeindeverbände,
– Verbände i.S. des § 166 Abs. 4 BauGB, das sind Planungsverbände, denen die Vorbereitung und Durchführung einer Entwicklungsmaßnahme übertragen worden ist,
– Planungsverbände nach § 205 BauGB,
– Sanierungsträger nach § 157 BauGB,
– Entwicklungsträger nach § 167 BauGB,
– Erwerber, die städtebauliche Sanierungsmaßnahmen als Eigentümer gemäß § 146 Abs. 3 BauGB (Ordnungsmaßnahmen) oder nach § 148 Abs. 1 BauGB (Baumaßnahmen) selbst durchführen.

Ohne Bedeutung ist, ob der Erwerb freiwillig oder erzwungen vorgenommen wird, z.B. durch Ausübung eines Vorkaufsrechtes oder Enteignung.

Die steuerbegünstigende Regelung ist gemäß § 6 b Abs. 9 EStG 1990 nur anwendbar, wenn die nach Landesrecht zuständige Behörde bescheinigt, dass der Erwerb zum Zweck der Vorbereitung oder Durchführung von städtebaulichen Sanierungs- oder Entwicklungsmaßnahmen an einen der zuvor genannten Erwerber erfolgt ist.

714 Steuerlich begünstigt wird der Grundstücke oder bauliche Anlagen veräußernde Eigentümer bei einer Mindestvorbesitzzeit von zwei Jahren, vgl. § 6 b Abs. 4 Satz 1 Nr. 2 EStG 1990. Die steuerliche Vergünstigung erfolgt durch eine Minderung des steuerlichen Veräußerungsgewinnes. Bei der Veräußerung von Grund und Boden sowie Gebäuden ist gemäß § 6 b Abs. 1 Satz 1 Halbsatz 2 EStG 1990 ein Abzug bis zur vollen Höhe des bei der Veräußerung entstandenen Gewinnes zulässig. Der Veräußerungsgewinn kann entweder von den Kosten für die Anschaffung oder Herstellung neu erworbener Wirtschaftsgüter abgezogen oder in eine den zu versteuernden Gewinn mindernde Rücklage eingestellt werden. In der ersten Fallgestaltung dient die Steuerbegünstigung der Förderung der Reinvestitionen. Die Anschaffungs- oder Herstellungskosten können sich gemäß § 6 b Satz 2 EStG 1990 unter anderem auf Grund und Boden, soweit der Gewinn bei der Veräußerung von Grund und Boden entstanden ist, oder auf Gebäude, soweit der Gewinn u. a. bei der Veräußerung von Gebäuden entstanden ist, beziehen. Die in der Bestimmung genannten Wirtschaftsgüter müssen nach § 6 b Abs. 1 Satz 1 Halbsatz 1 EStG 1990 im Wirtschaftsjahr der Veräußerung oder im vorangegangenen Wirtschaftsjahr angeschafft oder hergestellt worden sein. Aufgrund von § 6 b Abs. 1 Satz 3 EStG 1990 stehen die Erweiterung, der Aus- und Umbau von Gebäuden ihrer Anschaffung oder Herstellung gleich.

715 In der zweiten Fallgestaltung kann der steuerpflichtige Veräußerer, wenn er den Abzug nach der ersten Fallgestaltung nicht wahrgenommen hat, im Wirtschaftsjahr der Veräußerung eine Rücklage bilden, vgl. § 6 b Abs. 3 Satz 1 EStG 1990. Bis zur Höhe dieser Rücklage dürfen die Anschaffungs- oder Herstellungskosten der in einer bestimmten Frist erworbenen Wirtschaftsgüter gemindert werden. § 6 b Abs. 8 Satz 1 Nr. 1 EStG 1990 verlängert die in § 6 Abs. 3 EStG 1990 enthaltenen Fristen um drei Jahre für Gewinne, die bei der Veräußerung von Grund und Boden sowie baulichen Anlagen zur Vorbereitung und Durchführung von städtebaulichen Entwicklungsmaßnahmen entstanden sind, da der Steuerpflichtige die Dauer dieser Gesamtmaßnahmen nicht beeinflussen kann.

7.3 Gebäude

7.3.1 *Allgemeines*

716 Das EStG 1990 enthält Steuerbegünstigungen für die Aufwendungen an bestimmten Gebäuden. Bei den Aufwendungen ist zu unterscheiden zwischen einerseits den Herstellungs- und Anschaffungskosten und andererseits dem Erhaltungsaufwand. Anschaffungskosten sind Kosten für den Erwerb eines vorhandenen Wirtschaftsgutes, hier eines Gebäudes. Herstellungskosten entstehen bei der Schaf-

Gebäude

fung eines noch nicht vorhandenen Wirtschaftsgutes, hier eines Gebäudes. Erhaltungsaufwand sind Kosten für Baumaßnahmen an einem Gebäude, die dessen Wesensart nicht ändern. Die Unterscheidung zwischen Herstellungs- und Erhaltungsaufwand hat in der Praxis eine große Bedeutung. So können Erhaltungsaufwendungen sofort als Werbungskosten abgezogen werden. Herstellungskosten müssen grundsätzlich auf die Gesamtdauer der Nutzung verteilt werden. Die Grenze zwischen Erhaltungsaufwand und Herstellungsaufwand an einem vorhandenen Gebäude ist aber fließend.

Als Erhaltungsaufwand gelten Kosten für die laufende Instandhaltung und für die Instandsetzung, aber auch einfache Modernisierungsmaßnahmen, wie z.B. die Umstellung der Beheizung eines Miethauses von Kohleöfen auf Zentralheizung. Die Bejahung von Erhaltungsaufwand hat aber nicht zur Voraussetzung, dass Teile oder Einrichtungen des Gebäudes wegen ihres schlechten Zustandes ausgewechselt oder erneuert werden müssen. Auf den Zustand des Gebäudes kommt es beim Erhaltungsaufwand nicht an. *717*

Dem Steuerrecht liegt der in § 255 Abs. 2 Satz 1 Handelsgesetzbuch geregelte Begriff der Herstellungskosten zu Grunde. Die Baumaßnahmen müssen danach der Erweiterung oder einer über den ursprünglichen Zustand des Gebäudes hinausgehenden Verbesserung dienen. Eine derartige Verbesserung tritt durch eine deutliche Verbesserung des Verbrauchswertes z.B. infolge der Verwendung außergewöhnlich hochwertiger Materialien oder durch eine besondere bauliche Gestaltung ein. Herstellungsaufwand liegt auch vor, wenn er dazu dient, ein aufgrund schwerer Substanzschwächen nicht mehr nutzbares Gebäude wieder nutzbar zu machen. Kosten die dagegen allein der Anpassung eines abgenutzten oder verwahrlosten Gebäudes an zeitgemäße Wohnvorstellungen dienen sind kein Herstellungsaufwand, vgl. BFH 13.10.1998 DWW 1999, 127. Maßgebend für die Bejahung von Herstellungsaufwand ist, ob etwas Neues, bisher noch nicht Vorhandenes geschaffen wird. Fallen derartige Baumaßnahmen im Einzelfall mit solchen zusammen, die der Erhaltung dienen, so ist dieser wirtschaftlich einheitliche Vorgang steuerrechtlich als Herstellungsmaßnahme zu bewerten. *718*

Die im Folgenden zu nennenden Steuerbegünstigungen beziehen sich ihrem Wesen nach nur auf solche Gebäude, die der Einkunftserzielung dienen. § 10 EStG 1990 führt hier insofern zu einer Ausnahme, als der steuerpflichtige Eigentümer Aufwendungen an einem zu eigenen Wohnzwecken genutzten Gebäude im Kalenderjahr des Abschlusses der Baumaßnahme und in den neun folgenden Kalenderjahren jeweils bis zu 10 vom Hundert wie Sonderausgaben von seinem Einkommen abziehen darf. Eine Doppelberücksichtigung dieser Aufwendungen ist aber aufgrund von § 10f. Abs. 1 Satz 3 und Abs. 2 Satz 2 EStG 1990 ausgeschlossen. *719*

Steuerrechtliche Vergünstigungen

7.3.2 Sanierungsgebiete und Entwicklungsbereiche

7.3.2.1 Erhöhte Absetzungen

720 § 7h EStG 1990 begünstigt bestimmte bauliche Maßnahmen an Gebäuden in förmlich festgelegten Sanierungsgebieten und Entwicklungsbereichen. Die Bestimmung bezieht sich in Absatz 1 Satz 1 auf Modernisierungs- und Instandsetzungsmaßnahmen i. S. von § 177 BauGB. Diesen baulichen Maßnahmen muss aber keine entsprechende Gebotsanordnung zugrunde liegen, sondern es kann sich auch um Modernisierungs- und Instandsetzungsmaßnahmen handeln, die anstelle einer zulässigen Gebotsanordnung zwischen Gemeinde und Eigentümer vertraglich vereinbart worden sind. Baumaßnahmen, die hingegen ohne einen solchen Vertrag vom Eigentümer freiwillig durchgeführt werden, fallen nicht unter den Begünstigungstatbestand. § 7h Absatz 1 Satz 2 EStG 1990 erweitert den Anwendungsbereich der in Satz 1 enthaltenen Steuervergünstigung auf solche baulichen Maßnahmen, die der Erhaltung, Erneuerung und funktionsgerechten Verwendung eines i. S. von § 177 BauGB zu modernisierenden oder instandzusetzenden Gebäudes dienen, das wegen seiner geschichtlichen, künstlerischen oder städtebaulichen Bedeutung erhalten bleiben soll, und zu deren Durchführung sich der Eigentümer neben bestimmten Modernisierungsmaßnahmen gegenüber der Gemeinde verpflichtet hat. Mit dieser Bestimmung knüpft § 7h Abs. 1 Satz 2 EStG 1990 an die frühere förderrechtliche Regelung in § 245 Abs. 11 Satz 1 BauGB in Verbindung mit § 43 Abs. 3 Städtebauförderungsgesetz, jetzt § 164a Abs. 3 Satz 2 und 3 BauGB, an, vgl. hierzu oben Rn. 639. § 7b Abs. 1 Satz 4 EStG 1990 bestimmt, dass die steuerrechtlichen Vergünstigungen nur in Anspruch genommen werden können, soweit die Herstellungs- oder Anschaffungskosten nicht durch Zuschüsse aus Städtebauförderungsmitteln gedeckt werden.

721 Der Steuerpflichtige muss aufgrund von § 7h Absatz 2 Satz 1 EStG 1990 durch eine Bescheinigung der zuständigen Gemeindebehörde die Voraussetzungen für die erhöhten Absetzungen nachweisen. Wenn dem Steuerpflichtigen hierfür Zuschüsse aus Städtebauförderungsmitteln gewährt worden sind, muss die Bescheinigung auch deren Höhe, also den Kostenerstattungsbetrag, angeben. Werden die Zuschüsse nachträglich gewährt, so ist die Bescheinigung nach § 7h Abs. 2 Satz 2 Halbsatz 2 EstG nachträglich zu ändern. Bei der Bescheinigung handelt es sich um einen Verwaltungsakt, dessen Inhalt unterliegt nicht der Überprüfung durch das Finanzamt. Die steuerliche Vergünstigung besteht in der Einräumung einer günstigen Absetzung der Herstellungs- oder der Anschaffungskosten, vgl. § 7h Abs. 1 Satz 1 und 3 EStG 1990. Danach kann der Steuerpflichtige im Jahr der Durchführung der baulichen Maßnahme und in den folgenden neun Jahren jeweils bis zu 10 v.H. der Herstellungskosten absetzen. Entsprechendes gilt für die Anschaffungskosten bezogen auf das Jahr des Erwerbs. Absetzbar sind hier aber nur solche Entgeltanteile, die sich auf durchgeführte Baumaßnahmen i. S. von § 7h Abs. 1 Satz 1 und 2 EStG 1990 beziehen.

Gebäude

7.3.2.2 Sonderbehandlung von Erhaltungsaufwand

Die Steuerbegünstigung des § 11 a EStG 1990 bezieht sich auf die gleichen Baumaßnahmen wie § 7 h EStG 1990. Nach § 11 a EStG 1990 kann der steuerpflichtige Eigentümer Aufwendungen für die Erhaltung des Gebäudes, die nicht durch Zuschüsse aus Städtebauförderungsmitteln gedeckt werden, auf zwei bis fünf Jahre gleichmäßig verteilen. Steuerrechtlich wird der Kostenerstattungsbetrag nach § 177 Abs. 4 und 5 BauGB hier als Zuschuss bezeichnet. Wird ein Gebäude während des Verteilungszeitraumes veräußert, so ist nach § 11 a Abs. 2 Satz 1 EStG 1990 der noch nicht berücksichtigte Teil des Erhaltungsaufwands im Jahr der Veräußerung als Betriebsausgabe oder als Werbungskosten abzusetzen.

722

7.3.3 Baudenkmale

7.3.3.1 Erhöhte Absetzungen

§ 7 i EStG 1990 führt zu einer der Regelung des § 7 h EStG 1990 entsprechenden Absetzungsmöglichkeit der Herstellungs- und Anschaffungskosten bei bestimmten Baumaßnahmen an Gebäuden, die nach den jeweiligen landesrechtlichen Vorschriften Baudenkmale sind. Die Regelung dient dem Zweck privates Kapital für die aufwändige Erhaltung von Baudenkmalen zu mobilisieren. Die Steuervergünstigung schließt auch Baumaßnahmen ein, die allein dazu dienen, die Gebäude neuzeitlichen Nutzungsbedürfnissen anzupassen. Ausgeschlossen ist jedoch die Anwendung der Regelung auf Nebengebäude, die selbst keine Baudenkmale sind. Dies gilt auch dann, wenn für diese aufgrund baurechtlicher Vorschriften Mehraufwendungen erforderlich sind, so auch BVerwG 18. 7. 2001 BauR 2002, 304. Aufgrund von § 7 i Absatz 1 Satz 3 EStG 1990 gilt die Steuervergünstigung entsprechend auch für einen Gebäudeteil, der nach diesen Vorschriften ein Baudenkmal ist, vgl. hierzu unten Rnr. 780ff. Im Zeitpunkt der Aufwendungen muss die Denkmaleigenschaft feststehen, vgl. OVG Münster 31. 5. 1994 BauBl. 1995, 87. § 7 i Abs. 1 Satz 4 EStG 1990 erweitert den Anwendungsbereich der Vorschrift auch auf solche Gebäude oder Gebäudeteile, die für sich allein nicht die Voraussetzungen eines Baudenkmals erfüllen, aber Teil einer Gebäudegruppe oder einer Gesamtanlage sind, die als solche nach den landesrechtlichen Regelungen geschützt wird. In diesem Falle sind nur Baukosten absetzbar, die nach Art und Umfang zur Erhaltung des schützenswerten äußeren Erscheinungsbildes der Gebäudegruppe oder Gesamtanlage an dem betreffenden Gebäude oder Gebäudeteil erforderlich sind. Im Übrigen können gemäß § 7 i Abs. 1 Satz 1 EStG 1990 die Baukosten abgesetzt werden, die zur Erhaltung des Gebäudes oder Gebäudeteils als Baudenkmal oder zu seiner sinnvollen Nutzung erforderlich sind. § 7 i Abs. 1 Satz 2 EStG 1990 erläutert den Begriff der sinnvollen Nutzung dahingehend, dass diese Art der Nutzung die Erhaltung der schützenswerten Substanz des Gebäudes auf Dauer gewährleisten muss.

723

Der Steuerpflichtige darf aufgrund von § 7 i Abs. 1 Satz 6 EStG 1990 die erhöhten Absetzungen nur in Anspruch nehmen, wenn er die hier in Frage kommenden

724

Baumaßnahmen in Abstimmung mit der hierfür zuständigen Stelle des Landes durchgeführt hat, vgl. VGH Mannheim 13. 5. 1993 BauR 1993, 719. Er hat dem Finanzamt eine Bescheinigung der nach Landesrecht zuständigen oder von der Landesregierung bestimmten Stelle vorzulegen. Die Bescheinigung muss Angaben über das Baudenkmal und die Erforderlichkeit der Aufwendungen erhalten. Wenn der Steuerpflichtige für die von ihm durchgeführte Baumaßnahme Zuschüsse der für Denkmalpflege zuständigen Behörden erhalten hat, ist deren Höhe in der Bescheinigung anzugeben.

7.3.3.2 Sonderbehandlung von Erhaltungsaufwand

725   Die Regelung des § 11 b EStG 1990 bezieht sich auf den durch Zuschüsse aus öffentlichen Kassen nicht gedeckten Erhaltungsaufwand an Baudenkmalen und Gebäudegruppen oder Gesamtanlagen. Insoweit bezieht sich die Vorschrift auf die auch in § 7 i Abs. 1 EStG 1990 genannten Objekte. Im Übrigen verweist § 11 b EStG 1990 weitgehend auf § 7 i EStG 1990.

8. Städtebauliche Erhaltung

8.1 Grundsätzliches

Aufgrund der §§ 172 bis 174 BauGB kann die Gemeinde 726

- zur Erhaltung der städtebaulichen Eigenart,
- zur Erhaltung der Zusammensetzung der Wohnbevölkerung,
- bei städtebaulichen Umstrukturierungen,

ein Gebiet in einem Bebauungsplan oder durch sonstige Satzung bezeichnen. In dem Gebiet unterliegen

- der Abbruch,
- die Änderung,
- die Nutzungsänderung,
- nach Maßgabe einer Landesverordnung die Begründung von Wohnungs- bzw. Teileigentum

baulicher Anlagen einem besonderen Genehmigungsvorbehalt zu Gunsten der Gemeinde. Dient die Bezeichnung des Gebietes der Erhaltung der städtebaulichen Eigenart, bedarf auch die Errichtung baulicher Anlagen der Genehmigung. Ob die Gemeinde eine solche Gebietsbezeichnung vornimmt, liegt in ihrem Ermessen.

Bei der Anwendung des Erhaltungsrechtes der §§ 172 bis 174 BauGB durch die 727
Gemeinde handelt es sich dem Wesen nach um ein zweistufiges Verfahren. Die erste Stufe besteht aus der Bezeichnung des Erhaltungsgebietes. In der zweiten Stufe entscheidet die Gemeinde hinsichtlich der aufgeführten Vorhaben auf Antrag über deren Genehmigung. Die Erhaltungssatzung dient ausschließlich der Bezeichnung des Gebietes. Sie enthält keine Gründe für die Versagung der Genehmigung und auch rechtsverbindlichen Regelungen für die einzelnen in das Gebiet einbezogenen Grundstücke. Diese Zweistufigkeit entspricht dem Sanierungs- und dem Entwicklungsrecht in Bezug auf das Verhältnis der Sanierungs- oder Entwicklungssatzung zur Ausübung des Genehmigungsvorbehaltes der §§ 144, 145 BauGB.

Bei dem städtebaulichen Erhaltungsrecht handelt es sich um ein Rechtsinstru- 728
ment, mit dem die Gemeinde die bauliche Entwicklung in dem bezeichneten Gebiet weitgehend beeinflussen kann. In der Praxis liegt der Schwerpunkt bei der Erhaltung der städtebaulichen Eigenart des Gebietes durch die Versagung der Genehmigung des Abbruches baulicher Anlagen mit städtebaulicher Bedeutung. Von daher rechtfertigt sich die Benennung der §§ 172 bis 174 BauGB als städtebauliches Erhaltungsrecht. Der Rückbau baulicher Anlagen kann durch andere bodenrechtliche Vorschriften, etwa durch Festsetzungen eines Bebauungsplanes nicht unterbunden werden, da § 29 BauGB den Abbruch baulicher Anlagen nicht miteinschließt.

Städtebauliche Erhaltung

729 Das 1976 in das Baurecht des Bundes eingeführte städtebauliche Erhaltungsrecht bedeutet eine Reaktion des Gesetzgebers auf die bauliche Entwicklung in der Nachkriegszeit, der viele aus heutiger Sicht gestalterisch wertvolle städtebauliche Strukturen zum Opfer gefallen sind. Die Situation nach 1945 wurde in Deutschland von vielen Planern und Kommunalpolitikern als die große Gelegenheit zur Neugestaltung der Städte begriffen. Man wollte keinen Wieder- sondern einen Neuaufbau. In Abwendung von der alten Zeit, die mit einem großen moralisch-politischen Zusammenbruch geendet hatte, sollte eine eigene bauliche Gestaltungsform für die neue Zeit gefunden und verwirklicht werden. Hierbei wurden Architektur und Städtebau mehr oder weniger auch als Instrumente der Gesellschaftsveränderung verstanden. Die Fehler vergangener Generationen sollten nicht wiederholt, sondern berichtigt werden. Deren Bauten konnten insoweit keine besondere Bedeutung haben und keinen Vorrang bei der neuen baulichen Entwicklung beanspruchen. Wenn man schon die Miethäuser aus der Zeit des Wilhelminismus, die den Krieg überlebt hatten, aus wirtschaftlichen Gründen nicht alle abbrechen konnte, so mussten zumindest ihre Fassadenverzierungen beseitigt werden. Durch eine neue Architektur, durch ein neues, nunmehr „richtiges, demokratisches und soziales Bauen" sollte die neue Gesellschaft gestaltet werden. Es herrschte der Wille vor, auch in der baulichen Entwicklung den historischen Ablauf nicht fortzusetzen, sondern allenfalls sichtbar zu machen, wie etwa durch das Stehenlassen von bestimmten Kriegsruinen, z.B. der Kaiser-Wilhelm-Gedächtniskirche in Berlin. Die optimistischen Erwartungen an das neue Bauen sind jedoch nicht in dem erwarteten Umfang erfüllt worden. Die Bauten der sog. Moderne zeichnen sich oftmals durch ihre gestalterische Banalität und Unpersönlichkeit aus. Es ist dieser Stadtbaukunst auch nicht gelungen öffentliche Räume so zu gestalten, dass sie zum Verweilen einladen. Hingegen wurde die mit diesen Bauformen z.T. auch verbundene Zerstörung der alten städtebaulichen Strukturen zunehmend als Verlust empfunden und hat zur gesetzlichen Regelung der Stadterhaltung geführt.

730 Das sich aus Bezeichnung des Erhaltungsgebietes nach §§ 172 bis 174 BauGB ergebende Erhaltungsrecht dient auch der Ergänzung des städtebaulichen Sanierungsrechtes. Wenn die Gemeinde eine städtebauliche Sanierung im vereinfachten Verfahren nach § 142 Abs. 4 unter Ausschluss der Anwendung der Genehmigungspflicht nach § 144 BauGB durchführt, kommt die Anwendung des Genehmigungsvorbehaltes nach § 172 Abs. 2 und 3 BauGB in Frage. Wegen der grundsätzlich unbefristeten Dauer einer Erhaltungssatzung, vgl. unten Rn. 765, kann die Gemeinde darüber hinaus nach Abschluss einer städtebaulichen Sanierung deren Ergebnisse durch die Bezeichnung eines Erhaltungsgebietes langfristig sichern. Vor allem in den neuen Bundesländern sind wegen des einfachen Verfahrens bei einer Erhaltungssatzung in Form einer sonstigen Satzung in größerem Umfang Erhaltungsgebiete bezeichnet worden. Dies hängt auch mit der Durchführung eines besonderen Bund-Länder-Förderungsprogramms „Städtebaulicher Denkmalschutz" für Erhaltungsgebiete i.S. von § 172 Abs. 1 Satz 1 Nr. 1 BauGB zusammen, vgl. hierzu unten Rnr. 832.

731 Über die in § 172 Abs. 1 Satz 1 und Satz 2 BauGB genannten Genehmigungsvorbehalte hinaus hat die Bezeichnung eines Erhaltungsgebietes noch weitere Rechtsfolgen. Aufgrund von § 24 Abs. 1 Nr. 4 BauGB steht der Gemeinde im Geltungsbereich einer Erhaltungssatzung ein Vorkaufsrecht beim Kauf von Grundstücken zu, vgl. hierzu oben Rn. 254ff. Des weiteren kann aufgrund von § 85 Abs. 1 Nr. 6 BauGB im Geltungsbereich einer Erhaltungssatzung eine bauliche Anlage enteignet werden, um sie aus den in § 172 Abs. 3 bis 5 BauGB für die Ausübung des erhaltungsrechtlichen Genehmigungsvorbehaltes genannten Gründen zu erhalten. Eine Enteignung wird in solchen Fällen zweckmäßig sein, in denen der Eigentümer nicht bereit oder in der Lage ist, eine städtebaulich wichtige bauliche Anlage zu erhalten. Die Enteignung kann insbesondere in Fällen erforderlich sein, in denen es dem Eigentümer nicht mehr zumutbar ist, die bauliche Anlage zu erhalten. In jedem Falle muss das öffentliche Erhaltungsinteresse das private Interesse am Abbruch oder Umbau zum Zwecke einer wirtschaftlicheren Nutzung überwiegen. Die Enteignung nach § 85 Abs. 1 Nr. 6 BauGB setzt aber nicht voraus, dass die Gemeinde zuvor eine vom Eigentümer beantragte Genehmigung nach § 172 Abs. 1 Satz 1 BauGB versagt hat. Die Enteignung kann zu Gunsten eines öffentlichen oder eines anderen privaten Rechtsträgers durchgeführt werden, wenn er als Enteignungsbegünstigter die Gewähr für die Erhaltung der baulichen Anlage bietet.

Die Bezeichnung eines Erhaltungsgebietes ist an keine planungsrechtlichen Voraussetzungen gebunden. Sie ist sowohl innerhalb des räumlichen Geltungsbereiches eines Bebauungsplanes i.S. von § 30 Abs. 1 BauGB als auch innerhalb im Zusammenhang bebauter Ortsteile i.S. von § 34 BauGB oder im Außenbereich i.S. von § 19 Abs. 1 Nr. 3 BauGB zulässig. 732

Das BauROG 1998 hat in § 172 Abs. 1 Satz 1 BauGB die Bezeichnung „Abbruch" durch die Bezeichnung „Rückbau" ersetzt, in § 172 Abs. 1 BauGB die Sätze 4 bis 6 über den Genehmigungsvorbehalt für die Bildung von Sondereigentum eingefügt und § 172 Abs. 4 BauGB um Regelungen über die Ausübung dieses Genehmigungsvorbehaltes erweitert.

8.2 Städtebauliche Ziele

8.2.1 Abschließende Regelung

Die Aufzählung der in § 172 Abs. 1 Satz 1 Nr. 1 bis 3 BauGB enthaltenen städtebaulichen Ziele, die die Bezeichnung eines Gebietes rechtfertigen, ist abschließend, vgl. BVerwG 3.7.1987 E 78, 23. Andere oder abgeänderte städtebauliche Ziele rechtfertigen daher nicht die Bezeichnung eines Gebietes i.S. des Erhaltungsrechtes. Die in § 172 Abs. 3 bis 5 BauGB geregelten Voraussetzungen für die Versagung der Genehmigung beziehen sich auf die verschiedenen gesetzlichen Erhaltungsziele. Die Gemeinde kann jedoch eine Gebietsbezeichnung aus mehreren der im Gesetz genannten Ziele oder Gründe vornehmen. Sinnvoll ist insbesondere die Verbindung einer Satzung zur Erhaltung der städtebaulichen Eigenart des Gebietes aufgrund seiner städtebaulichen Gestalt mit einer Satzung zur Erhaltung der Zusammensetzung der Wohnbevölkerung. Vielfach können Altstadtbereiche nur er- 733

Städtebauliche Erhaltung

halten werden, wenn ihre Wohnfunktion nicht durch das Überhandnehmen gewerblicher Nutzungen in Frage gestellt wird. Fehlt dagegen die Angabe eines städtebaulichen Grundes in der Erhaltungssatzung, ist sie nichtig.

8.2.2 Erhaltung der städtebaulichen Eigenart

734   Die Erhaltungssatzung i.S. von § 172 Abs. 1 Satz 1 Nr. 1 BauGB, die so genannte Stadtgestaltsatzung, dient zur Erhaltung der städtebaulichen Eigenart des Gebietes aufgrund seiner städtebaulichen Gestalt. Das Gesetz setzt also eine Gestaltung voraus, die für die zu erhaltende städtebauliche Eigenart des Gebietes von Bedeutung ist. Hierbei geht das Gesetz davon aus, dass es sich um eine positive Gestaltung handelt, die deswegen erhaltenswert ist. Gemeint ist hier die optisch wahrnehmbare Qualität der Gestaltung. Dies ergibt sich auch aus § 175 Abs. 3 Satz 1 BauGB, der neben der Stadtgestalt auf das Orts- und das Landschaftsbild Bezug nimmt und die Ausübung des Genehmigungsvorbehaltes aufgrund einer Satzung zur Erhaltung der städtebaulichen Eigenart des Gebietes regelt. Die Gestalt des Gebietes i.S. von § 172 Abs. 1 Nr. 1 BauGB ergibt sich aus der architektonischen Qualität der vorhandenen baulichen Anlagen und insbesondere ihrer Zuordnung und Einordnung in die Topografie. Maßgeblich ist die äußere Erscheinungsform des Gebietes.

735   Der Begriff „städtebauliche Gestalt" setzt das Vorhandensein von zu erhaltenden „Gestaltwerten", auch „Anmutungsqualitäten" genannt, voraus. Allein durch die Zuordnung der baulichen Anlagen und ihre Dimensionierung i.S. von Stadtbaukunst kann sich ein zu erhaltendes und daher vor Störungen zu schützendes bauliches Gefüge ergeben. Bezogen auf den vorindustriellen Städtebau kommen als wesentliche Elemente der zu schützenden städtebaulichen Gestalt i.S. von § 172 Abs. 1 Satz 1 Nr. 1 BauGB in Betracht, z.B.

- die Wahrung bestimmter Maßstäbe bei der Dimensionierung der baulichen Anlagen,
- die geschlossenen Stadträume,
- die individuelle Fassadengestaltung unter Wahrung bestimmter Ordnungsprinzipien.

736   Die zu erhaltenden Altstadtbereiche erleichtern wegen ihrer Geschlossenheit und Maßstäblichkeit die räumliche Orientierung, sie symbolisieren für uns Sicherheit und Geborgenheit. Der Erlebniswert des Ortsbildes führt zugleich zu einer besonderen Atmosphäre, die in vielen Fällen auch touristische Bedeutung hat. Bauliche Anlagen, die ein wesentlicher Bestandteil eines solchen Gesamtgefüges sind, sollen erhalten werden können. Es kommt aber nicht darauf an, ob den vorhandenen baulichen Anlagen der Rang von Kulturdenkmälern zuzumessen ist. Es muss in dem Gebiet mindestens eine bauliche Anlage vorhanden sein, die gemäß § 172 Abs. 3 Satz 1 BauGB zu erhalten ist und daher dem erhaltungsrechtlichen Genehmigungsvorbehalt unterliegt. Danach muss die bauliche Anlage allein oder im Zusammenhang mit anderen baulichen Anlagen das Ortsbild, die Stadtgestalt oder das

Städtebauliche Ziele

Landschaftsbild prägen oder sonst von städtebaulicher, insbesondere geschichtlicher oder künstlerischer Bedeutung sein.

Die zu erhaltende städtebauliche Gestalt des Gebietes kann sich auch aus der Wiederholung nicht in einem Bebauungsplan festsetzungsfähiger Gestaltmerkmale an den Baukörpern ergeben. Hierfür kommen bestimmte Fassadengestaltungen oder Dachformen in Frage. Die städtebauliche Eigenart des Gebietes aufgrund seiner städtebaulichen Gestalt wird nicht durch das Vorhandensein gestalterisch störender baulicher Anlagen, z.B. von Hochhäusern in einer Altstadt, in Frage gestellt. Das Gesetz stellt an die Qualität der städtebaulichen Gestalt des Gebietes keine Anforderungen. Es reicht daher aus, wenn die Gemeinde die Erhaltung der städtebaulichen Eigenart des Gebietes aufgrund seiner städtebaulichen Gestalt für sinnvoll erachtet. Hierfür reicht eine summarische Prüfung aus. Jedoch darf die Gemeinde nicht willkürlich vorgehen, sondern das Ergebnis ihrer Bewertung muss nachvollziehbar sein. *737*

8.2.3 Erhaltung der Zusammensetzung der Wohnbevölkerung

§ 172 Abs. 1 Satz 1 Nr. 2 BauGB lässt die Bezeichnung eines Gebietes zur Erhaltung der Zusammensetzung der Wohnbevölkerung zu. Diese Art der Erhaltungssatzung wird auch „Milieuschutzsatzung" genannt. Aus § 172 Abs. 3 Satz 1 BauGB ergibt sich, dass die Zusammensetzung der Wohnbevölkerung aus besonderen städtebaulichen Gründen zu erhalten sein muss. Die Gemeinde darf daher kein Erhaltungsgebiet allein im Interesse des Mieterschutzes bezeichnen. Die Bezeichnung des Erhaltungsgebietes ist nur zulässig, wenn die etwaige Abwanderung oder Verdrängung der vorhandenen Wohnbevölkerung, wie insbesondere einkommensschwächerer Einwohnerschichten und älterer Menschen für die Gemeinde negative städtebauliche Folgen hätte. Als solche kommen z.B. in Betracht die mangelnde Ausnutzung der in dem Gebiet vorhandenen Infrastruktur, Probleme der Wohnversorgung vor allem durch Bildung von Wohneigentum oder die Verringerung preiswerten Wohnraumes in älteren Gebäuden mittels sogenannter „Luxusmodernisierungen", vgl. hierzu VGH München 5.8.1994 ZMR 1995, 48, oder das Entstehen städtebaulicher Missstände i.S. von § 136 Abs. 2 und 3 BauGB. Die Gemeinde braucht mit der Bezeichnung des Erhaltungsgebietes nicht abzuwarten, bis entsprechende Folgen eingetreten sind. Hinsichtlich der zu erwartenden negativen städtebaulichen Folgen bedarf es einer Prognose. Hierbei darf sich die Gemeinde auf nach der Lebenserfahrung typische Entwicklungen berufen, vgl. BVerwG 18.6.1997 DVBl. 1997, 40. So kann z.B. das Überschreiten einer bestimmten Miethöhe ein Anzeichen für die Annahme einer Verdrängungsgefahr sein. *738*

Das Gesetz stellt an die Zusammensetzung der zu erhaltenden Wohnbevölkerung keine Anforderungen. Sie muss daher keine Besonderheiten aufweisen. Die Zusammensetzung der Wohnbevölkerung muss sich jedoch in dem Gebiet „auch praktisch bewährt haben", so zutreffend OVG Lüneburg 25.4.1983 NJW 1984, 2905, 2908. Nicht erhaltenswert ist dagegen eine Bevölkerungszusammensetzung, die sich deutlich negativ bemerkbar macht durch gesteigerte Zerstörungswut oder *739*

Städtebauliche Erhaltung

eine auffällig hohe Kriminalität. Die Erhaltung einer einseitigen Bevölkerungsstruktur ist auch nach § 1 Abs. 5 Nr. 2 BauGB bei der Bauleitplanung zu vermeiden. Erhaltenswert kann eine Wohnbevölkerung sein nach ihrer Zusammensetzung aus Mietern und Eigentümern von Wohngebäuden und Wohnungen, im Hinblick auf das Verhältnis zwischen jüngeren und älteren Menschen oder zwischen Deutschen und Ausländern. Die Erhaltungssatzung dient dazu, in einem intakten Gebiet wohnenden Menschen den Bestand ihrer Umgebung zu sichern und so die vorhandene Bevölkerungsstruktur vor unerwünschten Veränderungen zu schützen, so BVerfG 26. 1. 1987 DVBl. 1987, 465.

8.2.4 Städtebauliche Umstrukturierungen

740   Aufgrund von § 172 Abs. 1 Satz 1 Nr. 3 BauGB kann die Gemeinde ein Erhaltungsgebiet bei städtebaulichen Umstrukturierungen bezeichnen. Hierunter ist die Aufhebung, Änderung und Minderung von baulichen Nutzungen in einem Gebiet auf der Grundlage eines Bebauungsplanes zu verstehen. Das Erhaltungsziel besteht in dem sozialverträglichen Ablauf einer städtebaulich erforderlichen Umstrukturierung. Diese muss nicht in dem Erhaltungsgebiet stattfinden. Als städtebauliche Umstrukturierungen kommen z. B. Flächensanierungen und ähnliche Maßnahmen in Frage, die von der Gemeinde, öffentlichen Bedarfsträgern oder privaten Bauherren aufgrund von Bebauungsplänen ausgelöst werden. Findet die Umstrukturierung in dem Erhaltungsgebiet selbst statt, kann die Gemeinde durch die Ausübung ihres Genehmigungsvorbehaltes nach § 172 Abs. 5 BauGB die Beseitigung von Wohngebäuden mit den zur Unterbringung der Wohnbevölkerung erforderlichen Neubaumaßnahmen koordinieren. Findet die Umstrukturierung außerhalb des Erhaltungsgebietes statt, hat die Gemeinde hier die Möglichkeit, durch die Versagung des Abbruches oder der Nutzungsänderung von Wohngebäuden dazu beizutragen, dass die abwandernde Bevölkerung aus dem umstrukturierten Gebiet hier aufgenommen werden kann. § 172 Abs. 1 Satz 1 Nr. 3 BauGB hat bisher allerdings in der Praxis wenig Bedeutung erlangt.

8.3 Satzungsverfahren

8.3.1 Allgemeines

741   Nach § 172 Abs. 1 Satz 1 BauGB kann die Gemeinde ein Erhaltungsgebiet durch Bebauungsplan oder sonstige Satzung bezeichnen. Ob und in welcher Form sie das Erhaltungsgebiet bezeichnet, liegt in ihrem Ermessen. Es besteht demnach kein Rechtsanspruch auf die Bezeichnung eines Erhaltungsgebietes. Anders als bei den städtebaulichen Sanierungsmaßnahmen schreibt das Erhaltungsrecht keine vorausgehenden Untersuchungen vor. Eine § 141 BauGB entsprechende Regelung enthält das Gesetz für die städtebauliche Erhaltung nicht. Dennoch muss sich die Gemeinde vor der Bezeichnung des Gebietes mit dessen Beschaffenheit auseinandersetzen. Sie muss prüfen, ob die tatbestandlichen Voraussetzungen für die Bezeichnung in dem Gebiet vorliegen. Die Gemeinde hat die Erhaltungswür-

Satzungsverfahren

digkeit oder die Struktur der Wohnbevölkerung zu untersuchen oder sie muss die zu erwartenden Auswirkungen von Umstrukturierungen kennen. Soweit die Gemeinde hierzu über keine geeigneten Unterlagen verfügt, muss sie solche erarbeiten oder beschaffen. Bei Satzungen mit dem Ziel der Erhaltung der städtebaulichen Eigenart des Gebietes aufgrund seiner städtebaulichen Gestalt kommt eine städtebauliche Rahmenplanung i.S. von § 1 Abs. 5 Satz 2 Nr. 10 und § 140 Nr. 4 BauGB, vgl. oben Rn. 183 ff., hierfür als geeignete Unterlage in Betracht. Entsprechende Untersuchungsergebnisse bilden, wenn sie auf dem neuesten Stand gehalten werden, zugleich eine wichtige Entscheidungsgrundlage für die Ausübung des gemeindlichen Genehmigungsvorbehaltes nach § 172 Abs. 3 bis 5 BauGB.

Anders als für den Bebauungsplan in § 9 Abs. 8 BauGB schreibt das Gesetz für die Satzung nach § 172 BauGB keine Begründung vor. Eine Begründungspflicht besteht daher auch nicht, wenn die Gemeinde das Erhaltungsgebiet in einem Bebauungsplan bezeichnet. Das Gesetz gibt in § 172 Abs. 1 Satz 1 BauGB die möglichen Gründe für die Bezeichnung eines Erhaltungsgebietes vor. In der Satzung zur Bezeichnung des Erhaltungsgebietes ist daher jeweils das in Frage kommende, vom Gesetz genannte Erhaltungsziel als Satzungsgrund anzugeben. Es genügt die Bezugnahme auf das Gesetz, also § 172 Abs. 1 Satz 1 Nr. 1, 2 oder 3 BauGB. Zulässig ist aber auch die wörtliche Wiedergabe des zugrundegelegten gesetzlichen Tatbestandes. Anders als bei der Aufstellung eines Bebauungsplanes hat die Gemeinde bei der Bezeichnung des Erhaltungsgebietes sehr viel weniger Gestaltungsmöglichkeiten. Insofern entfällt das Bedürfnis für eine weitere Begründung. *742*

Die Bezeichnung eines Erhaltungsgebietes setzt überwiegend einen Subsumtionsvorgang, d.h. eine Prüfung, ob die gesetzlichen Tatbestandsvoraussetzungen vorliegen, voraus. Ein planerisches Ermessen besteht nur hinsichtlich des gebietlichen Umgriffes des zu bezeichnenden Erhaltungsgebietes. Bei einer Satzung i.S. von § 172 Abs. 1 Satz 1 Nr. 1 BauGB richtet sich die Grenzziehung nach der Lage der voraussichtlich wegen ihrer städtebaulichen Bedeutung zu erhaltenden baulichen Anlagen. Das Gesetz verlangt nicht, dass das Erhaltungsgebiet ausschließlich derartige bauliche Anlagen umfasst. Insbesondere bei einer Streuung der voraussichtlich zu erhaltenden Anlagen ist die geradlinige Abgrenzung des Erhaltungsgebietes unter dem Gesichtspunkt der praktischen Handhabung zulässig. Maßgebend hierbei sind auch die optischen Auswirkungen dieser baulichen Anlagen, so auch OVG Lüneburg 25. 4. 1983 NJW 1984, 2905. Da die Bezeichnung in dem Gebiet zur Anwendung eines Genehmigungsvorbehaltes führt, muss dessen erforderliche Abgrenzung eindeutig vorgenommen werden. Ein Grundstückseigentümer muss klar erkennen können, ob sein Grundstück in dem bezeichneten Erhaltungsgebiet liegt oder nicht. *743*

Das Gesetz enthält keine Regelung über die Größe des Erhaltungsgebietes. Die Gemeinde kann daher sowohl einen größeren Bereich oder auch räumlich getrennte Gebiete innerhalb eines solchen Bereiches als auch ein einzelnes Grundstück unter den gesetzlichen Voraussetzungen des § 172 Abs. 1 BauGB als Erhaltungsbereich bezeichnen. Angesichts dieser Möglichkeiten bei der Abgrenzung des *744*

Städtebauliche Erhaltung

Erhaltungsgebietes ist hierbei auch eine Abwägung von der Gemeinde vorzunehmen. Die Abwägung beschränkt sich aber auf das „Ob" der Bezeichnung und deren Abgrenzung. Hierbei hat die Gemeinde ihr städtebauliches Interesse an der Bezeichnung des Gebietes, also das Erhaltungsziel einschließlich der rechtlichen Folgen der Bezeichnung nach § 172 Abs. 3 bis 5 BauGB in Beziehung zu den abweichenden Interessen der privaten Grundeigentümer und zu den möglicherweise ebenfalls auch entgegengesetzten Interessen anderer öffentlicher Rechtsträger zu setzen und entsprechend zu gewichten. Dieses Abwägungsergebnis, nicht aber der Abwägungsvorgang, kann gerichtlich überprüft werden. An die Abwägung bei der Bezeichnung eines Erhaltungsgebietes sind jedoch nicht die gleichen Anforderungen wie an die Abwägung bei der Aufstellung eines Bebauungsplanes zu stellen.

8.3.2 Bezeichnung in einem Bebauungsplan

745   Die Gemeinde kann die Bezeichnung des Erhaltungsgebietes in einem Bebauungsplan in Übereinstimmung mit dessen räumlichem Geltungsbereich eines Bebauungsplanes oder von Teilen seines räumlichen Geltungsbereiches vornehmen. Da § 172 Abs. 1 Satz 1 BauGB keinen qualifizierten Bebauungsplan vorschreibt, kann es sich auch um einen einfachen Bebauungsplan i.S. von § 30 Abs. 2 BauGB handeln. Im Falle der räumlichen Teilbezeichnung muss der zu bezeichnende Teil des Bebauungsplanes in der Planzeichnung gemäß Nr. 14.1 Anlage Planzeichenverordnung kenntlich gemacht werden. Der Vorteil der Bezeichnung des Erhaltungsgebietes in einem Bebauungsplan liegt in dem einheitlichen planungsrechtlichen Dokument für das Satzungsgebiet.

746   Die Gemeinde kann in dem Bebauungsplan das Erhaltungsziel zugleich durch geeignete Festsetzungen fördern. Vor allem sind Festsetzungen zu vermeiden, die nach Art und Maß eine rentierlichere Nutzung als die derzeitige erlauben und so das Bestreben des Eigentümers nach Ersetzung der vorhandenen baulichen Anlage fördern. Zweckmäßig sind dagegen Festsetzungen, die auf die vorhandene Baustruktur Bezug nehmen und sie planungsrechtlich insbesondere durch Baulinien i.S. von § 22 Abs. 2 Satz 1 BauNVO und die zwingende Festsetzung der Höhe der baulichen Anlagen gemäß § 16 Abs. 3 Satz 2 BauNVO festschreiben. Im Falle der Erhaltung der städtebaulichen Eigenart des Gebietes aufgrund seiner städtebaulichen Gestalt kommt eine planungsrechtliche Herabzonung überdimensionierter baulicher Anlagen in Frage. Soweit dagegen eine Veränderung der Zusammensetzung der Wohnbevölkerung ausgeschlossen werden soll, kann die Gemeinde in dem Bebauungsplan durch geeignete Festsetzungen Nutzungen ausschließen, die die Wohnfunktion des Gebietes beeinträchtigen. Darüber hinaus lässt § 9 Abs. 1 Nr. 7 und 8 BauGB die Festsetzung von Flächen zu, auf denen ganz oder teilweise nur Wohngebäude errichtet werden dürfen, die für Personengruppen mit besonderem Wohnbedarf bestimmt sind. Als begünstigte Personengruppen kommen z.B. Alte, Behinderte, Studenten oder Übersiedler in Betracht.

747   Der Bebauungsplan kann dagegen keine Festsetzungen für die Anwendung der Erhaltungssatzung enthalten. Er kann z.B. nicht festsetzen, welche baulichen Anla-

Satzungsverfahren

gen i.S. von § 172 Abs. 3 Satz 1 BauGB städtebaulich so bedeutsam sind, dass die Genehmigung zu ihrem Abbruch, ihrer Änderung oder Nutzungsänderung von der Gemeinde versagt werden darf. Entsprechende Fehler kommen in der Praxis sehr häufig vor. Die Entscheidung über das einzelne Objekt fällt aber erst bei der Ausübung des Genehmigungsvorbehaltes. Dieser Zeitpunkt kann Jahre später hinter dem Inkrafttreten der Erhaltungssatzung liegen. In der Zwischenzeit können sich die Maßstäbe für die Beurteilung der städtebaulichen Bedeutung einer baulichen Anlage verändern oder verändert haben. Unter diesem Vorzeichen kann sich auch die nachrichtliche Benennung oder Kennzeichnung von zu erhaltenden baulichen Anlagen in einem Bebauungsplan als irreführend erweisen. Sinnvoll kann dagegen die nachrichtliche Kennzeichnung gemäß § 9 Abs. 6 BauGB von dem Denkmalschutz unterliegenden Gesamt- und Einzelanlagen nach Nr. 14.2 und 14.3 Anlage zur Planzeichenverordnung im Bebauungsplan sein.

Wird das Erhaltungsgebiet in einem Bebauungsplan bezeichnet, teilt die Bezeichnung verfahrensmäßig das Schicksal des Bebauungsplanes. Obwohl es sich um einen materiell-rechtlich selbstständigen Bestandteil des Bebauungsplanes handelt, ist die Bezeichnung in das relativ langwierige und schwierige Aufstellungsverfahren eingebunden. Auch wenn die Bezeichnung eines Erhaltungsgebietes anzeige- und genehmigungsfrei ist, gilt für das Verfahren das Recht der Bauleitplanung. D.h., im Anzeigeverfahren nach § 11 Abs. 3 BauGB kann die höhere Verwaltungsbehörde auch in Bezug auf die Anwendung des § 172 BauGB die Verletzung von Rechtsvorschriften geltend machen. Die Bezeichnung eines Erhaltungsgebietes in einem Bebauungsplan ist in den Fällen sinnvoll, in denen aus besonderen Gründen sowieso ein Bebauungsplan aufgestellt oder geändert werden muss oder in denen das Erhaltungsziel allein im Zusammenwirken mit ergänzenden Festsetzungen in einem Bebauungsplan erreicht werden kann. 748

8.3.3 Bezeichnung durch sonstige Satzung

Im Gegensatz zur Bezeichnung in einem Bebauungsplan kann durch sonstige Satzung ein größerer räumlicher Bereich einer Gemeinde als Erhaltungsgebiet bezeichnet werden, wie z.B. eine ganze Altstadt. In der Praxis überwiegt daher die Bezeichnung durch sonstige Satzung. Der Inhalt der sonstigen Satzung i.S. von § 172 Abs. 1 Satz 1 BauGB besteht hinsichtlich des Regelungsgehaltes grundsätzlich nur aus zwei Elementen: der räumlichen Bezeichnung des Gebietes und der Angabe des oder der im Gesetz genannten Erhaltungsgründe. Die Gemeinde kann die räumliche Bezeichnung des Erhaltungsgebietes durch eine genaue Grenzbeschreibung oder durch eine Aufzählung der betroffenen Grundstücke in ihrer katastermäßigen Bezeichnung (Gemarkung, Flur, Flurstück) in der sonstigen Satzung oder durch eine zum Bestandteil dieser Satzung erklärte zeichnerische Darstellung vornehmen. 749

Anzugeben in der Satzung ist ferner § 172 Abs. 1 Satz 1 BauGB als Ermächtigungsgrundlage. Zur Erläuterung der Bedeutung der Satzung kann die Gemeinde in die Satzung Hinweise einfügen auf 750

373

Städtebauliche Erhaltung

– den Genehmigungsvorbehalt entsprechend jeweils § 172 Abs. 3, 4 oder 5 BauGB,
– das Genehmigungsverfahren nach § 173 Abs. 1 BauGB und
– die Ahndung der Nichtbeachtung der Satzung als Ordnungswidrigkeit gemäß § 213 Abs. 1 Nr. 4 und Abs. 2 BauGB.

Die sonstige Satzung kann mit einer örtlichen Bauvorschrift (Gestaltungssatzung) nach dem Landesbauordnungsrecht verbunden werden, vgl. unten Rnr. 951. Hierfür kommen vor allem sonstige Satzungen zur Erhaltung der städtebaulichen Eigenart des Gebietes aufgrund seiner städtebaulichen Gestalt i.S. von § 172 Abs. 1 Satz 1 Nr. 1 BauGB in Betracht.

751   Das Gesetz enthält für die Bezeichnung des Erhaltungsgebietes durch sonstige Satzung keinerlei Verfahrensvorschriften. In der sich hieraus für die Gemeinde ergebenden Freiheit für das Satzungsverfahren liegt der große Vorteil gegenüber einer Bezeichnung des Erhaltungsgebietes in einem Bebauungsplan. So schreibt das Gesetz für die Bezeichnung eines Erhaltungsgebietes durch sonstige Satzung z.B. weder eine Bürgerbeteiligung noch eine Beteiligung der Träger öffentlicher Belange vor. Beim Erlass einer sonstigen Satzung zur Erhaltung der städtebaulichen Eigenart des Gebietes aufgrund seiner städtebaulichen Gestalt i.S. von § 172 Abs. 1 Satz 1 Nr. 1 BauGB ist keine Beteiligung der zuständigen Denkmalbehörde vorgeschrieben. Sie ist allerdings von der Sache her sinnvoll, soweit die Satzung dazu dienen soll, bauliche Anlagen von geschichtlicher und künstlerischer Bedeutung zu erhalten. Der Erlass der sonstigen Satzung erfordert auch keinen Aufstellungsbeschluss i.S. von § 2 Abs. 1 Satz 2 BauGB.

752   Die Einholung einer Genehmigung oder die Durchführung eines Anzeigeverfahrens ist bei der Bezeichnung eines Erhaltungsgebietes durch sonstige Satzung nicht vorgeschrieben. § 172 Abs. 1 Satz 3 BauGB verweist hinsichtlich des Inkrafttretens der sonstigen Satzung auf die in § 16 Abs. 2 BauGB für die Veränderungssperre enthaltene Regelung. Danach hat die Gemeinde die sonstige Satzung ortsüblich bekanntzumachen. Durch die Bekanntmachung tritt die sonstige Satzung nach § 172 Abs. 1 Satz 3 i.V. mit § 16 Abs. 2 Satz 2 Halbsatz 2 und § 10 Abs. 3 Satz 4 BauGB unbeschadet abweichender landesrechtlicher Vorschriften am gleichen Tage in Kraft, vgl. hierzu Rnr. 162f. Hierbei ist auch eine Ersatzverkündung entsprechend § 10 Abs. 3 Satz 2 BauGB zulässig. Bei der Bekanntmachung ist § 215 Abs. 2 BauGB zu beachten. Danach ist in die Bekanntmachung ein Hinweis über die Voraussetzungen für die Geltendmachung der Verletzung von Verfahrens- oder Formvorschriften und Mängeln der Abwägung sowie der Rechtsfolgen i.S. von § 215 Abs. 1 BauGB aufzunehmen.

8.3.4 Unterrichtung durch die Gemeinde

753   Das Gesetz hindert die Gemeinde nicht, in das Erhaltungsgebiet Grundstücke einzubeziehen, die den in § 26 Nr. 2 und 3 BauGB genannten Zwecken dienen, vgl. hierzu oben Rn. 260. Für diese Grundstücke sieht das Gesetz in § 174 Abs. 2 Satz 2 und 3 BauGB eine besondere Verfahrensregelung vor. Um den Eigentümer eines

solchen Grundstücks, einen öffentlichen Bedarfsträger oder eine Kirche bzw. Religionsgesellschaft des öffentlichen Rechts, in den Stand zu setzen, dieser Verfahrensregelung nachzukommen, verpflichtet § 174 Abs. 2 Satz 1 BauGB die Gemeinde, diesen davon zu unterrichten, wenn eines seiner Grundstücke i.S. von § 26 Nr. 2 oder Nr. 3 BauGB sich im Geltungsbereich einer Erhaltungssatzung befindet. Die Unterrichtung hat aber keine rechtsbegründende Bedeutung. Sie ist kein Verwaltungsakt.

Obwohl das Gesetz keine entsprechende Regelung enthält, hat die Gemeinde auch im Falle der Bezeichnung eines Erhaltungsgebietes durch sonstige Satzung die zuständige Baugenehmigungsbehörde hiervon zu unterrichten, wenn die Gemeinde nicht selbst die Baugenehmigungsbehörde ist. Dieses Erfordernis ergibt sich im Hinblick auf § 173 Abs. 1 Satz 2 BauGB. Danach wird ein Baugenehmigungs- oder Zustimmungsverfahren über die Ausübung des Genehmigungsvorbehaltes nach § 172 Abs. 3 bis 5 BauGB durch Einholung des Einvernehmens der Gemeinde entschieden. Sinnvoll ist ferner eine Unterrichtung des zuständigen Gutachterausschusses nach § 192 BauGB für die Ermittlung von Grundstückswerten und der zuständigen Denkmalschutzbehörde über die Bezeichnung des Erhaltungsgebietes durch die Gemeinde. 754

8.3.5 Geltungsdauer der Satzung

Das Gesetz enthält keine Befristung der Erhaltungssatzung. Insoweit entspricht die Rechtslage der für den Bebauungsplan. In dem Fehlen einer Befristung im Gegensatz zur Sanierungssatzung liegt ein Vorteil der Satzung zur Erhaltung der städtebaulichen Eigenart des Gebietes aufgrund seiner städtebaulichen Gestalt i.S. von § 172 Abs. 1 Satz 1 Nr. 1 BauGB. Insoweit können durch die Erhaltungssatzung auch die Ergebnisse einer städtebaulichen Sanierung langfristig gesichert werden. Bei Satzungen nach § 172 Abs. 1 Satz 1 Nr. 3 BauGB zur Sicherung des sozialverträglichen Ablaufes städtebaulicher Umstrukturierungen ergibt sich eine Befristung aus der zeitlichen Begrenzung des Ablaufes solcher Maßnahmen. Wird die Erhaltungssatzung nach diesem Zeitpunkt nicht aufgehoben, ist die weitere Ausübung des Genehmigungsvorbehaltes durch die Gemeinde rechtsmissbräuchlich und daher rechtswidrig. Bei der Milieuschutzsatzung nach § 172 Abs. 1 Satz 1 Nr. 2 BauGB kann dagegen eine Verpflichtung zur Aufhebung der Erhaltungssatzung nur bestehen, wenn die Zusammensetzung der Bevölkerung in dem Gebiet nur zeitlich begrenzt gefährdet wird. Die Aufhebung der Erhaltungssatzung ist bei der Bezeichnung in einem Bebauungsplan durch Änderung oder Aufhebung des Bebauungsplanes, bei der Bezeichnung durch sonstige Satzung dagegen durch eine Aufhebungssatzung von der Gemeinde vorzunehmen. 755

8.4 Genehmigungsvorbehalt

8.4.1 Allgemeines

Die rechtlichen Folgen der Bezeichnung des Erhaltungsgebietes in einem Bebauungsplan oder durch sonstige Satzung ergeben sich unmittelbar aus § 172 Abs. 1 756

Satz 1 und Satz 2 BauGB. Die Gemeinde kann hieran nichts ändern. Danach begründet die Bezeichnung des Erhaltungsgebietes einen besonderen Genehmigungsvorbehalt für den Rückbau, die Änderung und die Nutzungsänderung baulicher Anlagen. Bei der Bezeichnung eines Gebietes zur Erhaltung seiner städtebaulichen Eigenart aufgrund seiner städtebaulichen Gestalt bedarf auch die Errichtung baulicher Anlagen der Genehmigung. Die Gemeinde kann durch eine entsprechende Gestaltung der Erhaltungssatzung weder auf einen der genannten Genehmigungsvorbehalte verzichten, noch zusätzliche Genehmigungsvorbehalte einführen, wie z.B. bei der Milieuschutzsatzung die Errichtung baulicher Anlagen ebenfalls einem Genehmigungsvorbehalt unterwerfen. Hinsichtlich der Genehmigungsbedürftigkeit der baulichen Maßnahmen kommt es nicht auf deren städtebauliche Bedeutung an. Hierüber hat nicht der Bauherr, sondern die Gemeinde im Rahmen des Genehmigungsverfahrens zu entscheiden.

757   Der erhaltungsrechtliche Genehmigungsvorbehalt nach § 172 Abs. 1 Satz 1 und Satz 2 BauGB besteht unabhängig neben anderen bundesrechtlichen und landesrechtlichen Zustimmungs- und Genehmigungsvorbehalten. Das Erhaltungsrecht gilt unabhängig von den planungsrechtlichen Regelungen der §§ 29 bis 37 BauGB, dem Bauordnungs- und dem Denkmalschutzrecht. Dem Genehmigungsvorbehalt können daher auch bauliche Maßnahmen unterliegen, die nach dem Landesbauordnungsrecht keiner bauaufsichtlichen Genehmigung oder Zustimmung bedürfen. Gegenstand der Regelung sind ausschließlich die in § 172 Abs. 1 Satz 1 und Satz 2 BauGB genannten Maßnahmen. Die Bildung von Rechten nach dem Gesetz über das Wohnungseigentum und das Dauerwohnrecht (Wohnungseigentumsgesetz) kann daher aufgrund einer Erhaltungssatzung nicht untersagt werden.

758   Aufgrund von § 174 Abs. 1 BauGB unterliegen ferner alle baulichen Maßnahmen auf Grundstücken, die den in § 26 Nr. 2 BauGB genannten Zwecken öffentlicher Bedarfsträger und Kirchen sowie Religionsgesellschaften dienen oder auf denen sich die in § 26 Nr. 3 BauGB genannten Anlagen befinden, für die aufgrund von § 38 BauGB ein besonderes Planungsrecht gilt, vgl. oben Rnr. 260, nicht dem erhaltungsrechtlichen Genehmigungsvorbehalt.

8.4.2 Rückbau

759   Der Genehmigungsvorbehalt des § 172 Abs. 1 Satz 1 BauGB erfasst sowohl die völlige Beseitigung einer baulichen Anlage als auch den Teilabbruch, wie etwa die Herunterzonung einer baulichen Anlage um ein Geschoß oder den Abbruch eines Anbaues. Um dies zu verdeutlichen hat das BauROG 1998 in § 172 Abs. 1 Satz 1 und § 179 Abs. 3 Satz 2 BauG die Bezeichnung Abbruch durch Rückbau ersetzt. Maßgeblich ist hier die städtebauliche Relevanz i.S. der in § 172 Abs. 1 Satz 1 Nr. 1 bis 3 BauGB genannten Erhaltungsziele. So können sich derartige Teilabbrüche nachteilig auf die städtebauliche Eigenart eines Gebietes aufgrund seiner städtebaulichen Gestalt auswirken. Bei dem völligen Abbruch einer baulichen Anlage handelt es sich um kein Vorhaben i.S. von § 29 Satz 1 BauGB. Die Beseitigung einer baulichen Anlage kann daher durch die Anwendung der planungsrechtlichen

Genehmigungsvorbehalt

Vorschriften des Allgemeinen Städtebaurechts über die Zulässigkeit von Vorhaben nicht verhindert werden. Hier liegt hingegen der Kerngehalt des städtebaulichen Erhaltungsrechtes. Dieses ist vom Gesetzgeber hauptsächlich geschaffen worden, um den Gemeinden ein Rechtsinstrument zu geben, durch das sie die weitere Vernichtung erhaltenswerter Bausubstanz, zumeist aus Gründen der Erzielung einer besseren Grundstücksrendite, einer Kontrolle unterwerfen zu können. Die Gemeinde kann dem Rückbau im Einzelfall zustimmen, wenn sichergestellt ist, dass das Neubauvorhaben in seiner gestalterischen Qualität dem abzubrechenden Gebäude entspricht.

8.4.3 Änderung baulicher Anlagen

Im Gegensatz zum Teilabbruch kann die Änderung einer baulichen Anlage i.S. von § 172 Abs. 1 Satz 1 BauGB auch geringfügige Vorgänge erfassen, soweit sie gemessen am Erhaltungsziel dennoch städtebaulich relevant sind. Die Änderung i.S. dieser Bestimmung setzt voraus, dass eine noch funktionsfähige Bausubstanz vorhanden ist. Der Begriff Änderung ist weit auszulegen. Er umfasst den Umbau, den Ausbau und auch die Erweiterung baulicher Anlagen. Es muss sich bei der Änderung einer baulichen Anlage i.S. von § 172 Abs. 1 Satz 1 BauGB nicht um ein planungsrechtlich relevantes Vorhaben i.S. von § 29 BauGB handeln. Eine Änderung einer baulichen Anlage kann sowohl durch eine Umgestaltung des Inneren eines Gebäudes, z.B. durch eine Grundrissveränderung, als auch des Äußeren vorgenommen werden oder z.B. eines Bades. Modernisierungs- und Instandsetzungsmaßnahmen i.S. von § 177 BauGB können Änderungen einer baulichen Anlage i.S. von § 172 Abs. 1 Satz 1 BauGB sein und unterliegen dem erhaltungsrechtlichen Genehmigungsvorbehalt. Nicht unter den Genehmigungsvorbehalt fallen hingegen Maßnahmen, die allein der Instandhaltung dienen. *760*

In der Praxis können auch geringfügige Änderungen des Äußeren der baulichen Anlage von städtebaulicher Bedeutung sein. Hierbei kommt es nicht darauf an, ob sich die Änderung auf Bauteile bezieht, die, wie etwa die Unterteilung von Fenstern oder das Material des Daches oder die Farbe der Fassade, nicht von den Festsetzungen eines Bebauungsplanes nach § 9 Abs. 1 BauGB erfasst werden können. Das Erhaltungsrecht erfüllt eine eigenständige städtebauliche Aufgabe neben den Vorschriften für den verbindlichen Bauleitplan. Maßgeblich ist das jeweils geltende Erhaltungsziel. Danach kann es bei der Bezeichnung eines Gebietes, um dessen städtebauliche Eigenart aufgrund seiner städtebaulichen Gestalt zu erhalten, schon erforderlich sein, Änderungen geringfügigen Umfanges an baulichen Anlagen von städtebaulicher Bedeutung zu verhindern, vgl. BVerfG 26.1.1987 DVBl. 1987, 465. In diesem Sinne relevant kann daher auch die Anbringung von Werbeanlagen sein. *761*

Auch gestalterische Einzelheiten an baulichen Anlagen, wie der Spitzgiebel über der Haustür als Merkmal friesischer Bauart können in einem Gebiet durch ständige Wiederholung und Abwandlung dessen städtebauliche Eigenart aufgrund seiner städtebaulichen Gestalt des Gebietes mitbestimmen, vgl. OVG Lüneburg 25.4.1983 NJW 1984, 2905, 2909. In der Praxis kann daher die Gemeinde durch die *762*

Städtebauliche Erhaltung

Bezeichnung des Erhaltungsgebietes Veränderungen ihrer Kontrolle unterwerfen, die dazu geeignet sind, positive Gestaltwirkungen vorhandener baulicher Anlagen zu beeinträchtigen, wie z.b. die Wahl falscher Baumaterialien, die Zerstörung künstlerisch wertvoller Fassadenelemente oder den Einbau nicht unterteilter Fenster.

8.4.4 Nutzungsänderung baulicher Anlagen

763   Die durch § 172 Abs. 1 Satz 1 BauGB unter den erhaltungsrechtlichen Genehmigungsvorbehalt gestellte Nutzungsänderung baulicher Anlagen setzt deren bauliche Änderung nicht voraus. Es reicht aus, wenn eine vorhandene bauliche Anlage eine neue Zweckbestimmung erhält. Die Regelung beruht auf der Überlegung, dass allein eine Nutzungsänderung schon im Einzelfall städtebauliche Erhaltungsziele beeinträchtigen kann, vgl. BT-Drucks. 10/6166 S. 137. Unter den Genehmigungsvorbehalt fällt aber nicht die Änderung der Nutzungsform, wie die Umwandlung von Miet- in Eigentumswohnungen. Bedeutsam sind vor allem Nutzungsänderungen, die über das betreffende Grundstück hinaus Bedeutung haben. Nutzungsänderungen, wie z.b. die Umwandlung von Wohnungen in Büros oder Vergnügungsstätten können zu einer Umwidmung baulicher Anlagen führen und das entsprechende Erhaltungsziel beeinträchtigen. Die erhaltungsrechtliche Nutzungsänderung entspricht der bodenrechtlichen Nutzungsänderung einer baulichen Anlage i.S. von § 29 Satz 1 BauGB, vgl. RegE BR-Drucks. 575/85 S. 139.

8.4.5 Errichtung baulicher Anlagen

764   Entsprechend § 172 Abs. 1 Satz 2 BauGB unterliegt auch die Errichtung baulicher Anlagen dem erhaltungsrechtlichen Genehmigungsvorbehalt. Dies gilt jedoch ausschließlich für den Fall der Bezeichnung eines Gebietes zur Erhaltung seiner städtebaulichen Eigenart aufgrund seiner städtebaulichen Gestalt gemäß § 172 Abs. 1 Satz 1 Nr. 1 BauGB. Der Genehmigungsvorbehalt hat keinen Einfluss auf die bauplanungsrechtliche Situation des Grundstücks. Die Regelung bezieht sich auf die erstmalige Herstellung einer baulichen Anlage. Hierbei kann es sich auch um eine Wiederherstellung einer beseitigten baulichen Anlage in der alten oder einer veränderten Form handeln. Der Sinn des Genehmigungsvorbehaltes liegt in der Verhinderung des Entstehens gebietsuntypisch gestalteter baulicher Anlagen, die die städtebauliche Eigenart des Gebietes aufgrund seiner städtebaulichen Gestalt stören können.

8.4.6 Bildung von Sondereigentum an Wohnraum

765   § 172 Abs. 1 Satz 5 und 6 BauGB ermächtigt die Landesregierungen, durch Rechtsverordnung als einen weiteren erhaltungsrechtlichen Genehmigungsvorbehalt die Begründung von Wohnungseigentum und Teileigentum gemäß § 1 Wohnungseigentumsgesetz durch Rechtsverordnung mit einer Geltungsdauer von höchstens fünf Jahren einzuführen. Diese Bestimmungen werden ergänzt durch Regelungen des § 172 Abs. 4 BauGB über die Ausübung dieses Genehmigungsvor-

behaltes. Diese neuen Bestimmungen sind das Ergebnis eines Kompromisses zwischen voneinander abweichenden gesetzgeberischen Vorstellungen von Bundestag und Bundesrat im Vermittlungsausschuss. Die Ermächtigung für die Landesregierungen bezieht sich ausschließlich auf Grundstücke im Bereich einer Milieuschutzsatzung i.S. von § 172 Abs. 1 Satz 1 Nr. 2 BauGB.

Der durch eine solche Verordnung bewirkte Genehmigungsvorbehalt der Gemeinde gilt für Grundstücke mit Gebäuden, die ganz oder teilweise für Wohnzwecke bestimmt sind. Die tatsächliche Nutzung des Gebäudes ist nicht entscheidend. Die Landesregierung kann nach Ablauf der fünfjährigen Frist eine neue Rechtsverordnung gleichen Inhalts erlassen. Im Ergebnis bewirkt eine Verordnung nach § 172 Abs. 1 Satz 4 BauGB in ihrem Geltungsbereich ein Verbot der Bildung von Wohnungs- und Teileigentum verbunden mit einem Genehmigungsvorbehalt der Gemeinde. Die Umwandlung von Miet- in Eigentumswohnungen kann die Zusammensetzung der Wohnbevölkerung in dem Erhaltungsgebiet beeinträchtigen. In Ergänzung zu § 172 Abs. 4 Satz 2 BauGB nennt der Katalog in § 172 Abs. 4 Satz 3 Nr. 2 bis 6 BauGB Fallgestaltungen bei deren Vorliegen die Genehmigung dennoch zu erteilen ist. Wird die Verordnung nicht beachtet, ist das Wohnungs- und Teileigentum nach § 172 Abs. 1 Satz 5 BauGB i.V. mit § 135 Abs. 1 Satz 1 BGB unwirksam. Zur Sicherung des Verbotes führt § 172 Abs. 1 Satz 6 BauGB zur entsprechenden Anwendung der in § 22 Abs. 2 Satz 3 und 4, Abs. 6 und 8 BauGB enthaltenen Regelungen über die Grundbuchsperre. *766*

§ 236 Abs. 2 BauGB enthält eine Übergangsvorschrift zu § 172 Abs. 1 Satz 4 bis 6 BauGB. Danach gilt der durch Rechtsverordnung der Landesregierung herbeigeführte weitere erhaltungsrechtliche Genehmigungsvorbehalt nicht für die Bildung von Teil- und Wohnungseigentum, dessen Eintragung vor dem 26. Juni 1997, d.h. dem Tag der endgültigen Beschlussfassung des BauROG 1988 beantragt oder dessen Bildung oder Übertragung vor diesem Zeitpunkt durch eine Vermerkung gesichert worden ist. Nach § 236 Abs. 2 Satz 3 BauGB ist § 172 BauGB in der Fassung des BauROG 1988 auch auf Erhaltungssatzungen anzuwenden, die vor dessen Inkrafttreten am 1. Januar 1988 ortsüblich bekannt gemacht worden sind. *767*

8.5 Versagungsgründe

8.5.1 Allgemeines

Während § 172 Abs. 1 Sätze 1 und 2 BauGB regeln, welche Maßnahmen der erhaltungsrechtlichen Genehmigung bedürfen, wird in § 172 Abs. 3 bis 5 BauGB bestimmt, unter welchen Voraussetzungen für diese Maßnahmen die Genehmigung versagt werden darf. Auch diese Vorschriften sind abschließend. Sie können von der Gemeinde weder erweitert noch eingeschränkt werden. Im Schrifttum ist strittig, ob die Gemeinde bei Vorliegen der gesetzlichen Voraussetzungen für die Versagung der Genehmigung diese auch versagen muss oder ob sie, so die richtige Auffassung, die Genehmigung nur versagen kann, d.h. ob insoweit ein Ermessen *768*

Städtebauliche Erhaltung

besteht. In der Praxis ist die Frage bisher nicht bedeutsam geworden. Liegen Versagungsgründe nicht vor, so hat der den Genehmigungsantrag stellende Eigentümer einen Rechtsanspruch auf Erteilung der Genehmigung.

769   Die Bindung der Versagung der Genehmigung an bestimmte gesetzliche Voraussetzungen führt aber zu keiner Einschränkung des Genehmigungsvorbehaltes, denn über das Vorliegen dieser Voraussetzungen im Einzelfall hat nicht der Eigentümer zu entscheiden, sondern im Rahmen von § 173 Abs. 1 BauGB die Gemeinde, vgl. oben Rnr. 772. Bei der Prüfung der erhaltungsrechtlichen Genehmigungsfähigkeit hat die Gemeinde allein die in § 172 Abs. 3 bis 5 BauGB enthaltenen Regelungen zu beachten. Versagungsgründe, die sich aus dem Denkmalschutzrecht, dem Landesbauordnungsrecht oder auch dem Planungsrecht ergeben, sind hier unbeachtlich, vgl. auch § 173 Abs. 4 BauGB. Denn der erhaltungsrechtliche Genehmigungsvorbehalt besteht aufgrund der Bezeichnung des Erhaltungsgebietes unabhängig von der planungsrechtlichen Situation des Grundstücks. Die Versagung der erhaltungsrechtlichen Genehmigung kann daher im Ergebnis zu einer Abänderung oder Aufhebung von Vorhaben führen, die nach den §§ 30ff. BauGB eindeutig rechtlich zulässig sind. Auch bei inhaltlichen Konflikten zwischen den Festsetzungen eines Bebauungsplanes, der z.B. eine höhere Ausnutzung eines Grundstückes mit einem jetzt aufstehenden erhaltungswürdigen Gebäude zulässt, und der Anwendung des Erhaltungsrechtes hat der Bebauungsplan keinen Vorrang.

770   Die Gemeinde hat jeden erhaltungsrechtlichen Genehmigungsantrag sorgfältig zu prüfen. Das Schwergewicht der Anwendung des Erhaltungsrechtes liegt in der Praxis nicht bei der Bezeichnung des Erhaltungsgebietes, sondern ganz eindeutig in der Ausübung des Genehmigungsvorbehaltes. Die Belange des betroffenen Eigentümers sind bei der Entscheidung angemessen zu berücksichtigen. Hierbei ist insbesondere der Grundsatz der Verhältnismäßigkeit zu beachten. Bei Versagung einer erhaltungsrechtlichen Genehmigung muss das städtebauliche Erhaltungsziel ein größeres Gewicht haben als die privaten Belange. Auch ist zu prüfen, ob eine Lösung gefunden werden kann, die die Belange des betroffenen Eigentümers weniger beeinträchtigt. Die Versagung der beantragten erhaltungsrechtlichen Genehmigung ist im Einzelfall entsprechend zu begründen.

771   Das Erhaltungsrecht ermächtigt die Gemeinde ausschließlich zur Versagung der beantragten Genehmigung, soweit das Vorhaben dem Genehmigungsvorbehalt unterliegt, nicht jedoch zur Anordnung bestimmter Maßnahmen, wie etwa der Instandsetzung baulicher Anlagen. Wenn die Voraussetzungen für die Versagung der Genehmigung vorliegen, kann die Gemeinde jedoch nach Wegen suchen, die den Antrag genehmigungsfähig machen. Sie kann daher in geeigneten Fällen die Genehmigung unter Auflagen erteilen, die sich an dem geltenden städtebaulichen Erhaltungsziel für das bezeichnete Gebiet orientieren.

Versagungsgründe

8.5.2 Erhaltung der städtebaulichen Eigenart

8.5.2.1 Abbruch, Änderung und Nutzungsänderung baulicher Anlagen

8.5.2.1.1 Allgemeines

Die in § 172 Abs. 3 Satz 1 BauGB enthaltene Regelung über die Versagung der Genehmigung bezieht sich auf den Abbruch, die Änderung oder Nutzungsänderung vorhandener baulicher Anlagen in einem Gebiet, das gemäß § 172 Abs. 1 Satz 1 BauGB zur Erhaltung der städtebaulichen Gestalt bezeichnet worden ist. Die bauliche Anlage muss daher einen Beitrag zur Qualität dieses Erhaltungsgebietes leisten. D. h., die bauliche Anlage muss aufgrund ihrer Beschaffenheit eine Bedeutung für die städtebauliche Eigenart des Gebietes aufgrund seiner städtebaulichen Gestalt haben. Das Gesetz regelt in § 172 Abs. 3 Satz 1 BauGB, wann dies der Fall ist. Bei der Anwendung der verschiedenen Versorgungsgründe kommt es in der Regel zu vielfältigen Überschneidungen. 772

Das Gesetz regelt zwei Fallgruppen. Bei der ersten Gruppe kommt es darauf an, ob die bauliche Anlage allein oder im Zusammenhang mit anderen baulichen Anlagen das Umfeld gestalterisch prägt. Hierbei kann es sich im Einzelfall bei dem Zusammenhang mit anderen baulichen Anlagen auch um ein größeres Ensemble, wie z.B. ein weitgehend einheitlich gestaltetes Stadtquartier aus dem 19. Jahrhundert oder einen noch unzerstörten vorindustriellen Altstadtkern, handeln. Die bauliche Anlage muss allein oder im Zusammenhang das vorhandene Umfeld prägen. Prägen bedeutet hier mehr als Bedeutung haben. Gemeint ist eine maßgebliche, d.h. dominierende, gestalterisch positive Auswirkung. 773

Die andere Fallgruppe bezieht sich auf einzelne bauliche Anlagen von städtebaulicher, insbesondere geschichtlicher oder künstlerischer Bedeutung. Eine Überschneidung ergibt sich schon daraus, dass den prägenden baulichen Anlagen eine städtebauliche Bedeutung nicht abgesprochen werden kann. Insoweit handelt es sich bei der städtebaulichen Bedeutung um einen Oberbegriff. § 172 Abs. 3 Satz 1 BauGB trägt dieser Überlegung Rechnung, indem er beide Fallgruppen durch das Wort „sonst" trennt. In der Praxis erfüllt die zweite Fallgruppe die Aufgabe eines Auffangtatbestandes. Die prägenden baulichen Anlagen haben i.d.R. im Verhältnis zu den baulichen Anlagen mit städtebaulicher Bedeutung größere Wichtigkeit für die städtebauliche Eigenart des Erhaltungsgebietes aufgrund seiner städtebaulichen Gestalt. 774

Die prägende Wirkung baulicher Anlagen ist aus ihrer gestalterischen Qualität abzuleiten. Bei prägenden baulichen Anlagen wird daher der Abbruch immer versagt werden dürfen. Dies gilt auch für bauliche Änderungen, welche die gestalterische Qualität der baulichen Anlage beeinträchtigen. Bei baulichen Anlagen, die nur im Zusammenhang mit anderen baulichen Anlagen die prägende Wirkung haben, kommt es dagegen darauf an, ob durch den vorgesehenen Abbruch oder die Änderung der baulichen Anlage die prägende Wirkung des Ensembles in Frage gestellt wird. In vielen Ensembles, die insgesamt eine hohe stadtgestalterische Qualität be- 775 sitzen, gibt es bauliche Anlagen, denen einzeln diese Qualität nicht zuzusprechen ist, die sich aber in das Ensemble insoweit einfügen, dass ihre einzelnen Gestaltelemente nicht im Widerspruch zu denen des Ensembles stehen. Sie sind gestalterisch nicht die tragenden Stützen, aber sie tragen es mit. In Fällen dieser Art wird auch zu prüfen sein, ob der Abbruch genehmigt werden kann, wenn der Antragsteller zugleich einen Bauantrag für die Errichtung eines neuen Gebäudes vorlegt, der gestalterisch dem Wesen des Ensembles entspricht und somit die Erhaltung der städtebaulichen Gestalt nicht beeinträchtigt.

8.5.2.1.2 Prägung des Ortsbildes

776 Unter Ortsbild i.S. von § 172 Abs. 3 Satz 1 BauGB ist die durch Bebauung und Topografie bestimmte optische Erscheinung eines Ortes oder Ortsteiles zu verstehen. Ein Ort i.S. von Ortsteil ist bereits anzunehmen, wenn ein räumlicher Bereich überwiegend durch bauliche Anlagen bestimmt wird. Eine räumlich isolierte bauliche Anlage kann daher kein Ortsbild prägen. Wesentlich bestimmt wird das Ortsbild durch die Lage und Stellung der baulichen Anlagen im Verhältnis zueinander sowie ihre Größe und ihre Gestaltung. Teil des Ortsbildes sind auch die unbebauten und insbesondere die Abstandsflächen. Zum Ortsbild gehören die Silhouette des Ortes genauso wie einzelne Straßendurchblicke. Der Ort kann sowohl von außen als auch von innen betrachtet werden. Alle denkbaren Standorte des Betrachters können ortsbildrelevant sein. So kann ein anspruchsvoll gestaltetes Gebäude im Durchblick einer Straßenachse das Ortsbild prägen. Der Begriff Ortsbild setzt keine bestimmte gestalterische Qualität voraus. Das Gesetz schützt daher auch Ortsbilder, die als durchschnittlich zu bewerten sind. Allerdings werden bei Ortsbildern dieser Qualität i.d.R. keine Vielzahl positiv prägender baulicher Anlagen zu finden sein.

8.5.2.1.3 Prägung der Stadtgestalt

777 Der Begriff Stadtgestalt reicht über den Begriff des Ortsbildes hinaus. Stadtgestalt in § 172 Abs. 3 Satz 1 BauGB ist i.S. von Ortsgestalt zu verstehen. Es gibt keinen Grund, nichtstädtische Bereiche hier begrifflich auszuschließen. Das Ortsbild wird durch die Stadtgestalt gebildet. Zur Stadtgestalt zählen aber auch Elemente, die visuell nicht im Vordergrund stehen, wie z.B. der Stadtgrundriss oder auch bestimmte bauliche Strukturen, die optisch nicht hervortreten. Soweit die Erhaltung der baulichen Struktur bei den prägenden baulichen Anlagen die Beibehaltung einer bestimmten Nutzung erfordert, kann die Gemeinde auch die Genehmigung für eine Nutzungsänderung versagen. Der Begriff Stadtgestalt in § 172 Abs. 3 Satz 1 BauGB schließt eng an den Begriff der „städtebaulichen Gestalt" in § 172 Abs. 1 Satz 1 Nr. 1 BauGB an. Stadtgestalt ist das ästhetische Ergebnis des Städtebaues. Es unterliegt somit der Bewertung nach sich zeitlich ändernden Maßstäben.

8.5.2.1.4 Prägung des Landschaftsbildes

778 Das Landschaftsbild i.S. von § 172 Abs. 3 Satz 1 BauGB unterscheidet sich begrifflich vom Ortsbild durch das Vorherrschen unbesiedelter Flächen. Insoweit

Versagungsgründe

handelt es sich um eine graduelle Abweichung. Hierbei kann es sich sowohl um unberührte Natur als auch um Kulturlandschaft handeln. Tatbestandliche Voraussetzung der Prägung des Landschaftsbildes ist aber, dass einzelne bauliche Anlagen oder zumindest eine bauliche Anlage in dem bezeichneten Erhaltungsgebiet vorhanden ist. Die Bezeichnung dient hier dem als positiv empfundenen optischen Einklang zwischen Natur und Bebauung. In diesem Sinne können bauliche Anlagen allein oder im Zusammenhang mit anderen baulichen Anlagen das Landschaftsbild prägen. Bei der ersten Fallgestaltung ist an alleinstehende Bauernhöfe, Mühlen, Kapellen, Burgen oder Burgruinen zu denken. Für die zweite Fallgruppe kommen bauliche Anlagen in Frage, die Teil eines Dorfes oder einer kleineren Siedlungsform sind. Aber auch bauliche Anlagen am Stadtrand können einzeln oder als Ensemble das Landschaftsbild prägen.

8.5.2.1.5 Städtebauliche Bedeutung

Aufgrund von § 172 Abs. 3 Satz 1 BauGB darf die Genehmigung für den Abbruch, die Änderung oder Nutzungsänderung auch versagt werden, wenn die bauliche Anlage von städtebaulicher Bedeutung ist. Diese Bedeutung muss auf die städtebauliche Eigenart des Erhaltungsgebietes aufgrund seiner städtebaulichen Gestalt bezogen werden. Nutzungs- und sozialstrukturelle Überlegungen scheiden daher hier aus. Maßgebend ist dagegen, ob die bauliche Anlage einen positiven Beitrag zur städtebaulichen Gestalt des Erhaltungsgebietes leistet. Im Ergebnis liegt daher eine weitgehende Überschneidung zur Gruppe der prägenden baulichen Anlagen vor. Insoweit kann die städtebauliche Bedeutung hier nur die Funktion eines Auffangtatbestandes erfüllen. Er kann zur Anwendung kommen bei baulichen Anlagen, die zwar städtebauliche Bedeutung haben, deren Bedeutung aber nicht soweit reicht, dass sie ihr Umfeld prägen. 779

Entsprechendes gilt für bauliche Anlagen, die Bestandteil einer Gesamtheit von baulichen Anlagen mit städtebaulicher Bedeutung, aber ohne prägende Wirkung sind. Das Gesetz nennt beispielhaft zwei Fälle von baulichen Anlagen mit städtebaulicher Bedeutung: bauliche Anlagen mit geschichtlicher oder künstlerischer Bedeutung. Es reicht aus, wenn ein öffentliches Interesse an der Erhaltung der baulichen Anlage oder des Ensembles besteht. In jedem Falle muss die bauliche Anlage oder das Ensemble aber auch ohne prägende Bedeutung zu besitzen, einen positiven Beitrag zur städtebaulichen Eigenart des Erhaltungsgebietes aufgrund seiner städtebaulichen Gestalt leisten. Zur städtebaulichen Bedeutung baulicher Anlagen vgl. auch unten Rnr. 853 ff. 780

8.5.2.1.6 Geschichtliche Bedeutung

Die geschichtliche Bedeutung einer baulichen Anlage ergibt sich nicht bereits aus ihrem Alter, sondern ihrer Verknüpfung mit bestimmten geschichtlichen Ereignissen oder Vorstellungen. Eine bauliche Anlage hat geschichtliche Bedeutung, wenn im Zusammenhang mit ihr wichtige geschichtliche Ereignisse stattgefunden haben und die bauliche Anlage an diese Ereignisse erinnert. Einen solchen Erinnerungs- 781

Städtebauliche Erhaltung

wert kann auch eine bauliche Anlage haben, wenn sie Wirkungsstätte einer historisch bedeutsamen Person gewesen ist. Bauliche Anlagen können auch bestimmte geschichtliche Vorstellungen repräsentieren. So kann sich im Bewusstsein der Bevölkerung eine bauliche Anlage mit den sozialen und kulturellen Verhältnissen ihrer Entstehungszeit verbinden. Auch können bauliche Anlagen eine bestimmte Epoche der Sozialgeschichte repräsentieren, vgl. auch unten Rnr. 851f.

782   Unbeschadet ihrer geschichtlichen Bedeutung muss die betreffende bauliche Anlage zugleich aber eine positive Bedeutung für die Erhaltung der städtebaulichen Eigenart des Gebietes aufgrund seiner städtebaulichen Gestalt haben. Insoweit geht es hier um eine städtebaulich-geschichtliche Bedeutung. Die geschichtliche Bedeutung der baulichen Anlage muss zudem in ihrer Gestaltung zum Ausdruck kommen. Eine bauliche Anlage kann insoweit durch ihre architektonische Gestaltung die Baukultur der Zeit ihrer Errichtung repräsentieren. Denkbar ist aber auch, dass die besondere Stellung oder der besondere Standort die städtebaulich-geschichtliche Bedeutung sichtbar macht. Die hier in Frage stehenden baulichen Anlagen müssen in jedem Fall ein erkennbares Minimum an baugeschichtlicher Bedeutung aufweisen, um einen positiven Beitrag zur Gestaltung des zu erhaltenden Gebietes leisten zu können.

8.5.2.1.7   Künstlerische Bedeutung

783   Nach § 172 Abs. 3 Satz 1 BauGB können auch bauliche Anlagen von künstlerischer Bedeutung aus städtebaulichen Gründen erhalten werden. Künstlerische Bedeutung ist hier im Sinne einer besonderen gestalterischen Qualität zu verstehen. Dabei braucht es sich nicht um ältere bauliche Anlagen zu handeln. In der Praxis wird dies aber überwiegend der Fall sein. Auch hier geht es nicht um die bauliche Anlage als einzelnes Bauwerk, sondern um ihre Beziehung zur städtebaulichen Gestalt des Erhaltungsgebietes. Zwar sind in der Regel gerade die baulichen Anlagen mit künstlerischer Bedeutung die tragenden gestalterischen Elemente eines Erhaltungsgebietes i.S. von § 172 Abs. 1 Satz 1 Nr. 1 BauGB. Das muss aber nicht immer so sein. Es gibt auch bauliche Anlagen, die sich wegen ihrer besonderen architektonischen Gestaltung ästhetisch auszeichnen, die aber dennoch für die Gestaltung des Erhaltungsgebietes keine positive Bedeutung haben. Hierbei ist hauptsächlich an bauliche Anlagen zu denken, die sich trotz ihrer künstlerischen Bedeutung aufgrund ihres Maßstabes nicht in die Struktur des zu erhaltenden Gebietes einfügen. Als Beispiel kommt hierfür ein viergeschossiges Mietshaus mit einer wertvollen historischen Fassade in einem vorindustriellen Stadtkern mit seiner kleinteiligen Struktur in Betracht.

8.5.2.1.8   Verhältnis zum Denkmalschutz

784   Zumeist werden bauliche Anlagen mit künstlerischer Bedeutung i.S. von § 172 Abs. 3 Satz 1 BauGB zugleich Baudenkmäler i.S. der Denkmalschutzgesetze der Länder sein. Das städtebauliche Erhaltungsrecht dient aber nicht unmittelbar dem Schutz der Baudenkmäler mit dem Ziel der geschichtlichen Dokumentation im wei-

Versagungsgründe

teren Sinne sondern ihrer Erhaltung aus städtebaulichen Gründen. Zwar wird hier dem Denkmalschutzrecht Eingang in das Bodenrecht verschafft, es geht aber nur um die Erhaltung von solchen baulichen Anlagen, die das Ortsbild prägen oder von städtebaulicher Bedeutung sind. Hierdurch wird es z.B. möglich die Bevölkerungsstruktur in einem Gebiet vor unerwünschten Veränderungen zu schützen und ihr den Bestand ihrer Umgebung zu sichern so auch BVerfG 26. 1. 1987 DVBl. 1987, 465 und BVerwG 3. 7. 1987 E 78, 23. Erhaltenswerte Ortsbilder erleichtern es insbesondere der Wohnbevölkerung sich mit ihrer Stadt oder ihrem Ort zu identifizieren. Sie bergen und erzählen gleichsam die Ortsgeschichte. Soweit daher Baudenkmäler eine Bedeutung für die städtebauliche Gestalt eines Gebietes haben, führt das Erhaltungsrecht mittelbar zu einem städtebaulichen Denkmalschutz, vgl. hierzu unten Rnr. 831 ff.

Vielfach kann hinsichtlich der städtebaulichen Erhaltungswürdigkeit an die Denkmaleigenschaft angeknüpft werden. Es können aber auch bauliche Anlagen ohne Denkmaleigenschaft aus städtebaulichen Gründen erhaltenswert sein. Umgekehrt kann es auch Baudenkmale geben, die keine städtebauliche Bedeutung haben. Hierbei ist z.B. an bauliche Anlagen zu denken, die einen bestimmten Stand der industriellen Entwicklung dokumentieren oder ausschließlich historische Zusammenhänge aus kulturellen Gründen sichtbar machen. Derartige bauliche Anlagen unterliegen allein dem Denkmalschutzrecht der Länder und nicht dem Städtebaurecht des Bundes, so auch BVerwG 18. 5. 2001 BRS 64 Nr. 1. Vgl. auch unten Rdn. 831.

8.5.2.2 Errichtung baulicher Anlagen

§ 172 Abs. 1 Satz 2 BauGB unterwirft in einem zur Erhaltung der städtebaulichen Eigenart aufgrund seiner städtebaulichen Gestalt bezeichneten Gebiet auch die Errichtung baulicher Anlagen einem besonderen Genehmigungsvorbehalt. Aufgrund von § 172 Abs. 3 Satz 2 BauGB darf diese Genehmigung nur versagt werden, wenn die städtebauliche Gestalt des Gebietes durch die beabsichtigte bauliche Anlage beeinträchtigt wird. Hierbei verlangt das Gesetz keine erhebliche, wesentliche oder besondere Beeinträchtigung. Die Regelung ist im bauordnungsrechtlichen Genehmigungsverfahren als sonstige öffentlichrechtliche Regelung neben der planungsrechtlichen Zulässigkeit zu beachten. Das bedeutet in der Praxis: Vorhaben, die nach § 34 oder § 30 BauGB zulässig sind, können an der fehlenden erhaltungsrechtlichen Genehmigung im Einzelfall scheitern, vgl. BVerwG 3. 12. 2002 ZfBR 2003, 265.

785

Bei der Prüfung der erhaltungsrechtlichen Genehmigungsfähigkeit können an die Gestaltung der baulichen Anlage weitere, in einem Bebauungsplan nach § 9 BauGB nicht festsetzungsfähige Anforderungen gestellt werden. Dieses höhere gestaltungsmäßige Anforderungsprofil des Erhaltungsrechtes gilt auch gegenüber der in § 34 Abs. 1 Satz 2 Halbsatz 2 BauGB enthaltenen Vorgabe der Nichtbeeinträchtigung des Ortsbildes durch ein Vorhaben, so auch BVerwG 11. 5. 2000 NVwZ 2000, 1169, vgl. hierzu unten Rnr. 837 ff. Andernfalls wäre § 172 Abs. 3 Satz 2

786

BauGB als eine eigenständige Regelung wenig sinnvoll. Es reicht danach i.d.R. nicht aus, wenn sich eine bauliche Anlage im Erhaltungsgebiet nur nach dem Maß, der Bauweise und der Stellung in die Eigenart ihrer näheren Umgebung einfügt. Vielmehr ist die erhaltungsrechtliche Beurteilung der Errichtung einer baulichen Anlage in einem nach § 172 Abs. 1 Satz 1 Nr. 1 BauGB bezeichneten Gebiet auch auf Bauelemente wie die Gestaltung der Dächer, z.B. der Dachform, Dachneigung und des Dachausbaues sowie die Gestaltung der Fassaden, wie ihrer Gliederung, die Anordnung der Fenster, die Fenstergrößen und Fensterformen, die Hauseingänge, die Baumaterialien und vor allem die Zulässigkeit und Beschränkung von Werbeanlagen soweit erforderlich zu beziehen.

787   Die städtebauliche Gestalt des Erhaltungsgebietes i.S. von § 172 Abs. 1 Satz 1 Nr. 1 BauGB kann durch entsprechende gebietsfremde Gestaltungsmerkmale einer zu errichtenden baulichen Anlage im Einzelfall beeinträchtigt werden. Dies ist der Fall, wenn sie städtebauliche Bedeutung haben, d.h. wenn sie sich auf das Erhaltungsgebiet negativ gestalterisch auswirken. Die hierbei anzuwendenden Maßstäbe sind aus der gestalterischen Eigenart des jeweiligen Erhaltungsgebietes abzuleiten. Hierbei kann der Vollzug des Gesetzes dadurch erleichtert werden, dass diese Maßstäbe nicht erst im Anwendungsfall erarbeitet werden, sondern bereits bei der Bezeichnung des Erhaltungsgebietes in Form einer Ortsbildanalyse offengelegt werden, vgl. hierzu auch unten Rnr. 979.

788   Eine solche Untersuchung hat aber anders als eine örtliche Bauvorschrift nach dem Landesbauordnungsrecht keine unmittelbare rechtliche Bedeutung. Die bei der Entscheidung über die Genehmigung nach § 172 Abs. 3 Satz 2 BauGB angelegten Maßstäbe müssen nachvollziehbar sein und auch bei anderen Genehmigungsfällen in dem Erhaltungsgebiet zur Anwendung kommen. Bei der Entscheidung ist auch zu beachten, dass negative Gestaltungsmerkmale eines Vorhabens eine Vorbildwirkung für die Errichtung weiterer baulicher Anlagen in dem Erhaltungsgebiet haben können. Ferner kann der Errichtung einer baulichen Anlage die erhaltungsrechtliche Genehmigung auch deswegen versagt werden, weil die Freihaltung der vorgesehenen Baufläche für die Erhaltung der städtebaulichen Gestalt des Erhaltungsgebietes wichtig ist.

789   Die Regelung des § 172 Abs. 1 Satz 2 BauGB schafft der Gemeinde zugleich mehr Spielraum bei der Anwendung des Erhaltungsrechtes. Sie kann bei der Genehmigung des Abbruches baulicher Anlagen in dem Erhaltungsgebiet großzügiger verfahren, weil sie auf die Gestaltung der Ersatzbauten stärker Einfluss nehmen kann. Der Zweck des Erhaltungsrechtes liegt nicht in der Verhinderung der Beseitigung alter baulicher Anlagen, sondern im Schutz der städtebaulichen Eigenart des Gebietes aufgrund seiner städtebaulichen Gestalt. Diese kann durch angemessen gestaltete Neubauten auch verbessert werden. Das Erhaltungsrecht muss daher diesem Anliegen nicht im Wege stehen.

Versagungsgründe

8.5.3 Erhaltung der Zusammensetzung der Wohnbevölkerung

8.5.3.1 Allgemeines

§ 172 Abs. 4 BauGB regelt die Ausübung des Genehmigungsvorbehaltes in Gebieten, die die Gemeinde zur Erhaltung der Zusammensetzung der Wohnbevölkerung bezeichnet hat. Satz 1 macht besondere städtebauliche Gründe für die Ausübung des Genehmigungsvorbehaltes zur Voraussetzung. Satz 2 schließt die Versagung der Genehmigung in allen Fällen aus, in denen auch unter Berücksichtigung des Allgemeinwohls die Erhaltung einer baulichen Anlage oder ein Absehen der Begründung von Sondereigentum wirtschaftlich nicht mehr zumutbar ist. *790*

8.5.3.2 Besondere städtebauliche Gründe

§ 172 Abs. 4 Satz 1 BauGB stellt klar, dass die Genehmigung zum Abbruch, der Änderung, der Nutzungsänderung oder der Begründung von Sondereigentum nur versagt werden darf, wenn die Zusammensetzung der Wohnbevölkerung aus besonderen städtebaulichen Gründen erhalten werden soll. In der Praxis hat hier die Prüfung der Nutzungsänderung die größte Bedeutung. In Betracht kommen Umnutzungen, die planungsrechtlich wichtige Belange i.S. von § 1 Abs. 5 Satz 2 BauGB berühren, wie z.B. die Umwidmung von Wohnungen für gewerbliche Zwecke. Der Hauptfall ist das Eindringen von Dienstleistungen (Geschäfte, Büros, Vergnügungsstätten) in ein Wohngebiet. Die Bindung der Genehmigungsversagung an besondere städtebauliche Gründe bedeutet, dass die Versagung nicht auf Überlegungen des Mieterschutzes gestützt werden darf. Im Ergebnis kann dagegen die Versagung von Genehmigungen mittelbar durchaus wohnungs- oder sozialpolitische Folgen zeitigen. Als städtebauliche Gründe kommen allgemein alle in § 1 Abs. 5 Satz 2 BauGB aufgeführten Belange in Frage. *791*

§ 174 Abs. 4 Satz 1 BauGB setzt allerdings besondere Gründe voraus. Es kann sich daher nicht um einen Regelfall handeln, sondern zwischen der ansässigen Wohnbevölkerung und der baulichen Struktur des Gebietes muss eine Beziehung bestehen, deren Aufhebung zu städtebaulichen Problemen führen würde. Der Genehmigungsvorbehalt dient der Verhinderung negativer städtebaulicher Folgen, die in dem Erhaltungsgebiet aufgrund eines Bevölkerungswechsels eintreten können. Diese Auswirkungen müssen in der Situation des Einzelfalles ein besonderes Gewicht haben. Die negativen Folgen brauchen nicht in dem Erhaltungsgebiet selbst eintreten. *792*

Die Versagung der Genehmigung kann auch mit der Abwehr nachteiliger Folgen in anderen Ortsteilen oder Stadtquartieren begründet werden. So führt die Verdrängung der ansässigen Wohnbevölkerung aus einem Gebiet mit preisgünstigem Altbaubestand zu negativen städtebaulichen Auswirkungen, wenn den Wohnbedürfnissen der verdrängten Mieter an anderer Stelle in der Gemeinde nicht entsprochen werden kann, weil dort ähnlich geeignete Wohnungen fehlen und eine Ersatzbeschaffung in absehbarer Zeit nicht in Frage kommt, vgl. HessVGH 28.4.1986 DVBl. 1986, 593. Entsprechende Verdrängungen können durch Modernisierungs- *793* maßnahmen ausgelöst werden, die zu einer Erhöhung der im Erhaltungsgebiet üblichen Durchschnittsmiete führen. Hierbei kommt es nicht darauf an, ob im Einzelfall die betroffenen Mieter eine zu erwartende Mieterhöhung tragen können, oder nicht, vgl. HessVGH 11. 5. 1992 UPR 1993, 69 und VGH München 5. 8. 1994 ZMR 1995, 48.

794   Desgleichen sind auch städtebauliche Nachteile anzunehmen, wenn infolge der Änderung der Zusammensetzung der Wohnbevölkerung in dem Erhaltungsgebiet die vorhandene kommunale Infrastruktur nicht mehr richtig genutzt werden kann, vgl. OVG Lüneburg 25. 4. 1983 NJW 1984, 2935. Hierbei kann es sich sowohl um öffentliche wie private Einrichtungen handeln. Voraussetzung hierfür ist, dass die vorhandene Infrastruktur auf die ortsansässige Bevölkerung besonders zugeschnitten ist, wie z. B. Einrichtungen der Nachbarschafts- oder Altenhilfe, so dass sie an anderer Stelle der Gemeinde nicht ohne weiteres ersetzt werden kann. Zu einer derartigen Infrastruktur können neben sozialen und kulturellen Einrichtungen auch Freizeiteinrichtungen wie Kneipen, Cafés oder Dienstleistungsbetriebe und Geschäfte gehören. In dem vom OVG Lüneburg entschiedenen Fall drohte in zwei Erhaltungsgebieten in Westerland auf Sylt durch die Verdrängung der ortsansässigen Wohnbevölkerung infolge der Errichtung von Zweitwohnungen und des Baues von Ferienappartements eine Verödung außerhalb der Saison.

8.5.3.3 Wirtschaftliche Unzumutbarkeit

795   § 172 Abs. 4 Satz 2 BauGB enthält eine besondere Regelung für den Fall, dass nach § 172 Abs. 4 Satz 1 BauGB die Genehmigung für ein Vorhaben versagt werden kann, weil es die Erhaltung der Zusammensetzung der Wohnbevölkerung gefährdet. Danach muss hiervon abweichend dann die Genehmigung erteilt werden, wenn die Erhaltung der baulichen Anlagen oder ein Absehen von der Begründung von Sondereigentum auch unter Berücksichtigung des Allgemeinwohls wirtschaftlich nicht mehr zumutbar ist. Liegen diese Voraussetzungen vor, hat der Eigentümer einen Rechtsanspruch auf Erteilung der erhaltungsrechtlichen Genehmigung. Die Entscheidung ist aufgrund einer Abwägung zwischen dem Allgemeinwohl einerseits und der wirtschaftlichen Zumutbarkeit der weiteren Erhaltung der baulichen Anlage vorzunehmen. Erhaltung bedeutet die dauernde Beibehaltung des derzeitigen Zustandes der baulichen Anlage. Das Allgemeinwohl ist hier allein auf die Erhaltung der Zusammensetzung der Wohnbevölkerung zu beziehen. Die Prüfung ist im Einzelfall objektbezogen vorzunehmen, auf die wirtschaftlichen Verhältnisse und Interessen des derzeitigen Eigentümers kommt es nicht an. Bei der Beurteilung der wirtschaftlichen Zumutbarkeit sind die in § 177 Abs. 4 Satz 1 bis 4 BauGB niedergelegten Grundsätze anzuwenden, vgl. hierzu oben Rnr. 567ff. Zugleich kann die wirtschaftliche Unzumutbarkeit der baulichen Anlage durch die Gewährung von Zuschüssen oder zinsgünstigen Darlehen beseitigt werden.

796   Der Nachweis der wirtschaftlichen Unzumutbarkeit allein begründet aber noch nicht den Anspruch auf Erteilung der erhaltungsrechtlichen Genehmigung. Sondern im Rahmen der vorzunehmenden Abwägung ist das öffentliche Interesse an

Versagungsgründe

der Erhaltung der baulichen Anlage aus städtebaulichen Gründen in Beziehung zu der wirtschaftlichen Belastung des Eigentümers zu setzen. Wenn hierbei die Belange des Eigentümers überwiegen, ist die Genehmigung zu erteilen. Überwiegen hierbei die Belange des Allgemeinwohls, wird die erhaltungsrechtliche Genehmigung aber i.d.R. nur befristet versagt werden dürfen. Andernfalls hätte die Versagung für den betroffenen Eigentümer eine enteignende Wirkung.

8.5.3.4   Genehmigungspflicht

§ 172 Abs. 4 Satz 3 BauGB ergänzt die Regelung des vorstehenden Satzes 2 durch einen Katalog von Fällen in denen die erhaltungsrechtliche Genehmigung von der Gemeinde immer, d.h. ohne Abwägung mit dem städtebaulichen Erhaltungsinteresse zu erteilen ist. Nr. 1 betrifft alle Milieuschutzgebiete i.S. von § 172 Abs. 1 Satz 1 NR. 2 BauGB. Die Nummern 2 bis 6 kommen nur in solchen Bereichen zur Anwendung in denen die Landesregierung eine Verordnung nach § 172 Abs. 1 Satz 4 BauGB zur Begrenzung der Bildung von Sondereigentum erlassen hat. Diese Bestimmungen werden durch § 172 Abs. 4 Satz 4 und 5 BauGB ergänzt. 797

§ 172 Abs. 4 Satz 3 Nr. 1 BauGB hat besondere Bedeutung. Danach ist im Bereich einer Milieuschutzsatzung nach § 172 Abs. 1 Satz 1 Nr. 2 BauGB die erhaltungsrechtliche Genehmigung zu erteilen, wenn die Änderung einer baulichen Anlage der Herstellung der zeitgemäßen Ausstattungszustandes einer durchschnittlichen Wohnung unter Berücksichtigung der bauordnungsrechtlichen Mindestanforderungen dient. Da diese Anforderungen nur zu berücksichtigen sind, müssen nicht alle entsprechenden Änderungen der baulichen Anlage erhaltungsrechtlich genehmigt werden. Unter die erhaltungsrechtliche Genehmigungspflicht fallen daher nicht der Einbau eines Fahrstuhles oder besondere Schall- und Wärmedämm-Maßnahmen auch wenn sie für Neubauten bauordnungsrechtlich erforderlich sind. Die erhaltungsrechtliche Genehmigungspflicht erstreckt sich auch nicht auf besonders aufwändige Baumaßnahmen, die an sich bauordnungsrechtlich erforderlich sind (Luxusmodernisierungen). Sie gehören nicht zum zeitgemäßen Ausstattungszustand einer durchschnittlichen Wohnung. Zum zeitgemäßen Ausstattungszustand einer durchschnittlichen Wohnung gehört hingegen eine zentrale Heizungsanlage auch wenn sie bauordnungsrechtlich nicht vorgeschrieben ist. Ihr Einbau muss daher erhaltungsrechtlich genehmigt werden. Liegen die Voraussetzungen des § 172 Abs. 4 Satz 3 Nr. 1 BauGB für einen Genehmigungsanspruch nicht vor, sind die Maßstäbe des Gesetzes bei der Entscheidung über den Genehmigungsantrag zu Grunde zu legen. Es handelt sich bei § 172 Abs. 4 Satz 3 Nr. 1 BauGB um eine besondere Regelung des Milieuschutzrechtes, die bei der Prüfung der Erteilung einer sanierungsrechtlichen Genehmigung nach §§ 144, 145 BauGB nicht entsprechend anwendbar ist.

8.5.4   Städtebauliche Umstrukturierungen

Aufgrund von § 172 Abs. 5 Satz 3 BauGB gilt die Abwägungsklausel des § 172 Abs. 4 Satz 2 BauGB auch in einem Erhaltungsgebiet, welches zur Sicherung des 798 sozialen Ablaufes städtebaulicher Unstrukturierungen bezeichnet worden ist. Dort darf entsprechend § 172 Abs. 5 Satz 1 BauGB die Genehmigung nur versagt werden, um diesen Ablauf so zu gestalten, dass er den sozialen Belangen Rechnung trägt und aufgrund eines Sozialplanes i.S. von § 180 BauGB zu sichern, vgl. zum Sozialplan oben Rnr. 69ff. Wenn noch kein Sozialplan vorhanden ist, muss ihn die Gemeinde aufgrund von § 172 Abs. 5 Satz 2 BauGB in entsprechender Anwendung des § 180 BauGB aufstellen. Der Sozialplan muss daher nicht allen Erfordernissen des § 180 BauGB entsprechen. Solange ein Sozialplan noch nicht erarbeitet worden ist, kann die Gemeinde den Genehmigungsvorbehalt nicht ausüben. In diesem Falle darf die Gemeinde die erhaltungsrechtliche Genehmigung für den beantragten Rückbau, bzw. die beantragte Änderung oder Nutzungsänderung nicht versagen. Wegen der Bindung der Ausübung des Genehmigungsvorbehaltes an den Sicherungszweck der Erhaltungssatzung durch § 172 Abs. 5 Satz 1 BauGB können Genehmigungen für den Abbruch, die Änderung und die Nutzungsänderung baulicher Anlagen nur solange versagt werden, wie die städtebaulichen Umstrukturierungen laufen. Nach Beendigung dieser Maßnahmen endet der Genehmigungsvorbehalt auch dann, wenn die zugrunde liegende Erhaltungssatzung von der Gemeinde nicht aufgehoben wird.

8.6 Genehmigungsverfahren

8.6.1 Entscheidung der Gemeinde

799   Die Durchführung des erhaltungsrechtlichen Genehmigungsvorbehaltes setzt voraus, dass ein Antrag vorliegt, dem die Bedeutung des genehmigungspflichtigen Vorhabens entnommen werden kann. Hierauf kommt es in der Praxis vor allem in den Fällen an, in denen das beantragte Vorhaben außerhalb des Erhaltungsrechtes anzeige- und genehmigungsfrei ist. Das Gesetz schreibt für den Genehmigungsantrag nicht ausdrücklich die Schriftform vor. Über die Erteilung der erhaltungsrechtlichen Genehmigung entscheidet aufgrund von § 173 Abs. 1 Satz 1 BauGB grundsätzlich allein die Gemeinde.

800   Wenn jedoch für die erhaltungsrechtliche Genehmigung zugleich die Erteilung einer baurechtlichen Genehmigung oder an ihrer Stelle eine baurechtliche Zustimmung erforderlich wird, entscheidet die Baugenehmigungsbehörde gemäß § 173 Abs. 1 Satz 2 Halbsatz 1 BauGB hierbei zugleich über die erhaltungsrechtliche Genehmigung. Bei der Entscheidung ist die Baugenehmigungsbehörde aber nach der gleichen Bestimmung an das Einvernehmen der Gemeinde gebunden, wenn diese nicht selbst Baugenehmigungsbehörde ist, d.h. die Baugenehmigung darf nur erteilt erden, wenn die Gemeinde dem vorher zugestimmt hat. Insoweit führt die Erhaltungssatzung bei kleineren Gemeinden zu einer Stärkung gegenüber der Baugenehmigungsbehörde bei der es sich zumeist um den Landrat oder Landkreis handelt.

801   Verweigert die Gemeinde das erhaltungsrechtliche Einvernehmen, ist die Baugenehmigungsbehörde hieran auch dann gebunden, wenn sie aus guten Gründen an-

Genehmigungsverfahren

derer Auffassung ist als die Gemeinde, d.h. sie darf die baurechtliche Genehmigung oder Zustimmung auch in diesem Falle nicht erteilen. Hat hingegen umgekehrt die Gemeinde das erhaltungsrechtliche Einvernehmen erteilt, ist die Baugenehmigungsbehörde hieran nicht gebunden. Sie hat ihrerseits aufgrund von § 173 Abs. 1 Satz 2 Halbsatz 2 BauGB zu prüfen, ob die Voraussetzungen für die Erteilung der erhaltungsrechtlichen Genehmigung vorliegen. Das gemeindliche Einvernehmen ist dann ohne rechtliche Bedeutung, wenn die Baugenehmigungsbehörde zu dem Ergebnis kommt, dass die erhaltungsrechtliche Genehmigung nicht erteilt werden darf. Das gleiche gilt auch, wenn die beantragte Genehmigung aus anderen als erhaltungsrechtlichen Gründen zu versagen ist. Bedarf dagegen ein erhaltungsrechtlich relevantes Vorhaben keiner sonstigen baurechtlichen Genehmigung oder Zustimmung, entscheidet allein die Gemeinde. Auch in diesen Fällen ist die Baugenehmigungsbehörde aber verpflichtet, den erhaltungsrechtlichen Genehmigungsvorbehalt der Gemeinde außerhalb des baurechtlichen Genehmigungsverfahrens gegenüber dem betreffenden Eigentümer der baulichen Anlage durchzusetzen.

8.6.2 Beteiligung der Betroffenen

Die Gemeinde ist im Rahmen von § 173 Abs. 3 BauGB verpflichtet, vor ihrer Entscheidung über die erforderliche erhaltungsrechtliche Genehmigung die hiervon Betroffenen zu beteiligen. Diese Verpflichtung besteht auch in den Fällen des § 173 Abs. 1 Satz 2 BauGB, in denen die Baugenehmigungsbehörde über die erhaltungsrechtliche Genehmigung im Einvernehmen mit der Gemeinde entscheidet. Die Baugenehmigungsbehörde ist dagegen nicht zur Teilnahme an der Erörterung verpflichtet, ihre Teilnahme ist aber sehr zweckmäßig, weil sie hierdurch zusätzliche Kenntnisse über die von ihr zu entscheidende baurechtliche Fragestellung erlangen kann. Die Gemeinde hat nach § 173 Abs. 3 Satz 1 BauGB mit dem Eigentümer der baulichen Anlage oder den sonstigen zu ihrer Unterhaltung Verpflichteten die für die Entscheidung über den Genehmigungsantrag erheblichen Tatsachen zu erörtern.

802

Zu den erheblichen Tatsachen gehören insbesondere die baulich-wirtschaftlichen Interessen, die der Eigentümer mit seinem Genehmigungsantrag verfolgt. Nur in Kenntnis dieser Belange kann die Gemeinde die erforderliche Abwägung mit den von ihr verfolgten städtebaulichen Erhaltungszielen im Einzelfall vornehmen. Die Erörterung dient auch der Vermeidung unverhältnismäßiger Folgen für den Eigentümer infolge Ablehnung des Genehmigungsantrages, vgl. BVerfG 26.1.1987 DVBl. 1987, 465. Ist die Gemeinde dagegen schon nach Prüfung ihrer Unterlagen bereit, dem Genehmigungsantrag voll zu entsprechen, ist die Durchführung der Erörterung entbehrlich. Zu den erörterungspflichtigen Tatsachen zählen neben baurechtlichen und bautechnischen Fragen auch Finanzierungsprobleme.

803

Zur Erörterung gehören daher auch Hinweise der Gemeinde in Bezug auf Fördermöglichkeiten insbesondere für die Instandsetzung und Modernisierung zu erhaltender baulicher Anlagen. Die Gemeinde muss dem Eigentümer deutlich ma-

804

chen, welche erhaltungsrechtlichen Gründe gegebenenfalls der Erteilung der erhaltungsrechtlichen Genehmigung entgegenstehen. Im Rahmen der Erörterung ist zu klären, ob die baulichen Interessen des Eigentümers mit dem der Bezeichnung des Gebietes zugrunde liegenden Erhaltungsziel in geeigneter Form in Einklang gebracht werden können. Wenn dies nicht möglich ist, kann die Gemeinde dem Eigentümer nur die Rücknahme seines erhaltungsrechtlichen Genehmigungsantrages nahelegen.

805 Wurde ein Gebiet zur Erhaltung der Zusammensetzung der Wohnbevölkerung nach § 172 Abs. 1 Satz 1 Nr. 2 BauGB oder zur Sicherung des sozialverträglichen Ablaufes bei städtebaulichen Umstrukturierungen nach § 172 Abs. 1 Satz 1 Nr. 3 BauGB von der Gemeinde bezeichnet, so muss sie vor der Entscheidung über einen Genehmigungsantrag gemäß § 173 Abs. 3 Satz 2 BauGB auch die hiervon betroffenen Mieter, Pächter und sonstigen Nutzungsberechtigten anhören. Betroffen sind nur solche Personen, die ein Nutzungsrecht an der baulichen Anlage haben, über deren Abbruch, Änderung oder Nutzungsänderung zu entscheiden ist.

806 Anders als bei der Erörterung ist die Gemeinde nicht verpflichtet, von sich aus an die Anhörungsberechtigten heranzutreten. Diese müssen aber Gelegenheit erhalten, der Gemeinde ihre sozialen und wirtschaftlichen Probleme vorzutragen, die infolge einer positiven Entscheidung über den Genehmigungsantrag eintreten können. Hierbei ist zu berücksichtigen, dass die Erhaltungssatzung mittelbar auch dem Schutz dieser Interessen in den Fällen des § 172 Abs. 1 Satz 1 Nr. 2 und 3 BauGB dient. Liegen dagegen die rechtlichen Voraussetzungen für die Erteilung der erhaltungsrechtlichen Genehmigung nach § 172 Abs. 4 oder 5 BauGB nicht vor, kann die Gemeinde von der Anhörung absehen. Will z.B. die Gemeinde den Abbruch eines Mietshauses nicht genehmigen, braucht sie auch nicht die Mieter nach § 173 Abs. 3 Satz 2 BauGB anzuhören.

807 Da es sich bei § 173 Abs. 3 BauGB um eine zwingende Verfahrensvorschrift handelt, führt die Unterlassung der Erörterung oder Anhörung zur Rechtswidrigkeit des anschließend erteilten erhaltungsrechtlichen Bescheides. Der Mangel kann aber entsprechend § 45 Abs. 1 Nr. 3 VwVfG durch Nachholung der Erörterung oder Anhörung geheilt werden. Findet die Nachholung nicht statt, so haben die Betroffenen entsprechend der Regelung des § 46 VwVfG trotz der Rechtswidrigkeit des Bescheides dann keinen Anspruch auf dessen Aufhebung, wenn auch bei Durchführung der Erörterung oder Anhörung in der Sache keine andere Entscheidung hätte getroffen werden können.

8.7 Übernahmeverlangen

808 In die Erörterung ist auch ein mögliches Übernahmeverlangen des Eigentümers der baulichen Anlage einzubeziehen. § 173 Abs. 2 BauGB regelt einen solchen Übernahmeanspruch des Eigentümers gegen die Gemeinde: Voraussetzung für die Geltendmachung dieses Anspruches ist nach § 173 Abs. 2 Satz 1 BauGB die Ableh-

Übernahmeverlangen

nung eines Genehmigungsantrages nach § 172 Abs. 3 BauGB, also im Falle der Bezeichnung eines Gebietes zur Erhaltung der städtebaulichen Eigenart. Der Übernahmeanspruch kommt neben der Versagung der Genehmigung des Abbruches, der Änderung und der Nutzungsänderung einer baulichen Anlage auch bei der Ablehnung der erhaltungsrechtlichen Genehmigung der Errichtung einer baulichen Anlage in Betracht.

Hinsichtlich der materiellen Voraussetzungen des Übernahmeverlangens verweist § 173 Abs. 2 Satz 1 BauGB auf § 40 Abs. 2 BauGB. Danach besteht der Übernahmeanspruch des Eigentümers gegen die Gemeinde, wenn es ihm aufgrund der Versagung der erhaltungsrechtlichen Genehmigung wirtschaftlich nicht mehr zuzumuten ist, das Grundstück zu behalten oder es in der bisherigen oder einer anderen zulässigen Art zu nutzen. Die Ablehnung muss sich auf ein realisierbares Vorhaben des Eigentümers beziehen. Der Übernahmeanspruch ist nur begründet, wenn die Versagung der erhaltungsrechtlichen Genehmigung für die wirtschaftliche Unzumutbarkeit, das Grundstück weiterzubehalten, ursächlich ist. Das bedeutet, es muss sich außerhalb des Erhaltungsrechtes um ein genehmigungsfähiges Vorhaben handeln. Daran mangelt es, wenn dem Vorhaben z.B. bauordnungsrechtliche Vorschriften entgegenstehen. *809*

Bei der Prüfung der wirtschaftlichen Zumutbarkeit ist zwischen der Errichtung einer baulichen Anlage nach § 172 Abs. 1 Satz 2 BauGB einerseits und dem Abbruch, der Änderung sowie der Nutzungsänderung einer vorhandenen Anlage nach § 172 Abs. 1 Satz 1 BauGB andererseits zu unterscheiden. Bei der ersten Fallgestaltung kommt es im Einzelfall auf die Vermögensverhältnisse des derzeitigen Eigentümers des Grundstückes an. Durch die Versagung der erhaltungsrechtlichen Genehmigung zur Bebauung seines Grundstückes kann eine erhebliche Minderung seiner wirtschaftlichen Verhältnisse eintreten. Es kommt darauf an, ob es gerade ihm unter seinen Verhältnissen wegen der Versagung der Genehmigung nicht zugemutet werden kann, das Grundstück zu behalten. Hierfür lassen sich keine allgemeinen Maßstäbe aufstellen. *810*

Anders verhält es sich dagegen bei der zweiten Fallgestaltung. Hierbei geht es darum, ob es aufgrund der Versagung des Abbruches, der Änderung oder Nutzungsänderung der baulichen Anlage für den Eigentümer zumutbar ist, das Grundstück zu behalten. Dies ist solange der Fall, wie die Erträge der zu erhaltenden baulichen Anlagen oder ihr Gebrauchswert ausreichen, um die laufenden Kosten für ihre Erhaltung und Bewirtschaftung zu decken. Wenn dies nicht der Fall ist, muss geprüft werden, ob bei einer anderen zulässigen Nutzung eine Deckung dieser Kosten erreicht werden kann. Solange noch eine Rendite erzielbar ist, kann eine wirtschaftliche Unzumutbarkeit nicht angenommen werden. Dies gilt auch bei einer Minderung der Erträge. Die Vermögensverhältnisse des Eigentümers sind hier ohne Bedeutung. Es kommt daher nicht darauf an, ob der Eigentümer in der Lage ist, die Erhaltung der baulichen Anlage aus seinem sonstigen Vermögen zu finanzieren. Die Untersuchung der wirtschaftlichen Zumutbarkeit ist hier objektbezogen durchzuführen. *811*

812 Bei der Berechnung der Bewirtschaftungskosten können, wenn es sich um ein Wohngebäude handelt, die Kriterien der II. Berechnungsverordnung zugrundegelegt werden. Hierbei sind auch Steuervorteile zu berücksichtigen, die dem Eigentümer für die Erhaltung der baulichen Anlage gewährt werden. Desgleichen hat der Eigentümer die Folgen von ihm oder den Voreigentümern unterlassener Instandhaltungsmaßnahmen selbst zu tragen. § 177 Abs. 4 Satz 3 Halbsatz 2 BauGB ist hier sinngemäß anwendbar. Dies gilt auch für § 177 Abs. 4 Satz 3 Halbsatz 1 BauGB. Danach kann der Eigentümer sich nicht auf anfallende Instandsetzungskosten berufen, die er nach anderen Rechtsvorschriften zu tragen hat. Desgleichen sind bei der Wirtschaftlichkeitsberechnung Zuschüsse zur Deckung der Instandhaltungskosten zu berücksichtigen, die der Eigentümer für die Erhaltung der baulichen Anlage von anderer Stelle zu erwarten hat, vgl. § 177 Abs. 3 Satz 2 BauGB und oben Rnr. 529ff.

813 Liegen die materiellen Voraussetzungen für die Geltendmachung des Übernahmeverlangens durch den Eigentümer vor, so verweist § 173 Abs. 2 Satz 2 BauGB hinsichtlich der Entschädigung für die Aufgabe des Eigentums an dem Grundstück und des Entschädigungsverfahrens auf die entsprechende Anwendung von § 43 Abs. 1, 4 und 5 sowie von § 44 Abs. 3 und 4 BauGB. Aufgrund der Übernahme muss die Gemeinde sich entweder um eine eigene zweckgerechte Nutzung für die zu erhaltende bauliche Anlage bemühen oder einen geeigneten Käufer finden. Soweit hierbei mit Schwierigkeiten zu rechnen ist, kann es für die Gemeinde sinnvoll sein, den Übernahmeanspruch des Eigentümers durch Gewährung eines Zuschusses oder zinsgünstigen Darlehens aufzuheben. Hierdurch kann die wirtschaftliche Unzumutbarkeit nach § 40 Abs. 2 BauGB beseitigt werden. Diese entfällt auch, wenn der Eigentümer das Unterstützungsgebot ablehnt. Wenn jedoch eine entsprechende vertragliche Vereinbarung zwischen Gemeinde und Eigentümer über das Grundstück mit der zu erhaltenden baulichen Anlage möglich ist, sollte soweit erforderlich zugleich eine vertragliche Regelung über Instandsetzungsmaßnahmen an der baulichen Anlage zwischen den Vertragspartnern getroffen werden.

8.8 Vollzug des Erhaltungsrechtes

814 Die Durchsetzung des Erhaltungsrechtes kann in der Praxis zu Schwierigkeiten führen, wenn die von der Bezeichnung des Erhaltungsgebietes betroffenen Eigentümer den sich daraus ergebenden Genehmigungsvorbehalt der Gemeinde nicht zur Kenntnis nehmen. Dies gilt vor allem für solche Vorhaben, die keiner bauordnungsrechtlichen Anzeige oder Genehmigungspflicht unterliegen. Häufig werden von unwissenden Eigentümern über das Wochenende Fassadenumgestaltungen durchgeführt, die das Ortsbild nicht verbessern. Unbeschadet entsprechender Freistellungen in den Landesbauordnungen zählt das Erhaltungsrecht zu den öffentlich-rechtlichen Vorschriften, die bei der Durchführung von Vorhaben bauordnungsrechtlich zu beachten sind. Die Baugenehmigungsbehörde kann daher verlangen, dass erhaltungsrechtlich unzulässige Maßnahmen beseitigt oder rück-

Zurückstellung von Vorhaben

gängig gemacht werden. Da entsprechende Maßnahmen erhaltungsrechtlich rechtswidrig sind, kann auch von der Gemeinde, so weit erforderlich, gegen die Eigentümer auf Beseitigung oder Rückgängigmachung geklagt werden. Aufgrund von § 213 Abs. 1 Nr. 4 BauGB handelt ordnungswidrig, wer eine bauliche Anlage im Geltungsbereich einer Erhaltungssatzung nach § 172 Abs. 1 Satz 1 BauGB ohne Genehmigung abbricht oder ändert. Nach § 213 Abs. 2 BauGB kann eine derartige Ordnungswidrigkeit mit einer Geldbuße bis zu 50.000,– DM geahndet werden. Dies gilt nicht für die erhaltungswidrige Nutzungsänderung oder Errichtung einer baulichen Anlage. In diesen Fällen greifen in jedem Falle die Sanktionen des Landesbauordnungsrechtes.

8.9 Zurückstellung von Vorhaben

§ 172 Abs. 2 BauGB enthält eine besondere Regelung über die erhaltungsrechtliche Zurückstellung von Vorhaben vor Inkrafttreten einer Erhaltungssatzung, sei es in der Form eines Bebauungsplanes oder als sonstige Satzung. Gesetzliche Voraussetzung hierfür ist die ortsübliche Bekanntmachung eines Beschlusses über die Aufstellung einer Erhaltungssatzung. Der Aufstellungsbeschluss muss das vorgesehene Erhaltungsgebiet räumlich genau bezeichnen. Allerdings kann bei der späteren Bezeichnung des Erhaltungsgebietes von dieser Abgrenzung abgewichen werden. Im Aufstellungsbeschluss ist ferner das vorgesehene Erhaltungsziel i.S. von § 172 Abs. 1 Satz 1 BauGB anzugeben. *815*

Der Aufstellungsbeschluss führt zu einer entsprechenden Anwendung von § 15 Abs. 1 BauGB für Anträge auf Durchführung von Vorhaben i.S. von § 172 Abs. 1 BauGB, also den Abbruch, die Änderung, die Nutzungsänderung und, soweit eine Erhaltungssatzung i.S. von § 172 Abs. 1 Satz 1 Nr. 1 BauGB vorgesehen ist, die Errichtung einer baulichen Anlage. Durch die entsprechende Anwendung des § 15 Abs. 1 BauGB tritt eine gewisse Filterwirkung ein. Nach dieser Bestimmung hat die Baugenehmigungsbehörde auf Antrag der Gemeinde die Entscheidung über die Zulässigkeit von Vorhaben im Einzelfall für einen Zeitraum von bis zu 12 Monaten auszusetzen, wenn die Genehmigung nicht aus anderen baurechtlichen Gründen zu versagen ist. Da die Baugenehmigungsbehörde bei der Anwendung des § 15 Abs. 1 BauGB nur im Rahmen ihrer bauordnungsrechtlichen Zuständigkeit tätig werden kann, unterliegen ihrer Prüfung nur solche Vorhaben, die nach dem Landesbauordnungsrecht anzeige- oder genehmigungspflichtig sind. *816*

Die Zurückstellung des Vorhabens ist nur zulässig, wenn eine Beeinträchtigung des künftigen Erhaltungszieles anzunehmen ist, wie z.B. der Abbruch einer baulichen Anlage, die möglicherweise eine städtebauliche Bedeutung i.S. von § 172 Abs. 3 Satz 1 BauGB hat. Da es sich bei der Aussetzung der Entscheidung in entsprechender Anwendung von § 15 Abs. 1 BauGB nur um eine befristete Maßnahme handelt, braucht die Baugenehmigungsbehörde die wirtschaftliche Zumutbarkeit, das Grundstück zu behalten, nach § 173 Abs. 2 BauGB nicht zu prüfen. Zurückstellungen sind auch vor Ablauf der Frist von 12 Monaten nicht mehr zulässig, wenn in- *817* zwischen eine Erhaltungssatzung in Kraft getreten ist. In der Praxis hat § 172 Abs. 2 bisher wenig Bedeutung erlangt, weil die Gemeinden sich zumeist für eine Bezeichnung des Erhaltungsgebietes durch sonstige Satzung entscheiden. Da das BauGB hierfür keine Verfahrensvorschriften enthält, kann die Bezeichnung des Erhaltungsgebietes in dieser Form relativ kurzfristig vorgenommen werden. Insofern besteht keine Notwendigkeit für die Gemeinde, einen Beschluss über die Aufstellung einer Erhaltungssatzung zu fassen und ortsüblich bekannt zu machen.

8.10 Vorhaben öffentlicher Bedarfsträger

818   Das Erhaltungsrecht untersagt es der Gemeinde nicht, in das Erhaltungsgebiet Grundstücke einzubeziehen, die öffentliche Bedarfsträger für ihre Aufgaben benötigen. § 174 Abs. 1 BauGB schließt aber die Anwendung des § 172 BauGB, d.h. des Genehmigungsvorbehaltes für Grundstücke aus, die den in § 26 Nr. 2 BauGB bezeichneten Zwecken dienen sowie für die in § 26 Nr. 3 BauGB bezeichneten Grundstücke, vgl. hierzu oben Rn. 260. Diese Ausnahmeregelung ist abschließend. Für diese Grundstücke tritt an die Stelle des gemeindlichen Genehmigungsvorbehaltes die Regelung des § 174 Abs. 2 BauGB.

819   Aufgrund von § 174 Absatz 2 Satz 1 BauGB hat die Gemeinde zunächst den Bedarfsträger davon zu unterrichten, dass sein Grundstück im Geltungsbereich einer Erhaltungssatzung liegt. Hierbei kann es sich um einen Erhaltungsbebauungsplan oder eine sonstige Satzung handeln. Ein Aufstellungsbeschluss i.S. von § 172 Abs. 2 BauGB löst dagegen keine Verpflichtung zur Unterrichtung des Bedarfsträgers aus. Wenngleich diese Verpflichtung erst nach Inkrafttreten der Satzung entsteht, liegt es dennoch im städtebaulichen Interesse, wenn die Gemeinde mit dem Bedarfsträger bereits vorher ihre städtebaulichen Ziele erörtert. In der Praxis haben oftmals ältere Post- oder Bahnhofsgebäude eine besondere Bedeutung für die städtebauliche Eigenart des Gebietes aufgrund seiner städtebaulichen Gestalt. Die Unterrichtungsverpflichtung bezieht sich im Fall einer Erhaltungssatzung nach § 172 Abs. 1 Satz 1 BauGB auch auf bisher unbebaute Grundstücke.

820   Die Unterrichtung löst keine unmittelbaren Rechtsfolgen aus, sie ist daher kein Verwaltungsakt. Im Anschluss an diese Unterrichtung kann der Bedarfsträger seiner Anzeigepflicht aus § 174 Abs. 2 Satz 2 BauGB gegenüber der Gemeinde nachkommen. Diese Anzeigeverpflichtung besteht aber auch, wenn die Gemeinde ihrer Pflicht zur Unterrichtung des Bedarfsträgers nicht nachgekommen ist. § 174 Abs. 2 Satz 2 BauGB verwandelt die nach § 172 Abs. 1 Satz 1 BauGB genehmigungspflichtigen in anzeigepflichtige Maßnahmen. Soweit der Bedarfsträger daher den Abbruch, die Änderung, Nutzungsänderung oder Errichtung einer baulichen Anlage in dem Erhaltungsgebiet beabsichtigt, hat er dies der Gemeinde anzuzeigen. An den Inhalt der Anzeige sind die gleichen Anforderungen zu stellen wie an einen Genehmigungsantrag für eine Entscheidung nach § 172 Abs. 3 bis 5 BauGB. Der Bedarfsträger darf nicht im unmittelbar zeitlichen Anschluss an seine Anzeige mit der Durchführung des Vorhabens beginnen. Der Gemeinde muss ausreichend Zeit zur

Vorhaben öffentlicher Bedarfsträger

Verfügung stehen, um beurteilen zu können, welche städtebauliche Bedeutung das angezeigte Vorhaben für das Erhaltungsgebiet hat.

Kommt die Gemeinde hierbei zu einem negativen Ergebnis, kann sie von dem Bedarfsträger verlangen, dass er von seinem Vorhaben absieht. Entsprechend der Regelung des § 174 Absatz 2 Satz 3 BauGB soll der Bedarfsträger, d.h. er hat, wenn nicht ein atypischer Fall vorliegt, dem Verlangen der Gemeinde unter zwei Voraussetzungen zu entsprechen und von dem Vorhaben absehen. Zunächst müssen Gründe vorliegen, die es der Gemeinde erlauben würden, bei einem entsprechenden Vorhaben eines privaten Eigentümers aufgrund von § 172 Abs. 3, 4 oder 5 BauGB die Erteilung der erhaltungsrechtlichen Genehmigung zu versagen, vgl. hierzu oben Rnr. 768ff. Des weiteren muss dem Bedarfsträger die Erhaltung der baulichen Anlage oder das Absehen von der Errichtung der baulichen Anlage auch unter Berücksichtigung seiner Aufgaben zuzumuten sein. Insoweit muss der Bedarfsträger eine Prüfung vornehmen, ob und inwieweit das Absehen ihn bei der Erfüllung seiner öffentlichen Aufgaben beeinträchtigt.

821

Eine wirtschaftliche Belastung infolge des Absehens muss i.d.R. als zumutbar gelten. An den Bedarfsträger müssen hierbei zumindest die gleichen Anforderungen gestellt werden wie an einen entsprechenden privaten Eigentümer. Bei der Prüfung der Unzumutbarkeit muss auch die Bedeutung der städtebaulichen Belange der Gemeinde an der Unterlassung des Vorhabens berücksichtigt werden. Dies setzt allerdings voraus, dass die Gemeinde den Bedarfsträger hierüber soweit erforderlich unterrichtet hat. Das Absehen ist für ihn unzumutbar, wenn sein Vorhaben das Erhaltungsziel der Gemeinde nur geringfügig berührt.

822

Umgekehrt setzt der Abbruch einer städtebaulich wichtigen Anlage voraus, dass ihre Erhaltung die Erfüllung der öffentlichen Aufgaben des Bedarfsträgers erheblich beeinträchtigt und ihre Durchführung auf einem anderen Grundstück nicht möglich ist. Insofern hat hier der Bedarfsträger nach dem Grundsatz der Verhältnismäßigkeit zu entscheiden. Es kommt darauf an, ob bei einem Absehen das Interesse des Bedarfsträgers an der Erfüllung seiner öffentlichen Aufgaben stärker belastet wird als das städtebauliche Interesse der Gemeinde bei einer Durchführung des in Frage stehenden Vorhabens. Der Bedarfsträger ist verpflichtet, vor Durchführung des Vorhabens die Gemeinde entsprechend zu unterrichten. Bei einer für die Gemeinde negativen Entscheidung hat er diese eingehend zu begründen. Bei dieser Mitteilung an die Gemeinde handelt es sich um einen verwaltungsgerichtlich nachprüfbaren Verwaltungsakt. Soweit der Bedarfsträger dagegen von seinem Vorhaben absieht, hat er keinen Anspruch gegen die Gemeinde auf Übernahme seines Grundstücks.

823

9. Denkmalschutz und Denkmalpflege

9.1 Städtebau und Denkmalschutz

9.1.1 Beziehungen zum Städtebaurecht

Städtebauliche Sanierungsmaßnahmen und die Stadterhaltung berühren heute vielfach Aufgabenfelder des Denkmalschutzes und der Denkmalpflege. Sei es, dass durch die Anwendung von Bestimmungen des Besonderen Städtebaurechtes der Abbruch oder die Änderung von unter Denkmalschutz stehenden baulichen Anlagen verhindert wird oder dass Baudenkmäler im Rahmen städtebaulicher Sanierungsmaßnahmen instandgesetzt werden. Von daher ist in diesen Fällen ein enges Zusammenwirken zwischen Gemeinde und zuständiger Denkmalschutzbehörde geboten. *824*

Denkmalpflege und Denkmalschutz dienen der Erhaltung, Instandhaltung und Instandsetzung von aus kulturellen Gründen als Denkmal bewerteten Objekten. Bemühungen um den Schutz, die Erhaltung und Instandsetzung von bedeutenden baulichen Kunstwerken hat es bereits in der Antike gegeben. Die heutige Denkmalpflege in Deutschland wurzelt kulturgeschichtlich in der Aufklärung und der Romantik. Ihre Bedeutung wuchs mit dem nationalstaatlichen Bewusstsein. Die herausragenden Bauten der Vorfahren wurden als identitätsstiftend erachtet. Wie beim Städtebau unterlagen aber auch die Grundsätze der Denkmalpflege einem zeitlichen Wandel. Vieles was einst erreicht und gelobt wurde, galt später als verpönt. Dessen ungeachtet ist die Bedeutung der Denkmalpflege in den letzten Jahren in der Öffentlichkeit gewachsen. Im Städtebaurecht bleibt jedoch bei der Entscheidung über die planungsrechtliche Zulässigkeit von Vorhaben, wie die Änderung oder Nutzungsänderung eines Baudenkmales nach § 29 Abs. 2 BauGB das Denkmalrecht unberührt. Andererseits ist die Unterschutzstellung eines Denkmales auch für die Gemeinde rechtsverbindlich. Die Denkmaleigenschaft kann daher in der Bauleitplanung nicht durch Abwägung überwunden werden. Der Denkmalschutz hat aber im letzten Jahrzehnt für den Städtebau allgemein eine zunehmende Bedeutung erlangt. Das BauGB berücksichtigt daher dieses Anliegen mehrfach. Nach § 1 Abs. 6 Nr. 5 BauGB sind die Belange des Denkmalschutzes und der Denkmalpflege bei der Bauleitplanung zu berücksichtigen, d.h. in die planerische Abwägung einzubeziehen. Diese Verpflichtung bezieht sich auf die Erhaltung der Denkmäler sowie eine angemessene Umgestaltung ihres jeweiligen Umfeldes. Zu berücksichtigen sind auch solche baulichen Anlagen, die zwar keine Kulturdenkmäler sind, aber Gegenstand des städtebaulichen Denkmalschutzes i.S. von § 172 Abs. 3 Satz 1 BauGB sein können. Die Denkmalschutzbehörden sind daher als Träger öffentlicher Belange gemäß § 4 BauGB an der Bauleitplanung zu beteiligen. Aufgrund dieser Abwägung können z.B. im Einzelfall zu Gunsten der Erhal- *825*

Denkmalschutz und Denkmalpflege

tung eines Kulturdenkmales öffentliche Belange der Ausweisung eines Wohngebietes zurücktreten, vgl. OVG Lüneburg 11.9.1970 BRS 23 Nr. 5. Vgl. auch OVG Mannheim 22.8.1979 BRS 35 Nr. 8 (Traglufthalle vor denkmalgeschütztem Ortskern).

826 Wenn eine Gemeinde die Denkmaleigenschaft von baulichen Anlagen im Planverfahren nicht erkannt hat, kann ein Bebauungsplan aufgrund einer nicht stattgefundenen Abwägung nichtig sein. Ein Flächennutzungsplan der überwiegende Belange der Denkmalpflege nicht berücksichtigt, ist daher nicht genehmigungsfähig. Vgl. VGH München 9.11.1981 BRS 38 Nr. 39 (Freihaltung der Umgebung einer ehemaligen Kirchenburg). Nach § 5 Abs. 4 Satz 1 BauGB sollen nach Landesrecht denkmalgeschützte Mehrheiten von baulichen Anlagen nachrichtlich in die Darstellungen des Flächennutzungsplanes aufgenommen werden. Auch in den Bebauungsplan sollen nach § 9 Abs. 6 BauGB Denkmäler nach Landesrecht nachrichtlich aufgenommen werden, soweit sie zu seinem Verständnis oder für die städtebauliche Beurteilung von Baugesuchen notwendig oder zweckmäßig sind. Es empfiehlt sich für die Gemeinden, auch bei der Aufstellung städtebaulicher Rahmenpläne i.S. von § 140 Nr. 4 BauGB entsprechend zu verfahren. Der Bebauungsplan kann Baudenkmäler im Gegensatz zu einer Erhaltungssatzung nach § 172 Abs. 1 Nr. 1 BauGB nicht unmittelbar schützen, aber viel zu ihrer Erhaltung durch geeignete Festsetzungen beitragen.

827 Zunächst sind Festsetzungen für die betreffenden Grundstücke zu unterlassen, die nach Maß und Art der Nutzung zu einer höheren Rendite führen würden. Derartige Festsetzungen fördern das Interesse der Eigentümer an der Ersetzung der Baudenkmäler durch neue wirtschaftlichere bauliche Anlagen und somit auch an der Unterlassung erforderlicher Instandsetzungsmaßnahmen, vgl. auch § 177 Abs. 4 Satz 3 BauGB und Rnr. 578ff. oben. Dagegen kann es zweckmäßig und planungsrechtlich zulässig sein, ein Mischgebiet im Bebauungsplan auszuweisen um dem Eigentümer eines Baudenkmales zum Zwecke von dessen Erhaltung dort eine gastronomische Nutzung zu ermöglichen, vgl. VGH Mannheim 30.6.1995 BRS 57 Nr. 260. Nicht sinnvoll sind auch Festsetzungen, die zu Emissionen führen, welche die Bausubstanz des Denkmals schädigen können. Hingegen kommen Festsetzungen in Betracht, die dem Baudenkmal eine angemessene Umgebung sichern. Angemessen ist i.d.R. eine Umgebung, die nach ihrer baulichen Struktur in etwa derjenigen der Zeit der Entstehung des Baudenkmales entspricht, die also dieses weder verbaut noch grundlos freilegt, sondern eine Situation widerspiegelt, die das Denkmal baugeschichtlich verständlich macht.

828 Ohne planungsrechtliche Bedeutung sind die Belange der Denkmalpflege bei der Prüfung der Zulässigkeit von Vorhaben innerhalb der im Zusammenhang bebauten Ortsteile nach § 34 BauGB. Diese Vorschrift nennt anders als früher § 34 Abs. 1 BBauG außerhalb des Bodenrechts keine sonstigen Belange als Maßstab für die Zulässigkeit eines Vorhabens.

Städtebau und Denkmalschutz

Auch bei der planungsrechtlichen Genehmigung von Vorhaben im Außenbereich ist der Denkmalschutz zu beachten. Nach § 35 Abs. 3 Satz 1 Nr. 5 BauGB dürfen dort nicht privilegierte Vorhaben, d.h. Vorhaben i.S. von § 35 Abs. 2 BauGB wie etwa die Änderung oder Nutzungsänderung einer baulichen Anlage Belange des Denkmalschutzes nicht beeinträchtigen. Bei den in § 35 Abs. 1 BauGB genannten privilegierten Vorhaben ist hingegen eine Abwägung zwischen den Belangen des Denkmalschutzes und dem Interesse an der Durchführung des Vorhabens vorzunehmen. Der öffentliche Belang des Denkmalschutzes kann es erfordern, im Außenbereich einen Hang unterhalb einer Kirchburg frei zu halten, vgl. VGH München 8.3.1982 BRS 39 Nr. 81. § 35 Abs. 4 Satz 1 Nr. 4 BauGB begünstigt „die Änderung und Nutzungsänderung von erhaltenswerten, das Bild der Kulturlandschaft prägenden Gebäuden" im Außenbereich. Diese Bestimmung dient dem Denkmalschutz im weitesten Sinne, es kommt nicht darauf an, ob es sich um ein Kulturdenkmal i.S. des jeweiligen Denkmalschutzgesetzes handelt, vgl. OVG Koblenz 24.2.1983 NVwZ 1983, 682.

829

Bei einer überörtlichen Planfeststellung i.S. von § 38 BauGB sind die Belange des Denkmalschutzes angemessen zu berücksichtigen, vgl. BVerwG 23.3.1984 DVBl. 1984, 638.

Am stärksten sind die Berührungspunkte zwischen Denkmalschutz und BauGB im Besonderen Städtebaurecht. Aufgrund von § 136 Abs. 4 Satz 2 Nr. 4 BauGB sollen städtebauliche Sanierungsmaßnahmen dazu beitragen, dass den Erfordernissen des Denkmalschutzes Rechnung getragen wird, vgl. hierzu oben Rnr. 115f. Gemäß § 177 Abs. 3 Satz 1 Nr. 3 BauGB kann die Gemeinde die Behebung von Mängeln an einer baulichen Anlage, die wegen ihrer geschichtlichen oder künstlerischen Bedeutung erhalten bleiben soll, durch ein Instandsetzungsgebot anordnen, vgl. hierzu oben Rnr. 553ff. Durch die Bezeichnung eines Erhaltungsgebietes nach § 172 Abs. 1 Satz 1 Nr. 1 BauGB vermag die Gemeinde den Abbruch, die Änderung und die Nutzungsänderung von baulichen Anlagen dieser Qualität gemäß § 172 Abs. 3 Satz 1 BauGB einem besonderen Genehmigungsvorbehalt zu unterwerfen, vgl. hierzu oben Rnr. 779ff. Insbesondere diese erhaltungsrechtliche Regelung hat dem Denkmalschutz verstärkt Eingang in das Städtebaurecht und die Bauleitplanung verschafft. Hierbei handelt es sich um die Ausstrahlungswirkung des Denkmalschutzes in das Bauplanungsrecht, um den städtebaulichen Denkmalschutz, der zum Bodenrecht gehört, für welches der Bund gemäß Art. 74 Nr. 18 GG die konkurrierende Gesetzgebungsbefugnis hat, so zutreffend BVerfG 26.1.1987 DVBl. 1987, 465.

830

Gegenstand des städtebaulichen Denkmalschutzes sind die zu erhaltenden baulichen Anlagen in ihrer Beziehung zur heutigen Stadtstruktur und ihrer stadträumlichen Bedeutung für das Zusammenleben der Menschen in ihrer Gemeinde, vgl. oben Rdn. 784. Der städtebauliche Denkmalschutz orientiert sich an der Bedeutung der baulichen Anlagen für eine geordnete städtebauliche Entwicklung sowie eine dem Wohl der Allgemeinheit entsprechende sozialgerechte Bodennutzung und eine menschenwürdige Umwelt i.S. von § 1 Abs. 5 Satz 1 und 2 BauGB, vgl.

831

Denkmalschutz und Denkmalpflege

BVerwG 3. 7. 1987 NVwZ 1988, 357. Betroffen sind daher ausschließlich bauliche Anlagen und Strukturen, die für die Gemeinde von städtebaulicher und insbesondere ortsgestalterischer Bedeutung sind, so auch BVerwG 18. 5. 2001 BRS 64 Nr. 1. Dem städtebaulichen Denkmalschutz dient auch § 1 Abs. 6 Nr. 5 BauGB insoweit, als nach dieser Vorschrift bei der Aufstellung der Bauleitpläne neben den Belangen des Denkmalschutzes und der Denkmalpflege insbesondere die erhaltenswerten Ortsteile, Straßen und Plätze von geschichtlicher, künstlerischer oder städtebaulicher Bedeutung zu berücksichtigen sind. Baudenkmale können eine planerische Grundlage für bauleitplanerische Festsetzungen sein, die den Denkmalschutz ergänzen indem sie den Denkmalen ein angemessenes Umfeld sichern und dort störende Nutzungen verhindern. Dies schließt auch die Freihaltung von ortsbildprägenden Freiflächen z. B. durch die Festsetzung von Grünflächen nach § 9 Abs. 1 Nr. 15 BauGB mit ein.

9.1.2 Förderung der städtebaulichen Denkmalpflege

832   Der Bund fördert entsprechend einer besonderen Verwaltungsvereinbarung in den neuen Ländern und in Ostberlin auf der verfassungsrechtlichen Grundlage des Art. 104 a Abs. 4 Grundgesetz den städtebaulichen Denkmalschutz, vgl. oben Rnr. 50 f. Die Finanzhilfen werden in nach § 172 Abs. 1 Satz 1 Nr. 1 BauGB bezeichneten Erhaltungsgebieten, vgl. hierzu oben Rnr. 733 ff., von den Gemeinden eingesetzt, um in ihrer Struktur und Funktion bedrohte historische Stadtkerne mit denkmalwerter Bausubstanz auf breiter Grundlage zu sichern und zu erhalten. Die Mittel können von der Gemeinde eingesetzt werden für

– die Erhebung, d. h. die Registrierung und Inventarisierung der erhaltenswerten baulichen Anlagen,
– die Sicherung erhaltenswerter Gebäude, Ensembles oder sonstiger baulicher Anlagen von geschichtlicher, künstlerischer oder städtebaulicher Bedeutung,
– die Modernisierung und Instandsetzung oder den Aus- und Umbau dieser Gebäude oder Ensembles,
– die Erhaltung und Umgestaltung von Straßen- und Platzräumen von geschichtlicher, künstlerischer oder städtebaulicher Bedeutung.

Der Umfang der förderungsfähigen Kosten bei Modernisierungs- und Instandsetzungsmaßnahmen richtet sich nach § 177 Abs. 4 und 5 BauGB, vgl. hierzu oben Rnr. 567 ff. Soweit Denkmalschutzgesetze Regelungen über die Förderung der Erhaltung von Baudenkmälern enthalten, ist hieraus kein Rechtsanspruch auf Gewährung eines Zuschusses im Einzelfall abzuleiten. Die entsprechenden Bestimmungen stehen unter Vorbehalt des Vorhandenseins ausreichender Mittel. In der Praxis haben dagegen steuerrechtliche Vorteile des Eigentümers eines Baudenkmales große Bedeutung. So hat der Eigentümer eines unter Denkmalschutz stehenden Gebäudes wegen dessen Unwirtschaftlichkeit nach § 32 Abs. 1 Nr. 1 Grundsteuergesetz einen Rechtsanspruch auf Erlass der Grundsteuer wenn diese Unwirtschaftlichkeit sich aus der Kultureigenschaft des Gebäudes ergibt, vgl. BVerwG 8. 7. 1998 DVBl. 1998, 1226.

9.1.3 Städtebaulicher Denkmalschutz

Der städtebauliche Denkmalschutz bezieht sich nicht auf die einzelne bauliche Anlage an sich, sondern auf ihre Bedeutung für ihr Umfeld. Er ist seinem Wesen nach nicht bloß konservierend, sondern lässt auch positive Änderungen an baulichen Anlagen zu. Historische Originalbefunde sind für den städtebaulichen Denkmalschutz ohne Bedeutung. Auch kommt es hier nicht auf bestimmte Baustile an. Im Einzelfall kann daher die Anwendung des städtebaulichen Erhaltungsrechtes gegenüber der Anwendung des Denkmalschutzrechtes zu abweichenden Ergebnissen führen. Was aus städtebaulichen Gründen zu erhalten ist, braucht kein Kulturdenkmal zu sein. Umgekehrt kann es Baudenkmäler geben, die aus besonderen Gründen keine städtebauliche Bedeutung haben. Hierzu gehören bauliche Anlagen, die allein der Dokumentation bestimmter kunst- oder architektonischer Epochen oder der Vergegenwärtigung historischer Zusammenhänge dienen, so auch BVerwG 18.5.2001 BRS 64 Nr. 1. Maßgebend ist aus städtebaulicher Sicht die Wirkung, die eine bauliche Anlage auf die heutigen Menschen hat. Es kommt darauf an, ob ein Gebäude durch seine Gestaltung den Bedürfnissen der Bewohner nach Unverwechselbarkeit, Vielfältigkeit und Klarheit ihres Ortsbildes entspricht. In diesem Sinne können alte Gebäude zur Orientierung und auch zur Bestimmung der Identität und Kontinuität des Ortes beitragen. Zur städtebaulichen Denkmalpflege gehört die steuernde Einflussnahme auf die städtebauliche Entwicklung. Sie dient dazu, wichtige kulturhistorische städtebauliche Elemente, wie z.B. den Stadtgrundriss oder das Ortsbild beherrschende Gebäude, zu erhalten. Vor allem durch die Erarbeitung von denkmalpflegerischen Zielplänen für bestimmte räumliche Bereiche können die Denkmalpflegebehörden den Gemeinden wichtige Grundlagen für die weitere städtebauliche Planung in den Altstädten zur Verfügung stellen. Aus städtebaulicher Sicht geht es darum, der Gegenwart und der Zukunft aus diesen Gründen eine bauliche Vergangenheit zu bewahren. Bauliche Denkmalpflege muss daher ein Bestandteil jeder städtebaulichen Gestaltungsplanung innerhalb der in Frage kommenden Gebiete sein. Der Bewahrung oder Wiederherstellung kulturhistorisch wertvoller Stadtgrundrisse dienen Stadtplanungen, die dem städtebaulichen Leitbild der „kritischen Rekonstruktion" folgen, wie die Planungen für den Pariser Platz in Berlin und die Unterneustadt in Kassel, sowie die aktuelle Planung für Potsdams alte Mitte.

9.2 Denkmalschutzrecht der Länder

Die Denkmalschutzgesetzgebung setzte in Deutschland in der ersten Hälfte des 19. Jahrhunderts im Süden ein. In Preußen scheiterten dagegen entsprechende Bemühungen am Widerstand des schlösserbesitzenden Hochadels und der katholischen Kirche, die staatliche Eingriffe in ihre Eigentumsrechte befürchteten. Allerdings wurde bereits frühzeitig durch den heute noch geltenden § 304 Reichsstrafgesetzbuch die Zerstörung und Beschädigung von Denkmalen unter Strafe gestellt. Soweit die Reichsverfassung von 1919 durch Art. 150 den Denkmal-

Denkmalschutz und Denkmalpflege

schutz zum Staatsziel erklärte, hatte dies keine Folgen für die Gesetzgebung. Auch nach dem Bundesbaugesetz von 1960 waren Denkmalschutz und Denkmalpflege nicht als öffentliche Belange bei der Bauleitplanung zu berücksichtigen. Die Regelung des Denkmalschutzes und der Denkmalpflege außerhalb des städtebaulichen Denkmalschutzes fällt seit dem Inkrafttreten des Grundgesetzes in die Gesetzgebungsbefugnis der Länder. Fast alle Länder haben erst zwischen 1970 und 1980 Denkmalschutzgesetze erlassen. Unter Denkmalschutz sind alle Maßnahmen der öffentlichen Hand, vor allem im Bereich der Eingriffsverwaltung zu verstehen, die der Erhaltung von Denkmälern dienen. Denkmalschutz hat die Aufgabe, die Beseitigung oder negative Änderung von Denkmälern zu verhindern. Er schließt auch Maßnahmen mit ein, die Rechte der Eigentümer von Denkmälern und von Nutzungsberechtigten einschränken. Zum Denkmalschutz gehören daher behördliche Maßnahmen, die in Form von Geboten oder Verboten erforderlichenfalls auch gegen den Willen der Betroffenen mit Zwangsmitteln durchgesetzt werden. Zum Teil entsprechen die rechtlichen Instrumente des Denkmalschutzes denen des städtebaulichen Sanierungs- und Erhaltungsrechtes. Für Entscheidungen über Denkmale, die der Religionsausübung dienen, enthalten die meisten Denkmalschutzgesetze besondere Regelungen über eine Mitwirkung der jeweils betroffenen öffentlich-rechtlich anerkannten Religionsgemeinschaften. Zum Teil bestehen zwischen diesen und den Ländern auch entsprechende Verträge. Denkmalpflege umfasst hingegen alle Maßnahmen zur Erhaltung, Inventarisierung und Erforschung der Denkmäler. Die Denkmalschutzgesetze enthalten über die Denkmalpflege unterschiedliche Aussagen. Neben der Vergabe von Fördermitteln kommen im Einzelfall auch steuerliche Vergünstigungen aufgrund des Einkommensteuergesetzes, des Vermögensteuergesetzes sowie des Erbschaftsteuergesetzes in Frage.

835 In der Praxis lassen sich Denkmalschutz und Denkmalpflege nicht immer unterscheiden. Die Denkmalschutzgesetze der Länder umschreiben die beiden Bereiche nicht. Die Länder haben in ihren Gesetzen den Denkmalschutz sehr unterschiedlich geregelt. Dies gilt auch für die in jüngster Zeit in Kraft getretenen Gesetze der neuen Länder, die die weitentwickelte, aber aus wirtschaftlichen Gründen erfolglose Denkmalschutzgesetzgebung der ehemaligen DDR abgelöst haben. Es gibt kein Rahmengesetz des Bundes oder Muster, an dem sich diese Gesetze orientieren. Die meisten Länder haben Denkmalschutz und Denkmalpflege in ihren Landesverfassungen zur Aufgabe des Staates und der Gemeinden bestimmt. Zum Teil finden sich auch in den Landesbauordnungen Bestimmungen über den Denkmalschutz.

Die Denkmalschutzgesetze enthalten im Einzelnen unterschiedliche Regelungen über die Erfassung der Denkmäler, die zuständigen Behörden und Maßnahmen zur Erhaltung der Denkmäler. Auch der Denkmalbegriff wird in den Landesgesetzen z. T. unterschiedlich umschrieben. Die Bestimmungen über die rechtlichen Instrumente des Denkmalschutzes entsprechen sich dagegen in den Grundsätzen. Infolge dieser Unterschiede im Landesrecht ist es nur in Grenzen möglich, Grundsätze des Denkmalrechtes darzustellen. Dies gilt auch für die Auswertung der Rechtsprechung der Oberverwaltungsgerichte in den Ländern. Hierbei ist auch zu berücksich-

Denkmalbegriff

tigen, dass einige Gesetze wie z.B. das Denkmalschutzgesetz Nordrhein-Westfalen mehrfach geändert worden sind.

9.3 Denkmalbegriff

9.3.1 Sachen

Sachen, eine Mehrzahl von Sachen oder Teile von Sachen können Denkmäler sein. Nach § 90 Bürgerliches Gesetzbuch sind Sachen nur körperliche Gegenstände. Wesentlich für eine Sache sind ihre Beherrschbarkeit und ihre Abgrenzbarkeit. Die vom Wasser bedeckte Fläche eines Hafens ist eine Sache und kann daher in ihrer Abgrenzung ein Denkmal sein, so auch OVG Schleswig 19. 3. 1998 DÖV 1999, 10 10. Einige Landesgesetze verwenden anstelle von Denkmal zutreffender die Bezeichnung Kulturdenkmal. Zur Unterscheidung von den Naturdenkmälern weisen die Gesetze der Länder Bayern, Sachsen, Sachsen-Anhalt und Thüringen darauf hin, dass es sich bei den Kulturdenkmälern um von Menschen geschaffene Sachen oder um Sachen handeln muss, die bedeutend für die Geschichte des Menschen, für Städte und Siedlungen oder (so Nordrhein-Westfalen und Mecklenburg-Vorpommern) für die Entwicklung der Arbeits- und Wirtschaftsbedingungen sind. Eine ähnliche Regelung enthält auch das Denkmalschutzgesetz des Landes Hessen. Von den beweglichen Denkmälern sind die Baudenkmäler und Bodendenkmäler zu unterscheiden, die z.T. auch als archäologische Denkmale bezeichnet werden. § 1 Abs. 2 Satz 3 und 4 Denkmalschutzgesetz Schleswig-Holstein lautet: „Archäologische Denkmäler sind bewegliche oder unbewegliche Kulturdenkmale, die sich im Boden in Mooren oder in einem Gewässer befinden oder befanden und aus denen mit archäologischer Methode Kenntnis von der Vergangenheit des Menschen gewonnen werden kann. Hierzu gehören auch dingliche Zeugnisse wie Veränderungen oder Verfärbungen in der natürlichen Bodenbeschaffenheit sowie Zeugnisse pflanzlichen und tierischen Lebens, wenn sie die Voraussetzungen des Satzes 3 erfüllen." Hingegen unterliegen die Naturdenkmale i.S. von § 28 Bundesnaturschutzgesetz, bei denen es sich um Schöpfungen der Natur handelt nicht dem Denkmalschutzrecht. Bewegliche Kulturdenkmäler kommen auch als Ausstellungsgegenstände sowie als Archiv- oder Bibliotheksgut in Betracht. *836*

Baudenkmäler sind bauliche Anlagen, die der architektonischen Denkmalpflege unterliegen. Es kann sich z.B. neben Kirchen auch um profane Architektur wie Wohngebäude, Schlösser, militärische Anlagen, Mühlen, Industrie- oder Verkehrsbauten handeln. Wenn eine bauliche Anlage dem Denkmalschutz unterliegt, wird sie regelmäßig als räumliche Einheit erfasst, zu der neben dem Äusseren auch das innere Gefüge einschließlich seiner Grundrissgliederung der Ordnung der Räume gehören, vgl. OVG Berlin 31. 10. 1997 DWW 1998, 284. Insbesondere bei Baudenkmälern kommt es häufig vor, dass nur Teile der baulichen Anlage, wie z.B. die Fassade oder das Treppenhaus unter Denkmalschutz stehen. Insgesamt gibt es in Deutschland mehrere hunderttausend Baudenkmäler, von denen sich schätzungsweise die knappe Hälfte in den neuen Bundesländern befindet. Neben den Bau- *837*

Denkmalschutz und Denkmalpflege

denkmälern können auch die Bodendenkmäler im Einzelfall städtebaulich relevant sein. Vielfach stehen die Funde in einem unlösbaren Zusammenhang mit dem Boden in welchem sie ruhen. Das Denkmal erhält nur durch seine konkrete Lage im Boden eine besondere Bedeutung, vgl. OVG Münster 28. 3. 1995 BRS 57 Nr. 264. Derartige Flächen dürfen i. d. R. nicht überbaut werden, vgl. OVG Münster 5. 3. 1992 BRS 54 Nr. 123.

838 Besondere städtebauliche Bedeutung haben Denkmäler, die aus einer Gesamtheit baulicher Anlagen, Ensembles, bestehen. Einige Gesetze kennen auch Denkmalzonen oder Denkmalbereiche. Als Gegenstand des Denkmalschutzes kommen auch Stadtgrundrisse in Frage. In Hessen können neben Sachen auch Straßen-, Platz- und Ortsbilder einschließlich der mit ihnen verbundenen Pflanzen, Frei- und Wasserflächen Kulturdenkmäler sein. Einige Landesgesetze nennen ferner als denkmalfähig: historische Gärten, Friedhöfe, Gewässer, historische Landschaftsformen, Reste von Siedlungs- und Befestigungsanlagen, Grabanlagen, Steinmale usw. Hier gibt es in den einzelnen Gesetzen erhebliche Abweichungen. Das Denkmalschutzgesetz des Landes Berlin bezieht sich ausschließlich auf Bau- und Bodendenkmale. Bei den Letzteren kann es sich aber auch um bewegliche Sachen handeln.

Eine Sache kann ein Denkmal sein, wenn ein gesetzlich vorgegebener Erhaltungsgrund vorliegt (Denkmalfähigkeit) und wenn aufgrund dieses Schutzgrundes ein öffentliches Interesse an der Erhaltung der Sache besteht (Denkmalwürdigkeit), vgl. VGH Mannheim 27. 5. 1993 BRS 55 Nr. 136.

9.3.2 Erhaltungsinteresse

839 Inhalt aller Definitionen des Denkmalbegriffes ist, dass an der Erhaltung der Sache oder des Gegenstandes ein öffentliches Interesse oder ein Erhaltungsinteresse der Allgemeinheit besteht. Rechte einzelner Personen können daher durch denkmalschutzrechtliche Entscheidungen grundsätzlich nicht verletzt werden, vgl. OVG Berlin 29. 10. 1991 BauR 1992, 215 (Abriss eines Lenin-Denkmales). Hier hatte der zuständige Berliner Senator das Erhaltungsinteresse verneint, obwohl städtebauliche Gründe für die Erhaltung des Standbildes sprachen, denn es stand in einer gestalterischen Beziehung zu seinem Umfeld. Das Erhaltungsinteresse hat die Bedeutung eines Korrektives gegenüber einer Vielzahl von denkmalfähigen Objekten. Hierbei können neben fachspezifischer auch soziale und politische Wertungen zum tragen kommen, vgl. OVG Berlin 3. 1. 1997 BauR 1998, 373. Einige Gesetze nennen hier neben der Erhaltung auch die Nutzung. In diesem Zusammenhang ist zu beachten, dass die Durchsetzung der Belange des Denkmalschutzes im Einzelfall auch die Enteignung der unter Schutz stehenden Sache erforderlich machen kann. Eine Enteignung ist aber nach Art. 14 Abs. 3 Satz 1 Grundgesetz nur zum Wohle der Allgemeinheit zulässig. Hierbei handelt es sich um ein gesteigertes öffentliches Interesse. Bei der Bestimmung des Denkmalbegriffes sind andere öffentliche Belange wie etwa der Straßenplanung oder private Interessen der Eigentümer ohne Bedeutung. Der Eigentümer eines denkmalschutzwürdigen Gebäudes hat daher keinen

Denkmalbegriff

Rechtsanspruch auf Unterschutzstellung seines Objektes, vgl. BVerwG 18.12.1991 BauR 1992, 214.

Bei dem öffentlichen Interesse an der Erhaltung des Objektes kann es sich um ein allgemeines öffentliches oder um ein besonderes öffentliches Interesse mit lokaler Bedeutung handeln. So werden die noch erhaltenen Teile der Lübecker Altstadt dem Weltkulturerbe zugerechnet. Die Erhaltung einer Dorfkirche kann für die örtliche Gemeinde im öffentlichen Interesse liegen. Ein öffentliches Interesse an der Erhaltung einer Sache ist anzunehmen, wenn ihre Bedeutung in das Bewusstsein der Bevölkerung oder eines breiten Kreises von Sachverständigen übergegangen ist, vgl. BVerwG 24.6.1960 E 11, 32; etwas differenzierender VGH München 21.2.1985 BRS 44 Nr. 125. Laut OVG Berlin 31.10.1997 DWW 1998, 284 genügt es, „dass sich der Denkmalwert der betreffenden Gebäude dem verständigen Betrachter offenkundig erschließt und sich überdies die Notwendigkeit des Denkmalschutzes aufgrund im Einzelfall gegebener gewichtiger Besonderheiten aufdrängt." Bei dem selbstständigen Tatbestandsmerkmal „öffentliches Interesse" handelt es sich um einen unbestimmten Rechts- oder besser Gesetzesbegriff, dessen Anwendung die Behörden uneingeschränkt der verwaltungsgerichtlichen Überprüfung unterliegt, vgl. BVerwG 22.4.1966 E 24, 60 und VGH Mannheim 10.10.1988 BRS 49 Nr. 144 sowie VGH Kassel 16.3.1995 DVBl. 1995, 857. Anders als im städtebaulichen Erhaltungsrecht müssen Kulturdenkmäler ihr Umfeld nicht unbedingt positiv beeinflussen.

840

Das öffentliche Interesse an der Erhaltung der Sache muss aus ihrer besonderen Bedeutung abgeleitet werden. Hierdurch sollen Gegenstände aus dem Denkmalbegriff ausgeschlossen werden, die nicht von Belang sind, weil es sich z.B. um ein Massenprodukt handelt. Es muss sich um ein herausgehobenes Objekt im Vergleich zu anderen Objekten derselben Zweckbestimmung, derselben Epoche und derselben Gegend handeln, so auch VG Münster 24.1.1984 DVBl. 1984, 643. Umgekehrt dient aber das Tatbestandsmerkmal „bedeutend" nicht dazu, allein herausragende Beispiele oder nur das jeweils besterhaltene Objekt eines bestimmten Typs zu bewahren. Es reicht aus, wenn die Sachen besonders geeignet sind, um sie von den belanglosen Gegenständen abzugrenzen, vgl. OVG Münster 9.9.1994 BRS 56 Nr. 217. Zur Bedeutung der Sachen enthalten alle Denkmalschutzgesetze thematische Regelungen, die aber z.T. voneinander abweichen. Alle 16 Gesetze beziehen das Erhaltungsinteresse auf die künstlerische und wissenschaftliche Bedeutung der Sache. Ferner begründen alle Denkmalschutzgesetze das öffentliche Interesse an der Erhaltung mit geschichtlichen Gründen; wobei das Erhaltungsinteresse auch auf ausschließlich technik- und heimatgeschichtliche Gründe bezogen wird.

841

12 Gesetze nennen hierfür auch städtebauliche Gründe. In Berlin kann eine bauliche Anlage auch Baudenkmal wegen ihrer Bedeutung für das Stadtbild sein. Weiter werden volkskundliche, technische oder technologische, kultische und landschaftsgestalterische Gründe angeführt. In der Praxis überlagern sich im Einzelfall zumeist verschiedene Bedeutungskategorien. Bei diesen besonderen Erhaltungsgründen handelt es sich wie beim öffentlichen Interesse ebenfalls um unbestimmte

842

Gesetzesbegriffe, deren Anwendung durch die Verwaltung der uneingeschränkten gerichtlichen Überprüfung unterliegt, vgl. BVerwG 22. 4. 1966 E 24, 60 und OVG Berlin 10. 5. 1985 NVwZ 1986, 239. Nach OVG Lüneburg 4. 6. 1982 NVwZ 1983, 231 muss ein solcher gesetzliche Erhaltungsgrund neben dem Erhaltungsinteresse bestehen. Nach der zutreffenden Auffassung vom OVG Berlin 18. 11. 1985 BRS 56 Nr. 215 wird das Erhaltungsinteresse bei einem denkmalfähigen Objekt mit künstlerischer Bedeutung regelmäßig indiziert.

843   Dem öffentlichen Interesse an der Erhaltung der Kulturdenkmale entspricht auch die in einigen Gesetzen enthaltene Verpflichtung der Eigentümer, die Denkmale im Rahmen des Zumutbaren der Öffentlichkeit zugänglich zu machen. Gegenüber diesen weitgefassten Voraussetzungen der Denkmalfähigkeit dient das öffentliche Erhaltungsinteresse der Ausgrenzung rein individueller Vorlieben, privater oder Liebhaberinteressen, vgl. VGH München 21. 2. 1985 BRS 44 Nr. 125. Liegen im Gesetz genannte Gründe für die Annahme eines Denkmals vor, so bedeutet dies somit nicht zugleich, dass auch das Erhaltungsinteresse zu bejahen ist a. A. OVG Münster 14. 3. 1991 BRS 52 Nr. 123. Das öffentliche Erhaltungsinteresse ist gesondert zu prüfen, so auch OVG Lüneburg 4. 6. 1982 NVwZ 1983, 231.

844   Für das Vorliegen des Erhaltungsinteresses spricht der Seltenheitswert eines Objektes als Typus, vgl. VGH Kassel 16. 3. 1995 DVBl. 1995, 757 und OVG Bautzen 12. 6. 1997 BRS 59 Nr. 232. Der Seltenheitswert eines Gebäudes hat dann geringere Bedeutung, wenn der Aussagewert des Objektes durch seine Situation im Gefüge gleichartiger Baudenkmale aus derselben Entstehungszeit gesteigert wird, vgl. VGH Mannheim 23. 7. 1990 DVBl. 1990, 1113. Die Seltenheit eines Objekten kann aber denkmalrechtliche Bedeutung gewinnen, wenn andere Umstände, die die Denkmalfähigkeit begründen können, wie z. B. architekturwissenschaftliche Gründe, hinzutreten, so VGH Mannheim 13. 12. 1994 BRS 57 Nr. 263. Weitere Kriterien für die Beurteilung des Erhaltungsinteresses sind das Alter, der Erhaltungszustand und der Dokumentationswert, so auch VGH Kassel 16. 3. 1995 DVBl. 1995, 757. Die letzten beiden Elemente sind dann von geringerer Bedeutung, wenn das Erhaltungsinteresse aus dem städtebaulichen Zusammenhang abgeleitet wird.

845   Bei einem Gebäude mit begrenzter heimatgeschichtlicher Bedeutung kann dagegen das Erhaltungsinteresse entfallen, wenn seine Nutzung die Vornahme von Umbaumaßnahmen voraussetzt, die zur Beseitigung der Originalität des Gebäudeinneren führen muss, vgl. VGH Mannheim 10. 10. 1989 BRS 49 Nr. 144 und OVG Münster 4. 12. 1991 BRS 54 Nr. 125 sowie VGH Kassel 16. 3. 1995 BRS 57 Nr. 270. Dies gilt auch, wenn die Instandsetzung einer baulichen Anlage wegen ihres ruinösen Zustandes Ergänzungen und die Auswechselung von Bauteilen in einem Umfang notwendig macht, durch die die Denkmalqualität verloren geht, vgl. VGH München 22. 9. 1986 BRS 46 Nr. 193. Grundsätzlich hat aber der Erhaltungszustand einer baulichen Anlage keinen Einfluss auf deren Schutzwürdigkeit als Baudenkmal. Eine andere Betrachtungsweise wäre der Erhaltung von Baudenkmälern nicht förderlich, vgl. VGH Mannheim 1. 12. 1982 BRS 39 Nr. 134, OVG Saarbrü-

cken 15. 6. 1994 BRS 56 Nr. 219 und 16. 12. 1992 BRS 54 Nr. 115 sowie OVG Koblenz 2. 2. 1994 BauR 94, 503.

Veränderungen an einer baulichen Anlage müssen aber, wenn sie nicht deren Identität beseitigen, nicht zur Aufhebung oder Änderung der Denkmaleigenschaft führen, vgl. OVG Lüneburg 5. 11. 1974 DVBl. 1975, 956. Sie können Ausdruck eines veränderten Gestaltungsempfindens oder veränderter Lebensverhältnisse sein und deshalb hierdurch ihrerseits eine Denkmaleigenschaft begründen, vgl. OVG Bautzen 12. 6. 1997 BRS 59 Nr. 232. Hässliche Fassadenverkleidungen, falsche Fenster und weitere denkmalwidrige Veränderungen eines Baudenkmales haben i. d. R. nur eine begrenzte Lebensdauer und müssen in der weiteren Bestandszeit eines Gebäudes vom Eigentümer denkmalgerecht ersetzt werden, so auch OVG Lüneburg 14. 9. 1994 BauR 1995, 85. Andererseits können aber wesentliche Umgestaltungen so weit gehen, dass von der ursprünglichen Substanz kein denkmalpflegerisch relevanter Teil mehr vorhanden ist, so OVG Lüneburg 17. 2. 1987 BRS 49 Nr. 142 in Bezug auf ein etwa im Jahre 1690 errichtetes Gebäude, dessen Abbruch die Stadt zuvor aufgrund der Erhaltungssatzung wegen seiner ortsbildprägenden Bedeutung nicht genehmigt hatte, vgl. auch OVG Münster 6. 2. 1996 NWVBl. 1996, 300, VGH Mannheim 10. 5. 1988 DVBl. 1988, 1219 und 10. 10. 1989 BRS 49 Nr. 144. Das Erhaltungsinteresse wird durch den schlechten baulichen Zustand eines Gebäudes grundsätzlich nicht in Frage gestellt, vgl. OVG Berlin, 7. 4. 1993, BRS 55 Nr. 137. Nach VGH Kassel 12. 9. 1995 BRS 57 Nr. 262 und OVG Berlin a. a. O. entfällt das Erhaltungsinteresse erst, wenn das Gebäude nicht unter Wahrung seiner Identität erhalten, sondern nur als Kopie des Originals rekonstruiert werden kann. *846*

Nach den Gesetzen der Länder Bayern, Nordrhein-Westfalen, Sachsen, Sachsen-Anhalt und Schleswig-Holstein muss es sich bei den Denkmälern um Sachen aus vergangener Zeit handeln. Was darunter zu verstehen ist, erläutern die Gesetze nicht. Diese Regelungen schließen es aber aus, dass Sachen der Gegenwart als Denkmäler bewertet werden. Fraglich ist, wieweit der zeitliche Abstand zur Entstehung eines Objektes sein muss, damit es als Gegenstand aus vergangener Zeit angesehen werden kann. Man wird hierbei i. d. R. einen zeitlichen Abstand von etwa 30 Jahren ansetzen müssen. Über die gesetzlichen Regelungen hinaus ist nach der wohl überwiegenden Meinung davon auszugehen, dass für den Denkmalbegriff das Wesen des Erinnerns wesentlich ist. Erinnern kann man sich nur an Vergangenes. Bei der Denkmalpflege geht es im Wesentlichen um den verantwortungsvollen Umgang mit der Geschichte. Darüber hinaus haben uns wechselnde Maßstäbe in der Vergangenheit belehrt, dass ein zeitlicher Abstand erforderlich ist, um beurteilen zu können, was im öffentlichen Interesse erhaltenswert ist. Die Denkmaleigenschaft ergibt sich nicht aus dem Wesen einer Sache, sondern wird ihr von Menschen verliehen. In der Vergangenheit sind vielfach Dinge gestaltet worden, von denen die Zeitgenossen meinten, sie würden für die Zukunft noch große Bedeutung haben. Letztlich kann nur die Nachwelt beurteilen, was künstlerisch wertvoll oder geschichtlich bedeutend ist. Im zeitgenössischen Kunstbetrieb lassen sich Stilrichtun- *847* gen mitunter schwer von modischen Erscheinungen abgrenzen. In der heutigen Publizistik werden oftmals historische Ereignisse angekündigt, die alsbald vergessen sind.

9.3.3 Erhaltungsgründe

9.3.3.1 Künstlerische Bedeutung

848 Bauliche- und Gartenanlagen haben Bedeutung für die Kunst, wenn sie das ästhetische Empfinden in besonderem Maße ansprechen oder mindestens den Eindruck vermitteln, dass etwas nicht Alltägliches oder eine Anlage mit Symbolgehalt geschaffen worden ist, so BVerwG 24. 6. 1960 E 11, 32 und VGH Mannheim 10. 5. 1988 DVBl. 1988, 1219. Bei dieser Beurteilung kommt es auf den derzeitigen baulichen Erhaltungszustand nicht an, vgl. VGH Mannheim 27. 5. 1993 BRS 55 Nr. 136. Eine bauliche Anlage kann auch künstlerisch bedeutsam sein, wenn sich Form und Zweck des Bauwerks nach den Stilmerkmalen eines Baukunstideals seiner Zeit möglichst vollkommen entsprechen, so OVG Berlin 12. 11. 1993 BRS 56 Nr. 216 und 10. 5. 1985 NVwZ 1986, 239. Entscheidend ist die Qualität der Gestaltung, die auf einer schöpferischen Leistung beruht, vgl. OVG Berlin 18. 11. 1994 BRS 56 Nr. 215. Maßgebend ist, ob sich diese schöpferische Leistung an dem Objekt ablesen lässt, vgl. OVG Bautzen 12. 6. 1997 BRS 59 Nr. 232. Diese Leistung muss in dem Bauwerk eine Gestaltungskraft verkörpern, die aus dem Üblichen und Alltäglichen herausragt, vgl. OVG Berlin 31. 10. 1997 DWW 1998, 284. Die Denkmaleigenschaft wird auch nicht dadurch eingeschränkt, das von dem Urheber des Bauwerkes noch ähnliche oder besser erhaltene Werke existieren. Hierbei sind die zu beurteilenden Sachen mit Erzeugnissen derselben Zeit oder Stilepoche zu vergleichen, die derselben Aufgabe dienen, so auch OVG Lüneburg 14. 10. 1982 BRS 39 Nr. 135, also Wohnhaus mit Wohnhaus, Mühle mit Mühle usw. Die künstlerische Bedeutung einer Siedlung kann sich aus einer besonderen Grundrissstruktur verbunden mit einer unverwechselbaren Baukörpergestaltung ergeben, vgl. OVG Lüneburg 4. 6. 1982 NVwZ 1983, 231 (Heimatsiedlung).

849 Bei der Bewertung der gestalterischen Qualität einer baulichen Anlage kann es auf verschiedene Gesichtspunkte ankommen, wie ihre Gliederung, die Gestaltung der Fassaden und deren Ornamente. Maßgeblich kann aber auch sein, wie sich die bauliche Anlage in ihr Umfeld einordnet. Das Alter oder die Zugehörigkeit einer baulichen Anlage zu einer bestimmten Stilepoche begründen allein keine künstlerische Bedeutung, vgl. OVG Lüneburg 14. 10. 1982 BRS 39 Nr. 134. Bauliche Veränderungen des äußeren Erscheinungsbildes eines Gebäudes stellen diesen künstlerische Bedeutung nicht in Frage, soweit die architektonsiche Qualität des Entwurfes aufgrund des Zustandes des Objektes noch anschaulich vermittelt werden kann, vgl. OVG Berlin 18. 11. 1994 BRS 56 Nr. 215. Die künstlerische Bewertung baulicher Anlagen unterliegt zeitlichen Veränderungen. So ist die Denkmalfähigkeit baulicher Anlagen aus der Gründerzeit und der Wilhelminischen Ära entgegen früheren Bewertungen erst Anfang der siebziger Jahre anerkannt worden, vgl. BGH 8. 6. 1978 E 72, 211. Entsprechendes gilt für Bauwerke der zwanziger Jah-

re, vgl. OVG Berlin 18.11.1994 BRS 56 Nr. 215. Umgekehrt können wir nicht erwarten, dass künftige Generationen die zeitgenössische positive Beurteilung von Bauwerken in jedem Falle übernehmen werden.

9.3.3.2 Wissenschaftliche Bedeutung

Bauliche Anlagen können aufgrund ihrer Bedeutung für die Wissenschaft Baudenkmäler sein. Maßgebend ist, ob eine bauliche Anlage aufgrund ihres Alters und ihrer besonderen Beschaffenheit für die Geschichts- oder Sozialwissenschaften von Bedeutung ist, weil sie z.B. typische Siedlungsarten als Ausdruck bestimmter Einstellungen, Lebensweisen sowie Entwicklungen bezeugt und als Gegenstand eines bestimmten Forschungsvorhabens in Frage kommt, vgl. VGH Mannheim 27.5.1993 BRS 55 Nr. 136 und OVG Berlin, 7.4.1993 BRS 55 Nr. 137. Im Vordergrund dieses Schutzmerkmales steht die dokumentarische Bedeutung. Bei baulichen Anlagen kann es sich gleichsam um Urkunden handeln, die der Kunsthistoriker „befragen" kann. Bauliche Anlagen können als Vertreter eines Stils einen besonderen Seltenheitswert haben. So gibt es in Deutschland wenig städtische Wohngebäude im Rokokostil. Bauliche Anlagen können auch einen bemerkenswerten Entwicklungsstand eines Stiles oder eines bedeutenden Künstlers repräsentieren und deswegen für die Kunstwissenschaft besondere Bedeutung haben. Nach VGH Mannheim 13.12.1994 BRS 57 Nr. 263 kann z.B. ein Kirchengrundriss oder eine Kirchengestaltung als Dokument einer bestimmten theologischen Auffassung für die Theologie wissenschaftliche Bedeutung haben. Typische Siedlungsarten können Ausdruck bestimmter Einstellungen, Lebensweisen und Entwicklungen und deswegen für die Geschichts- und Sozialwissenschaften wichtig sein. Entsprechendes gilt für besondere Konstruktionsmerkmale als Zeichen modellhafter und erstmaliger Bewältigung bestimmter statischer Probleme in Bezug auf die Bau- und Architekturwissenschaft. Auch kann die besondere Bedeutung eines Denkmales durch seine Bautypologie und seine Organisation als dörflich Hofanlage begründet werden, vgl. OVG Lüneburg 14.9.1994 BRS 56 Nr. 221. Aus dem am Gebäude ablesbaren Übergang von einer handwerklich-städtischen Nutzung lässt sich als ortsgeschichtlicher Prozess die Denkmaleigenschaft aus heimatgeschichtlichen oder wissenschaftlichen Gründen ableiten, vgl. VGH Mannheim 19.3.1998 BBauBl. 1998, 66 (Ls).

9.3.3.3 Geschichtliche Bedeutung

Eine geschichtliche Bedeutung kann eine bauliche Anlage haben, wenn sie historische Ereignisse oder Entwicklungen deutlich macht. Eine baugeschichtliche Bedeutung ist anzunehmen, wenn eine bestimmte Form zahlreiche Nachahmungen gefunden hat, vgl. OVG Lüneburg 4.6.1982 NVwZ 1983, 231 und VGH München 21.2.1985 BRS 44 Nr. 125. Die geschichtliche Bedeutung eines Gebäudes kommt in Betracht, wenn es für das Leben bestimmter Zeitepochen sowie deren politische, kulturelle und soziale Verhältnisse einen Aussagewert hat, so auch VGH Kassel 16.3.1995 BRS 57 Nr. 270. Dieser Aussagewert kann sich auch daraus ergeben,

Denkmalschutz und Denkmalpflege

dass das Objekt an das Wirken historischer Personen oder an historische Ereignisse erinnert, vgl. OVG Bautzen 12. 6. 1997 BRS 59 Nr. 232. Zu den Denkmälern können daher auch bauliche Hinterlassenschaften aus der Zeit des Nationalsozialismus, wie z. B. das Reichstagsgelände in Nürnberg und des realen Sozialismus, wie z. B. die ehemalige Stalinallee in Ost-Berlin, gehören wenn sie einen derartigen Aussagewert haben. Hier ist anzumerken: Für das wieder vereinigte Deutschland sind die Jahre 1933 bis 1945 insoweit von besonderer Bedeutung, als sie das letzte Stück der gemeinsamen Geschichte beider Teile Deutschlands sind. Geschichtliche Bedeutung haben auch Konzentrationslager, Bunker und die erhaltenen Reste der Mauer in Berlin. Geschichte ist kein ungestörter Ablauf von Erfolgen. Die geschichtliche Bedeutung kann sich auch auf die Orts- und Heimatgeschichte beziehen, vgl. VGH Kassel 12. 9. 1995 BRS 57 Nr. 262. In Betracht kommt auch die Erhaltung nur episodenhafter und abgeschlossener baulicher Zeugnisse, wenn sie für die geschichtliche Identität des betreffenden Ortes prägnante Seitenstränge und „Umwege" seiner historischen Entwicklung repräsentieren, vgl. OVG Berlin 25. 4. 1995 Nr. 261. Für die geschichtliche Bedeutung einer baulichen Anlage gilt im Denkmalschutzrecht grundsätzlich das gleiche wie im städtebaulichen Erhaltungsrecht, vgl. hierzu oben Rnr. 781 f. Anders als dort kann aber eine bauliche Anlage zu erhalten sein, obwohl sie sich auf ihr Umfeld optisch negativ auswirkt. Als Beispiel hierfür ist die Ruine des U-Bootbunkers an der Kieler Förde aus dem zweiten Weltkrieg zu nennen. Deren geschichtliche Bedeutung liegt darin, dass sie für den maritimen Militärbau jener Zeit repräsentativ ist. Der Begriff geschichtliche Bedeutung ist hier im umfassenden Sinne zu verstehen. Neben Militärgeschichte sind zu nennen: Siedlungsgeschichte, Sozialgeschichte, Wirtschaftsgeschichte, Religionsgeschichte, Volks- und Heimatgeschichte, Rechtsgeschichte sowie die Geschichte der Gartenbaukunst.

852 Manche baulichen Anlagen erinnern uns an ein bestimmtes Zeitereignis, vgl. auch VGH Kassel 12. 9. 1995 BRS 57 Nr. 262. Die Mühle unmittelbar neben dem Schloss Sanssouci ist ein Zeugnis der Entwicklung zum Rechtsstaat. Hier konnte der Müller die von dem König angedrohte Schließung seines Betriebes durch die angekündigte Anrufung des Kammergerichtes abwehren. Die Paulskirche in Frankfurt am Main repräsentiert ein Stück deutscher Parlamentsgeschichte. Hier tagte 1848/1849 die deutsche Nationalversammlung. Die besondere geschichtliche Bedeutung einer baulichen Anlage kann andere Bedeutungen weitgehend überlagern. Das vermauerte Brandenburger Tor war zu Zeiten der DDR ein Symbol deutscher Trennung, nach der Entfernung der Mauer wurde es zum Symbol der deutschen Einheit. Maßgebend ist, ob eine bauliche Anlage geschichtliche Entwicklungen anschaulich macht, sogenannter Aussagewert, oder ob ihm als Wirkungsstätte geschichtlicher Personen oder als Schauplatz historischer Ereignisse ein sogenannter Erinnerungswert zuzumessen ist oder ob es einen im Bewusstsein der Bevölkerung vorhandenen Bezug zu bestimmten politischen, kulturellen oder sozialen Verhältnissen seiner Zeit herstellt, so zutreffend VGH Mannheim 16. 12. 1992 BRS 54 Nr. 115. Das Alter einer baulichen Anlage allein begründet nicht ihre geschichtliche Bedeutung. Maßgebend kann dagegen der dokumentarische und exemplarische

Denkmalbegriff

Charakter der baulichen Anlage als eines Zeugnisses der Vergangenheit sein, vgl. VGH Mannheim a.a.O.

9.3.3.4 Städtebauliche Bedeutung

Städtebauliche Bedeutung hat eine bauliche Anlage, die den Städtebau der Vergangenheit repräsentiert, vgl. OVG Münster 4.12.1991 BRS 54 Nr. 125. Städtebau ist hier im Sinne von Siedlungsgeschichte zu verstehen. Es reicht hierfür aus, wenn die bauliche Anlage das Erscheinungsbild einer Straße oder von Teilen einer Straße prägt oder bestimmt, weil durch ihre Anordnung und Lage in der Örtlichkeit, durch ihre besondere Gestaltung und Verbindung mit anderen baulichen Anlagen oder durch ihre Gestaltung von Straßenräumen der historische Entwicklungsprozess einer Stadt oder einer Siedlung dokumentiert wird, vgl. OVG Münster 9.9.1994 BRS 56 Nr. 217 und VGH Kassel 12.9.1995 BRS 57 Nr. 262, zu eng hingegen OVG Bautzen 12.6.1997 BRS 59 Nr. 232. Zeugnisse dieser Siedlungsgeschichte sollen aus kulturellen Gründen erhalten werden, z.B. weil es sich hierbei um einen Teil der Städtebaukunst aus vergangener Zeit handelt. Städtebau i.S. des Denkmalschutzes erfasst neben der geschichtlichen auch insoweit eine künstlerische Dimension. Der Städtebau der Vergangenheit kann eine künstlerische Bedeutung haben, deren Qualität allein zu seiner Beurteilung als erhaltenswert führt, vgl. hierzu OVG Lüneburg 4.6.1982 NVwZ 1983, 251. Gebäude, die für einen besonderen Zweck errichtet worden sind, haben i.d.R. für ihre Umgebung eine prägende Bedeutung. Bauliche Anlagen mit städtebaulicher Bedeutung werden i.d.R. wegen der besonderen Qualität ihrer architektonischen Gestaltung auch künstlerische Bedeutung i.S. des Denkmalschutzrechtes haben. Die städtebauliche Bedeutung als Grund für die Bewertung einer baulichen Anlage als Baudenkmal kommt aber in der Praxis erst dann zum Tragen, wenn dies nicht der Fall ist.

853

Die städtebauliche Bedeutung einer baulichen Anlage ist zu bejahen, wenn es sich hierbei um einen in seiner Bedeutung klar erkennbaren Rest einer historischen Städtebaukonzeption handelt, z.B. im Falle einer durch Kriegseinwirkungen weitgehend zerstörten Altstadt. Entscheidend ist, ob der Planungsentwurf z.B. in Bezug auf Straßenverlauf und Grundstücksgröße anhand der Gesamtheit der Gebäude noch ablesbar ist, vgl. VGH Mannheim 19.3.1998 BBauBl. 1998, 66 (Ls.). Die städtebauliche Bedeutung einer baulichen Anlage kann auch darauf beruhen, dass sie ein wichtiger, z.B. raumbildender Teil einer Straße, eines Platzes oder Ortsbildes ist, die ihrerseits zu erhalten sind. Eine bauliche Anlage kann ferner ein Baudenkmal aus städtebaulichen Gründen wegen seiner unmittelbaren Nachbarschaft zu einem Baudenkmal mit künstlerischer Bedeutung sein, weil es im Zusammenhang mit diesem Baudenkmal eine wichtige Funktion hat. Als Beispiel sei ein altes Wohnhaus in unmittelbarer Nachbarschaft einer mittelalterlichen Kathedrale genannt. Hier kann dieses Haus eine besondere Bedeutung als Kontrast und Maßstabgeber haben, welche darauf beruht, dass die Monumentalität der Kirche optisch herausgehoben wird. Zur städtebaulichen Bedeutung einer baulichen Anlage vgl. auch oben Rnr. 779f.

854

9.4 Umgebungsschutz

855 Die Denkmalschutzgesetze enthalten besondere Regelungen über den Umgebungsschutz von Baudenkmälern. Hierbei ist davon auszugehen, dass die Bedeutung vieler Baudenkmäler auch von der architektonischen Qualität ihrer Umgebung und ihrer topografischen Situation abhängt. Dieser Umgebungsschutz hat städtebauliche Bedeutung. Er muss auch von der Gemeinde bei ihrer Planung berücksichtigt werden. Hierbei geht es um die Erhaltung des Erscheinungsbildes des Baudenkmales. Aufgrund der Regelungen über den Umgebungsschutz dürfen in der Umgebung des Denkmales, soweit sie für dessen Erscheinungsbild von erheblicher Bedeutung ist, andere bauliche Anlagen nur mit Zustimmung der zuständigen Denkmalschutzbehörde errichtet, verändert oder beseitigt werden. Rechtlich handelt es sich hierbei um ein vorbeugendes Verbot mit Erlaubnisvorbehalt, das der Überprüfung der Belange des Denkmalschutzes dient. Insoweit ist die zuständige Denkmalschutzbehörde auch im Baugenehmigungsverfahren zu beteiligen. Dieser präventiven Kontrolle unterliegen auch solche baulichen Maßnahmen, die dazu dienen sollen, das Erscheinungsbild des Baudenkmales zu verbessern.

856 Alle gesetzlichen Bestimmungen des Umgebungsschutzes lassen seine räumliche Reichweite ungeregelt. Wie weit der geschützte Bereich im Umfeld eines Baudenkmales reicht, kann daher nur im Einzelfall beurteilt werden. Von besonderer Bedeutung sind dabei die Größe und Lage des jeweiligen Baudenkmales. Der Umgebungsschutz dient der Verhinderung nachteiliger baulicher Beeinträchtigungen des Erscheinungsbildes des Baudenkmales. Diese müssen nicht von besonderem Gewicht sein. Als negative Erscheinungen sind z.B. zu nennen die Errichtung baulicher Anlagen, die das Baudenkmal überragen oder die Genehmigung von Werbeanlagen, die den Blick von dem Denkmal ablenken. So kann die Errichtung einer 4,30 m hohen Werbeanlage als beleuchtete Prismenwendeanlage in der Umgebung eines Denkmales unzulässig sein, vgl. VGH Kassel 30.12.1994 BauR 1995, 687. Durch die Errichtung einer baulichen Anlage kann nicht nur der Blick auf das Baudenkmal ganz oder teilweise gestört, sondern auch der Eindruck der Geschlossenheit, der durch die Nähe und Ausrichtung der Gebäude in seinem Umfeld vermittelt wird, beeinträchtigt werden. Der Anbau einer tiefergesetzten Garage kann das Erscheinungsbild einer denkmalgeschützten Jugendstilvilla beeinträchtigen, vgl. vgl. OVG Münster 19.7.2000 BRS 63 Nr. 221. So kann die Errichtung einer 60 m hohen Windkraftanlage in einer Entfernung von 1200 m Luftlinie zu einer als Kulturdenkmal bewerteten Kirche denkmalschutzrechtlich genehmigungsbedürftig sein, wenn sich dort die Fernsicht seit dem Mittelalter nicht verändert hat und es sich um ein für die Region einmaliges Stadtbild handelt, so OVG Schleswig 20.7.1995 Die Gemeinde SH 1995, 348. Hierbei ist auch zu berücksichtigen, dass bewegliche Windkraftanlagen mehr als Hochspannungsmasten stören, weil sie den Blick auf sich ziehen. Auch der Abbruch einer baulichen Anlage in diesem Umfeld kann eine Einbindung des Baudenkmales in seine Umgebung unterbrechen und somit zu störenden Kontrasten führen, vgl. OVG Mannheim 9.6.1989 BRS 49 Nr. 145.

Gesamtanlagen und Gruppen von baulichen Anlagen

Gegenstand des Umgebungsschutzes sind ausschließlich die optischen Bezüge zwischen dem Baudenkmal und seiner unmittelbaren Umgebung. Alle baulichen Veränderungen in diesem Bereich unterliegen dem Genehmigungsvorbehalt der zuständigen Denkmalschutzbehörde. Die Umgebung selbst ist aber nicht Gegenstand des Denkmalschutzes, so auch VGH Mannheim 20. 6. 1989 BRS 49 Nr. 145. Dies gilt auch grundsätzlich soweit einige Denkmalschutzgesetze die Umgebung des Denkmales zu seinem Bestandteil erklären. Der Umgebungsschutz verleiht daher über Verhinderung erheblicher Beeinträchtigungen dieses optischen Beziehungsgefüges hinaus der Denkmalschutzbehörde keine Planungsbefugnis im positiven Sinne. Sie kann daher nicht bestimmen, wie die Umgebung des Baudenkmales zu pflastern ist und welche Art Lampen dort aufzustellen sind. Befindet sich ein Baudenkmal in privatem Eigentum, so ist aus dem Denkmalschutz kein besonderer baurechtlicher Nachbarschutz gegenüber anderen Vorhaben in der Umgebung abzuleiten, da der Denkmalschutz ausschließlich öffentlichen Interessen dient, so OVG Münster 9. 6. 1989 BRS 43 Nr. 146 zu einem Falle, in dem der Eigentümer einer Burganlage im Außenbereich unter Berufung auf den Denkmalschutz den Bau einer Kläranlage in 112 m Entfernung zu verhindern versuchte. Bei der Prüfung einer baulichen Beeinträchtigung des Erscheinungsbildes eines Baudenkmales handelt es sich um eine Ermessensentscheidung der Denkmalschutzbehörde. Sie muss dabei auch die berechtigten Interessen des Bauherrn berücksichtigen. Insbesondere ist der Grundsatz der Verhältnismäßigkeit behördlicher Eingriffe zu beachten. Wenn die Verhinderung einer geringen Störung des Erscheinungsbildes des Baudenkmales den Eigentümer wirtschaftlich unzumutbar belasten würde, ist die Baugenehmigung zu erteilen, so auch OVG Münster 19. 7. 2000 BRS 63 Nr. 221.

857

9.5 Gesamtanlagen und Gruppen von baulichen Anlagen

Von der Einbeziehung des Umgebungsschutzes in den Bereich der Denkmalschutzgesetze führt ein weiterer Schritt zur Unterschutzstellung von Gruppen baulicher Anlagen. Die Denkmalschutzgesetze enthalten besondere Regelungen für den Schutz baulicher Gesamtanlagen, auch Ensembles genannt. Unter diesen Begriff fallen benachbarte von einander unabhängig entstandene bauliche Anlagen, die aufgrund gemeinsamer gestalterischer Merkmale eine Einheit bilden, die von besonderer kulturhistorischer Bedeutung ist, vgl. OVG Berlin 31. 10. 1997 DWW 1998, 284. Die einzelnen Landesgesetzgeber haben den Schutz dieser Gesamtanlagen unterschiedlich geregelt. Bei dem Ensemble handelt es sich dem Wesen nach um eine städtebauliche Situation, in der bauliche Anlagen eine Gesamtheit bilden, die als Ganzes von geschichtlicher, künstlerischer, städtebaulicher oder volkskundlicher Bedeutung ist, vgl. BayObLG 25. 3. 1993 BBauBl. 1994, 215. Sie werden z. T. als Straßen-, Platz- und Ortsbilder erläutert, so Bayern und Baden-Württemberg. Die Gesetze anderer Länder beziehen Denkmalbereiche oder Denkmalschutzbereiche, die Stadt- und Ortsteile, Siedlungen, Gehöftegruppen sowie Straßenzüge usw. umfassen, in den Denkmalschutz mit ein. Nordrhein-Westfalen sowie Mecklenburg-Vorpommern und Sachsen-Anhalt zählen zu den Denkmalbereichen auch

858

Stadtgrundrisse, Stadt- und Ortsbilder und Silhouetten, Rheinland-Pfalz enthält eine entsprechende umfassende Regelung über Denkmalzonen. Einige Länder wie z.B. Nordrhein-Westfalen und Sachsen-Anhalt lassen die Festlegung von Denkmalbereichen auch zum Schutz einzelner baulicher Anlagen zu.

859 Des Weiteren verlangen nicht alle Gesetze, dass es sich bei den Mehrheiten von Anlagen unbedingt um bauliche Gesamtanlagen handelt, also bauliche Anlagen die in einer engen räumlichen Beziehung zueinander stehen und dadurch ein Ensemble bilden. Die baulichen Anlagen eines Ensembles müssen nicht nach einem einheitlichen Plan oder zeitgleich errichtet worden sein. Es reicht aus, wenn sie aufgrund verbindender Gestaltungselemente oder ihrer Beziehung zu einander in einem Zusammenhang stehen, vgl. OVG Berlin 11. 7. 1997 BRS 59 Nr. 234. Ein Denkmalbereich auch aus Gruppen von baulichen Anlagen bestehen, die erhaltenswert sind. Bei Letzteren bezieht sich der Denkmalschutz ebenso wie bei dem Ortsbild oder dem Stadtgrundriss zumeist auf den Städtebau der Vergangenheit. Folgerichtig bestimmen auch einige Gesetze ausdrücklich, dass die zu erhaltenden Ensembles oder Gruppen baulicher Anlagen auch aus baulichen Anlagen bestehen können, die alle als solche keine Baudenkmäler sind. Maßgebend ist in diesen Fällen, unabhängig von der gesetzlichen Regelung, allein die Zuordnung zu den anderen baulichen Anlagen. Der Denkmalschutz bezieht sich in diesen Fällen gerade auf die Gesamtwirkung unabhängig von der Schutzwürdigkeit der einzelnen Bestandteile der Gesamtanlage, vgl. OVG Koblenz 18. 12. 1987 DÖV 1988, 606 und OVG Lüneburg 4. 6. 1982 NVwZ 1983, 231. Jeder Bestandteil muss jedoch positiv irgendwie zur Erhaltungswürdigkeit der Gesamtanlage beitragen. Wenn das nicht zutrifft oder es sich bei dem einzelnen Objekt um einen Störfaktor handelt entfällt insoweit für diesen die Schutzwürdigkeit, so zutreffend OVG Lüneburg 29. 3. 1985 BRS 44 Nr. 120. Ein Ensemble als solches jedoch verliert nicht seine Schutzwürdigkeit durch Veränderungen an Gebäuden, die den Denkmalwert erheblich beeinträchtigen. Wenn die wesentlichen Strukturen jedoch nicht mehr von außen wahrnehmbar sind, ist die städtebauliche Bedeutung eines Bereiches zu verneinen. Sie kann aber eine ortsgeschichtliche Bedeutung haben, wenn die einzelnen Gebäude den Verlauf der historischen städtebaulichen Entwicklung anschaulich vermitteln, vgl. OVG Berlin 11. 7. 1997 BRS 59 Nr. 234. Zur Denkmalpflege gehört aber auch ein Hinwirken auf die Beseitigung früherer „Bausünden" durch die Eigentümer, vgl. OVG Lüneburg 14. 9. 1994 BRS 56 Nr. 121.

860 Soweit einige Gesetze in den Schutz des Ensembles sowie des zu erhaltenden Straßen-, Platz- und Ortsbildes auch das Erscheinungsbild einbeziehen, entspricht dies dem Wesen nach dem Umgebungsschutz. D.h. bei der Beurteilung der Frage, ob das Erscheinungsbild des Ensembles beeinträchtigt wird, kommt es nicht auf den wissenschaftlichen Sachverstand eines Kunsthistorikers, sondern auf das Empfinden des für die Belange des Denkmalschutzes aufgeschlossenen Durchschnittsbetrachters an, da es hier um eine Frage der Optik und Ästhetik und nicht um das Wissen von Zusammenhängen geht, so OVG Mannheim 10. 10. 1988 BRS 48 Nr. 118 in einem Falle, in dem es um den Einbau eines 4 m langen und 2 m breiten Sonnenkollektors in das Dach eines Wohnhauses inmitten einer historischen Altstadt ging. Soweit der Schutz des Ensembles ausschließlich dessen Erscheinungsbild gilt, erfasst er nicht das Innere der zugehörigen baulichen Anlagen, wenn es sich bei diesen nicht um Baudenkmäler handelt.

In Deutschland werden die Altstadtbereiche Lübeck, Bamberg, Stralsund und Wismar als Kulturdenkmale in der UNESCO-Liste des Welterbes geführt. Die internationale Charta der Denkmalpflege in historischen Städten (Charta von Washington) enthält Angaben über Grundsätze und Ziele sowie Methoden und Mittel für die Erhaltung historischer städtischer Bereiche, Stadtkerne und Stadtteile samt ihrer natürlichen und der vom Menschen geschaffenen Umwelt, vgl. Anhang. *861*

9.6 Denkmalschutzbehörden

Bei dem Denkmalschutz nach den Denkmalschutzgesetzen der Länder handelt es sich überwiegend um eine staatliche Aufgabe, die von Landesbehörden, z.T. auch von den Landräten oder Kreisen oder den Stadtverwaltungen der kreisfreien Städte wahrgenommen wird. Oberste Denkmalschutzbehörde ist ein Ministerium, i.d.R. das Kultusministerium, z.T. aber auch das Innenministerium. Ihm nachgeordnet sind die oberen und unteren Denkmalschutzbehörden. Daneben gibt es i.d.R. noch Landesbehörden als Fachämter für den Denkmalschutz, die der obersten Denkmalschutzbehörde unterstehen. Sie können trotz ihrer Eigenschaft als Verfahrensbeteiligte im gerichtlichen Verfahren fachliche Gutachten und Stellungnahmen abgeben, vgl. OVG Berlin 12.11.1993 BRS 56 Nr. 216 und OVG Münster 14.3.1991 BRS 52 Nr. 123, 9.9.1994 BRS 56 Nr. 217 sowie VGH Mannheim 30.7.1985 BRS 44 Nr. 121 und 10.5.1988 DVBl. 1988, 1219. In Nordrhein-Westfalen sind die Gemeinden allgemein untere Denkmalschutzbehörden; im Saarland und in Sachsen-Anhalt nur soweit sie die Aufgaben der unteren Bauaufsichtsbehörde wahrnehmen. In Sachsen und in Thüringen können Gemeinden unter bestimmten Voraussetzungen zu unteren Denkmalschutzbehörden erklärt werden. *862*

In vielen Gemeinden sind die Kirchengebäude mit Abstand die wertvollsten Baudenkmäler. Sie enthalten im Inneren oftmals zahlreiche Kunstschätze, die auch weitgehend der Öffentlichkeit zugänglich sind. Die Kirchengebäude können daher vom staatlichen Denkmalschutz nicht ausgenommen werden. Andererseits sind die Kirchengebäude aber Eigentum der Religionsgesellschaften, die nach Art. 140 Grundgesetz i.V. mit Artikel 137 Abs. 4 der Verfassung des Deutschen Reiches vom 11. August 1919 (Weimarer Verfassung) ihre Angelegenheiten selbstständig ordnen. Beim Denkmalschutz haben die gottesdienstlichen Belange der Religionsgesellschaften eine große Bedeutung. Aufgrund besonderer Bestimmungen in den einzelnen Denkmalschutzgesetzen oder aufgrund besonderer vertraglicher Regelungen sind die Belange der Religionsgesellschaften im Denkmalschutz eingehend zu berücksichtigen. Danach finden einige Vorschriften des Denkmalschutzrechtes auf derartige Kulturdenkmale keine Anwendung. Bestimmte denkmalrechtliche *863*

Entscheidungen setzen andererseits ein Zusammenwirken mit der zuständigen Stelle der betreffenden Religionsgesellschaft voraus.

9.7 Erfassung der Denkmäler

864   Die Denkmalschutzgesetze folgen grundsätzlich zwei verschiedenen Systemen für die Erfassung der einzelnen Denkmäler. Nach dem einen Verfahren werden sie in eine Liste oder ein Denkmalbuch aus nachrichtlichen Gründen eingetragen. D. h. die Eintragung hat keine Rechtsfolgen, insbesondere wird das eingetragene Objekt nicht erst durch die Eintragung zum Kulturdenkmal. Die Denkmaleigenschaft ergibt sich allein daraus, dass eine Sache bestimmten gesetzlichen Tatbestandsmerkmalen entspricht. In einigen Ländern werden nur Kulturdenkmale von besonderer Bedeutung in das Denkmalbuch eingetragen. Hierdurch genießen sie zusätzlichen Schutz. Angesichts der Vielschichtigkeit des Denkmalbegriffes kann nicht in jedem Falle von dem Eigentümer einer baulichen Anlage Kenntnis über die Denkmaleigenschaft verlangt werden, wenn nicht eine entsprechende Eintragung oder behördliche Mitteilung erfolgt ist. Im Falle der Unkenntnis dürfen aus rechtsstaatlichen Gründen dem Eigentümer keine rückwirkenden Sanktionen oder Belastungen wegen Verletzung denkmalschutzrechtlicher Pflichten auferlegt werden, vgl. OVG Berlin 3. 1. 1997 BauR 1998, 773.

865   Nach dem anderen System hat dagegen die Eintragung eine rechtsbegründende Bedeutung, d. h. erst aufgrund der Eintragung wird das Objekt zum Kulturdenkmal im rechtlichen Sinne. Die Eintragung bewirkt eine Einschränkung der freien Verfügungsbefugnis und der freien Nutzungsberechtigung. Ferner können den Eigentümer bestimmte gesetzlich vorgesehene Pflichten wie die Instandsetzung, Nutzung oder Veränderung des eingetragenen Denkmals treffen, vgl. BVerwG 10. 7. 1987 NJW 1988, 505. Die Eintragung ist daher ein belastender Verwaltungsakt, vgl. OVG Mannheim 1. 12. 1982 BRS 39 Nr. 134. In der Begründung sind die wesentlichen tatsächlichen und rechtlichen Gründe mitzuteilen, die die Behörde zu ihrer Entscheidung bewogen haben. Der Verwaltungsakt setzt eine Anhörung des Eigentümers oder sonstigen Verfügungsberechtigten voraus, vgl. § 28 VwVfG. Hierzu muss die Behörde dem Betroffenen alle rechtserheblichen Tatsachen über die bauliche Anlage mitteilen und ihm Gelegenheit geben hierzu zu Stellung zu nehmen, vgl. OVG Münster 13. 10. 1988 NVwZ-RR 1989, 614. Nach den Regelungen der meisten Denkmalschutzgesetze haben die hierfür zuständigen Behörden, wenn die gesetzlichen Voraussetzungen vorliegen, kein Ermessen, so auch OVG Bremen 23. 11. 1982 NVwZ 1983, 234, OVG Münster 13. 10. 1988 NVwZ-RR 1989, 614, VGH Mannheim 30. 7. 1985 BRS 44 Nr. 121 und OVG Berlin 10. 5. 1985 BRS 44 Nr. 122. Die Eintragung wird auch nicht dadurch in Frage gestellt, dass die betreffende bauliche Anlage bereits dem Schutz einer städtebaulichen Satzung oder einer örtlichen Bauvorschrift unterliegt, denn diese Gemeindesatzungen können jederzeit geändert oder aufgehoben werden, vgl. OVG Schleswig 19. 3. 1998 DÖV 1999, 1010. Sobald die Eintragung als Verwaltungsakt unanfechtbar geworden ist, kann

Erfassung der Denkmäler

die Denkmaleigenschaft einer baulichen Anlage nicht mehr in Frage gestellt werden.

Bei der Eintragung hat die Behörde keine Abwägung zwischen den Interessen des Eigentümers und denen der Öffentlichkeit an der Erhaltung des Denkmals vorzunehmen, vgl. OVG Mannheim 10.10.1988 BRS 48 Nr. 118 30.7.1985 NVwZ 1986, 240, OVG Koblenz 26.5.1983 DÖV 1984, 75 und OVG Lüneburg 16.1.1984, DVBl. 1984, 284. Der Eigentümer seinerseits hat keinen Rechtsanspruch auf die Unterschutzstellung seines Objektes. Liegen die Eintragungsvoraussetzungen vor, muss die Eintragung vorgenommen werden. Die Eintragung wird erst mit ihrer Bekanntgabe gegenüber dem Betroffenen wirksam, vgl. OVG Münster 9.9.1994 BRS 56 Nr. 217. Die Unterschutzstellung muss so klar formuliert werden, dass der Eigentümer des Kulturdenkmales die Reichweite dieses Aktes erkennen kann, z.B. in Bezug auf Nebenanlagen und Zubehör, so auch OVG Bautzen 12.6.1997 BRS 59 Nr. 232. Im Falle einer rechtswidrigen Unterschutzstellung kommt ein Entschädigungsanspruch gegen die Behörde in Betracht, vgl. BGH 21.12.1982 NJW 1990, 898. Einige Gesetze, die diese konstitutive Eintragung vorsehen, enthalten zusätzlich noch eine Regelung über eine vorläufige Eintragung zum Schutz des Objektes. 866

Eine Teilunterschutzstellung setzt voraus, dass der hierfür in Frage kommende Teil der baulichen Anlage gegenüber dem nicht schutzwürdigen Teil einer selbstständigen Bewertung zugänglich ist und als abtrennbarer Teil erscheint. Danach soll nach OVG Münster 30.7.1993 BRS 55 Nr. 135 die isolierte Unterschutzstellung einer Hausfassade i.d.R. ausgeschlossen sein.

Die rechtsbegründende Eintragung führt zu einem besonderen, im Gesetz geregelten Schutz, der auch private Eigentumsrechte einschränkt. Insoweit handelt es sich für den betroffenen Eigentümer bei der denkmalsrechtlichen Eintragung um einen belastenden Verwaltungsakt. Der Denkmalschutz für Ensembles und Denkmalbereiche wird z.T. auch in besonderer Rechtsform begründet. So können die Gemeinden in Brandenburg und Nordrhein-Westfalen Denkmalbereiche durch Satzung unter Schutz stellen. In Nordrhein-Westfalen ist hierzu die Genehmigung der oberen Denkmalschutzbehörde, in Brandenburg nur das Benehmen der Denkmalbehörde erforderlich, d.h. diese Behörde ist von der Gemeinde zu beteiligen, die Entscheidung liegt aber letztlich bei der Gemeinde. 867

Die behördliche Erfassung eines Denkmales durch Eintragung in eine Liste oder Zuordnung zu einem Denkmalschutzbereich muss der betroffene Eigentümer als Inhaltsbestimmung seines Eigentums entschädigungslos hinnehmen. Dies gilt auch dann, wenn die förmliche Unterschutzstellung allein bereits eine Minderung des Verkehrswertes des betroffenen Grundstücks bewirkt, vgl. BGH 9.10.1986 E 99, 24. Eingriffe in das Eigentum können sich erst aus behördlichen Anordnungen ergeben, die gesetzlich die Denkmalseigenschaft voraussetzen. Bei dem Vollzug des Denkmalschutzes handelt es sich insoweit um ein zweistufiges Verfahren. Die erste Stufe bildet die konstitutive Feststellung der Denkmaleigenschaft durch die Behörde. In der zweiten Stufe trifft diese dann auf der Grundlage der nunmehr anwend- 868 baren denkmalschutzrechtlichen Bestimmungen besondere Anordnungen zur Erhaltung des Denkmals.

9.8 Inhalt des Denkmalschutzes

9.8.1 Grundsätzliches

869 Handelt es sich bei einer Sache um ein Kulturdenkmal oder ist die Bewertung als Kulturdenkmal durch behördlichen Akt festgestellt worden, hat dies für den Eigentümer der Sache erhebliche Rechtsfolgen. Die einzelnen Denkmalschutzgesetze regeln dies zwar unterschiedlich. Sie dienen aber alle dem gleichen Ziel, der Erhaltung des Denkmals. Die Anwendung dieser Bestimmungen zur Erhaltung des Denkmales liegt anders als die Unterschutzstellung i.d.R. im Ermessen der zuständigen Behörde. Sie hat bei ihrer Entscheidung, soweit sie in die Rechte des Eigentümers eingreift, auch dessen private Interessen in ihre Entscheidungsfindung einzubeziehen, vgl. OVG Münster 4.12.1991 BRS 54 Nr. 125 und VGH München 8.5.1989 BayVBl. 1990, 208. Hierbei ist der rechtsstaatliche Grundsatz der Verhältnismäßigkeit bei Eingriffen in Rechte des einzelnen Eigentümers zu beachten. Eingriffe in das Eigentum sind nur zulässig, wenn die zugrunde liegenden öffentlichen Interessen in einem angemessenen Verhältnis zu der jeweiligen Belastung des Eigentümers stehen. Soweit dieser Grundsatz nicht beachtet wird, sind behördliche Eingriffe rechtswidrig. Dies ist der Fall, wenn z.B. dem Eigentümer einer unter Denkmalschutz stehenden aber nicht nutzbaren Villa, deren Unterhaltung sehr aufwändig ist, der Abbruch des Objektes untersagt wird, vgl. BVerfG 2.3.1999 NJW 1999, 2877.

9.8.2 Erhaltungsverpflichtung

870 Die Verpflichtung, das Denkmal zu erhalten, ist der Wesensinhalt des Denkmalschutzes. Diese Verpflichtung gilt für Eigentümer und Besitzer des Denkmales. Den Inhalt dieser Verpflichtung haben die einzelnen Gesetze unterschiedlich umschrieben. In jedem Falle gehört zu dieser Pflicht aber die Instandhaltung, d.h. die Erhaltung der Substanz des Denkmales. Darüber hinaus können die Denkmalschutzbehörden bestimmte Erhaltungsmaßnahmen anordnen, die der Eigentümer durchzuführen oder deren Durchführung er zu dulden hat. Einige Gesetze beziehen in die Erhaltungspflicht auch die Pflicht ein, das Denkmal sachgemäß zu behandeln und vor Gefährdung zu schützen. In einigen Ländern schließt die Erhaltungspflicht auch die Verpflichtung des Eigentümers zur Instandsetzung seines Baudenkmales mit ein. Denkmalpflegerische Anordnungen müssen inhaltlich hinreichend bestimmt sein, vgl. § 37 VwVfG. Hierfür reicht es aus, wenn die zu beseitigenden Mängel dargelegt und das Ziel der durchzuführenden Maßnahmen von der Behörde angegeben werden. Die vom Eigentümer durchzuführenden Maßnahmen sind hingegen nicht in allen Einzelheiten zu umschreiben. U.U. muss ihm sogar die Wahl der geeigneten baulichen Maßnahmen überlassen bleiben, so auch VGH Mannheim 12.12.1985 BRS 44 Nr. 128 unter Bezugnahme auf die im Poli-

Inhalt des Denkmalschutzes

zeirecht entwickelten Grundsätze. Die denkmalpflegerische Anordnung entspricht insoweit dem städtebaulichen Instandsetzungsgebot i.S. von § 177 Abs. 3 BauGB. Unter den Begriff der Erhaltung fallen im Denkmalschutzrecht die Instandhaltung, die Instandsetzung und der Schutz vor Gefährdung. Entsprechend angeordnete Baumaßnahmen können von der Behörde auch gegen den Willen des Eigentümers im Wege der Ersatzvornahme durchgesetzt werden, so zutreffend OVG Berlin 9.6.1994 BRS 56 Nr. 56. Die Denkmalschutzbehörde kann denkmalschutzrechtliche Anordnungen, die baugenehmigungspflichtige Maßnahmen zum Gegenstand haben, nur mit Zustimmung der Bauaufsichtsbehörde erteilen, vgl. OVG Münster 17.3.1986 NVwZ 1987, 430 und unter Rdn. 878.

Nach den gesetzlichen Regelungen besteht die Erhaltungspflicht nur im Rahmen des Zumutbaren. Hierdurch wird auf den Unterschied zwischen solchen Maßnahmen Bezug genommen, die noch im Rahmen der entschädigungslosen Sozialbindung des Eigentums gemäß Art. 14 Abs. 2 GG liegen und Maßnahmen mit enteignender Wirkung, die nach Art. 14 Abs. 3 GG nur zum Wohle der Allgemeinheit und gegen Entschädigung zulässig sind. Mit der damit verbundenen Abgrenzungsproblematik hatten sich vielfach die Gerichte zu befassen. Die hierbei entstehenden Fragen spielen in der Praxis immer dann eine Rolle, wenn zu entscheiden ist, ob der Abbruch eines Baudenkmales oder die Errichtung einer baulichen Anlage aus Gründen des Denkmalschutzes zu genehmigen oder zu versagen ist. *871*

Nach der Rechtsprechung des Bundesgerichtshofes in Zivilsachen wird jedes Grundstück durch seine Lage und Beschaffenheit sowie seine Einbettung in Landschaft und Natur, also seine „Situation" geprägt. Daraus kann sich eine abzuleitende, dem Eigentum innewohnende Beschränkung der Rechte des Eigentümers ergeben. Hierzu gehören Schranken seiner Nutzungs- und Verfügungsmacht auch in Bezug auf die Erfordernisse des Denkmalschutzes. Die Situationsgebundenheit des Grundstückes ergibt sich nicht allein aus äußeren Umständen, wie dem Verhältnis des Grundstückes zu seiner Umgebung, sondern auch aus der Tatsache, dass es mit einem Baudenkmal bebaut ist. Die Situation wird in derartigen Fällen durch den besonderen Bezug des bebauten Grundstücks zur Stadt oder auch schon allein durch den in dem Baudenkmal verkörperten künstlerischen Gehalt gekennzeichnet, vgl. BGH 8.6.1978 E 72, 211. Der sich hieraus ergebende Denkmalschutz muss von dem Eigentümer als Inhaltsbestimmung seines Eigentums entschädigungslos hingenommen werden, vgl. BGH 9.10.1986 E 99, 24. *872*

Die Grenze zwischen der Sozialbindung des Eigentums und einem hoheitlichen Eingriff mit enteignender Wirkung wird aber überschritten, wenn dem Eigentümer eine ausgeübte Nutzung oder eine vernünftigerweise in Betracht zu ziehende künftige Nutzungsmöglichkeit aus Gründen des Denkmalschutzes durch die hierfür zuständige Behörde untersagt wird, vgl. BGH 23.6.1988 E 105, 15 und 17.12.1992 NJW 1993, 1255. Dies ist der Fall, wenn der Eigentümer aufgrund der Erhaltungsverpflichtung das Grundstück mit dem Baudenkmal weder veräußern noch wirtschaftlich nutzen kann, vgl. BayObLG 21.12.1987 DÖV 1988, 429. Allerdings ge- *873* währleistet das Grundgesetz keinen Anspruch auf Erzielung einer bestimmten Rendite.

874 Bei einer aus mehreren Gebäuden bestehenden Gesamtanlage, die unter Denkmalschutz steht, gilt eine wirtschaftliche Gesamtbetrachtung. Es kommt daher nicht auf den Nutzen einzelner Teile des Ganzen an, so auch OVG Koblenz 2. 2. 1994 BRS 56 Nr. 220. Bei der Wirtschaftlichkeitsberechnung bildet das Grundstück mit dem aufstehenden Denkmal eine Einheit, vgl. OVG Lüneburg 13. 3. 2002 BRS 65 Nr. 213. Die Grenze des wirtschaftlich zumutbaren wird erst überschritten, wenn die Erhaltungskosten voraussichtlich über dem Ertrag liegen. Der Eigentümer hat sich zu bemühen das Grundstück unter Erhaltung des Baudenkmales wirtschaftlich zu nutzen. Bei der Ermittlung der Bewirtschaftungskosten eines Baudenkmales können die nach § 24 Abs. 1 II. Berechnungsverordnung für den öffentlich geförderten Wohnungsbau geltenden Regelungen entsprechend angewendet werden, so auch OVG Lüneburg 4. 10. 1984 BRS 42 Nr. 142. Die Erhaltung von Baudenkmälern ohne jeglichen Nutzwert, wie z.B. von Stadtmauern lässt sich daher nur durch die Gewährung von Zuschüssen in Höhe der Gesamtkosten bewirken. Bei den erforderlichen Wirtschaftlichkeitsberechnungen sind aber auch immer die mit dem Baudenkmal verbundenen steuerlichen Vorteile des Eigentümers zu berücksichtigen, vgl. OVG Lüneburg 5. 11. 1974 DVBl. 1975, 956. Soweit der Eigentümer eines Baudenkmales durch dessen Erhaltung wirtschaftlich unzumutbar belastet wird, können diese Belastungen durch Ausgleichszahlungen ausgeglichen werden. Hierüber kann gegebenenfalls nach OVG Berlin 9. 6. 1984 BRS 56 Nr. 218 in einem besonderen Verwaltungsverfahren entschieden werden. Insbesondere bei der Anordnung von Sicherungsmaßnahmen muss nicht über die Wirtschaftlichkeit der Erhaltung eines Baudenkmales entschieden werden, vgl. VGH Mannheim 12. 12. 1985 BBS 44 Nr. 128. Ein Baudenkmal, dessen Erhaltung ungewöhnlich hohe Bewirtschaftungskosten erfordert, kann auch zu einer Bewertung des Grundstücks führen, die unter dem Verkehrswert unbebauten Bodens an gleicher Stelle liegt, vgl. BGH 8. 6. 1978 E 72, 211. Soweit die Eintragung eines Objektes in das Denkmalbuch oder die Denkmalliste zu einer Verringerung des Verkehrswertes führt, ist dies vom Eigentümer im Rahmen der Sozialbindung des Eigentums entschädigungslos hinzunehmen, vgl. OVG Lüneburg 4. 10. 1984 BRS 42 Nr. 142.

875 Umgekehrt verpflichtet der Grundsatz der Sozialbindung des Eigentums den Eigentümer aber nicht dazu, laufend für die Erhaltung seines Baudenkmales etwas „zuzuschießen", so auch OVG Saarbrücken 15. 6. 1994 BRS 56 Nr. 219. Diese Erhaltung kann ihm daher nicht mehr entschädigungslos zugemutet werden, wenn sie auch unter Berücksichtigung staatlicher und kommunaler Zuschüsse in einem anhaltenden Missverhältnis zum realisierbaren Nutzwert für ihn steht, vgl. BGH 8. 6. 1978 E 72, 211. Von privater Seite zugesagte Beträge sind dem Eigentümer dagegen nur dann kostenmindernd anzurechnen, wenn sie staatlich verbürgt worden sind. Mit der Erhaltung eines Baudenkmals verbundene konkret erzielbare steuerliche Vorteile müssen in der Wirtschaftlichkeitsrechnung ebenfalls als kostenmindernd berücksichtigt werden, so zurecht auch VGH Mannheim 11. 11. 1999

Inhalt des Denkmalschutzes

BBauBl. 2000, 85. Kosten, die ihren Grund in der Nichtbeachtung von Gesetzen haben, z.B. auf unterlassenen und zumutbaren Instandhaltungsmaßnahmen sind nicht zu Gunsten des Eigentümers zu berücksichtigen. Dieser Rechtslage entspricht die in § 177 Abs. 4 BauGB enthaltene Regelung, vgl. hierzu oben Rnr. 574ff. Die Denkmalschutzgesetze der Länder Nordrhein-Westfalen und Brandenburg enthalten daher ähnliche Bestimmungen. Ein Kosten-Nutzenvergleich ist aber nicht erforderlich, wenn nur über die Erhaltung einzelner Bauteile zu entscheiden ist.

Die Erfahrungen in der Praxis zeigen immer wieder, dass leerstehende ältere Gebäude in ihrem Bestand gefährdet sind. Die sinnvolle Erhaltung eines Baudenkmales erfordert daher i.d.R. eine angemessene, d.h. mit der Bausubstanz verträgliche Nutzung, soweit dies im Einzelfall möglich ist, vgl. zu der damit verbundenen Problematik oben Rnr. 247 und 566. Einige Denkmalschutzgesetze verpflichten daher die Eigentümer und Besitzer zur Nutzung der Kulturdenkmale. *876*

9.8.3 Genehmigungsvorbehalt

Die Bewertung einer baulichen Anlage als Kulturdenkmal führt dazu, dass die Vornahme von Veränderungen an ihr der Genehmigung der zuständigen Denkmalschutzbehörde bedarf. Der Genehmigungsvorbehalt beeinträchtigt nicht die privatnützigen Verwendungsmöglichkeiten des Baudenkmales sondern bewirkt lediglich eine vorläufige Sperrwirkung, vgl. BverwG 3.4.1984 DVBl. 1984, 638. Dem denkmalrechtlichen Genehmigungsvorbehalt unterliegen auch bauliche Veränderungen, die bauordnungsrechtlich nicht genehmigungs- oder anzeigepflichtig sind. Veränderungen i.S. des Denkmalrechtes sind alle baulichen Maßnahmen, die den bestehenden Zustand eines Denkmales wie insbesondere sein äußeres Erscheinungsbild beeinträchtigen, vgl. VGH Mannheim 23.7.1990 BRS 50 Nr. 135. Hierunter fallen auch notwendige Erhaltungsmaßnahmen. Nach BayObLG 9.8.1993 BRS 55 Nr. 131 ist auch die nach Ablauf von fünf Jahren mit der gleichen Farbe wiederholte Tünchung der Aussenfassade bei einem Baudenkmal genehmigungsbedürftig. Ein Denkmal kann auch ohne Eingriffe in die Bausubstanz durch Anbauten oder Verkleidungen, die den ursprünglichen Eindruck stören, beeinträchtigt werden, vgl. OVG Lüneburg 24.9.1993 BRS 55 Nr. 133. *877*

Die denkmalschutzrechtlichen Belange können z.T. auch im Rahmen der Erteilung der baurechtlichen Genehmigung geprüft und mitentschieden werden. Durch diese Konzentration der Verfahren wird ein zweifaches Genehmigungsverfahren vermieden. Gegenüber dem Eigentümer und Antragsteller ergeht der Bescheid des Bauaufsamtes, welches intern die Zustimmung oder das Einvernehmen der Denkmalschutzbehörde einholen muss, vgl. BGH 17.5.1984 BRS 42 Nr. 169. Ferner sind in dem Verfahren neben dem Denkmalschutz auch andere öffentliche Belange, wie z.B. die der städtebaulichen Planung, zu berücksichtigen, vgl. VGH Kassel 12.9.1995 BRS 57 Nr. 262. *878*

Der Denkmalschutz hat gegenüber diesen anderen öffentlichen Belangen wie etwa der geplanten Verbesserung der Verkehrsverhältnisse keinen allgemeinen *879*

Vorrang. Es ist auch nicht die Aufgabe der Denkmalschutzbehörde, die Zweckmäßigkeit der städtebaulichen Planung der Gemeinde zu überprüfen, so auch VGH Mannheim 10. 10. 1989 BRS 49 Nr. 144. Die hierzu in den Denkmalschutzgesetzen enthaltenen Bestimmungen sind von den Landesgesetzgebern unterschiedlich gestaltet worden. Bei der Entscheidung über die Zulässigkeit von Veränderungen muss die Denkmalschutzbehörde das öffentliche Interesse an der unveränderten Erhaltung des Kulturdenkmales gegen das Interesse des Eigentümers an der Vornahme der beantragten Veränderung abwägen. Maßgebend ist die zu erwartende Beeinträchtigung des denkmalpflegerischen Erhaltungsgrundes. Die Änderung darf nur untersagt werden soweit dieser Erhaltungsgrund mehr als geringfügig berührt wird, vgl. OVG Schleswig 21. 12. 1994 BRS 57 Nr. 269. Zum Teil werden auch Veränderungen in der Umgebung von Baudenkmälern der Genehmigungspflicht unterworfen. Diese Regelungen dienen der Sicherung der Erhaltung der Baudenkmäler und haben gleichsam die Rolle eines den beantragten Maßnahmen vorgeschalteten Filters. Einige Denkmalschutzgesetze unterwerfen auch Nutzungsänderungen ohne bauliche Veränderungen den Genehmigungsvorbehalt. Hierunter fällt bereits die Aufgabe der bisherigen Nutzung. Bauliche Veränderungen des Denkmales liegen zumeist im Interesse des Eigentümers. Sie sollen zumeist zu einer besseren Nutzung und Bewirtschaftung der baulichen Anlage führen.

880 Bei der Ausübung des Genehmigungsvorbehaltes darf die zuständige Denkmalschutzbehörde auch darauf hinwirken, dass ungeeignete Bauteile, wie z.B. denkmalwidrige Fenster oder Fassadenverkleidungen, durch denkmalgerechte Bauteile ausgewechselt werden. Es gibt keinen Bestandsschutz in Bezug auf denkmalwidrige Bauteile eines Baudenkmales, die zu ersetzen sind, vgl. OVG Lüneburg 14. 9. 1994 BauR 1995, 85. Die Genehmigung für den Einbau einer Dachgaube in ein Baudenkmal kann zu versagen sein wenn dessen Äußeres durch eine stadtbildprägende große, nicht wesentlich gegliederte Dachfläche bestimmt wird, vgl. OVG Schleswig BRS 57 Nr. 269. Der Einbau moderner Dachflächenfenster in das fensterlose Ziegeldach eines ostfriesischen Gulfhauses kann dessen Denkmalwert beeinträchtigen, vgl. OVG Lüneburg 24. 9. 1993 BRS 55 Nr. 133. Nichtgenehmigungsfähig kann auch das Anbringen einer Parabolantenne an einem Wohnhaus sein, das in einem Gemeindeteil liegt, der insgesamt unter Denkmalschutz steht, vgl. BverfG 21. 6. 1994 NJW-RR 1994, 1232. Entsprechendes gilt für den Einbau einer Sonaranlage mit Sonnenkollektoren in das Dach eines Gebäudes welches sich in einer Altstadt befindet, deren Ortsbild unter Denkmalschutz steht, vgl. VGH Mannheim 10. 10. 1988 BRS 48 Nr. 118. Ferner kann der Denkmalwert eines Gebäudes durch eine Markise beeinträchtigt werden, wenn dem Betrachter ein Gesamteindruck der Fassade verwehrt wird, so OVG Lüneburg 5. 9. 1985 BRS 44 Nr. 125.

881 Andererseits kann der Eigentümer zum Zwecke der sinnvollen Nutzung seiner baulichen Anlage ein Interesse an der Verwendung denkmalfremder Materialien haben. In diesem Fall sind die Interessen des Eigentümers an der Nutzung gegen die Interessen der Denkmalpflege an der uneingeschränkten Bewahrung des Kulturdenkmales abzuwägen. Eine Genehmigungsfähigkeit ist anzunehmen wenn im

Inhalt des Denkmalschutzes

Einzelfall die Ausführung der Baumaßnahmen das Erscheinungsbild des Kulturdenkmales nur geringfügig beeinträchtigt oder für seinen Denkmalwert keine besondere Bedeutung hat, vgl. OVG Münster 2.10.2002 BRS 65 Nr. 211. Nicht genehmigungsfähig ist dagegen die Verwendung denkmalfremder Materialien, die eine optische Störung der baulichen Anlage an einer Stelle hervorrufen, die ihren Denkmalwert begründet. In diesem Zusammenhang haben sich häufig gerichtsrelevante Auseinandersetzungen über die Frage entwickelt, ob an einem Baudenkmal Holzfenster durch moderne Kunststofffenster ersetzt werden dürfen. Maßgebend ist in diesen Fällen, welche Bedeutung die Gestaltung der Fenster für das jeweilige Baudenkmal hat. Fensteröffnungen sind allgemein ein wesentliches Element der Fassadengestaltung. Die Veränderung dieser Fensteröffnungen, etwa zum Einbau von Panoramafenstern, wird i.d.R. das Erscheinungsbild eines Baudenkmales erheblich beeinträchtigen, vgl. OVG Münster 23.4.1992 BRS 54 Nr. 118. Nach OVG Lüneburg a.a.O. führt der Einbau moderner Drehkippfenster leicht dazu, dass der Betrachter das Denkmal als solches überhaupt nicht erkennt. Anders verhält es sich bei dem Austausch von Fensterfüllungen. Hierbei handelt es sich um Teile des Gebäudes, die immer wieder ausgewechselt werden müssen. Die Art der Fenstergestaltung z.B. durch Unterteilung der Fenster oder in Form von Flügelfenstern kann jedoch für das Erscheinungsbild einer Fassade sehr wichtig sein. Die Ersetzung solcher Fenster durch einflügelige Fenster ohne Unterteilung kann daher die Harmonie der Fassadengestaltung stören und denkmalpflegerische Belange beeinträchtigen, vgl. VGH Mannheim 3?.7.1990 BRS 50 Nr. 135. Das gleiche gilt für die Ersetzung von zweiflügeligen Fensterläden durch Rolläden, vgl. OVG Lüneburg 25.7.1997 BRS 59 Nr. 233.

Hiervon sind Fälle zu unterscheiden, in denen Fenster zwar in der historischen Form, aber nicht aus Holz, sondern aus Kunststoff ersetzt werden sollen. Hiergegen wird man grundsätzlich keine Bedenken erheben können, wenn man davon ausgeht, dass die Kunststoffenster sich optisch von den Holzfenstern kaum unterscheiden lassen, aber in der Anschaffung geringere Kosten verursachen und in der Unterhaltung einen wesentlich geringeren Aufwand erfordern, vgl. OVG Münster 23.4.1992 BRS 54 Nr. 118, anderer Auffassung OVG Lüneburg 24.9.1993 BRS 55 Nr. 133 und 24.9.1993 BRS 55 Nr. 133 und 26.11.1992 BRS 54 Nr. 119, das auf Material- und Werkgerechtigkeit besteht. Die Verpflichtung zum Einbau „denkmalgerechter Fenster" wird auch nicht dadurch ausgeschlossen, dass bereits die zu ersetzenden Fenster diesen Anforderungen nicht entsprechen, so auch OVG Lüneburg 14.9.1994 BRS 56 Nr. 221. 882

Bei diesen imitierenden Kunststofffenstern gibt es zwei Varianten. Keine Bedenken bestehen gegen sogenannte Schwindelsprossen, in diesen Fällen werden Fensterunterteilungen auf die Scheibe aufgeklebt, weil hier der Unterschied zu echten Fensterunterteilungen optisch kaum wahrzunehmen ist, so auch OVG Münster 23.4.1992 BRS 54 Nr. 118 a.A. VGH Mannheim 23.7.1990 BRS 50 Nr. 135. Dies gilt auch entsprechend, wenn mehrflügelige durch äußerlich wenig zu unterscheidende einflügelige, in gleicher Form untergliederte Fenster ersetzt werden, vgl. 883

VGH München 30. 7. 1979 BRS 35 Nr. 135. Anders sind dagegen Fensterunterteilungen zu beurteilen, die zwischen die Isolierglasscheiben eingefügt sind und von Fachleuten als „Sprosse in Aspik" bezeichnet werden. Hier sind die einteiligen Glasscheiben schon bei oberflächlicher Betrachtung zu erkennen, weil die eingefügten Unterteilungen keinen Schatten zur Seite werfen.

9.8.4 Strafbarkeit

884   Die Denkmalschutzgesetze enthalten Vorschriften über die Strafbarkeit von Verstößen gegen denkmalschutzrechtliche Bestimmungen. Hierbei weichen die einzelnen Regelungen über die Höhe der Geldbußen voneinander stark ab. Während Hamburg eine Höchstgeldbuße von nur 20.000,– DM vorsieht, lässt Mecklenburg-Vorpommern eine Geldbuße bis zu 3.000.000,– DM zu. In Niedersachsen, Sachsen und Sachsen-Anhalt ist eine Freiheitsstrafe bis zu zwei Jahren zulässig. Diese Regelungen treten aber aufgrund von Art. 72 Abs. 1 und Art. 74 Nr. 1 Grundgesetz hinter der bundesrechtlichen Regelung des § 304 Strafgesetzbuch (StGB) in der Fassung vom 10. März 1987 (BGBl. I S. 945, ber. S. 1160) zurück, wenn der Tatbestand erfüllt ist. Nach dieser Bestimmung wird mit Freiheitsstrafe bis zu drei Jahren oder mit Geldstrafe bestraft, wer rechtswidrig öffentliche Denkmäler beschädigt oder zerstört. Nach § 304 Abs. 2 StGB ist der Versuch strafbar. Denkmäler sind öffentlich, wenn sie sich an einem öffentlichen Ort befinden und daher unmittelbar zugänglich sind.

9.8.5 Auskunfts- und Anzeigepflicht

885   Zum Schutz der Denkmäler enthalten die Gesetze der Länder Verpflichtungen der Eigentümer und Besitzer zur Erteilung von Auskünften sowie zur Anzeige bestimmter Tatsachen. Diese Auskunftspflicht besteht gegenüber der zuständigen Denkmalschutzbehörde. Inhaltlich sind nach den gesetzlichen Regelungen die Auskünfte zu erteilen, die für die Aufgaben des Denkmalschutzes, z.T. auch der Denkmalpflege erforderlich sind. Über die Auskunftspflicht hinaus räumen die Denkmalschutzgesetze den Beauftragten der zuständigen Behörden auch das Recht ein, zur Erfüllung ihrer Aufgaben Grundstücke und Wohnungen gegen den Willen der Eigentümer und Besitzer zu betreten. Das Grundrecht des Artikels 13 Grundgesetz auf Unverletzbarkeit der Wohnung wird insoweit gesetzlich eingeschränkt.

Die meisten Denkmalschutzgesetze enthalten ferner eine Verpflichtung der Eigentümer und Besitzer zur Anzeige von Schäden und Mängeln, die an dem Denkmal auftreten. Zumeist ist aber auch die Veräußerung eines Denkmales anzuzeigen. Hierbei kann diese Anzeigepflicht sowohl für den Veräußerer als auch für den Erwerber bestehen. Ein Genehmigungsvorbehalt für die Veräußerung eines Kulturdenkmales besteht jedoch nicht. Einige Denkmalschutzgesetze bringen zum Ausdruck, dass diese Anzeigepflicht der Ausübung des Vorkaufsrechtes in Bezug auf das geschützte Kulturdenkmal dient.

Erhaltung und Wiederherstellung

9.8.6 Vorkaufsrecht und Enteignung

Es gibt Fälle, in denen die Erhaltung des geschützten Denkmales einen Eigentumswechsel voraussetzt z.B. wenn ein Eigentümer aus persönlichen Gründen nicht geeignet oder in der Lage ist, ein Baudenkmal wirtschaftlich zu nutzen und zu erhalten. Ferner ist an Fallgestaltungen zu denken, in denen ein Baudenkmal aufgrund seiner Beschaffenheit ausschließlich für eine öffentliche und nicht für eine private Nutzung in Frage kommt, vgl. hierzu oben Rnr. 247. Die Denkmalschutzgesetze, außer dem des Freistaates Bayern, enthalten daher ein Vorkaufsrecht zu Gunsten der Gemeinde, z.T. auch bei unbeweglichen Denkmälern mit überörtlicher Bedeutung zu Gunsten des Landes. In diesen Fällen hat das letztere Vorkaufsrecht den Vorrang. *886*

Alle Denkmalschutzgesetze lassen die Enteignung eines Denkmales zum Zwecke seiner Erhaltung zu. Die Enteignung als weitestgehender Eingriff in die Rechte des Eigentümers ist nur zulässig, wenn es keine andere Möglichkeit zur Erhaltung des Denkmales gibt. Sie hat daher in der Praxis geringe Bedeutung. Die Enteignung kann zu Gunsten der Gemeinde, des Landkreises oder des Landes, z.T. aber auch zu Gunsten einer öffentlich-rechtlichen Einrichtung erfolgen. Brandenburg, Mecklenburg-Vorpommern und Nordrhein-Westfalen lassen auch die Enteignung eines Kulturdenkmales zu, um es der Allgemeinheit zugänglich zu machen, sofern ein öffentliches Interesse hieran besteht. *887*

9.9 Erhaltung und Wiederherstellung

9.9.1 Allgemeines

Aufgabe der Denkmalpflege ist die Bewahrung der ursprünglichen baulichen Anlage als ein Dokument aus vergangener Zeit. Soweit die Erhaltung eines Baudenkmales gefährdet ist, sind aufgrund einer genauen Bestandsaufnahme, vgl. oben Rdn. 564, die erforderlichen Maßnahmen zu seiner Rettung zu planen. Beides setzt in hohem Maße eine besondere Sachkunde und Erfahrung im Umgang mit alter Bausubstanz voraus. Die unveränderte Erhaltung eines Baudenkmales in seinem ursprünglichen Zustand ist jedoch oftmals nur in Grenzen möglich. Vielfach kann z.B. der witterungsbedingte Verfall der Originalsubstanz nur durch Verwendung neuester Bautechnik aufgehoben werden. So erleidet der berühmte Sphinx von Gizeh seit Jahrhunderten Verluste an seiner Bausubstanz, die bis in die jüngste Zeit immer wieder ergänzt werden mussten. Darüberhinaus kann oftmals der Verfall eines Baudenkmales nur durch den Austausch von Bauteilen verhindert werden. Auch können statische Probleme den Einsatz zeitgenössischer Bautechnik erfordern. Soweit die Tragfähigkeit eines Baudenkmales beeinträchtigt ist, müssen entweder Originlbauteile ersetzt oder zusätzliche Sicherungsmaßnahmen getroffen werden, die sein Erscheinungsbild beeinträchtigen können. Einschränkungen hinsichtlich der Erhaltung des ursprünglichen können sich auch infolge der heutigen Nutzung des Baudenkmales ergeben. Veränderte Lebensgewohnheiten können *888* bauliche Änderungen erfordern, wie z.B. der Einbau von Heizungsanlagen in alte Kirchen.

Häufig ist der ursprüngliche Zustand eines Baudenkmales in der Vergangenheit durch Veränderungen und Ergänzungen nachträglich überformt worden. Diese Änderungen können wiederum ihrerseits von Bedeutung für die Denkmalpflege sein. Das Münster in Aachen, die gegen Ende des 8. Jahrhunderts vollendete romanische Pfalzkapelle Karls des Großen sieht heute anders aus als zu seinen Lebzeiten. Aber kein Denkmalpfleger wird den dort um 1400 angebauten gotischen Hochchor in Frage stellen. In der städtebaulichen Sanierungspraxis ergeben häufig die Bestandsaufnahmen von alten Gebäuden denkmalpflegerisch bedeutsame Überformungen, die die Erhaltung des Originalzustandes in Frage stellen. Das ist z.B. der Fall wenn sich hinter der kunsthistorisch wertvollen klassizistischen Fassade eines Hauses ein zwar älterer Fachwerkbau befindet, der aber von geringerer Bedeutung ist. Denkmalpflegerische Entscheidungen setzen daher vielfältige Bewertungen und Abwägungen voraus, die im Einzelfall auch den Bereich des Politischen berühren können. Der originalgetreue Wiederaufbau von nicht mehr vorhandenen Baudenkmalen ist in der Denkmalpflege ein strittiges Problem. Sie wird dort als Rekonstruktion bezeichnet. Rekonstruktion bedeutet den Wiederaufbau eines Baudenkmales an seinem alten Standort im Gegensatz zur sogenannten Translozierung, d.h. der Versetzung eines Baudenkmales an einen neuen Standort. Eine besondere Form der Rekonstruktion ist die Anastylose, d.h. die neue Zusammenfügung aus dem Zusammenhang gelöster Bauteile. Die Rekonstruktion ist begrifflich von der Instandsetzung zu unterscheiden, welche voraussetzt, dass noch erhaltungsfähige Teile der baulichen Anlage vorhanden sind. Die Frage des Wiederaufbaues nicht mehr vorhandener Baudenkmäler stellt sich in der Praxis der städtebaulichen Sanierung mit dem Ziel der Altstadterhaltung, insbesondere bei der Schließung von Baulücken innerhalb geschlossener Bereiche mit hochwertiger Architektur.

889   Der Gedanke des Wiederaufbaues zerstörter oder weitgehend zerstörter Baudenkmäler hat aktuelle Bedeutung gewonnen durch Bemühungen, Planungen und Diskussionen um den Wiederaufbau so berühmter Gebäude wie der Dresdener Frauenkirche, des Berliner Stadtschlosses oder der Potsdamer Garnisonskirche. Zu nennen ist hier auch die 1945 durch Bomben beschädigte und in der Nachkriegszeit zerfallende Georgenkirche in Wismar, deren Rekonstruktion von der Deutschen Stiftung Denkmalschutz mitfinanziert wird. Die nach dem Krieg in Hildesheim rekonstruierte Michaeliskirche und der dort wieder aufgebaute Dom gehören heute zu dem von der UNESCO aufgelisteten Weltkulturerbe. Bei der Wiederherstellung von Baudenkmalen handelt es sich kunstgeschichtlich um keine ungewöhnlichen Baumaßnahmen. Viele und altvertraute wichtige Gebäude sind das Ergebnis von Rekonstruktionen, wie z.B. der Campanile von San Marco in Venedig, der Hamburger Michel, die romanischen Kirchen in Köln, der Dresdener Zwinger und die Semper Oper usw. Die Liste der durchgeführten Rekonstruktionen ist nahezu unbegrenzt. Als besondere Baumaßnahme dieser Art ist der Wiederaufbau der im

Erhaltung und Wiederherstellung

Jahre 385 durch den Kaiser Constantin in Trier errichteten Palastaula zu nennen. Sie wurde im 17. Jahrhundert anlässlich des Baues des kurfürstlichen Schlosses bis auf in diesen Neubau einbezogene Reste abgebrochen. Im 19. Jahrhundert ließ dagegen der preußische König Friedrich Wilhelm IV. die antike Palastaula unter Inkaufnahme eines Teilabbruches des Rokokoschlosses wieder aufbauen.

Daneben sind flächenhafte städtebauliche Rekonstruktionen zu verzeichnen, die sich i.d.R. auf die originalgetreue Wiederherstellung der äußeren Gebäudeform beschränkten. In Belgien wurde die kriegszerstörte Altstadt von Ypern nach dem I. Weltkrieg wieder aufgebaut. Polnische Denkmalpfleger haben nach dem II. Weltkrieg in großem Maßstab ganze Altstadtbereiche wie in Warschau, Breslau und Danzig rekonstruiert. In Deutschland hat die in zwei Etappen durchgeführte Rekonstruktion des Frankfurter Römerberges besondere Bedeutung erlangt. Besonders umstritten war in der ersten Nachkriegszeit der Wiederaufbau des Goethehauses, d.h. des Hauses, in dem Goethe in Frankfurt am Main seine Jugendzeit verbrachte. Die Befürworter sahen in dem Vorhaben die Wiedergewinnung eines nationalen Symboles. Die Gegner sprachen von einer Geschichtslüge. Architekten und Kunsthistoriker wandten sich überwiegend gegen den Wiederaufbau. Hingegen waren die Schriftsteller überwiegend für die Durchführung der Baumaßnahme. Heute dürfte der Denkmalwert des Goethehauses nicht mehr in Frage stehen. *890*

9.9.2 Wiederherstellung im Denkmalschutzrecht

Auch eine wieder aufgebaute bauliche Anlage kann ein Baudenkmal sein. Dies ergibt sich eindeutig aus dem Inhalt der Denkmalschutzgesetze, vgl. OVG Berlin 10.5.1985 NVwZ 1986, 239 und OVG Münster 5.3.1992 BRS 54 Nr. 123; kritisch dagegen zur Denkmaleigenschaft von Rekonstruktionen VGH München 8.5.1989 BRS 49 Nr. 147. Die meisten Denkmalschutzgesetze gehen grundsätzlich von der Wiederherstellbarkeit von Baudenkmälern aus. Danach kann die zuständige Behörde z.B. unter bestimmten Voraussetzungen neben der Instandsetzung des Kulturdenkmales auch die Wiederherstellung des ursprünglichen Zustandes verlangen. In mehreren Ländern unterliegt die Wiederherstellung eines Baudenkmales dem Genehmigungsvorbehalt der zuständigen Denkmalschutzbehörde. Die Denkmalschutzgesetze von einigen Ländern enthalten eine Regelung, wonach die Denkmalschutzbehörde der Beseitigung eines Baudenkmales unter der Maßgabe seines Wiederaufbaues an anderer Stelle zustimmen kann. *891*

9.9.3 Gegenargumente

Gegen Überlegungen in Richtung Wiederaufbau eines Baudenkmales werden in Deutschland vielfach Bedenken von Architekten und Kunsthistorikern erhoben. Diese Kritik wird mit der Forderung begründet, unsere Zeit müsse sich in ihrer eigenen Formensprache ausdrücken. Auch die zeitgenössische Architektur solle ihre Chance haben. „Wer rekonstruiert, begeht ein Plagiat an der Vergangenheit und belügt die Zukunft, spricht der Gegenwart die Existenz ab und beraubt sie ihrer monumentalen Urkunden." behauptete Semper im Rahmen der Diskussion um den *892*

Wiederaufbau Hamburgs nach dem großen Brande im 19. Jahrhundert. Baudenkmäler „sterben nicht immer an Altersschwäche", sondern werden auch durch äußere Einwirkungen wie Brände oder Kriegseinwirkungen zerstört. In dieser Situation kann die Zerstörung des Baudenkmales von der Bevölkerung gleichsam als ein zu beseitigendes Unrecht angesehen werden.

893 Wegen der kritischen Bewertung der politischen Vergangenheit und um einen architektonischen Trennungsstrich zu ihr zu ziehen, hat man sich in der Nachkriegszeit zum Teil auch darauf beschränkt, nur die räumliche Kubatur des früheren Baudenkmals ohne seine historischen Fassaden und die frühere Dachgestaltung wieder aufzubauen. Hier ist das Kieler Stadtschloss zu nennen, das aber von der Bevölkerung nicht mehr als solches empfunden wird. Auch die Stadt Münster hat sich beim Wiederaufbau der mehrgeschossigen Giebelhäuser auf Arkadengängen am Prinzipalmarkt nach langen Auseinandersetzungen für eine vermittelnde Lösung entschieden. Beim Wiederaufbau der einzelnen Häuser wurde auf bestimmte Fassadenelemente verzichtet. Der Wiederaufbau wurde im Rahmen des geltenden Ortsstatutes (Gestaltungssatzung) durchgeführt. Die Beachtung der früheren Maßstäblichkeit und die Verwendung hergebrachter Baumaterialien hat dazu beigetragen, dass die einstige Atmosphäre des Prinzipalmarktes in Münster bewahrt werden konnte. Das Ende des 16. Jahrhunderts im Schwarzwald gebaute Freudenstadt wurde in den letzten Tagen des II. Weltkrieges zerstört. Die hiervon betroffenen Grundeigentümer kämpften Jahre lang für den Wiederaufbau ihrer Häuser gegen den Widerstand der Denkmalpflege und anderer Behörden. 1954 entstand dann eine kritische städtebauliche Rekonstruktion der Stadt. Unter Beachtung des vormaligen Grundrisses wurden anstelle der früheren zweigeschossigen Giebelhäuser dreigeschossige Traufenhäuser gebaut. Hierdurch hat Freudenstadt ein neues Stadtbild erhalten. In Neubrandenburg in Mecklenburg gelang es in den fünfziger Jahren infolge der Verlegung der Fluchtlinien nur begrenzt den alten Stadtgrundriss wieder herzustellen.

9.9.4 Haltung der Denkmalpflege

894 Geht man davon aus, dass es sich bei Baudenkmälern nach der stofflichen Substanz um alte Sachen handelt, kann die Beurteilung ihres Wiederaufbaues keine Angelegenheit der Denkmalpflege sein. Dennoch hat sich die Denkmalpflege mit diesem Thema seit langem auseinandergesetzt. So kam es um die Jahrhundertwende zu einem Streit um den Wiederaufbau des Otto-Heinrich-Baues des Heidelberger Schlosses, bei dem die „Ruinenfreunde" unter den Denkmalpflegern siegten. Hingegen wurde die Marienburg in West-Preußen wieder aufgebaut. Gegen schöpferische Maßnahmen der seinerzeitigen Denkmalpflege wandte sich insbesondere der Kunsthistoriker Georg Dehio mit dem Schlagwort „Konservieren, nicht restaurieren". In der 1964 in Venedig beschlossenen „Internationalen Charta über die Erhaltung und Restauration von Denkmälern und Denkmalgebieten" heißt es in Art. 15: „Jede Rekonstruktion ist von vornherein auszuschließen. Allein die Anastylose, d.h. der Wiederaufbau vorhandener, aber aus dem Zusammenhang gelös-

ter Teile, kann in Betracht gezogen werden. Dabei müssen die für eine Integrierung erforderlichen Elemente stets erkennbar bleiben; sie sind auf das Minimum zu beschränken, das zur Konservierung des Bauwerks und für den Zusammenhang seiner Formen nötig ist." Diese Auffassung geht von der besonderen Bedeutung des Originals in seiner Einzigartigkeit aus. Insbesondere für den Kunsthistoriker bedeutet ein Kulturdenkmal gleichsam eine Quelle, die er durch Untersuchungen „befragen" kann. Zuweilen besteht auch eine emotionale Beziehung zu dem stofflichen Original als einem „Quasizeitzeugen". Es wird die Ansicht vertreten, die Rekonstruktion eines Baudenkmales sei zwar zulässig, aber nur innerhalb eines begrenzten Zeitraumes, über dessen Ausdehnung allerdings keine Einigkeit besteht. Während die eine Auffassung die Wiederherstellung nur unmittelbar im Anschluss an die Zerstörung des Bauwerkes für vertretbar hält, will die andere Auffassung den Wiederaufbau zulassen, solange noch Personen leben, die sich an das frühere Vorhandensein des Baudenkmales erinnern können.

9.9.5 Argumente

Die Forderung, Kunst müsse der Ausdruck ihrer Zeit sein, und sich deswegen von der Kunst vorangegangener Zeiten unterscheiden, ist nicht immer erhoben worden, sondern ein Kind unserer heutigen Zeit. Für Byzanz, das alte Ägypten und das alte China galt dies Postulat nicht. Diese Kulturen hatten nicht die Vorstellung einer in Stufen verlaufenden geschichtlichen Entwicklung, die sich gleichsam ständig relativierend vorausschreitet und dies durch jeweils neue Baustile darzustellen hat. Letztlich handelt es sich bei der Auffassung von Dehio und seinen Nachfolgern um kein Naturgesetz, sondern nur um eine möglicherweise vorherrschende Meinung, von der daher in begründeten Fällen abgewichen werden kann. Darüber hinaus kennt die Kunstgeschichte Rückgriffe auf die Vergangenheit. Renaissance, Barock und Klassizismus sind baugeschichtliche Wiederbelebungen antiker Bautraditionen. Umgekehrt wurde der Bau des gotischen Kölner Domes im 16. Jahrhundert unterbrochen und im 19. Jahrhundert wieder aufgenommen und entsprechend den alten Plänen vollendet. Er wird heute als Kulturdenkmal in der UNESCO-Liste des Welterbes geführt. Da Friedrich der Große Probleme im Umgang mit berühmten Baumeistern seiner Zeit hatte, legte er seinen Planungen z.T. fremde Vorlagen zugrunde. So wurde das Berliner Tor in Potsdam aufgrund der Zeichnung eines römischen Tores aus der Zeit des römischen Kaisers Nero gestaltet. Vorlage für Friedrichs Bibliothek, die sogenannte Bücherkommode des Alten Fritz, wurde ein etwa 80 Jahre alter Entwurf des barocken Baumeisters Fischer von Erbach für eine Bibliothek in Wien, die dort erst Ende des 19. Jahrhunderts gebaut worden ist.

Ein Kulturdenkmal als Original hängt von der Beständigkeit seiner stofflichen Substanz ab. Diese kann jedoch sehr unterschiedlich sein. Bei historischen Gärten, die auch unter Denkmalschutz stehen können, ist ein Original bezogen auf die Substanz nicht möglich. Hier gilt der Denkmalschutz der immer wieder neu hergestellten Planidee, dem Entwurf des Gartenbaukünstlers. In Japan werden Tempel, die

Denkmalschutz und Denkmalpflege

vor mehreren hundert Jahren aus Holz gebaut worden sind, alle zwanzig Jahre abgebaut und unter Verwendung neuen Baumaterials neu errichtet. Auch bei uns enthalten viele bauliche Anlagen Teile, die der permanenten Erneuerung bedürfen, wie Fenster, Anstrich und Dachziegel. Hier findet zumeist unter Mitwirkung der Denkmalpflege eine schleichende Rekonstruktion statt. Beim Bau der Kölner Domes sind verschiedene Steinsorten mit unterschiedlichen Verwitterungszeiten verwendet worden. Die Erneuerung der bereits zerfallenden Substanz wird mit dauerhafterem Material durchgeführt, um den Dom auch für die Zukunft als Baudenkmal zu erhalten.

897   Auf Dauer verfällt letztlich jedes Baudenkmal oder verwandelt sich im Laufe der Jahrhunderte in eine Rekonstruktion. In der Praxis ist der Unterschied zwischen Rekonstruktion und Instandsetzung nicht so eindeutig, sondern nur graduell. Viele unserer bedeutenden Baudenkmäler, z.B. Großkirchen wie der Dom in Lübeck, der Dom in Hildesheim, St. Michaelis in Hildesheim, das Residenz- und Nationaltheater in München oder der Kernbereich des Schlosses Charlottenburg in Berlin, sind im II. Weltkrieg soweit zerstört worden, dass nach der Instandsetzung die originalen Teile nicht mehr überwiegen. Bei vielen dieser Nachkriegsinstandsetzungen, insbesondere bei den Kirchen, stellt sich die Frage, ob der Originalzustand oder der Zustand vor der Zerstörung wiederhergestellt werden soll. Der Dom St. Peter in Trier ist die älteste Kirche in Deutschland. Mit dem Bau ihres ältesten Kernes, einer Doppelkirchenanlage, wurde bereits im Jahre 326 begonnen. In späteren Jahrhunderten wurde diese Anlage erweitert, umgebaut und purifiziert. Insoweit ist das Original kein eindeutiger Begriff. Vielfach wird daher von Kunsthistorikern die Forderung erhoben, wenn schon rekonstruiert werde, dürfe nur der geschichtlich entstandene Zustand, d.h. der Zustand unmittelbar vor der Zerstörung des Denkmales, wiederhergestellt werden. Aus heutiger Sicht kann aber im Einzelfall gerade ein anderer früherer Zustand künstlerisch bedeutender und kulturell wichtiger sein. Aus diesem Grunde haben die polnischen Denkmalpfleger bei der Rekonstruktion der Altstädte von Danzig, Breslau und Warschau auf die Wiederherstellung von Bauteilen verzichtet, die im 19. Jahrhundert den Gebäuden hinzugefügt worden waren. In Warschau orientierte man sich hierbei an den Vedutenmalereien von Bernardo Bellotto, genannt Canaletto, der im 18. Jahrhundert lebte. Soweit hierbei früher nicht vorhandenen Idealvorstellungen bei den Baumaßnahmen zu Grunde gelegt wurden, hat man allerdings die Grenze zwischen Denkmalpflege und Neubau überschritten.

898   Wenn man Baudenkmäler als Monumente geschichtlicher Ereignisse ansieht, können diese sich auch als Brände oder Kriegsereignisse gerade in der Zerstörung der baulichen Anlage widerspiegeln. Insoweit kann eine zerstörte bauliche Anlage als Ruine einen Denkmalwert haben. Auch Ruinen können aus diesem und aus anderen Gründen wieder aufgebaut werden. Jedes Jahr besuchen in Athen Tausende von geschichtlich und kunstgeschichtlich interessierten Touristen die Akropolis und bewundern dort den Parthenon, die Propyläen (das Vorbild für das Brandenburger Tor) das Erechtheion mit der Korenhalle und den kleinen Niketempel in der

Erhaltung und Wiederherstellung

Pracht ihres Marmors. Bis zum Beginn des 19. Jahrhunderts präsentierte sich die Akropolis jedoch ganz anders.

Dort befand sich eine dicht besiedelte Altstadtstruktur mit engen Gassen. Parthenon und Erechtheion waren zu Moscheen umgebaut worden, der Niketempel war nicht mehr vorhanden. Die Propyläen hatten nach einem Umbau die Gestalt eines Palastes angenommen. Nach dem Abzug der Türken haben deutsche Denkmalpfleger diese Gestaltung der Akropolis, die das Ergebnis einer langjährigen baulichen Entwicklung war, beseitigt, um den heutigen Zustand herzustellen. Dieser spiegelt die noch von Winckelmann geprägte Vorstellung des 19. Jahrhunderts von der Klassik in der griechischen Antike wieder. Es handelt sich aber insoweit um kein Original, als die Gebäude seinerzeit nicht als Ruinen geplant und gestaltet worden sind. Auch wissen wir heute, dass Winckelmanns Bild von der weißen, erhabenen antiken Baukultur insoweit nicht stimmt, weil seinerzeit derartige Gebäude farbig angemalt waren. Die heutige Akropolis entspricht also keinem geschichtlichen Zustand, dennoch wird man ihre Bedeutung als Denkmal nicht in Frage stellen. *899*

Geht man davon aus, dass nur ein Original als Monument Gegenstand wissenschaftlicher Untersuchungen sein kann, so scheidet eine Rekonstruktion aus wissenschaftlichen Gründen aus. Denkmalschutz und Denkmalpflege dienen jedoch nicht ausschließlich wissenschaftlichen Zwecken. Baudenkmäler stehen nicht nur als Quellen kunsthistorischer Forschung unter Denkmalschutz. Eine derartig enge Betrachtungsweise steht nicht in Einklang mit den Absichten der Gesetzgeber. Die Gesetze beziehen ihren Schutz auch auf Sachen von geschichtlicher, künstlerischer oder städtebaulicher Bedeutung. Diese Aufgabe können aber auch Abbilder anstelle zerstörter Originale übernehmen. Auch eine Rekonstruktion kann Geschichte anschaulich machen. Das Brandenburger Tor kann als Quelle der Forschung nur eine begrenzte Bedeutung haben. Hier überwiegt die geschichtlich-symbolische Bedeutung. *900*

Maßgebend für die künstlerische Bedeutung einer Sache ist die Qualität des Gestaltungsgedankens oder Entwurfes, der in der Substanz verwirklicht worden ist. Letztlich ergibt sich die Originalität eines Baudenkmales überwiegend aus der Qualität des Entwurfes, der seinen materiellen Ausdruck bereits in einer Zeichnung oder einem Modell findet, und weniger aus der handwerklich-technischen Ausführung. Auch liegen Entwurfsanfertigung und Entwurfsausführung i.d.R. nicht in einer Hand. Die Baumeister unserer gotischen Kirchen haben die Ausführung ihrer Entwürfe nicht erlebt, weil für diese Baumaßnahmen die Lebenszeit eines Menschen nicht ausreichte. Diese Originalität eines Bauentwurfes kann auch durch eine Rekonstruktion wieder allgemein wahrnehmbar gemacht werden. Diese bezeugt eine erhaltenswerte künstlerische Form aus vergangener Zeit. Für die städtebauliche Bedeutung einer baulichen Anlage ist vor allem ihre ästhetische Qualität bezogen auf ihr Umfeld entscheidend. Es kommt darauf an, inwieweit sie einen positiven Beitrag zur Stadtgestalt leistet. Dies kann eine Rekonstruktion genausogut wie das nicht mehr vorhandene Original bewirken. Aus städtebaulichen Gründen kann z.B. immer dann der Wiederaufbau sinnvoll sein, wenn das verlorene Original ein wich- *901* tiger Bestandteil eines noch vorhandenen und erhaltenswerten Ensembles oder wegen seiner prägenden Bedeutung für das Ortsbild von großer Bedeutung im positiven Sinne war. In diesen Fällen wird immer zu prüfen sein, ob ein Neubau nach aller Voraussicht die gleiche Bedeutung erlangen kann wie der nicht mehr vorhandene Altbau. Hier ist der Wiederaufbau der früheren Häuser auf der Ostseite des Römerberges in Frankfurt am Main zu Beginn der achtziger Jahre zu nennen, die an adäquate postmoderne Bauten angrenzen, die aber den Gestaltungswert des Ensembles deutlich nicht tragen.

902 Eine umfangreiche Rekonstruktion hat die Stadt Hildesheim im vergangenen Jahrzehnt aus städtebaulichen Gründen durchgeführt. In der dortigen Altstadt befand sich ein geschlossener Marktplatz, an dem das „Knochenhaueramtshaus" stand, dem man nachsagte, es sei das schönste Fachwerkhaus in Deutschland. Ein schwerer Bombenangriff am 22.3.1945 hat das den Marktplatz eingrenzende Gebäudeensemble weitgehend zerstört. Der Stadtbaurat bezeichnete 1947 in einer Fachzeitschrift den Verlust des historischen Gesichtes der alten Fachwerkstadt als Wohltat. Maßgebender Gedanke für den Wiederaufbau dieses Bereiches war in der Nachkriegszeit das Ziel, den Marktplatz zu vergrößern. Zugleich gab es in der Bevölkerung starke Bestrebungen, das Knochenhaueramtshaus wieder aufzubauen. Hiervon rieten zahlreiche renommierte Fachleute ab. Nach heftigen kommunalpolitischen Auseinandersetzungen stimmte im Rahmen einer Bürgerbefragung in der Nachkriegszeit, an der sich 71 % der Stimmberechtigten beteiligten, eine Mehrheit für den großen Marktplatz. Hierbei ging man davon aus, dass der vergrößerte Marktplatz den Wiederaufbau des Knochenhaueramtshauses weniger wahrscheinlich machte. Maßgebend für das Zustandekommen des neuen, größeren Marktplatzes war die Aussparung der Nordseite des alten Marktplatzes beim Wiederaufbau. An der Westseite des alten Marktplatzes, dem alten Standort des ehemaligen Knochenhaueramtshauses, wurde ein Hotel errichtet. Der neue Marktplatz war das Ergebnis von Plangutachten und Wettbewerben. Er entsprach den gestalterischen Leitgedanken der 60er Jahre. Eindeutig vorherrschendes Gestaltelement war das Rechteck.

903 Im Bewusstsein der Bevölkerung blieb der alte Marktplatz mit dem Knochenhaueramtshaus in Erinnerung. Für diesen Wiederaufbau wurden im großen Umfange private Spenden gesammelt. 1983 beschloss der Rat der Stadt Hildesheim, den Marktplatz auf seine ursprünglichen Abmessungen zurückzuführen. Im Rahmen einer städtebaulichen Sanierungsmaßnahme nach dem Städtebauförderungsgesetz wurden die Bauten der 60er Jahre beseitigt und die dort früher vorhandenen Gebäude wiederhergestellt. Hildesheim hat seinen alten Marktplatz und damit einen Teil seines stadtgeschichtlichen Gesichtes zurückerhalten.

10. Baugestaltungsrecht

10.1 Städtebaurecht und Baugestaltungsrecht

Für die gestalterische, d. h. die ästhetische Seite der Planung und Durchführung städtebaulicher Sanierungs- und Entwicklungsmaßnahmen hat das in den Landesbauordnungen der Länder enthaltene Baugestaltungsrecht eine besondere Bedeutung: Allerdings berücksichtigt auch das Baugesetzbuch des Bundes im ersten Kapitel, dem Allgemeinen Städtebaurecht, durchaus gestalterische Belange. Einige Vorschriften, wie § 1 Abs. 6 Nr. 5, § 34 Abs. 1 Satz 2 und § 35 Abs. 3 BauGB nehmen ausdrücklich auf das Ortsbild Bezug. § 35 Abs. 3 Satz 1 Nr. 5 BauGB soll der Verunstaltung des Orts- und Landschaftsbildes entgegenwirken. In § 35 Abs. 4 Satz 1 Nr. 4 BauGB ist die Rede von erhaltenswerten, das Bild der Kulturlandschaft prägenden Gebäuden und der Erhaltung des Gestaltwertes. Diese Regelungen sind grundsätzlich nur soweit rechtlich von Bedeutung, als sie bodenrechtliche Relevanz haben. Die bodenrechtliche Ortsbildgestaltung durch die Bauleitplanung der Gemeinde reicht soweit wie der abschließende Festsetzungskatalog des § 9 Abs. 1 BauGB. Was darüber hinausreicht unterliegt dem Landesbauordnungsrecht, vgl. BVerwG 10. 7. 1997 BBauBl. 1998, 72. Das Bundesverfassungsgericht hat in einem rechtsverbindlichen Gutachten festgestellt, dass die konkurrierende Gesetzgebungsbefugnis des Bundes für das Bodenrecht aus Art. 74 Nr. 18 Grundgesetz nicht das Bauordnungsrecht, welches sich auch auf Anforderungen an die Gestaltung der einzelnen baulichen Anlage bezieht, mit einschließt, vgl. BVerfG 16. 6. 1954 E 3, 407.

904

Außerhalb des städtebaulichen Denkmalschutzes gilt das Baurecht des Bundes daher auch im Bereich des Ortsbildschutzes grundsätzlich nur für rechtliche Vorgaben der Gemeinde, die im Rahmen von § 9 Abs. 1 BauGB in einem Bebauungsplan festsetzungsfähig sind, vgl. BVerwG 11. 5. 2000 NVwZ 2000, 1169. Dieser wichtige Rechtsgrundsatz schränkt z. B. die in § 34 Abs. 1 Satz 2 Halbsatz 2 BauGB enthaltene Bestimmung, wonach Vorhaben innerhalb im Zusammenhang bebauter Ortsteile das Ortsbild nicht beeinträchtigen dürfen, in ihrer praktischen Bedeutung ein. Diese Nichtbeeinträchtigungsbestimmung ist 1976 in das Gesetz eingefügt worden, vor allem um Vorhaben verhindern zu können, welche die das Ortsbild bestimmende und prägende Bauweise stören würden. Diese Regelung sollte auch dem Gedanken des verstärkten Schutzes historischer Altstädte Rechnung tragen, vgl. BT-Drs. 7/4793.

905

Das Bodenrecht des Bundes erfasst aber auch bei der Anwendung des § 34 BauGB als planersetzende Regelung nur solche Vorgaben, die nach § 9 Abs. 1 BauGB festsetzungsfähig sind, wobei das Recht zur Festsetzung der Art der baulichen Nutzung und seine Berechnung sowie die Bauweise einschließlich der über-

906

Baugestaltungsrecht

baubaren und nicht überbaubaren Grundstücksflächen durch die Baunutzungsverordnung konkretisiert werden, vgl. VGH München 12. 11. 1987 BayVBl. 1989, 413. Da § 16 Abs. 2 Nr. 4 BauNVO zur Bestimmung des Maßes der baulichen Nutzung auch die Festsetzung der Höhe baulicher Anlagen zulässt, kann bei der Anwendung des § 34 Abs. 1 Satz 1 BauGB ein Vorhaben auch abgelehnt werden, wenn es sich der Höhe nach nicht in der Eigenart der näheren Umgebung einfügt, so auch BVerwG 20. 9. 1989 BRS 49 Nr. 87. Maßgebend ist, was den von dem Vorhaben zu beachtenden Rahmen der näheren Umgebung prägt und was als Fremdkörper außer Acht gelassen werden muss.

907 § 34 Abs. 1 Satz 2 Halbsatz 2 BauGB dient dem Schutz des Ortsbildes vor Beeinträchtigungen. Mit Ortsbild ist hier nicht wie beim Einfügungsgebiet des § 34 Abs. 1 Satz 1 BauGB die nähere Umgebung des Baugrundstückes sondern ein in räumlicher Sicht größerer Bereich gemeint, so auch BVerwG 11. 5. 2000 NVwZ 2000, 1169. Unter Ortsbild ist die Ansicht des Ortes von außen und innen zu verstehen. Das Ortsbild umfasst daher auch besonders gestaltete Straßenzüge und Plätze, so auch OVG Schleswig 21. 4. 1994 Die Gemeinde SH 1995, 372. Das zu schützende Ortsbild muss eine gewisse Wertigkeit für die Allgemeinheit haben, die es rechtfertigt, die Gestaltungsvorstellungen des betroffenen Eigentümers einzuschränken. Voraussetzung ist ein besonderer Charakter, d.h. eine Eigenheit des Ortsbildes, die zum Ortsteil eine aus dem Üblichen herausragende Prägung verleiht. Maßgebend ist, ob ein solches Ortsbild, das durch unterschiedliche Gestaltungselemente geprägt sein kann, gestört wird. Dabei ist die Qualität der geplanten baulichen Anlage nicht maßgebend weil auch sie auch bei guter Gestaltung stören kann, wenn sie sich nicht in die weitere Umgebung einpasst, vgl. BVerwG a.a.O. Eine Beeinträchtigung des Ortsbildes setzt nicht eine Verunstaltung voraus. Ob eine Beeinträchtigung vorliegt, hängt davon ab, ob eine bauliche Anlage das ästhetische Empfinden eines für Fragen der Ortsbildgestaltung aufgeschlossenen Betrachters verletzt, die technische Neuartigkeit und die damit verbundene optische Gewöhnungsbedürftigkeit begründen aber noch keine Beeinträchtigung, so zutreffend BVerwG 18. 2. 1983 E 67, 23, 33. Eine Beeinträchtigung i.S. von § 34 Abs. 1 Satz 2 Halbsatz 2 BauGB ist z.B. anzunehmen, wenn ein unmotivierter abrupt wirkender Anstieg der bislang einheitlich wirkenden Linie der Dachfirste entstehen würde, vgl. BVerwG 20. 9. 1989 BRS 49 Nr. 87.

908 Auch solche Vorhaben, die sich im Sinne von § 34 Abs. 1 Satz 1 BauGB in die Eigenart der näheren Umgebung einfügen, können das Ortsbild beeinträchtigen. Der Schutz des Ortsbildes durch diese Vorschrift erlangt dadurch eine eigenständige Bedeutung, dass danach nicht allein auf die vorhandene, das Umfeld prägende Bebauung abzustellen ist, sondern auf das, was (bodenrechtlich) erstrebens- und wünschenswert ist, so VGH Mannheim 20. 9. 1989 und BVerwG 16. 7. 1990 BRS 50 Nr. 76. Es sollen zusätzliche Beeinträchtigungen des Ortsbildes dort verhindert werden, so die Umgebung im Widerspruch zu den Grundsätzen des § 1 Abs. 6 BauGB geprägt ist. Innerhalb des bodenrechtlichen Rahmens dient § 34 Abs. 1 Satz 2 Halbsatz 2 BauGB daher der städtebaulichen Verbesserung des Ortsbildes.

Dies ist jedoch in solchen Fällen nicht möglich, in denen es völlig an maßstabsbildenden vorhandenen baulichen Anlagen mangelt, vgl. OVG München 12. 11. 1987 BayVBl. 1989, 403. Der Schutz des Ortsbildes vor Beeinträchtigungen hat jedoch nicht die Wirkung, eine im Übrigen nach § 34 BauGB zulässige Bebauung schlechthin zu verhindern, da der Gesetzgeber von der Zulässigkeit der Bebauung der innerhalb der im Zusammenhang bebauten Ortsteile gelegenen Grundstücke ausgeht vgl. BVerwG 3. 4. 1981 ZfBR 1981, 187. Nach BVerwG 23. 5. 1980 NJW 1981, 474 kann ein Grundstück, das einem im Zusammenhang bebauten Ortsteil angehört, nicht aus siedlungsstrukturellen Gründen unbebaubar sein.

Ausgeklammert bleiben hingegen für das Ortsbild so wichtige Fragen wie die Gestaltung der Fassade und die Farbe des Bauwerkes. Strittig ist aber, ob § 34 Abs. 1 Satz 2 Halbsatz 2 BauGB auch die Dachform erfasst; bejahend OVG Münster 6. 11. 1990 BauR 1991, 574, ablehnend OVG Lüneburg 29. 3. 1979 BRS 35 Nr. 131 und BVerwG 11. 5. 2000 NVwZ 2000, 1169 mit dem richtigen Hinweis die Gemeinde könne ihr Ortsbild durch die Anwendung des § 34 Abs. 1 Satz 2 BauGB nicht besser schützen als durch die Aufstellung eines Bebauungsplanes weil dieser den Vorrang habe. Dachformen und Einzelheiten der Dachgestaltung seien aber nicht festsetzbar sondern nur die Firstrichtung, da § 9 Abs. 1 Nr. 2 BauGB die Festsetzung der Stellung der baulichen Anlagen zulasse. Nach BVerwG 20. 9. 1989 BRS 49 Nr. 87 sind Dachgauben bei der Anwendung des § 34 BauGB nicht zu berücksichtigen, da sie einer bauplanungsrechtlichen Beurteilung nicht zugänglich sind. Demgegenüber ist aufgrund seiner bodenrechtlichen Relevanz ein Treppenanbau wegen Beeinträchtigung des Ortsbildes abgelehnt worden, weil das Vorhaben die von Einzelhäusern gebildete Silhouette einer Uferstraße in Lübeck negativ verändert hätte, vgl. OVG Lüneburg 25. 1. 1978 BRS 33 Nr. 53.

Die Anlage eines Stellplatzes im Vorgartenbereich kann das Ortsbild durch eine deutliche Verschlechterung beeinträchtigen, weil das historisch gewachsene Straßenbild aufgegeben sowie der vorhandenen Vorgartenzone die Schutzfunktion für die Hausbewohner genommen würde, so OVG Schleswig 21. 9. 1994 Die Gemeinde SH.

Eine Verunstaltung des Ortsbildes i.S. von § 35 Abs. 3 Satz 1 Nr. 5 BauGB im Außenbereich liegt nicht bereits vor, wenn es an einer harmonischen Beziehung des Vorhabens zur vorhandenen Bebauung fehlen würde weil z.B. ein Widerspruch zwischen einem geplanten Betriebsgebäude und der bestehenden kleinmaßstäblichen Nachbarbebauung besteht. Anders verhält es sich aber, wenn zwei Denkmäler wie Kirche und Friedhof sowie die angrenzenden Freiflächen eine harmonische Einheit bilden: deren Bebauung kann eine Verunstaltung des Ortsbildes bedeuten, vgl. VGH München 11. 7. 1978 BRS 33 Nr. 72. Eine Verunstaltung des Ortsbildes liegt vor, wenn das Vorhaben dem Ortsbild in ästhetischer Hinsicht grob und unangemessen ist und auch von einem für ästhetische Eindrücke offenen Betrachter als belastend empfunden wird, so BVerwG 22. 6. 1990 BRS 50 Nr. 84.

Nach § 37 Abs. 1 BauGB kann von den Vorschriften des BauGB abgewichen werden, wenn es die besondere öffentliche Zweckbestimmung für bauliche Anlagen

Baugestaltungsrecht

des Bundes oder eines Landes erforderlich macht. Hierbei sind aber entgegenstehende öffentliche Interessen, zu denen eine geordnete städtebauliche Entwicklung gehört, zu berücksichtigen. Zu diesen städtebaulichen Belangen zählen nach § 1 Abs. 5 Satz 2 Nr. 5 BauGB auch der Denkmalschutz und die Stadtbildpflege. Sie würden durch den Bau eines 77 m hohen Fernmeldeturmes in einer alten malerischen Kleinstadt schwerwiegend und daher unvertretbar verletzt, vgl. OVG Lüneburg 25. 3. 1983 BRS 40 Nr. 157.

10.2 Landesbauordnungsrecht

911 Infolge des oben genannten Gutachtens des Bundesverfassungsgerichtes haben die Länder unter Mitwirkung des Bundes die Musterbauordnung (MBO) von 1955 bis 1959 erarbeitet und zuletzt 2002 fortgeschrieben. Die Bauordnungen der einzelnen Länder orientieren sich mehr oder weniger an der MBO und sind von der Systematik her weitgehend einheitlich gestaltet. Sie enthalten wie die MBO eine Bestimmung über die Verunstaltungsabwehr und sehen örtliche Bauvorschriften der Gemeinden (Gestaltungssatzungen) vor. Der Text folgt insoweit den beiden Bestimmungen der MBO zu dieser Thematik.

Der Eigentümer einer baulichen Anlage ist für deren ordnungsgemäßen Zustand i.S. der Landesbauordnung ohne Rücksicht auf seine wirtschaftliche Leistungsfähigkeit verantwortlich, so auch BVerwG 11. 4. 1989 NJW 1989, 2638. Auch gegenüber gestalterischen Anforderungen des Bauordnungsrechtes ist kein Grund für eine Privilegierung des finanziellen Unvermögens erkennbar, vgl. OVG Berlin 29. 12. 1988 BRS 49 Nr. 222. Auch bei der Anwendung des Bauordnungsrechtes ist aber der Grundsatz der Verhältnismäßigkeit staatlicher Eingriffe zu beachten.

10.3 Verunstaltungsabwehr

10.3.1 Grundsätzliches

912 § 9 MBO hat folgenden Wortlaut:

„Bauliche Anlagen müssen nach Form, Maßstab, Verhältnis der Baumassen und Bauteile zueinander, Werkstoff und Farbe so gestaltet sein, dass sie nicht verunstaltend wirken. Bauliche Anlagen dürfen das Straßen-, Orts- und Landschaftsbild nicht verunstalten."

Diese Regelung hatte in der reichsrechtlichen Verordnung über Baugestaltung vom 10. 11. 1936 (RGBl. I, 938) eine Vorläuferin, deren hier maßgebliche Bestimmung in § 1 Satz 1 lautete:

913 „Bauliche Anlagen und Änderungen sind so auszuführen, dass sie Ausdruck anständiger Baugesinnung und werkgerechter Durchbildung sind und sich der Umgebung einwandfrei einfügen."

Verunstaltungsabwehr

Zu dieser Bestimmung ist 1955 eine Entscheidung des Bundesverwaltungsgerichtes ergangen, die noch heute auf das rechtliche Verständnis des § 12 MBO und der entsprechenden landesgesetzlichen Regelungen nachwirkt, vgl. BVerwG 28. 6. 1955 E 2, 172. In dieser Entscheidung hat das Bundesverwaltungsgericht die Bestimmung einschränkend ausgelegt und u.a. festgestellt, dass ihr Zweck insoweit begrenzt sei, als durch sie nicht bereits jede Störung der architektonischen Harmonie, sondern nur die Verunstaltung verhindert werden solle, „also ein häßlicher, das ästhetische Empfinden des Beschauers nicht bloß beeinträchtigender, sondern verletzender Zustand". Des Weiteren enthält die Entscheidung den Grundsatz, es komme bei der Beurteilung dieser Merkmale weder auf einen ästhetisch besonders empfindsamen oder geschulten Betrachter noch auf die Ansicht von solchen Menschen an, die ästhetischen Eindrücken gegenüber überhaupt gleichgültig und unempfindlich sind. Maßgebend soll vielmehr das Empfinden jedes für ästhetische Eindrücke offenen Betrachters sein, also des so genannten gebildeten Durchschnittsmenschen, der zwischen diesen beiden Persönlichkeiten steht.

Das Urteil entspricht dem Geist der Nachkriegszeit, in der man aufgrund der Erfahrungen in der jüngsten Vergangenheit staatlichen Reglementierungen sehr kritisch gegenüberstand. Das BVerwG hat seine Rechtsprechung jedoch auch gegenüber den § 12 MBO entsprechenden Regelungen in den Bauordnungen über die Verunstaltungsabwehr fortgesetzt, vgl. BVerwG 19. 12. 1963 E 17, 322. Die Oberverwaltungsgerichte sind den vom BVerwG aufgestellten Grundsätzen daher in ihrer Rspr. gefolgt, vgl. OVG Münster 11. 9. 1997 BauR 1998, 113. Danach können über die Verunstaltungsabwehr nur Auswüchse unterbunden, aber keine bestimmten ästhetischen Wertvorstellungen zur Stadtbildgestaltung durchgesetzt werden. An dieser Rspr. wiederum hatte sich die Verwaltungspraxis der Bauaufsichtsbehörden zu orientieren. Es konnten danach nur die gröbsten Verunstaltungen verhindert werden. Viele danach rechtlich zulässige geringere gestalterische Missgriffe, die für sich allein ohne besondere Bedeutung waren, haben in ihrer Summe zur Verschlechterung der Ortsbilder in Stadt und Dorf beigetragen. Nur einzelne Oberverwaltungsgerichte haben sich in ihrer Rspr. zur Verunstaltungsabwehr stärker an der Erhaltung der Qualität des Ortsbildes orientiert, vgl. VGH München 11. 12. 1991 BRS 52 Nr. 120. Das Oberverwaltungsgericht Berlin hat in einer Entscheidung ausgeführt, auch die Straßenbild bestimmenden Hausfassaden müssten sich stärker an den Geboten der Stadtbildpflege und den Gesetzen der architektonischen Harmonie ausrichten, vgl. OVG Berlin 13. 1. 1984 NVwZ 1984, 658 und unten Rnr. 949.

914

Wer dem Verunstaltungsverbot zuwiderhandelt, kann sich nicht auf die in Art. 5 Abs. 3 Satz 1 Grundgesetz geschützte Freiheit der Kunst berufen, denn durch die Abwehr von Verunstaltungen leistet der Staat letztlich einen Beitrag zum allseitigen psychischen Wohlbefinden seiner Bürger und zum sozialen Frieden in der Gemeinschaft, so zutreffend BVerwG 27. 6. 1991 BauR 1991, 727. Zwar umfasst das Grundrecht der Kunstfreiheit grundsätzlich auch den Bereich der Baukunst, rechtlich maßgebend ist aber, dass es sich bei der Errichtung baulicher Anlagen zugleich

915

um die Ausübung des Eigentumsrechtes handelt, dessen Schranken gemäß Art. 14 Abs. 1 Satz 2 Grundgesetz der Gesetzgeber bestimmt.

916 Angesichts der besonderen Ausprägung des sozialen Bezuges des Eigentumsrechtes bei baulichen Anlagen ist es gerechtfertigt, Inhalt und Schranken der Eigentümerbefugnisse durch Regelungen festzulegen, die Verunstaltungen der Umgebung durch bauliche Anlagen verhindern sollen. Soweit die Ausübung der Kunstfreiheit als Eigentumsausübung erfolgt, kann sie sich nicht über die dem Eigentum gezogenen Schranken hinwegsetzen, vgl. BVerwG a.a.O. Gegen den Verunstaltungsbegriff an sich bestehen keine rechtsstaatlichen Bedenken hinsichtlich des Gebotes der Berechenbarkeit, der Rechtsklarheit und der Rechtssicherheit, so BVerfG 16.6.1985 BayVBl. 1986, 143. Zur Begründung weist das Bundesverfassungsgericht darauf hin, dass es sich hierbei um einen unbestimmten Rechtsbegriff handele, dessen Verwendung durch die langjährige und umfangreiche Rechtsprechung präzisiert worden sei.

917 Die Verunstaltungsabwehr beruht auf dem Gedanken der nachbarlichen Rücksichtnahme. Die baulichen Anlagen sind Teil der städtebaulichen Ordnung. Das durch die baulichen Anlagen geprägte Straßenbild bestimmt Atmosphäre und Lebensqualität der Umgebung, so zutreffend BVerwG 11.4.1983 BRS 49 Nr. 143. Das Verunstaltungsverbot dient jedoch ausschließlich dem allgemeinen Interesse an eine einwandfreien Einfügung eines Bauwerkes in seine Umgebung und nicht dem Schutz privater Dritter, insbesondere nicht dem Schutz von Nachbarn des Bauherren, vgl. OVG Lüneburg 5.9.1985 BRS 44 Nr. 118 und OVG Saarlouis 26.6.1985 BRS 22 Nr. 162. Dieser fehlende Nachbarschutz kann sich bei einheitlich gestalteten Häusergruppen und insbesondere bei Doppelhäusern wertmindernd auswirken. Im Schrifttum ist strittig, ob in derartigen Fällen dem Nachbarn ausnahmsweise doch das Recht einzuräumen ist, sich gegen Verunstaltungen zu wehren. Die beiden Oberverwaltungsgerichte haben dies in ihren Entscheidungen ausdrücklich offen gelassen.

918 Der Verunstaltungsschutz bezieht sich auf bauliche Anlagen aller Art. Ohne Bedeutung ist, ob es sich um bauliche Anlagen handelt, die von der Öffentlichkeit oder nur von einzelnen Personen eingesehen werden können. Sogar eine bauliche Verunstaltung, die nur aus der Luft wahrnehmbar ist, kann relevant sein. Es kommt auch nicht darauf an, welcher Nutzung die baulichen Anlagen dienen. Das Verunstaltungsverbot gilt für Geschäftsbauten genauso wie für Industrieanlagen. Es gilt für die Errichtung, Änderung, den Teilabbruch und die Unterhaltung baulicher Anlagen. Alle diese Maßnahmen können sich verunstaltend auswirken. Dies gilt auch für die Verwahrlosung eines Gebäudes, vgl. OVG Münster 12.2.1968 NJW 1968, 1945.

919 § 9 Satz 1 und 2 MBO enthält zwei unterschiedliche Tatbestände. § 9 Satz 1 MBO dient der Verhinderung der Verunstaltung der baulichen Anlage an sich. § 9 Satz 2 MBO bezieht sich auf bauliche Anlagen, die geeignet sind, ihre Umgebung zu verunstalten. Die in § 9 MBO enthaltenen Tatbestände sind unbestimmte Geset-

Verunstaltungsabwehr

zesbegriffe, deren Anwendung durch die Bauaufsicht uneingeschränkt der verwaltungsgerichtlichen Prüfung unterliegt. Befreiungen von der Beachtung des Verunstaltungsverbotes sind rechtlich nicht zulässig.

10.3.2 Objektbezogene Gestaltungsanforderungen

Aufgrund von § 9 Satz 1 MBO ergeben sich Gestaltungsanforderungen an bauliche Anlagen zur Verunstaltungsverhinderung im Hinblick auf Form, Maßstab, Verhältnis der Baumassen und Bauteile zueinander sowie Werkstoff und Farbe. Die Aufzählung dieser Tatbestandsmerkmale ist abschließend. In der Praxis sind bisher weniger Fälle relevant geworden, bei denen es um die Gestaltung der baulichen Anlage insgesamt ging. Hier wird man an bauliche Anlagen zu denken haben, die entweder durch ihre Umgestaltung oder ihre völlig dilettantische Gestaltung dem Betrachter als besonders rücksichtslos auffallen. Hierfür kommen insbesondere bauliche Anlagen in Frage, die ohne erkennbaren Grund aufgrund ihrer gewollten Asymmetrie störend wirken oder sich nicht in das Gelände einpassen, z. B. aufgrund von Geländeaufschüttungen in Hanglagen. Hingegen hatten die Verwaltungsgerichte viele Fälle zu entscheiden, bei denen es um die verunstaltende Wirkung von Bauteilen ging. 920

Die Verwendung häßlicher Bauformen wird man nicht völlig ausschließen können, so z. B. wenn sie als technische Einrichtungen wie Solaranlagen auf Dächern einem vernünftigen Zweck dienen. Auch ungewohnte Bauformen sind nicht von vornherein als verunstaltend i. S. von § 9 Satz 1 MBO zu bewerten. Außerdem bildet das Verunstaltungsverbot keine Rechtsgrundlage dafür, die Verwendung einheitlicher seriell hergestellter Betonfertigteile auszuschließen, vgl. VGH München 30. 11. 1976 BRS 30 Nr. 110. 921

Anlass für eine kritische Prüfung geben jedoch die unharmonische Gliederung von Bauteilen, insbesondere der Fassade, und die Verwendung auffallend greller Farben und Baustoffe. Verunstaltend können überdimensionierte oder asymmetrische Dachaufbauten und Dacheinschnitte wirken, vgl. VGH Mannheim 31. 10. 1979 BRS 35 Nr. 134. Entsprechend zu beurteilen ist auch die Verwendung einer Vielzahl von Materialien bei der Dacheindeckung. Desgleichen können verschiedene Fensterformate oder stark abweichende Fensterunterteilungen an einer sonst einheitlich gestalteten Fassade verunstaltend wirken, vgl. OVG Hamburg 22. 12. 1983 BRS 42 Nr. 134. 922

10.3.3 Umgebungsbezogene Gestaltungsanforderungen

Maßgebend für § 9 Satz 2 MBO ist die Umgebung der baulichen Anlagen. § 9 Satz 2 MBO erläutert den Begriff Umgebung durch die Worte: Straßenbild, Ortsbild und Landschaftsbild. Zum Straßen- und Ortsbild gehört unabhängig vom Blickwinkel des Betrachters alles was sichtbar ist und das Umgebungsbild mindestens mitprägt, so auch OVG Münster 11. 9. 1997 BauR 1998, 113. Der Verunstaltungsschutz bezieht sich auf jede Umgebung. Aus dem Umstand, dass ein Bereich bereits 923 weitgehend gestalterisch gestört ist, kann nicht das Recht auf Vornahme zusätzlicher Verunstaltungen abgeleitet werden, vgl. OVG Münster 6. 2. 1992 BauR 1992, 487. Andererseits kommt es hinsichtlich der Anforderungen, die an die Gestaltung einer baulichen Anlage zu stellen sind, sehr wohl auf die Qualität des Umfeldes an. Dies ergibt sich schon aus § 9 Satz 2 MBO. Danach ist bei der Gestaltung baulicher Anlagen auf die erhaltenswerten Eigenarten der Umgebung Rücksicht zu nehmen. Zu diesen gehören alle positiven Elemente des Straßen-, Orts- und Landschaftsbildes, soweit sie in einer Vielzahl vorhanden sind und die Eigenart des Umfeldes der baulichen Anlage bestimmen. Hierzu gehört auch die besondere Rücksichtnahme auf Bau- und Naturschutzdenkmäler.

924   Nach OVG Berlin 7. 1. 2002 ZfBR 2002, 374 liegt eine Verunstaltung vor, wenn „ein deutlich zutage tretender Widerspruch des Erscheinungsbildes zu den für die Umgebung bestimmenden städtebaulichen oder stadtbildlichen Gestaltungsmerkmalen besteht, der bei einem nicht unbeträchtlichen, in durchschnittlichem Maße für gestalterische Eindrücke aufgeschlossenen Teil der Betrachter anhaltenden Protest auslösen würde." So kann das Auswechseln von unterteilten Fenstern durch Einscheibenfenster in einer in Bezug auf die Fassadengliederung anspruchsvollen Umgebung verunstaltend sein, vgl. VGH München 30. 7. 1979 BRS 35 Nr. 135. Höhere Anforderungen zur Vermeidung einer Verunstaltung können auch an die Gestaltung einer baulichen Anlage gestellt werden, die ihr Umfeld, wie z. B. das Landschaftsbild, optisch positiv dominiert, vgl. VGH München 30. 11. 1976 BRS 30 Nr. 110. Die Anordnung des Abbruches eines verfallenen landwirtschaftlichen Anwesens kann wegen Verunstaltung des Landschaftsbildes zulässig sein, vgl. VGH München 22. 9. 1986 BRS 46 Nr. 193. Praxisrelevant ist die Frage, inwieweit stark vom Umfeld abweichende Dachneigungen verunstaltend wirken können. Diese Frage ist nicht im Rahmen von § 34 Abs. 1 BauGB zu prüfen, weil der Neigungswinkel des Daches nach herrschender Meinung keine bodenrechtliche Bedeutung hat, a. A. OVG Münster 6. 11. 1990 BauR 1991, 574.

925   Die Rechtsprechung hat sich bei der verunstaltungsrechtlichen Beurteilung von Dachformen, die von denen ihrer Nachbarbauten abweichen, z. T. als großzügig erwiesen. So bedeutet ein Haus mit Satteldach in einer ausschließlich aus Flachdachbungalows bestehenden Häuserzeile keine Beeinträchtigung des Orts- oder Straßenbildes, vgl. OVG Münster 7. 2. 1979 BRS 35 Nr. 130, a. A. OVG Saarlouis 26. 5. 1975 BRS 29 Nr. 108. Umgekehrt braucht auch ein Gebäude mit Flachdach in einer Reihe mit uneinheitlich gestalteten Satteldächern das Ortsbild nicht zu beeinträchtigen, vgl. OVG Lüneburg 29. 3. 1979 BRS 35 Nr. 131. Nach der gleichen Entscheidung kann aber auch etwas anderes gelten, wenn es sich bei der Umgebung der baulichen Anlage um eine einheitlich gestaltete Gruppe von Häusern mit bemerkenswerter gestalterischer Durchbildung i. S. eines erhaltenswerten Ensembles handelt.

926   Eine Verunstaltung kann auch ein Garagenbau in der Vorgartenfläche einer Reihenhaussiedlung bewirken, wenn die quer zur Aufschließungsstraße stehenden Giebel der Häuser in ihrem Vorfeld bisher von Garagenanbauten frei gehalten wor-

den sind. vgl. OVG Hamburg 18. 3. 1969 BRS 24 Nr. 126. Ferner kann ein Schrottplatz vor einem Wohnhaus in einem Stadtzentrum eine Verunstaltung bedeuten, vgl. OVG Lüneburg 8. 4. 1986 Die Gemeinde SH 1986, 292. Des Weiteren kann das Orts- und Straßenbild auch durch ein verwahrlostes Gebäude im verunstaltenden Sinne gestört werden, vgl. OVG Münster 12. 2. 1968 NJW 1968, 1945. Dagegen kann über den Verunstaltungsschutz die einheitliche Gestaltung von Einfriedungen in einer Siedlung nicht durchgesetzt werden, vgl. OVG Berlin 3. 7. 1981 BauR 1981, 550. Eine aktive Ortsgestaltung i. S. einer Verbesserung des Ortsbildes aufgrund der Verunstaltungsabwehr ist nicht möglich.

10.3.4 Anwendung

Die Anwendung der Vorschriften über den Verunstaltungsschutz ist keine Selbstverwaltungsangelegenheit der Gemeinde. Wenn ihr nicht die Bauaufsicht übertragen worden ist, obliegt ihr daher auch nicht die Anwendung dieser Bestimmungen. Die Bauaufsichtsbehörde ist auch nicht verpflichtet, vor einer Anwendung dieser Vorschriften die Gemeinde zu beteiligen. Der Gemeinde steht jedoch ein Klagerecht gegen eine Baugenehmigung zu, soweit sie geltend macht, die genehmigte bauliche Anlage störe das Straßen oder das Ortsbild, so auch OVG Koblenz 2. 5. 1974 BRS 28 Nr. 81. *927*

Diese Auffassung ist allerdings strittig. Es kommt darauf an, ob man die Planungshoheit der Gemeinde ausschließlich auf bodenrechtlich relevante Bereiche begrenzt, so VGH München 29. 10. 1985 BayVBl. 1986, 213 und OVG Lüneburg 4. 12. 1973 DVBl. 1975, 959. § 9 Satz 2 MBO nimmt indes ausdrücklich auf das Straßen- und Ortsbild Bezug. Die Überwachung der Entwicklung des Straßen- oder Ortsbildes kann nicht ausschließlich Aufgabe staatlicher Behörden sein, weil es hierbei gerade um Belange geht, die nach ihrem Wesensgehalt dem gemeindlichen Aufgabenbereich zuzuordnen sind. *928*

10.4 Örtliche Bauvorschriften

10.4.1 Grundsätzliches

§ 86 Musterbauordnung in der Fassung vom November 2002 hat in Bezug auf gestalterische Anforderungen für bauliche Anlagen folgenden Wortlaut: *929*

„(1) Die Gemeinden können örtliche Bauvorschriften erlassen über

1. besondere Anforderungen an die äußere Gestaltung baulicher Anlagen sowie von Werbeanlagen und Warenautomaten zur Erhaltung und Gestaltung von Ortsbildern,
2. über das Verbot von Werbeanlagen und Warenautomaten aus ortsgestalterischen Gründen,
3. ...
4. ...

Baugestaltungsrecht

5. ...

6. von § 6 abweichende Maße der Abstandstiefe, soweit dies zur Gestaltung des Ortsbildes oder zur Verwirklichung der Festsetzungen einer städtebaulichen Satzung erforderlich ist und eine ausreichende Belichtung sowie der Brandschutz gewährleistet sind; die Gemeinde kann auch regeln, dass § 6 Abs. 5 keine Anwendung findet, wenn durch die Festsetzungen einer städtebaulichen Satzung Aussenwände zugelassen oder vorgeschrieben werden, vor denen Abstandsflächen größerer oder geringerer Tiefe als nach diesen Vorschriften liegen müssten.

7. ...

(2) Örtliche Bauvorschriften können auch durch Bebauungsplan oder soweit das BauGB dies vorsieht durch andere Satzungen nach den Vorschriften des BauGB erlassen werden. Werden die örtlichen Bauvorschriften durch Bebauungsplan oder durch sonstige städtebauliche Satzung nach dem BauGB erlassen, so sind die Vorschriften des Ersten und Dritten Abschnitts des Ersten Teils, des Ersten Abschnitts des Zweiten Teils, die §§ 30, 31, 33, 36 und 214 bis 215a BauGB entsprechend anzuwenden.

(3) Anforderungen nach den Absätzen 1 und 2 können innerhalb der örtlichen Bauvorschrift auch in Form zeichnerischer Darstellungen gestellt werden. Ihre Bekanntgabe kann dadurch ersetzt werden, dass dieser Teil der örtlichen Bauvorschrift bei der Gemeinde zur Einsicht ausgelegt wird; hierauf ist in den örtlichen Bauvorschriften hinzuweisen."

930   Örtliche Bauvorschriften für die Gestaltung baulicher Anlagen, die auch als Gestaltungssatzung bezeichnet werden, sind das eigentliche Rechtsinstrument der Stadt- und Ortsgestaltung. Diese Bauvorschriften regeln hauptsächlich die Höhe und Breite von Gebäuden, die traufen- oder giebelständige Anordnung von Gebäuden, die First-, Sockel- und Traufhöhen, Farbe und Gliederung von Fassaden, der Drempel, Dächer und Dachaufbauten, vgl. BVerwG 24. 2. 2000 E 110, 355. Sie dienen hauptsächlich der positiven Baugestaltungspflege durch verbindliche Vorgabe bestimmter Bauformen, können aber auch andererseits zur Verunstaltungsabwehr die Verwendung bestimmter Gestaltungselemente, z.B. die Verwendung von Glasbausteinen oder Wellblechdächern untersagen. Die Satzung muss über § 9 MBO hinausgehende Ziele umfassen. Eine Satzung, die inhaltlich nicht über den gesetzlich festgelegten Verunstaltungsschutz hinausginge, wäre mangels Regelungsbedarfs überflüssig, so auch OVG Schleswig 21. 12. 1994 BRS 57 Nr. 172. Der Erlass einer örtlichen Bauvorschrift hebt nicht die bauordnungsrechtliche Regelung über die Verunstaltungsabwehr auf, vgl. VGH Kassel 24. 9. 1987 BRS 47 Nr. 119. Die örtliche Bauvorschrift darf aber ausschließlich die Baugestaltung regeln. Eine Vorschrift, die unter dem Deckmantel örtlicher Baugestaltung bodenrechtliche Inhalte regelt, wäre wegen Kompetenzmangels nichtig, vgl. BVerwG 10. 7. 1997 BBauBl 1998, 72.

931   Die Gemeinden können örtliche Bauvorschriften erlassen entsprechend § 86 Abs. 1 Nr. 1 MBO über die äußere Gestaltung baulicher Anlagen zur Durchfüh-

rung baugestalterischer Absichten und entsprechend § 82 Abs. 1 Nr. 2 MBO über besondere Anforderungen zum Schutz bestimmter Bauten, Straßen, Plätze oder Ortsteile von geschichtlicher, künstlerischer oder städtebaulicher Bedeutung sowie von Baudenkmälern und Naturdenkmälern. Das Gesetz enthält keine Bestimmung über die Art der Gestaltungsregelungen, die die Gemeinden treffen können. Insoweit verfügen die Gemeinden hier über einen großen Gestaltungsraum.

Im Falle der Satzung nach § 86 Abs. 1 Nr. 2 MBO können bestimmte Arten von Werbeanlagen und Warenautomaten aus ortsgestalterischen Gründen ausgeschlossen und auf Teile baulicher Anlagen und auf bestimmte Farben beschränkt werden. Entsprechende Regelungen in den Landesbauordnungen sind darin begründet, dass Werbeanlagen und Warenautomaten vor allem durch werbewirksame grelle Farbgestaltungen den Schutzzweck beeinträchtigen können. Bei der Anwendung dieser Regelungen ist der Grundsatz der Verhältnismäßigkeit besonders zu beachten. 932

§ 86 MBO bezieht sich auf bauliche Anlagen aller Art. Die bauliche Nutzung ist insofern gestaltungsrechtlich ohne Bedeutung. Zulässig sind daher auch besondere gestalterische Anforderungen nicht nur an Wohn-, sondern auch an gewerblich und industriell genutzte bauliche Anlagen. Von letzterer Möglichkeit ist bisher in der Praxis selten Gebrauch gemacht worden. Der Erlass einer Gestaltungssatzung für ein Gewerbegebiet setzt eine starke Position der Gemeinde gegenüber etwaigen Investoren voraus. 933

Praxisrelevant ist die in § 86 Abs. 3 Satz 1 MBO vorgesehene Möglichkeit, gestalterische Anforderungen innerhalb der örtlichen Bauvorschrift auch in Form zeichnerischer Darstellungen stellen zu können. Viele architektonische Bezeichnungen z.B. für Dachformen und Ziegelverbände erschließen sich dem Laien nur schwer. Zeichnerische Darstellungen tragen in diesen Fällen zur Veranschaulichung des Satzungsinhaltes bei. Entsprechend den landesrechtlichen Regelungen kann die Bekanntmachung dieser zeichnerischen Darstellungen durch ihre Auslegung zur Einsicht bei der Gemeinde ersetzt werden, wenn die örtliche Bauvorschrift selbst hierauf hinweist. 934

Nach § 86 Abs. 1 Nr. 6 Halbsatz 1 MBO können abweichend von der allgemeinen Regelung des Bauordnungsrechtes geringere Maße für Abstandflächen von Gebäuden bestimmt werden. Diese Bestimmung hat besondere Bedeutung für Neubauten in den Altstädten, die nicht nach den heute im Landesbauordnungsrecht geltenden Grundsätzen geplant und gebaut worden sind. 935

Die örtliche Bauvorschrift nach § 86 Abs. 1 Nr. 1 MBO bezieht sich ausschließlich auf die „äußere Gestaltung" baulicher Anlagen. Hierunter fallen alle sichtbaren Teile baulicher Anlagen. Gestalterische Anforderungen können daher nicht an das Innere von Gebäuden aufgrund einer Gestaltungssatzung gestellt werden. Die in örtlichen Bauvorschriften enthaltenen baugestalterischen Anforderungen können sich auch auf kleine Teile der baulichen Anlagen erstrecken. Aus der Kunstfrei- 936 heit erwächst kein Anspruch, sich hier über die dem Eigentum gezogenen Schranken hinwegzusetzen, vgl. BVerwG 10. 12. 1979 BRS 35 Nr. 133 und 27. 6. 1991 BauR 1991, 727.

937   Die örtlichen Bauvorschriften verpflichten die betroffenen Grundeigentümer nicht dazu, ihre vorhandenen baulichen Anlagen an den Inhalt der Satzung anzupassen. Eine Gestaltungssatzung ist kein Aktionsprogramm. Sie lässt die im Zeitpunkt des Erlasses vorhandenen baulichen Anlagen auch dann unberührt, wenn sie in ihrer Gestaltung den Regelungen der Gestaltungssatzung nicht entsprechen, so auch OVG Schleswig 21. 12. 1994 BRS 57 Nr. 172. Sie kommt erst zum Tragen, wenn es um die Veränderung baulicher Anlagen oder um neue Vorhaben geht. Soweit diese dem Inhalt der örtlichen Bauvorschriften nicht entsprechen, sind sie grundsätzlich nicht zulässig.

938   Die örtlichen Bauvorschriften regeln die äußere Gestaltung der einzelnen baulichen Anlagen. Sie dienen aber mittelbar einer städtebaulichen Aufgabe, der Gestaltung des Ortsbildes durch dessen Fortbildung und Änderung. Gestaltungssatzungen sind ein Bestandteil der städtebaulichen Ordnung. Sie beeinflussen mittelbar auch die Nutzung und Nutzbarkeit der Grundstücke. Das durch die örtlichen Bauvorschriften geprägte Straßenbild bestimmt die Atmosphäre und Lebensqualität der Umgebung.

Sie treffen zugleich eine zulässige Inhaltsbestimmung des Eigentums i.S. von Art. 14 Abs. 1 Satz 2 GG, vgl. BVerwGE 11. 4. 1989 49, 143. Deshalb müssen sie möglichst eindeutige Regelungen enthalten.

939   Diese Inhaltsbestimmung ist durch das öffentliche Interesse an der Gestaltung des Stadtbildes gerechtfertigt. Es verdient unter Beachtung des Verhältnismäßigkeitsgrundsatzes für staatliche Eingriffe im Einzelfall den Vorrang vor dem Interesse der Grundeigentümer an einer uneingeschränkten äußeren Gestaltung ihrer Gebäude. Dieses öffentliche Interesse an der Gestaltung des Ortsbildes ist als umso gewichtiger einzustufen, je schutzwürdiger die jeweiligen Bauten, Straßen und Plätze sind, so auch OVG Schleswig 21. 12. 1994 BRS 57 Nr. 172. Insoweit setzt nach OVG Münster 6. 2. 1992 BRS 54 Nr. 112 der Erlass der Gestaltungssatzung sachgerechte Erwägungen voraus, zu denen auch eine angemessene Abwägung der Belange des Einzelnen und der Allgemeinheit gehört.

940   Gestaltungssatzungen können im Einzelfall aus unterschiedlichen Anlässen beschlossen werden. Sie können dazu dienen, ein als positiv beurteiltes Ortsbild vor Veränderungen zu schützen. Außerdem kann die Gemeinde durch örtliche Bauvorschriften eine langfristige Entwicklung zur Verbesserung ihres Ortsbildes einleiten. Ferner ist es möglich, gebietsbezogene städtebauliche Maßnahmen gestalterisch über örtliche Bauvorschriften zu steuern. Hierbei ist z.B. an städtebauliche Sanierungsmaßnahmen und an die Entwicklung neuer Baugebiete zu denken. Dies gilt vor allem für die gestalterische Weiterentwicklung nach Aufhebung der Sanierungs- oder Entwicklungssatzung, weil die Gestaltungssatzung im Gegensatz zu die-

Örtliche Bauvorschriften

sen anderen Satzungen unbefristet gelten kann. Der Erlass von Gestaltungssatzungen liegt im Ermessen der Gemeinde. Sie allein entscheidet, ob und mit welchem Inhalt eine örtliche Bauvorschrift über die äußere Gestaltung baulicher Anlagen oder besonderen Anforderungen an bauliche Anlagen erlassen wird.

10.4.2 Baugestalterische Aufgaben

10.4.2.1 Baugestalterische Absichten

Das Ziel der einheitlichen Gestaltung des bestehenden Ortsbildes reicht als baugestalterische Absicht für den Erlass einer örtlichen Bauvorschrift i.S. von § 86 Abs. 1 Nr. 1 MBO nicht aus. Von besonderen Fällen abgesehen kann die Einheitlichkeit als Ziel einer Gestaltungssatzung zu Gleichförmigkeit führen, vgl. OVG Lüneburg 4.5.1979 BRS 35 Nr. 132. Auch ein so allgemeines Ziel, wie der Schutz des Stadtbildes, reicht nicht aus, vgl. OVG Koblenz 22.9.1988 DÖV 1989, 727. Erforderlich ist dagegen für den räumlichen Geltungsbereich der örtlichen Bauvorschrift ein Gestaltungskonzept, das allerdings nicht lückenlos zu sein braucht, so auch OVG Lüneburg 12.5.1993 BRS 55 Nr. 129. Dieser Gestaltungsplan entspricht auf der Ebene des Gestaltungsrechtes dem Bebauungsplan. Hierbei ist zu beachten, dass die örtlichen Bauvorschriften i.S. von § 86 Abs. 1 Nr. 1 MBO sich nur auf Teile des Gemeindegebietes beziehen können. Der Gestaltungsplan kann daher nur gebietsspezifische gestalterische Absichten verfolgen. Maßgebend ist die besondere Prägung des Gebietes, die sich bei einem im Zusammenhang bebauten Ortsteil aus den vorhandenen baulichen Anlagen, bei einem unbebauten Gebiet dagegen erst aus der geplanten Gestaltung ergibt, vgl. OVG Koblenz 22.9.1988 DÖV 1989, 727. 941

Das Gesetz verlangt nicht, dass die baugestalterischen Absichten der Gemeinde festgelegt oder dokumentiert werden, obwohl dies sehr sinnvoll ist, weil hierdurch die Absichten der Gemeinde offengelegt werden. Es reicht unter ausschließlich rechtlichen Gesichtspunkten aus, wenn sich die baugestalterischen Absichten ohne weiteres aus den örtlichen Bauvorschriften selbst ablesen lassen, so auch VGH Mannheim 26.8.1982 BRS 39 Nr. 133 und OVG Münster 30.6.1983 NVwZ 1984, 319. 942

10.4.2.2 Schutz bestimmter Bereiche

Örtliche Bauvorschriften i.S. von § 86 Abs. 1 Nr. 1 MBO dienen mittelbar auch dem Schutz bestimmter Bauten, Straßen, Plätze oder Ortsteile von geschichtlicher, künstlerischer oder städtebaulicher Bedeutung sowie von Baudenkmälern. In Betracht kommt z.B. ein erhaltenswerter Altstadtbereich als bauliche und räumliche Einheit, vgl. OVG Lüneburg 12.5.1993 BRS 55 Nr. 129. Der Schutz bezieht sich auf das äußere Erscheinungsbild. Zur Bewahrung dieses Erscheinungsbildes kann die Gemeinde besondere Anforderungen an bauliche Anlagen stellen. Die örtliche Bauvorschrift muss dabei nicht zwangsläufig eine Weiterentwicklung der vorhandenen Architekturformen ausschließen. Sie kann aber hierfür einen Rahmen geben indem sie das Ortsbild störende Gestaltungselemente verhindert. 943

Baugestaltungsrecht

944 Die Gestaltungssatzung schützt aber nicht die erhaltenswerten baulichen Anlagen in ihrem Bestand. Dies ist nur durch eine Erhaltungssatzung nach § 172 Abs. 1 Satz 1 Nr. 1 BauGB möglich, vgl. hierzu oben Rnr. 734 ff. Im Anwendungsbereich einer örtlichen Bauvorschrift ist der Abbruch auch wertvoller Gebäude zulässig, wenn kein anderer Schutz besteht. Beim Wiederaufbau oder Neubau sind hingegen die in der Gestaltungssatzung enthaltenen besonderen Anforderungen zu beachten. Im Konflikt mit der Denkmalpflege hat das Denkmalschutzrecht als Landesrecht den Vorrang vor der örtlichen Bauvorschrift als Gemeinderecht. Es ist daher für die Gemeinde sinnvoll, die zuständige Denkmalschutzbehörde an der Erarbeitung der örtlichen Bauvorschrift zu beteiligen soweit es um einen denkmalpflegerisch relevanten Bereich geht.

10.4.3 Ortsbildgestaltung als Aufgabe der Gemeinde

945 Vielfach kritisieren Architekten örtliche Bauvorschriften, weil sie hierin eine Einschränkung ihrer eigenen Gestaltungsfreiheit sehen. Hierbei wird zumeist übersehen, dass sie durch eine Gestaltungssatzung auch vor unsinnigen Wünschen ihrer Bauherren bewahrt werden können. Auch sollten örtliche Bauvorschriften für einen Architekten Anlass sein, sich bei seinen Entwürfen mit ihren Regelungen kreativ auseinanderzusetzen. Jedenfalls erwächst aus der Freiheit der Kunst nicht das Recht, sich über die dem Eigentum gezogenen Grenzen hinweg zu setzen, so auch BVerwG 10. 12. 1979 BRS Nr. 133. Dem Interesse des Architekten und des Bauherren an der Entfaltung ihrer Gestaltungsfreiheit steht im Einzelfall oftmals das Allgemeininteresse an einem guten Ortsbild gegenüber. Allein durch die Anwendung des Planungsrechtes kann die Gemeinde nicht viel für die Ortsbildgestaltung bewirken. Die Vorstellung, wenn die Gemeinde in ihren Bebauungsplan ausschließlich Festsetzungen nach § 9 Abs. 1 BauGB trifft, würde sich aus den einzelnen Vorhaben der verschiedenen Bauherren ohne weiteres ein ansprechendes Ortsbild ergeben, ist wirklichkeitsfremd.

946 Auch die uns heute so angenehm berührenden Stadtbilder der Vergangenheit sind nicht das Ergebnis einer unbegrenzten Baufreiheit. Vielfältige Einschränkungen beim Bauen ergaben sich bereits im Mittelalter aus der Bindung an bestimmte Baustoffe und Bautechniken, Gebräuche, geschriebene und ungeschriebene Rechtssätze. Bauen durften ohnehin nur Mitglieder der einschlägigen Zunft. Auch wurden früher städtebauliche Konzepte und Pläne langfristig verfolgt. Dies ist der Stadtgestaltung zu gute gekommen. Michelangelo hat die Vollendung des von ihm 1536 entworfenen Kapitolsplatzes durch andere Baumeister im Jahre 1600 nicht mehr erlebt. Der Bau der Peterskirche und des ihr zugeordneten Vorplatzes dauerte beinahe 200 Jahre.

Darüber hinaus wurde bis zum Ende des Barock die vorhandene Parzellenstruktur respektiert. Insofern haben die verschiedenen Stilepochen vor dem Klassizismus keinen allgemeinen Bruch im Stadtbild bewirkt. Vielfach haben auch große Baumeister bei der Gestaltung öffentlicher Bauten die vorhandene Bausubstanz sehr einfühlsam ergänzt und hierdurch städtebauliche Ensembles von hohem künstlerischen Wert geschaffen. Es war nicht ihr Ziel, die vorhandenen Gebäude durch besonders abweichende Gestaltungsformen zu übertrumpfen. Die geschlossenen Orts- und Straßenbilder des Klassizismus z.B. in Dresden und München beruhen dagegen auf gestalterischen Vorgaben von staatlicher Seite. Bis ins 19. Jahrhundert hatten zudem Stilepochen eine langfristige Geltung. Manche waren über 100 Jahre vorherrschend.

Im 20. Jahrhundert hat sich dies anders entwickelt. In unserer Zeit haben relativ kurzfristige Gestaltungsideen wie Funktionalismus, Expressionismus, Rationalismus, Internationalismus, Neoklassizismus, Monumentalismus, Brutalismus, Konstruktivismus, Struktualismus, Postmoderne und Dekonstruktivismus usw. ihre Spuren im Stadtbild hinterlassen. Angesichts des schnellen Wechsels der Architekturformen kann man die Frage aufwerfen, ob und inwieweit hier überhaupt für das 20. Jahrhundert eine repräsentative Architekturepoche entwickelt worden ist. Das Wort vom „Architekturzoo" hat eine gewisse Berechtigung wenn sehr unterschiedliche Gestaltungsformen ohne jede Rücksichtnahme aufeinander ungeordnet nebeneinander verwirklicht werden. Vielfach wurde Gestaltung auch wieder als etwas Nebensächliches angesehen oder sollte sich allein aus der Funktion der baulichen Anlage ergeben. Kennzeichnend für die meisten dieser Formen der Architektur ist ihre Unbildhaftigkeit. Insbesondere der Verzicht auf eine plastische Ausbildung der Fassaden hat weitgehend zu einer Sprachlosigkeit der Bauten geführt. Fassaden mit Rastern oder Unterteilungen durch technische Applikationen wie z.B. Rohre sind in der Wahrnehmung letztlich austauschbar und haben keinen Erinnerungswert. Sie stiften keinen besonderen Ort. Zum Teil wurden auch ästhetische Überlegungen durch „moralische" Bewertungen ersetzt. Angestrebt wurde der „ehrliche" Bau, obwohl auch das Hässliche ehrlich sein kann. Oder man wollte sich nicht an alte Bauformen „anbiedern". Aus moralischen Grundsätzen lassen sich jedoch keine Gestaltungsentwürfe ableiten. Neues sollte um der Neuheit willen im Zeichen des Mythos einer ständigen Erneuerung der Baugestaltung geschaffen werden. 947

Bei unbegrenzten technischen Möglichkeiten konnten sich kurzfristig Gestaltungsformen im Stadtbild niederschlagen und haben, verbunden mit nie gekannten renditebedingten Maßstabsbrüchen, lokale Bautraditionen in Norddeutschland noch stärker als im Süden überrollt. Des Weiteren wurden aufgrund solitärer Planungen bauliche Anlagen errichtet, denen der gestalterische Bezug zu ihrem Umfeld weitgehend fehlte. Hierbei sind z.T. Gestaltungsformen verwendet worden, die sich an kurzfristig verbindlichen ästhetischen Formen für Konsumwaren i.S. von Design oder Styling orientiert haben. Oftmals handelt es sich hierbei um Bauformen, die sich mangels eigentlicher Gestaltung schnell überlebt haben und uns heute anmuten wie „gebaute Nierentische" oder „Tütenlampen". Hierdurch haben sich diffuse Ortsbilder in den Innenstädten entwickelt, denen monotone Großsiedlungen oder Wohnanlagen, zumeist am Stadtrand, gegenüberstehen. Diese eintönigen Gestaltungsformen führen beim Betrachter zumeist zu einer Orientierungslosigkeit. Kennzeichnend für sie ist i.d.R. ihre einheitliche Gestaltung durch eine Baugesellschaft und ihr Planungsbüro. 948

949 Laut OVG Berlin 13.1.1984 NVwZ 1984, 658 müssen sich die das Straßenbild bestimmenden Hausfassaden stärker an den Gesetzen der architektonischen Harmonie ausrichten, vgl. auch OVG Lüneburg 17.4.1985 BRS 44 Nr. 116. Laut BVerwG 22.2.1980 NJW 1980, 2091 können örtliche Bauvorschriften dem Schutz des „einheitlichen" Charakters von historischen, künstlerischen oder städtebaulichen Gebieten dienen. Harmonie ist durch eine gewisse Einheitlichkeit gekennzeichnet. Harmonie ist aber etwas anderes als Monotonie, und sie ist auch etwas anderes als Disharmonie, die durch unterschiedliche, in keinem Zusammenhang befindliche Formen entsteht und eine Vorstufe der Verunstaltung bildet, vgl. VGH Kassel 24.9.1987 BRS 47 Nr. 120. Das Wort stammt aus dem Altgriechischen und bedeutete dort so viel wie die Verbindung oder Verknüpfung verschiedenartiger oder entgegengesetzter Dinge. In der griechischen Mythologie war Harmonia die Tochter des Kriegsgottes Ares und der Liebesgöttin Aphrodite. Harmonie bedeutet in der Ästhetik eine erfassbare Übereinstimmung aller Teile einer Erscheinung. Im baulichen Sinn kann sich diese Übereinstimmung durch die Wiederholung von ähnlichen Formen oder die Verwendung des gleichen Baustoffes ergeben. Auf dieser Übereinstimmung beruht zugleich die Wahrnehmbarkeit einzelner baulicher Anlagen als Teile einer größeren Einheit. Hierbei gibt es Übereinstimmungen, die mehr zur Monotonie, etwa durch ständige Wiederholung weitgehend gleicher Formen unter Verwendung gleicher Baumaterialien tendieren. Auf der anderen Seite kann durch stärkere Formen und Materialvielfalt die Übereinstimmung verloren gehen.

950 Bei diesen Überlegungen ist aber zu beachten, dass gerade harte Kontraste in einem begrenzten Rahmen das Stadtbild bereichern können. Einen solchen Gegensatz bildet im Pariser Stadtbild der Eiffelturm, der für uns heute aus Paris nicht wegzudenken ist, dessen Bau aber seinerzeit von vielen Seiten heftig beanstandet wurde. Man muss sich aber auch die Frage stellen dürfen, ob das Stadtbild von Paris noch weitere Eiffeltürme vertragen könnte. In den vorindustriellen Städten ragten die Kirch- und Rathaustürme aus der Vielzahl der Gebäude heraus. Sie wichen von deren Maßstäblichkeit ab und bestimmten dadurch die Stadtbildsilhouette. Bis zum Anfang des 19. Jahrhunderts überragten neun Kirchtürme die Stadt Lübeck. Sie bildeten durch ihre Höhe eine bauliche Hierarchie gegenüber der profanen Architektur. Da Kirchen und andere Gebäude aus Backstein bestanden, war ihre Zusammengehörigkeit eindeutig. Da die Großbauten einschließlich ihrer Türme, anders als die städtebaulichen Dominanten der 70er Jahre, sich durch ihre besondere Gestaltung auszeichneten, trugen sie wesentlich zur Qualität des Stadtbildes bei und wurden zugleich zu einem Wahrzeichen der Stadt. Insoweit ergeben sich für eine generalisierende Bewertung des Ortsbildes, wie sie notgedrungen einer örtlichen Bauvorschrift zugrunde gelegt werden muss, auch Grenzen.

10.4.4 Inhalt der Gestaltungssatzung

10.4.4.1 Allgemeines

951 Örtliche Bauvorschriften können nur Bestimmungen über die äußere Gestaltung baulicher Anlagen und besondere Anforderungen an bauliche Anlagen zum Schutz

besonderer Bauten, Straßen, Plätze usw. enthalten. Weitere Regelungen sind nicht zulässig. Allerdings können örtliche Bauvorschriften mit einer Erhaltungssatzung nach § 172 BauGB verbunden werden, sog. Verbundsatzung. Die Gestaltungssatzung als solche darf jedoch keine Festsetzungen treffen, die nach § 9 Abs. 4 BauGB Inhalt eines Bebauungsplanes sein können. Rechtlich ausgeschlossen sind in der Gestaltungssatzung auch Regelungen des Denkmalschutzes. Keinen Sinn haben Aussagen über den Bestandsschutz baulicher Anlagen in der Gestaltungssatzung, weil dieser für rechtmäßig errichtete bauliche Anlagen ohnehin besteht. Überflüssig sind auch Regelungen über die Erteilung von Ausnahmen und Befreiungen durch die zuständige Bauaufsichtsbehörde, weil dies bereits generell in den Landesbauordnungen geregelt ist, vgl. § 67 MBO. Rechtlich unzulässig sind allgemeine Verfahrensvorschriften über die Anwendung der Gestaltungssatzung. Die Satzung darf daher keine Regelungen über Genehmigungs- oder Zustimmungsvorbehalte der Gemeinde oder das Erfordernis des gemeindlichen Einvernehmens enthalten.

10.4.4.2 Abgrenzung des Gebietes

Die Gestaltungssatzung muss das Gebiet, in dem sie anzuwenden ist, genau abgrenzen. Hierzu kann die Satzung die Grenzen des Gebietes umschreiben oder auch die betroffenen Grundstücksparzellen aufzählen. Die Abgrenzung kann aufgrund von § 86 Abs. 3 Satz 1 MBO auch durch eine zeichnerische Darstellung geschehen. Rechtlich problematisch ist hingegen eine Verweisung auf die Darstellung eines Baugebietes im Flächennutzungsplan in seiner jeweiligen Fassung, weil sich hierdurch der Geltungsbereich der Gestaltungssatzung ohne ausdrückliche Beschlussfassung der Gemeindevertretung um neue Baugebiete erweitern kann, vgl. OVG Lüneburg 27. 6. 1988 BRS 48 Nr. 113. Da es sich bei dem Baugestaltungsrecht um eine gegenüber dem Bodenrecht eigenständige Materie handelt, sind bei der Gebietsbezeichnung auch Bezugnahmen auf Bebauungsplanbereiche zu vermeiden. Der Satzungsgeber darf es auch nicht der Gemeindeverwaltung überlassen, den Geltungsbereich der Gestaltungssatzung zu bestimmen oder zu verändern, vgl. OVG Münster 21. 4. 1983 BRS 40 Nr. 153. *952*

§ 86 Abs. 1 Nr. 1 MBO in der Fassung vom November beschränkt im Gegensatz zu den vorhergehenden Fassungen den Anwendungsbereich der örtlichen Bauvorschrift nicht auf Teile des Gemeindegebietes. Sie folgt insoweit der Bayrischen Bauordnung, vgl. VGH München 25. 6. 1990 BRS 50 Nr. 133. Eine örtliche Bauvorschrift mit gleichen Anforderungen an die Gestaltung kann für kleinere Gemeinden, die noch ein weitgehend einheitliches Ortsbild haben, sinnvoll sein. Bei größeren Bereichen tritt dagegen das Problem der Verhältnismäßigkeit der Eigentumsbeschränkung auf. Sie können aber mit unterschiedlichen gestalterischen Festsetzungen erfasst werden. In Betracht kommen z.B. besondere Festsetzungen für bereits bebaute Grundstücke und für noch nicht bebaute Grundstücke, z.B. Baulücken. *953*

Die Einbeziehung von bestimmten Übergangszonen in den Geltungsbereich einer Satzung für ein kulturhistorisch wertvollen Altstadtbereich ist entsprechend *954* dem Gestaltungskonzept der Gemeinde zulässig, so auch OVG Lüneburg 12. 5. 1993 BRS 55 Nr. 129. Die Gemeinde kann in der örtlichen Bauvorschrift auch für räumlich eindeutig abgegrenzte Teilbereiche unterschiedliche gestalterische Anforderungen treffen. Grundsätzlich zulässig sind auch besondere gestalterische Regelungen für bestimmte Grundstücke, wenn sie begründet vorgenommen werden.

10.4.4.3 Anforderungen an die äußere Gestaltung

10.4.4.3.1 Ermessen der Gemeinde

955 Welche Regelungen die Gemeinde über die äußere Gestaltung baulicher Anlagen oder über besondere Anforderungen an bauliche Anlagen trifft, liegt in ihrem Ermessen. Sie kann sich darauf beschränken, Regelungen für die Gestaltung nur weniger Bauteile, wie z. B. Dachneigungen, zu treffen. Sie kann aber auch in ihrer Gestaltungssatzung zahlreiche Einzelheiten über die Gestaltung der baulichen Anlagen festlegen. Soweit sich derartige Gestaltungssatzungen (sog. scharfe Satzungen) auf einen größeren noch zu bebauenden Bereich beziehen, kann dies zu monoton gestalteten Baugebieten führen, wenn sie in der Anwendung streng durchgeführt werden. Das lebendige Ortsbild unserer vorindustriellen Altstadtbereiche beruht gerade auf zahlreichen Abweichungen, die sich allerdings in einem bestimmten Rahmen bewegen. Gestalterische Festsetzungen, die sehr weit ins einzelne gehen, können für einen im Zusammenhang bebauten Bereich für begrenzte Gebiete sinnvoll sein, wenn es gilt, die besonderen geschlossenen Gestaltungsformen, etwa eine Siedlung aus den zwanziger Jahren zu sichern. In diesen Fällen wirken die örtlichen Bauvorschriften konservatorisch, weil sie keine weitere gestalterische Entwicklung der betroffenen baulichen Anlagen zulassen und nähern sich in ihrer Bedeutung weitgehend den Zielsetzungen des Denkmalschutzes an, ohne allerdings die vorhandene Bausubstanz als solche zu schützen.

956 Gestaltungssatzungen mit weitgehend detaillierten Festsetzungen kommen in Betracht für größere Baulücken in einem historischen Altstadtbereich oder am Rande einer Altstadt. Allerdings können hier verschiedene Anschauungen über die Stadtgestaltung aufeinanderstoßen. Entsprechende Überlegungen werden bei denjenigen keine Zustimmung finden, die davon ausgehen, die zeitgenössische Architektur müsse in jedem Falle von der überkommenen Architektur gestalterisch abweichen und als solche auch im Stadtbild deutlich sichtbar sein. Begreift man dagegen einen Ortsteil als eine gestalterische Einheit und überträgt den Gedanken der Architektur von der einzelnen baulichen Anlage auf einen größeren Bereich, so wird man einer adäquaten Gestaltung bei der Schließung von Baulücken den Vorzug geben. Sieht man eine historische Altstadt als eine bauliche Struktur an, die sich bewährt hat, nicht weil die Ziegel alt sind, sondern weil ihre Gestaltungsform als angenehm und wohnlich empfunden wird, so spricht dies dafür, sie gegebenenfalls auch räumlich zu erweitern. Unter diesem Gesichtspunkt sind in Würzburg und Celle neue Großwarenhäuser am Altstadtrand errichtet worden, deren bauliche Gestaltung sie eindeutig der Altstadt zuordnet.

10.4.4.3.2 Erforderlichkeit der Abwägung

Soweit einerseits das Bauordnungsrecht hinsichtlich der Bestimmung von örtlichen Bauvorschriften über die äußere Gestaltung baulicher Anlagen und der besonderen Anforderungen an bauliche Anlagen einen weiten gestalterischen Spielraum ermöglicht, so muss andererseits beachtet werden, dass hierdurch Inhalt und Schranken des Eigentums i. S. von Art. 14 Abs. 1 Satz 2 Grundgesetz bestimmt werden. Aus rechtsstaatlichen Gründen muss die Gemeinde hierbei das Übermaßverbot bei ihren gestalterischen Festlegungen beachten. Danach müssen die einzelnen Regelungen gemessen an dem Gestaltungskonzept der Gemeinde erforderlich sein und dürfen die betroffenen Grundeigentümer nicht unverhältnismäßig belasten, vgl. OVG Lüneburg 12. 5. 1993 BRS 55 Nr. 129 und VGH München 25. 6. 1990 BRS 50 Nr. 133. Die von der Gestaltungssatzung vorgeschriebenen Anforderungen für die Verwirklichung städtebaulicher Absichten brauchen aber nicht das einzige Mittel für die Durchführung dieser Ziele zu sein, vgl. OVG Lüneburg 4. 5. 1979 BRS 35 Nr. 132. Das Übermaßverbot ist beachtet, wenn die Gemeinde eine angemessene Abwägung der Belange des Einzelnen und der Allgemeinheit durchführt, die erkennen lässt, dass die baugestalterischen Anforderungen gerechtfertigt sind, um das Eigentum gegen übergeordnete oder gleichgeordnete Werte abzugrenzen, vgl BVerwG 10. 12. 1979 BRS 35 Nr. 133.

957

Hierbei ist das baugestalterische Ziel, eine Beeinträchtigung des vorhandenen oder durch Planung erstrebten Charakters eines Baugebietes zu verhindern, ein beachtenswertes bauliches Anliegen, vgl. BVerwG 28. 4. 1972 E 40, 94. Das bedeutet, die gestalterischen Festsetzungen müssen den gestalterischen Absichten der Gemeinde oder dem Schutzzweck entsprechen. Dies gilt insbesondere für örtliche Bauvorschriften, die sich auf viele gestalterische Einzelheiten beziehen. Je wichtiger das baugestalterische Ziel der Gemeinde ist, desto geringwertiger kann das Interesse der betroffenen Eigentümer, von gestalterischen Anforderungen möglichst wenig berührt zu werden, zu gewichten sein, vgl. VGH München 12. 9. 1988 BRS 48 Nr. 110.

958

Die hiernach erforderliche Abwägung unterliegt der verwaltungsgerichtlichen Überprüfung. Hierbei ist strittig, ob neben dem Abwägungsergebnis auch der Abwägungsvorgang als solcher der verwaltungsgerichtlichen Kontrolle unterliegt; bejahend: VGH Kassel 30. 6. 1987 BRS 47, Nr. 121 und insbesondere OVG Münster 30. 6. 1981 NJW 1982, 845 sowie 6. 2. 1992 BRS 54 Nr. 112; ablehnend OVG Lüneburg 12. 2. 1982 NJW, 2012. Von einer fehlerhaften Abwägung ist auch dann auszugehen, wenn die in der Gestaltungssatzung enthaltenen gestalterischen Festsetzungen nicht erforderlich sind. Dies kann der Fall sein, wenn die Vorschriften über die äußere Gestaltung nicht den von der Gemeinde erklärten baugestalterischen Absichten dienen können, oder wenn bei besonderen Anforderungen an bauliche Anlagen keine zu schützenden Bauten, Straßen oder Ortsteile vorhanden sind.

959

Baugestaltungsrecht

10.4.4.3.3 Bestimmtheit der Anforderungen

960 Dem Rechtstaatprinzip nach Art. 20 Abs. 3 und Art. 28 Abs. 1 GG und dem daraus abgeleiteten Grundgesetz der Gesetzmäßigkeit der Verwaltung folgend müssen örtliche Bauvorschriften über die Gestaltung hinreichend bestimmt sein. Sie müssen eindeutig sein und dürfen die Regelung von Fragen der Baugestaltung nicht der Verwaltungsbehörde übertragen. Unzulässig sind daher Vorschriften, die die Zulässigkeit bestimmter baulicher Gestaltungsformen in das Ermessen der Verwaltungsbehörde legen. In den Gestaltungssatzungen können aber Regelungen über Ausnahmen von den gestalterischen Anforderungen aufgenommen werden. Örtliche Bauvorschriften, die dem rechtsstaatlichen Gebot der inhaltlichen Bestimmtheit nicht entsprechen, können von den Verwaltungsgerichten für nichtig erklärt werden. Der erforderlichen Bestimmtheit entsprechen nicht Gestaltungssatzungen, die hinsichtlich der Zulässigkeit von Vorhaben allein auf weitgehend offene, unbestimmte Rechtsbegriffe Bezug nehmen, wie z.B. die örtliche Bautradition, das Orts- oder Straßenbild sowie die Eigenart oder das Gepräge des Stadtbildes. Derartige unbestimmte Rechtsbegriffe dürfen in einer örtlichen Bauvorschrift nur in Verbindung mit genau umschriebenen gestalterischen Anforderungen gebraucht werden, um deren Zielrichtung zu erläutern. Entsprechendes gilt, wenn sich bei der Verwendung des unbestimmten Rechtsbegriffes der Wille des Satzungsgebers aus der Berücksichtigung der örtlichen Verhältnisse erschließen lässt, vgl. OVG Münster 9.2.2000 BRS 63 Nr. 166 zum gestaltungsrechtlichen Gebot der Verwendung von Dacheindeckungen in der „Grundfarbe rot." Unbestimmte Rechtsbegriffe dürfen in der Gestaltungssatzung nur verwendet werden, soweit sie so eindeutig sind, dass die betroffenen Eigentümer ihre Bedeutung erkennen und ihr Verhalten entsprechend ausrichten können.

10.4.4.3.4 Zulässige Anforderungen

961 § 86 Abs. 1 Nr. 1 MBO sowie die entsprechenden Regelungen in den Landesbauordnungen enthalten keine Bestimmungen über die Art der Anforderungen an die bauliche Gestaltung. Die Gemeinde kann daher grundsätzlich alle Teile einer baulichen Anlage, die für die äußere Gestaltung von Bedeutung sein können, in der örtlichen Bauvorschrift besonderen gestalterischen Anforderungen unterwerfen. Dagegen kann die Gemeinde in ihre örtliche Bauvorschrift bodenrechtliche Festsetzungen i.S. von § 9 Abs. 1 BauGB auch dann nicht aufnehmen, wenn sie zur Durchführung baugestalterischer Absichten oder zum Schutz bestimmter Bauten, Straßen, Plätze usw. sinnvoll sind. Dies ist nur durch einen Bebauungsplan möglich. Was aus bodenrechtlichen Gründen festsetzbar ist, hat der Bundesgesetzgeber in § 9 Abs. 1 BauGB geregelt. Die dort enthaltenen Festsetzungsinhalte sind daher als gestalterische Anforderungen nicht unmittelbar verwendbar. Sie können aber als Träger gestalterischer Festsetzungen benutzt werden. Es ist daher z.B. zulässig, für Nebengebäude mit einer bestimmten Höchstgrundfläche i.S. von § 19 BauNVO eine bestimmte Dachform vorzuschreiben. Desgleichen kann bei gestalterischen Anforderungen auf die Geschossigkeit von Gebäuden Bezug genommen werden.

Örtliche Bauvorschriften

Die Gemeinde kann nicht durch ihre Gestaltungssatzung den Bau von Stellplätzen, Garagen und Nebenanlagen in den Vorgärten untersagen, dies ist nur durch einen Bebauungsplan möglich, vgl. BVerwG 27.11.1981 BRS 38 Nr. 155. Sie kann aber durch ihre Gestaltungssatzung besondere Anforderungen an die Gestaltung der Stellplätze, Garagen und Nebenanlagen stellen. Auch hier ist aber nicht immer eine klare Abgrenzung möglich. In Fällen, in denen sowohl eine Festsetzung durch Bebauungsplan als auch durch den Inhalt einer örtlichen Bauvorschrift zulässig ist, hat die Gemeinde darauf zu achten, dass es nicht zu materiell voneinander abweichenden oder nicht miteinander zu vereinbarenden Regelungen kommt. 962

So ist die Festlegung der Stellung baulicher Anlagen nach § 9 Abs. 1 Nr. 2 BauGB in einem Bebauungsplan zulässig. Es handelt sich hierbei hauptsächlich um eine bodenrechtliche Angelegenheit. Demgegenüber fällt die Regelung der Dachgestaltung in den Bereich der örtlichen Bauvorschrift. Bei giebel- und traufständigen Häusern ergibt sich aber die Firstrichtung, die in der Gestaltungssatzung geregelt werden kann, aus der Stellung der baulichen Anlage. Insoweit besteht eine Regelungsfähigkeit sowohl durch einen Bebauungsplan als auch durch eine Gestaltungssatzung, weil die Gemeinde dort bestimmen kann, dass die baulichen Anlagen giebel- oder traufständig zur Straße stehen müssen. Dies gilt auch für weitere Festsetzungen, die sowohl bodenrechtliche, aber auch eine erhebliche ortsgestalterische Bedeutung haben. 963

So ist die Festschreibung der vorhandenen Bauflucht zur Straße in einer örtlichen Bauvorschrift zulässig. Desgleichen kann die Gestaltungssatzung in einer historischen Altstadt ein Zurückspringen der Vorderfront der baulichen Anlage auf einer Breite festschreiben, die einer alten Traufgasse räumlich entspricht, um den Eindruck der historischen Grundstücksbreite optisch zu bewahren. 964

Nach § 16 Abs. 2 Nr. 4 und Abs. 4 Satz 2 BauNVO kann in einem Bebauungsplan auch die Höhe baulicher Anlagen festgesetzt werden. Da die Höhe baulicher Anlagen aber zugleich ein wichtiges baugestalterisches Element ist, darf auch eine örtliche Bauvorschrift verbindliche Aussagen über die zulässige oder die Mindesthöhe baulicher Anlagen enthalten. Dies gilt auch für Garagen und für sonstige Nebengebäude. Bezugspunkt für gestalterische Anforderungen können die Höhe der Traufe oder des Firstes sein. Die Gemeinde kann aber nicht durch ihre Gestaltungssatzung ein nach den §§ 29 ff. BauGB zulässiges Vorhaben allgemein in Frage stellen, sondern nur seine äußere Gestaltung regeln. So kann ein planungsrechtlicher Anspruch nach § 34 BauGB durch die Gestaltungssatzung nicht beseitigt, sondern nur gestalterisch mehr begrenzt werden, vgl. VGH Mannheim 20.6.1994 BRS 56 Nr. 134. Dagegen kann es bei einem erhaltenswerten Altstadtbereich mit einer intakten Dachlandschaft zulässig sein, die Eindeckung mit Tonziegeln vorzuschreiben da insbesondere ältere Tondachziegel ein unterschiedliches und vielschichtigeres Patinierungsverhalten aufweisen als sich weitgehend einheitlich verändernde Betondachsteine, vgl. OVG Lüneburg 12.5.1993 BRS 55 Nr. 129. 965

Eindeutig dem Gestaltungsrecht zuzuordnen sind dagegen Festlegungen über die Gestaltung des Baukörpers, insbesondere der Fassaden sowie des Daches. Für 966

Baugestaltungsrecht

die Gestaltung der Fenster sind keine Elemente regelbar, die hinter der äußeren Fensterscheibe liegen. Regelungen für Fensterunterteilungen vor dieser Scheibe sind dagegen zulässig. Vgl. auch oben Rnr. 882f. Unzulässig sind dagegen Regelungen für Fensterunterteilungen hinter dieser Scheibe und Vorschriften über die Gestaltung des Schaufensterinneren, vgl. VGH Mannheim 20. 6. 1994 BRS 56 Nr. 134. Dagegen kann es bei einem erhaltenswerten Altstadtbereich mit einer intakten Dachlandschaft zulässig sein, die Eindeckung mit Tonziegeln vorzuschreiben, da insbesondere ältere Tondachziegel ein unterschiedliches und vielschichtigeres Patinierungsverhalten aufweisen als sich weitgehend einheitlich verändernde Betondachsteine, vgl. OVG Lüneburg 12. 5. 1993 BRS 55 Nr. 129.

967 Nicht Gegenstand von örtlichen Bauvorschriften können dagegen allgemeine Regelungen über die Materialechtheit sein, da nur der Erlass von Bauvorschriften über die äußere Gestaltung baulicher Anlagen zulässig ist. Desgleichen kann die Gestaltungssatzung nicht die Erhaltung vorhandener Bausubstanz vorschreiben, dies ist nur durch eine Erhaltungssatzung nach § 172 BauGB möglich. Örtliche Bauvorschriften hindern den Eigentümer nicht daran, eine vorhandene bauliche Anlage zu beseitigen, auch wenn sie das Ortsbild positiv beeinflusst. In diesem Falle hat der betreffende Eigentümer bei der Wiederbebauung seines Grundstückes lediglich die gestalterischen Anforderungen der örtlichen Bauvorschrift zu beachten.

10.4.5 Satzungsverfahren

10.4.5.1 Bebauungsplan

968 Nach § 9 Abs. 4 BauGB können die Länder durch Rechtsvorschriften bestimmen, dass auf Landesrecht beruhende Regelungen in den Bebauungsplan als gestalterische Festsetzungen aufgenommen werden dürfen und insoweit auf diese Festsetzungen die Vorschriften des BauGB Anwendung finden. Der Landesgesetzgeber erhält hierdurch die Möglichkeit, den bundesgesetzlich abgeschlossenen bodenrechtlichen Katalog des § 9 Abs. 1 BauGB gestaltungsrechtlich zu erweitern, vgl. BVerwG 12. 3. 1991 BauR 1992, 43. Zu diesen auf Landesrecht beruhenden Regelungen gehören örtliche Bauvorschriften i.S. von § 86 MBO. § 86 Abs. 2 MBO enthält eine Regelung für eine Rechtsvorschrift i.S. von § 9 Abs. 4 BauGB. Die Länder haben für örtliche Bauvorschriften über die Gestaltung baulicher Anlagen von der rechtlichen Möglichkeit des § 9 Abs. 4 BauGB durchweg Gebrauch gemacht. Diese Übernahme landesrechtlicher Regelungen in den Bebauungsplan bedeutet aber nicht, dass die gestalterischen Regelungen der Gemeinde ihren Charakter als Landesrecht verlieren. Ungeachtet dieser unveränderten Zuordnung der gestalterischen Festsetzungen zum Landesbauordnungsrecht bilden sie aber verfahrensrechtlich einen integrierten Bestandteil des einheitlichen Bebauungsplanes. Bei der Übernahme der örtlichen Bauvorschriften handelt es sich um Festsetzungen und keine nachrichtliche Übernahme i.S. von § 9 Abs. 6 BauGB, so auch OVG Lüneburg 14. 9. 1990 BauR 1991, 174.

969 Die Befugnis des Landesgesetzgebers zur Bestimmung der Anwendung der Vorschriften des BauGB auf die in den Bebauungsplan übernommenen, auf Landes-

Örtliche Bauvorschriften

recht beruhenden Festsetzungen bezieht sich z.B. auf die Anwendung der Verfahrensregelungen des BauGB über die Aufstellung und Änderung von Bebauungsplänen, die Zulässigkeit von Vorhaben und die Planerhaltung. Macht der Landesgesetzgeber hiervon i.S. von § 82 Abs. 2 MBO Gebrauch, teilen die auf Landesrecht beruhenden Festsetzungen verfahrensrechtlich das Schicksal des zugrunde liegenden Bebauungsplanes, so auch BVerwG 12. 3. 1991 BauR 1992, 43. Insoweit kommen allein die verfahrensrechtlichen Bestimmungen des BauGB für den Bebauungsplan zur Anwendung. Dies gilt für das Aufstellungs-, Änderungs-, Genehmigungs- oder Anzeige- und Verkündungsverfahren. Danach können auch Ausnahmen und Befreiungen nach § 31 BauGB für die gestaltungsrechtlichen Festsetzungen zugelassen werden. Darüber hinaus ist aufgrund landesrechtlicher Regelung auch die Anwendung der in §§ 14 bis 18 BauGB enthaltenen Regelungen über die Sicherung der Bauleitplanung in Bezug auf die im Bebauungsplan enthaltenen gestaltungsrechtlichen Festsetzungen zulässig.

Nach § 9 Abs. 8 BauGB ist dem Bebauungsplan eine Begründung beizufügen, in der die Ziele und Zwecke und wesentlichen Auswirkungen des Bebauungsplanes darzulegen sind. Die Begründungspflicht dient der besseren Verständlichkeit des Bebauungsplanes. Die Begründung darf sich auf die zentralen Regelungen des Bebauungsplanes beschränken, zu diesen zählen aber nicht die aufgenommenen gestalterischen Festsetzungen nach § 9 Abs. 4 BauGB, vgl. BVerwG 3. 11. 1992 DVBl. 1993, 116. Desgleichen führt diese Bestimmung nicht zur unmittelbaren Anwendung des Abwägungsgebotes in § 1 Abs. 7 BauGB für die gestalterischen Regelungen des Bebauungsplanes, vgl. BVerwG 10. 7. 1997 BBauBl 1998, 72. Die § 86 Abs. 2 MBO entsprechenden landesrechtlichen Regelungen haben in der Praxis große Bedeutung erlangt. Die Aufnahme der örtlichen Bauvorschriften in den Bebauungsplan ist für die Gemeinde und die Betroffenen übersichtlich, weil hierdurch die bodenrechtlichen und die gestaltungsrechtlichen Festsetzungen in einer Satzung zusammengefasst werden. Diese Zusammenfassung ist in den Fällen sinnvoll, in denen aus planungsrechtlichen Gründen ein Bebauungsplan aufgestellt werden muss, z.B. zur Vorbereitung einer städtebaulichen Entwicklungsmaßnahme nach § 166 Abs. 1 Satz 2 BauGB.

970

10.4.5.2 Sonstige Satzung

Werden die örtlichen Bauvorschriften nicht als Bebauungsplan, sondern als sonstige Satzung beschlossen, muss die Satzung ihren räumlichen Geltungsbereich festlegen. Wenn dies durch einen Plan geschieht, muss die Satzung diesen ausdrücklich zu ihrem Bestandteil erklären. Der Vorteil der Gestaltungssatzung in Form einer sonstigen Satzung besteht darin, dass durch sie im Verhältnis zu einem Bebauungsplan ein sehr viel größerer räumlicher Geltungsbereich, etwa eine historische Altstadt, festgelegt werden kann. Im Eingang der Gestaltungssatzung ist auf die Ermächtigungsgrundlage in der Landesbauordnung hinzuweisen. Satzungsdatum ist das Datum der Unterschrift unter die Satzung durch den Bürgermeister. Soweit das jeweilige Landesrecht keine allgemeinen oder besonderen Verfahrensvorschriften für örtliche Bauvorschriften enthält, ist von Folgendem auszugehen:

971

972   Die Satzung muss von der Gemeindevertretung beschlossen werden und wird infolge öffentlicher Bekanntmachung rechtsverbindlich. Wenn die Gestaltungssatzung entsprechend § 86 Abs. 3 Satz 1 MBO zeichnerische Darstellungen enthält, brauchen diese gemäß § 86 Abs. 3 Satz 2 MBO nicht bekanntgemacht zu werden, sondern können ersatzweise zur Einsicht ausgelegt werden. Hierauf muss aber in der Gestaltungssatzung besonders hingewiesen werden. Die MBO sieht keine Verpflichtung der Gemeinde zur Begründung der Gestaltungssatzung vor.

973   Geht man mit dem OVG Münster davon aus, dass der mit der Satzungsgebung notwendigerweise verbundene Abwägungsvorgang verwaltungsgerichtlich kontrollierbar sein muss, so bedarf es des Vorhandenseins entsprechender Satzungsunterlagen, weil andernfalls der Abwägungsvorgang nicht nachprüfbar ist, vgl. OVG Münster 30. 6. 1981 NJW 1982, 845. Danach gehören zu den erforderlichen Unterlagen insbesondere eine genaue Bestandsaufnahme des von der Gestaltung betroffenen Gebietes, sachliche, d.h. z.B. durch das Straßen-, Orts- oder Landschaftsbild vorgegebene oder für dessen Verbesserung sprechende Gründe für die Entwicklung gestalterischer Ziele und die Darlegung der voraussichtlichen Auswirkungen der Gestaltungsziele auf die Betroffenen, schließlich die Berücksichtigung schutzwürdiger Belange der von der geplanten Gestaltungssatzung betroffenen Bewohner, Eigentümer usw. Dieser Ansicht hat sich das OVG Lüneburg ausdrücklich nicht angeschlossen, da keine entsprechende gesetzliche Regelung vorliege. Zugleich hat es aber eingeräumt, die Beifügung einer Begründung könne in hohem Maße zweckmäßig sein, vgl. oben Rnr. 959.

974   Die MBO in der Fassung vom November 2002 sieht keine Genehmigung der örtlichen Bauvorschrift mehr vor. Wenn das Landesbauordnungsrecht aber noch ein Genehmigungsverfahren vorsieht, handelt es sich um eine rechtliche Überprüfung. Die Genehmigungsbehörde prüft, ob die örtliche Bauvorschrift rechtmäßig zustande gekommen ist und ihr Inhalt die Grenzen der gesetzlichen Ermächtigung nicht überschreitet und vor allem dem Grundsatz der Bestimmtheit entspricht. Analog § 6 Abs. 3 BauGB kommt auch eine Teilgenehmigung für räumliche oder sachliche Teile der Gestaltungssatzung sowie eine Genehmigung unter Maßgaben (Bedingungen) in Betracht, denen die Gemeinde durch Beschluss der Gemeindevertretung beitreten kann. In diesen Fällen ist dieses neue Beschlussdatum ebenfalls im Eingang der Satzung zu nennen. Werden die örtlichen Bauvorschriften durch einen Bebauungsplan erlassen, kann sich ein Genehmigungserfordernis aus § 10 Abs. 2 BauGB ergeben.

10.4.6 Erarbeitung

10.4.6.1 Allgemeines

975   Die Erarbeitung örtlicher Bauvorschriften ist eine besonders schwierige Aufgabe. Sie setzt voraus, dass der Entwurfsverfasser neben den erforderlichen baugestalterischen auch über rechtliche Kenntnisse und viel Geduld verfügt. Die Gemeinde ist gut beraten, wenn sie mit dieser Aufgabe eine Person betraut, die Erfahrungen

Örtliche Bauvorschriften

mit der Erarbeitung örtlicher Bauvorschriften und auch Kenntnisse über die Auswirkungen ihrer Anwendung in der Praxis hat. Unbeschadet rechtlicher Verpflichtungen ist die Erarbeitung einer Begründung für die Gestaltungssatzung sehr zweckmäßig. Die Begründung erleichtert das Verständnis des Zweckes der Gestaltungssatzung und hilft zugleich bei deren Interpretation. Sinnvoll ist es daher, die Satzung zusammen mit der Begründung zu veröffentlichen.

Soweit eine Gestaltungssatzung für einen größeren, bereits im Zusammenhang bebauten Bereich, wie z.B. eine Altstadt, erlassen werden soll, kann sie dort nur langfristig Wirkungen entfalten. Das setzt voraus, dass die wesentlichen Festsetzungsinhalte nicht nach jeder Kommunalwahl erneut in Frage gestellt werden. Dem kann nur durch ein möglichst umfassendes Einvernehmen aller kommunalpolitisch bedeutsamen und interessierten Gruppen in der Gemeinde vor der Beschlussfassung durch die Gemeindevertretung vorgebeugt werden. Zu diesem Zwecke ist eine umfassende Bürgerbeteiligung durchzuführen. In diese Beteiligung sind neben dem örtlichen Grundbesitzerverein vor allem die ortsansässigen Architekten einzubeziehen. Wenn die Gemeinde nicht selbst Bauaufsichtsbehörde ist, sollte auch diese bei der Erarbeitung der Gestaltungssatzung hinzugezogen werden, damit sie die Motive der Gemeinde kennt, die der Gestaltungssatzung zugrunde liegen. Bei Gestaltungssatzungen zum Schutz bestimmter Bauten, Straßen, Plätze oder Ortsteile von geschichtlicher, künstlerischer oder städtebaulicher Bedeutung sowie von Baudenkmälern ist zusätzlich eine Mitarbeit der zuständigen Denkmalschutzbehörde geboten. Soweit sich in den Schutzbereich Kulturdenkmale im Sinne des Denkmalschutzgesetzes befinden, kommt hier auch der Umgebungsschutz des Denkmalschutzrechtes zur Anwendung. Unverzichtbar ist vor allem eine umfassende Öffentlichkeitsarbeit. *976*

10.4.6.2 Neu zu gestaltende Bereiche

Bei der Erarbeitung einer Gestaltungssatzung für ein neu zu bebauendes Gebiet kommt es hauptsächlich auf ein gestalterisch eigenständiges Leitmotiv an, da hier keine unmittelbare gestalterische Bezugnahme auf oder Anlehnung an einen baulichen Bestand möglich ist. Geht man vom Gedanken der gestalterischen Einheit des Ortsbildes aus, so kann man gestalterische Motive aus den bereits vorhandenen im Zusammenhang bebauten Bereichen übernehmen. Denkbar ist auch das Ziel einer hiervon abweichenden Gestaltung. Dies kann etwa in Fällen zum Tragen kommen, in denen die gestalterische Qualität der bereits im Zusammenhang bebauten Bereiche der Gemeinde als verbesserungsbedürftig beurteilt werden muss. Grundgedanken einer solchen Gestaltungsidee für einen Neubaubereich können sein: weitgehende Sicherung einer einheitlichen Gestaltung, die Verhinderung monotoner Gestaltungsformen, die Beachtung bestimmter regionaler Bautraditionen oder die Gewährleistung einer gewissen Maßstäblichkeit der äußeren Erscheinungsformen der zu errichtenden baulichen Anlagen. Zu einheitliche Gestaltungsformen können durch einen qualitätsvollen –, d.h. nicht schematisch entworfenen Bebauungsplan *977* verhindert werden, der z.B. nach § 9 Abs. 1 Nr. 3 BauGB unterschiedliche Mindestmaße für die Breite der Grundstücke festsetzt.

10.4.6.3 Im Zusammenhang bebaute Bereiche

10.4.6.3.1 Erfassung des Gebäudebestandes

978   Soll hingegen die gestalterische Konzeption aus dem Bestand abgeleitet werden, um diesen zu schützen und in einem bestimmten Rahmen weiterzuentwickeln, so ist in einem im Zusammenhang bebauten Bereich der erste Schritt zur Erarbeitung der Gestaltungssatzung die Erfassung des vorhandenen Bestandes baulicher Anlagen. Zu erfassen sind die verwendeten Baumaterialien, die Dachlandschaft, die Baukörper und Baufluchten sowie die Fassaden. Als geeignetes technisches Hilfsmittel der gestalterischen Bestandsaufnahme kommen fotogrammmetrische Aufnahmen der baulichen Anlagen einschließlich Luftaufnahmen in Betracht. Hierbei handelt es sich um ein flächenhaft aufnehmendes Verfahren, welches perspektivisch bedingte Verzerrungen vermeidet. Mithilfe dieser Aufnahmen können insbesondere gestalterische Einzelheiten kulturhistorisch bedeutender alter Gebäude optisch festgehalten werden. Die Aufnahmen ermöglichen zudem die einfache Anfertigung zeichnerischer Darstellungen von Fassadenabwicklungen, die gemeinsame Gestaltmerkmale in Bezug auf die Breite und Höhe, die Proportionen, die plastische Gliederung, das Verhältnis der Fenster- und Türöffnungen zur Wand leicht erkennen lassen. Zur Erfassung des Gebäudebestandes gehört auch die Erstellung eines Farbbefundes zur Feststellung der ursprünglichen Farbigkeit der Fassaden. In die Ermittlung sind aber auch die Lage der baulichen Anlagen an der Straße oder am Platz sowie am Altstadtrand einzubeziehen. Erst das Verhältnis von baulichen Anlagen und den Freiräumen bestimmt das Ortsbild.

10.4.6.3.2 Ortsbildanalyse

979   Aufgrund dieser Erhebungen und Darstellungen können die gemeinsamen Gestaltmerkmale der vorhandenen Bausubstanz ermittelt und analysiert werden. Maßgebend ist aber nicht die Gemeinsamkeit an sich, sondern ihre Bedeutung für das Ortsbild. Das Ortsbild umfasst hier die Silhouette, den Grundriss einschließlich der sich hieraus ergebenden öffentlichen Räume. Bezogen auf die vorhandenen baulichen Anlagen sind die für das Ortsbild gemeinsamen positiven Gestaltelemente festzustellen. Die Entscheidung, was hier positiv ist, bedarf einer sorgfältigen Abwägung. In einem Altstadtbereich kann eine Haustypologie entwickelt werden, welche bestimmte erhaltenswerte Gestaltmerkmale unterschiedlichen Haustypen zuordnet oder als allen Haustypen gemeinsame Gestaltmerkmale ermittelt. In der Praxis lässt sich am einfachsten eine Verständigung über Fehlentwicklungen im Ortsbild erzielen. Dies gilt vor allem für die Verwendung umfassender Baumaterialien in einer Altstadt wie z.B. Keramik, Glasbausteine, Sichtbeton usw. Schwieriger wird dies bei der Feststellung von Maßstabsbrüchen. Diese können sehr unterschiedliche Gründe haben. Sie können sogar seinerzeit bei der Genehmigung als positiv empfunden werden, z.B. so genannte „Städtebauliche Dominanten" der

siebziger Jahre. Maßstabsbrüche können ihren Grund aber auch in besonderen Wünschen der seinerzeitigen Bauherren haben oder „weil es damals niemand besser wusste". Aufgabe einer örtlichen Bauvorschrift kann es sein, das Entstehen weiterer Fehlentwicklungen zu verhindern.

10.4.6.4 Festsetzungsempfehlungen

Aus der Analyse des Ortsbildes können bestimmte Festsetzungsempfehlungen für eine Gestaltungssatzung abgeleitet werden. Hierbei handelt es sich um eine planerische Entscheidung, weil unterschiedliche Interessen gegeneinander abzuwägen sind und sich in der Regel nicht nur eine Lösung aufdrängt. Hierbei muss auch die Wechselbeziehung gestalterischer Planung zu funktionalen und wirtschaftlichen Gesichtspunkten des Bauens gesehen werden. Umso wichtiger ist es, dass die Gestaltungsgrundsätze, auf denen die Festsetzungsempfehlungen beruhen, einschließlich des zugrunde liegenden gestalterischen Leitbildes offengelegt und nachvollziehbar in verständlicher Form dargestellt werden. Hierbei können bestimmte Leitgedanken auch allgemein formuliert werden, wie etwa die Bewahrung des vorhandenen Ortsbildes, die Rücksichtnahme auf Baudenkmäler oder eine einheitliche Gestaltung. Ein wichtiges Ziel der Festsetzungsempfehlungen wird in der Regel die Bewahrung bestimmter positiver Gestaltmerkmale sein, die sich im Ortsbild langfristig über mehrere Stilepochen erhalten haben. Diese ortstypischen Gestaltmerkmale müssen genau umschrieben werden, damit sie in die rechtliche Sprache der Gestaltungssatzung umgesetzt werden können. Die Wiederholung bekannter Gestaltungsformen erweckt zumeist den Eindruck heimatlichen Vertrautseins und trägt zur Erhaltung der Identität und kontinuierlichen Weiterentwicklung des Ortsbildes bei.

980

10.4.6.5 Mögliche gestalterische Festsetzungen

Die in Betracht kommenden gestalterischen Festsetzungen hängen sowohl vom gestalterischen Konzept der Gemeinde als auch von der städtebaulichen Aufgabe ab. Insoweit kann es keine allgemeine Mustergestaltungssatzung geben. Eine Gestaltungssatzung für eine Neubausiedlung, die aus Einfamilienhäusern gebaut werden soll, muss anders aussehen als ein neugeplanter Bereich in einer Großstadt. Entsprechendes gilt für Gestaltungssatzungen, die in bereits im Zusammenhang bebauten Ortsteilen Anwendung finden sollen. Auch hier müssen für ein Dorf andere gestalterische Vorgaben zur Anwendung kommen als für eine Altstadt. Bei der Bestimmung der gestalterischen Festsetzungen sind darüber hinaus auch regionale oder lokale Bautraditionen zu berücksichtigen. So spielt der Backstein als Baumaterial im Norden Deutschlands eine größere Rolle als im Süden. In vielen Landschaftsbereichen ist Fachwerk stärker vertreten, in anderen weniger.

981

Eine Gestaltungssatzung besteht aus Geboten und Verboten. Gebote engen den Gestaltungsspielraum des Bauherren in der Regel mehr ein als Verbote, weil er hierdurch auf bestimmte Gestaltungsmöglichkeiten festgelegt wird. Vor der Anordnung allgemeiner Gebote ist daher stets eine mögliche Verletzung des Übermaßverbotes zu prüfen.

Baugestaltungsrecht

Die äußere Gestaltung baulicher Anlagen wird bestimmt durch ihre Maßstäblichkeit, ihre Formen, die verwendeten Baustoffe und die bei ihrem Anstrich verwendeten Farben und ihre Stellung in Bezug auf den öffentlichen Raum. Im Einzelnen kommen insbesondere Festlegungen über die äußere Gestaltung folgender Elemente baulicher Anlagen in Betracht:

982 (1) Die Verwendung des Baumaterials und des Farbanstriches für die äußere Gestaltung der baulichen Anlagen: Es kann die Verwendung bestimmter Farben und Baustoffe sowohl angeordnet als auch ausgeschlossen werden, z.B. die Verwendung glänzenden Metalles, von Wellblech, Keramik, Glasbausteinen, Spiegelgläsern und farbigen Gläsern usw. Nicht zulässig sind hingegen Bestimmungen über die Art des Materials. Für derartige gestalterische Anforderungen enthalten die § 86 Abs. 1 Nr. 1 MBO entsprechenden Regelungen der Landesbauordnungen keine Ermächtigungsgrundlage. Maßgebend ist immer allein die äußere Erscheinungsform. Die Verwendung materialechter Baustoffe, z.B. von Holzfenstern anstelle von gleichaussehenden Kunststofffenstern, kann daher nicht durch eine Gestaltungssatzung bestimmt werden. Soweit hingegen stoffliche und farbliche Festlegungen zulässig sind, können sie für alle äußeren Teile baulicher Anlagen durch die Gestaltungssatzung geregelt werden.

983 In Betracht kommen Regelungen über die Form und Farbe der Dachziegel oder die Dacheindeckung in Form eines Reet- oder Schilfdaches. Desgleichen sind auch entsprechende Bestimmungen für die äußere Gestaltung der Fassaden zulässig, z.B. kann eine Putzfassade mit Verwendung bestimmter Farbanstriche, die genau zu umschreiben sind, festgelegt werden. Zulässig ist aber auch die Anordnung frei liegenden Mauerwerkes mit bestimmten Ziegelstrukturen und Ziegelfarben oder auch von Fachwerk. Zweckmäßig sind Probeanstriche in verschiedenen Abstufungen, um ihre optische Wirkung beurteilen zu können. Ferner kann die Gestaltungssatzung Anforderungen an den Anstrich der Fensterrahmen und Fensterunterteilungen sowie der Haustüren enthalten. Zulässig sind auch Bestimmungen über die Farben von Markisen. Unsere heutige Baustoffindustrie produziert eine Vielzahl von Baumaterialien, die dem Bauherren zur Verfügung stehen. Aufgabe einer örtlichen Bauvorschrift kann es auch sein, die Anzahl der für die äußere Gestaltung der baulichen Anlagen verwendbaren Baustoffe zu begrenzen. Die Benutzung einer größeren Zahl von verschiedenen Baumaterialien für die Gestaltung einer baulichen Anlage führt i.d.R. zu einer optischen Unruhe im Straßenbild. Das harmonische Ortsbild der vorindustriellen Altstädte beruht auch darauf, dass seinerzeit aus bautechnischen Gründen nur eine begrenzte Auswahl von Baustoffen möglich war. Unterschiedliche Materialien einer Fassade wie Putz, Backstein und Holz können durch einen einheitlichen Farbanstrich „optisch zusammengefasst" werden.

984 (2) Die Festsetzung bestimmter Gebäudetypen entsprechend der Form ihres Daches: Giebel-, Traufseit-, Zwerchgiebel-, Attika-, Flachdach- oder Vielformentyp. Jedem Gebäudetyp können bestimmte gestalterische Festsetzungen zugeordnet werden. Die Gebäudetypen sind in der Satzung zu definieren. So beruhen z.B. Giebeltyp und Attikatyp auf einem Satteldachgebäude, dessen First senkrecht zur

Örtliche Bauvorschriften

Straße steht. Traufseittyp und Zwechgiebeltyp haben ein Satteldach, dessen First parallel zur Straße steht. Beim Attikatyp, Traufseittyp und auch beim Zwerchgiebeltyp dominiert in der Fassade die Horizontalgliederung, beim Giebeltyp dagegen die Vertikalgliederung.

(3) Bestimmungen über die Stellung der Baukörper entsprechend der Firstrichtung und die Gestalt sowie die Abmessungen der Baukörper: Zulässig ist die Vorgabe der Einhaltung einer geschlossenen Bauflucht genauso wie die Festlegung einer Abweichung von der Bauflucht. Zweckentsprechend der Regelungen ist weniger die Bestimmung der Gestaltung der einzelnen baulichen Anlagen. Stellung und Flucht der Gebäude prägen die öffentlichen Räume, die wesentliche Elemente des Ortsbildes sind. 985

In diesem Zusammenhang ist auch auf § 86 Abs. 1 Nr. 6 MBO hinzuweisen. Danach kann die Gemeinde durch örtliche Bauvorschriften geringere als die in § 6 Abs. 4 und 6 MBO vorgesehenen Mindestabstandflächen zur Wahrung der bauhistorischen Bedeutung oder der sonstigen Eigenart eines Ortsteiles bestimmen. Die entsprechenden Regelungen der Landesbauordnungen tragen der Tatsache Rechnung, dass unsere historischen Altstädte nach Grundsätzen gebaut worden sind, die dem heutigen Bauordnungsrecht nicht entsprechen. 986

Wichtig sind auch Anforderungen an die Gestalt und die Abmessungen der Baukörper. In Betracht kommen Aussagen über die zulässigen Proportionen der Baukörper: Stehend, quadratisch oder liegend. Zulässig sind Bestimmungen über die Maximal- und die Mindesthöhe der Traufe oder des Firstes. Zur Vermeidung einer einheitlichen Gestaltungsform kann die örtliche Bauvorschrift auch bestimmen, dass die Traufhöhen von Parzelle zu Parzelle innerhalb der festgesetzten Toleranzen voneinander abweichen müssen. 987

(4) Festsetzungen über die Gestaltung der Dachformen: Die Gestaltungssatzung kann einen durchgehenden Dachfirst vorgeben, Aussagen über die zulässigen Dachneigungen enthalten, sowie bestimmte Dachformen wie Satteldach, Mansarddach, Krüppelwalmdach, Pultdach oder Schleppdach, Walmdach usw. anordnen oder ausschließen. Wichtig sind Aussagen über die Zulässigkeit und Form von Dachaufbauten, z.B. von Schleppgauben oder Giebelgauben. Ihr Mindestabstand zur Traufe und zum First kann festgelegt werden, um extrem asymmetrischen Gestaltungsformen vorzubeugen. In Betracht kommen ferner Bestimmungen über die Zulässigkeit von Dachflächenfenstern sowie über die Gestaltung von Traufgesimsen. 988

(5) Fassaden, die zum Teil auch als Außenwände bezeichnet werden: Je größer die Fläche einer Fassade ist, umso mehr bedarf sie zur Vermeidung eintöniger Gestaltungsformen der Gliederung. Diese kann durch die Ausbildung horizontaler und vertikaler Zonen sowie durch die Gruppierung der Fenster vorgenommen werden. Zulässig sind Bestimmungen über die Mindest- und Höchstbreite von Fassaden. Die Gestaltungssatzung kann auch eine Aussage über abweichende Fassaden- 989

breiten innerhalb eines zulässigen Spielraumes enthalten. Die Verbindung mehrerer Baukörper durch eine einheitlich gestaltete Fassade kann untersagt werden.

990   Die Satzung kann Verpflichtungen über eine plastische Gestaltung der Fassade enthalten und über Auskragungen sowie die Ausbildung von Arkaden in der Erdgeschoßzone enthalten. Wichtig sind Bestimmungen über den Mindest- und Höchstanteil der Fensterflächen an den Fassaden. I.d.R. liegt der Anteil der Fensterfläche unter 50 v.H. der Fassade und der Wandanteil ist an den Seiten zu den Nachbarfassaden größer als in der Mitte. Sinnvoll ist auch die Aufnahme einer Verpflichtung in die Satzung, wonach jedes Geschoß Fensteröffnungen erhalten muss.

Die Gestaltungssatzung kann auch Aussagen über die Gestaltung der Seiten- und Rückfassaden enthalten. Da diese jedoch für das Straßen- und Ortsbild zumeist eine geringere Bedeutung haben, ist hier insoweit bei den gestalterischen Anforderungen der Grundsatz der Verhältnismäßigkeit zu beachten.

991   (6) Fensteröffnungen: In Betracht kommen Bestimmungen über die zulässigen oder unzulässigen Proportionen der Fensteröffnungen: Stehend, quadratisch, liegend sowie die ausschließliche Zulässigkeit von Schaufenstern im Erdgeschoß. Üblich ist eine Festlegung, dass jede Straßenfassade als Lochfassade Fensteröffnungen innerhalb eines Geschosses auf der gleichen Höhe zu liegen haben muss. Gleiche Fensterformen tragen zur Homogenisierung unterschiedlicher Fassaden bei. In der Praxis bedeutsam sind Bestimmungen über die Unterbrechung von Schaufensterreihen durch eine Wandfläche von bestimmter Breite, um den optischen Eindruck zu vermeiden, das Gebäude schwebe konstruktiv.

992   (7) Fensterunterteilungen: Es kommen Vorgaben über die Größe der Fensterfläche in Betracht, die unterteilt werden muss und die Größe der Fensterfläche, die nicht mehr unterteilt werden darf. Nicht unterteilte Fenster erscheinen in der Fassade i.d.R. als schwarze Löcher und wirken sich, je größer sie sind, gestalterisch entsprechend negativ aus. Hinsichtlich der Größe der zu unterteilenden Fensterfläche werden bei Schaufenstern i.d.R. Ausnahmen gemacht. Zulässig sind auch Festlegungen für die Bündigkeit der Fassade und die Begrenzung zulässiger Rücksprünge der Fenster. Die Verwendung von gewölbtem Glas kann untersagt werden. Zulässig ist auch das Verbot außen angebrachter Rolläden.

993   (8) Türen: Zulässig und für das Straßenbild wichtig ist die Anordnung, dass jede Straßenfassade eine Eingangstür haben muss. Fassaden ohne Türen wirken zumeist optisch abweisend. Ferner kann die Gestaltungssatzung Aussagen über die Größe der Türen und die Unterteilung von Türfenstern enthalten.

994   (9) Nebenanlagen: In Frage kommen auch gleiche oder besondere Anforderungen an die äußere Gestaltung baulicher Nebenanlagen wie z.B. von Kraftfahrzeugunterstellräumen. In der Praxis werden jedoch in den örtlichen Bauvorschriften zumeist an Nebenanlagen geringere gestalterische Anforderungen gestellt. Wenn die Gestaltungssatzung für das Hauptgebäude ein Satteldach vorschreibt, muss sie dies

Örtliche Bauvorschriften

nicht auch für die Nebenanlage festsetzen. Hier gerät eine entsprechende Dachgestaltung in Gefahr, aufgesetzt zu wirken. Es reicht i.d.R. eine Gestaltung, die die Zugehörigkeit der Nebenanlage zum Hauptgebäude nicht in Frage stellt.

(10) Bestimmungen über Sonnenkollektoren auf den Dächern, Balkone, Sicht- und Windschutzwände, Markisen, Fenstergitter sind i.d.R. zweckmäßig. Die unbeschränkte Verwendung dieser Elemente wirkt sich fast immer gestalterisch negativ aus. Zulässig sind auch Bestimmungen über die Anbringung von Antennen. Hierbei muss aber beachtet werden, dass im Konfliktfall das durch Art. 5 Abs. 1 Satz 1 Grundgesetz verfassungsrechtlich geschützte Recht jeder Person, sich aus allgemein zugänglichen Quellen ungehindert zu unterrichten, gegenüber dem Gestaltungsrecht der Gemeinde den Vorrang hat. Die Verbannung von Antennen unter das Dach ist daher nur zulässig, soweit der Fernseh- oder Rundfunkempfang hierdurch nicht beeinträchtigt wird. Ein deutscher Staatsangehöriger muss sich hinsichtlich des Fernsehempfanges auf einen vorhandenen Kabelanschluss verweisen lassen. 995

10.4.7 Anwendung der örtlichen Bauvorschriften

Die Anwendung der örtlichen Bauvorschriften ist keine Selbstverwaltungsaufgabe der Gemeinde. Sie ist daher für die Anwendung ihrer Gestaltungssatzung nur zuständig, wenn ihr die Durchführung der Bauaufsicht, die eine staatliche Aufgabe ist, übertragen wurde. Ist dies nicht der Fall, kann die Gemeinde soweit ihre Gestaltungssatzung im Baugenehmigungsverfahren nicht beachtet wird, gegen die erteilte Baugenehmigung wegen Verstoßes gegen eine ihre Belange schützende Norm des Bauordnungsrechtes klagen. Eine zuvor abgegebene positive Beurteilung des Vorhabens führt jedoch zur Verwirkung dieses Abwehrrechtes, vgl. OVG Koblenz 5.8.1993 BRS 55 Nr. 130. Hinsichtlich der Anwendung der Gestaltungssatzung ist zu beachten, dass diese nur für Veränderungen des Äußeren baulicher Anlagen Bedeutung hat. Soweit sie dem Inhalt der Gestaltungssatzung widersprechen, können die baulichen Veränderungen durch Mittel des Verwaltungszwanges beseitigt werden. Des Weiteren kommt die Verhängung eines Bußgeldes bei Verstößen gegen die Satzung entsprechend der Regelung in der geltenden Landesbauordnung in Betracht. Instandhaltungsmaßnahmen am Äußeren einer baulichen Anlage, etwa die Neueindeckung des Daches mit den gleichen Ziegeln wie bisher oder der Neuanstrich der Fassaden mit der bisherigen Farbe bleiben von der Gestaltungssatzung unberührt. 996

Betrachtet man neu gestaltete bauliche Anlagen im Geltungsbereich einer Gestaltungssatzung, so kann man in Bezug auf die architektonische Qualität Enttäuschungen erleben. Die Aufgabe einer Gestaltungssatzung liegt aber nicht in der Erzwingung guter Gestaltung. Dies ist nicht möglich. Sie kann nur im Interesse des Ortsbildes helfen, bestimmte Fehler zu vermeiden. Insoweit darf dieses Rechtsinstrument in seiner Bedeutung auch nicht überschätzt werden. Eine Gestaltungssatzung kann keinen guten Architekten ersetzen. Sie kann ihm dagegen helfen, bestimmte, dem Ortsbild abträgliche Wünsche seines Bauherrn unbeachtet zu lassen. 997

Baugestaltungsrecht

998 Beim Erlass örtlicher Bauvorschriften sind nicht alle künftigen Problemfälle zu erkennen. Keine Gestaltungssatzung kann alle in Betracht kommenden Fallgestaltungen vorher sinnvoll regeln. Jede Satzung muss sich auf verallgemeinernde Aussagen beschränken und kann atypische Fälle nicht erfassen. Es kommt daher in der Praxis immer wieder zu Vorhaben, die nach den Festlegungen der Satzung nicht zulässig, aber dennoch gestalterisch sinnvoll sind, weil ihre Verwirklichung trotz der satzungsrechtlichen Abweichungen eindeutig zur Verbesserung oder Bereicherung des Ortsbildes beitragen würde. Soweit in diesen Fällen nach dem Wortlaut der Gestaltungssatzung die Erteilung einer Ausnahme nicht zulässig ist, muss die Gemeinde nach § 67 Abs. 3 MBO prüfen, ob entsprechend § 67 Abs. 1 MBO im Einzelfall eine Abweichung von den Anforderungen der örtlichen Bauvorschriften mit den öffentlichen Belangen unter Würdigung öffentlich-rechtlich geschützter nachbarlicher Belange vereinbar ist.

10.5 Gestaltung in der städtebaulichen Planung

10.5.1 *Gestaltungsempfehlungen*

999 Eine Gestaltungssatzung ist als Rechtsinstrument kein Selbstzweck, sondern ein Mittel zur Durchsetzung gestalterischer Absichten der Gemeinde. Diese müssen daher gegenüber dem Rechtsinstrument im Vordergrund stehen. Wie bei anderen städtebaulichen Aufgaben ist es zweckmäßig, die Auswahl des geeigneten Rechtsinstrumentes vom Planungskonzept der Gemeinde abzuleiten. Gestaltungsplanungen der Gemeinde brauchen sich nicht in der Ausarbeitung einer Gestaltungssatzung zu erschöpfen, sondern können für ihre Durchsetzung auch die Änderung oder Anwendung anderer Rechtsinstrumente zur Folge haben. So kann ein städtebauliches Gestaltungskonzept auch zur Änderung der Bauleitplanung sowie zur Aufstellung einer Erhaltungssatzung nach § 172 BauGB führen.

1000 Die Qualität des gestalterischen Konzeptes sollte auch in der Öffentlichkeit deutlich gemacht werden. In vielen Fällen sind die betroffenen Bauherren durchaus gutwillig, aber nicht in der Lage, geeignete Ideen für die Gestaltung ihres Vorhabens zu entwickeln. Aus diesem Grunde sind zur Erläuterung der gestalterischen Absicht gute und schlechte Beispiele für die Gestaltung der Vorhaben beinahe wichtiger als die Satzung. Von Bedeutung für die Durchführung eines Gestaltungsplanes ist auch, ob und inwieweit die Gemeinde selbst ihre Gestaltungsempfehlungen bei der Durchführung ihrer eigenen Hochbaumaßnahmen beachtet. Zur Stadt- oder Ortsgestaltung gehört aber mehr als die Entwicklung gestalterischer Vorgaben für die äußere Gestaltung baulicher Anlagen.

10.5.2 *Gestaltung der öffentlichen Räume*

1001 Ein weiterer Teil des Aufgabenfeldes der Stadt- und Ortsgestaltung sind die öffentlichen Flächen. Dieser Bereich ist in der Nachkriegszeit weitgehend vernachlässigt und ausschließlich unter dem Gesichtspunkt der flüssigen Verkehrsführung gesehen worden. Die große gestalterische Bedeutung guter Straßenpflasterungen für das Ortsbild ist in Deutschland erst im letzten Jahrzehnt wieder entdeckt worden.

In den vorhergehenden Jahren hatten viele Gemeinden ihr Pflaster veräußert oder im Interesse eines ruhigen Ablaufes des Kraftfahrzeugverkehrs noch zugeteert. In der Praxis spielen qualitätsvolle Straßenpflasterungen eine besondere Rolle in Fußgängerzonen und in verkehrsberuhigten Bereichen. Insbesondere die Umgebung von Baudenkmälern verlangt auch eine angemessene Gestaltung des Pflasters und des übrigen öffentlichen Straßenraumes. Hierzu gehört auch die Gestaltung der Straßenbeleuchtung, Poller, Pfeiler, Bänke, Telefonzellen usw.

Eine gute Gestaltung des Straßenraumes setzt eine Planung voraus, die alle Einzelheiten im Zusammenhang festlegt. Bei der Gestaltung der Straßenfläche handelt es sich um keinen überflüssigen Luxus. Innerörtliche Straßen dienen nicht ausschließlich dem Verkehr, sondern sind auch unser Lebensraum. Viele Plätze erfüllen auch heute in den Städten bedeutende Aufgaben als Versammlungsort, Treffpunkte und als Standorte für das Marktgeschehen. Mit Planung ist hier nicht die fachtechnische Planung, sondern die Gestaltungsplanung eines einschlägig erfahrenen Architekten gemeint. *1002*

Nicht sinnvoll ist es, diese Planung allein auf die Lenkung des Verkehrs auszurichten. In der Regel wird das Pflaster sehr viel älter werden als die Verkehrsführung. Die Planung der Straßenflächen in verkehrsberuhigten Bereichen soll daher nicht der Verkehrslenkung dienen, sondern für sie möglichst offen sein. Bezugspunkt für die gestalterische Straßenplanung sind die an die öffentlichen Flächen angrenzenden baulichen Anlagen. Die gestalterische Qualität der Straßenoberfläche sollte der angrenzenden Architektur entsprechen und sie nicht zu übertreffen versuchen. Im Zweifel ist eine zurückhaltende Gestaltung der Flächen zweckmäßig. Auch hier ist die Anzahl der verwendeten Baumaterialien zu begrenzen. Sinnvoll ist dabei die Wahl einer einheitlichen Gestaltungsform für einen städtebaulichen Bereich. *1003*

10.5.3 Gestaltung in der Bauleitplanung

Die Bewahrung oder Verbesserung des Stadt- oder Ortsbildes ist nur erreichbar, wenn die städtebauliche Planung der Gemeinde auf allen Ebenen (Entwicklungsplanung, Flächennutzungsplan, städtebaulicher Rahmenplan, Bebauungsplan) diese Zielsetzung beachtet. Nach § 1 Abs. 6 Nr. 5 BauGB ist bei der Bauleitplanung die Gestaltung des Orts- und Landschaftsbildes insbesondere zu berücksichtigen. Bereits auf der Ebene des Flächennutzungsplanes fallen Entscheidungen, die die Entwicklung des Ortsbildes beeinflussen. Zu den Aufgaben der vorbereitenden Bauleitplanung gehört die Abgrenzung der zu bebauenden oder bebauten Flächen von Flächen, die von der Bebauung frei zu halten sind. Hier kann durch eine Grenzziehung verhindert werden, dass infolge späterer verbindlicher Bebauungspläne Siedlungsstrukturen entstehen, die sich ungeordnet in die Landschaft entwickeln und das Erscheinungsbild des Ortes von außen beeinträchtigen. *1004*

Baugestaltungsrecht

1005 Durch die geeignete Darstellung von Flächen nach der besonderen Art ihrer Nutzung (Baugebiete) im Flächennutzungsplan kann die Gemeinde z.B. verhindern, dass die Eingangssituation am Stadtrand durch Tankstellen und nichtssagende gewerbliche Gebäude geprägt wird. Nach § 5 Abs. 2 Nr. 1 BauGB können im Flächennutzungsplan die Bauflächen nach dem allgemeinen Maß der baulichen Nutzung dargestellt werden. Diesen Darstellungen können Höhen- und Baumassenkonzepte zugrunde gelegt werden, deren gestalterische Auswirkungen auf die Ortssilhouette untersucht worden sind. Vor allem können Sichtschneisen auf Altstadtbereiche frei gehalten werden. Zu den Aufgaben der vorbereitenden Bauleitplanung gehört auch die Darstellung der Flächen für den überörtlichen Verkehr und für die örtlichen Hauptverkehrszüge. Die Gemeinde kann daher auf dieser Planungsebene dazu beitragen, dass langweilige Straßenführungen vermieden, einheitlich gestaltete Ortsteile nicht zerschnitten werden oder Straßenführungen entstehen, die auf die örtliche Topografie keine Rücksicht nehmen.

1006 Da der Katalog des § 5 Abs. 2 BauGB nicht abschließend ist, können in den Flächennutzungsplan für die Gestaltung des Orts- oder Stadtbildes weitere gestalterisch wichtige oder weiter differenzierende Darstellungen aufgenommen werden, soweit hierdurch nicht den nach § 9 Abs. 1 BauGB zulässigen Festsetzungen eines Bebauungsplanes planungsrechtlich vorgegriffen wird.

Keiner Darlegung bedarf, dass viele Festsetzungen in der verbindlichen Bauleitplanung große Bedeutung für die Entwicklung der Stadt- oder Ortsgestalt haben, wie Festsetzungen nach

- § 9 Abs. 1 Nr. 1 BauGB über das Maß der baulichen Nutzung,
- § 9 Abs. 1 Nr. 2 BauGB über die Bauweise, die überbaubaren und die nicht überbaubaren Grundstücksflächen sowie die Stellung der baulichen Anlagen,
- § 9 Abs. 1 Nr. 3 BauGB über die Mindestgröße, Mindestbreite und Mindesttiefe der Baugrundstücke sowie die Höchstmaße der Wohnbaugrundstücke und
- § 9 Abs. 1 Nr. 10 BauGB über die Flächen, die von der Bebauung frei zu halten sind.

Anhang

Internationale Charta zur Denkmalpflege in historischen Städten (Charta von Washington)

(Beschluss der VIII. ICOMOS-Generalkonferenz 1987 in Washington)

Präambel und Definitionen

Alle städtischen Gemeinwesen, die allmählich gewachsenen wie die planmäßig geschaffenen, sind Ausdruck vielfältiger gesellschaftlicher Entwicklungen im Lauf der Geschichte.

Die vorliegende Charta betrifft historische städtische Bereiche, große wie kleine Städte, Stadtkerne oder Stadtteile samt ihrer natürlichen und der vom Menschen geschaffenen Umwelt. Über ihre Rolle als Geschichtszeugnisse hinaus verkörpern sie die Werte traditioneller städtischer Kultur. Doch als Folge der Stadtentwicklung, wie sie die Industrialisierung allenthalben mit sich bringt, sind heute viele dieser Bereiche bedroht, verfallen, beschädigt oder sogar der Zerstörung preisgegeben.

Angesichts dieser dramatischen Situation, die oft zu nicht wiedergutzumachenden kulturellen, sozialen und sogar wirtschaftlichen Verlusten führt, hält es der International Council on Monuments and Sites (ICOMOS) für notwendig, eine internationale Charta zur Denkmalpflege in historischen Städten abzufassen, welche die „Internationale Charta über die Konservierung und Restaurierung von Denkmälern und Ensembles" (Charta von Venedig, 1964) ergänzen soll. Die neue Charta definiert Grundsätze, Ziele und Methoden zur Denkmalpflege in historischen Städten und städtischen Bereichen. Damit soll auch die Harmonie des individuellen und gemeinschaftlichen Lebens in diesen Bereichen begünstigt und der gesamte kulturelle Besitz, selbst in seinen bescheidensten Formen, als historisches Erbe der Menschheit auf Dauer gesichert werden.

Wie in der Unesco-Empfehlung zum Schutz historischer Ensembles und zu ihrer Rolle im heutigen Leben (Warschau – Nairobi, 1976) und in verschiedenen anderen internationalen Dokumenten sind unter Denkmalpflege in historischen Städten und städtischen Bereichen jene Maßnahmen zu verstehen, die für deren Schutz, Erhaltung und Restaurierung wie auch deren Entwicklung und harmonische Anpassung an das heutige Leben notwendig sind.

Grundsätze und Ziele

1. Die Denkmalpflege in historischen Städten und städtischen Bereichen muss, um wirksam zu sein, in eine kohärente Politik der wirtschaftlichen und sozialen Entwicklung integriert sein und in der städtischen und regionalen Planung auf allen Ebenen Berücksichtigung finden.

Anhang

2. Zu den Werten, die es zu bewahren gilt, gehören der historische Charakter der Stadt und alle jene materiellen und geistigen Elemente, in denen sich dieser Charakter ausdrückt, insbesondere:

a) die Anlage einer Stadt, wie sie durch Parzellen und Straßennetz bestimmt ist;

b) die Beziehungen zwischen Bauwerken, Grünflächen und Freiflächen;

c) die innere und äußere Erscheinungsform von Bauwerken, wie sie durch Struktur und Stil, Maßstab und Volumen, Konstruktion und Materialien, Farbe und Dekor gegeben ist;

d) die Beziehungen zwischen der Stadt oder dem städtischen Bereich und der natürlichen und vom Menschen geschaffenen Umgebung;

e) die verschiedenen Funktionen, die die Stadt oder der städtische Bereich im Lauf der Zeit übernommen hat.

Jede Bedrohung dieser Werte stellt eine Gefahr für die Authentizität der historischen Stadt oder des städtischen Bereichs dar.

3. Teilnahme und Einbeziehung der Bewohner sind wesentlich für eine erfolgreiche Stadterhaltung und sollten gefördert werden. Man sollte nie vergessen, dass die Bewahrung historischer Städte und städtischer Bereiche in erster Linie deren Bewohner betrifft.

4. Die Denkmalpflegemaßnahmen in einer historischen Stadt oder einem städtischen Bereich erfordern reifliche Überlegung, Methodik und Fachwissen. Dabei sollte jeder Dogmatismus vermieden werden, weil im Einzelfall spezifische Probleme zu berücksichtigen sind.

Methoden und Mittel

5. Die Planung für die Erhaltung historischer Städte und städtischer Bereiche soll in multidisziplinärer Zusammenarbeit vorbereitet werden. Dabei muss unter Berücksichtigung aller relevanten Faktoren wie Archäologie, Geschichte, Architektur, Technik, Soziologie und Wirtschaft von einer Analyse der Gegebenheiten ausgegangen werden. Die Hauptziele der Erhaltungsplanung sollten ebenso klar definiert werden wie die gesetzlichen, administrativen und finanziellen Mittel, die zu ihrer Verwirklichung notwendig sind. Die Erhaltungsplanung sollte um ein ausgewogenes Verhältnis zwischen den historischen Stadtbereichen und der Stadt als Ganzes bemüht sein. Sie sollte Gebäude und Gebäudegruppen nennen, die zu erhalten oder unter bestimmten Bedingungen zu erhalten sind, unter Umständen auch Gebäude, auf die man im Ausnahmefall verzichten könnte. Vor jeglichem Eingriff muss der Vorzustand genauestens dokumentiert werden. Die Erhaltungsplanung sollte von den Stadtbewohnern mitgetragen werden.

6. Unabhängig vom Stand einer Erhaltungsplanung sind alle notwendigen denkmalpflegerischen Maßnahmen gemäß den Grundsätzen und Zielen der vorliegenden Charta und der Charta von Venedig durchzuführen.

Anhang

7. Die laufende Instandhaltung ist eine entscheidende Voraussetzung für die Bewahrung historischer Städte und städtischer Bereiche.

8. Neue Funktionen und Aktivitäten sowie die Einrichtung einer zum heutigen Leben gehörenden Infrastruktur müssen mit dem Charakter der historischen Stadt oder des städtischen Bereichs vereinbar sein.

9. Die Verbesserung der Wohnverhältnisse sollte zu den grundlegenden Zielen der Stadterhaltung gehören.

10. Falls es notwendig sein sollte, Gebäude neu zu errichten oder umzubauen, muss die bestehende räumliche Struktur, besonders Parzellenteilung und Maßstab, respektiert werden. Zeitgenössische Elemente können eine Bereicherung sein, soweit sie sich in das Ensemble einfügen.

11. Das Verständnis der Vergangenheit der historischen Städte sollte durch archäologische Untersuchungen und eine angemessene Präsentation der Ergebnisse der Stadtarchäologie vertieft werden.

12. Der Fahrzeugverkehr innerhalb einer historischen Stadt oder eines historischen Bereichs muss eingeschränkt werden; Areale zum Parken sind so anzulegen, dass sie weder ihre Umgebung noch die Stadtstruktur beeinträchtigen.

13. Das in der Stadt- oder Regionalplanung vorgesehene Netz von Hauptverkehrsstraßen sollte die Zugangsmöglichkeiten verbessern, ohne in die historische Stadt einzugreifen.

14. Vorsorgliche Maßnahmen zum Schutz der historischen Städte gegen Naturkatastrophen und Umweltschäden (Luftverschmutzung, Erschütterungen u.a.) müssen ebenso im Interesse der Sicherheit und des Wohlbefindens der Bewohner wie zur Bewahrung des historischen Erbes getroffen werden. Vorsorgliche Maßnahmen beziehungsweise Reparaturmaßnahmen müssen unabhängig von der Natur drohender oder bereits eingetretener Katastrophen und Schäden dem besonderen Charakter der betroffenen Kulturgüter angepasst sein.

15. Teilnahme und Einbeziehung der Stadtbewohner sollen durch ein allgemeines Informationsprogramm, das bereits in der Schule einsetzt, gefördert und die Aktivitäten von Vereinigungen für Heimat- und Denkmalschutz ermutigt werden. Es sind Maßnahmen zur ausreichenden Finanzierung der Denkmalpflege zu beschließen.

16. Für alle an Denkmalpflege und Stadterhaltung beteiligten Berufe sollte die Möglichkeit einer speziellen fachlichen Ausbildung vorgesehen werden.

Literaturverzeichnis

Achilles, Walter u. a.: Der Marktplatz zu Hildesheim – Dokumentation des Wiederaufbaus, Hildesheim 1988

Albers, Gerd: Stadtplanung, Darmstadt 1988

Albers, Gerd: Zur Entwicklung der Stadtplanung in Europa, Braunschweig 1997

Andrä, Klaus u. a.: Marktplätze – Betrachtungen zu Geschichte und Kultur, Berlin 1990

Arnheim, Rudolf: Die Dynamik der architektonischen Form, Köln 1980

Bahrdt, Hans Paul: Die moderne Großstadt, Reinbek bei Hamburg 1961

Battis, Ulrich; Krautzberger, Michael; Löhr, Rolf-Peter: Baugesetzbuch – BauGB –, 8. Auflage, München 2002

Behr, Adalbert u. a.: Architektur in der DDR, Berlin 1979

Behr, Adalbert: Städtebauförderung ist auch Wirtschaftsförderung, BBauBl 1998, Heft 10

Benevolo, Leonardo: Die Geschichte der Stadt, 2. Auflage, Frankurt 1984

Benevolo, Leonardo: Die Stadt in der europäischen Geschichte, München 1993

von Beyme, Klaus: Der Wiederaufbau – Architektur und Städtebaupolitik in beiden deutschen Staaten, München 1987

von Beyme, Klaus u. a.: Neue Städte aus Ruinen – Deutscher Städtebau der Nachkriegszeit, München 1992

Bielenberg, Walter; Koopmann, Klaus-Dieter; Krautzberger, Michael: Städtebauförderungsrecht, Kommentar und Handbuch, München, Stand 2003

Bielenberg, Walter; Krautzberger Michael; Söfker, Wilhelm: Baugesetzbuch mit BauNVO, München 1998

Boeddinghaus, Gerhard: Stadterhaltung, Stadtgestaltung, Köln 1982

Bodenschatz, Harald: 120 Jahre Altstadterneuerung in Lübeck, in: Jahrbuch Stadterneuerung 1992, Berlin 1992

Bonacker, Margit: Auswirkungen von städtebaulichen Sanierungsmaßnahmen auf die Bevölkerungsstruktur in der Altstadt von Lübeck, in: Jahrbuch Stadterneuerung 1993, Berlin 1993

Braunfels, Wolfgang: Mittelalterliche Stadtbaukunst in der Toskana, 4. Auflage, Berlin 1979

Braunfels, Wolfgang: Abendländische Stadtbaukunst, Köln 1976

Brolin, C. Brent: Das Versagen der modernen Architektur, Frankfurt/M. 1980

Bundesregierung: Bericht der Bundesregierung zur Erneuerung von Dörfern und Ortsteilen – Dorferneuerungsbericht, Bonn 1990

Cullen, Gordon: Townscape, Chatham 1978

Delfante, Charles: Architekturgeschichte der Stadt, Darmstadt 1999

Dieterich, Hartmut: Ermittlung von Grundstückswerten in städtebaulichen Entwicklungsbereichen, in: Wirtschaft und Verwaltung 1993, S. 122ff.

Dierkes, Mathias: Gemeindliche Satzungen als Instrumente der Stadterhaltung und -gestaltung, Berlin 1991

Dolde, K. P.; Keinath, H. H.: Städtebauliche Entwicklungsplanung in der Praxis – Empirische Analyse und rechtliche Beurteilung anhand von Baispielen aus Baden-Württemberg, Wiesbaden 1981

Durth, Werner: Deutsche Architekten, Braunschweig/Wiesbaden 1986

Eekhoff, Johannes: Wohnungspolitik, Tübingen 1993

Erbguth, Wilfried/Wagner, Jörg: Bauplanungsrecht, München 1998

Erbguth, Wilfried; Paßlich, Hermann; Pückel, Gerald: Denkmalschutzgesetze der Länder, Münster 1984

Ernst, Werner; Zinkhahn, Willy; Bielenberg, Walter; Krautzberger, Michael: Baugesetzbuch, München, Stand 2003

Finkelnburg, Klaus; Ortloff, Karsten-Michael: Öffentliches Baurecht, München 1990

Fischer, Manfred F.: „Weltkulturerbe" BBauBl 1998 Heft 10

Flagge, Ingeborg (Hrsg.): Gestaltung und Satzung, München 1982

Frinken, Matthias:, Behutsame Stadterneuerung in Potsdam, in: Jahrbuch Stadterneuerung 1990/91, Berlin 1991

Gaentzsch, Günter: Gesetz über städtebauliche Sanierungs- und Entwicklungsmaßnahmen in den Gemeinden, Siegburg 1972

Gebeßler, August; Eberl, Wolfgang u.a.: Schutz und Pflege von Baudenkmälern in der Bundesrepublik Deutschland – Ein Handbuch, Köln 1980

Gerteis, Klaus: Die deutschen Städte in der frühen Neuzeit, Darmstadt 1986

Giersberg, Hans-Joachim: Friedrich als Bauherr, Berlin 1986

Grosse-Suchsdorf, Ulrich; Schmaltz, Hans-Karsten; Wichert, Reinald: Niedersächsische Bauordnung – Niedersächsisches Denkmalschutzgesetz, Hannover, 3. Auflage 1984

Gruber, Karl: Die Gestalt der deutschen Stadt, München 1977

Gustke, August; Viereckel, Peter; Zimmer, Jörg: Altstadtbaukasten, Stuttgart 1982

Gutschow, Niels: Rekonstruktion im Kontext von Städtebau, in Rekonstruktion in der Denkmalpflege, Schriftenreihe des Deutschen Nationalkomitees für Denkmalschutz, Band 57, 1998.

Hammer, Felix: Das Recht des Denkmalschutzes in den neuen Bundesländern, in: NVwZ 1994, S. 965.

Hammer; Felix: Die geschützten Denkmale der Landesdenkmalschutzgesetze, in: DÖV 1995, S. 358

Literaturverzeichnis

Hammer, Felix: Die geschichtliche Entwicklung des Denkmalrechts in Deutschland, Tübingen 1995

Heck, Ludwig; Schmidt, J. Alexander: Architektur des Dorfes, Tübingen 1989

Hellweg, Uli: Stadterneuerung auf historischem Grundriss – die neue Unterneustadt in Kassel in Ohne Leitbild? – Städtebau in Deutschland und Europa herausgegeben von Heide Becher u. a. Stuttgart 1998

Henke, Reginhard: Stadterhaltung als kommunale Aufgabe, Berlin 1985

Henselmann, Hermann: Gedanken, Ideen, Bauten, Projekte, Berlin 1978

Hönes, Ernst-Rainer: Die Unterschutzstellung von Naturdenkmälern, Köln 1987

Hönes, Ernst-Rainer: Denken – schützen – Denkmalschutz, Verwaltungsarchiv 1989, 480ff.

Hofrichter, Hartmut: Stadtbaugeschichte von der Antike bis zur Neuzeit, Braunschweig/ Wiesbaden, 3. Auflage, 1995

Hoppe, Werner; Grotefels, Susan: Öffentliches Baurecht, München 1995

Hoppenberg, Michael (Hrsg): Handbuch des öffentlichen Baurechts, München 1997

Humpert, Klaus; Schenk, Martin: Entdeckung der mittelalterlichen Stadtplanung, Stuttgart 2001

Huse, Norbert (Hrsg): Denkmalpflege – Deutsche Texte aus drei Jahrhunderten, München 1996

Huse, Norbert: Unbequeme Baudenkmale: Entsorgen? Schützen? Pflegen?, München 1997

Imig, Klaus; Kiess, Adolf; Hornung, Volker: Landesbauordnung für Baden-Württemberg, Stand 1985

Jacobs, Jane: Tod und Leben großer amerikanischer Städte, Braunschweig 1960

Jessen, Johann: Stadtmodelle im europäischen Städtebau – Kompakte Stadt und Netz-Stadt in Ohne Leitbild? – Städtebau in Deutschland und Europa, herausgeben von Heide Becher u. a., Stuttgart 1998

Jordan, David: Die Neuerschaffung von Paris Baron Haussmann und seine Stadt, Frankfurt am Main 1996

Kalb, Frank: Die Stadt im Altertum, München 1984

Kieling, Uwe; Priese, Gerd: Historische Stadtkerne – Städte unter Denkmalschutz, Berlin 1989

Kiesow, Gottfried: Einführung in der Denkmalpflege, Darmstadt 1982

Kleiber, Wolfgang; Simon, Jürgen; Weyers, Gustav: Recht und Praxis der Verkehrswertermittlung von Grundstücken, Köln 1991

Kleiber, Wolfgang; Simon, Jürgen; Weyers, Gustav: – WertV 88 – Wertermittlungsverordnung 1988, 3. Auflage, Köln 1993

Klein, Martin: Kommunale Baugestaltungssatzungen, Köln 1992

Klotz, Heinrich: Geschichte der Architektur, München 1995

Knell, Heiner: Geschichte als Steinbruch, in: Der Architekt 8/94, S. 434ff.

Literaturverzeichnis

Koepf, Hans: Stadtbaukunst, Sigmaringen 1985

Köhler, Horst: Die Planverwirklichungsgebote als Instrumente des Städtebaurechtes, Göttingen 1985

Knoepfli, Albert: Altstadt und Denkmalpflege – Ein Mahn- und Notizbuch, Sigmaringen 1975

Kostof, Spiro: Das Gesicht der Stadt, Frankfurt/New York 1992

Kostof, Spiro: Die Anatomie der Stadt, Frankfurt/New York 1992

Krautzberger, Michael: Stand der Städtebauförderung in Ost und West, in: Die Wohnungswirtschaft 1994, S. 698

Kröning, Wolfgang u. a.: Städtebauliche Qualitäten im Wohnungsneubau, Wiesbaden 1993

Kunze, Ronald: „Planen mit Bürgern für Bürger". Zur Entwicklung der Bürgerbeteiligung beim Stadterneuerungsprozeß, in: Jahrbuch Stadterneuerung 1993, Berlin 1993

Laage, Gerhart u. a.: Das Stadthaus, Stuttgart 1979

Lampugnani, Vittorio Magnago: Architektur und Städtebau des 20. Jahrhunderts, Stuttgart 1980

Lampugnani, Vittorio Magnago: Die Modernität des Dauerhaften, Berlin 1996

Stadt Leipzig: Gestaltungsfibel zur Sanierung gründerzeitlicher Bausubstanz, Leipzig 1994

Lemmen, Franz-Josef: Bauland durch städtebauliche Entwicklungsmaßnahmen, Köln 1992

Lüers, Hartwig; Koopmann, Klaus-Dieter: Modernisierungsförderung nach dem Städtebauförderungsgesetz, Göttingen 1980

von Lüpke, Dieter: Neuplanung und Umstrukturierung von Mischquartieren in Frankfurt am Main in Ohne Leitbild? – Städtebau in Deutschland und Europa, herausgegeben von Heide Becher u. a., Stuttgart 1998

Martin, Dieter; Krautzberger, Michael (Hrsg): Handbuch Denkmalschutz und Denkmalpflege, München 2004

Meckseper, Cord: Kleine Kunstgeschichte der deutschen Stadt im Mittelalter, Darmstadt 1982

Mehlkorn, Dieter-J: Stadterhaltung als städtebauliche Aufgabe, Düsseldorf 1988

Mielke, Friedrich: Die Zukunft der Vergangenheit, Stuttgart 1975

Mitscherlich, Alexander: Die Unwirtlichkeit unserer Städte – Anstiftung zum Unfrieden, Frankfurt am Main 1978

Mohaly-Nagy, Sibyl: Die Stadt als Schicksal. Geschichte der urbanen Welt, München 1968

Mumford, Lewis: Die Stadt. Geschichte und Ausblick, Köln/Berlin 1963

Neuhausen, Karl-Heinz in Brügelmann, Kommentar Baugesetzbuch, Stand 2000

Literaturverzeichnis

Oebbecke, Janbernd: Denkmalrekonstruktion aus rechtlicher Sicht, in: Die öffentliche Verwaltung 1989, S. 606ff.

Paschke, Uwe K.: Die Idee des Stadtdenkmals, Nürnberg 1972

Pehnt, Wolfgang: Das Ende der Zuversicht; Architektur in diesem Jahrhundert; Ideen – Bauten – Dokumente, Berlin 1983

Pehnt, Wolfgang: Der Anfang der Bescheidenheit, München 1983

Peschken, Goerd: Baugeschichte politisch, Braunschweig 1993

von Petz, Ursula: „Diese Wohnung spottet vor der ganzen Weldt" – Altstadtsanierung in Braunschweig in nationalsozialistischer Zeit, in: Jahrbuch Stadterneuerung 1992, Berlin 1992

Portz, Norbert; Runkel, Peter: Baurecht für die kommunale Praxis, 2. Auflage, Berlin 1993

Reinborn, Dietmar: Städtebau im 19. und 20. Jahrhundert, Stuttgart Berlin Köln 1996

Reuther, Hans: Die große Zerstörung Berlins, Frankfurt a.M. /Berlin 1985

Rietdorf, Werner u. a.: Vitalisierung von Großsiedlungen – Expertise – Informationsgrundlagen zum Forschungsthema „Städtebauliche Entwicklung von Neubausiedlungen in den fünf neuen Bundesländern", Bonn 1991

Rodenstein, Marianne: „Mehr Licht, mehr Luft", Gesundheitskonzepte im Städtebau seit 1750, Frankfurt am Main 1988

Rykwert, Joseph: Ornament ist kein Verbrechen, Köln 1983

Sander, Robert: Funktionsmischung – ein Baustein für die zukunftsfähige Stadt in Ohne Leitbild? – Städtebau in Deutschland und Europa, herausgegeben von Heide Becher u.a., Stuttgart 1998

Schäfer, Rudolf: Planverwirklichungsgebote in der Planungspraxis, Deutsches Institut für die Urbanistik, 1988

Schlichter, Otto; Stich, Rudolf u.a.: Berliner Kommentar zum Baugesetzbuch, 2. Auflage, Köln 1995

Schmidt, Hans-Ulrich; Gebhard, Helmut: Alte Stadt heute und morgen Gestaltwert und Nutzen alter Stadtkerne, München 1975

Schmidt, Werner: Der Hildesheimer Marktplatz seit 1945 zwischen Expertenkultur und Bürgersinn, Hildesheim 1990

Schreiber, Ulla: Modelle für humanes Wohnen – Moderne Stadtarchitektur in den Niederlanden, Köln 1982

Schrödter, Hans u.a.: Baugesetzbuch, 6. Auflage, München 1998

Schubert, Dirk: Von der „Ausmesse" zur „Verbesserung der Sozialstruktur" – Stadtsanierung und Verdrängung sozialer Gruppen, in: Jahrbuch Stadterneuerung 1992, Berlin 1992

Schüssner-Strucksberg, Monica: Berliner Großsiedlungen weiterentwickeln – von der Wohnstadt zur Werkstatt in Ohne Leitbild? – Städtebau in Deutschland und Europa, herausgegeben von Heide Becher u.a., Stuttgart 1998

Sedlmayr, Hans: Verlust der Mitte – Die bildende Kunst des 19. und 20. Jahrhunderts als Symptom und Symbol der Zeit, 9. Auflage, Salzburg 1976

Sedlmayer, Hans: Die Revolution der modernen Kunst, München 1955

Siedler, Wolf Jobst; Niggemeyer, Elisabeth: Die gemordete Stadt, München 1978

Sieverts, Thomas: Was leisten städtebauliche Leitbilder? in Ohne Leitbild? – Städtebau in Deutschland und Europa, herausgegeben von Heide Becher u.a., Stuttgart 1998

Simon, Alfons: Bayrische Bauordnung, Stand Februar 1986, München

Sitte, Camillo: Der Städte-Bau nach seinen künstlerischen Grundsätzen, Wien 1989

Spechter, Hans: Der Wiederaufbau Hamburgs nach dem großen Brande von 1842, Hamburg 1952

Spenglin, Friedrich; Wunderlich, Horst u.a.: Stadtbild und Gestaltung, Hannover 1983, Schriftenreihe des Bundesministers für Raumordnung, Bauwesen und Städtebau 02.033

Tomms, Friedrich und *Wortmann, Georg:* Städtebau, Darmstadt 1973

Topfstedt, Thomas: Städtebau in der DDR 1955–1971, Leipzig 1988

Trieb, Michael: Stadtgestaltung – Theorie und Praxis, Braunschweig 1977

Trieb, Michael; Grammel, Ursula; Schmidt, Alexander: Stadtgestaltungspolitik, Stuttgart 1979

Trieb, Michael; Markelin, Antero: Stadtbild in der Planungspraxis, Stuttgart 1976

Trieb, Michael; Markelin, Antero: Stadtbildanalyse und Entwurf der Gestaltungssatzung für die Lübecker Innenstadt, Lübeck 1977

Walter, Kurt: Entstehung und Implemation der Städtebauförderung im bundesstaatlichen System, Frankfurt am Main 1997

Weisskamp, Herbert: Todsünden gegen die Architektur, Düsseldorf 1986

Weiske, Christine; Schäfer, Uta: In den Sand gesetzt – Soziale Probleme im Neubaugebiet „Großer Dreesch" in Schwerin, in: Jahrbuch Stadterneuerung 1993, Berlin 1993

Wildemann, Diether: Erneuerung Denkmalswerte Altstädte, Detmold 1971

Stadt Wismar: Gestaltungsfibel Altstadt Wismar, Wismar 1997

Wolfe, Tom: Mit dem Bauhaus leben, Königstein/Ts. 1982

Wolff, Arnold: Erneuern und Erhalten von Naturstein am Kölner Dom, BBauBl 1998, Heft 10

Wolff, Heinz: Das Pflaster, München 1987

Wurster, Hansjörg: Denkmalschutz und Erhaltung in Hoppenberg: Handbuch des öffentlichen Baurechts, München 1997

Zahn, Volker: Leitbilder für Lübeck – Entwicklungsperspektiven für ein Weltkulturerbe in Ohne Leitbild? – Städtebau in Deutschland und Europa, herausgegeben von Heide Becher u.a., Stuttgart 1998

Stichwortverzeichnis

(Die Zahlen bezeichnen die Randnummern)

A

Abbruch
- baulicher Anlagen 759, 772 ff.

Abbruchgebot 856 ff.
- Vermögensnachteile beim - 596 ff.
- Vollzug 595

Abbruch- und Baugebot 544

Abgaben 430

Abgaben- und Auslagenbefreiung 429 ff.

Abgeschlossene Durchführungsmaßnahmen 321

Abgrenzung
- des Gebietes 57, 952 ff.

Abgrenzung des Sanierungsgebietes 149 ff.

Ablösebetrag 373, 664 f.

Ablösung
- nach Abschluss 374
- vor Abschluss 372
- des Ausgleichsbetrages 372 ff.

Abrechnung 688 ff., 705 f.

Architekt 536 f.

Abschluss
- der Sanierung 319 ff., 355, 374

Abschlusserklärung 320 ff.
- Form der - 324
- Rechtsfolgen der - 324 f.
- Vertrag über die - 333

Abschöpfung
- entwicklungsbedingter Werterhöhungen 516 ff.
- Gegenstand der -
- sanierungsbedingter Werterhöhungen 341 ff.

Abschöpfungssystem 337, 339

Absehbarer Zeitraum 157 f., 455

Absehen
- von der Festsetzung des Ausgleichsbetrages 368 ff.
- vom Grunderwerb 494 f.
- von den vorbereitenden Untersuchungen 109

Absehensverlangen 821 ff.

Absetzungen
- erhöhte - 723 f.

Abstandsflächen
- von Gebäuden 935, 986

Abstimmung
- zwischen Gemeinde und Landesbehörde 653

Abstimmungspflicht 80, 138

Abwägung 65 f., 744, 796, 957 ff.

Abwägungsgebot 66

Abwägungsvorgang
- verwaltungsrechtliche Kontrolle 973

Abwendung des Vorkaufsrechtes 271

Adressat
- eines Abbruchgebotes 587

Änderung des Sanierungsgebietes 166

Änderung
- baulicher Anlagen 760 ff., 772 ff.
- von Betrieben 247
- von Erschließungsanlagen 213
- von Gemeinbedarfs- und Folgeeinrichtungen 246
- der allgemeinen Wertverhältnisse 346

Agrarstruktur
- Unterstützung der - 96

Akropolis 898 f.

Allgemeinwohlerfordernis 448 f.

Allgemeines Städtebaurecht 68

Altbaubereiche 530 f.

Altstadtbereiche
- Zerstörung der - 29

Allgemeine Sanierungsziele 94 ff.

Allgemeinverfügung 314 f.

Altstadtbereiche 736 f.

Andere Beauftragte 460

Anfangswert 342 f., 385

Anforderungen
- an die äußere Gestaltung 955 ff.

– an die Gestaltung der Stellplätze, Garagen, Nebenanlagen 962
Anforderungen (Forts.)
– Bestimmtheit der - 960
– nicht festsetzungsfähige 786
– zulässige 961 ff.
Angabe
– der Ermächtigungsgrundlage 750
– des Verwendungszweckes 268
Anhörung
– der betroffenen Nutzungsberechtigten 805
Ankauf zum Neuordnungswert 616 f.
Anordnung 616 ff.
Anwendung
– der Verfahrensregelungen des BauGB 969
Anordnung
– Bestimmtheit der - 618 f.
– Durchsetzung der - 620 f.
– Voraussetzungen der - 586 f., 608
Anpassung
– der Siedlungsstruktur 97 ff.
Anpassungen 530 e
Anordnungsbescheid 616 ff.
Anpassungsgebiet 525
Anpassungsmaßnahmen 525 ff.
Anpflanzungen 584
Anrechnung
– auf den Ausgleichsbetrag 356 ff.
Anschaffungskosten 716
Anspruch
– auf Rückübertragung 334 ff.
Antennen 995
Antrag
– auf Genehmigung 309
– des Eigentümers auf Enteignung 515
– des Mieters- oder Pächters 282
Anwendung
– des Entwicklungsrechtes 453
– des Erhaltungsrechtes 770
– des Verunstaltungsschutzes 928
– örtlicher Bauvorschriften 996
Anwendungsverpflichtung 60 ff.
Anzeigeverfahren 156
Anzeigepflicht 885
Anzustrebende allgemeine Ziele 144
Architektur 895, 946 ff., 956
Art des Grunderwerbs 685

Athener Charta 19 f.
Aufgabe
– der Sanierungsabsicht 328
Aufgaben
– der Gemeinde 492 ff.
Aufgabenträger
– öffentliche 133 ff., 530 k
Aufhebung
– der Erhaltungssatzung 755
– der Sanierungssatzung 325 ff.
– von Miet- und Pachtverhältnissen 279 ff.
Aufhebungssatzung 330
– Rechtsfolgen der - 331 ff.
Auflösung
– des Sanierungsvertrages 420
– des Treuhandvermögens 427
Aufstellungsbeschluss 816
Aufwendungen
– des Eigentümers 345, 358, 568
– für Gebäude 716 ff.
– öffentlicher Versorgungsträger 233
– von Gebäuden 713
Aufwertung 530 i
Ausgleich
– unterschiedlicher Interessen 66
Ausgleichsbeträge 347 ff., 520
– Ablösung der - 372 ff.
– Anrechnung auf die - 372 ff.
– Bemessung der - 354
– Erhebung der - 363
– Nacherhebung der - 361
– Umwandlung der - 364 ff.
– Verjährung der- 371
– vorzeitige Festsetzung 362
– Zeitpunkt der Erhebung der - 353
Ausgleichsbescheid 363
Ausgleichsmaßnahmen für den Naturschutz 219 ff., 248, 690
Ausgleichsbetragspflichtiger 345
Auskunftspflicht 112 ff., 885
– Inhalt der - 114
– Durchsetzung der - 116
– des Sanierungsträgers 415
Auskunftsverweigerungsrecht 114
Auslagen 431
Ausnahmen
– von den vorbereitenden Untersuchungen 109

Stichwortverzeichnis

Ausschluss
- anderer Bestimmungen 286
- der Ausübung des Vorkaufsrechtes 258 ff.
- von Bauunternehmen 408
- einzelner Grundstücke 151
- des sanierungsrechtlichen Genehmigungsvorbehaltes 394
- des Rückübertragungsanspruches 335

Aussicht
- auf Durchführung 343
- auf Finanzierung 160
- auf die vorgesehenen Änderungen 384

Austauschland 436

Ausübung
- des Vorkaufsrechtes 266 f., 272
- zum Wohle der Allgemeinheit 269 f.

Auswirkungen
- nachteilige - 72 f., 199

Auszahlung
- der Finanzhilfen 655 ff.

Außenbereich 829

B

Bagatellfälle 368
Baudarlehen 677
Baudenkmale
- und Erhaltungsrecht 784
- erhöhte Absetzungen 720 f.
- als Originale 900
- Wiederherstellung 888 ff.

Baufachliche Prüfung 699

Bauflucht
- Festsetzung der - 964

Baugebietstypen 177

Baugebot 538 ff.
- Formen 541 ff.

Baugenehmigungsbehörde
- Entscheidung der- 800
- Unterrichtung der - 754

Baugesetzbuch 1 f., 36 f.

Baugestalterische Absichten 941 f.

Baukörper
- Gestaltung 966, 987
- Stellung der - 985

Baukosten
- Ermittlung der - 563 ff.
- Nachweis der - 562

Bauleitplanung 2, 826 f., 1004 ff.
Baumaterial 982
Baumaßnahmen
- privater Bauträger 508
- öffentlicher Bedarfsträger 507
- Dritter 507
- der Gemeinde 506

Bauliche Anlage
- Abbruch - 759
- Änderung - 760
- äußere Gestaltung 928
- Begrünung 936
- Beseitigung 292
- erhaltenswerte - 557
- Errichtung - 764, 785 ff.
- geschichtliche Bedeutung 851 f.
- Höhe 965
- Instandsetzung der - 238
- künstlerische Bedeutung 850
- Nutzungsänderung 763
- ohne besondere städtebauliche Bedeutung 589
- prägende Wirkung 776 ff.
- der Religionsgesellschaften 260, 758
- städtebauliche Bedeutung 853
- von städtebaulicher Bedeutung 775 f.
- Teile 936
- Veränderungen 293, 846
- Veränderungen an einer - 877 ff.
- Vorhandensein einer - 551
- wissenschaftliche Bedeutung 850

Bauliche Entwicklung
- in der Nachkriegszeit 729

Bauleitplanung
- Gestaltung in der - 1004

Bauliche Struktur
- Entwicklung der - 95

Baulückenschließungsgebot 543

Baumaßnahmen 236 ff., 507 ff.
- außerhalb des Sanierungsgebietes 249
- Durchführung der privaten - 250 f., 508
- der Gemeinde 506
- öffentlicher Bedarfsträger 507
- private 250
- privater Bauträger 508
- sanierungserforderliche - 237 ff.

Bau- und Raumordnungsgesetz 1998 – BauROG 39

481

Stichwortverzeichnis

Bauordnungsrecht 534
Bauunternehmen 408
Beauftragter 118
Bebauungsplan
– Begründung 970
– Bezeichnung im - 745 ff.
– Festsetzungen im - 746 f.
– gestalterische Festsetzungen im - 968 ff.
Bedarfsträger
– besonderes Verfahren beim - 601
– Verpflichtung 602 ff.
– Zustimmung des - 203 f.
Bedeutung
– des Abschöpfungssystems 339
– geschichtliche - 851 f.
– künstlerische - 848 f.
– städtebauliche - 853
– wissenschaftliche - 850
Beeinträchtigung
– des künftigen Erhaltungszieles 817
– der Nutzung 554
– des Ortsbildes 905 ff.
– des Straßen- oder Ortsbildes 555 f.
– von Natur und Landschaft 483
Befreiungstatbestände 483
Begrenzung
– der Gesamtmaßnahme 645
Begründung
– des Bebauungsplanes 974
Begrünung
– baulicher Anlagen 936
Behebung
– von Mängeln 553
– städtebaulicher Missstände 91 ff.
Beträge 431
– für Erschließungsanlagen 349 ff.
Bekanntmachung
– des Einleitungsbeschlusses 110
– der Entwicklungssatzung 470
– der Erhaltungssatzung 752
– der Sanierungssatzung 162 ff.
Belange
– des. Denkmalschutzes 2, 558 f.
– öffentliche - 65 ff., 94
– private - 66
Belastende Rechte 298
Bemessung
– des Ausgleichsbetrages 354 f.

Benachrichtigung 600
Beratung 126 f., 613
Beratungsberechtigte 613
Bereiche
– bestimmte - 943 f.
– im Zusammenhang bebaute - 978 f.
– innerstädtische - 530 f, 630
– neu zu gestaltende - 977
Bereitstellung
– Form der - 661
– von Grundstücken 659 ff., 702
Bericht über die Gründe
– die förmliche Festlegung rechtfertigen 468
Berlin 4, 12, 15 f.
Bescheinigung
– der zuständigen Gemeindebehörde 721
Beschluss
– der Gemeindevertretung 927
– über den Beginn der vorbereitenden Untersuchungen 121
Beseitigung einer baulichen Anlage 292
Besonderer Entwicklungsbedarf 530j
Besondere Städtebauförderung 707 ff.
Besonderes Bodenrecht 253 ff., 509 ff.
Besonderes Städtebaurecht 36 ff., 824 f.
Besonderes Verfahren
– beim Bedarfsträger 603
Besonderes Wohngebiet 179
Bestätigung des Sanierungsträgers
– Voraussetzung der - 408 ff.
– Zweck und Verfahren 407
Bestimmtheit
– der Anforderungen 960
– der Anordnung 618 f.
– der Ziele und Zwecke der Sanierung 170 ff.
Beteiligung
– der Betroffenen 530k, 802 ff.
– der öffentlichen Aufgabenträger 530k
– der Träger öffentlicher Belange 136 f.
Beteiligungsvorschriften 131
Betriebe
– Änderung von - 247, 695
– Verlagerung von - 247, 695
– Umzug von - 209
Betroffene 123 f., 802 ff.
Bevorzugte Personengruppen 563

Stichwortverzeichnis

Bewilligung
- der Finanzhilfen 633
Bewirtschaftungskosten 812
Bewohner
- Umzug der - 211
Bevölkerung
- dringender Wohnbedarf der - 539
- weite Kreise der - 502
- Zusammensetzung der - 478, 738f., 790ff.
Bevölkerungsentwicklung 160
Bevölkerungsstrukturen 530k
Bewertung
- land- und forstwirtschaftlich genutzter Grundstücke 518
- von Rekonstruktionen 895ff.
Bewilligung
- der Finanzhilfen 654
Bezeichnung
- des Sanierungsgebietes 155
- durch sonstige Satzung 749ff.
- in einem Bebauungsplan 745ff.
Bezüge
- optische - 858
Bodenordnung 206f.
Bodenreformer 21
Bodenrelief 483ff.
Bodenrendite 198
Bodenschutzklausel 479
Bodenwerte
- unterschiedliche - 341
Bodenwerterhöhungen
- sanierungsbedingte - 340, 392
Bodenwertsteigerungen
- zusätzliche - 361
Bündelung 530j
Bundesbaugesetz 22
Bundesfinanzhilfen 629
Bundeshauptstadt 529f.
Bundesprogramm 632

D

Dacheindeckung 983
Dachformen 925, 984
Dachgestaltung 963, 983f.
Darlehenszinsen
- Herabsetzung der - 365
Darstellungen
- zeichnerische - 934

Datenschutz 117ff.
- Verpflichtung zum - 119
DDR
- Altbaugebiete und Stadterhaltung 46ff.
- Flächensanierung in der - 48
- Industrialisierung des Bauwesens 44ff.
- Innenstädtisches Bauen 49
- Mietpreisbindung in der - 46
- städtebauliche Entwicklung in der - 40ff.
- städtebauliches Leitbild 40ff.
- Typisierung des Bauwesens in der - 44
Deckung
- laufender Aufwendungen 677
Denkmäler
- Erfassung der - 864ff.
Denkmalbegriff 836ff.
Denkmalbuch 864ff.
Denkmalliste 864
Denkmalpflege
- Begriff 104f., 834
- Erfordernisse der - 104
- Haltung der - 834
Denkmalschutz
- Begriff 104, 834
- Belange 559
- Berücksichtigung 530e
- Beziehungen zum Städtebaurecht 824f.
- Inhalt 869ff.
- Kennzeichnung baulicher Anlagen 747
- der Länder 834f.
- zunehmende Bedeutung für den Städtebau 825
Denkmalschutzbehörde 862f.
Denkmalschutzbereich 867
Dingliche Rechtsgeschäfte 296
Dorferneuerung und Dorfentwicklung 54f.
Duldung des Abbruches 223
Duldungspflicht
- des Nutzungsberechtigten 605f.
Durchführbarkeit der Sanierung 145
Durchführung
- alsbaldige - 537
- durch den Eigentümer 224, 250f.

483

Stichwortverzeichnis

- Einstellung der - 329
- der Entwicklungsmaßnahmen 492 ff.
- der Erörterung 128
- von Erwerbsvorgängen 435 ff.
- durch die Gemeinde 218, 252
- der Ordnungsmaßnahmen 223 ff.
- der privaten Baumaßnahmen 252
- der Sanierung 326
- spätere - 320
- Städtebaulicher Sanierungsmaßnahmen 201 ff.
- Verpflichtung der Gemeinde zur - 201
- von Vorhaben ohne Genehmigung 318
- zügige - 454 f.

Durchführungsmaßnahmen
- abgeschlossene - 321
- vorgezogene - 200

Durchsetzung
- der Gebotsanordnung 620 ff.

E

EAG Bau 530 a ff.
Eigene Aufwendungen 358
Eigenkapital
- des Sanierungsträgers 409
Eigentümer
- Aufwendungen 568
- Durchführung durch den - 224 f., 250 ff.
- Kostenanteil 567 ff.
Einfriedungen 936
Eingriff
- hoheitlicher - 873
Eingriffsregelung
- naturschutzrechtliche - 484
Einnahmeverluste 392
Einleitungsbeschluss 110, 463
Einnahmen 664 f.
Eintragung
- in das Grundbuch 316
Einheitliche Vorbereitung 62
Einstellung der Durchführung 329
Einvernehmen
- der Gemeinde 801
Einzelfälle 369 f.
Endwert 344, 360 f.
Ensemble 860
Enteignung 273 ff., 510 f., 532, 622 ff.

- Antrag des Eigentümers auf - 512 ff.
- Antrag der Gemeinde auf - 623
- zu Gunsten des Sanierungsträgers 275
- zum sanierungsunbeeinflussten Wert 375
- zur Erhaltung eines Denkmales 887
Enteignungsrechtliche Bestimmungen 511
Enteignungsverfahren 624 f.
Entfallen der Genehmigungspflicht 289
Entschädigung 284, 625, 672 ff., 684 f., 813
Entscheidungsfrist 310 f.
Entsiegelungsgebot 601
Entstehung der Städte 193
Entwicklung
- der baulichen Struktur 95
- Vorbereitung der - 460 ff.
Entwicklungsaufgaben
- Übertragung von - 458 f.
Entwicklungsbereich
- förmliche Festlegung 464 ff.
- steuerliche Begünstigung 720 ff.
- Voraussetzungen der förmlichen Festlegung 447 ff.
Entwicklungskonzept
- städtebauliches 530 ff.
Entwicklungsmaßnahmen 37 f., 52 f.
- Abgrenzung zu den Sanierungsmaßnahmen 445 f.
- Ergebnisse städtebaulicher - 35
- Finanzierung der - 521
- Förderung der - 630
- Träger der - 456 ff.
Entwicklungssatzung 468 ff.
Entwicklungsträger 458 f.
Entwicklungsvermerk 470
Entwicklungsziele
- vorgegebene - 441 ff.
Erarbeitung
- örtlicher Bauvorschriften 975 ff.
Erfassung
- der Denkmäler 864 f.
- des Gebäudebestandes 978
Ergänzungsgebiet 169
Ergebnis
- der Abrechnung 706
Erhaltung
- von Ortsteilen 102

Stichwortverzeichnis

- der städtebaulichen Eigenart   734ff., 772ff.
- der Zusammensetzung der Bevölkerung   738f., 790ff.

Erhaltungsaufwand   716ff.
Erhaltungsgründe   848ff.
Erhaltungsinteresse   839ff.
Erhaltungsrecht
- Vollzug   814

Erhaltungssatzung
- Aufhebung   755
- weitere Rechtsfolgen   731

Erhaltungsrecht
- Anwendung   768f.

Erhaltungsverpflichtung   870ff.
Erhaltungsziel   761
Erhebung
- des Ausgleichsbetrages   363

Erinnerungswert   781
Ermächtigungsgrundlage   750, 971
Ermittlung
- des Neuordnungswertes   383
- des sanierungsunbeeinflussten Wertes   382

Ergänzung
- des Sanierungsrechtes   730

Erhaltungssatzung
- Bekanntmachung der -   752
- Verbindung mit Gestaltungssatzung   750

Erneuerung
- von Ortsteilen   162

Erörterung   125ff., 607ff., 802ff.
- Durchführung der -   128
- frühzeitige -   129
- Gegenstand der -   126f.
- unterlassene -   132

Erörterungspflicht
- Ausnahmen von der -   130

Erörterungspflichten
- andere -   612

Errichtung
- baulicher Anlagen   764, 785ff.

Errichtung
- von Gemeinbedarfs- und Folgeeinrichtungen   245f.

Ersatzbauten   244
Ersatzbekanntmachung   164
Ersatzgebiet   168

Ersatzland   436
Ersatzraum   592ff.
Erscheinungsbild   861
Erschließung
- der Grundstücke   498

Erschließungsanlagen   152, 208
- Änderung von   213ff.
- Beiträge für -   213ff.
- Herstellung von -   349ff.
- öffentliche -   213ff.
- sanierungsbedingte -   216

Erschließungsbeiträge   665
Erstattungsanspruch
- öffentlicher Versorgungsträger   235

Erschließungssystem   483
Erträge
- geringere -   570
- nachhaltig erzielbare -   569f.

Ertragsberechnung   571ff.
Erwerbsvorgänge   435
Erwerb von Grundstücken   205, 517f.
Erweiterung
- von Gebäuden   713

F

Fassaden
- Gestaltung der -   966, 990

Farbanstrich   982
Fenster   881ff., 966
Fensteröffnungen   991
Fensterunterteilungen   992
Festsetzung
- Absehen von der -   368ff.
- der Baufluchten   964

Festsetzungen
- im Bebauungsplan   827
- mögliche gestalterische   996ff.
- im Sanierungsbebauungsplan   177f.

Festsetzungsempfehlungen   980
Finanzhilfen
- Auszahlung der -   655f.
- Bewilligung der -   654

Finanzierung
- Aussicht auf -   160
- der Entwicklungsmaßnahme   521
- des Städtebaues   21

Finanzierungsübersicht   85
Flächen
- brachliegende -   452

485

Stichwortverzeichnis

Flächennutzungsplan 1004f.
Flächensanierung 32
– in der DDR 48
Flächensparend Bauformen 481f.
Fluchtliniengesetzgebung 17
Fördergrundsätze 658ff.
Fördermöglichkeiten 804
Förderrecht 37, 638
Förderrichtlinien 638ff.
Förderung
– der städtebaulichen Denkmalpflege 833
– der Reinvestitionen 713
– städtebaulicher Entwicklungsmaßnahmen 630
Förderungsverfahren 647ff.
Förmliche Festlegung
– des Anpassungsgebietes 527
– des Entwicklungsbereiches 464
– eines Ersatz- oder Ergänzungsgebietes 167ff.
– des Sanierungsgebietes 148ff.
– Rechtsfolgen der - 148, 528
Folgekosten 230ff.
Fortentwicklung
– von Ortsteilen 101ff.
Fortsetzungsmaßnahmen 632
Freiheit der Kunst 915
Freilegung von Grundstücken 207
Frühzeitige Ermittlung 382
Funktionsfähiger Bereich 474ff.
Funktionstrennung 476
Funktionsschwächen 89f.
Funktionsverluste 530 e

G

Garagen 962
Garagenbau
– in der Vorgartenfläche 925, 962
Gebäude
– Aufwendungen für - 716ff.
– Erweiterung, Aus- und Umbau 713
– mit geschichtlicher, künstlerischer oder städtebaulicher Bedeutung 675, 779ff.
– verwahrlostes - 925
Gebiet
– Abgrenzung 952ff.
– Umgestaltung des - 93
– Verbesserung des - 92

Gebot zur sonstigen Nutzung 548
Gebühren 430
Geeigneter Beauftragter 398, 458f.
Gegenstand
– der Abschöpfung 341ff.
– des städtebaulichen Denkmalschutzes 831
– der Städtebauförderung 641ff.
– der Vorbereitung 460
Geltungsdauer
– der Erhaltungssatzung 755
Gemeinbedarfs- und Folgeeinrichtungen 245f., 451, 692
Gemeinde
– Absehensverlangen der - 821f.
– Aufgaben der - 492ff., 945ff., 951ff.
– Baumaßnahmen der - 506
– Durchführung durch die - 213
– Einvernehmen der- 801
– Entscheidung der - 801
– Ermessen der - 940
– Erwerb von Grundstücken durch die - 375
– Genehmigungsvorbehalt der - 756ff.
– Rechtspflichten der - 609
– Unterrichtung durch die - 753f., 817
– Verantwortlichkeit der - 225
– Vorleistungen der - 645
– Wertermittlung durch die - 381
Gemeindebehörde 721
Gemeindevertretung 927, 972
Gemeinschaftsfinanzierung
– Verfassungsrechtliche Grundlage der - 628f.
Genehmigung
– durch die Gemeinde 287
– durch Ablauf der Entscheidungsfrist 311
– der örtlichen Bauvorschrift 974
– durch die höhere Verwaltungsbehörde 468
Genehmigungen
– Allgemeine Erteilung der - 314
Genehmigungspflicht
– erhaltungsrechtliche - 797
– Entfallen der - 289
– Umfang der - 288
Genehmigungsverfahren 309ff., 799ff.

486

Stichwortverzeichnis

Genehmigungsvorbehalte 285 ff., 394, 726, 756 ff., 877 ff.
Gesamtanlagen 859 ff.
Gesamtertragsberechnung 572 f.
Gesamtmaßnahmen 56 ff., 641 ff.
Geschäfte und Verhandlungen 432
Geschäftsraum 281
Geschäftstätigkeit
– des Sanierungsträgers 409
Geschichtliche Bedeutung 781 f., 851 f.
Gestalt
– städtebauliche - 735
Gestaltmerkmale 737, 787
Gestaltung
– äußere - 936
– des Baukörpers 966 f.
– in der Bauleitplanung 1004 f.
– beabsichtigte - 926 f.
– der Fassaden 966 f.
– der Fenster 881 ff., 931 f.
– des Orts- und Landschaftsbildes 103, 938
– der öffentlichen Räume 1001 ff.
– in der städtebaulichen Planung 999 ff.
Gestaltungsanforderungen
– umgebungsbezogene 923 ff.
– objektbezogene 920 ff.
Gestaltungsempfehlungen 999 ff.
Gestaltungsgedanke 901
Gestaltungsidee
– für einen Neubaubereich 977
Gestaltungssatzung
– Inhalt der - 951, 956
– Verbindung mit Erhaltungssatzung 750, 951
Gesunde Lebens- und Arbeitsbedingungen
– der Bevölkerung 99
Gewährleistung
– der Baumaßnahmen 250 f.
– der zügigen Durchführung 454 f.
Gewährung
– von Städtebauförderungsmitteln 676 f.
Gewinn 713 ff.
Großbauten 192
Größe des Sanierungsgebietes 159
Großsiedlungen 45
Grund und Boden 479 ff.

Grundbuch
– Eintragung 316
Grunderwerb
– Art 685
– durch die Gemeinde 493 ff.
– zum sanierungsunbeinflussten Wert 375
Grunderwerbskosten 228, 684 ff.
Grunderwerbssteuerpflicht 428
Grundsätze
– der Wertermittlung 338
Grundsatz
– der Entschädigung 672 ff.
– der Funktionstrennung 476
– des geringstmöglichen Eingriffes 623
– der Sozialbindung 875
– der Subsidiarität 699
– der sozialen Mischung 478
– der Verhältnismäßigkeit 823, 857
Grundstück
– Unwirtschaftlichkeit des - 367
Grundstücke
– Ausschluss einzelner - 150
– Bereitstellungspflicht 659
– Bestellung belastender Rechte 298
– betroffene - 151
– Erschließung der - 497
– eines land- oder forstwirtschaftlichen Betriebes 514, 518, 524
– Erwerb von - 209 f., 375 f.
– Festsetzungen für bestimmte - 954
– Freilegung von - 212
– Nachfrage 565
– Neuordnung 496
– nichtbebautes - 262
– öffentliche Nutzung 348
– öffentlicher Bedarfsträger 260, 348, 376, 467
– Privatisierungspflicht 660
– privat nutzbare - 347
– des Sanierungsträgers 277, 412 ff.
– später erworbene - 662
– Teilung der - 301
– Veränderungen der - 293
– Veräußerung der - 296 f., 499
– Vorkaufsrecht 265 ff.
Grundstücksverkehr
– im Sanierungsgebiet 375 ff., 379 f.

487

Gutachterausschuss für Grundstückswerte 381

H

Haftung
- des Treuhandvermögens 426

Hamburg 6, 12

Härteausgleich
- Anspruchsvoraussetzungen 76 ff.
- Wesen des - 75
- Zweck des - 76

Harmonie
- architektonische 949

Hausmann 8

Heide 195

Heimatschutzbund 18

Herabsetzung
- der Tilgung der Darlehenszinsen 365 ff.

Herstellungskosten 716 ff.

Herstellung von Erschließungsanlagen 208

Hildesheim 902

Höhe
- baulicher Anlagen 965

Höhere Verwaltungsbehörde
- Mitwirkung der - bei der Kosten- und Finanzübungsübersicht 81 f.
- Genehmigung der Entwicklungssatzung durch die - 468 f.

Hoheitlicher Träger 456 ff.

I

Industrialisierung
- des Bauwesens in der DDR 44 f.

Infrastruktur 794

Instandsetzung 237 ff., 553 ff.
- unterlassene - 578 ff.

Investive Maßnahmen 530 k

J

Jährliche Prüfung
- des Sanierungsträgers 410

K

Kauf
- durch Bedarfsträger und Religionsgesellschaften 260

Kaufvertrag

- Vorkaufsrecht 257

Kontraste
- im Stadtbild 950

Konzentration des Verfahrens 878

Konzept
- gestalterisches - 999 f.

Koordinierungsstelle 530 k

Kosten
- einer anderen Stelle 670 f.
- für Baumaßnahmen 691 ff.
- förderungsfähige - 678 ff.
- für beauftragte Dritte 696
- der Gesamtmaßnahme 83
- des Grunderwerbs 228, 684 ff.
- für den Härteausgleich 697
- nichtförderungsfähige - 680
- der Ordnungsmaßnahmen 226 ff., 682 ff.
- sonstiger Ordnungsmaßnahmen 689
- der Sanierung 406
- für den Sozialplan 697
- des Umzugs von Betrieben 230 ff.
- des Umzugs von Bewohnern 229
- der Vorbereitung 681

Kostenerstattungsanspruch 574 ff., 599
- Entfallen - 578 ff.
- Pauschalierter - 583

Kostenanteil
- des Eigentümers 567 ff.

Kostenermittlung 84

Kosten- und Finanzierungsübersicht
- Abstimmungspflicht bei der - 80
- Ergänzungen und Änderungen der - 652
- Zeitpunkt der Aufstellung der - 83
- Zweck der - 79

Kosten und Kostenermittlung 84

Kraftfahrzeugverkehr
- ruhender - 196

Kündigung
- des Sanierungsvertrages 421 ff.

Künstlerische Bedeutung 783 f.

Kulturdenkmal als Original 896

Kunststofffenster 882 f.

L

Länder 633

Landeshaushaltsrecht 639

Landesprogramm 632

Stichwortverzeichnis

Landesrechtliche Bestimmungen
– über- den Schutz von Denkmälern 534
Landesrechtliche Vorschriften
– über kommunale Beiträge 371
Landschaftsbild
– Eingriff in das - 483 ff.
– Erhaltung 483
– Prägung 778
– Gestaltung 103
Lebens- und Arbeitsbedingungen 99
Leitmotiv
– gestalterisches 977
Löschungsverpflichtung 112 ff.

M
Mängel 553, 590 f.
Maß
– der baulichen Nutzung 198
Maßnahmen
– zur Anpassung 526
Maßnahmengesetz
– zum Baugesetzbuch 38
Maßnahmenträger 530 k
Maßstäbe
– für die Instandsetzung 242
Materialechtheit 967
Mehrertragsberechnung 571
Mietpreisbindung
– in der DDR 46
Miet- und Pachtverhältnisse 278 ff.
– Aufhebung 279 ff.
Milieuschutzsetzung 738 f.
Mindestabstandsflächen 986
Mindestvorbesitzzeit 714
Missstände 590 f.
Mitteilung des Verkäufers 267
Mitwirkung
– der Betroffenen 121 ff.
– öffentlicher Aufgabenträger 133 ff.
Mitwirkungsbereitschaft 121
Mitwirkungspflichten 139
Modernisierung 552
– von Wohnungen 243
Modernisierungsmaßnahmen 237
Modernisierungs- und Instandsetzungsgebot 549 ff.
Modernisierungs- und Instandsetzungskosten 560 ff.
Modernisierungs- und Instandsetzungsverträge 673 ff.
Musterbauordnung 911
Musterförderungsbestimmungen 640

N
Nacherhebung
– der Ausgleichsbeträge 361
Nachförderung 706
Nachfrage
– nach Grundstücken 505
Nachhaltigkeit 530 f
Nachkriegszeit 729
Nachteilige Auswirkungen
– der Sanierung 146
– der Sanierungs- oder Entwicklungsmaßnahmen 72 f.
Natur 483 ff.
Nebenanlagen 962, 994
Nebenbestimmungen 312
Neubebauung 244
Nebenwirkung
– des städtebaulichen Gebotes 606
Neue Bundesländer 631
Neuordnung
– der Grundstücke 496
– des Sanierungsgebietes 393
Neuordnungswert 344, 360 f., 377 f., 382, 504, 519
Notwendigkeit der Sanierung 141
Nutzer
– der baulichen Anlage 597
Nutzung
– Beeinträchtigung der - 554
– dauerhafte - der baulichen Anlagen 501
– der zu modernisierenden Anlagen 240, 566
– Plan- oder maßnahmenkonforme - 261 ff.
– tatsächlich ausgeübte - 264
– mit der Bausubstanz verträgliche - 876
Nutzungsänderung 763
Nutzungsberechtigte
– Anhörung 805
– Duldungspflicht 605
Nutzungskonzentrationen
– räumliche - 193

Stichwortverzeichnis

O
Öffentliche Aufgabenträger
- Mitwirkung 133 ff.
- Unterstützungsverpflichtung 134 f.

Öffentliche Bedarfsträger
- Baumaßnahmen 507
- Erwerb von Grundstücken durch - 376
- Grundstücke - 202 f., 466, 818 ff.
- Unterrichtung durch die Gemeinde 819
- Vorhaben 815 ff.

Öffentliche Belange 94
Öffentliche Flächen 556
Öffentliche Versorgungsträger 233 ff.
Öffentliches Interesse 61, 365, 839 ff.
Örtliche Bauvorschriften 929 ff.
Ordnungsmaßnahmen
- Durchführung der - 223 ff.
- Durchführung der - durch den Eigentümer 224 f.
- des Eigentümers 359
- Kosten der - 226 ff.
- sanierungserforderliche - 205 ff.
- weitere - 498

Ordnungswidrigkeit 814
Ortsbild
- Beeinträchtigung 555 f., 905
- Elemente 979
- Fehlentwicklungen im - 979
- Gestaltung 103, 938
- Prägung 776
- Verbesserung 905

Ortsbildanalyse 979
Ortsbildgestaltung
- als Aufgabe der Gemeinde 951 ff.
Ortsteil 542
Ortsteile
- Erhaltung, Erneuerung und Fortentwicklung von - 102

P
Paris 8
Parzellenstruktur 482
Pflanzgebot 582 ff.
Pflicht
- zur Benachrichtigung 600
Pionierabschläge 384
Planaufstellungsverfahren
- bei der städtebaulichen Rahmenplanung 184
Planbereich
- des städtebaulichen Rahmenplanes 183
Planung der Stadterhaltung 192 ff.
Planungsverband 456 f.
Planwidrigkeit 588 f.
Plattenbauweise 44 f.
Prägung
- durch die Situation 872
Prag 10
Preiskontrolle
- des privaten Grundstücksverkehrs 379 f.
Private Bauträger 508
Privatisierungspflicht 659
Prägung
- des Landschaftsbildes 778
- des Ortsbildes 776
- der Stadtgestalt 777
Prüfung
- der Abrechnung 705 f.
- der erhaltungsrechtlichen Genehmigungsfähigkeit 768 ff.
- der gesetzlichen Tatbestandsvoraussetzungen 743

R
Rahmen
- des Zumutbaren 871
Rahmenplanung
- Städtebauliche - 183 ff.
Räumliche Nutzungskonzentrationen 197
Raumordnung und Landesplanung 64
Reaktion
- des Gesetzgebers 729
Rechtliche Bedeutung
- der städtebaulichen Rahmenplanung 190 f.
Rechtsfolgen
- der Abschlusserklärung 324
- der Aufhebungssatzung 331
- der Erhaltungssatzung 726, 731
Rechtsgeschäfte
- dingliche - 299
Rechtsinstrument 727
Rechtspflichten

Stichwortverzeichnis

– der Gemeinde   607 ff.
Rechtsvorgänge   295 ff.
Rechtsvorschriften   577
Rekonstruktionen   895 ff.
Reinvestitionen   714
Rückbau   530 f, 708, 759
Rückbau und Entsiegelungsgebot   585 ff.
Rückübertragungsanspruch   334 ff.
Ruhender Kraftfahrzeugverkehr   196

S
Sachen   836
Sanierung   10
– Abschluss   319 ff., 355, 372
– Durchführbarkeit der -   145
– Durchführung -   201 ff.
– nachteilige Auswirkungen der -   146
– Notwendigkeit der -   141
– als Querschnittsaufgabe   402
– Undurchführbarkeit der -   327
– Vorbereitung der -   107 ff.
– Ziele und Zwecke der -   170 ff.
Sanierungsaufgaben
– Übertragung von -   398 ff.
Sanierungsbebauungsplan   175
– Aufstellungserfordernis   175
– Festsetzungen des -   177 ff.
– Nachteile des -   181
Sanierungsgebiet
– Abgrenzung des -   149 ff.
– Änderung des -   166
– Bezeichnung des -   155
– förmliche Festlegung des -   148 ff.
– Größe eines -   159
– Grundstücksverkehr im -   375 ff.
– Neuordnung des -   393
– steuerliche Begünstigung   720 ff.
Sanierungskonzept
– Inhalt   170 ff.
– rechtliche Bedeutung   172
Sanierungskosten   404
Sanierungsmaßnahmen   52
Sanierungsrecht
– Ergänzung   730
Sanierungsrechtliches Vorkaufsrecht   254 ff.
Sanierungssatzung   153 ff.
– Aufhebung der -   325 ff.
– fehlerhafte -   161

– Bekanntmachung der -   162 f.
– Satzungsbeschluss   153
– Überprüfung   156 ff.
Sanierungsträger   401 ff.
– angemessene Vergütung   418
– Auskunftspflicht   415
Sanierungsträger
– Eigenkapital   409
– Geschäftstätigkeit   409
– Enteignung zu Gunsten   275
– Grundstücke   277, 412 ff.
– jährliche Prüfung   410
– vorbehaltene Aufgaben   401 f.
– wirtschaftliche Verhältnisse   409
– Zuverlässigkeit der leitenden Personen   411
Sanierungstreuhänder   405 f.
Sanierungsumlegung   386
Sanierungsunbeeinflusster Wert   342 f., 375 f., 382
Sanierungsunternehmen   403 f., 434
Sanierungsverfahren
– Vereinfachtes -   33, 388 ff.
Sanierungsvermerk   165
Sanierungsvertrag   416 ff.
– Auflösung   422
– Form   416
– Kündigung   421 ff.
– Mindestinhalt   417 f.
– weiterer Inhalt   419 f.
Sanierungsziele   86 ff., 274
Satzungsbeschluss   153
Satzungsverfahren   741 ff., 968 ff.
Selbstbindungsplan   184
Siedlungsstruktur
– Anpassung der -   96
Situation   872
Sonderbehandlung
– von Erhaltungsaufwand   722, 725
Sondereigentum an Wohnraum   765 ff.
Sondervermögen   663 ff.
Sonstige Maßnahmen   218, 290 ff., 530 k
Sonstige Ordnungsmaßnahmen   689
Sonstige Satzung   971 ff.
Sozialbindung des Eigentums   592, 875, 916
Soziale Missstände   530 i ff., 630
Soziale Probleme   69 f.
Soziale Stadt   530 a ff., 530 i, 709

Stichwortverzeichnis

Sozialer Wohnungsbau 348
Sozialplan 69 ff., 199, 530 h
- Anwendungsbereich 71
- Inhalt 74
Subsidiarität 669
Substanzschwächen 87 f.

Sch
Schlafstädte 475
Schuldrechtliche Verträge 295
Schwindelsprossen 883
Schutz
- bestimmter Bereich 943 f.

St
Stabilisierung 530 i
Stadt
- vorindustrielle - 192 ff.
Stadtbaukunst 735
Stadtbilder
- der Vergangenheit 950
Stadterhaltung
- Planung der - 192 ff.
Stadterhaltung
- Sanierungsbebauungsplan 175
Stadterneuerungen
- in der Vergangenheit 5 ff.
Stadterweiterungen
- in der Vergangenheit 14 ff.
Stadtgestalt 777
Stadtumbau 530 a ff., 708
Stadtumbaugebiet 530 c
Stadtumbaumaßnahmen 530 e
Stadtumbausatzung 530 h
Stadtumbauvertrag 530 g
Städte
- alte - 192 ff.
- Entstehung der - 193
Städtebau
- Anpflanzungen 583
- Finanzierung 21
- und Denkmalschutz 824 ff.
- im menschlichen Maßstab 487
- als öffentliche Aufgabe 1
- soziale Probleme im - 69 f.
- der Vergangenheit 860
Städtebauförderung
- Bedeutung der - 709 f.
- Gegenstand der - 641 ff.

- Grundlagen der - 628 f.
- in den neuen Ländern 50 f.
- Grundsätze der - 626 f.
Städtebauförderungsgesetz
- Anwendung 31 ff.
- als Grundlage der Städtebauförderung 622
- Gesetzgebungsverfahren 24 f.
- Grundsätze 30
- Vorgeschichte 24
- Ziele 22 ff.
Städtebauförderungsmittel
- Art der Gewährung 676 f.
- Verwendung 669 ff.
Städtebauförderungsprogramm 647 ff.
Städtebaukonzeption 853
Städtebauliche Bedeutung 774, 779 f., 853
Städtebauliche Begründung 589
Städtebauliche Entwicklung
- in der DDR 40 ff.
Städtebauliche Entwicklungsmaßnahmen
- Gegenstand und Ziele 438 ff.
Städtebauliche Denkmalpflege 832
Städtebaulicher Denkmalschutz 833
Städtebauliche Eigenart 734 ff.
Städtebauliche Folgen 791 ff.
Städtebauliche Gebote 531 ff.
Städtebauliche Grunde 535 ff.
Städtebauliche Gestalt 735
Städtebauliche Gründe
- besondere - 791 ff.
Städtebauliche Missstände 87 ff.
Städtebauliche Planung 173 ff., 306, 472 f.
- Aufgabenfeld 2
- Form 472 f.
- Gestaltung in der - 999 ff.
- Probleme 195 ff.
- Veränderung 307
Städtebauliche Rahmenplanung 183 ff.
- Anschaulichkeit und Inhalt 186 f.
- im Entwicklungsbereich 473
- Planaufstellungsverfahren 188 f.
- Planbereich 185
- rechtliche Bedeutung 190 f.
- Teilpläne 187
- als Selbstbindungsplan der Gemeinde 184
Städtebaulicher Denkmalschutz 833
Städtebauliche Rekonstruktionen 890

Städtebauliche Sanierung
- Wurzel 7
Städtebauliche Sanierungsmaßnahmen
- Durchführung 201 ff.
- Gegenstand und Ziele 100 ff.
Städtebauliches
  Entwicklungskonzept 530 c
Städtebauliches Gutachten 184
Städtebauliches Leitbild
- Wechsel des - 32
Städtebauliche Umstrukturierungen 740, 798
Städtebauliche Verhältnisse 142
Städtebauliche Ziele 733 ff.
Städtebauliche Zusammenhänge 143
Städtebaurecht
- und Baugestaltungsrecht 904 ff.
Stellplätze 962
Steuerrecht 712 ff.
Strafbarkeit 884
Straßenbild 555 f.
Strukturanpassungsmaßnahmen 530 f

T
Teil
- des Gemeindegebietes 936
Teile
- baulicher Anlagen 936
Teilpläne
- der städtebaulichen Rahmenplanung 187
Teilung eines Grundstückes 301
Teilunterschutzstellung 866
Tilgung
- Herabsetzung der - 365 f.
Tilgungsdarlehen 364 ff.
Topografie 485
Träger der Entwicklungsmaßnahme 456 ff.
Träger öffentlicher Belange
- Beteiligung der - 136 ff.
- Unterrichtungspflicht der - 137
Treuhänder 405 f., 459
Treuhandverhältnis 725
Treuhandvermögen 424 ff., 663 ff.
- Auflosung 427
- Haftung 426
- Mittel 425
- Wesen 424

Türen 993
Typisierung
- des Bauwesens in der DDR 44

U
Überangebot 530 e
Übernahmeanspruch 599
Übernahmeverlangen 313, 512 ff., 599, 808 ff.
Überprüfung
- verwaltungsgerichtliche - 959
Überschuss 707 f.
Überschussberechnung 387
Überschussverteilung 522
Übertragung
- von Entwicklungsaufgaben 458 ff.
- von Sanierungsaufgaben 398 ff.
Umbau
- von Gebäuden 715
Umfang der Genehmigungspflicht 288
Umgebungsschutz 855 ff.
Umgestaltung
- des Gebietes 91 ff.
Umlegung 207
Umlegungsrecht 208
Umnutzung 530 f
Umschichtung
- der Finanzhilfen 635
Umstrukturierungen
- städtebauliche - 740, 798
- Voraussetzungen der - 364
Umwandlung
- des Ausgleichsbetrages 364 ff.
Umweltschutz 98
Umzug
- von Bewohnern und Betrieben 211
Umzug von Betrieben
- Kosten des - 230 ff.
Umzug von Bewohnern
- Kosten des - 299
Unbillige Härte 369
Undurchführbarkeit
- der Sanierung 327
Unterlagen
- vorzulegende - 469
Unterrichtungspflicht
- der Träger Effektlichter Belange 137
Unterhaltungsarbeiten 294
Unterrichtung

Stichwortverzeichnis

- der Baugenehmigungsbehörde 754
- durch die Gemeinde 753f.
- des öffentlichen Bedarfsträgers 819

Unterschutzstellung 866
Unterstützungspflicht
- öffentlicher Aufgabenträger 134f.

Untersuchungen
- vorbereitende - 108ff., 461f.

Unwirtschaftlichkeit
- des Grundstücks 367
- objektive - 546
- subjektive - 547

Unzumutbarkeit
- wirtschaftliche - 795f.

V

Veränderungen
- an einer baulichen Anlage 877ff.
- an Grundstücken und baulichen Anlagen 293

Veräußerung
- an Bauwillige 500f.
- der Grundstücke 499ff.
- eines Grundstückes 296
- zum Neuordnungswert 519

Veräußerungspflicht
- der Gemeinde 499

Verbesserung des Gebietes 91
Verbilligung
- von Baudarlehen 677

Verbundsatzung 750, 951
Verdichtete Bauweise 480
Vereinfachtes Sanierungsverfahren 388ff.
- Anwendung 391ff.
- Inhalt 388ff.
- Verfahrenswechsel 395ff.

Verfahren
- beim Rückübertragungsanspruch 336

Verfahrensregelungen
- des BauGB 969

Verfahrenswechsel
- bei der Sanierung 395ff.

Verfahrensvorschrift
- zwingende - 807

Vergünstigungen
- steuerrechtliche - 712ff.

Verhinderung
- von städtebaulichen Missständen 91

Verjährung
- der Ausgleichsbeträge 371

Verkauf der Grundstücke
- zum Neuordnungswert 377f., 504

Verkehr 1003
Verlagerung
- von Betrieben 211, 247

Verlängerung
- eines Miet- oder Pachtverhältnisses 284

Vermögensnachteile 596ff.
Verpflichtung
- des Bedarfsträgers 602ff.
- zum Datenschutz 119
- der Gemeinde 201ff., 352
- zur Erteilung der Genehmigung 308

Versagungsgründe 303ff., 768ff.
Versorgungsträger 233ff.
Vertrag
- öffentlich-rechtlicher - 323, 614f.
- über die Abschlusserklärung 323

Verträge
- schuldrechtliche - 295

Verunstaltungsabwehr 912ff.
Verwaltungsabkommen
- zwischen Bund und Ländern 631ff.

Verwandtenprivileg 259
Verwendungsnachweis 701
Verwirklichungspflicht 492
Vollstreckung
- eines städtebaulichen Gebotes 621

Vollzug
- des Abbruchgebotes 595
- des Enthaltungsrechtes 814

Voraussetzungen
- für die Anordnung 608
- planungsrechtliche - 540
- des Übernahmeanspruches 809
- der Umwandlung 364

Vorauszahlungen 634, 666ff.
Vorbereitende Untersuchungen 108ff., 461ff.
- Ausnahmen 109
- Beschluss über den Beginn 110
- Durchführung 147
- Inhalt 140ff.
- rechtliche Bedeutung 111ff.
- Umfang 147
- Zweck 108

Stichwortverzeichnis

Vorbereitung
- der Entwicklung 460 ff.
- Gegenstand 460
- Kosten 681
- der Sanierung 107 ff.

Vorbereitung und Durchführung 59, 433

Vorhaben
- im Außenbereich 829
- genehmigungsfreie 302
- genehmigungspflichtige 290 ff.
- öffentlicher Bedarfsträger 818 ff.
- Zurückstellung 815 ff.

Vorindustrielle Stadt 192 ff.

Vorkaufsrecht
- Abwendung 271
- Ausübung 266 ff.
- im Denkmalschutzrecht 886 f.
- im Sanierungsgebiet 265
- Verzicht 272
- Zweck und Wesen 254 ff.

Vorlage
- geeigneter Unterlagen 652

Vorleistungen
- der Gemeinde 645

Vorteile des Grundstücks 357

Vorzeitige Festsetzung
- des Ausgleichsbetrages 362

Vorzulegende Unterlagen 469

W

Wert
- entwicklungsunbeeinflusster - 517 f.

Wertausgleich 702

Werterhöhungen
- beabsichtigte 357
- entwicklungsbedingte - 516 ff.
- nichtabschöpfbare - 345 f.
- sanierungsbedingte - 337 f., 414

Wertermittlung
- durch die Gemeinde 381
- frühzeitige - 382
- Grundsätze 338

Westberlin 4

Wiederherstellung
- im Denkmalrecht 891
- von Baudenkmälern 888 ff.

Wiedernutzung
- brachliegender Flächen 452
- freigelegter Flächen 530 f

Wien 15

Wirtschaftliche Verhältnisse
- des Sanierungsträgers 409

Wirtschaftliche Belastung
- des Bedarfsträgers 822 f.

Wirtschaftlichkeitsberechnung 546

Wirtschafts- und Agrarstruktur 96

Wohl der Allgemeinheit 106, 266 ff., 448 f.

Wohn- und Arbeitsstätten 450

Wohnbedarf der Bevölkerung 539, 793

Wohnbevölkerung 530 k, 738 f.

Wohnraum 593

Wohnungsbau 244

Wohnungsmodernisierung 243

Z

Zeitereignis 852

Zeitpunkt
- des Abschlusses der Sanierung 355
- der Erhebung des Ausgleichsbetrages 353

Ziele und Zwecke
- der Entwicklung 471
- der Sanierung 170 ff.

Zielpläne
- denkmalpflegerische 833

Zielsetzungen
- funktionale 530 f

Zeitraum
- absehbarer - 157 ff., 455

Zügige Durchführung 63, 454 f.

Zumutbarkeit
- wirtschaftliche - 810 ff.

Zuordnung
- zu dem Ensemble 860

Zurückstellung
- von Vorhaben 111, 815 ff.

Zusammensetzung
- der Bevölkerung 478, 530 a, 738 f., 790 f.

Zuschüsse 677

Zuschuss
- einer anderen Stelle 576

Zustimmung
- des Bedarfsträgers 202 f., 466
- der Denkmalschutzbehörde 558 f.
- zum vorzeitigen Baubeginn 644

Zumutbarkeit

Stichwortverzeichnis

- wirtschaftliche 545 ff.
Zuverlässigkeit
- der leitenden Personen des Sanierungsträgers 411
Zuwendungsvoraussetzungen 658

Zuwendungszeitraum 644 ff.
Zwecke der Landesverteidigung 302
Zwingende städtebauliche Gründe 276
Zwischenfinanzierung 671
Zwischenabrechnung 700